青海省地方志丛书

共和县志

GONG HE XIAN ZHI

（1986—2005）

共和县地方志编纂委员会　编

方志出版社
Publishing House of Local Records

图书在版编目（CIP）数据

共和县志. 1986—2005 / 共和县地方志编纂委员会编. -- 北京 : 方志出版社, 2020.12
ISBN 978-7-5144-4387-5

Ⅰ. ①共… Ⅱ. ①共… Ⅲ. ①共和县－地方志－1986-2005 Ⅳ. ①K294.44

中国版本图书馆 CIP 数据核字(2020)第 252871 号

共和县志（1986—2005）

编　　者：共和县地方志编纂委员会
责任编辑：王　俊

出 版 者：方志出版社
地址　北京市朝阳区潘家园东里 9 号（国家方志馆 4 层）
邮编　100021
网址　http:// www.fzph.org
发　　行：方志出版社图书经销中心
电话（010）67110500
经　　销：各地新华书店
编纂制作：四川省天隆文化传播有限公司
印　　刷：四川科德彩色数码科技有限公司

开　　本：889×1194　1/16
印　　张：39
字　　数：1083 千字
版　　次：2020 年 12 月第 1 版　2020 年 12 月第 1 次印刷
印　　数：0001～2000 套

ISBN 978-7-5144-4387-5　定价：680.00 元

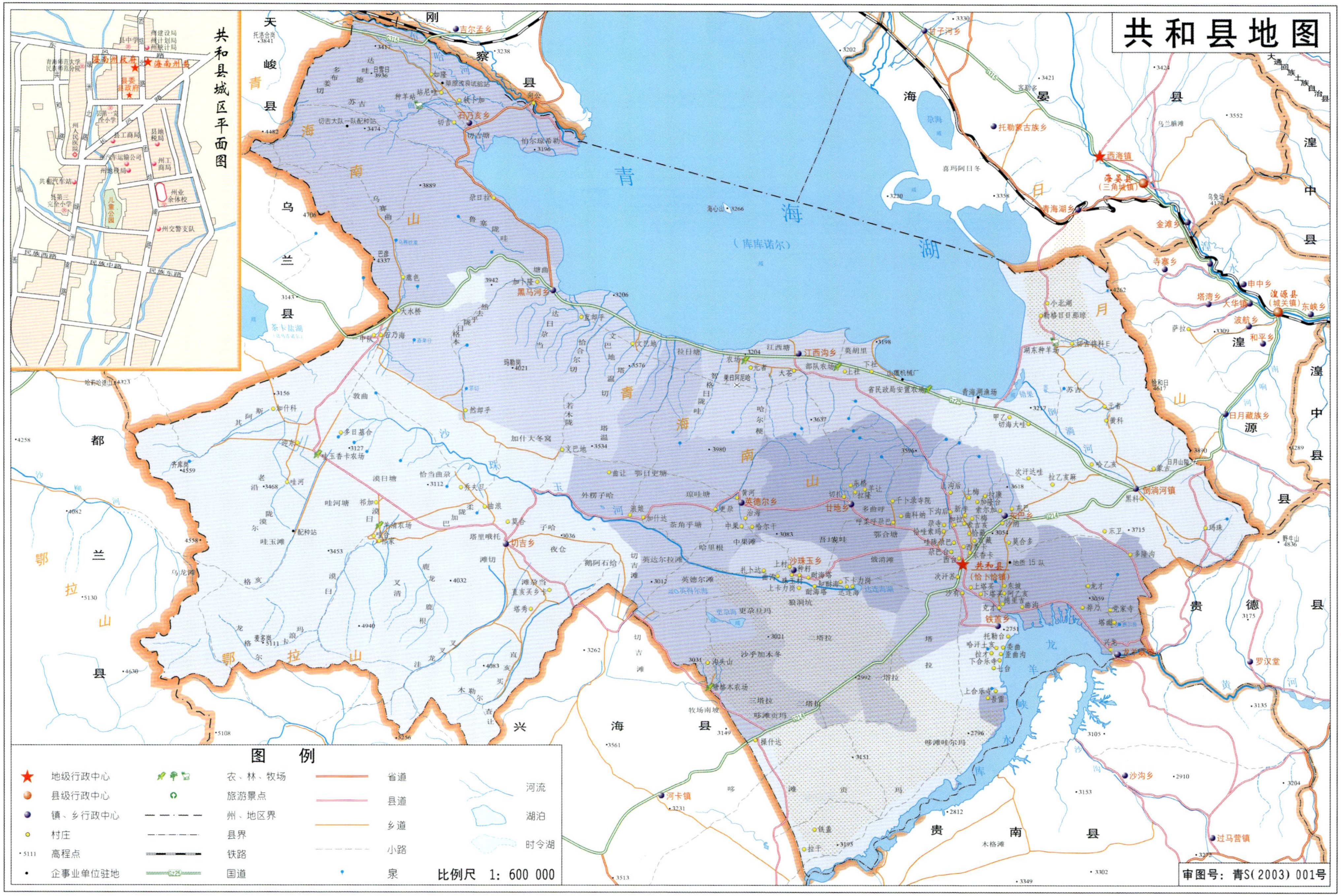

共和县地图
共和县城区平面图
图例
地级行政中心
县级行政中心
镇、乡行政中心
村庄
高程点
企事业单位驻地
农、林、牧场
旅游景点
州、地区界
县界
铁路
国道
省道
县道
乡道
小路
泉
河流
湖泊
时令湖
比例尺 1:600 000
审图号：青S(2003)001号
青海湖
（库库诺尔）
共和县
（恰卜恰镇）
倒淌河镇
江西沟乡
黑马河乡
石乃亥乡
切吉乡
英德尔乡
沙珠玉乡
廿地乡
铁盖乡
龙羊峡镇
龙羊峡
青海南山
鄂拉山
沙珠玉河
西海镇
海晏县
（三角城镇）
湟源县
（城关镇）
日月藏族乡
河卡镇
过马营镇
沙沟乡
罗汉堂
贵德县
贵南县
兴海县
都兰县
乌兰县
天峻县
刚察县
海晏县
湟中县

2003年3月24日，中国共产党共和县第十二次代表大会召开

1986年4月20日，共和县第七届人民代表大会第三次会议召开

1998年7月7日，共和县第十一届人民政府第二次全体会议召开

1997年4月16日，政协共和县委员会五届六次会议召开

2005年2月28日，共和县召开保持共产党员先进性教育活动动员大会

1999年3月，共和县召开目标考核责任书签订会议

1998年7月29日，共和县召开个体私营经济工作会议

党员干部利用劳作间隙读报（1988年3月 摄）

恰卜恰镇党委表彰文明家庭（1997年6月 摄）

恰卜恰镇一角（1987年8月 摄）

江西沟乡人民政府大门（2003年7月 摄）

共和县政府办公大楼（2004年8月 摄）

共和县民贸大楼（1986年7月 摄）

恰卜恰镇交通亭（1986年7月 摄）

恰卜恰公园人工湖（1987年6月 摄）

沙珠玉公路（2002年7月 摄）

电路检修（1998年5月23日 摄）

高压输电线路（2000年7月 摄）

娘堂水库（1991年6月 摄）

外国专家考察农作物种植情况（1987年8月 摄）

倒淌河乡甲乙村农牧机械（1996年11月 摄）

共和县五金厂生产网围栏场景（1988年4月 摄）

沙珠玉灌渠（1992年5月 摄）

播种（1998年4月 摄）

农作物打碾（1998年10月 摄）

科学试验田（2000年8月 摄）

江西沟乡上社村利用温室羊棚种植蔬菜（2003年8月 摄）

圈窝种草（1998年9月 摄）

引进细毛公羊归户放牧（1988年4月 摄）

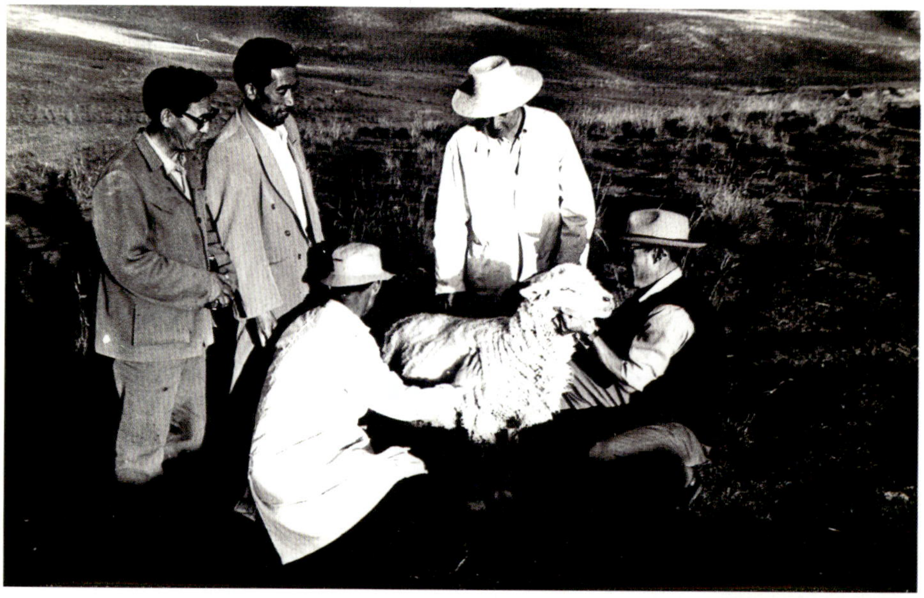

绵羊改良检测（1996年10月 摄）

引进的大通牦牛种公牛（2005年8月9日 摄）

共和县皮革厂制革车间一角（1987年10月 摄）

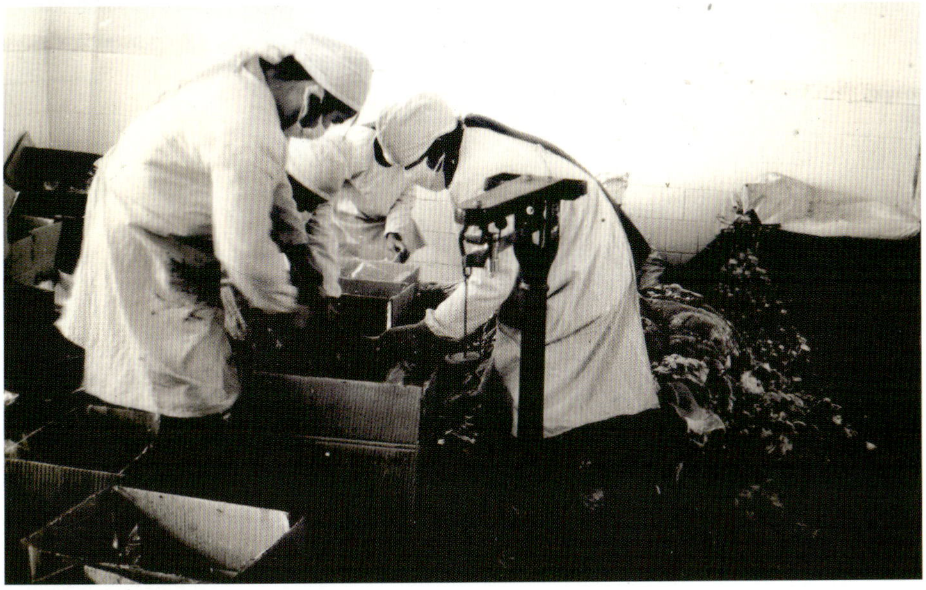

共和县冷库羊肉加工（2000年11月 摄）

民族贸易商场（1994年5月 摄）

廿地乡飞机播撒草种场景（2005年5月 摄）

沙珠玉乡退耕还林作业现场（2000年3月 摄）

植树造林（1999年4月 摄）

沙漠治理（2002年7月 摄）

农田防护林（2003年8月 摄）

纪念抗日战争胜利五十周年歌曲演唱会（1995年9月3日 摄）

沙珠玉乡社火队表演牧牛舞（1986年2月23日 摄）

元宵节灯展（1997年2月 摄）

黑马河乡牧民运动会（2005年7月 摄）

环青海湖自行车公路赛（2013年7月 摄）

拉伊对唱（1993年5月 摄）

“黑牛毛”帐房（2002年7月 摄）

刺绣（2003年7月 摄）

剪纸（2003年5月 摄）

木雕（2001年1月 摄）

油画（1999年11月 摄）

新寺文物保护碑立碑揭幕仪式（1998年12月22日 摄）

伏俟城遗址卫星图（2000年5月 摄）

青海省考古工作队在沙珠玉达连海发现的古象化石（1985年3月 摄）

县托儿所儿童娱乐（1986年5月 摄）

共和一小“义教工程”项目——第一小学教学楼（1999年4月 摄）

江西沟乡帐房小学（2002年9月 摄）

共和二小第21届田径运动会（1996年6月1日 摄）

塘河地震救灾物资运抵灾区（1990年4月28日 摄）

塘河地震“四·二六”抗震救灾纪念碑落成（1993年7月20日 摄）

传统的取水方式（2000年6月 摄）

自来水进村（2005年6月 摄）

农牧民群众看上了电视（1987年5月 摄）

牧区巡回义诊
（2004年9月 摄）

法律宣传
（2002年7月27日 摄）

市场整治
（2002年7月 摄）

青海湖景区（2003年6月 摄）

日月山风景（1996年8月 摄）

龙羊峡电站（1989年8月 摄）

倒淌河景区

油菜基地

夏拉草原

虫草

黄蘑菇

雪莲

马鹿

湟鱼

岩羊

大理石矿　　铜镍矿　　铁矿

2020年《共和县志（1986—2005）》复审会合影留念

（从左到右）

第一排：	文进海	乔海元	薛东明	唐仲山	久　买	何明海
	谢永敏	薛文财	张海生	尼　玛	吴舜昌	
第二排：	武战魁	马素萍	李　阳	才朗措姆	谢守莉	闫占兴
	张海龙	党拉加	他先加	索南项欠	仁青加	胡炳瑞
第三排：	陈　凯	完么加	才项三智	王　丽	拉毛先	扎　西
	力加太	华旦卓玛	白玉花			

2020年《共和县志（1986—2005）》终审验收合影留念

（从左到右）

第一排：	李海青	刘积顺	刘德然	史长智	王振青	谢忠兴	吴舜昌
第二排：	王文元	郭　莉	赵启元	赤桑太	尕藏加	任维国	王晓明
	李继云						

共和县地方志编纂委员会

第四届（2020 年 10 月—2020 年 12 月）

主　任	华　旦				
副主任	谢康勇	王国勋	久　买	杨红梅	
委　员	朵才旦文加	赵晓刚	李子龙	昝生贵	杜苏海
	张进德	钟耀庭	仲志飞	赵　梅	安进奎
	陈　军	谭海荣	仁青才让	元旦才让	索南尼玛
	叶太加	索南东主	吉先加	闫占兴	多杰卓玛

共和县地方志编纂委员会办公室

主　任　英　杰（2007 年 7 月—2008 年 6 月）
多杰扎西（2008 年 6 月—2011 年 10 月）
郑伟章（2011 年 10 月—2012 年 11 月）
羊本才让（2012 年 11 月—2013 年 11 月）
赵晓刚（2013 年 11 月—2015 年 3 月）
宁吉加（2015 年 3 月—2016 年 7 月）
王建青（2016 年 7 月—2017 年 2 月）
才航多杰（2017 年 3 月—2018 年 12 月）
许忠渊（2018 年 12 月—2020 年 3 月）
闫占兴（2020 年 3 月—2021 年 7 月）

《共和县志（1986—2005）》编辑部

主　编　王国勋

副主编　闫占兴

总　纂　薛东明

编　辑　娄正海　尼　玛　何福存　史廷贵　旦正加　董彦平　蒲永禄　龙祥海　武战魁　李　阳　马素萍

《共和县志（1986—2005）》终审人员

史长智　海南州委常委、秘书长、办公室主任

王振青　省地方志办公室原主任

刘德然　省地方志办公室原副主任

谢忠兴　黄南州司法局原局长

刘积顺　西宁市大通县地方志办公室原主任

赤桑太　州委统战部副部长

尕藏加　州司法局党组书记、局长

赵启元　州委副秘书长

任维国　州统计局正县级干部

王晓明　州党史研究室（州地方志办公室）副主任

郭　莉　州委机要和保密局副局长

王文元　贵德县人民武装部副部长

李继云　州党史研究室（州地方志办公室）一级主任科员

吴舜昌　共和县退休干部

李海青　共和县退休干部

序　言

盛世修志，志载盛世。编修一方信史，记载和保存地方自然、政治、文化、社会和人文历史与现状的地情全书，传承中华民族优秀传统文化，是人类社会文明进步赋予我们的使命和职责。共和县自民国18年（1929）置县60多年后，于1991年初编修出版首部《共和县志》，开启修志存史先河。时过近30年，今又付梓第二部《共和县志（1986—2005）》，实为共和县历史发展进程承前启后、继往开来、服务当代、有益后世的一件大事、实事，可喜可贺。

共和县地处青藏高原向黄土高原的过渡带，为青藏高原东门户，地理区位优越。历史悠久，山川俊秀，资源富集，物产丰厚。县境内拥有中国最美湖泊——青海湖、中华民族母亲河——黄河、汉藏文化大通道——唐蕃古道、吐谷浑王国都城——伏俟城、草原门户——日月山、高原明珠——龙羊峡电站等，共同织就了县域自然与人文交融汇集的壮美画卷。古往今来，共和县各民族世代和睦相处、团结互助、相濡以沫，锐意进取、开拓创新、勇于拼搏，为推动青海环湖地区人与自然、人与社会和谐共生做出积极贡献。今天的共和大地，正乘着改革开放的东风，经济社会各个领域发生翻天覆地的历史性变化。经济快速发展、社会和谐稳定、生态环境良好、人民安居乐业，是改革开放以来民族地区繁荣发展的真实写照。

编纂《共和县志（1986—2005）》，以马克思列宁主义、毛泽东思想、邓小平理论、“三个代表”重要思想、科学发展观和习近平新时代中国特色社会主义思想为指导，运用辩证唯物主义和历史唯物主义的观点和方法，本着尊重历史、实事求是的原则，全面、系统、客观记述1986—2005年这一历史阶段共和县改革开放和现代化建设所取得的巨大成就，真实再现共和县经济发展与社会繁荣进步的历史轨迹，实为一部反映共和县20年间自然、政治、经济、社会、文化及各项事业发展等方面静态与动态情况的地情全书。

《共和县志（1986—2005）》的出版印刷，是共和县社会主义文化建设事业的一项重要成果，得益于全体编修人员恪尽职守、求真务实、甘于清苦、乐于奉献、辛勤耕耘的结果，受益于各位专家学者的精心指导及州县有关部门、机关单位的大力配合与支持。在此，我们表示崇高的敬意和诚挚的感谢！

以史为鉴，可以知兴替。史志著作是民族文化宝库中不可或缺的珍贵遗产，对于存史资政、传承文明和垂鉴后世，都发挥着重要作用。共和县各族人民在改革开放时代所创造的历史伟业，是我们宝贵的精神财富。我们要继承和发扬党的优良传统，在习近平新时代中国特色社会主义思想指引下，不忘初心、牢记使命，艰苦奋斗、锐意进取，真抓实干、乘胜前进，用我们的勤劳与智慧，创造更加美好的未来。

是为序。

中共共和县委

共和县人民政府

2020年10月28日

凡　例

一、本志以马克思列宁主义、毛泽东思想、邓小平理论、“三个代表”重要思想、科学发展观和习近平新时代中国特色社会主义思想为指导，运用辩证唯物主义和历史唯物主义的立场、观点、方法，遵循事物发展规律，全面、系统、真实地反映共和县1986—2005年自然、政治、经济、文化、社会和人文的历史与现状，力求思想性、科学性和资料性的统一。注重体现地方特色、民族特色和时代特色。

二、全志采用述、记、志、传、图、表、录等体裁，以志为主。本志上限1986年，下限2005年。为弥补上部志书的不足，保证事件的完整性，个别内容适当上溯或下延。大事记以编年体为主、兼用纪事本末体。各项事业的记述采取编、章、节、目相结合的结构体式，编章横排，以定框架，节目纵写，记述实体内容，以保证横不缺要项、纵不断主线。

三、人物传遵循“生不立传”原则；对在世先进模范人物以人物简介记述其主要事迹与突出贡献；人物表收录1986—2005年获省（部）级以上表彰的劳模和先进个人。

四、本志用规范的现代语体文记述，力求文字简明、文风端正，述而不论，实事求是。

五、机构、会议、文件等名称第一次出现时用全称，并括注简称，其后用简称。

六、本志数字、标点符号、计量单位等采用国家标准《出版物上数字用法》（GB/T15835-2011）、《标点符号用法》（GB/T15834-2011）和国家法定计量单位。志中所涉数据（包括所有表列数据），凡列入国家统计范围的，使用统计部门的数据，未列入国家统计范围的，则采用业务部门核报数据。

七、本志使用文字一律以国家语言文字委员会1986年10月重新公布的《简化字总表》为准。

八、本志资料来自县档案馆及各单位核报的文稿。另有部门档案、书刊及通过社会调查、座谈会等获取的文字或口碑资料，经考证后入志，不注明出处。特定事物或尚属存疑的则用夹注表示。

目　录

概 述

概 述

一

共和县地处青藏高原东北部，海南藏族自治州北部，青海湖以南，黄河以北。地理位置介于北纬35°46′~37°10′、东经98°54′~101°22′之间。东北与湟源县，东南与贵德县、贵南县为邻；南及西南部与兴海县接壤；西和西北部与海西蒙古族藏族自治州都兰县、乌兰县、天峻县相连；北隔青海湖与海北藏族自治州刚察县、海晏县相望。县境东西长221.5公里，南北宽155.4公里，总面积17252.27平方公里（含青海湖部分水域面积2611.54平方公里）。为唐蕃古道和丝绸南路南进西藏的第一座关隘重镇和青海藏区环湖和青南交通枢纽要道。青藏公路（国道109线）和青康公路（国道214线）北、南贯穿共和境域。

共和县属青藏高原与黄土高原接壤地区，地势由西北向东南倾斜，西北高、东南低。主要山脉有青海南山、日月山（祁连山系）、鄂拉山、哇洪山（昆仑山系）等。青海南山横卧东西，将县域分为南北两部分，北为湖滨倾斜平原，南为青海南山、鄂拉山环抱的共和盆地。县境内有布哈河、倒淌河、黑马河、沙珠玉河、恰卜恰河等大小河流300余条。黄河沿县境东南向东奔流，蜿蜒89公里。平均海拔3200米，最高峰为鄂拉山切龙岗，海拔5290米；最低处是黄河谷地龙羊峡，海拔2460米。县境内属典型的高原大陆性气候，年平均气温0.7℃~6.3℃，月平均最高气温22.1℃，月平均最低气温-14℃。冬季寒冷漫长，夏季凉爽短促，昼夜温差大。干旱少雨，年总降水量在250~420毫米。日照充足，光辐射强烈；全年日照时数2670~3036小时。大风日数年平均30~50天，平均风速每秒2~3.3米，风大沙尘暴多，沙尘暴日数年平均8~14天。无霜期年平均88天。全国最大的内陆咸水湖——青海湖位于县境北部，面积为4573平方公里。

各类资源丰富。全县有耕地2.45万公顷，有可利用草场128.21万公顷；矿产资源主要有铜、铁、金、铅、锌、银、镍、锰、铂及大理石、花岗岩等20余种，其中大理石、花岗岩等非金属矿储量大、品质优；全县水资源总量6.31亿立方米，其中地表水资源量为3.60亿立方米，地下水资源量为2.70亿立方米；太阳能和风能资源是共和县的潜在资源优势，年平均太阳辐射量为6564.26兆焦耳/平方米，年平均日照时数2907.8小时，风能可用时间频率在60%以上，全年时数超过5000小时，是青海省可利用风能的主要地区之一；地热资源丰富，主要分布在黄河沿岸及恰卜恰河下游，地热水温最高可达73℃，地热流体质量好，水质类型为重碳酸—钠型水，矿化度每公升1.80克，属微碱水，含有多种特殊离子和微量元素等。

共和县历史悠久。出土文物表明，早在旧石器时代，已有先民在这里繁衍生息。商、周时期，羌人部落以青海湖为中心，过着逐水草而居的游牧生活。西汉时，居住在大允谷和大小榆谷（共和、贵德一带）的先零羌首领杨玉接受中央王朝"归义羌侯""帅众王"封号，受"护羌校尉"节制。汉元始四年（4），王莽设西海郡，其辖区包括今共和大部分地区。梁大同六年（540），吐谷浑国王夸吕建都于伏俟城（今共和县石乃亥乡境内），是中国历史上在青海牧区建立的第一个封建王国。此后，历代王朝或弃或置，县境先后由吐蕃诸部落、蒙古族部落统治。民国18年（1929）7月，青海省将西宁辖地郭密、湟源辖地恰卜恰析出置共和县，是为共和县建置之始。1949年9月25日，中国人民解放军进驻共和，9月27日共和县人民政府成立，为省直属县。1953年海南藏族自治州成立，共和改为州属县至今。恰卜恰镇是海南藏族自治州首府和共和县人民政府驻地。2005年，全县设3镇9乡，辖92个行政村、10个居委会，总人口120839人，居住有藏、汉、回、蒙古、撒拉等20个民族。其中，藏族人口占总人口的57.15%。

地理区位优越。县境内群山起伏，峰峦叠嶂，河流绵延，草原广袤，湖水无垠，独具特色的人文资源与壮美的自然景观交相辉映。世居的藏、回、撒拉、蒙古等少数民族原始古朴的民风民俗，是共和地区自然山水和生态气息的灵气与活力之所在。县境内普查登记的文物单位218处，其中省级文物保护单位20处，县级文物保护单位7处。高原风光雄浑壮观，佛教文化源远流长，青海湖碧波荡漾，龙羊峡高峡出平湖，旅游业后起发力，已成为县域经济新的增长点。

二

经济体制改革取得丰硕成果。1986—2005年，共和县委、县人民政府按照中央、省、州的部署，先后开展一系列经济体制改革，对外开放取得明显成效，呈现出经济快速增长态势。1986年，全县地区生产总值4752万元，以后依次为"七五"期末8688万元、"八五"期末1.92亿元、"九五"期末2.60亿元、"十五"期末11.85亿元；财政总收入由"七五"初年的930万元上升到"十五"期末的1808万元；农牧民人均纯收入由

1986年的467.97元逐步提高到2005年的2199.06元；城镇居民人均纯收入由1986年的827.01元逐步提高到2005年的6849.55元；全社会固定资产投资规模逐年加大，投资由1986年的653万元增加到2005年的4.34亿元；社会消费品零售总额1986年为3872万元，2005年达到2.35亿元。

农业经济呈现较快发展势头。1986年后，全县农区在完成土地承包责任制的基础上，先后实施农村经济体制改革、农副产品统一派购制度和粮食统购统销制度，加快农业产业结构调整，农业生产稳步发展。1998年，坚持“大稳定、小调整”的原则，全县开展第二轮土地承包，延长土地承包期。2002年，开展农村税费改革，实行税费统一。2004年，取消农业特产税，开始对农民种粮和农业生产资料予以补贴，调动农民生产积极性，农业生产有了较大、较快的发展。2005年，全县总播种面积1.47万公顷，农作物产量6.94万吨，其中粮食作物产量1.4万吨、油料作物1.38万吨。

牧业经济效益连年增长。1986年，全县牧区开始实行“牲畜作价归户，分户经营，私有私养，草原公有，承包到户”的牧业生产责任制。1992年，实行冬春草场承包到户，调整生产关系，解放牧区生产力；调整优化种群结构，加强畜种改良、疫病防治，实施网围栏、棚圈、牧民定居房、水利等基础设施“四配套”建设，畜牧业经济整体效益逐年提高。2005年，全县各类牲畜存栏146.05万头（只），全年出栏57.69万头（只），商品率达36%。全县农牧林渔总产值3.02亿元，其中农业产值6819.22万元，占总产值的22.52%；畜牧业产值达1.86亿元，占总产值的61.59%。

工业经济在改革开放中转型发展。1986年，全县开始推行国有企业改革，建立多种形式的企业承包经营责任制。1988年，全县工业企业普遍推行生产经营责任制，通过招标承包、全员风险抵押承包、优化劳动组合、实行工效挂钩等方式提高企业经营效益。1992年，全县工业企业实行第二轮承包，转换企业经营机制，逐步推行承包经营责任制、租赁经营责任制、股份制、税利分流等经营形式。1997年起，围绕企业转换经营机制和生产发展，以“抓大放小”战略和“三个有利于”标准，按照“实行鼓励兼并、规范破产、下岗分流、减员增效和再就业工程”的方针，以产权制度改革为突破口，全面深化企业改革。2000—2004年，先后以产权分离、企业重组、企业兼并和依法破产等形式改组企业，向社会公开拍卖资不抵债企业，所得资金用于偿还债务和安置国有企业职工，全面完成企业改制工作任务，工业企业全部面向市场运作，焕发了活力，增强了市场竞争力。建立“产权明晰、权责明确、政企分开、管理科学”的现代企业制度，民营企业应运而生，成为工业经济的生力军。2005年，全县工业总产值由1986年的454.34万元增加至3.13亿元。

第三产业成为县域经济新的增长点。1986年后，全县商贸流通领域推行各种形式的承包经营责任制。加快市场建设、商业网点的改造步伐。筹集资金新建、扩建城乡市场，一批成规模、上档次、功能完善的商贸市场相继投入使用，市场管理向规范化、便民化方向发展。1990年后，全县商业服务业逐步形成国营、集体、个体一齐上的竞争格局，人流、物流明显增加，商贸流通逐渐活跃、日益繁荣。1993年，实行“边、小、微、亏”的单位门店“国有民营”改革，重点是产权制度、内部机制和经营上改革和改制。1997年起，按照“抓大放小”原则，实施以股份制改造、股份合作制、兼并和联合、剥离、分立等多种形式的新一轮商贸企业改制。2000年后，全县商贸企业进行以依法破产、资产整体出售为形式的商贸企业产权制度改革。至2005年，全面完成商贸流通领域改革改制任务。商品流通领域除烟草、石油行业外，全部转为民营企业。旅游业得到快速发展，2005年实现旅游收入630万元。

三

城镇建设快速推进，城乡基础设施日益完善。20世纪80年代中后期，共和县委、县人民政府借助恰卜恰地处海南州政治、经济、文化中心和交通枢纽等优势，注重城镇规划编制，先后几次修编《恰卜恰镇总体规划（1999—2020）》，县城建设步入发展快车道，城区规模不断扩大，城镇基础设施和功能进一步完善。2000年起，全面实施小城镇发展战略，先后编制倒淌河、石乃亥、黑马河、江西沟等乡（镇）建设规划，加快城镇道路、供排水、电网改造等基础设施建设步伐，集镇建设进入快速发展阶段。至2005年，全县城乡初步形成以供水、供电、供热、道路、排水、绿化、亮化和环境卫生相配套的城镇布局与建设框架，城乡居民的生产生活条件得到明显改善。全县城镇化率提升至37.3%。

公路建设步伐加快，公路网络日臻完善。1986年后，随着国家对基础设施建设投资力度加大，县境内交通建设项目和投资力度逐年增加。20年间，县境内国道、县道、乡道实现全面提质改造，通村公路快速延伸。至2005年，全县国道过境二级沥青混凝土路面266公里，县道二级油路111公里，三级油路96公里，四级油路157公里，四级砂路148公里，等外级通村公路160公里。形成东至省会西宁市，西至海西州，南至果洛州、玉树州，北至刚察县、海晏县的快速便捷交通网络。全县年客运量由1986年的8.1万人次增加到25.81万人次；年货运量由10.8万吨增加到91.78万吨。

电力通信设施逐步完善。1986年，共和县境内电网基本上仍为20世纪80年代初所建，供电半径过大，线径偏小，电网结构不尽合理，严重制约地方经济的发展。1993年后，共和县抢抓机遇，加快电力发展，累计电网改造投资额度达1000多万元。至2005年底，县域内拥有35千伏变电所8座、35千伏供电线路262.6公里、10千伏线路1676公里、0.4千伏线路1951公里，城乡用电状况发生根本性变化。

邮政通信事业顺应时代发展和科技进步潮流，焕发出蓬勃生机。邮政业在转型中稳步发展，邮政机构、网点及邮路逐步趋于合理，邮政基础业务、增值业务、储蓄业务及邮政附属业务全面发展。尤其是移动通信出现飞跃性发展。电信业务快速发展，程控电话、移动电话和网络宽带从无到有，不断提速降费，普及全县城乡千家万户。通信领域由一枝独秀分化成电信、移动、联通、铁通等几大运营商竞争发展格局，产品升级换代、推陈出新步伐加快，经济和社会效益显著提升。

住房制度改革全面完成。1996 年，共和县人民政府印发《共和县城镇住房制度改革方案》，明确提租补贴、住房公积金制度、公有住房出售和集资建房等房改办法，住房制度由实物分配向货币化转换。2000 年后，停止单位职工住房实物分配，禁止单位集资建房，控制城区私人建房，同时建立和完善住房供应体系，全面完成住房制度改革。2002 年，制定印发一系列优惠政策，引进房地产开发商开发建设商品房，加快全县住房社会化、商品化进程加快。

生态建设跃上新台阶。1986 年后，县委、县人民政府始终不移地抓生态文明建设，保护与建设并进，着力推进生态文明建设，植树造林和治理沙漠取得显著成绩。共实施天然林保护工程、退耕还林（草）工程、“三北”防护林建设工程、治沙工程、保护母亲河工程、重点生态工程、新封山育林工程和绿色通道工程等，其中塔拉滩治理工程人工造林 2.53 公顷，封沙育草 3.93 万公顷，工程固沙 126 公顷，栽植枸杞 3026.67 公顷，建设网围栏 135 公里。生态建设产生巨大社会效益。

四

社会事业得到全面发展。1986 年，全县有学校 119 所（小学 112 所、中学 7 所），在校学生 12558 人，适龄儿童入学率 89.3%。1986 年后，共和县实施“教育兴县”战略，教育投入不断加大，教育事业稳步推进。贯彻落实《中共中央国务院关于深化教育改革全面推进素质教育的决定》精神，以“师生为本、提高质量、科研兴教、优化师资、改革创新、提速升位”为战略目标，加大教育投入，改善办学条件，调整教育布局，全县教育得到均衡发展。1998 年，全县顺利通过省政府“普六”验收。1998 年后，推进教学体制改革，加强师资队伍建设，实行义务教育阶段课程改革，素质教育进程加快，基本满足人民群众对教育工作的期望和需求。2000 年、2001 年，共和县先后获教育部“中华扫盲奖”和“国家贫困地区义务教育工程项目管理先进单位”荣誉称号。2004 年 10 月，共和县“两基”（基本普及九年义务教育，基本扫除青壮年文盲）工作通过省政府验收。2005 年，全县有各级学校 94 所，在校学生 20872 人，入学率 99.9%，有专任教师 1041 人。

“科技兴县”战略为农牧业助力加速。全县科技工作坚持“科技兴县”的战略方针，紧紧抓住国家西部大开发的有利时机，坚持解放思想，实事求是，围绕科技创新和体制创新，普及、推广科学技术，试验、示范、推广科研成果。在科技项目立项、试验，科技人才培训，科学知识宣传，科技决策咨询服务等方面做了大量工作。科学技术就是生产力成为共识。

全县文化事业呈现欣欣向荣景象。1986—2005 年，民族文化在挖掘、整理中得以传承和发展，20 年间，全县共挖掘、整理民歌及酒曲等近千首。文化工作坚持文艺“双百”方针和“二为”方向，县文化馆及活跃在农牧区的业余文艺宣传队在农牧区积极开展群众喜闻乐见的文艺活动，文化部门在节假日组织群众表演“社火”“则柔”“锅庄”等传统舞蹈。恰卜恰地区多种形式的周末广场群众文化演出亮点纷呈。至 2005 年，县文化馆馆藏图书 6000 余册。共建成电视地面卫星接收站 53 座，电视人口覆盖率 89%。

医疗卫生水平显著提高。1986 年后，共和县深化医疗卫生事业体制改革，加大医疗基础设施、医疗设备等方面的投入，城乡卫生服务基础网络建设逐步合理完善，先进医疗设备得到广泛应用，医护队伍不断壮大，医疗技术水平明显提高，人民群众基本健康服务得到有效保障。2005 年，全县有县级医院 1 家，县级疾病预防控制中心 1 家，乡（镇）卫生院 12 家，社区卫生服务站 8 所，社区服务中心 1 所，村卫生室 79 个；全县拥有卫生机构床位（不含州级）271 张，每千人拥有床位 2. 09 张；卫生专业技术人员 339 人。全县参加新型农牧区合作医疗的农牧民 61379 人，参合率 85. 6%。

群众体育蓬勃发展。20 年间，各族群众开展篮球、乒乓球、羽毛球、拔河、爬山、台球、棋类等活动，先后成立“夕阳”健身操俱乐部、青少年业余篮球、足球等俱乐部。民族体育项目赛马、赛牦牛、摔跤、射箭、藏棋等在传统庙会和每年举行的农牧民运动会期间得到传承和发扬，参加的农牧民群众逾万人。学校体育运动项目主要有田径、体操、球类、棋类、拔河等。全县定期举办田径运动会，组队积极参加省、州体育竞技比赛，均取得很好成绩。共和县多次被评为“体育工作先进县”和“全民健身体育活动先进集体”。

社会保障体系逐步完善。20 世纪 90 年代后，共和县认真贯彻落实国家有关社会保险政策和制度，逐步建立健全“险种齐全、保障有力、服务规范”的社会保障体系。1986 年，共和县基本养老保险工作启动。至 2005 年，全县参加养老保险 1685 人，征收养老保险金 372. 88 万元，综合征费率 123%，社会化发放率 100%。1986 年 10 月，全县启动城镇失业保险工作。1996 年，共和县启动农村最低生活保障工作。1997 年，实施城镇居民最低生活保障制度。2000 年 10 月，启动并实施城镇职工医疗保险工作，制订《共和县城镇职工医疗保险制度改革实施方案》《共和县行政事业单位职工医疗保险实施细则》，建立社会医疗统筹基金和个人医疗账户相结合的医疗保险制度。2001 年 6 月，根据《青海省实施〈失业保险条例〉办法》，建立并实施失业保险制度。2003年起，实施大额医疗保险制度。2004年7月，启动工伤保险业务。至2005年，共征缴失业保险金85.6万元，发放失业金6.1万元；参保单位27家，参保人数510人，征缴工伤保险费3.56万元。2005年，全县有低保对象3883户11291人，落实低保配套资金166万元。

五

1986年后，全县坚持以政治建设为统领，以经济建设为中心，以改革开放为动力，健全和完善各种体制机制。中共共和县委历经第七届至第十二届党员代表大会，带领全县各族人民，全面贯彻党的政治路线、执行党的改革开放政策，制定诸多决定、决议。共和县人民代表大会及县人大常务委员会贯彻人民当家做主的基本制度，监督“一府两院”工作，批准实施“五年计划”5个。共和县人民政府立足实际，开拓创新，带领全县人民发展农牧业，稳定工业生产，提升服务业发展质量，发展社会事业，全县经济发展，社会全面进步。政协共和县委员会积极参政议政，实施民主监督，为改革开放保驾护航。

20年来，党的组织建设全面加强，党员队伍不断优化；干部人事制度改革取得新进展，人才工作开创新局面；民主法制建设取得新进步，党风廉政建设取得新成效；群团组织得到全面发展。全县在改革开放的进程中实现政治文明、物质文明、精神文明和生态文明的跨越式发展。1988年和2005年，共和县两次荣获“全国民族团结进步先进集体”称号；1994年，荣获“全国民政工作先进集体”称号；1996年，荣获“全国工商行政管理系统先进集体”称号；1999年，荣获“全省拥军模范县”和“全国爱心献功臣行动先进县”称号；2000年，荣获“中华扫盲奖”“全国双拥模范县”称号；2001年，荣获“国家贫困地区义务教育工程项目管理先进县”称号。其间，江西沟乡党委于1989年、1997年两次被中共中央组织部评为“全国先进基层党组织”；1992年，县人民检察院荣获“全国检察系统先进集体”称号；1999年，恰卜恰镇荣获“全国精神文明创建先进单位”称号；2000年，县农林局被国家林业局评为“全国营造林工作先进单位”。

立足当下，面向未来。共和县各族人民将坚持以习近平新时代中国特色社会主义思想为指导，增强“四个意识”，坚定“四个自信”，做到“两个维护”，继续调整产业结构，发展和繁荣地方经济，保障和改善民生，加强民族团结，维护社会和谐稳定。一定会克服前进道路上的一切困难，努力打造生态和谐幸福美丽新共和。

大事记

大事记

1986 年

2 月　共和县供销合作社恢复民营性质。

是月　共和县人民政府合理解决民间兽医（300 人）的报酬问题。

3 月　廿地乡鼠药厂建成投产，年生产草原灭鼠专用饵料 50 吨。首批灭鼠饵料发往果洛州使用。

4 月　石乃亥乡建成小型冷库（库容百吨），同时建成罐头加工厂，试产出牛肉罐头和羊肉罐头。

是月　恰卜恰、曲沟、铁盖 3 乡发展淡水渔业，建成鱼塘 48 个，面积 14.67 公顷，投放鱼苗 27.7 万尾。

6 月　切吉乡加什科村培育的“波斯藏型肉毛兼用半细毛羊”，经青海省畜牧厅、牧科院专家鉴定，在 5700 余只母羊中有一级母羊 1235 只，占比 21.67%。

7 月 1 日　共和县交通警察队成立，并首次设立恰卜恰镇区交通哨亭 3 个。

8 月 28 日　水电总局检查组检查龙羊峡水库建设工程，确认大坝形象面貌、泄水建筑、基础处理和灌浆、金属结构和机电安装、消耗防冲、观测系统等达到设计标准，已基本达到下闸蓄水要求。

9 月 24—25 日　水电部副部长陆佑楣、总工程师潘家铮，青海省省长宋瑞祥等检查龙羊峡水库下闸蓄水准备工作。

9 月 25—28 日　青海省人民政府在共和县恰卜恰召开龙羊峡水库下闸蓄水工作会议。会后，全面检查验收库区移民搬迁安置、库底清理、卫生消毒等工作。

10 月 10—12 日　政协共和县第三届第一次会议召开。会议选举才项为主席，祁加夏茸、巨焕、王冰祥为副主席，华青为秘书长。

10 月 15 日 10 时　龙羊峡水库正式下闸蓄水。中共青海省委书记尹克升、水电部副部长陆佑楣为下闸蓄水剪彩。

11 月　《经济参考报》报道，青海湖 1956—1986 年 30 年间水位下降 3.2 米，年均下降 10.8 厘米，鸟岛与西海山已在 1978 年与陵地连成一片，鸟类数量已不足 20 世纪 60 年代的五分之一。

12 月 13 日　青海省人民政府在恰卜恰召开龙羊峡库区移民工作汇报会，副省长尕布龙主持会议。会议就搬迁群众的生产、生活问题做出八项决定。

是年　投资36万元的英德尔中塘管道工程竣工。该工程扩大农灌面积120公顷，解决400余名群众、600头（只）牲畜的饮水问题。

1987年

1月　在海南州三级干部会议上，共和县被表彰为全州先进县。

2月15日15时10分　龙羊峡水电站开闸放水。

是月　共和县人民政府决定对县林业站、农机管理站、草工队、江西沟饲料加工厂等有生产经营收入的事业单位，实行“定收定支、差额补贴，一定三年不变”的管理办法。

3月　共和县第二民族中学在江西沟乡成立。设教学班3个，当年招生87人。

4月　共和县在财政、税收、物价大检查中，共查出违纪金额78.51万元。

6月4—6日　中国共产党共和县第八次代表大会召开。会议选举万玛龙主、万玛仁千、兰科先、多杰扎西、杨永华、杨企斌、更尕当周、李启珠、张谨为县委常务委员会委员；选举万玛龙主为书记，万玛仁千、兰科先、张谨为副书记；选举产生中共共和县纪律检查委员会委员15人。

6月15—21日　共和县第八届人民代表大会第一次会议在恰卜恰召开。会议选举才郎安加为县人大常委会主任，马青加、刘占全、卓措、刘忠全为副主任；选举万玛仁千为县长，李启珠、王占德、才项仁增、彭毛才郎为副县长；选举申积德为县人民法院院长，张希伟为县人民检察院检察长。

7月13—17日　青海省副省长尕布龙率检查团全面检查龙羊峡库区搬迁工作，并在恰卜恰召开库区移民搬迁安置会议。

7月27日　朝鲜民主主义人民共和国电力工业委员会副委员长李忠诚率电力代表团参观龙羊峡水电站。

8月　青海省考古研究所在共和县切吉乡东科、阿龙鲜山顶和黑马河乡然去乎村胡里木沟口发现古代岩画3处。

是月　沟后至江西沟公路建成通车，全长38公里，总投资55万元。

10月4日　龙羊峡水电站第一台32万千瓦水轮发电机组投产发电。12月4日，第二台32万千瓦水轮机组投产。

10月12—15日　全国人大常委会副委员长班禅额尔德尼·确吉坚赞视察海南州，听取共和县工作汇报，视察沟后水库。强调要维护民族团结，搞好民族工作。

是年　全县完成电力、水利、水土保持项目22项，总投资210万元，改善农田灌溉面积666.67公顷，扩大和改善草原利用面积5.18万公顷，解决4500名群众、19.5万头（只）牲畜的饮水问题。

是年　《共和县农牧业资源调查及区划图解》等66项成果获奖。其中“波斯藏型肉毛兼用半细毛羊”育种成果获省级科技进步奖。

1988年

2月9日　哇玉香卡农场荣获全省粮食丰产竞赛丰收杯。

4 月 11 日　中共青海省委书记尹克升考察青海民族师范高等专科学校、沟后水库工程和共和县皮革厂。

5 月 3 日　国务院授予共和县“全国民族团结进步先进集体”称号。

是月　托勒台提灌工程开工，1989 年竣工。工程总投资 476.68 万元，建成后扩大农灌面积 381.53 公顷、林灌面积 77.27 公顷，解决 2200 名群众、4400 头（只）牲畜的饮水问题。

6 月 18 日　沙珠玉乡耐海塔村第一小学五年级学生乘船游玩达连海时发生沉船事故，造成 13 人死亡。19 日，副省长班玛丹增在沙珠玉乡了解沉船事故及善后处理工作，并慰问遇难者家属。

7 月 5 日　国务委员兼国家科委主任宋健考察恰卜恰商场、江西沟上社牧民定居点及沙珠玉治沙林带。

7 月 13 日　中共中央政治局委员、国务委员兼国家教委主任李铁映考察倒淌河乡寄宿制小学、甲乙村寄宿制小学和江西沟上社村牧民定居点。

是月　共和县藏式宾馆在青海湖畔建成，开始接待中外游客。

9 月 20 日　龙羊峡至曲沟水运航线开通。

10 月 1 日　庆祝海南藏族自治州建州 35 周年活动在恰卜恰举行。

是月　国家工商行政管理局命名恰卜恰商场为“全国文明集贸市场”。

12 月　共和县沟后水库主体工程基本完工。该工程于 1985 年始建。

是年　全面完成龙羊峡库区移民安置工作任务。至 1988 年，共和县开辟菊花台、马汉台、托勒台、哇彦亥、沙珠玉、恰卜恰、英德尔、俄堡台等移民点 9 个，建设水利工程 9 项，架设输电线路 137.47 公里，总投资 4926 万元，扩大农田灌溉面积 1927.47 公顷，改善农田和林地灌溉面积 733.33 公顷，安置移民涉及 16 个村、1968 户、12300 人。

1989 年

3 月 30 日至 4 月 7 日　中共青海省委副书记田成平在共和县考察工作。

5 月 1 日　切吉、石乃亥、黑马河、江西沟、倒淌河 5 乡分别组建成立牧业协会。

7 月 21 日　中国水力发电工程学水库经济专业委员会龙羊峡水库移民安置考察组实地考察龙羊峡库区各移民安置点。

7 月 24—28 日　中共青海省委副书记、副省长金基鹏在共和县考察经济工作。

9 月 22 日　江西沟乡党委被中共中央组织部评为“全国先进基层党组织”。

11 月 28 日　龙羊峡水库蓄水高程达 2575.04 米，为下闸蓄水后的最高水位。

是年　恰卜恰民族商场建成，总面积 2920 平方米。

1990 年

3 月 9 日　青海省防疫站和共和县防疫站组成联合调查队调查沙珠玉乡结核病情况，确诊结核病患者 39 人。

4 月 17—19 日　中国共产党共和县第九次代表大会召开。选举产生中共共和县第九届委员会委员 24 人；选举万玛仁千、旦巴尖措、刘忠全、更尕当周、李德存、武志俊、周措（女）、杨企斌、彭毛扎西为县委常务委员会委员；选举万玛仁千为书记，旦巴尖措、武志俊、更尕当周为副书记；选举产生中共共和县纪律检查委员会委员 15 人。

4 月 20—24 日　政协共和县第四届委员会第一次会议召开。选举才项为主席，兰科先、巨焕、刘占全、华加、杨永华、谭仲科为副主席，彭力为秘书长。

4 月 26 日 18 时 37 分 12 秒（北京夏令时）　共和县塘格木地区发生 6.9 级地震。震中地区的塘格木农场房屋全部倒塌，总计受灾 12366 户、45098 人，死亡 120 人，直接经济损失 2.7 亿元。当年共发生余震 4000 余次，其中 5.5 级以上余震 6 次。

6 月 17—21 日　共和县第九届人民代表大会第一次会议召开。会议选举马青加为县人大常委会主任，李国祯、多杰扎西、卓措、王德高、祁加夏茸、杨肇宏为副主任；选举旦巴尖措为县长，彭毛才郎、旦巴、徐连保、魏洪全、刘忠全、祁育雄为副县长；选举万玛龙珠为县人民法院院长，李明鉴为县人民检察院检察长。

6 月 20 日　恰卜恰地区骤降暴雨，持续 25 分钟，降雨量 30 毫米，造成州水泥厂、州复合肥料厂等企业停产。

6 月 28 日　恰卜恰地区发生一起故意杀人案。犯罪嫌疑人蔡某某、才某、周某某 3 人无端滋事，连续作案，杀死 3 人，伤 5 人。30 日，三名犯罪嫌疑人被公安机关抓捕归案。

7 月 1 日　共和县全国第四次人口普查工作开始。普查结果显示全县总人口 127903 人。

7 月 26 日　“中国丝绸之路 200 周年”丝绸之路纪念观光活动在江西沟乡娘梁盖草场举行。各国驻华使节及港、澳、台同胞 100 余人参加观光活动。

8 月 1 日　中共中央政治局常委、全国人大常委会委员长乔石考察共和县及龙羊峡水电站。

8 月 14 日　十世班禅额尔德尼·确吉坚赞纪念塔在恰卜恰镇幸福滩落成，并举行开光典礼。

9 月 27 日　共和县人民武装部收归部队建制。

10 月 8 日　铁盖乡民族希望小学竣工。

11 月 7—8 日　中共青海省委副书记田成平考察铁盖乡重建家园现场。

1991 年

4 月　共和县残疾人联合会成立。

9 月 25 日　首轮《共和县志》由青海人民出版社出版，主编张谨，总纂为金志仁、陆敬伦、李凡邦。1993 年，获青海省第三次社会科学优秀成果奖。1994 年，获全国新编地方志优秀成果一等奖。

是年　共和县第一建筑工程公司被评为“全国先进建筑企业”。

1992 年

3 月　政协海南州委员会社会主义和爱国主义思想教育演讲团在共和县新寺、千卜录寺、恰卜恰清真寺宣讲邓小平“南方谈话”和中央民族统战、宗教工作会议精神。

5月　共和县人民检察院被最高人民检察院授予“全国检察系统先进集体”称号。

6月29日　共和县首次设立恰卜恰夜市，设摊位215个，从业人员425人。

是月　中国政府与世界气象组织共同选定瓦里关山为中国大气本底基准观象台永久性站址。当年动工修建，1994年1月竣工运行。是全球第一个大陆型基准观象台，也是国内唯一全球大气本底台。

是月　铁盖乡武装部被省委、省政府、省军区评为“三落实”先进单位。

11月14—16日　国家气象局副局长李黄在瓦里关山大气本底基准观象台、江西沟气象站及铁卜加牧业气象试验站检查工作。

1993年

3月　铁盖乡获省政府颁发的全省民政工作全优乡镇奖。

4月15—19日　政协共和县第五届第一次会议召开。会议选举才项为政协共和县第五届委员会主席，兰科先、巨焕、刘占全、华加、杨永华、谭仲科、彭力、刘忠全、尼玛为副主席，仁增久买为秘书长。

5月10日　沙珠玉乡遭遇特大风灾，导致333.33公顷农田受灾，亩均减产50公斤，直接经济损失29万元。

5月14—19日　黑马河乡正却乎村、加龙村、文巴村，石乃亥乡鲁色村、尕日拉村突降暴雪，造成牲畜死亡21034头（只），死亡率22.3%，仔畜死亡率达80%以上。

5月17—30日　联合国粮农组织投资中心调查团在共和县调查社会经济和生产制度。

是月　海南州体育场在恰卜恰镇开建，该体育场占地面积6万余平方米，可容纳观众2万余人。

6月28日至7月2日　共和县第十届人民代表大会第一次会议召开。会议选举马青加为县人大常委会主任，李国祯、多杰扎西、加华为副主任；选举旦巴为共和县人民政府县长，祁育雄、华青、何佑龙为副县长；选举万玛龙珠为县人民法院院长，马加布为县人民检察院检察长。补选万德才郎为共和县出席海南州九届人大代表。

7月4—6日　中国共产党共和县第十次代表大会召开。选举产生中共共和县第十届委员会委员25人；选举彭毛才郎、旦巴、辛东和、公保、苏珺（女）、祁育雄、梁希鹏、李安定、彭毛扎西、李德存为县委常务委员会委员；选举彭毛才郎为书记，旦巴、辛东和、公保、苏珺（女）为副书记；选举产生中共共和县纪律检查委员会委员15人。

7月19日　中共中央总书记、国家主席、中央军委主席江泽民在共和县考察，并题词“为民族地区的团结进步繁荣昌盛努力奋斗”。

7月26日　县委宣传部完成《阔步前进中的共和县》电视专题片拍摄。

8月1日　庆祝海南藏族自治州建州四十周年大会在恰卜恰举行。全国人大常委会、国务院及中共中央统战部、国家民委和西藏、新疆、甘肃、云南等省（自治区）及民族自治州的代表出席大会，青海省党政代表团到会祝贺。全国人大常委会副委员长阿沛·阿旺晋美致电祝贺。

8月7日　英德尔乡、沙珠玉乡、东巴乡11个村遭遇特大暴雨和冰雹袭击，共减收粮食262.89万公斤、油菜20.85万公斤，直接经济损失239.51万元。

8月27日22时许　沟后水库大坝决口，导致下游沿河村庄和县城恰卜恰镇数百间房屋冲毁，受灾居民600余户3000余人，死亡288人，失踪40人，造成直接经济损失1.53亿元。

8月28日　国务院副总理朱镕基致电青海省省长田成平，慰问共和县沟后水库大坝决口罹难者家属。

8月29日　国务院副秘书长、国家防汛抗旱总指挥刘济民受国务院总理李鹏，副总理朱镕基，国务委员陈俊生委托，率国务院救灾工作组于16时10分抵达恰卜恰灾区，慰问沟后水库垮坝受灾群众和参加抢险救灾的解放军指战员、武警官兵、公安干警和医务人员。沟后水库垮坝后，公安干警张海军、张炜、霍红兵，以及海南州供电局职工刘敏、翟全璞以身殉职，被追认为革命烈士；商业个体户李秀全为抢救落水儿童而献身，被授予“抢险救灾勇士”称号。

8月31日　青海省保险公司给恰卜恰沟后水库灾区调拨保险赔款资金120万元。

是日　联合国农发基金会专家组考察共和县，并初步确定项目。9月19日结束考察。

9月9日　水利部专家组抵达恰卜恰，调查沟后水库垮坝原因。

9月18日　恰卜恰地区干部群众上万人夹道欢送参加沟后水库垮坝后清淤救灾的省军区独立营官兵。

10月6日　“8·27”垮坝事故共收到各地捐赠救灾款182万元，各种救灾物资价值124.7万元；筹措资金3954.3万元，新建、维修或购买房屋1788间，673户灾区群众全部入住新居。

11月20日　倒淌河公安交通警察中队归海南州公安交通警察支队统一管理。次年3月3日，倒淌河公安交警中队升格为海南州公安交警支队直属大队。

12月25日　《塘河地震之后》画册出版发行。

是年　恰卜恰镇供水扩建工程（东线）建成管线3.5公里和水厂1座，日供水6000吨。

是年　国家一次性追加龙羊峡库区移民搬迁补偿费2106万元，用于处理库区移民搬迁安置遗留问题。

1994年

2月26日5时9分　共和县境内发生5.8级强烈地震。震中位于共和县沙珠玉乡上卡力岗村以南地区，造成大批房屋裂缝，直接经济损失4446.7万元。

4月1日　共和县公安局和海西州天峻县公安局联手，一举摧毁以伊拉某某为首的特大盗窃牲畜犯罪团伙，抓获团伙成员12人。该团伙在共和县境内作案18起，共盗窃牦牛151头。

5月5日　国际农业发展基金专家团在共和县考察评估农发基金项目。

是月　铁盖乡政府获民政部颁发的全国民政工作全优乡镇奖。

6月3—5日　全国人大常委会副委员长许嘉璐率执法检查组在共和县甲乙寄校、环湖藏文中学等学校检查《中华人民共和国教师法》的贯彻实施情况。

6月18日　共和县严厉打击刑事犯罪分子大会在恰卜恰地区举行，对19名罪犯进行公开宣判。

是月　共和县开始推行国家公务员制度。

8月　澳大利亚、丹麦、英国、美国等外国政府及民间组织向“8·27”特大洪灾捐款19万美元。

9月24日3时17分　共和县境内发生5.5级地震，沙珠玉、铁盖、英德尔、廿地乡部分群众住房遭受严重破坏。地震造成严重危房6845间、一般性危房7444间，受灾农牧户1569户，直接经济损失422.68万元。

10月20日　完成共和、兴海两县行政区域界线勘界工作，界址分东、中、西三段，划定界线总长181.5公里。

10月28日　州政府决定，自1995年1月起，对共和县除恰卜恰镇之外的所有乡（镇）从事教学工作15年以上的教师每人晋升一级工资。

12月25日　海南州公安处和共和县公安局破获“12·21”杀害公安干警特大案件，犯罪嫌疑人鲁某某、马某某被缉拿归案。

是月　共和县地震灾区重建家园工作通过验收。

1995年

1月23日　省长田成平考察海南州部分企业并慰问省第二毛纺厂、共和五金厂、州肉食品总厂、州地毯厂的困难职工以及恰卜恰乡干部群众，发放慰问金6万元。

3月3日　国道109线倒淌河区段发生一起东风货车与手扶拖拉机相撞事故，致3人死亡、9人重伤、4人轻伤。

是月　恰卜恰、东巴、廿地三乡五村相继发羊痘病，发病羊共计7000余只，死亡200余只，县畜疫防治部门采取措施，疫情得以控制。

4月　青海湖帐房宾馆收归州政府办公室管理，并与青海湖旅行社合并，更名为青海湖旅游公司。

5月12日　中共中央政治局常委、书记处书记、国务院副总理吴邦国考察龙羊峡水电站。

7月28日　共和县首家股份制乡镇企业——锡海毛纺原料厂建成投产。该厂由江苏省无锡市东北塘镇第三产业公司、龙羊峡电厂、共和县曲沟乡黄河村三方投资兴建，项目总投资1200万元，所生产的绵羊毛洗净率达部颁标准，被青海省列为“东西合作示范工程项目”。

8月20日　省政协副主席马元彪到共和县考察农发项目实施情况。

是日18时　廿地乡遭到严重冰雹袭击，造成416.49公顷粮油作物绝收，直接经济损失115.8万元。

8月25日　中共中央政治局委员、国务院副总理邹家华考察龙羊峡水电站。

8月30日　国际农业发展基金会总裁阿尔丹考察走访倒淌河农牧民贫困家庭。

9月3日晚　共和县遭受特大暴雨及冰雹灾害，持续时间15分钟，恰卜恰城镇冰雹直径最大为20毫米，农作物遭受雹灾面积2468公顷。山洪冲毁农田林地24.33公顷，冲毁草库伦围墙及网围栏17406米，死亡牲畜4381头（只），直接经济损失1681.79万元。

9月20日　共和县代表团荣获海南州第六届运动会团体总分第一名。

10月5日　共和、贵德两县签订行政区域界线走向协议书。该条界线南起共和、贵德、贵南三县交会点，向东偏东北至分水岭以东地区，与原已定界线相接，界线全长约56.1公里。

10月12日　共和县聘请挪威籍教师卡尔·乔治奥诺到倒淌河乡甲乙寄宿小学任教，为期一年。

10月17日　青海省军区政委李天荣在共和县铁盖乡考察“青年民兵之家”。

11月13日　省政协主席韩应选在共和县曲沟乡黄河村考察私营企业工作。

11月30日　中共海南州委、州人民政府表彰在民族团结、进步、繁荣、发展事业中做出优异成绩的共和县石乃亥乡等先进集体28个，先进个人114人。

是月　共和县完成环湖藏区现代化草地牧业示范项目，新建围栏草场1000公顷。

是年　完成龙羊峡库区水利工程投资798.13万元，扩大农田灌溉面积60.67公顷。

1996年

1月8日　中共青海省委副书记桑结加在廿地乡慰问贫困群众。

4月16日　恰卜恰地区有线电视一期工程通过省广播电视厅验收。该工程可保证传送有线电视节目11套，覆盖镇区行政企事业单位182个、城镇居民7160户近3万人口。

5月9日　州委书记高昭平检查铁盖乡、恰卜恰乡农业生产和“菜篮子”工程。

7月24日　中共中央政治局常委、全国政协主席李瑞环在共和县考察。

8月17—19日　青海省首届“江河源之夏”艺术节在共和县境内青海湖畔举行。

9月　中共青海省委授予江西沟乡党委“全省先进乡镇党委”称号，授予江西沟乡下社村党支部“全省先进党支部”称号。

10月16日　循化县个体户韩玉林与东巴乡联营建成共和县首个扶贫项目——东巴绒衫厂。

12月7日　共和县工商局被国家工商行政管理局、人事部评为“全国工商行政管理系统先进集体”。

1997年

3月10日　青海省计划委员会、青海省财政厅《关于青海省大中型水库库区后期扶持基金征收使用管理办法的通知》规定，龙羊峡库区后期扶持基金征收标准按电站实际发电量每千瓦时5厘钱征收，征收时间从1997年1月1日开始，期限10年。

4月18日　辽宁省党政代表团在倒淌河乡甲乙村考察草原建设“四配套”（牧户定居点、草原围栏、人工种草、牲畜棚圈）工作。

4月22日　海南州人民政府批准实施海南州砖瓦厂投资新（扩）建恰卜恰长安巷市场工程。

6月30日　中共海南州委、海南州人民政府召开恰卜恰地区“庆祝香港回归祖国”大会，恰卜恰地区行政干部、企事业单位职工、部队指战员、学校师生参加庆祝大会。

7月1日　江西沟乡党委再次被中共中央组织部评为“全国先进基层党支部”。

7月7日　中共中央政治局委员、国务院副总理姜春云在江西沟乡上社村考察工作。

7月9日　海南藏族自治州人民政府决定在共和县实施“海南州藏区青稞生产基础建设项目”，投资200万元。

7月21日　中共青海省委书记田成平考察恰卜恰乡、曲沟乡“菜篮子”工程、乡镇企业和农业生产。

8月5日　龙羊峡地区突降特大暴雨，引发山洪和泥石流，造成龙羊峡电厂出线楼被毁，进厂门厅房顶坍塌，厂房被淹。泥石流淹没吊龙公路瓦里关山路段路面40处10公里；泥石流淹没进厂公路3.5公里，损坏公路价值4802万元；损坏水电厂部分设备，价值3426万元。武警青海总队第二支队一大队三中队副班长张海西为保卫龙羊峡电厂献出宝贵生命，被武警总部授予“忠于职守的好战士”称号，并追认为中国共产党党员、革命烈士。

8月29日　共和地区突降暴雨、冰雹，引发山洪，导致1551公顷农作物受灾，经济损失1549.9万元。

9月12日　青海省爱国卫生运动会授予恰卜恰镇“省级卫生城镇”称号。

10月7日　共和县被列为“国家贫困地区义务教育工程”项目县。

12月15日　菊花台提灌改、扩建工程开工，总投资158.57万元。

是年　卫生部评定共和县卫生防疫站为县级三等卫生防疫站。

是年　江西沟乡被民政部评为“全国民政工作全优乡镇”。

1998年

2月20日　沟后水库工程建设管理局成立。

3月26日　共和县牧区示范工程项目通过省级审定。项目总投资300万元，其中国家专项投资150万元，项目实施期为2年。

4月6日　恰卜恰镇荒山荒坡造林实行绿色责任制。按系统、部门、单位规划承包造林任务、落实定地点、定任务、定质量、定责任和包种、包管、包活、包成林责任，责任期限长期不变。

4月6—10日　政协共和县第六届委员会第一次全体会议召开。会议选举杨卓改为政协共和县第六届委员会主席，尼玛、达乃、土旦尼玛、谭仲科为副主席。

4月7—11日　共和县第十一届人民代表大会第一次会议召开。会议选举梁希鹏为县人大常委会主任，吴金才让、加华、才项加、多杰太为副主任；选举多杰才让为共和县人民政府县长，李德存、华旦、杨占海、尕玛才让、李健华为副县长；选举万玛龙珠为县人民法院院长，陈光炜为县人民检察院检察长。

4月13—15日　中国共产党共和县第十一次代表大会召开。会议选举产生中共共和县第十一届委员会委员27人，选举李树青、多杰才让、苏珺（女）、彭毛东主、李德存、李健华、昂旦扎西、龙启顺、卓玛加为县委常务委员会委员；选举李树青为书记，多杰才让、苏珺（女）、彭毛东主为副书记；选举产生中共共和县纪律检查委员会委员17人。

5月21—28日　县委书记李树青率共和县党政考察团到海东各县考察学习。

5月26日　由共和县供销联社和香港德顺国际有限公司合资组建的青海省龙羊峡金属硅冶炼有限责任公司投产运行。

6月30日至7月1日　沟后水库重建工程招标工作会议在西宁召开，葛洲坝集团公司中标承建。7

月 28 日，沟后水库复建工程开工。

7 月 16 日　共和县公安局“110”指挥中心暨巡警大队正式挂牌成立。

7 月 29 日　县委、县政府召开全县个体私营经济工作会议。县委书记李树青做题为《解放思想，抓住机遇，努力推进共和县个体私营经济快速健康发展》的讲话。

8 月 1 日晚　恰卜恰乡、曲沟乡、东巴乡遭冰雹袭击，农作物受灾面积达 1686 公顷。

8 月 19 日　国家民委经济考察团到共和县考察民族经济建设情况。

8 月 25 日　县工商局捣毁恰卜恰镇居民新村一处制造、销售假冒互助系列酒黑窝点。

9 月　国家计委批准立项共和县生态环境建设项目，列入青海省第一批生态环境建设项目中。该项目建设期限为 3 年（1998—2000），计划总投资 4900 万元。其中，国家投资 2700 万元，地方配套和群众自筹 2200 万元。

11 月　海南州本地电话网组建，统一区号为 0974 规范局号，形成以海南州（共和）为本地网的汇接局。

是年　共和县建成供热站 1 座，投资 63.7 万元。

是年　恰卜恰至铁盖通信线路工程竣工，投资 54 万元。

1999 年

2 月 9 日　共和县人民检察院设立塘格木地区检察委员会。

3 月 23—24 日　由新华社、人民日报社、中央电视台等 19 家新闻机构组成的“保护母亲河行动江河行”记者采访团在共和县采访考察黄河上游生态环境改善及龙羊峡库区项目实施情况。

4 月 18 日　保护母亲河绿色工作——青海龙羊峡项目（建设期限为 5 年）开工仪式在龙羊峡东大山举行。项目由团中央、全国绿化委员会、水利部、国家林业局和中国青少年发展基金会共同组织实施。

6 月 23 日　全省第一个牧区红十字急救站在倒淌河乡成立。

11 月 26 日　共和县荣获“青海省拥军模范县”称号。

是年　实施恰卜恰镇团结南路 1190 米、绿洲南路 910 米改（扩）建；在主车道两侧增设 2.5 米宽的绿化隔离带，隔离带外改建宽 3.5 米的非机动车道，并铺设宽 5 米的人行道。

是年　共和县俄什加水利工程复建工程竣工，总投资 376 万元。

2000 年

1 月 24 日　《共和县恰卜恰镇总体规划》编制和 2000 年乡镇区绿化、平房改造等重点基础设施建设工作会议召开。

2 月 2 日　中共海南州委表彰江西沟乡为“农村牧区基层组织建设先进乡镇”。

3 月 7 日　共和县启动实施退耕还林（草）试点工作，面积 3600 公顷。

是月　县委决定利用 50 天时间在全县领导班子、领导干部中开展“三讲”（讲学习、讲政治、讲正气）党性教育活动。5月18日，县委“三讲”教育总结大会召开，县委书记多杰才让做总结讲话。

4月20日　县委印发《共和县党政领导干部实行试用制暂行办法》《共和县公开选拔领导干部暂行办法》《共和县实行领导干部选拔任用公示制暂行办法》。

5月1日　共和县乡镇首家数字移动通信设备在倒淌河乡安装调试成功，并正式开通运行。

7月16日　中共中央政治局常委、中纪委书记、中华全国总工会主席尉健行在共和县考察工作。

7月25日　国务院副总理钱其琛在共和县青海湖畔考察工作。

8月24日　国家林业局批复马汉台苗圃、龙羊峡苗圃为国家县级中心苗圃，建设规模各为10公顷。

8月26日　全国政协副主席罗豪才考察“保护母亲河”生态治理工程——龙羊峡东大山项目，并揭幕“全国政协委员纪念林”碑。

是月　共和县兄弟煤炭有限公司租赁承包原县民贸公司一楼，开设百佳商贸城，安置原县民贸公司等企业下岗职工20人。

10月20日　共和县医药有限责任公司将国有股权55.6万元转让给省医药有限责任公司，成为其子公司。

是月　共和县人民政府获教育部颁发的“中华扫盲奖”。

11月15日　中央电视台《正大综艺》节目组捐款5万元，种植生态林16.67公顷，并在龙羊峡东大山树立“正大综艺纪念林”碑。

是年　共和县农林局被国家林业局评为“全国营造林工作先进单位”。

是年　共和县人民政府荣获“全国双拥模范县”称号。

2001年

3月5日　沙珠玉乡实施“春蕾计划”，为21名辍学儿童圆了入学梦。

3月31日　共和县牧区示范工程项目通过省级验收。

4月18—19日　青海省省长赵乐际在共和县考察草原旱情。

4月26日　龙羊峡集镇供水工程竣工并通过验收。该工程共完成输配水管网10公里，日供水量达5000吨，总投资778.7万元。

是日　由龙羊峡发电分公司投资400万元的曲沟乡瓦里关村四级提灌站开工建设。

6月6日　东巴乡被青海省档案局评为“档案工作目标管理省级二级单位”，成为海南州第一个实现档案工作目标管理的乡镇。

6月18日　倒淌河乡哈乙亥村党支部被中共青海省委评为“全省先进基层党组织”。

7月8日　廿地乡、铁盖乡、东巴乡、曲沟乡、倒淌河乡和恰卜恰地区普遍遭受洪灾，冲走羊1000余只，死亡1人，水利工程损毁严重。

7月21日　中共青海省委副书记冯敏刚、省政府副省长穆东升在共和县江西沟乡检查环湖现代化高效畜牧业示范基地项目。

8月5日　中央电视台“心连心”艺术团在共和县青海湖畔举行慰问演出活动，海南州民族歌舞团组织的藏族服饰表演队与中央艺术团同台演出。

8月30日　共和县建成全国第一台坐式火葬油化炉。

9月9日　共和县民族完小教学楼工程竣工。建筑面积1578平方米，总投资130余万元。

9月10日　国道214线倒淌河至共和段二级公路改造工程开工，总投资1.37亿元。

9月18日　农业部部长杜青林检查江西沟乡上社村牧区牲畜两用暖棚。

9月28日　中国香港爱国人士林道生投资修建石乃亥乡道生希望小学，投资24.7万元。

10月15日　沟后水库、夏拉水库复建工程竣工，总投资4860万元。

是日　内蒙古草原兴发股份有限公司共和肉食品厂在恰卜恰正式挂牌成立。

10月19日　青海省人民政府表彰共和县勘界办公室为“全省勘界工作先进集体”。

11月19日　省政府办公厅印发《关于调整大水桥地区部分草场使用管理范围的通知》，明确大水桥地区共和县和乌兰县之间的草山界线。

12月　省委、省政府、省军区联合表彰共和县委宣传部、江西沟乡上社村为“军民共建‘高原千里文明线’先进单位”。

是年　共和县教育局获“国家贫困地区义务教育工程项目管理先进集体”称号。

2002年

1月10日　恰卜恰乡与恰卜恰镇举行合并建镇仪式。

3月28—29日　中共青海省委副书记冯敏刚在共和县检查畜牧业生产及退耕造林返草和产业结构调整情况。

是月　三贵（三塔拉—贵南）公路改造及油路铺筑工程开工，投资4200万元。当年10月竣工。

4月30日　共和县现代远程教育扶贫示范工程项目全面启动，总投资127.75万元。

5月27日　海南州人民政府决定撤销龙羊峡行委、共和县曲沟乡，合并成立龙羊峡镇，归共和县管辖。镇政府驻地设在原龙羊峡行委所在地。7月15日，举行龙羊峡镇挂牌仪式。

6月8—9日　全省设施畜牧业现场办公会在江西沟乡召开。

6月14日　中共中央政治局委员、中央军委副主席、国防部部长迟浩田上将到青海湖畔考察民兵预备役部队环青海湖退耕还林（草）示范点工作。

6月25日　恰卜恰青年公园建成，并向社会开放。

6月27日　恰卜恰地区再就业供需见面会在街心花园举行，现场签订意向性合同311人。

7月4—6日　国家畜疫防治工作组到共和县部分地区检查畜疫防治工作。

7月9日　全国政协副主席、中国工程院院长钱正英在共和县调研共和盆地生态环境治理情况。

7月14日　“海南皓星花园”住宅小区在恰卜恰镇开工奠基，总建设面积15965平方米。由青海省皓星集团西宁皓星房地产开发公司承建，总投资1050万元。

8月5—6日　全省地税征管工作会议在共和县召开。

8月9日　恰卜恰镇新设7个社区居委会正式挂牌成立。

8月27日　共和县2000—2001年农业综合开发项目通过专家组验收，项目总投资1399万元。

8月28日　国务院副总理温家宝在共和县考察产业结构调整、退耕还林（草）、草原保护以及生态环境建设等方面的工作。

9月6日　海南州国土资源局挂牌出让共和县石乃亥乡红铁岭铁矿采矿权，陕西省镇安县华夏工贸有限公司以31.5万元最高价竞得采矿权。

9月16日　西藏那曲地区畜牧考察团实地考察江西沟乡环湖畜牧业和环湖畜牧业生态治理工作。

11月12日　共和县第一小学建成计算机和语音室，实现班班“两机一幕”。

是月　环湖民族中学公寓楼工程正式开工。该工程投资50万元，建筑面积618平方米。

是月　省文明委授予恰卜恰镇“全省创建文明村镇工作先进镇”称号。

12月2日　中国台北曹仲值基金会和青海省残疾人联合会捐赠轮椅仪式在恰卜恰举行。

12月23日　切吉乡电网改造工程竣工，同期新建35千伏变电所1座，总投资1080万元，直接受益户1477户。

是月　共和县巴卡台至贵德县罗汉堂三级油路竣工，全长38.7公里，总投资5200万元。

是年　完成环青海湖地区天然草场植被恢复与保护建设项目，总投资1460万元。

2003年

1月7日　青海省人民政府表彰共和县为全省“人口与计划生育目标管理先进县”。

1月20日　新华社青海分社记者调查并反映江西沟乡退耕还林（草）补助被倒卖一事。后经省、州、县三级联合调查组查实处理。

3月24—26日　中国共产党共和县第十二次代表大会召开。会议选举产生中共共和县第十二届委员会委员27人，选举更藏加、王振昌、张生彪、尕玛才让、魏明霞（女）、纳玉福、杨洪文、蒋树成、叶丹、吴国祺、力本嘉为县委常务委员会委员；选举更藏加为书记，王振昌、张生彪、尕玛才让、魏明霞（女）为副书记；选举产生中共共和县纪律检查委员会委员17人。

3月27—30日　政协共和县第七届委员会第一次会议召开。会议选举卓玛加为县政协七届委员会主席，齐环才让、卡毛吉、更藏班玛南杰为副主席。

3月28—31日　共和县第十二届人民代表大会第一次会议召开。会议选举多杰太为县人大常委会主任，吴金才让、文进海、才让太为副主任；选举王振昌为共和县人民政府县长，纳玉福、才让太、熊有云、何世钦、更太为副县长；选举赵德寿为县人民法院院长，蒋玉林为县人民检察院检察长。

是月　共和县从山东省高密市引进西门塔尔良种牛50头，在恰卜恰镇西香卡村建立良种牛养殖繁育基地。

4月18日　共和县制定《“非典”疫情应急预案》，并在县医院、县疾病控制中心设立发热隔离病区。

4月30日　沙珠玉乡遭受大面积霜冻灾害，受灾面积438公顷。

是月　海南州国土资源局会同省国土资源局执法监察总队海南支队依法查处原共和县恰卜恰乡经委次汉素砂厂非法转让采矿权案，吊销其采矿许可证。

5月13日　廿地乡建起小尾寒羊试养点，从山东引进小尾寒羊87只，依托牲畜两用暖棚繁育饲养。

5月20日　州、县工商局查获恰卜恰地区仿冒“蒙牛”牌小布丁冰激淋190余件，案值2900余元。

是月　公开拍卖原青海省龙羊峡金属硅冶炼责任公司，甘肃省金豪餐饮有限责任公司以148万元获得该公司所有权。

6月22日　中共中央政治局常委、中央政法委书记罗干在共和县视察工作。

7月15日　倒淌河镇举行倒淌河小城镇建设工程竣工仪式。

7月20日　共和县环湖草原生态治理项目在江西沟乡启动实施。

7月31日　共和县人民政府办公大楼竣工。

是月　青海雪峰牦牛乳业有限责任公司建成并投产。

8月9日　首届青海湖旅游文化节在共和县青海湖畔举行。

9月26日　全省牧区现代化示范村机械打贮草暨物业设施观摩会在江西沟乡召开。

9月28日　新华铁合金有限责任公司、龙羊峡三龙铁合金有限责任公司正式投产。

12月14日　塘格木农场正式移交共和县。共移交耕地9346.47公顷、林地80公顷41203株、房屋5045间、水库2座及配套设施。

12月15日　省农牧厅项目检查组验收共和县牧业开发项目。项目总投资1723.22万元，建成围栏封育草场2.78万公顷，划区轮牧草场9340公顷。

2004年

2月25日　共和县首批赴浙江省务工农民54人启程。

3月5日　县联合检查组清查恰卜恰地区拖欠农民工工资情况，共受理拖欠农民工工资案件40起，解决18起，清欠农民工工资13万余元。

3月26日　恰卜恰镇金安小区安居工程破土动工，该工程属招商引资重点项目。

4月3日　恰卜恰老年福利服务中心举行开业典礼。

4月18日14时50分　东巴乡索尔加、乙浪堂两村西台坡退耕还林（草）地及部分草场发生火灾。火灾焚毁两村退耕还林（草）地56公顷，草场13公顷。

4月20日　恰卜恰镇9条村级硬化道路开工建设。

4月27—28日　中共青海省委书记赵乐际在共和县考察塘格木移民安置工作。

5月2日　共和县境内普降中至大雪，降水量达15.6毫米。全县7个乡镇受灾，经济损失580余万元。

5月8日　环青海湖军队副食品生产基地按属地移交共和县。共移交土地3000公顷；移交房屋51间，移交拖拉机、收割机等机械设备94台（组、个），移交办公设备及生活设施487件。省政府划拨给湖东种羊场耕地666.67公顷，划拨给省林业局耕地133.33公顷。

5月14—17日　州委常委、县委书记更藏加赴北京市看望共和县在京务工人员，并召开进京务工人员座谈会。共和县进京务工人员联络处成立。

5月16日　恰卜恰镇团结北路、绿洲路道路改造与排水工程开工建设。

5月31日至6月4日　切吉乡哇合、加什科两村冬季草场内发生野熊袭击事件。野熊捕杀绵羊109只。事件发生后，公安部门紧急疏散两村牧民337户、1874人。

6月12—18日　县政府县长王振昌率工作组赴西藏实地考察劳务用工情况，看望和慰问共和县在西藏务工人员，并召开共和县进藏务工人员座谈会，建立劳务输出联络处。

是日　共和县首家农民工工会联合会在恰卜恰镇组建成立。

6月17日　共和县首批农民30人赴山东省学习奶牛养殖技术。

6月18日　沙珠玉、铁盖县乡油路工程开工建设。

7月4日12时左右　东巴、龙羊峡、恰卜恰3乡镇5村遭受雹灾，持续时间约20分钟，共造成农作物271.33公顷受灾，受灾人口430户2040人。

8月16日　共和县引进优质西门塔尔杂交奶牛381头，分配给东巴乡索尔加村和恰卜恰镇西台村，实施整村推进扶贫养殖项目。

10月26日　省政府检查验收共和县“两基”工作。

12月31日　共和县鑫源铁合金矿业有限公司开业。

是年　全县修建农村公路24条196.09公里。其中通乡油路3条62.49公里，通村沙路12条108.6公里，村级硬化公路9条25公里，总投资2285.9万元。

是年　全县建成日光节温室及塑料大棚527座，可种植蔬菜133公顷。

2005年

1月5日　共和县政府会同省渔政总站开展以禁止偷捕湟鱼为主要内容的清湖行动。查获并就地销毁渔网4700余盘，没收皮筏子、水裤、冰钻、拉杆、铁锹等渔具300余件，收缴湟鱼1200公斤，查处并捣毁非法贩鱼窝点27个。

1月7日　省政协主席桑结加到共和县调研青海雪峰乳业公司、新华铁合金有限公司、海南百佳商贸城、海南三丰购物中心、金安房地产等运营情况。

1月10日　共和县举行向东南亚地震海啸受灾地区募捐善款仪式，共捐款45882元。

1月12日　共和县“扫黄打非”领导小组检查清理恰卜恰地区非法出版物，共检查文化活动场所28家，查获盗版音像制品4300件、盗版图书270本、淫秽色情出版物180件（本）、非法出版物532件。

3月16日　共和县召开人口与计划生育工作会议。县政府表彰奖励领取独生子女父母光荣证的家庭和牧区少数民族牧民主动放弃生育第三个孩子的家庭，兑现奖金27.1万元。

3月21—23日　共和县环湖地区连降暴雪，积雪厚40~50厘米，造成4乡17村受灾，受灾人口1591户9492人；受灾牲畜226134头（只），致牲畜死亡4701头（只），经济损失约100万元。雪灾发生后，共和县组织人员开展抗灾保畜工作，县政府向受灾严重的黑马河、石乃亥两乡紧急调运优质饲料30吨。

3月29日　恰卜恰镇次汉素村新型墙体建筑材料厂投产。该项目总投资400万元，年产新型墙体砖1800万块，年产值360万元。

4月18日　共和县2004年度农牧民技能培训“阳光工程”通过省级验收。

5月10日　共和县“以草定畜”试点工作在江西沟乡启动。

5月23日　青海可可西里肉食品有限公司成立。

5月30日　全国民族团结进步模范单位及个人表彰大会表彰共和县为“全国民族团结进步模范县”。

6月30日16时30分至17时30分　龙羊峡地区强降暴雨，引发山洪，造成直接经济损失166万元。

7月18日　娘堂水库除险加固工程开工。总投资1428万元，工期1年。

8月9日　青海省农业综合开发办公室批准共和县2005年农业综合开发产业化项目计划。该项目由青海雪峰乳业有限责任公司组织实施，主要包括基础设施建设、良种畜引进、设备购置和科技培训四部分，项目计划投资252万元。

8月10日17时左右　塘格木地区突降暴雨，引发山洪，切吉水库大坝辅助设施毁坏，直接经济损失262万元。

9月8日　共和县石乃亥乡城镇建设一期工程竣工。该工程于2004年7月开工，投入资金363.1万元，新建二层商住楼248间5302.24平方米。

9月17日　全省农牧区人畜饮水工程运行管理现场观摩会在共和县召开。

9月28日　共和县重点招商引资项目——青海豪仁房地产开发有限公司投资建设的香格里拉小区破土动工。

10月28日　教育部“两基”检查组在共和县检查“两基”工作。

是年　共和县科协引进德国FF10000高产饲用甜菜在龙羊峡镇后菊花村和恰卜恰镇东香卡村试种成功，共试种3.53公顷，亩均产鲜茎叶4000公斤。

第一编

政区　环境　人口

第一章 建置区划

民国 18 年（1929），由西宁、湟源二县析置共和县。1949 年 9 月，共和县解放，成立共和县人民政府，直属青海省人民政府管辖。1952 年 6 月，改共和县为藏族自治区（县级）；1953 年，复改共和藏族自治区为共和县，隶属海南藏族自治区（专区级）。1955 年，海南藏族自治区改为自治州，共和县为州属县。至 2005 年，全县设 3 镇 9 乡，辖 92 个村、10 个社区居委会；全县总面积 17252.27 平方公里（含青海湖部分水域面积 2611.54 平方公里），占青海省总面积的 2.39%，占海南藏族自治州总面积的 45%。县境东西长 221.5 公里，南北宽 155.4 公里。

第一节 位置 境域

一、位置

共和县位于青海省海南藏族自治州北部，青海湖以南，黄河之北，地理坐标介于北纬 35°46′~37°10′、东经 98°54′~101°22′之间。东北部与湟源县和贵德县毗连，东及东南部隔黄河与贵南县为邻，南及西南部与兴海县接壤。西和西北部与海西州都兰县、乌兰县、天峻县相连，北隔青海湖与海北州刚察县、海晏县为邻。县城恰卜恰镇距省会西宁市 142 公里。

二、境域

共和县境东西长 221.5 公里，南北宽 155.4 公里。最东点在倒淌河镇野牛山顶，是共和县、湟源县、贵德县之分界线标志点；最南点位于铁盖乡南部黄河沿岸，是共和县与贵南县、兴海县的自然分界线；最西端位于切吉乡西部的巴彦郭勒山，是共和县与都兰县、乌兰县的分界线；最北端在石乃亥乡布哈河上游，是共和县与天峻县、刚察县的自然分界线。

第二节 建置沿革

一、古代建置

汉元始四年（4），设西海郡于青海环湖地区，郡治在今海晏县三角城，辖今共和县地域。新莽地皇四年（23），王莽政权垮台，西海郡废，共和重归羌人。

东晋隆安元年（397），鲜卑乙弗部落迁至青海湖滨。共和大部地区属乙弗部落辖之。义熙十年（414）乙弗部落臣服于西秦，共和大部地区属西秦王国。

刘宋元嘉六年、北魏神䴥二年（429），吐谷浑兵临环湖地区，乙弗鲜卑降并于吐谷浑。

梁大同六年、西魏大统六年（540），吐谷浑王夸吕建都于伏俟城（今共和县石乃亥乡铁卜加古城）。从此，今共和地区遂成吐谷浑后期政治、经济活动中心。

陈太建八年、北周建德五年（576），北周太子宇文赟“巡抚西土”，攻吐谷浑，进至伏俟城，夸吕败逃。

隋大业五年（609），隋炀帝击败吐谷浑，置河源郡、西海郡。共和南部地区属河源郡远化县辖；北部地区属西海郡（治伏俟城）宣德县辖。隋末，共和县地重陷吐谷浑。

唐贞观十年（636），唐军击败吐谷浑王伏允，封其孙诺曷钵为河源郡王，从此，以今海南地区为中心的吐谷浑王国，成为唐帝国的藩属。

咸亨元年（670），吐蕃侵入吐谷浑，唐派大将薛仁贵率军阻其北进，并协助吐谷浑收复失地。是年秋，反击吐蕃北侵失败，吐谷浑国亡，共和全境陷入吐蕃。

天宝十三年（754），唐陇右节度使哥舒翰攻占共和东南部黄河沿岸地区。在今龙羊峡西口设置金天军，不久重陷吐蕃。

宋天圣十年（1032），共和地区为河湟吐蕃唃厮啰政权属地。

南宋宝庆三年（1277），成吉思汗蒙古军进入青海东部地区，共和地区降附蒙古汗国。

元至元八年（1271），元设贵德州，辖今贵德及共和大部地区。

明代，共和南部地区属必里卫、北部属西海蒙古。

清代，共和地区为西宁办事大臣辖地。雍正三年（1725），编青海蒙古为二十九旗，共和西部地区为和硕特西后旗牧地，中西部为南右末旗牧地，东部地区为辉特部南旗牧地。

二、现代建置

民国3年至17年（1914—1928），共和归蒙番宣慰使管辖。民国18年（1929）7月，成立共和县（县名取“五族共和”之意），将西宁县所属上郭密、下郭密和湟源县所属恰卜恰等地，划归共和县管辖。

1949年9月27日，共和县人民政府成立，直属青海省人民政府领导。1953年，海南藏族自治区（专区级）成立后隶属自治区辖。1955年，自治区改为自治州，共和县为州属五县之一。至2005年，共和县建置历时76年。

第三节　行政区划

1984年，人民公社管理委员会改为乡（镇）人民政府。1986年，全县共设恰卜恰镇、恰卜恰乡、倒淌河乡、英德尔乡、曲沟乡、铁盖乡、沙珠玉乡、切吉乡、黑马河乡、石乃亥乡、江西沟乡、廿地乡、东巴乡，共辖村（牧）民委员会87个、居民委员会5个。

2002年，撤销恰卜恰乡，并入恰卜恰镇；撤销曲沟乡、龙羊峡行委，合并设立龙羊峡镇，归共和县管辖。2003年，撤销倒淌河乡，设立倒淌河镇。

2005年，共和县设恰卜恰镇、龙羊峡镇、倒淌河镇、英德尔乡、铁盖乡、沙珠玉乡、切吉乡、黑马河乡、石乃亥乡、江西沟乡、廿地乡、东巴乡，共3个镇、9个乡，辖92个村（牧）民委员会、10个社区居民委员会。

1986—2005 年共和县乡（镇）、村委会、合作社设置情况表

表 1-1　　　　单位：个

年份	乡镇		村委会		合作社	
	合计	其中牧业	合计	其中牧业	合计	其中牧业
1986	13	8	87	45	325	164
1987	13	8	87	45	327	172
1988	13	8	87	45	323	168
1989	13	8	87	45	329	173
1990	13	8	88	45	332	173
1991	13	8	89	45	333	172
1992	13	8	89	45	333	172
1993	13	8	88	44	328	167
1994	13	8	90	44	330	168
1995	13	8	91	44	331	165
1996	13	8	91	44	331	165
1997	13	8	92	45	331	165
1998	13	8	92	45	332	165
1999	13	8	92	45	333	165
2000	13	8	91	45	333	165
2001	13	8	91	45	333	166
2002	12	8	93	45	337	166
2003	12	7	92	45	319	146
2004	12	5	92	40	317	138
2005	12	5	92	40	318	138

第四节　乡（镇）概况

一、恰卜恰镇

“恰卜恰”系蒙古语，意为“切开的崖坎”；又因恰卜恰河系由上源曲乃日、曲乃亥二水汇合，故恰卜恰有藏语“双水”之说。位于共和盆地东缘，伦保赛日钦山南麓。东邻东巴乡，西接沙珠玉乡、廿地乡，南连龙羊峡镇、铁盖乡，东西宽 19 公里，南北长 47.5 公里，面积 483.5 平方公里。地势西北高东南低，年平均气温 3.4℃，

月平均最高气温（7月）22.1℃，月平均最低气温（1月）-18℃，平均年降水量3112.4毫米，无霜期96天，农作物生长季150~180天，牧草生长季170~200天。上塔迈地区和下塔迈地区有丰富的地热资源，青海南山南坡有大理石矿约10平方公里。

1973年，青海省革命委员会批准设立恰卜恰镇。1986年，全镇辖居委会5个，居民小组43个。2002年，恰卜恰乡并入恰卜恰镇。2005年，恰卜恰镇辖居民委员会7个、村民委员会9个，自然社43个。全镇户籍人口1907户8376人。

恰卜恰镇经济以农为主、农牧结合。2005年，全镇耕地1180.13公顷，主要以种植粮食作物为主，辅以土豆、豌豆、蚕豆、油料、蔬菜种植，建有温室大棚398个；有可利用草场2.45万公顷，饲养牛、马、驴、骡46101头（匹），绵、山羊43015只，各种奶牛664头，适龄母畜26978头（只），建有畜棚（圈）594个；全镇成片造林890.8公顷，退耕还林20公顷，“四旁”植树43.5万株，农田林网84条51公里，树木10万株，苗圃14.27公顷，护林围栏6452.4公顷，宜林地1333.33公顷。年末，全镇农牧民人均纯收入1692.34元。

1986年起，恰卜恰镇加快城镇建设步伐，逐年拓宽和建成主要街（巷）31条。至2005年，已硬化镇区路面20条，其中道路混凝土造面3条、铺装油路17条；建成自来水厂2处，日供水1.56万吨；建公共厕所11个，放置专用垃圾斗55个、果皮箱42个，购置垃圾车2辆，吸粪车1辆，洒水车1辆，设垃圾处理场2处，日清理垃圾80余吨，年处理垃圾29000余吨。镇区有毛纺、皮革、服装、食品、印刷、制药、建筑、建材等工业企业30户，生产工业产品100余种（类），工业总产值9351万元，年销售总额8067万元；建成农贸市场5个；镇区有中学3所、小学4所、幼儿园1所；卫生机构9个，医务人员545人；文化机构19个，文艺工作人员415人；电视台和有线电视台各1座。自1998年起，恰卜恰镇多次荣获县级文明城镇、州级文明县城、全国创建文明村镇工作先进单位等荣誉。

二、龙羊峡镇

“龙羊”为藏语音译，意为“险峻的悬崖沟谷”。位于共和县东南隅黄河谷地，东与贵德县罗汉堂乡接壤，西与恰卜恰镇、铁盖乡为邻，南与贵南县以黄河为界，北与倒淌河镇、东巴乡毗连。东西长52公里，南北宽37.5公里，面积747.8平方公里。镇政府驻原龙羊峡行委所在地，距县城恰卜恰镇69公里。龙羊峡水电站位于镇政府所在地。瓦里关山最高海拔3816米，农耕地区海拔2476~2845米。年平均气温5.7℃，月平均最低气温（1月）-17.1℃，月平均最高气温（7月）24.6℃，年降水量271.6毫米，无霜期115天。农作物生长季180~200天，牧草生长季190~200天。

1978年4月，海南藏族自治州革命委员会龙羊峡办事处成立，属县级行政机构。1981年4月，改称海南藏族自治州人民政府龙羊峡办事处。1989年7月，改称龙羊峡行政委员会，属海南州人民政府派驻龙羊峡的县级行政机构。2002年5月，海南藏族自治州人民政府决定，撤销龙羊峡行委、曲沟乡，合并设立龙羊峡镇，划归共和县管辖。2005年，辖村10个，社区居委会2个。全镇4760户12995人。

全镇经济以农为主，农牧结合。2001—2003年，共实施退耕还林（草）38.06公顷，在哇玉地区实施退牧还草193.33公顷。2005年，全镇有耕地492.07公顷，主要农作物有小麦、豆类、蔬菜、瓜果等；可利用草场5.57万公顷，牲畜总数64927头（只），其中母畜60478头（只）、役畜703头（只）、仔畜2.65万头（只），适龄母畜比例达58%以上；引进纯藏系种公羊280只，实现绵羊改良8000只，绒山羊改良200只；

有公益林417公顷，天然林637.33公顷。全镇农牧民人均纯收入1524.09元。

2005年，全镇有完全中学1所，初级中学1所；普通小学9所，在校学生1003人；民族寄宿制学校2所，在校学生224人。卫生医疗机构4个，卫生技术人员24人。

三、倒淌河镇

“倒淌河”，因河水西流而得名，藏语称“柔毛”。位于青海湖东缘，北与海晏县银滩乡接壤，东与湟源县日月乡毗连，东南与贵德县罗汉堂乡为邻，南与龙羊峡镇相连，西和西南与东巴乡、恰卜恰镇、江西沟乡连接，面积1301.98平方公里。地貌为三面环山、一面临水的湖滨倾斜平原。海拔3200~3510米，尕当山最高海拔4877米。东西长75公里，南北宽65.5公里。历年平均气温-0.5℃，月平均最高气温18.51℃，月平均最低气温-22.3℃，属高原大陆性气候。年降水量338毫米，绝对无霜期38天，平均年日照时数2718小时。农作物生长季为130~150天，牧草生长季为150~170天。

1984年，倒淌河公社改为倒淌河乡。2003年，撤销倒淌河乡，成立倒淌河镇。2005年，辖牧业村9个，自然社36个。全镇人口2507户11677人。

全镇经济以畜牧业为主。2005年，全镇可利用草场11.28万公顷，草场围栏面积5.53万公顷；各类牲畜217150头（只），其中改良羊78716只；畜种以羊为主，牛次之，马、驴、骡数量较少；全镇共产各类仔畜94667头（只），育活86796头（只），成活率91.7%，出栏各类牲畜76020头（只），出售64676头（只），出栏率36.1%，商品率31%，适龄母畜比例53%。耕地1659.5公顷，实种农作物1534.27公顷，其中粮食作物272.33公顷，总产量79.8万公斤，种植油料作物661.93公顷，总产量73万公斤，种植燕麦500公顷。拥有各种农机具556台（件），大中型拖拉机7台，小型手扶拖拉机540辆，榨油机9台，农用汽车24辆。退耕还林（草）补植补种67.93公顷，实施黑土滩治理8.67公顷。年末，全镇农牧民人均纯收入2585.65元。

2005年，全镇有各类寄宿制学校8所，在校学生1324人，教师62人；有卫生医疗机构1个，卫生技术人员12人。设有合作医疗站9个，医务人员21人。

四、英德尔乡

“英德尔”系蒙古语，译意为“台阶地”，因乡境内有英德尔海（湖），湖岸形似台阶而得名。位于共和县中部，东邻廿地、沙珠玉乡，西与切吉、黑马河乡接壤，南接兴海县河卡乡，北越青海南山与江西沟乡毗邻，面积1376.3平方公里。地形复杂，地势北高南低，平均海拔3200米。年平均气温2.2℃，月平均最低气温（1月）为-19.9℃，月平均最高气温（7月）为21.2℃，平均年降水量250毫米，无霜期为60天，平均大风天数50天。农作物生长季为130~160天，牧草生长季为150~170天。

1986年，共和县人民政府批准曲沟乡黄河村部分移民安置在英德尔乡，组成黄河村。1989年，曲沟乡加什达村部分返迁移民安置在英德尔乡多尕当，组成加什达村。2005年，县委、县人民政府研究决定，实施更尕、曲让村生态移民惠民工程，搬迁360户2160人，投资1676.3万元。全乡辖牧民委员会5个，自然社21个。全乡人口899户4491人。

全乡经济以牧业为主。由于受干旱、过度放牧等因素影响，草场大面积严重沙化，荒漠化草场达70%。2000年后，坚持“立草为业，调整结构，提高总量，增加商品率”原则，加强草原“四配套”建设，实施“退牧还草，减畜育草，鼠害防治，生态移民”等工程，治理荒漠化和恢复生态取得明显成效。2005年，全乡有耕地559.6公顷，种植少量青稞、油料和饲料；有可利用草场 12.2 万公顷，各类牲畜 129374 头（只）。全乡有天然林 288.17 公顷、公益林 3038.8 公顷。2000—2005 年，实施荒山造林、退耕还林工程，荒山造林 365.27 公顷，退耕还林 646.67 公顷。年末，全乡农牧民人均纯收入 2847.7 元。

2005 年，全乡有学校 5 所，在校学生 897 人，教职工 35 人；有卫生机构 1 所，医务人员 5 人。

五、铁盖乡

“铁盖”系蒙古语，意为“弯钩”，因地形呈弯钩状而得名。位于共和县南部，北接沙珠玉乡，东邻曲沟乡，西与兴海县河卡乡接壤，南隔黄河与贵南县相望。面积 982.6 平方公里。海拔 2800~3400 米。年平均气温 2℃~5℃，平均年降水量 300 毫米，无霜期 40~120 天，农作物生长季为 150~190 天，牧草生长季为 170~200 天。全年大风日数 34~53 天，沙尘暴年平均达 16~21 次，居全县之首。以干旱荒漠草原为主，其间有大片的沙地，是共和县的沙漠区域，水源缺乏，沙化、水土流失严重。

1984 年，铁盖公社改为铁盖乡。1986 年，原曲沟乡托勒台村、哈汗土亥村、合乐寺村因龙羊峡水库移民搬迁而划归铁盖乡。1988 年，共和县人民政府批准铁盖乡合乐寺村划分为上、下合乐寺两个村。1989 年 4 月，共和县人民政府在马汉台安置前菊花村部分移民和加什达、查那两村部分返迁移民。1990 年 1 月，县人民政府批准成立铁盖乡七台村和委曲村。1990 年，“4·26”塘河大地震导致乡政府驻地九道班房屋倒塌，乡政府驻地遂迁至马汉台。2005 年，全乡辖村民委员会 11 个，自然社 28 个。全乡人口 1466 户 6068 人。

全乡农业以种植春小麦为主，兼种油菜、蚕豆、马铃薯、蔬菜等。2005 年，全乡粮油播种面积 716.87 公顷，粮食总产量 158 吨，油料总产量 342 吨，农业总值 1121.36 万元；全乡有可利用草场 9.73 万公顷，牲畜总头数 85830 头（只），畜种构成以羊为主，适龄母畜 46353 头（只），育成仔畜 38999 头（只）。2000—2005 年，实施“保护母亲河”工程和“生态工程”，全乡平均每年植树 200 公顷以上，初步形成以七台、合乐寺、托勒台为重点的农田防护林和经济林体系。年末，全乡农牧民人均纯收入 1672.91 元。

2005 年，全乡有学校 6 所，在校学生 849 人，教师 64 人。设有卫生医疗机构 1 个，医务人员 10 人。村级医疗点 9 个。

六、沙珠玉乡

“沙珠玉”，藏语意为“四方地”，以乡境内的方形孤山（藏语称珠玉岗）得名。位于共和县中部，西邻英德尔乡，北接廿地乡，东与恰卜恰镇为邻，南与铁盖乡接壤，全乡面积 638.18 平方公里。平均海拔 3000 米左右，年平均气温 2℃~3.5℃，平均年降水量 200~300 毫米，无霜期60~100 天，年平均大风日 33 天，沙尘暴日 20 天。农作物生长季为 150~170 天，牧草生长季为 170~190 天。

1984 年，沙珠玉公社改为沙珠玉乡。1986 年，原曲沟乡前菊花村部分农户和曲沟村安置在沙珠玉乡。1988 年，沙珠玉乡下卡力岗五社和前菊花村搬迁移民合并为达连海村。2005 年，全乡辖村民委员会 10 个，自然社 32 个。全乡人口 1577 户 6977 人。

全乡经济以农为主，农牧结合。2005 年，全乡播种面积 568.4 公顷，其中粮食作物 422.13 公顷，油料作物 70.06 公顷，主要种植小麦、蚕豆、油菜籽、豌豆、马铃薯等作物；有可利用草场面积 2.27 万公顷，各类牲畜 75092 头（只）。至 2005 年，全乡造林 400 公顷，营造农田防护林带 247 条，总长 124.5 公里；全乡有机井 8 口，电动机功率 330 千瓦；有农产品加工机具共 23 台（套）；建有水利枢纽 1 座，引水渠 4.1 公里，注入式调节水库1座。年末，全乡农牧民人均纯收入1320.03元。

2005年，全乡有中小学校9所，教职工67人；有中心卫生院1所，村级合作医疗站10个，医务人员29人。

七、切吉乡

“切吉”，藏语意为“法师”。1730年，法师夏日格旦嘉措到此地传教，因而得名。位于共和盆地西部，东邻英德尔乡，西界海西州都兰县、乌兰县，北接黑马河乡、石乃亥乡，南与兴海县毗邻。全乡面积4175.02平方公里。地势平坦辽阔，平均海拔3100米。年平均气温-2.7℃，月平均最低气温（1月）-18.3℃，月平均最高气温（7月）20.7℃，年降水量250毫米，无霜期60天。农作物生长季为140~160天，牧草生长季为150~175天。

1984年，切吉公社改为切吉乡。切吉乡政府原驻莫合村，1984年迁至新哲农场场部旧址，距县城恰卜恰90公里。2005年，哇玉农场场地移交切吉乡。2005年，全乡辖村牧民委员会8个。全乡人口1649户7613人。

全乡经济以牧业为主，兼营农业。2005年，可利用草场36.28万公顷，各类牲畜245496头（只），其中改良羊130227只，是共和县绵羊杂交改良重点乡之一；耕地83.93公顷，实际播种面积44.4公顷，产量58吨，农作物有小麦、青稞、豌豆、油菜等。退耕还林（草）2066.67公顷，“四旁”植树共4662株。2005年，全乡个体工商户135户、从业人员197人；个体工商户总收入达280万元，完成税金10万余元，年利润15.3万元；拥有各类车辆1894辆，其中农机具125台（辆）。年末，全乡农牧民人均纯收入2468.74元。

2005年，全乡有学校6所，教师46人，在校学生913人，入学率100%；有卫生院1所，医务人员18人。

八、黑马河乡

“黑马河”，藏语原称“大喇嘛河”。位于青海湖南岸，青海南山北麓，北临青海湖，东接英德尔乡，西北邻石乃亥乡，南靠青海南山和切吉乡接壤。平均海拔3310~3400米。最高点恰合山（千卜录山）海拔4660米。东西长54公里，南北宽30公里，总面积1073.9平方公里。全乡平均气温0.1℃，月平均最低气温（1月）-20℃，月平均最高气温（7月）17.8℃，年降水量397毫米，无霜期37天。农作物生长季为130~150天，牧草生长季为150~170天。

1984年，黑马河公社改为黑马河乡。是年9月，县人民政府批准文巴地、正却乎、加隆三村农业点合并成立然去乎村。2005年，全乡辖牧民委员会4个，自然社12个；人口862户4105人。

全乡经济以牧业为主。2005年，有可利用草场9.75万公顷，有各类牲畜112659头（只），其中改良羊26100只；耕地102公顷，主要种植青稞和饲料；拥有各种农机具110台（件）；修筑灌溉渠道5条28.5公里，铺设管道33条55公里，解决620名群众、11万头（只）牲畜饮水问题，农牧民全部实现定居。个体工商户76户238人，临时经营户32户96人，商品零售总额1100万元。年末，全乡农牧民人均纯收入2614.75元。

2005年，全乡有学校3所，在校学生570人，入学率99.2%，教职工33人；有卫生院1所，医务人员22人，村医疗室6个。

九、石乃亥乡

“石乃亥”，藏语意为“黑青稞”。位于青海湖西缘，北以布哈河与刚察县吉尔孟乡分界，南与切吉乡、黑马河乡和海西州乌兰县茶卡乡接壤，西与海西州天峻县天棚乡毗邻。东西宽53公里，南北长57.5公里，总面积1787.12平方公里。乡政府驻切吉塘，距县城公路里程200公里。全乡年平均气温-0.7℃，月平均最低气温

（1月）－22.6℃，月平均最高气温（7月）17.5℃，年日照时数2670.4小时，平均年降水量308.1毫米，无霜期36天。农作物生长季130~150天，牧草生长季150~170天。

1984年，石乃亥公社改为石乃亥乡。2005年，全乡辖行政村6个、自然社19个；人口1341户6473人。

全乡经济以牧业为主。2005年，全乡有可利用草场面积15.81万公顷，围栏草场4.8万公顷，人工草场6000公顷，畜棚1335个109700平方米，畜圈1158个，有牲畜220492头，改良羊32477只，是共和县绵羊杂交改良重点乡之一；耕地180.6公顷，播种面积58公顷；有小型拖拉机120台，运输车42辆。年末，全乡农牧民人均纯收入3525.94元。

2005年，全乡有学校5所，教师38人；卫生医疗机构1所，医务人员11人。

十、江西沟乡

“江西沟”，是蒙古语“江斯”的谐音，意为“有冠顶珠的山沟”。位于青海湖南岸和青海南山之间的湖滨平原，北傍青海湖，东连倒淌河镇，西邻英德尔乡，南靠青海南山与甘地、英德尔乡相连。乡境东西长51.25公里，南北宽20.4公里，面积682.46平方公里。全乡平均海拔3200米，最高4049米。年平均气温0.3℃，平均年降水量394.5毫米，年日照时数3002.2小时，无霜期47天。农作物生长季130~160天，牧草生长季150天。

1984年，江西沟公社改为江西沟乡。2005年，全乡辖牧民委员会4个，自然社19个；人口1164户5554人。

2005年，全乡土地面积7.33万公顷，其中牧业用地6.73万公顷，耕地4249.33公顷，林地1公顷。可利用草场面积5.67万公顷，有各类牲畜99107头（只），其中改良羊53258只，是共和县绵羊杂交改良重点乡之一；渔业资源得天独厚，所属青海湖及其沿湖河道盛产无鳞裸鲤（俗称湟鱼）。年末，全乡农牧民人均纯收入3414.47元。

2000年，由意大利亚洲团结协会投资修建青海湖藏医院，有医务人员4人。2005年，全乡有学校8所，教职工49人；乡卫生院1所，医务人员12人，村级卫生室4个。

十一、廿地乡

“廿地”系蒙古语，意为“锋利”。地处青海南山南麓，地势北高南低。北靠青海南山与江西沟乡隔山相邻，南与沙珠玉乡接壤，西界英德尔乡，东邻恰卜恰镇，面积747.84平方公里。全乡平均海拔3100米，年平均气温2.5℃，月平均最低气温（1月）－17.4℃，月平均最高气温（7月）20℃，年降水量300毫米，无霜期70天，年大风日数40天。农作物生长季为130~160天，牧草生长季为150~170天。

1984年，廿地公社改为廿地乡。2005年，全乡辖村民委员会5个，自然社20个；人口938户3824人。

全乡经济以牧为主。2005年，全乡可利用草场6.84万公顷，有高标准牲畜暖棚256座，存栏各类牲畜89750头（只）；耕地331.13公顷，种植小麦、青稞、油菜等；人畜饮水管道10条，干支管总长100.9公里，供水点20座，涝池4座，灌溉渠道2条；手扶拖拉机277辆，农用车7辆，牛奶分离机290台。年末，全乡农牧民人均纯收入1658.87元。

2005年，全乡有小学5所，在校学生471人，教师31人；有卫生医疗机构1所，医务人员16人。有电视卫星地面接收站4座。

十二、东巴乡

“东巴”系藏语音译，意为“碉堡”。东巴乡位于共和县中部，西临恰卜恰镇，东接倒淌河镇，南连龙羊峡镇，北靠伦保赛日钦山，总面积197.56平方公里。全乡地势由西北向东南呈环状倾斜，西北高东南低，海拔3068～3400米，干旱、霜冻、冰雹、风沙等自然灾害较为频繁。年平均气温0℃～3℃，年均降水量200～300毫米，无霜期50～80天。农作物生长期130～180天，牧草生长期160～180天。

1984年，东巴公社改为东巴乡。2005年，全乡辖行政村6个，自然社18个；人口915户4294人。

全乡以农业为主，兼有少量畜牧业。2005年，有耕地976.6公顷，主要农作物有小麦、青稞、豌豆、马铃薯、油菜等，粮油种植面积976.6公顷，粮油总产量179.97万公斤；有可利用草场1.18万公顷，有各类牲畜16967头（只）。农机具有手扶拖拉机374台，农用汽车、三轮运输车36辆，耕作、播种、收割机具147台，农民私人拥有机动磨面机17台，榨油机3台，粉碎机14台；从事五金焊接加工、商业服务、建筑工程、木器加工等个体手工业及经营户58户186人，年创总产值20余万元，占全乡农牧业总产值的5.5%。年末，全乡农牧民人均纯收入1102.14元。

2005年，全乡有小学8所，在校学生478名，入学率91.6%，教师38人；有卫生院1所，医务人员15人；村级个体医疗站7个，其中西药医疗5个、藏西医结合2个。

第五节 各村简况

一、恰卜恰镇辖村

2005年，辖次汉素村、上塔迈村、下塔迈村、西台村、索吉亥村、加拉村、尕寺村、东香卡村、西香卡村和城东、城北、城中、城南、金安、城西、工业园社区。

次汉素村 “次汉素”系蒙古语，意为“白色的泉水”。位于镇政府西南2公里处，生产合作社3个。2005年，全村127户485人；耕地31.67公顷；草场4067.1公顷，各类牲畜5282头（只）。人均纯收入1349元。

上塔迈村 村名起于蒙古语，为“青稞成熟的地方”。位于镇政府以南5公里处，生产合作社4个。2005年，全村262户1231人；耕地79.67公顷；草场1.05万公顷，各类牲畜7105头（只）。人均纯收入1423.7元。

下塔迈村 位于镇政府以南7公里处，生产合作社5个。2005年，全村194户749人；耕地32.31公顷；草场3571.2公顷，各类牲畜3079头（只）。人均纯收入1423.7元。

西台村 位于镇政府西北2公里处，生产合作社6个。2005年，全村252户1084人；耕地174.88公顷；草场2900.47公顷，各类牲畜3334头（只）。人均纯收入1301.32元。

索吉亥村 “索吉亥”系藏语，意为“刀切的裂口地”。位于镇政府以北7公里处，生产合作社6个。2005年，全村255户1024人；耕地162.55公顷；草场5351.4公顷，各类牲畜8109头（只）。人均纯收入1320.37元。

加拉村 “加拉”系藏语，意为“汉民墙垣”。位于镇政府以北8公里处，生产合作社4个。2005年，全村162户738人；耕地207.6公顷；草场3007.1公顷，各类牲畜4139头（只）。人均纯收入1297.73元。

尕寺村 “尕寺”系藏语，意为“新水渠”。位于镇政府以北8公里处，生产合作社6个。2005年，全村211户971人；耕地214.27公顷；草场3886公顷，各类牲畜5523头（只）；人均纯收入1293.97元。

东香卡村 村名为藏汉混合语，意为“东边田地”。位于镇政府东北2公里处，生产合作社8

个。2005年，全村221户952人；耕地143.51公顷；草场4201.93公顷，各类牲畜5719头（只）；人均纯收入1287.89元。

西香卡村 村名为藏汉混合语，意为“西边田地”。位于镇政府西北2公里处，生产合作社5个。2005年，全村205户952人；耕地147.73公顷；草场2515.93公顷，各类牲畜3994头（只）；人均纯收入1294.98元。

二、龙羊峡镇辖村

2005年，辖克才村、麻尼磨台村、阿乙亥村、次汉土亥村、曹多隆村、后菊花村、德胜村、龙羊新村、龙才村、黄河村、瓦里关村、多隆沟村、第一居委会、第二居委会。

克才村 位于龙羊峡镇西侧，距恰卜恰10公里。2005年，农业合作社5个。全村176户765人，耕地66.62公顷。人均纯收入1271.9元。

麻尼磨台村 位于龙羊峡镇西侧，距恰卜恰12公里。2005年，农业合作社1个。全村23户114人，耕地4公顷。人均纯收入1554.39元。

阿乙亥村 位于龙羊峡镇西侧，距恰卜恰16公里。2005年，农业合作社4个。全村190户856人，耕地64.13公顷。人均纯收入1443.22元。

次汉土亥村 位于龙羊峡镇西侧，距恰卜恰20公里。2005年，农业合作社5个。全村294户1262人，耕地31.13公顷。人均纯收入1307.61元。

曹多隆村 位于龙羊峡镇西侧，距恰卜恰24公里。2005年，农业合作社4个。全村133户696人，耕地50.67公顷。人均纯收入1200元。

后菊花村 位于龙羊峡镇西侧，距恰卜恰25公里。2005年，农业合作社7个。全村246户1222人，耕地56.09公顷。人均纯收入为1441.8元。

德胜村 位于龙羊峡镇西南侧，距恰卜恰30公里。2005年，农业合作社4个。全村176户783人，耕地75.83公顷。人均纯收入1347元。

龙羊新村 位于龙羊峡镇西侧，距恰卜恰40公里。2005年，农业合作社5个。全村143户718人，耕地40.37公顷。人均纯收入1000.42元。

龙才村 位于龙羊峡镇东北侧，距恰卜恰39公里。2005年，农业合作社2个。全村112户554人，耕地20.53公顷。人均纯收入2500.54元。

黄河村 位于龙羊峡镇西侧，距恰卜恰约45公里。2005年，农业合作社1个。全村人口50户270人。人均纯收入1817.04元。

瓦里关村 位于龙羊峡镇东北侧，距镇政府1公里。2005年，农业合作社3个。全村141户688人，耕地18.27公顷。人均纯收入2661.19元。

多隆沟村 位于龙羊峡镇东北侧。2005年，农业合作社1个。全村56户267人，耕地34.67公顷。人均纯收入1577.82元。

三、倒淌河镇辖村

2005年，辖甲乙村、元者村、哈乙亥村、蒙古村、黄科村、黑科村、东卫村、拉乙亥麻村、次汉达哇村、倒淌河镇社区。

甲乙村 “甲乙”系藏语，意为“美须”。位于倒淌河镇西部，地处国道109线两侧（在镇政府北侧38公里处）。2005年，辖自然社8个，全村289户1752人。草场1.47万公顷，畜均占有草场0.31公顷，其中可利用草场1.2万公顷（冬春草场7733.33公顷、夏秋草场1.28万公顷）。耕地223.67公顷，退耕还林地820公顷，人均实有耕地1.92亩。存栏各类牲畜50181头（只），人均占有牲畜29头（只），农牧民人均收入3324.37元。

元者村 “元者”系藏语，为“元日”的谐音。位于倒淌河镇西部。2005年，辖自然社3个，全村193户960人，经济以牧为主。草场1.41万公顷（冬春草场8760公顷、夏秋草场5266.67公顷），耕地308.97公顷。存栏各类牲畜19863头（只），人均占有牲畜21头（只），农牧民人均收入2217.71元。

哈乙亥村 “哈乙亥”系藏语，意为“哈牦牛”。位于倒淌河镇西部12公里处。2005年，辖自然社3个，全村143户712人。草场9413.33公顷，耕地282.06公顷，人均耕地1.8亩。存栏牲畜20390头（只），人均占有牲畜28头（只）。农牧民人均收入2683.29元。

蒙古村 位于倒淌河镇北部，蒙古族聚居村。2005年，全村281户1233人。经济以牧为主，草场6913.33公顷，其中可利用草场4666.67公顷，畜均占有草场0.28公顷。耕地89.92公顷，人均实种耕地1.09亩。存栏牲畜29066头（只），人均占有牲畜24头（只），农牧民人均收入2495.46元。

黄科村 “黄科”系藏语，意为“首领家族部落”。位于倒淌河镇西北部。2005年，辖自然社4个，全村199户1001人。草场1.16万公顷，畜均占有草场6.63亩。耕地221.15公顷，人均实种耕地3.3亩。存栏牲畜26199头（只），人均占有牲畜26头（只）。农牧民人均收入2611.19元。

黑科村 “黑科”系藏语，意为“彭毛部落”。位于倒淌河镇东北部，距镇政府驻地7公里。2005年，辖牧业合作社3个，全村164户947人。草场1.07万公顷，人均占有草场66.7亩。耕地197.87公顷，人均实种耕地3.13亩。存栏牲畜12604头（只），人均占有牲畜13头（只）。农牧民人均收入1493.56元。

东卫村 “东卫”系藏语，意为“石枕”。位于倒淌河镇东南部。2005年，辖牧业社3个，全村153户889人。草场3913.33公顷，畜均占有草场3.98亩。耕地57.15公顷，人均实种耕地0.96亩。存栏牲畜16742头（只），人均占有牲畜19头（只）。农牧民人均收入2818元。

拉乙亥麻村 “拉乙亥麻”系藏语，意为“下渡口”。位于倒淌河镇政府西南22公里处，村庄坐落于国道214线两侧。2005年，辖牧业社5个，全村257户1371人。草场5640公顷（冬春草场1446.67公顷、夏秋草场5666.67公顷），畜均占有草场3.8亩，户均占有草场340亩。耕地254.67公顷（其中退耕地201.33公顷）。存栏牲畜35855头（只），母畜比例占50%，人均占有牲畜26头（只）。农牧民人均收入2681.40元。

次汉达哇村 “次汉达哇”系蒙古语，意为“白山岭”。位于倒淌河镇西南部。2005年，全村67户350人。草场1886.67公顷（冬春草场1233.33公顷，夏秋草场面积653.33公顷）。耕地180公顷，人均耕地7.7亩。存栏牲畜6250头（只），人均占有牲畜18头（只）。农牧民人均收入1932.86元。

四、英德尔乡辖村

2005年，辖曲让村、更尕村、治海村、中果村、浪娘村、黄河村、加什达村、哈尔干村。

曲让村 原属英德尔村，位于乡政府驻地以南20公里处，更尕海东岸。1995年，原英德尔村分为曲让村和更尕村。2005年，曲让村整村搬迁至原塘格木农场3大队。全村经济以牧为主，有藏族人口173户615人，合作社3个。草场1.85万公顷，其中可利用草场1.29万公顷，牲畜23551头（只、匹）。耕地229.33公顷，主要种植油菜、青稞等农作物。

更尕村 原属英德尔村，位于乡政府驻地以南20公里处，更尕海东岸。1995年，原英德尔村分为曲让村和更尕村。2005年，更尕村整村搬迁至原塘格木农场1大队。全村藏族人口298户926人，合作社5个。经济以牧业为主，有草场4.39万公顷，可利用草场7993.33公顷，牲畜27279头（只、匹）。耕地202.83公顷，主要种植油菜、青稞等农作物。

治海村 藏语意为“白石崖坎”。位于乡政府驻地西北8公里处。2005年，全村藏族240户1055人，合作社5个。经济以牧业为主，全村有草场2.87万公顷，可利用草场2.21万公顷，牲畜34811头（只、匹）。

中果村 藏语意为“野牛头”，位于乡政府驻地西北15公里处。2005年，全村藏族105户

519人，合作社2个，经济以牧业为主，有草场1.71万公顷，可利用草场1.13万公顷，牲畜18145头（只、匹）。

浪娘村 藏语意为“黄牛心”。位于乡政府驻地西北21公里处。2005年，全村藏族153户670人，合作社3个，主要以牧业为主，全村有草场1.16万公顷，可利用草场8333.33公顷，牲畜25646头（只、匹）。

黄河村 位于乡政府驻地西南3公里处。原属曲沟乡，1988年4月因龙羊峡库区移民安置于现址，村名未变。2005年，全村有回族103户497人。经济以农业为主。有耕地64.53公顷，主要种植油菜、青稞、小麦等农作物。草场600公顷，其中可利用草场546.67公顷，牲畜1708头（只、匹）。

加什达村 位于乡政府驻地西北6公里处。原属曲沟乡，1979年5月因龙羊峡库区移民安置于海西州大格勒乡，但群众未实际搬迁，仍居留于原居住地。1988年5月，重新安置于现址，村名未变。2005年，全村有汉族人口60户264人。经济以农为主，有耕地64.53公顷，主要种植油菜、青稞、小麦等农作物。可利用草场546.67公顷，牲畜397头（只、匹）。

哈尔干村 藏语意为“黑色的坑地”。位于乡政府驻地以南600米处。2005年，全村藏族、汉族48户240人，合作社2个。经济以农业为主，兼营牧业。耕地35.47公顷，主要种植油菜、青稞、小麦等农作物。可利用草场546.67公顷，牲畜769头（只、匹）。

五、铁盖乡辖村

2005年，辖马汉台村、七台村、上合乐寺村、下合乐寺村、吾雷村、哈汗土亥村、委曲村、托勒台村、铁盖村、拉干村、拉才村。

马汉台村 铁盖乡政府所在地。原驻黄河北岸铁盖村，1983年因龙羊峡水库移民安置于马汉台，遂命名为马汉台村。全村46户250人。经济以农业为主。

七台村 位于乡政府驻地西3公里处，因属地为七阶梯台地而得名。原为曲沟乡前菊花村，1986年，龙羊峡库区180户移民安置于龙羊峡北山地区。1990年，原安置于龙羊峡北山地区的群众120户搬迁于铁盖乡定居，改村名为七台村。1991年，从民和等地迁入12户40人。2005年，全村125户650人。经济以农业为主。

上合乐寺村 位于乡政府驻地上侧。原为曲沟乡合乐寺村，共有8个社，1986年因龙羊库区移民，该村的二、四、七、八社共208户搬迁至马汉台六台，改名为上合乐寺村。村名为蒙古语“上芦苇村”之意。全村145户790人。经济以农业为主。

下合乐寺村 位于乡政府驻地下侧，在东部一塔拉东缘。原为曲沟乡合乐寺村，共有8个社，1986年因龙羊库区移民，该村的一、三、五、六社搬迁至马汉台三台，改名为下合乐寺村。村名蒙古语为“下芦苇村”之意。全村177户890人。经济以农业为主。

吾雷村 蒙吉语意为“山根底地”。位于乡政府所在地，全村经济以农为主。2005年，全村86户425人。

哈汗土亥村 位于乡政府下侧东缘，原属曲沟乡次汉土亥大村九、十社，1986年因龙羊峡库区移民安置，迁至马汉台地区三台，改村名为哈汗土亥村。全村76户370人。经济以农业为主。

委曲村 位于乡政府东南部3公里的马汉台二台，原为曲沟乡曲沟村，1987年因龙羊峡库区移民安置于马汉台地区。全村47户180人。经济以农业为主。

托勒台村 位于铁盖乡东部塔拉台东缘，原为曲沟乡托勒台村，1986年因龙羊峡库区移民安置于现址。全村119户556人。经济以农业为主。

铁盖村 原驻黄河北岸铁盖村，因属龙羊峡水库淹没区，1983年该村106户422人迁驻三塔拉（九道班），全村经济以牧业为主。2005年，有藏族、蒙古族167户686人。

拉干村　原驻地属龙羊峡水库淹没区，1983年迁居二塔拉东南缘下中拉。全村162户680人。经济以牧业为主。

拉才村　位于黄河北岸台地。2005年，全村168户758人。经济以牧业为主。

六、沙珠玉乡辖村

2005年，辖扎布达村、上村、珠玉村、种子村、上卡力岗村、耐海塔村、曲沟村、直乃亥村、下卡力岗村、达连海村。

扎布达村　位于乡政府驻地正西方向，生产合作社2个。2005年，全村86户424人。耕地152.4公顷，人均耕地2.28亩，退耕还林（草）26.39公顷。可利用草场266.67公顷，有各类牲畜3700头（只）。

上村　位于乡政府驻地西北方，生产合作社5个。2005年，聚居着藏族、汉族居民159户815人，耕地124.53公顷，退耕还林71.31公顷，人均耕地1.2亩，可利用草场1333.33公顷，有各类牲畜4291头（只）。

珠玉村　位于沙珠玉乡政府所在地，生产合作社5个，2005年，全村236户1162人。耕地197.73公顷，退耕还林（草）48.93公顷，人均耕地2.66亩。农田林网林带34条。可利用草场5384.21公顷；有各类牲畜14538头（只），其中牛225头、羊13800只、猪513头。

种子村　位于沙珠玉乡政府东1.5公里，生产合作社1个。2005年，全村58户229人。耕地12公顷，退耕还林（草）4.13公顷。可利用草场1333.33公顷，有各类牲畜2500头（只）。

上卡力岗村　位于乡政府驻地东3公里处，生产合作社4个。2005年，全村126户559人。耕地155.6公顷，退耕还林32.89公顷，林带45条。草场5200公顷，其中可利用草场1866.67公顷；有各类牲畜6882头（只），其中牛830头。

耐海塔村　位于乡政府驻地以东，生产合作社7个。2005年，全村412户2088人。耕地290公顷，人均耕地2.16亩，退耕还林（草）146.87公顷。可利用草场4032.88公顷，有各类牲畜9202头（只）。

曲沟村　位于乡政府驻地东7公里处，生产合作社1个。2005年，全村95户388人。耕地65.2公顷，退耕还林（草）6.67公顷。可利用草场166.67公顷，有各类牲畜560头（只）。

直乃亥村　位于乡政府驻地东10公里处，生产合作社1个。2005年，全村42户284人。耕地35.67公顷，退耕还林（草）8.13公顷。可利用草场4531.93公顷，有各类牲畜5700头（只）。

下卡力岗村　位于乡政府驻地以东11公里处，生产合作社3个。2005年，全村161户820人，耕地146.8公顷，人均耕地2.71亩，退耕还林（草）28.6公顷；草山面积1.13万公顷，其中可利用草山面积1.05万公顷；有各类牲畜15000头（只），其中牛830头。

达连海村　位于乡政府驻地以南，生产合作社3个。2005年，全村103户523人，耕地105.33公顷，人均耕地2.96亩，退耕还林（草）44.47公顷，有各类牲畜3000头（只）。

七、切吉乡辖村

2005年，辖塔秀村、东科村、莫合村、新村（原新哲农场1大队）、乔夫旦村、祁加村、哇合村、加什科村。

塔秀村　位于切吉乡东南部15公里处（原塘格木五大队），生产合作社3个。2005年，全村233户1174人。经济以牧业为主。可利用草场面积1.87万公顷，有各类牲畜33206头（只）。有各类农机具157台（辆）、汽车9辆、摩托车251辆。塔秀寺院历史悠久。

东科村　位于乡政府驻地周边，生产合作社

4个。2005年，全村222户1002人。经济以牧业为主。可利用草场面积4.3万公顷，有各类牲畜21200头（只）。有各类农机具21台（辆）、汽车11辆、摩托车238辆。

莫合村 位于乡政府驻地机关周边，生产合作社1个。2005年，全村79户432人。经济以牧业为主。可利用草场面积1.28万公顷，有各类牲畜10260头（只）。有各类农机具15台（辆）、汽车8辆、摩托车75辆。

新村 位于政府驻地西北部11公里处，1984年原新哲农场3大队撤销后，始建村，起名为新村。村民由原曲沟乡、沙珠玉乡等地搬迁而来，生产合作社1个。2005年，全村83户360人。经济以农业为主，耕地100.53公顷，退还林158.93公顷，有各类牲畜1262头（只）。有各类农机具12台（辆）、汽车5辆、摩托车56辆。

乔夫旦村 位于政府驻地西北13公里处，生产合作社5个。2005年，全村有335户1525人。经济以牧业为主，可利用草场面积5.67万公顷，有各类牲畜50920头（只）。有各类农机具16台（套）、汽车9辆、摩托车275辆。

祁加村 位于乡政府驻地西部28公里处，生产合作社5个。2005年，全村296户1589人。经济以牧业为主，可利用草场面积4.55万公顷，有各类牲畜52080头（只）。有各类农机具7台（套）、汽车6辆、摩托车231辆。

哇合村 位于乡政府驻地西45公里处，生产合作社3个。2005年，全村191户990人。经济以牧业为主，可利用草场面积4.87万公顷，有各类牲畜62186头（只）。有各类农机具20台（辆）、汽车13辆、摩托车289辆。

加什科村 位于乡政府驻地西北54公里处，生产合作社2个。2005年，全村198户975人。经济以牧业为主，可利用草场面积1.4万公顷，有各类牲畜60394头（只）。有各类农机具13台（套）、汽车8辆、摩托车285辆。以改良羊——加什科羊毛质优良而闻名。

八、黑马河乡辖村

2005年，辖加隆村、正却乎村、文巴村、然去乎村。

加隆村 位于黑马河乡西部，地处国道109线两侧。合作社3个。2005年，全村168户890人。经济以牧业为主。

正却乎村 位于黑马河乡东南部，地处国道109线两侧。合作社3个，2005年，全村251户1351人。经济以牧业为主、农牧结合。

文巴村 位于黑马河乡东南部，地处国道109线两侧。合作社4个。2005年，全村254户1308人。经济以牧业为主、农牧结合。

然去乎村 位于黑马河乡南部。2005年，全村52户230人。经济以农业为主。

九、石乃亥乡辖村

2005年，辖铁卜加村、如龙村、向公村、切吉村、尕日拉村、鲁色村。

铁卜加村 位于乡政府驻地西北26公里处。2005年，全村192户1094人。经济以牧为主。草场1.71万公顷，其中可利用草场1.27万公顷（冬春草场7763.33公顷、夏秋草场4948.67公顷）。

如龙村 位于乡政府驻地西部9公里处。2005年，全村251户1088人。经济以牧为主。草场总面积1.77万公顷，其中可利用草场1.61万公顷（冬春草场8975.87公顷、夏秋草场7080.53公顷）。

向公村 位于乡政府驻地北部11公里处。2005年，全村236户1061人。经济以牧为主。草场2.81万公顷，其中可利用草场2.19万公顷（冬春草场1.09万公顷、夏秋草场1.11万公顷）。

切吉村 位于乡政府驻地周围。2005年，全村243户1195人。经济以牧为主。草场3.01万公顷，可利用草场面积 2.34 万公顷（冬春草场 1.32 万公顷、夏秋草场 1.04 万公顷）。

尕日拉村 位于乡政府驻地南 13 公里处。2005 年，全村 210 户 925 人。全村经济以牧为主。草场 2.13 万公顷，其中可利用草场 2.12 万公顷（冬春草场 1.03 万公顷、夏秋草场 1.1 万公顷）。

鲁色村 位于乡政府驻地东南 28 公里处。2005 年，全村 210 户 967 人。经济以牧为主。草场 2.8 万公顷，其中可利用草场 2.3 万公顷（冬春草场 1.11 万公顷、夏秋草场 1.2 万公顷）。

十、江西沟乡辖村

2005 年，辖元者村、大仓村、上社村、下社村。

元者村 位于乡政府驻地江西沟西部 4 公里。全村经济以牧为主。2005 年，全村 296 户 1617 人。耕地 3119 公顷，草场 2.85 万公顷。

大仓村 位于乡政府驻地江西沟南部 9 公里。全村经济以牧为主。2005 年，全村 200 户 1206 人。耕地 801.67 公顷，草场 1.82 万公顷。

上社村 位于乡政府驻地江西沟东部 9 公里。全村经济以牧为主。2005 年，全村 187 户 1275 人。耕地 1218.53 公顷，草场 1.74 万公顷。

下社村 位于乡政府驻地江西沟以东 14 公里处。全村经济以牧为主。2005 年，全村 160 户 991 人。耕地 775.8 公顷，草场 1.94 万公顷。

十一、廿地乡辖村

2005 年，辖廿地村、羊让村、拉龙村、切扎村、曲什纳村。

廿地村 位于乡政府所在地。2005 年，全村 165 户 795 人。经济以农业为主。耕地 106.73 公顷。

羊让村 位于乡政府驻地东北 5 公里处。2005 年，全村 119 户 759 人。经济以牧业为主。耕地 65.11 公顷，草场 6060 公顷。

拉龙村 位于乡政府驻地以北 1.5 公里处。2005 年，全村 58 户 325 人。经济以农业为主。

切扎村 位于乡政府驻地西北 2 公里处。2005 年，全村 235 户 1296 人。经济以牧业为主。耕地 65.41 公顷，草场 1.57 万公顷。

曲什纳村 位于乡政府驻地以东 9 公里处。2005 年，全村 127 户 674 人。经济以牧业为主。

十二、东巴乡辖村

2005 年，辖上梅村、下梅村、加隆台村、乙浪堂村、索尔加村、东巴村。

上梅村 位于乡政府驻地西北 7 公里处。2005 年，全村 81 户 409 人。经济以农为主，兼有少量畜牧业。耕地 106.73 公顷。

下梅村 位于乡政府驻地西北 5.5 公里处。2005 年，全村 98 户 442 人。经济以农为主，兼有少量畜牧业。

加隆台村 位于乡政府驻地西北 5 公里处。2005 年，全村 124 户 568 人。经济以农为主，兼有少量畜牧业。

乙浪堂村 位于乡政府驻地，国道 214 线一侧。2005 年，全村 158 户 711 人。经济以农为主，兼有少量畜牧业。耕地 123.85 公顷，退耕还林 55.6 公顷。

索尔加村 位于乡政府驻地东北 1 公里处。2005 年，全村 147 户 717 人。经济以农为主，兼有少量畜牧业。耕地 47.73 公顷，其中有少量林带、旱地已全部退耕。

东巴村 位于乡政府驻地以东 2 公里处。2005 年，全村 228 户 1087 人。经济以农为主，兼有少量畜牧业。耕地 67.87 公顷，退耕还林（草）244.47 公顷。

十三、塘格木办事处

2003 年，省政府批准，撤销塘格木农场，移交共和县人民政府管理；11 月，共和县塘格木办事处成立，接收农场场地和设施；12 月，启动塘格木调庄移民项目，共安置移民 8 村 1711 户 8557 人。2006 年，塘格木农场撤销后，撤销英德尔乡，并改建为塘格木镇。

尕当村 位于塘格木以东1公里处，东邻更尕村，西与东格村接壤，生产合作社3个。全村254户936人。耕地756.05公顷，主要种植青稞、油菜。

东格村 位于塘格木西500米处，东邻塔拉滩，西与尕当村接壤。生产合作社5个。全村167户667人。耕地529.95公顷，主要种植青稞、油菜。

吾赫勒村 位于塘格木西南21公里处，东邻塔拉滩，西与兴海县五一村接壤。生产合作社4个。全村252户1036人。耕地790.2公顷，主要种植青稞、油菜。

金塘村 位于塘格木以西25公里处。生产合作社3个，全村251户1182人。耕地934.55公顷，主要种植青稞、油菜。

达拉村 位于塘格木以西25公里处，南邻塔拉滩，北与曲让村接壤。生产合作社3个，全村250户1186人。耕地937.72公顷，主要种植青稞、油菜。

华塘村 位于塘格木以西30公里处，北邻塔拉滩，南与智德村相邻。生产合作社3个，全村230户1150人。耕地779公顷，主要种植青稞、油菜。

智德村 位于塘格木以西30公里处，北邻华塘村。生产合作社3个，总户数256户1286人。耕地1020.23公顷，主要种植青稞、油菜。

曲宗村 位于塘格木以西38公里处，西邻切吉乡塔秀村。生产合作社3个，全村259户640人。耕地2202.68公顷，主要种植青稞、油菜。

（注：本目所述内容不计入乡镇、村数字）

第二章　自然环境

共和县地处青藏高原东北部，属青藏高原与黄土高原接壤地区，地形由西北向东南倾斜，北部为湖滨倾斜平原，南部为青海南山和鄂拉山环抱的共和盆地，中部河谷密布。县境平均海拔3200米，最高峰为鄂拉山的切龙岗，海拔5290米；最低处是黄河谷地龙羊峡，海拔2460米。全县干旱少雨，风大沙暴多。大地构造跨越3个大地构造单元，地质构造复杂，地层分异明显。地貌明显分为山脉、盆地和河谷台地三大部分。属高原大陆性气候。光照充足，日照强烈，冬寒夏凉，降水集中。河流众多，多年平均径流量为5.39亿立方米，地下水开发难度较大。土壤类型多，以高山草甸土为主，适合发展农牧业。

第一节　地　质

共和县大地构造跨越3个大地构造单元，即北东部的中祁连山前寒武纪隆起带，西缘的柴达木加里东期—华力西期褶皱带和中南部的西秦岭印支期褶皱带，具有17亿年以上的地质历史记录。远古时期，共和地区是一片汪洋大海，约在17亿年前后，最早形成的陆地在日月山一带。约在4亿年前后，石乃亥—切吉一带西缘形成陆地。上古生代（石炭纪至二叠纪）以来，这些陆地逐步由北向南扩大。到三叠纪晚期（距今约2亿年），已完全脱离海洋环境，形成陆地。新生代以来，随着青藏高原整体的抬升和差异升降运动的发展，发育内陆湖相的第三纪干旱气候条件下的沉积，和第四纪包括多次冰期的多种形式的沉积。目前仍具上升趋势，地质演化在继续发展之中。

一、地层

前震旦系　分布于青海湖的海心山和日月山一带，是县境内最古老的地层。由陆源碎屑物质和海底火山喷发物质，在海洋环境中形成沉积并经成岩作用和变质改造而成，系片麻岩和片岩类，厚2500余米。

下古生界　分布于莱吉河一带，为一套经过浅—中等区域变质改造的滨海—浅海相陆源碎屑沉积建造。有变质砂岩、凝灰质板岩、沙质灰岩、变质砾岩等，厚达5000余米。哇洪山东坡尚有奥陶—志留系，有片麻岩、片岩夹糖粒状大理岩。厚约1200米。

上古生界　分布于哇洪山一带，为一套海相碎屑岩夹石灰岩和火山岩，厚达2850余米。乌水河脑、江西沟—倒淌河一线南侧的青海南山主脊等地有石炭系，为一套经过浅—中深变质改造的浅海相碎屑沉积建造。有片麻岩、片岩、变质砂岩、粉沙质板岩、千板岩、白云岩及石灰岩。乌水河脑一带厚达4200余米，青海南山一带厚达2800余米，且含火山岩。乌水河东石灰窑一带及达不祖乎山等地尚有二叠系。石灰窑一带为下二叠统下岩组，有石灰岩、砂砾岩及灰质砾岩等，厚仅数百米。达不祖乎山一带的二叠系层序相对较全，下部为砂岩、砂砾岩、石英云母片岩夹大理岩，厚度大于500米；上部为大理岩夹砂岩、板岩，厚度500~1000米。

中生代 县境内仅见三叠系，其下、中三叠统为滨海—浅海相泥沙质沉积夹火山岩沉积建造，上三叠统为陆相火山岩夹碎屑岩沉积建造，是县境内分布最广的地层。下三叠统分布于乌水河东石灰窑、倒淌河南山、龙羊峡、哇若格亥沟脑等地。龙羊峡一带的这套地层叫“龙羊峡群”；下亚群为砂板岩、粉砂岩互层夹不纯灰岩、细砾岩和少量板状变流纹岩，厚度大于4844米；上亚群为中—中酸性火山岩，厚度大于3534米。倒淌河南山仅见下亚群，砂砾岩增多，灰岩减少。乌水河一带的下三叠统为砂砾岩夹板岩，厚约400米。中三叠统分布于黑马河—橡皮山、新哲南山等地。乌水河东石灰窑一带为一套碎屑岩和碳酸盐岩，其第三岩组中有含铜砂岩。新哲南山带本统下部含火山岩，上部为火山岩，总厚度超过万米。上三叠统分布于哇若格亥沟中、上游，由中—中酸性熔岩、凝灰岩夹碎屑岩组成，总厚度大于万米。青海南山东坡的三叠系，主要由碎屑岩组成，总厚度大于5500米。

新生代 日月山一带的第三系未进一步分层；共和盆地北缘仅见上第三系，中新统仅见于瓦里关山西坡、沟后村北一带，由泥岩、砂砾岩、泥质粉砂岩夹粉砂岩等组成，厚468米。上新统分布于大水桥和曲沟一带，由砂岩夹砂砾岩及黏土岩、粉砂岩等组成，厚185~500米。第四系广泛发育于共和盆地及青海湖滨、倒淌河一带，从下更新统到全新统均有发育；沉积类型繁多。据测深结果，沙珠玉一带的第四系松散堆积层厚达数公里。有些湖沼堆积层中产有泥炭（当地群众把它叫作“扎法”）。有些第四系河流冲积层中产砂金。近年来的发掘和调查资料表明，新石器时代以来的古人类遗迹屡有发现。

二、地质构造

地质构造展布方向及发育特点，最显著的有北西向、北西西向及北北西向的构造形迹，局部有东西向、北东向及北北东向的构造形迹；以断裂构造为主，褶皱构造次之。北西向构造主要发育于县境北东部，由产于日月山、青海湖、青海南山、共和盆地及其以南的一些北西向构造形迹所组成。

北西西向构造主要由分布于莱吉河南、青海南山及共和盆地南、北两侧的一些北西西向断裂构造所组成重力测量、电测深及地震测量结果结合地表地质观察表明，共和盆地南、北两侧均有深断裂存在。

北北西向构造主要发育于哇洪山一带，由压扭性断裂和一些褶皱构造所组成。

北西西向和北北西向等多种构造先后形成的结果，是导致青海湖盆地及共和盆地具有向西歪斜的菱形外廓的主要因素，青海湖盆地的形成始于新生代第四纪早更新世中期。布哈河和青海湖的流水最早都经倒淌河、浪麻河而流入黄河，因晚更新世在野牛山南侧一带形成北东向隆起而使流水被拦腰截断，从而倒淌河水向西流。一些方向的断裂构造控制侵入岩体及山川形势，小盆地的展布尤以北西向及北北西向构造最具代表性。

三、侵入岩

县境内岩浆岩较发育，以侵入和喷发两种形式产出，尤以侵入岩为主。侵入岩主要分布于县境南、北两部分及东部龙羊峡一带有加里东期、华力西期及印支期等三个时期的产物，尤以印支期侵入岩最为发育，各期侵入岩的岩石类型发育较齐全。

加里东期侵入岩，是县境内最古老的岩浆活动产物。本期侵入岩分三次侵入。第一次侵入的为基性岩，如黑马河（大喇嘛湖滩）一带的辉石闪长岩。第二次侵入的为中性岩，如日月山一带的石英闪长岩。第三次侵入的为酸性岩，如铁卜加及海心山的花岗岩。

华力西期侵入岩，本期侵入岩分四次侵入。县境内所见的为第二次侵入的中性岩，如拉木梯河、哈夏河脑、赖格门河东一带的石英闪长岩和哇洪山东坡的闪长岩。第四次侵入的酸性岩，如日月山、鲁色、卡洛河、哈夏河、阿勒大湾山、哇洪山、帕龙沟一带的花岗岩。

印支期侵入岩，在县境内最为发育，分为五次侵入。第一次侵入的基性岩和部分中性岩，如弯音山—达不祖乎山一带的辉石闪长岩、塔冉渠一带的闪长岩。第二次侵入的中性岩，如大水桥—哈图山及新哲南山带的闪长岩和曲乃亥、龙羊峡、新哲南山一带的石英闪长岩。第三次侵入的中酸性岩和酸性岩，如橡皮山—塔冉渠一带及龙羊峡附近的花岗闪长岩及弯音山、青海湖南山、当家寺一带的花岗岩。第四次侵入的为酸性岩，如乌水河上游花岗斑岩、新哲南山斑状花岗岩。第五次侵入的为浅成的花岗岩类，如弯音山、青海湖南、新哲南山一带的花岗斑岩及斑状花岗岩。

第二节 地 貌

一、山区

共和县的山脉与盆地大致成东西向延伸，相间排列。北部是日月山隆起带及青海湖盆地，中部是青海南山，山南侧是共和盆地，南部县界是鄂拉山区。包括属于祁连山系的日月山区和青海南山区，以及属于昆仑山系的鄂拉山区，总面积为5160平方公里，占全县陆地面积的35.24%。

日月山 绵延于东北部县界，是倒淌河与湟水的分水岭，山脉走向北西，东段为青阳山、野牛山，最高4877米。中段为卡子沟山，阿勒大湾山，最高点海拔4455米，西段为日月大板山，海拔4389米。山体相对高差大多在900~1400米。东段及中段呈现高山草原地貌，西段基岩裸露较多，呈高山草甸草原地貌。

青海南山 纵贯县境中部，是县境最重要的山脉，是交通、气象、农牧业生产的主要影响因素。东段为瓦里关山，紧傍黄河，最高点海拔3816米。山上冲沟众多，错综复杂，迂回曲折。中段包括哈图山、千卜录山、塔温山。最高点海拔4660米，山势陡峭，拔地而起，山沟中多孤石、泥石流锥、冰斗、角峰、冰蚀槽谷等，冰蚀地貌也较发育。西段包括橡皮山、莱吉西山，山脉折向北、西，最高点海拔4451米。

鄂拉山 由一系列海拔超过4600米的孤峰组成，如占顺岗4691米，查浪岗5059米，切龙岗5290米，占多尔岗4740米，哇洪山4829米等。外观山体高大、厚重，峰峦重叠。多冰蚀峰谷，呈现高山草甸型或高山冻原型地貌。此外，县界东南三塔拉地区，有一片风蚀丘陵状高地，平均海拔3260米，最高点为哇彦山，海拔3618米，是一座残留山脉，范围很小，但景观突兀，具有地形方位识别意义。

二、盆地

共和县境内盆地主要有青海湖盆地、茶卡—沙珠玉盆地。

青海湖盆地 黄河的侵蚀、切割，将县境东西向分成两个区域：东部是黄河外流区，包括塔拉滩、恰卜恰河谷，以及直接流入黄河的各小支流区；西部是各内流区，包括沙珠玉、茶卡、尕海滩（统称共和盆地）及青海湖流域。包括倒淌河河谷、环湖带、布哈河与菜吉河河谷三部分，总面积 1842.71 平方公里，占全县陆地面积的 12.59%。海拔最低点为 3195 米的青海湖湖面。倒淌河河谷位于湖的东南，平均宽约 10 公里，地势东高西低，倾向青海湖。河床小范围内呈现沼泽草地型地貌，其他广大区域均为山地半干旱草原。环湖带呈弧形分布，状似耳轮。自东北角克土起至耳海止，是东岸区。自耳海起至黑马河止，是南岸区。自黑马河起至尕日拉沟止，是西岸区。东部区的娄拉沟以北为沙漠区，以南是半干旱草原，地势均较平坦。南岸区东西长约 90 公里，南北宽 4~9 公里，地处山前丘陵区，冲沟多，冲积扇发育，所以东西向地面一起一伏，构成波状韵律，仅滨湖较为平坦，大多数地区呈山地半干草原地貌。西岸区南北长约 30 公里，宽度较窄，地势较陡，起伏也大；布哈河与菜吉河谷及河口区，地势较平坦开阔，有少量沼泽及戈壁。环湖岸边分布有多道新老沙堤，高处湖面6~10 米。青海湖是一个在第三系就已存在的断陷湖泊，是由四周山地、阶级、冲积扇、湖堤、湖盆以及胜滩母体的子湖共同组成的内陆高原山间湖泊，如今由于补给源减少，湖体正在逐渐退缩，湖面的降低速度可达 6.2 厘米/年。

茶卡—沙珠玉盆地　盆地东西长约 120 公里，南北宽约 36 公里，处于青海南山鄂拉山之间，总面积 4868.68 平方公里，占全县陆地面积的 33.25%。中央为沙珠玉河，英德尔海、上更尕海、下更尕海、达连海散布其间。两侧是山前倾斜滩地或丘陵。盆地最低点是下更尕海湖面，海拔 2857.3 米。沙珠玉河流向自西向东，干流上游海拔 3100 米左右。曲浪沟以上下呈现戈壁或沼泽草地景观，曲浪沟至扎布达村之间，大多为沙漠区，多沙丘链、沙垄、沙滩及天然风蚀凹地。扎布达村至达连海，是重要的沙珠玉乡农业区。英德尔海及上更尕海、下更尕海，位于河的南侧，四周是干旱荒漠化草原，沙垄纵横，景色单调，湖南区为沼泽或碱滩，唯有上更尕海因是淡水湖，水禽颇多。北侧滩地海拔在 2900~3400 米，向山脚成阶状升高，平均宽约 9 公里，呈风蚀、冲蚀地貌。地表沟岗化明显，多风蚀丘、风蚀槽、冲蚀沟，是重要的沙源区。南侧滩地海拔 3000~3400 米，稍为平缓，平均宽 13 公里左右，已开垦出大量农田，是重要的粮油产地。地表风蚀、冲蚀明显，也是重要的沙源区。茶卡盆地的东侧，大多为沼泽草地，少部分为戈壁。尕海滩盆地是一个贝壳形天然凹地，面积为 141.77 平方公里，占全县陆地面积的 0.97%。最低点海拔 3177 米，四周是山地干旱草原。雨水充沛的季节或年份，积水成湖，雨水稀少的季节或年份，成为沼泽或碱滩。青康公路从盆地中部穿过，并有支线可通龙羊峡。尕海滩位于黄河以北，恰卜恰西南，为滩地草原，俗称“塔拉台”。一塔拉为第二级阶地，宽 15 公里，是一个顶面平坦的沙丘草原。前沿海拔 2910 米，后沿海拔 2930 米。组成物质下部为砂和砂质亚黏土，上层为砾石。由于风蚀强烈，整个阶地上广布戈壁和沙丘，新月形沙丘呈东西向延伸，南北向排列，一般高3~7 米，宽 40 米，有的沙丘合并组成沙丘链，植被覆盖率低。二塔拉为第三级阶地，宽 15 公里，是起伏微小的沙丘草原。前沿海拔 2960 米，高出第二级阶地约 30 米，后沿海拔 2970 米。顶面有高 2~3 米呈北西向排列的沙垄和高 10 米左右的沙丘。沙垄已为丛草固定。阶地组成以砾石和砂为主，表面具灰白色盐膜。三塔拉为第四级阶地，宽约 20 公里，是一个起伏平缓的草原。前沿海拔 3040 米，高出第三级阶地约 70 米。前沿形成 20°~30°甚至垂直的陡坡，后沿海拔 3200 米。顶面受暂时流水和风的作用，形成高差几米到十几米的波状丘陵。阶地组成物质以砂质和砂质亚黏土为主，向后沿逐渐过渡为砂和砾石。

三、河谷台地

县境内主要有黄河河谷、恰卜恰河谷和东巴丘陵。

黄河河谷 黄河自克周村进入县境，穿越龙羊峡谷出境，全长约90公里。上段有野狐峡、拉干峡，河谷平均宽约800米，拉干峡至铁盖，宽展至2500米，铁盖至曲沟则达7000米以上。拉干峡至曲沟合乐寺长约45公里的地段，是流沙集中区，新沙丘的形成距今约3000年左右。除河漫滩外，多见2~7级阶地，坡度较缓。谷地由第四纪河湖相沉积物组成。主要发育的地层是中、下更新统或上第三系黏土岩、砂质黏土层和半胶结沙层及少量砾石层，在拉干峡有二叠系厚层夹岩及沙页岩。1987年龙羊峡水库下闸蓄水后，黄河谷地海拔2600米以下被逐步淹没。

恰卜恰河谷 长约44公里，宽1~6公里，海拔2500~2870米，皆由全新统砂卵石组成。一级阶地分布零星，高出河漫滩1米左右，宽50~200米。二级阶地比较发育，河两岸皆有分布，阶面平坦，宽600~1600米，高出一级阶地3~10米。下游与一级阶地高差增大，为8~13米。上塔迈以北为基座阶地，以南为内叠阶地。三级阶地为基座阶地，除阿乙亥沟口和上塔迈以北有零星分布外，恰卜恰镇分布较广，高出二级阶地4~10米，宽200~800米。四级阶地仅在河流上、中游西岸有分布，高出三级阶地10~50米，阶面宽500~1500米。阶地下层为砂卵石，上层为亚砂土，界面已垦为农田。沿恰卜哈河分布的阶地向河谷微倾，海拔2880~2910米，前沿高出河床约20米，由于河水冲刷，前沿带常形成直立的陡壁。恰卜恰东北有两级较为完整的阶地，恰卜恰以东又有切割得很破碎的丘陵地带，其顶部相连，呈现为两级阶地形态。

东巴丘陵 顶高3200~3260米，宽约2公里，顶面相连，由北而南微倾，高度与西南第四级阶地（三塔拉）相当。由砂、砾和砂质亚黏土组成，地貌形态类似黄土梁、黄土丘陵，相对高差50~100米。乙浪堂和乙格日一带，丘陵顶高3080~3120米，宽约5公里，顶面相连，由北向南微倾，高度与西南第三阶地（二塔拉）相当，亦形成黄土梁与黄土峁状。

黄河小支流区 瓦里关山以南当家寺、多隆沟及龙羊峡附近，沟多坡陡，呈浅山冲蚀沟谷或干旱草原地貌。

第三节 气 候

一、气候特征

共和县处于青藏高原东部边缘，具有高原大陆气候特征。总的气候特征是：光照充足，日照强烈，冬寒夏凉，温差较大，降水集中，干旱少雨，风大沙（暴）多。

春季（3—5月），气温骤升，雨雪稀少，风大沙多，光照充足。3、4月升温3.9℃~9.8℃。大风盛行，大风日数平均在7~22天，占全年大风日数的35%~40%，最大风速40米/秒。季平均降水量23~60毫米，占全年降水量的10%~20%。

夏季（6—8月），阵性降雨天气较多，雨水集中，气候凉爽。月平均气温8℃~18℃。7月最热，月平均气温18.3℃。季平均降水量110~240毫米，占全年降水量的50%~73%。多雷阵雨，常出现局地强降水，易造成冰雹、山洪等灾害。

秋季（9—11月），气温速降，雨水骤减，昼夜温差大，普遍降霜。10—11月，月降温6.5℃~8.5℃。季平均降水量35~96毫米，占全年降水量的15%~30%。10月，各地先后由雨转雪，11 月土壤开始结冻，并有大风侵袭，寒潮来临。

冬季（12 月至次年 2 月），气候寒冷，降水稀少，晴朗少云，干燥多风。绝大部分地区气温降至-10℃以下，北部石乃亥地区最冷月平均气温达-14.2℃。季降水量 1.2~4.8 毫米，占全年降水量的 1%~2%。土壤全部封冻，大风逐渐增多，大风日数 5~28 天。

二、光照与温度

光照 晴朗天气较多，日照时间长，大气透明度高，光照资源比内地同纬度地区丰富，平均年日照时数为 2847.5 小时，最高年份为 2978.7 小时，最低为 2617.9 小时，年平均日照百分率 59%~67%。一年中以 5、6、7、8 月日照最长，2 月最短。在农作物生长季节里，各月日照时数均在 250 小时左右，每天平均日照 8 小时，能充分满足春季作物对阳光的需要。

1986—2005 年共和县天亮天黑时间变化数据情况表

表 1-2

月份	日期	天亮时间	天黑时间	月份	日期	天亮时间	天黑时间
1 月	10	7：59	18：44	7 月	10	5：38	21：06
	20	7：57	18：58		20	5：45	21：00
	31	7：52	19：08		31	5：53	20：52
2 月	10	7：42	19：19	8 月	10	6：02	20：40
	20	7：32	19：28		20	6：20	19：56
	28	7：21	19：36		31	6：36	19：42
3 月	10	7：09	19：44	9 月	10	6：40	19：38
	20	6：55	19：53		20	6：42	19：30
	31	6：40	20：01		30	6：44	19：28
4 月	10	6：24	20：11	10 月	10	6：52	19：14
	20	6：10	20：20		20	7：00	19：01
	30	5：58	20：29		31	7：09	18：50
5 月	10	5：46	20：39	11 月	10	7：20	18：40
	20	5：37	20：48		20	7：30	18：34
	31	5：32	20：55		30	7：39	18：31
6 月	10	5：28	21：03	12 月	10	7：47	18：31
	20	5：28	21：03		20	7：53	18：34
	30	5：31	21：08		31	7：57	18：40

1986—2005 年共和县各月平均日照时数及百分率情况表

表 1-3

地区	类别	1 月	2 月	3 月	5 月	6 月	7 月	8 月	9 月	10 月	11 月	12 月	合计
恰卜恰	日照时数（小时）	237.7	225.7	249.9	263.1	242.9	256.5	261.4	222.2	242.1	248.7	232.7	2943.8
	百分率（%）	77	74	68	60	56	57	62	60	70	82	77	67
江西沟	日照时数（小时）	246.6	232.1	253.7	271.4	239.2	251.4	256.0	224.3	246.4	248.6	238.0	2975.1
	百分率（%）	80	76	69	62	55	57	62	63	71	81	79	68

气温 共和县年平均气温在-6.3℃～-0.3℃之间，自东南向西北递减。最冷在石乃亥乡，最热在龙羊峡镇，南北年平均温差可达 6℃。1986—2005 年，共和县气象站测定恰卜恰地区年平均气温为 4.6℃，比 1961—1980 年所测的 3.4℃高出 1.2℃。高于 5℃的年份在 1998 年、1999 年、2001 年、2002 年、2003 年、2005 年，低于 4℃的年份在 1985 年、1986 年、1996 年，年最低温度为 3.3℃。月平均最高气温在 7、8 月，分别为 22.6℃、21.9℃；月平均最低气温在 12 月、1 月，分别为-14.1℃、-15.8℃。历年极端最高气温为 33.7℃，出现在 2000 年 7 月 24 日，一般在 24.6℃～31.8℃；历年极端最低气温为-25.9℃，出现在 1995 年 1 月 24 日，一般在-24.8℃～-19.5℃。

1986—2005 年共和县恰卜恰地区日平均气温初终日期情况表

表 1-4

年份	0℃			3℃			5℃			10℃		
	初日	终日	天数	初日	终日	天数	初日	终日	天数	初日	终日	天数
1986	3 月 23 日	10 月 27 日	217	8 月 4 日	10 月 21 日	195	12 月 4 日	9 月 10 日	169	5 月 27 日	9 月 13 日	108
1987	6 月 3 日	10 月 20 日	217	4 月 16 日	10 月 17 日	183	6 月 5 日	10 月 16 日	162	5 月 16 日	9 月 15 日	121
1988	3 月 22 日	2 月 11 日	224	3 月 4 日	10 月 25 日	204	4 月 18 日	5 月 10 日	169	5 月 31 日	11 月 9 日	102
1989	3 月 15 日	5 月 11 日	234	4 月 16 日	10 月 15 日	181	4 月 25 日	10 月 15 日	172	5 月 23 日	9 月 25 日	124
1990	11 月 3 日	10 月 23 日	225	4 月 13 日	10 月 22 日	191	4 月 14 日	10 月 15 日	183	5 月 31 日	12 月 9 日	103
1991	12 月 3 日	1 月 11 日	233	4 月 23 日	10 月 19 日	178	4 月 24 日	10 月 18 日	176	12 月 5 日	9 月 21 日	131
1992	3 月 23 日	2 月 11 日	223	10 月 4 日	10 月 13 日	185	12 月 4 日	2 月 10 日	172	5 月 21 日	12 月 9 日	113
1993	3 月 23 日	10 月 27 日	217	10 月 4 日	10 月 16 日	188	4 月 13 日	11 月 10 日	180	5 月 27 日	9 月 14 日	109
1994	3 月 25 日	3 月 11 日	222	2 月 4 日	10 月 18 日	198	4 月 27 日	10 月 15 日	170	7 月 5 日	9 月 24 日	139

续表

年份	0℃			3℃			5℃			10℃		
	初日	终日	天数	初日	终日	天数	初日	终日	天数	初日	终日	天数
1995	3月21日	3月11日	226	10月4日	10月22日	194	4月19日	10月21日	184	6月5日	9月17日	133
1996	3月4日	12月11日	222	11月4日	10月22日	193	11月4日	10月10日	181	8月6日	9月24日	107
1997	5月3日	1月11日	230	11月4日	10月25日	196	4月25日	10月13日	170	11月6日	11月9日	91
1998	3月28日	7月11日	223	3月29日	10月29日	182	3月29日	10月16日	200	5月13日	9月30日	139
1999	11月3日	11月16日	249	3月30日	10月30日	182	6月4日	10月15日	191	1月6日	9月13日	103
2000	3月26日	9月11日	227	6月4日	10月26日	202	4月16日	10月13日	179	4月5日	10月9日	128
2001	3月14日	8月11日	238	12月4日	10月27日	197	4月15日	12月10日	179	1月6日	9月28日	118
2002	8月3日	10月31日	236	3月21日	10月21日	213	3月31日	10月19日	201	5月28日	11月9日	105
2003	3月13日	9月11日	240	3月24日	10月22日	211	11月4日	10月10日	181	5月19日	9月28日	131
2004	9月3日	10月30日	234	4月15日	10月23日	190	5月5日	10月22日	169	1月6日	6月9日	96
2005	8月3日	11月13日	249	4月14日	10月20日	188	4月15日	12月10日	179	5月24日	9月29日	127
平均	3月17日	4月11日	230	8月4日	10月22日	193	4月17日	10月14日	179	5月24日	9月18日	117

1986—2005年共和县部分地区各月平均气温情况表

表1-5

单位：℃

地区	1月	2月	3月	4月	5月	6月	7月	8月	9月	10月	11月	12月	年平均
恰卜恰	-9.2	-4.8	0.7	6.5	10.7	14.0	16.0	15.2	11.0	4.8	-2.4	-7.5	4.6
江西沟	-12.4	-9.8	-4.0	1.8	6.2	9.8	11.8	11.3	7.3	1.7	-4.2	-8.4	0.9
铁卜加	-14.0	-11.0	-5.2	0.7	5.7	9.1	11.1	10.4	6.8	0.1	-6.2	-10.7	-0.2

1986—2005年共和县恰卜恰地区各月平均最高最低和极端最高最低气温情况表

表1-6

单位：℃

类别		1月	2月	3月	4月	5月	6月	7月	8月	9月	10月	11月	12月	年
平均最高气温		-0.4	3.8	8.7	14.1	17.4	20.2	22.5	21.7	17.9	12.5	6.6	1.4	12.2
平均最低气温		-16.0	-11.7	-5.8	-0.3	4.3	8.2	10.2	9.4	5.7	-1.1	-8.9	-14.1	-1.7
极端最高气温	极值	8.7	13.8	21.4	29.8	27.5	28.4	33.7	31.9	28.4	21.5	15.0	10.2	33.7
	日期	2	19	29、30	27	4	2	24	2	5	3	5	7	24/7
	年份	2005	2003	2003	1998	1988	1988	2000	1999	1995	1996	2003	1994	2000

续表

类别		1月	2月	3月	4月	5月	6月	7月	8月	9月	10月	11月	12月	年
极端最低气温	极值	-25.9	-22.9	-18.9	-12.6	-5.4	0	3.1	2.3	-3.4	-13.0	-17.6	-22.9	-25.9
	日期	24	2	3	11	3	3	20	3	20	29	29	28	24/1
	年份	1995	1995	1986	2001	2004	1990	1986	1986	1998	1986	2003	1991	1995

地温 经共和县地面测报组测定地面温度，恰卜恰历年平均温度为7.4℃，其中7月最高，平均为21.1℃；1月最低，平均为-9.4℃。地面极端最高温度69.0℃，出现在2000年7月25日；地面极端最低温度-37.9℃，出现在1995年1月24日。地中温度，5厘米地温代表作物播种层温度，恰卜恰5厘米地温7.8℃，10厘米地温7.9℃，15厘米地温8.0℃，20℃厘米地温8.0℃。各土壤层差异较小。

三、降水与蒸发

降水 降水量主要受东南季风和地形的影响。青海南山以北的环湖地区年降水量250~550毫米；青海南山以南地区均在320毫米以下；共和盆地中部和西部的沙珠玉等地，年降水量在250毫米以下，三塔拉南部及东部地区在300~320毫米。降水集中在5—9月，占全年降水量的88%，谓之“湿季”。11月至次年3月降水量占全年降水量的4%，谓之“干季”。全县夜雨概率比白天大，环湖地区尤为显著。

1986—2005年共和县月平均降水量情况表

表1-7　　单位：毫米

地区	1月	2月	3月	4月	5月	6月	7月	8月	9月	10月	11月	12月	合计
恰卜恰	2.0	1.6	6.6	13.4	40.0	58.2	72.2	68.0	42.0	12.8	1.9	1.2	319.0
江西沟	1.7	2.5	7.4	15.3	48.1	68.9	87.3	104.1	66.9	24.0	5.5	1.4	433.2
铁卜加	2.0	2.3	10.0	20.2	39.1	83.7	79.3	90.6	40.2	27.1	1.8	0.5	397.1

蒸发 青海湖盆地的蒸发量小于共和盆地。最大地区为龙羊峡，年蒸发量2384.8毫米，最小为江西沟地区，年蒸发量1344.0毫米。蒸发量最大月在5月、最小月在1月。

1986—2005年共和县月平均蒸发量情况表

表1-8　　单位：毫米

地区	1月	2月	3月	4月	5月	6月	7月	8月	9月	10月	11月	12月	合计
恰卜恰	43.6	67.8	133.4	193.4	220.3	210.1	218.5	203.6	147.7	118.4	69.2	44.4	1670.5
江西沟	40.4	57.4	105.1	144.0	170.4	158.6	167.5	152.5	123.8	98.3	74.3	51.8	1344.0

四、风

共和地区主要风向为西北风，瞬间风速大于或等于17米/秒。历年大风平均日数14~56天。环湖地区平均25~56天，最多年份63天。共和盆地西部，平均42~48天，其他地区20~45天。大风日数随季节变化显著，以冬、春季为多，2—4月的大风日数占全年大风日数的45%~64%，瞬间极大风速，沙珠玉、恰卜恰地区达33米/秒，江西沟地区达30米/秒。夏季，大风显著偏少。沙尘暴呈明显减少趋势，1986—2005年恰卜恰站共出现31次，年平均出现1.6次。

1986—2005年共和县各月最多风向及其频率情况表

表1-9

单位:%

类别	1月	2月	3月	4月	5月	6月	7月	8月	9月	10月	11月	12月	年合计
风向	C，N	C，N	C，N	C，N	C，SE	C，NE	C，SE	C，N	C，N	C，N	C，N	C，N	C，N
频率	47，12	37，11	30，9	27，8	27，9	27，8	30，8	31，9	34，10	38，13	48，11	51，13	37，11

1986—2005年共和县历年各月平均大风日数情况表

表1-10

单位：天

地区	1月	2月	3月	4月	5月	6月	7月	8月	9月	10月	11月	12月	年合计
恰卜恰	3.4	4.6	6.8	5.8	3.1	2.0	1.4	0.7	0.9	1.7	3.6	3.4	37.1
江西沟	5.2	6.3	8.5	5.7	2.2	2.3	1.9	0.7	0.6	2.0	5.4	5.8	46.5

1986—2005年共和县最大风速情况表

表1-11

单位：米/秒

地区		1月	2月	3月	4月	5月	6月	7月	8月	9月	10月	11月	12月
恰卜恰	风速	23.3	23.2	28.0	24.0	22.9	21.7	19.2	16.6	19.3	22.0	22.0	25.2
	日期	12	3	11	14	5	28、10	26	17	19	22	23、19	29
	年份	2001	2004	1996	1996	2005	1995、2002	2002	2004	1998	2002	1999、2002	2004
江西沟	风速	22.0	22.7	25.3	24.0	22.0	19.3	17.0	18.0	16.0	25.0	22.7	22.0
	日期	31、24	1、4	15	14	13、2	28	25、9、6	13	16	18	7	13
	年份	1986、1990	1986、1988	1995	1996	1992、1994	1995	1987、1990、1993	1987	1996	1994	1992	1985

五、气压

共和县平均海拔3200米，最高5290米，最低2460米，相对高差2830米。年平均气压在525~753.2毫巴，为海平面的2/3左右。空气密度 0.87～0.96 公里/立方米，为海平面的 71%～78%。高原大气的含氧量随空气密度降低而减少，含氧量为 0.2009～0.2217 公斤/立方米，是海平面的 71%～78%。纯水的沸点为90.7℃～90.9℃。

1986—2005 年共和县部分地区累年各月平均气压测定情况表

表 1-12　　单位：毫巴

地区	1月	2月	3月	4月	5月	6月	7月	8月	9月	10月	11月	12月	年平均
恰卜恰	719.7	718.4	718.3	720.0	721.5	721.2	721.5	722.9	724.9	725.4	724.2	722.7	721.7
江西沟	683.6	682.3	682.5	685.1	687.2	687.4	687.9	689.3	690.5	690.1	688.6	686.1	686.7

六、物候

共和县物候现象随着气候从东南向西北推进。3 月，黄河河谷地面解冻，阳坡野草萌发，开始播种春小麦；环湖地区气温仍在 -5℃～-4℃，寒冬未尽。4 月，曲沟、恰卜恰等地麦田发绿，杨树叶芽形成，环湖地区开始解冻；各种候鸟开始从南方和东南亚等地飞来，旱獭出洞，牧草萌芽，植树造林由南向北逐步展开。5 月，恰卜恰及附近农业区杨树展叶，麦田拔草，杏花开放。6 月，气温升高到 8℃～18℃，环湖地区牧草返青，农作物茂盛生长，芍药开花，油白菜上市，春小麦拔节，油菜开花。7 月，春小麦扬花，油菜盛花，菜瓜上市，杏子黄熟，大理菊开放。8 月，春小麦黄熟、收获，各种植物果实陆续成熟，早霜初见（8 月 31 日）。9 月，气候逐渐转凉，草木变色，开始落叶，苹果成熟。10 月，气温降至 -0.1℃～3.8℃，牧草枯黄，树叶落尽，旱獭入洞，百虫蛰伏。11 月，气候降至-8.5℃～-4℃，水面结冰，土地冻结，延至次年 2 月。

1986—2005 年共和县恰卜恰地区物候现象及农事简表

表 1-13

月份	物候现象	平均日期	最早日期	最迟日期	农（牧）事活动
3 月	蒲公英萌芽	26/3	10/3	5/4	送肥，春耕，平整土地，精选籽种。 3 月 23 日至 4 月 2 日，春小麦下种
4 月	车前萌芽 小叶杨叶芽形成 小麦出苗 小叶杨叶芽展叶	2/4 14/4 26/4 28/4	15/3 30/3 15/4 20/4	12/4 30/4 6/5 8/5	牧业：接羔育幼。 农业：4 月 20 日至 5 月 8 日种油菜
5 月	小麦分蘖	20/5	9/5	31/5	牧业：围栏建设开始。 农业：麦田拔草，喷洒农药，灌溉苗水
6 月	小麦拔节 小麦抽穗	7/6 27/6	31/5 14/6	15/6 6/7	牧业：绵羊鉴定，剪羊毛。 农业：麦田除草
7 月	油菜开花	4/7	6/6	2/8	牲畜进入夏季草场放牧
8 月	小麦乳熟 油菜绿熟	6/8 17/8	29/7 17/7	17/8 9/9	收割小麦，收割油菜，打碾粮食

续表

月份	物候现象	平均日期	最早日期	最迟日期	农（牧）事活动
9月	小叶杨落叶	17/10	11/10	23/10	牧业：畜群进入冬季草场。农业：冬灌
11月至次年2月	土壤结冻	—	—	—	牧业：补饲瘦弱牲畜。农业：备耕，积肥

第四节　水　文

一、地表水

地表水资源即河川径流量。经计算，共和县多年平均径流量为5.39亿立方米，其中，青海湖区2.37亿立方米；沙珠玉内陆河区1.82亿立方米；恰卜恰河外流区1.20亿立方米。50%频率时，全区地表水为5.18亿立方米；75%频率时，全区地表水4.54亿立方米。

2005年共和县地表水资源情况表

表1-14

分区名称	分区面积（平方公里）	多年平均径流量（亿立方米）	多年平均径流深（毫米）	P=50%地表径流量（亿立方米）	P=75%地表流量（亿立方米）
青海湖环湖区	4327	2.37	54.8	2.30	2.01
沙珠玉内陆河区	7031	1.82	25.9	1.76	1.55
恰卜恰河外流区	3006	1.20	39.9	1.12	0.98
全区	14364	5.39	37.5	5.18	4.54

二、地下水

水文地质　区域自然地理、地质构造条件，严格控制着地下水的形成、分布埋藏与运动规律。根据共和县地下水的赋存条件、物理性质及水力特征可分为：第四系松散岩类孔隙水，第三系碎屑岩类孔隙裂隙水，基岩裂隙水和冻结层水等四种地下水基本类型。共和县分南北两大盆地，自成两个独立的水文地质单元。北部青海湖盆地地下类型主要有第四季松散岩类孔隙水，基岩裂隙水的冻结层水。后两者分布于环湖中高山区，该区是地下水的补给区，地表水流补给区，地表水流补给着山前倾斜平原第四系松散岩类含水层，盆地自后缘至前缘前是地下水的径流区，湖滨与青海湖是地下水的排泄区。南部共和盆地的地下水总流向是由西向东排入黄河，其主要地下水层：丘陵区为第三系碎屑岩类孔隙水，平原区为第四系松散岩类孔隙水。

地下水资源量　山丘区地下资源量采用排泄量法计算，它等于多年平均河川基流量、河床潜流量及山前侧向排泄量之和。平原区地下水资源量采用补给量法计量，等于河床潜流量、山前侧向补给量、河道入渗补给量、渠道入渗补给量、田间回归补给量、平原区降水入渗补给量之和。

2005年共和县地下水资源情况表

表1-15　　　　单位：亿立方米

项目	分区名称 地下水资源	青海湖环湖区	沙珠玉内陆河区	恰卜恰河外流区	全区
山区	河川基流量	0.71	1.46	0.96	3.13
	河床潜流量	0.20	—	—	0.20
	小计	0.91	1.46	0.96	3.33
平原区	河床潜流量	0.20	—	—	0.20
	河道入渗补给量	0.05	0.45	0	0.50
	渠系渗漏补给量	0.003	0.065	0.055	0.15
	田间回归补给量	0.008	0.035	0.025	0.068
	降水入渗补给量	0.40	0.32	—	0.723
	小计	0.688	0.87	0.084	1.642
	可开采量	0.18	0.17	0.02	0.37
	重复量	0.288	0.55	0.084	0.922
	地下水资源量	1.31	1.78	0.96	4.05

三、河流

黄河　从县南部铁盖乡克周村入境，经拉干峡、铁盖、吾雷和曲沟河谷，从龙羊峡流入贵德县，流程90公里，流域面积2627.57平方公里。属于黄河水系的主要支流是恰卜恰河。另外还有小泉30余处，水流直接流人黄河，大部分处于龙羊峡水库淹没范围之内。

恰卜恰河　发源于达西尔岗，源头称为夏拉曲，流过加央沟后称沟后河，至加拉村以下始称恰卜恰河。加拉村至上塔迈村，河水基本上潜入地下，丰水期有少量地表水，上塔迈村以下，陆续以泉水形式出露，汇集成河。至克才村有支流阿乙亥河汇入，水量增大，然后流经曲沟之西，在曹多隆村附近注入黄河。河流全长71公里，克才村以上流域面积663.2平方公里，河床平均比降1.65%。属于恰卜恰河和阿乙亥河的支流，主要是梅多龙哇、依格日沟、大东坝沟、小东坝沟、索尔加沟等，补给源均为山区大气降水或泉水。多隆沟至当家寺一带，水沟道不多，其中主要的有曲莫日沟、达日龙沟、日格干果沟、拉曲泉等，均为大气降水、泉水所补给，直接或以潜流形式汇入黄河。野牛山地区的浪麻沟、日卡泉、玛珠沟等有水沟道，水量稍大，均为山区大气降水及泉水补给，汇流后经贵德县注入黄河。

沙珠玉河　为内陆河流，上源分为南、北两支。南支为哇洪河，发源于鄂拉山的扎龙加当根。北支为大水河，发源于青海南山的乌赛青果。两支河流在哇玉农场附近汇合后折向东河，沿河有许多泉水、小支流汇入，经上卡力岗、下卡力岗、最终注入大连海。浪娘至下卡力岗，河床流经沙漠区，地层多为粉砂、砾石或轻沙壤土层，渗透大，冲积现象明显，河水时常断流，转入地下。沙珠玉河总流域面积为6512平方公里，干流长133公里，平均河床比降1.8‰。南侧主要支流5条：莫日河发源于切龙岗，肉龙沟发源于查浪岗，叉叉沟发源于都有项贡玛，直亥买河及切吉河发源于满丈岗等，其中切吉河大部分流域面积在兴海县境内。北侧主要支流有：发源于塔温山的然去乎沟，发源于千卜录山的菊什斜沟，发源于哈图山的哈干沟，发源于达西尔岗的卡浪沟等。各支流大多出山后即潜入地下，至干流河床或凹地再以泉水或沼泽形式出露。补给源均为高山区大气降水和泉水。沙珠玉河以其易于蒸发、渗漏和地表水、地下水转入频繁而密切为特点。

茶卡水　茶卡水系有两条支流位于县境内。其一系沙乌立他沟，发源于巴彦高勒；其一系亚母纳哈河上游。均由大气降水和泉水所补给，最终汇入茶卡盐湖。

尕海滩水　尕海滩水系多季节性或洪水沟道，常年有水沟道3条，即次汉达哇沟、上多曲沟、东多曲沟，均发源于青海南山东段南侧，由山区大气降水和泉水补给。出山后潜入地下，以泉水或沼泽形式补给尕海滩。尕海滩总流域面积为236.77平方公里。

青海湖水　指汇入青海湖的河流。较大河流有：布哈河，为县界河，县境界段长40公里，发源于疏勒南山，主要为冰川融雪水补给，是青海湖主要补给源；菜吉河，上游在乌兰县，发源于拉龙岗，称瓦窑沟，至苏吉滩称菜吉河；黑马河，发源于亚勒岗，分南北两支，南支称黑马河，北支称日尔格河，上源均为高山灌木林区；倒淌河，发源于野牛山，全长43公里，河床比降0.5%；娄拉沟，发源于阿勒大湾山，全长16公里，河床比降4.6%。

其他河流　其他较小的河流、沟道还有：发源于塔温山的塔温沟和赛日沟，发源于知可尔山的知格日沟，发源于塔冉山的拉日沟等共70余条，其他季节性沟道和洪水沟道还有很多。除去布哈河以外，所有河流沟道均为山区大气降水和泉水补给，多数在出山后潜入地下，最终以潜流、泉水、沼泽或地表水方式补给于青海湖或其子湖。

第五节　土　壤

一、高山石质土

分布在青海南山、橡皮山、塔温山、千卜录山、哈图山、野牛山、青阳山、鄂拉山、哇洪山一带的山冠部分。因地势高陡、气候寒冷、土层浅薄、岩石裸露、植被稀少，农、林、牧业均难以利用。面积为2.6万公顷，占全县土地总面积的1.77%。

二、高山草甸土

分布于青海南山、大坂山、鄂拉山、哇洪山，海拔3800~5000米地带。这类地区植物生长期短，植被覆盖率40%~70%，面积为34万公顷，占全县土地总面积的23.23%。根据植被和石灰石反映，分为亚类4个。

原始高山草甸土　分布于切吉乡的麦多岗、纳仁沟顶过群山、龙格尔山，倒淌河乡的野牛山、塔温山、达欧海果敦山，东巴乡的隆保赛日钦山。海拔4300~5000米，面积为5.83万公顷，占全县土地总面积的3.99%。土壤质地为石灰性沙土，石灰反应弱—中量，pH值为7.8~8.7，表层有机质平均含量6.18%，全氮0.29%，全磷0.13%，全钾2.06%。

碳酸盐高山草甸土　分布于青海南山、鄂拉山，海拔3800~4300米，面积为25.87万公顷，占全县土地总面积的17.71%。母质为坡积物、残积物。质地多为中壤土，表层有机质含量7.84%，全氮0.36%，全磷0.13%，全钾

1.88%，速效磷11ppm，速效钾239ppm，碳酸钙7.38%，pH值7.6~9.1，通体具石灰反应。

普通高山草甸土 分布在日月山、青海南山、鄂拉山，海拔3600~4000米，面积为1213.33公顷，占全县上地总面积的0.08%。通体无石灰反应或仅下部有石灰反应，土体厚度为37~90厘米，有机质含量10.24%，全氮0.58%，全磷0.16%，碳酸盐10.03%，速效磷16.83ppm，速效钾245ppm，pH值7.5~7.9。

高山灌丛草甸土 范围较广，在各山区海拔3310~4200米处都有零星。面积为2.13万公顷，占全县土地总面积的1.45%。通体有石砾，阴坡无石灰反应，阳坡中下部有石灰反应或上部有弱石灰反应。表层有机质含量平均为9.56%，全氮0.44%，全磷0.13%，全钾1.8%，速效磷9.19ppm，速效钾179.86ppm，碳酸钙7.69%，pH值7.5~8.5。

三、高山草原土

分布于英德尔乡浪娘、英德尔，江西沟乡鲁吐山、俄隆沟、元者，廿地乡的切扎、羊让，恰卜恰镇沟后，倒淌河乡狼干、黄科、合龙、青珠山、麻主山、雀陇山，黑马河乡恰当沟、陇日尔本、马日当、狼什干、若龙，以及石乃亥乡、切吉乡等地，分布在海拔3500~3800米之间的阳坡和半阳坡。母质为坡积、残积、洪积物。植被系紫花针茅、芨芨草、固沙草、细叶苔、早熟禾、赖草等，覆盖率45%~70%。表层有机质平均含量3.49%，全氮0.195%，全磷0.104%，全钾2%，速效磷6.61ppm，速效钾221.1ppm。面积为12.34万公顷，占全县土地总面积的8.43%。

四、山地草原土

分布在切吉、曲沟、廿地、石乃亥、黑马河、沙珠玉乡一带的山川坡地，海拔3300~3400米，面积为14.35万公顷，占全县土地总面积的9.8%。母质为坡积物、冲积物和湖泥沉积物。植被以针茅、芨芨草为主，覆盖率75%。通体有石灰反应，土质有沙、砾质物质。表层有机质含量5.04%，全氮0.25%，全磷0.14%，碳酸钙7.95%，速效磷8.14ppm，速效钾191.8ppm。

五、栗钙土

分布在湖滨平原、切吉滩、三塔拉、珠玉盆地、恰卜恰、曲沟等地区，海拔2460~3360米。面积为53.91万公顷，占全县土地总面积的36.82%。栗钙土一般发育在沉积物、黄土和风沙母质土区。因人事活动比较频繁、水热条件较好，多已开垦耕种。栗钙土剖面发育比较完整，有（暗）栗色有机质层，（淡）栗色、灰黄色的淀积层和母质层，分为亚类5个。

暗栗钙土 分布于环湖平原和青海南山以南的次汉达哇地区，成土母质为沉积物、冲积物、洪积物，质地一般为沙壤土或壤土。表层有机质平均含量为4.2%，全氮0.22%，全磷0.15%，全钾0.87%，速效磷8.1ppm，速效钾191ppm，pH值为7.8~9.3，碳酸钙平均含量9.45%，最高22.1%，最低0.7%。面积为13.42万公顷，占全县土地总面积的9.17%。

栗钙土 分布于青海南山以南，廿地乡的切扎、曲什纳，东巴乡的东巴、卡措、多置膜山、俄包山的下部，英德尔乡的浪娘、中果、直亥、英德尔，倒淌河乡的东降沟、尕海滩一带，海拔在2980~3270米之间。母质以沉积物、冲积物和黄土为主，土体较厚，质地均一，通体强石灰反应。植被以干旱荒漠、半荒漠草原类型的芨芨草、针茅草为主，覆盖率35%~80%，表层有机质平均含量为2.6%，全氮0.13%，全磷0.12%，全钾1.76%，速效磷4.7ppm，速效钾270ppm，碳酸钙平均15%，最高为24.8%。土壤偏碱，pH值7.5~8.7之间。面积为14.28万公顷，占全县土地总面积的9.7%。

淡栗钙土 分布于曲沟、三塔拉、珠玉盆地和切吉滩一带，海拔在2460~2960米之间。母质以黄土为主，土体深厚，底层有机质含量较少，表层有机质平均含量0.84%，全氮0.06%，全磷0.12%，全钾1.8%，速效磷4.5ppm，速效钾81.8ppm，碳酸钙含量10%，pH值7.59，通体石灰反应较为强烈。面积为23.99万公顷，占全县土地总面积的16.39%。植被以芨芨草、针茅草、固沙草为主，覆盖率在60%以下。

旱作栗钙土 面积为1.23万公顷，占全县土地总面积的0.84%。分土种2个。1. 黑麻土。分布于环湖四乡的平原以及倒淌河乡次汉达哇、巴卡台的山前平原和山间谷地。耕作层土壤质地良好，为团粒结构，表土层平均有机质含量4.05%，全氮0.2%，全磷0.14%，全钾2%，碳酸钙8.39%，代换量5~10毫克当量/100克土，速效磷10ppm，速效钾205ppm，碱解氮164.4ppm，pH值7.8~8.9。面积为1.22万公顷，占旱作栗钙土面积的99.3%。2. 旱作黄麻土。分布在曲沟乡多隆沟和英德尔乡中果、直亥，海拔3000~3200米。面积为86.67公顷，占旱作栗钙土面积的0.7%。土壤结构为小颗粒状或小块状，通体具石灰反应。表土有机质平均含量2.7%，全氮0.13%，全磷1.6%，全钾1.7%，碱解氮98ppm，速效磷8.45ppm，速效钾370ppm，代换量4毫克当量/100克土，pH值8.4。

灌溉栗钙土 分布于曲沟、恰卜恰、廿地、东巴、沙珠玉、黑马河、铁盖乡和塘格木农场等台地、滩地，山前冲积扇、河流阶地和山根缓坡地带，海拔2600~3200米，面积为9833.33公顷，占全县土地总面积的0.67%，分土种3个。1. 壤质灌溉黄麻土。分布于东巴、恰卜恰地区。土体比较深厚，土质为粉沙壤、沙壤和中壤，耕作年限较长，耕作层土壤结构为小块状和小团粒状。pH值8.1~9.7，有机质含量1.7%，全氮0.12%，全磷0.12%，全钾2.06%，速效磷10.57ppm，速效钾263.9ppm，碳酸钙12.49%，代换量54毫克当量/100克土，碱解氮80ppm，吸湿水4.5%，石灰反应强烈。面积为4226.67公顷，占灌溉栗钙土面积的42.98%。2. 壤质灌溉白麻土。分布于廿地、黑马河、恰卜恰、沙珠玉、曲沟乡和英德尔乡的滩地台地和小盆地一带。质地一般为沙壤或中壤，土块结构为小块状，中下部有假菌丝体出现，石灰反应较强，土壤保肥保水性能差。耕作层有机质平均含量1.65%，全氮0.08%，全磷0.14%，全钾1.9%，碱解氮小于54ppm，速效磷8.59ppm，速效钾244.5ppm，pH值7.8~9.0。此土种含钾比较丰富，有机质含量较低，速效磷极缺。面积为4326.67公顷，占灌溉栗钙土面积的44%。3. 黏质灌溉白麻土。分布于沙珠玉盆地。土壤质地为轻黏土，土层深厚，中下层常出现石灰假菌丝体，表土风蚀严重。耕作层有机质平均含量0.93%，全氮0.053%，全磷0.16%，全钾1.86%，碳酸钙9.45%，碱解氮41.27ppm，速效磷8.03ppm，速效钾251ppm，pH值8.3~8.5。土壤中除钾丰富外，其他养分都缺。面积为1280公顷，占灌溉栗钙土面积的13.2%。

六、棕钙土

分布于切吉乡北部滩地，海拔3000~3300米之间。气候干燥，地表风蚀严重，多石砾，通体具石灰反应。植被以荒漠类型为主，覆盖率30%~50%。面积为15.06万公顷，占全县土地总面积的10.28%。

棕钙土 分布于切吉滩，质地为粉沙壤土，表层有机质含量平均为1.52%，全氮0.079%，全磷0.018%，全钾1.58%，速效磷56.5ppm，速效钾151ppm，pH值8.0~8.7。通体石灰反应，面积为4.49万公顷，占棕钙土面积的29.3%。植被以芨芨草、针茅草为主。覆盖率30%~50%。

盐化棕钙土 分布于切吉地区，面积为9.15万公顷，占棕钙土面积的60.8%。由于盐渍化作用，地表常出现白色盐霜，表层有机质含量平均为1.78%，全氮0.059%，全磷0.102%，全钾

1.89%，碳酸钙8.35%，pH值7.2~8.8。平均总含盐量为0.37%。植被以芨芨草、白刺为主，覆盖率20%~30%。

耕灌棕钙土 分布于新哲、哇玉香卡农场和切吉乡，是由棕钙土开垦而来的耕作土壤。面积为1.47万公顷，占棕钙土面积的9.9%，根据土层厚度，分土种3个：1. 厚层耕灌棕钙土。面积为1.31万公顷，占耕灌棕钙土面积的88.3%，通体具石灰反应，耕作层厚24~34厘米，土壤厚度在60厘米以上。耕作层有机质含量平均为1.91%，全氮0.098%，全磷0.13%，全钾1.96%，碳酸钙11.58%，碱解氮73ppm，速效磷6.23ppm，速效钾228ppm。2. 中层耕灌棕钙土。面积为1240公顷，占耕灌棕土面积的8.34%。土层厚度30~60厘米，中下层多出现沙石层，耕作层中多含石砾，通体具石灰反应。表层有机质平均含量1.8%，全氮0.09%，全磷0.15%，全钾2.1%，碳酸钙12.24%，碱解氮71.2ppm，速效磷2.87%，速效钾136ppm，pH值为8.0~8.7。3. 薄层耕灌棕钙土。面积为500公顷，占耕灌棕钙土面积的3.36%，上层浅薄，厚度小于30厘米，30厘米以下为沙层或小石砾层。土壤保水、保肥能力差，通体为石灰反应。耕作层有机质平均含量1.6%，全氮0.077%，全磷0.04%，全钾1.75%，碳酸钙14.1%，碱解氮57.26ppm，速效磷2.23ppm，速效钾197ppm，pH值为8.7。

七、风沙土

分布于三塔拉珠玉盆地、湖东地区和黄河沿岸，为海拔2900~3200米之间的滩地、湖滨、台地、河岸坡地及珠玉河流域的阶地。面积为10.61万公顷，占全县土地总面积的7.25%，剖面均为沙土，无层次，通体呈强石灰反应。有机质平均为0.421%，全氮0.028%，全磷0.12%，全钾1.6%，碳酸钙15.96%，pH值8.9，含吸湿水0.5%~1%。

八、沼泽土

分布于小盆地中部、河湖周围、高山凹陷部位、山间洼地、山前洪积扇沿交积洼地等，面积为1.94万公顷，占全县土地总面积的1.33%。根据腐殖质或泥炭积累状况和潜育化程度，分亚类2个。1. 草甸沼泽土。是草甸土向沼泽土过渡的一个类型，土壤多为季节性积水，沼土表层有机质平均含量2.29%，全氮0.11%，全磷0.13%，全钾1.89%，碳酸钙20.13%，速效磷9.1ppm，速效钾393ppm，pH值9.0。面积为1.92万公顷，占沼泽土面积的98.9%。2. 泥炭沼泽土。面积为220公顷，占沼泽土面积的1.1%。该土壤俗称“扎法”，是当地群众的辅助燃料。

九、盐土

分布在切吉草场与茶卡盐池之间的滩地，海拔3070米。属氯化物盐土亚类。其表层含盐量1.06%，氯离子0.47%。面积为1.59公顷，占全县土地总面积的1.09%。植被以芨芨草、白刺为主，覆盖率30%。

第三章　自然资源

共和县自然资源丰富。全县土地面积146.41万公顷，其中草场面积128.21万公顷。草场分为6类16组53型，以温性草原类和高寒草甸类为主，面积广阔，是发展牧业生产的天然资源。已探明矿产资源20余种，但开发利用率低，开采难度较大。野生动植物资源丰富，其中国家一类保护动物6种、二类保护动物16种，是青海高原重要的动物、植物保护区域，生态位置十分重要。风力、光热和地热电等清洁能源总量丰富，已得到开发利用。

第一节　土地资源

一、土地总面积

2005年，共和县总面积172.52万公顷，其中陆地面积146.41万公顷，水域面积26.12万公顷。陆地面积中，牧业用地128.21万公顷，占陆地面积的87.57%；农业用地4.71万公顷，占陆地面积的3.22%；林业用地10.39万公顷，占陆地面积的7.09%；难利用地3.1万公顷，占陆地面积的2.12%。

二、耕地面积

1986年，共和县耕地7956.2公顷，其中水浇地3014公顷，浅山地2429.47公顷，脑山地2512.73公顷。1995年，全县耕地12062.07公顷，其中水浇地6601.27公顷，浅山地4375.47公顷，脑山地1085.33公顷。2000年，全县耕地11456.93公顷，其中水浇地5888公顷，浅山地4488.93公顷，脑山地1080公顷。

2002年，全县耕地面积减少，仅为7571.2公顷，其中水浇地3027.64公顷，浅山地1976.39公顷，脑山地2567.17公顷。2005年，全县耕地24534公顷，其中水浇地13708.34公顷，浅山地6931.73公顷，脑山地3673.73公顷，临时耕地220.2公顷。

三、草场面积

2005年，共和县土地面积146.41万公顷，其中草场面积128.21万公顷，占全县土地面积的87.57%，可利用草场120.95万公顷，占全县草场面积的94.34%。切吉乡占全县可利用草场面积的28.09%，沙珠玉乡占全县可利用草场面积的13.61%，石乃亥乡占全县可利用草场面积的11.75%，倒淌河镇占全县可利用草场面积的9.28%，黑马河乡占全县可利用草场面积的8.37%，铁盖乡占全县可利用草场面积的

6.48%，廿地乡占全县可利用草场面积的5.29%，龙羊峡镇占全县可利用草场面积的5.28%，江西沟乡占全县可利用草场面积的6.9%，恰卜恰镇占全县可利用草场面积的4.95%。

第二节 水资源

2005年，共和县境内共有大小河流、泉水、沟道300余处，其中常年有水195处、小湖泊7个。全县地表水资源量为5.39亿立方米，地下水资源量4.05亿立方米，地表与地下水资源之间的重复量为3.13亿立方米，除去重复量后全县水资源总量为6.31亿立方米，其中地表水资源量为3.60亿立方米，占水资源总量的57.05%；地下水资源量为2.71亿立方米，占水资源总量42.95%。共和盆地水资源量为3.34亿立方米，青海湖盆地水资源量为2.97亿立方米。

第三节 矿产资源

共和县矿产资源主要分布在切吉乡一带，有铜、铁、金、铅、锌、银、镍、锰、铂等20余种，可供进一步勘查开发的有金、银、铜、铅、锌、白钨、锑等金属矿产。

非金属矿藏以大理石储量最大。矿址在县城北侧伦保赛日钦山，大理石岩层横向出露宽5000余米，纵向出露高2000余米，积储量10亿立方米。1985年列入青海省“星火”计划，已开采。1993年，探明大理石中呈现肉红色花岗岩矿7500万立方米。至2005年，再未勘探，一直使用1993年的储量数字。

第四节 野生动植物资源

一、野生植物

共和县境内野生植物种类繁多。据区划资料记载，共有79科、990种，其中松科3种，柏科3种，麻黄科4种，杨柳科26种，胡桃科1种，桦木科2种，桑科2种，壳斗科1种，榆科1种，荨麻科5种，檀香科1种，桑寄生科1种，蓼科20种，藜科23种，苋科3种，马齿苋科19种，金鱼藻科54种，小檗科72种，景天科10种，虎耳草科19种，蔷薇科60种，豆科79种，酢浆草科7种，旱金莲科4种，蒺藜科6种，芸香科1种，苦木科1种，楝科1种，运志科2种，大戟科5种，卫矛科2种，槭树科1种，无患子科1种，凤仙花科1种，鼠李科1种，葡萄科1种，锦葵科3种，藤黄科1种，柽柳科7种，堇菜科5种，瑞香科2种，胡颓子科4种，柳叶菜科4种，小二仙草科1种，杉叶藻科1种，锁阳科1种，五加科1种，伞形科20种，杜鹃花科6种，报春花科9种，蓝雪科3种，木樨科5种，龙胆科23种，萝藦科4种，旋花科4种，紫草可9种，马鞭草科3种，唇形科24种，茄科12种，玄参科29种，紫葳科2种，列当科4种，车前科3种，茜草科5种，忍冬科7种，败酱科2种，川续断科1种，葫芦科10种，桔梗科4种，菊科119种，香蒲科3种，眼子菜科4种，水麦冬科2种，禾本科103种，莎草科26种，灯芯草科4种，百合科53种，鸢尾科8种，兰科6种。

共和地区具有一定经济价值的植物有600余种。其中，药材类400余种，如虫草、大黄、贝母、雪莲、秦艽、柴胡、黄芪、枸杞、茵陈蒿、列当、沙参、党参、山莨菪、麻黄、车前、甘草、百合、锁阳、骨碎补、杏仁、红花、肉苁蓉、小檗、钩腺大戟、鹅绒萎陵菜、油松、甘青报春、海韭菜、唐古特青兰、兰石草、细果脚茴香、密花翠雀、芹叶铁线莲、短穗兔耳草、高原鸢尾、总状绿绒蒿、裸茎金腰、红果黄精、玉竹、裂萼蔷薇、异叶米口袋、唐古特瑞香、钝裂银莲花、喜冷红景天、卵瓣雪灵芝、唐古特乌头、黄花棘豆等；纤维类50余种，如白榆、山杨、桦树、宿根亚麻、蒺藜、甘草、狼毒、牛蒡、芨芨草、醉马草、扁穗冰草、赖草、垂穗披碱草、芦苇、高原鸢尾、荨麻、马兰、高山柳、鬼见锦鸡儿等；油脂类80余种，如香糯草、葶苈子、娘蒿子、野亚麻子、牛蒡、香青兰、黄花蒿、骆驼蓬、铁杆蒿等；芳香类10余种，如祁连圆柏、扁蓄、甘草、杜鹃、薄荷、白莲蒿等；化工原料类30余种，如山杨、旱柳、山生柳、荨麻、鸡爪、大黄、扁蓄、圆穗蓼、珠芽蓼、猪毛菜、沙棘、锁阳、茜草、红花、金露梅等；淀粉类10余种，如蕨、苦荞麦、珠芽蓼、圆穗蓼、泡沙参、山丹、芦苇、黄精等；果汁类9种，如紫色悬钩子、东方草莓、五裂茶藨、野樱桃、山杏、花楸、枸杞、忍冬、沙棘、小檗、白刺等；蔬菜类19种，如地皮菜、发菜、蘑菇、蕨菜、荠菜、冬葵、歪头菜、野胡萝卜、苣荬菜、枸杞头、天蓝韭、小根蒜等；其他经济植物50余种，如用于保土固沙的有锦鸡儿、柠条、白刺、红砂、固沙草等，用于制作绿肥的草木樨、紫花苜蓿、箭舌豌豆、红花草等。

二、野生动物

共和境内的湖泊、沼泽、草地、田园和森林中，常见和偶见的飞禽有29科、164种，它们是：凤头（䴙䴘科），白鹈鹕（鹈鹕科），鸬鹚（鸬鹚科），苍鹭、池鹭、大白鹭（鹭科），灰雁、斑头雁、大天鹅、疣鼻天鹅、赤麻鸭、翘鼻麻鸭、针尾鸭、绿翅鸭、绿头鸭、琵嘴鸭、赤嘴潜鸭、凤头潜鸭、白眼潜鸭、鹊鸭、班头秋沙鸭、普通秋沙鸭（鸭科），鸢、大鵟、金雕、白唇雕、玉带海雕、秃鹫、兀鹫、胡兀鹫、白头鹞、鹗（鹰科），猎隼、矛隼、石鸡、斑翅山鹑、鹌鹑、蓝马鸡、雉鸡、环颈雉（隼科），灰鹤、黑颈鹤、蓑羽鹤、白骨顶（鹤科），凤头麦鸻、金眶鸻、环颈鸻、铁嘴沙鸻（鸻科），红脚鹬、白腰杓鹬、青脚鹬、矶鹬、灰鹬、翻石鹬、孤沙锥、红腹滨鹬、黑尾塍鹬、乌脚滨鹬、鹮嘴鹬、黑翅长脚鹬、白嘴鹬、红颈斑蹼鹬（鹬科），普通燕鸻（燕鸻科），鱼鸥、棕头鸥、普通燕鸥（鸥科），西藏毛腿沙鸡（沙鸡科），岩鸽、山斑鸠、灰斑鸠（鸠鸽科），大杜鹃（杜鹃科），雕鸮、纵纹腹小鸮（鸱鸮科），楼燕（雨燕科），戴胜（戴胜科），长嘴白灵、青海亚种、指名亚种、蒙古百灵、凤头百灵、东北亚种、小云雀（百灵科），灰沙燕、家燕、金腰燕（燕科），黄鹡鸰、黄头鹡鸰、指名亚种、西南亚种、白鹡鸰东北亚种、白鹡鸰普通亚种、田鹨、平原鹨、粉红胸鹨、水鹨、新疆亚种（鹡鸰科），红尾伯劳、灰背伯劳、楔尾伯劳、西南亚种（伯劳科），紫翅椋鸟、北疆亚种（椋鸟科），灰喜鹊青海亚种、喜鹊青藏亚种、褐背拟地鸦、红嘴山鸦、渡鸦东北亚种、渡鸦青藏亚种（鸦科），河乌青藏亚种（河乌科），鸲岩鹨指名亚种、棕胸岩鹨、褐岩鹨青藏亚种（岩鹨科），红点颏、黑胸歌鸲、红胁蓝尾鸲、赭红尾鸲、黑喉红尾鸲、蓝额红尾鸲、白喉红尾鸲、黑喉石䳭青藏亚种、沙、白顶溪鸲、虎斑地鸫、棕背鸫、赤颈鸫、山噪鹛、白喉林莺、沙白喉林莺、棕腹林莺、黄腹林莺、褐柳莺西南亚种、黄眉柳莺、花彩雀莺、青藏亚种、凤头雀莺、大山雀、褐头山雀、西北亚种、白眉山雀、银喉山雀（䴓科），麻雀、褐翅雪雀、白腰雪雀、棕颈雪雀、棕背雪雀青海亚种、黑喉雪雀（文雀科），黄嘴朱顶雀青海亚种、巨嘴沙雀、漠雀蒙古亚种、大朱雀、拟大朱雀、沙色朱雀新疆亚种、红眉朱雀青藏亚种、白眉朱雀、朱雀、白翅拟蜡嘴雀、朱鹀、白头鹀、青海亚种、三道眉草鹀、灰头鹀、灰眉岩鹀（雀科），黑啄木鸟（啄木鸟科）。

由于人类活动逐渐频繁，野兽种类和数量随之减少。至2005年，常见和偶见的有16科、48种，分布广泛，小麝鼩（鼩科），青海鼠耳蝠（蝙蝠科），狼、豺、赤狐、藏狐、沙狐（犬科），棕熊（熊科），石貂、香鼬、艾虎、水獭、狗獾、黄鼬（鼬科），荒漠猫、兔狲、雪豹、猞猁（猫科），藏野驴（马科），马鹿、白唇鹿、原麝（鹿科），藏原羚、黄羊、岩羊、斑羚、盘羊（牛科），黄耳斑鼯鼠、喜马拉雅旱獭（松鼠科），长尾仓鼠、小毛足鼠、子午沙鼠、高原鼢鼠（仓鼠科），根田鼠、松田鼠（田鼠科），大林姬鼠、小家鼠、褐家鼠（鼠科），西伯利亚五趾跳鼠、长耳跳鼠（跳鼠科），中华蹶鼠、四川林跳鼠（林跳鼠科），甘肃鼠兔、高原鼠兔、达乌尔鼠兔、红耳鼠兔、托氏鼠兔、高原兔（鼠兔科）。

列入国家一类保护动物的有雪豹、藏野驴、白唇鹿、藏雪鸡、黑鹳、黑颈鹤等6种。二类保护动物有棕熊、原麝、马鹿、水獭、兔狲、猞猁、荒漠猫、大天鹅、鸢、金雕、秃鹫、鹗、红隼、蓝马鸡、大鵟、短耳鸮等16种。

黄河水系和内陆水系的鱼类计5科12种，有黄河雅罗鱼（鲤科），大刺鮈、黄河鮈（鮈亚科），花斑裸鲤、青海湖裸鲤、黄河裸裂尻鱼、骨唇黄河鱼（裂腹鱼亚种），硬刺高原鳅、背斑高原鳅、隆头高原鳅（条鳅亚科），北方花鳅（花鳅亚科）。两栖类有西藏齿突蟾、花背蟾蜍、中国林蛙等。爬行类有青海沙蜥、丽斑麻蜥、密点麻蜥、枕纹锦蛇、蝮蛇等。

第五节　其他资源

一、风能

共和县环湖地区风能具有开发价值。年平均风速1.8米/秒。一年中，可利用时间4100～5400小时，出现频率40%～62%，可利用频率大于50%的月份超过5个月，最佳季节为3～5月。倒淌河、塔拉滩、切吉等地均可开发利用太阳能和风能资源。

二、光热

共和县全境光照充足，太阳辐射强烈，全年日照时数达2670.4～3036小时，平均年日照率达60%～69%，每天平均日照6.2～9.4小时，年平均总太阳辐射量165.5千卡/平方厘米，东南部河谷地区偏少，北部环湖地区较多。大于等于0℃期间的年总辐射量94～125千卡/平方厘米，农作物生长期间辐射量年92～102千卡/平方厘米，夏秋两季为最高。

三、地热

地热资源分布在黄河周边及恰卜恰河下游。经勘探，域内地热水温最高可达73℃，地热流体质量好，水质类型为碳酸氢钠型水，矿化度1.799克/升，属微碱水，含有多种特殊离子和微量元素等，微量元素对医疗皮肤病、关节炎等疾病有特殊的医疗效果。地热储盖厚度大，隔水保温性能好，热储埋藏浅，易开发利用，热储性能好，具有热流体量大、质量好、温度高的特点。地热资源作为清洁能源，在高寒地区可广泛应用于采暖、医疗保健等项目，也可用于开发游泳等冬季体育项目。

第四章　自然灾害

共和地区地处高海拔地区，县域面积大，地形复杂，形成不同地域小气候，自然灾害频繁，其危害多呈局部性，以冰雹、洪水、雪灾危害最大。1986—2005 年，因冰雹、洪水造成的危害每年均有发生。大范围的雪灾每 3~5 年发生 1 次。风沙危害已得到初步遏制。地质灾害多为泥石流。生物灾害中当属草原鼠害，危害严重，采取人防、技防相结合方法灭除鼠害，有一定效果。

第一节　气象灾害

一、干旱

共和地区干旱以春季最为严重。上年 11 月至当年 3 月，降水量仅 13.2 毫米，占全年降水量的 4%；3 月中旬土壤开始解冻，气温回升，月际升温达 5.0℃以上，水分迅速蒸发；兼值大风季节，干旱程度加剧，牧草生长及农作物的播种受到一定影响，春旱使牧草不能及时返青，农作物不能适时播种，给农牧业生产造成严重损失。

1991 年 7 月，江西沟乡由于干旱造成颗粒无收的油料作物 63.59 公顷，占该乡油料播种面积的 41.7%；大仓村青稞颗粒无收的 7.39 公顷，占该村青稞播种面积的 6.6%。倒淌河乡甲乙村油料播种面积 458.13 公顷，其中颗粒无收的 15 公顷，占总播种面积的 3.3%。经农业技术人员现场测定：江西沟乡油料减产 34.5 万公斤，占总产量的 46%；青稞减产 18.5 万公斤，占总产量的 37%；甲乙村油料减产 2.65 万公斤，占该村油料总产量的 11.42%。

1993 年春季，共和县部分地区气候反常，先后出现干旱、降温和大风沙等自然灾害天气。5 月，连续出现大风天气，因干旱缺水，恰卜恰镇，东巴、铁盖等乡干土层 30 厘米以上，不能适时下种的耕地 816.67 公顷；遭受风沙侵袭 444.67 公顷，其中麦苗枯死、风沙埋没损失特别严重的有 182 公顷。沙珠玉乡受灾面积 366.67 公顷，其中受损 100 公顷。

1995 年 5 月，切吉乡因受持续干旱、大风的影响，牧草返青迟缓，草畜矛盾突出，仔畜成活率低，大畜死亡率高。全乡共产仔畜 100945 头（只），成活率仅为 41%，成畜死亡 17579 头（只），死亡率 7%以上。

1996 年 1—9 月，共和县因干旱、风沙等自然灾害影响，牧草普遍返青迟，加之上年旱灾牲畜普遍膘情差。英德尔乡和切吉乡牲畜大量死亡，成畜死亡率 33.56%和 16.3%，仔畜成活率只有 3.7%和 17.1%；农作物受灾 13.30 公顷，造成经济损失1563.75万元。

2000年，共和县农牧业生产遭受春、夏、秋三季连旱，尤以干旱最为突出。全县11个乡农作物受灾总面积7566.67公顷，其中粮食作物3880公顷、油料3480公顷、其他作物206.67公顷，受灾面积中减产30%~50%的共1261.73公顷，其中粮食637.02公顷、油料532.13公顷、其他作物92.57公顷。减产50%~80%的共3645.48公顷，其中粮食2181.07公顷、油料1385.6公顷、其他作物78.8公顷；减产80%以上的2658.5公顷，其中粮食1057.37公顷、油料1566.2公顷、其他作物34.93公顷，受灾面积中平均减产幅度65%，最高100%，最低30%。哇玉香卡农场和塘格木农场受灾总面积4333.33公顷，其中粮食866.67公顷、油料3466.67公顷。

2002年春季，共和县干旱无雨，旱情严重，受灾4205户21625人，受灾面积553.33公顷，直接经济损失216万元，部分地区因缺少饲草饲料，牲畜死亡1万余头（只），损坏房屋230余间，直接经济损失820万元。

二、风沙

共和县风沙最严重的地区是：沙珠玉、恰卜恰、曲沟、铁盖、倒淌河、江西沟及黑马河等乡。多发生在冬春两季，以2—4月危害是重。

1991年3月24—29日，连续6天刮大风，其中29日为9级大风，风速24米/秒，受灾农田566.67公顷，被毁190.33公顷。据测算，因表土层被吹掉，约损失化肥23吨，种子27吨，农家肥8000立方米。

1993年春季，共和县部分地区连续出现干旱、降温和大风沙等灾害性天气，恰卜恰、东巴、铁盖等乡干土层达30厘米以上；不能适时下种的耕地8150公顷；遭受风沙侵袭的耕地444.67公顷，其中麦苗枯死、风沙埋没、受损严重182公顷。沙珠玉乡受灾面积3666.67公顷，其中严重受损500公顷。

1986—2005年，恰卜恰地区共出现沙尘暴31次，平均每年出现1.6次。

三、冰雹

共和县冰雹灾害多集中在6—8月，多发生在午后和傍晚时分，每次持续10分钟左右，长则半小时。冰雹起源主要有两处：哇洪山，沿山北麓经哇玉香卡、切吉、塘格木、塔拉台至铁盖和曲沟；橡皮山，分南北两支，南支沿青海南山南麓向东南方向移动，经廿地、沙珠玉、恰卜恰、至东巴，北支沿青海南山北麓东移，经黑马河、江西沟至倒淌河。

1987年7月21日、22日，沙珠玉、恰卜恰乡农作物遭受冰雹灾害486.4公顷。

1989年7月6日，黑马河地区暴雨成灾，然去乎村农田遭灾面积8.73公顷，冲毁渠道2365米、防洪桥1座，直接经济损失2万余元。7月7日20时20分，廿地地区突降冰雹持续15分钟左右，粮油作物灾害面积215.73公顷，占该乡粮油总播种面积的54.84%；冲毁渠道540米。8月31日23时、9月2日22时10分至22时30分，石乃亥乡连遭暴雨，引发山洪，尕日拉村5户牧民的房屋夷为平地，冲毁羊圈15座，经济损失1.5万元。

1993年7月10日13时，江西沟乡下社村四社、五社遭受雹灾，冰雹持续时间15分钟，最大直径达3厘米，积水厚度15厘米。青稞、油菜受灾190.47公顷，只残留秸秆，造成直接经济损失56.12万元。

1994年7月10日，江西沟乡下社村遭受特大冰雹袭击。冰雹持续15分钟，最大直径3厘米，积冰厚度大15厘米。毁坏农作物130公顷。

1995年8月20日18时40分，廿地乡突降特大冰雹，致农作物416.49公顷颗粒无收，直接经济损失115.8万元。9月1—3日，共和地区突降暴雨，山洪暴发，降水持续1小时，降水量高达30.2毫米，冰雹持续15分钟，冰雹直径30

毫米。此次洪水和冰雹灾害涉及7乡1镇，灾害面积2408.07公顷，部分林木、乡村公路、桥梁、水利设施、草库伦围墙被冲毁，房屋倒塌，部分机关、学校、企事业单位及商店进水，经济损失1613.27万元。

1996年7月17日至8月16日，共和县部分地区遭受冰雹、洪水侵袭，农田被淹没，果树、果园、房屋、围栏、农田渠道、输水管道、排水管道等被冲毁，受灾农作物466.73公顷，淹死牲畜500余头（只）。8月20—24日，廿地乡、恰卜恰、铁盖乡等遭受冰雹和洪水灾害袭击，农作物、水利设施、道路等毁坏严重，造成经济损失180.01万元。9月16日6时，江西沟乡大仓村农作物113.33公顷受冰雹灾害，受灾户162户1113人，受灾的426.67公顷油菜减产80%，油料减产384吨，造成经济损失115.2万元。

1997年8月4日16时30分，切吉乡的乔夫旦、祁加、塔秀3个村发生暴雨灾害，冲走绵羊、山羊593头（只）、牛1头，冲走帐篷、冲毁羊药浴池、围栏、管道、房屋、拦洪坝、淹没草场3333.33公顷，造成经济损失12.5万元。8月29日14时至次日凌晨1时，江西沟、切吉、沙珠玉、廿地4乡遭受冰雹洪水灾害，冰雹直径30~40毫米，厚度15厘米，沟道洪水流量达50~100立方米/秒，致使4个乡水利设施严重受损，交通中断、农牧业受灾、房屋倒塌，造成经济损失1549.9万元。

1998年7月14—15日，切吉、廿地、东巴、曲沟等乡受暴雨灾害，冲毁农田24.33公顷，村地2.6公顷、苗木1340.5株、人畜饮水管道5条、进水口5座、水管道1820米、浆砌石渠道800余米，浆砌石防洪墙440立方米、铅丝石笼9条2040立方米、路面、路基、涵洞10余处、乡村简易公路2320米、草场网围栏17020余米，冲走绵羊、山羊377只，造成经济损失222.55万元。7月30日、8月1日，英德尔、恰卜恰、东巴、曲沟等乡遭受冰雹袭击，即将开镰收割的农作物193.87公顷绝收，农作物1660.53公顷受到不同程度的损失，造成经济损失154.89万元。

四、山洪

县内一些地区地形复杂，山高谷深、沟壑纵横，加之7、8月降水量高度集中，常有山洪发生，造成危害。洪水常发地区为恰卜恰、沙珠玉、曲沟及龙羊峡等地。

1989年7月4日、6日，恰卜恰乡部分村社突降暴雨，发生山洪，受灾农田183.27公顷，其中100公顷颗粒无收；冲毁曲沟乡耕地29.2公顷，渠道6000米，损坏民房70余间、林地1.47公顷。

1989年8月31日和9月2日，石乃亥乡连遭两次暴雨，形成山洪，冲毁牧民房屋18间，冲毁附近围墙150米、羊圈15个。

1991年5月30—31日，曲沟乡阿乙亥村和恰卜恰乡上塔迈村、下塔迈村遭受特大洪灾，淹没农田8.6公顷，冲毁树木27900株，冲毁渠道、鱼塘、涝池、抽水房、机井。

1993年7月27日，倒淌河乡和东巴乡遭受洪水和冰雹灾害，牧户23户，绵山羊559只、帐篷2顶及衣物、生活用具等，经济损失12.79万元。8月7日，英德尔、沙珠玉、东巴乡11个村农作物124.73公顷遭受特大冰雹灾害，减收粮食262.89万公斤、油菜20.85万公斤，直接经济损失239.51万元。

1995年9月2日，恰卜恰乡多地突降暴雨，山洪暴发，致使恰卜恰镇区市政防洪、桥基、排水、环卫等基础设施严重受损，经济损失58.72万元。

1998年7月14日，切吉、廿地、东巴、曲沟等乡突发雷阵雨，冲毁农田25公顷、林地2公顷、苗木13405株、人畜饮水管道5条、草场围栏17020米、公路2320米，直接经济损失222.56万元。

2001年7月7日、8日，共和县境内突降暴雨，恰卜恰沟泄洪流量达65立方米/秒，阿乙亥沟洪峰流量达200立方米/秒。恰卜恰、廿地、切吉、铁盖、曲沟、东巴乡和倒淌河镇等7个乡镇遭受多年未见的洪灾，冲毁农田315.33公顷、耕地18.53公顷、树木1661株、房屋18间、围栏6.5万米、围墙2975米，冲走牛10头、绵羊1061只、面粉1250公斤，冲毁农田水利等设施22处，造成经济损失350余万元。

2003年8月24日、26日，廿地、英德尔、恰卜恰、沙珠玉等部分地区发生强降雨，引发洪水。廿地乡3个村11个社171户1300名群众和3.39万头（只）牲畜受灾，死亡牲畜1322头（只），冲毁围栏67733米，房屋进水11间，造成危房10间，倒塌2间；冲毁进水口1座，渠道135米，防洪墙100米，铅丝石笼200立方米，乡村公路11公里；恰让灌区253.33公顷农田、200公顷林地无法灌溉，造成经济损失104.4万元；英德尔乡、恰卜恰镇、东巴乡、沙珠玉乡的176.67公顷；青海省水电设计院勘探队在廿地恰让沟勘测工地的部分设备被冲毁，造成经济损失49.63万元；共计造成经济损失154.03万元。

五、霜冻

共和县无霜期短，农作物易遭受霜冻灾害。霜冻灾害较严重地区是沙珠玉河谷及恰卜恰河谷等地区，主要发生在春末和秋初，危害频率70%以上，以晚霜危害最为严重。

1998年5月15日，切吉、沙珠玉、英德尔、廿地、铁盖、曲沟、恰卜恰、东巴等8个乡遭受全天大风和当晚的霜冻灾害，农作物受灾294.33公顷，占灾区总播面积的33.99%。

六、雪灾

共和县环湖地区在冬季春季节常有雪灾发生，黑马河、江西沟及湖东种羊场等地更为严重。

1987年24—26日，石乃亥乡连降大雨，积雪厚度达45~67厘米，各类牲畜死亡512头（只），经济损失19.52万元。

1989年2月，全县各地连降大雪，时间长，范围广，是1979年后的最大雪灾。共造成成畜死亡70031头（只），占全县成畜损亡数的73.87%。是年11月6日，江西沟乡降雪厚45~67厘米，造成各类牲畜死亡512头（只），直接经济损失19.52万元。

1990年12月20日，倒淌河乡降雪厚30~40厘米，全乡牲畜死亡480头（只）。

1993年3月16—20日，环湖四乡和切吉、英德尔、廿地等乡降雪厚20~40厘米，其中石乃亥乡、黑马河乡1343户8471人，372万亩草场28.58万头（只）牲畜受灾。5月18—19日，黑马河乡正却乎村、加龙村、文巴村，石乃亥乡鲁色村、尕日拉村降雪厚70厘米，受灾756户4524人，死亡大畜21034头（只），死亡率22.3%，仔畜死亡80%以上。

2000年11月18—19日，倒淌河乡、江西沟乡降雪厚33厘米，受灾2138户13292人，死亡牲畜1363头（只），缺草牲畜24万头（只）。

第二节 地质灾害

一、地震

1990年4月26日18时37分12秒（北京夏令时），共和盆地西南缘新生代隐伏断裂带上发生6.9级强烈地震，宏观震中北纬36°05′，东经100°05′，震源深度30公里，震中烈度Ⅸ度。震中地区的塘格木农场，兴海县河卡乡红旗村的房屋全部倒塌。方圆有4个县、7个乡、16个村、2个农场等受灾严重，受灾人口12366户45098

人，死亡120人，重伤149人；公路、建筑、供电、通信、水利、畜牧、文教、卫生等设施受损，直接经济损失达2.7亿元。塘河地震灾情遍及海南州共和、兴海、贵南、同德、贵德五县和龙羊地区。

1991年9月20日19时56分，塘河震区发生5.6级地震，塘格木农场房屋无倒塌，但许多在塘河大地震中产生裂缝的房屋彻底变成危房，经济损失400余万元。

1994年2月16日5时9分，沙珠玉乡上卡力岗村以南发生5.8级地震，造成大批房屋裂缝，经济损失4446.7万元。

1994年9月4日22时50分，塘河地区发生5.6级地震，沙珠玉乡、铁盖乡部分房屋出现裂缝。

1994年9月24日3时17分，塘河地区发生5.5级强烈地震，共和县沙珠玉、铁盖、英德尔、廿地四乡部分群众住房再次遭受严重灾害。强烈地震造成严重危房的部分房屋墙体倾斜增大，地基下塌，部分墙体倒塌。造成一般性危房的房屋裂缝进一步增大，据统计，地震使共和县4个乡1569户群众的14289间房屋遭受不同程度损失，其中造成严重危房6845间，一般性危房7444间；直接经济损失422.68万元。

1994年10月10日22时，塘河地区发生5.6级地震，全州各地震感强烈。

1995年7月9日23时56分，共和县发生5.8级地震。地震造成严重危房24800平方米，经济损失164.55万元。

1996年12月至1997年1月，共和县龙羊峡水电站库区周边连续发生700余次小震群活动，最大为5.0级。

二、泥石流

泥石流多集中在恰卜恰、龙羊峡等地区。根据地质灾害调查，恰卜恰镇防洪地段，以及夏拉水库、沟后水库、下梅水库、索尔加水库、东巴村水库、索尔加村防洪地段，还有切吉塘曲水库、沟台水库、他勒水库、大水水库、中试水库、沙珠玉娘堂水库因山洪可能引发泥石流，黑马河集镇及各村因山洪可能引发泥石流。全县有泥石流隐患点27处。

三、山体滑坡

山体滑坡一般由降雨、河流冲刷、地震、融雪等自然因素引起。多集中在倒淌河、黑马河、铁盖等乡镇。恰龙公路两侧山体、瓦里关东侧、阿乙亥防洪地段由山洪可能引发山体崩塌。共和县境内地质灾害有不稳定山体滑坡、泥石流等类型。全县有滑坡隐患点10处。

1986—2005年共和县地质灾害危险点（段）情况表

表1-16

野外编号	地点	灾害类型
GH01	恰龙公路	斜坡（潜崩）
GH02	水沟	泥石流
GH03	龙羊峡—西宁公路37~38公里处	滑坡
GH04	东龙沟西侧	滑坡
GH05	阿赞沟	泥石流
GH06	小沟	泥石流

续表

野外编号	地点	灾害类型
GH07	次汉土亥村东无名沟	泥石流
GH08	次汉土亥村东	崩塌
GH09	次汉土亥村西无名沟	泥石流
GH10	次汉土亥村西无名沟	泥石流
GH11	次汉土亥村西	崩塌
GH12	黄喇叭沟	泥石流
GH13	东台沟	泥石流
GH14	西台沟	泥石流
GH15	长空路西山沟	泥石流
GH16	锐山南侧无名沟	泥石流
GH17	次汉达哇村东	崩塌
GH18	扎加沟	泥石流
GH19	直午沟	泥石流
GH20	鸭娃沟	泥石流
GH21	洪尕巴沟	泥石流
GH22	大沙坡沟	泥石流
GH23	东巴村东侧无名沟	泥石流
GH24	东巴村南侧	滑坡
GH25	东巴村南侧	斜坡（潜崩）
GH26	沙沟	泥石流
GH27	索尔加村东	斜坡（潜崩）
GH28	吊沟	泥石流
GH29	索尔加村西北侧	斜坡（潜崩）
GH30	拉让毛沟	泥石流
GH31	尕把达连沟	泥石流
GH32	三岔沟西侧	滑坡
GH33	龙才沟西侧	滑坡

第三节 生物灾害

一、草害

共和县农田杂草种类繁多、分布广、密度大，危害严重，它与农作物争肥、争水、争光，严重影响农作物生长发育和产量。据2003年调查农田杂草有30余种，危害严重主要有燕麦、水燕麦、香薷、苦苦菜、田旋花、马刺盖、冰草、苣荬菜、野胡萝卜等。

草害防治初期以人工拔除为主，1980年后开始推广化学除草。1986年后，由政府补贴推广化学除草，化学除草面积逐年提高，至1995年，化学除草面积已达播种面积的80%以上，农田杂草得到防治。川水地的龙羊峡镇、铁盖乡、恰卜恰下半部人均耕地面积小，农田杂草少，防治效果好；其余地区杂草危害严重，每年防治面积大，效果较差。1987—2005年，每年均实施人工与化学方式灭除草害。

防治药剂主要有燕麦畏、氟乐灵、2.4-D丁酯、盖草能、百草敌、绿麦隆、异丙隆、野燕枯、骠马、阔叶净、威霸、高特克、乙草胺、苯达松、巨星、农得时。

二、病害

共和县农作物病害主要有小麦锈病、灰穗病、根腐病、白秆病，油菜菌核病、白锈病、霜霉病、病毒病，蚕豆枯萎病、轮纹病、褐斑病，青稞赤霉病、坚黑穗病、条纹病，马铃薯晚疫病、黑胫病、环薯病、病毒病，豌豆白粉病、霜霉病、褐斑病，蔬菜病害有霜霉病、白粉病、软腐病、黑斑病、轮纹病等。病害中以根腐病、黑穗病、锈病危害最为严重，农作物减产幅度较大，防治以这三类病害为主。其余病害时有发生，但危害不大，没有采取防治措施。

龙羊峡镇、铁盖乡新搬迁开发区，由于土地瘠薄且盐碱大引发根腐病情严重，粮油作物减产50%以上。1988—1989年，由青海省农科院主持进行根腐病防治试验，通过羟锈宁拌种、合理轮作、适时早播等技术措施。经过两年试验、示范，根腐病得到有效防治。1990年，根腐病又严重发生，通过推广土壤药剂拌种后，效果明显。至1992年，两个乡（镇）的根腐病得到控制。经过此后几年的土壤拌种，根腐病得到控制。由于坚持常年药剂拌种，至2005年，黑穗病得到控制，未发生大面积染病的情况。锈病常发生在降雨量充沛的年份，连片集中、统一防治，效果极好。马铃薯病害防治主要是播种前用草木灰拌种，串换种子，药剂防治很少。蚕豆、豌豆病害发生很少，未进行药剂防治。

自1990年建设塑料大棚、节能温室等设施后，蔬菜病害防治技术逐步成熟。防治以播种前进行土壤处理、药剂拌种，出苗后喷施保护剂，发病后喷施农药为主要措施。防治药剂主要有粉锈宁、三唑酮、康贝、羟锈宁、百菌清、代森锌、托布津、福美砷等。至2005年，病害每年均有发生，只是因各年份气候而发生的程度和范围稍有差异。

三、虫害

虫害有小麦麦茎蜂、麦秆蚜、麦穗夜蛾，油菜茎象甲、黄条跳甲、菜蛾、露尾甲、蚜虫，蚕豆蚜虫、芫菁，马铃薯蚜虫、蛴螬、金针虫、地老虎、黏虫、蝗虫等。虫害危害严重的有麦茎蜂、黄条跳甲、茎象甲、菜蛾、蚜虫等。麦茎蜂发生时因其具有迁飞性，组织群众统防统治。黄条跳甲在干旱年份严重发生，群众喷雾防治，及时控制虫害发生。地下害虫蛴螬、金针虫、地老虎、根蛆等在川水地发生较多，其余地区发生较少。指导群众用辛硫磷等土壤处理、拌种、灌根，人工随犁拾虫效果较好。2005年，沙珠玉乡达连海村小麦地发现地老虎，地老虎在近地表层咬断茎秆致使麦苗死亡，造成断垄，多集中在田埂附近，每平方米 3~5 头，通过采用药剂喷雾、毒土法、毒饵诱杀成虫，防治效果 80%以上。防治药品有马拉硫磷乳油、辛硫磷、乐果、敌敌畏、阿维菌素乳油、啶虫脒乳油、呋喃丹、福美双、氯氰菊酯、溴氰菊酯、功夫等。

四、鼠害

共和地区鼠害主要有高原鼠兔和中华鼢鼠。据 1986—2005 年进行的大面积草原鼠虫害调查，鼠害面积在 27.33 万公顷。2000 年后，部分地区将灭鼠任务承包给专业灭鼠公司运作。

第五章　环境保护

20世纪90年代后，共和县按照海南州委、州政府提出的生态立州战略，主要围绕“一湖”（青海湖）、“一河”（黄河）、“一库”（龙羊峡库区）、“一滩”（塔拉滩）生态治理思路，着力实施天然林保护、“三北”防护林体系建设、退耕还林（草）、塔拉滩治理、青海湖治理和保护“母亲河”为重点的生态建设工程，并建立和完善环境治理和生态恢复责任制，县境内土地沙化和水土流失逐步得到遏制，生态建设步入良性发展时期。

第一节　机　构

1991年，成立共和县城乡建设环境保护局，下设环境保护监测站。1995年，城乡建设环境保护局与工交局合并成立经济建设局，下设环境保护监测站与环境监理站。2002年，成立农林环保局，下设环境保护监测站与环境监理站。2004年，农林环保局更名为林业环保局，下设环境保护监测站、环境监察大队，实有工作人员7人。至2005年，机构设置无变化。

第二节　污染源与环境监测

一、污染源

1986—2005年，共和县县城环境污染源主要来自恰卜恰城区锅炉粉尘以及烟雾排放产生的一氧化碳、二氧化碳和氧化硫；医院排放的有毒有害化学元素和带有病毒的生活、治疗污水；毛纺、皮草、畜产品加工企业产生的染色水、污水以及工业废气、废渣等。农牧区主要是土壤沙化、水土流失造成的污染以及水源含氟等。1986年，恰卜恰地区共有污染源单位13个，年排放工业废水7842吨，工业废气481标立方米，工业固体废物及有害弃物2165吨，工业粉尘16吨。经青海省环保局监测，县境内大部分工业“三废”达不到国家排放标准。1996年，县境内排放工业废水企业9家，存在产业污染源的乡镇企业10余家，单位拥有燃煤锅炉41台。至2005年，县境内工业污染达标排放率达40%以上。

二、环境监测

1986—2005年，环境质量监测对象主要为大气环境质量、水环境质量、声环境质量。共和县环境保护监测站委托并协助青海省环境监测总站开展监测工作。从2000年起，在中高考期间，加强对建筑工地，“三厅”等娱乐场所的噪声现场检查，向噪声排放单位发出《关于在中高考期间限时、严禁超标排放噪声的通知》，并24小时轮流值班巡查，及时限制和查处各种噪声源。至2005年，共和县环境质量监测工作得到进一步加强。

第三节　污染治理

一、建设项目环境管理

1991年开始，开展建设项目环境管理工作，勘查、审批新上建设项目、生产线、技改、扩建等项目，跟踪监督施工过程，竣工后投产前进行环保验收。1997年起，把环保工作列入“国民经济与社会发展计划”，以政府行为规范环境保护，层层签订环保责任书，实行一票否决制。2002年，县政府印发《关于落实环保工作统一监督管理部门分工负责及责任追究制》，依据《中华人民共和国环境保护法》，及时查处、解决环境污染事件。至2005年，全县查处环境污染事件61起。

二、排污申报和收费

1992年，开始排污收费。1995年起，实行排污申报制度。是年，申报登记排污单位27个。1996年，新增排污申报单位2个。是年，企业废水排放申报单位9个，烟尘排放申报单位20个。2001年，全县登记环境影响企业35户，登记污染物申报单位50户。2003年7月，根据《排污费征收使用管理条例》《排污费征收标准管理办法》《关于环保部门实行收支两条线管理后经费安排的实施办法》等文件精神，对重点排污企业开始发放排污许可证，此后每年进行年审验证。2005年，完成11家排污企业的申报登记，发放临时排污许可证11份，征收排污费50万元。

三、环境污染治理

1986年后，县境内造成环境污染的主要是毛纺织、铁合金、水泥厂等企业生产中产生的工业废水，排放量占全县工业废水排放量的80%；其次是二氧化硫和烟尘污染。二氧化硫和烟尘排放主要来自工业、企业和一些生活锅炉，年排放量为300~500吨。

1990年，巴卡台铁合金企业按产业政策达不到环境保护要求，被责令停产、关闭。1995—1998年，限期治理青海湖药业有限公司、青海鑫源铁合金有限公司、共和县新华铁合金有限公司等污染企业。2001—2005年，关闭恰卜恰地区燃煤锅炉7台。

第四节　生态保护建设

一、林业生态建设

1991年，海南州实施“三北”防护林体系工程建设和治沙防沙工程，共和县沙珠玉、铁盖等乡属于“三北”防护林体系工程建设和治沙防沙工程范围。是年起，开展辖区植树造林，沙区治理，以小流域为单元集中连片治理，营造水土保护林和薪炭林；以土地沙化治理为中心，建设大农田防护林，发展绿洲农业。1999年，根据《海南州生态环境建设规划》，将共和盆地纳入风沙和水土流失治理区，恰卜恰纳入林业“绿色窗口”工程建设，切吉至沙珠玉纳入防沙治沙工程，曲沟、铁盖2个乡纳入“保护母亲河护库林防护工程”。2001年，共和县被列为国家生态治理重点地区之一，开始全面实施天然林保护工程、退耕还林（草）工程、“三北”防护林建设工程、治沙工程、保护母亲河工程、重点生态工程、新封山育林工程和绿色通道工程等。2002年起，根据省人民政府《关于保护生态环境禁牧的命令》，全县实施禁牧封林，划定禁牧封林区范围，将县境内“三北”防护林体系建设的一、二、三期工程有的林地列为防护林禁牧区，沙珠玉、铁盖、恰卜恰、曲沟4个乡（镇）列为防沙治沙工程治理区；规定辖内退耕还林（草）区、荒山造林（草）区、禁牧区为5年。县人民政府与林业生态建设部门签订目标责任书，实行“目标、任务、资金、粮食、责任到乡制度”。同期，按照《海南州关于“四荒”地承包治理的实施方案》，制定林业绿色优惠政策，坚持“谁治理，谁受益”原则，允许继承和转让，实行资金、肥料、技术服务。至2005年，全县生态环境有明显改善。

二、塔拉滩生态治理

塔拉滩地区涉及铁盖、沙珠玉、恰卜恰、塘格木、龙羊峡、廿地6个乡（镇）35个村，是共和盆地的重要组成部分，是黄河上游风沙最严重的地区之一。因全球气候变暖、年降水量减少、风沙危害等自然因素以及人类活动影响，塔拉滩土地沙漠化日益加剧。1994年和1999年两次沙漠化普查与监测结果显示，流动沙地5年增加2533.33公顷，草场沙漠化面积6.74万公顷，其中严重沙漠化面积为5.58万公顷，强烈发展沙漠化面积1.16万公顷，大量草场被沙土掩埋，植被稀疏，植株矮小，产草量明显减少。据调查显示，每亩产草量由1980年的111公斤下降到2000年的64公斤，每年进入龙羊峡库区的流沙有3131万立方米。

2000年，共和县被林业部列入“防沙治沙重点建设县”。是年，海南州组建海南州塔拉滩生态治理项目协调办公室，开始塔拉滩生态治理项目规划、项目建议书和可行性研究报告的编制等前期工作，并开始实施塔拉滩杨树深栽实验区、三江源二期、塔拉滩封禁保护等一批生态治理重点工程。先后在塔拉滩沙丘地带建设杨树深栽实验区，实施生态围栏733.33公顷，设置沙障233.33公顷，营造杨树深栽防风固沙林386.67公顷，栽植青杨插干、棉柳插干、柽柳、黑刺等苗木128.76万株。实施三北防护林五期、退耕还林成果巩固、三江源二期和塔拉滩封禁保护等生态治理项目，人工造林2.53万公顷，封山（沙）育林（草）3.93万公顷，工程固沙126.67公顷，栽植枸杞3026.67公顷，拉设网围栏135公里，设置生态监测点10个。至2005年，塔拉滩共围栏封育退化草场9000公顷，牧草补播2000公顷，荒山种草7000公顷，营造防风固沙林（杨树深栽）586.67公顷，栽植苗木近200万株，设置沙障86.67公顷。

三、青海湖流域生态治理

青海湖流域范围涉及共和县境内倒淌河、江西沟、黑马河、石乃亥、切吉、恰卜恰等乡镇23个行政村93个社4273户2.36万人。自2000年起，按照《关于开展生态环境监察试点工作的通知》要求，以资源开发、项目生态建设和环境综合整治为重点，在环湖地区开展生态环境监察试点工作。2003年5月，《青海湖流域生态环境保护条例》颁布后，先后组织实施环湖藏区生态示范工程项目、牧区开发示范工程、现代化高效畜牧业示范项目、退耕还林（草）工程、天然草场保护工程、江西沟“151”旅游景区污水处理厂建设工程等工程项目，实施以草场围栏、人工种草、牲畜棚圈和牧民定居点草原四配套基础设施建设，环湖地区共建成畜棚3562座32.06万平方米，拉设围栏4805处（围19.91万公顷），退耕还林（草）6946.67公顷，建成“151”旅游景区污水处理厂和生活垃圾填埋场；集中整治倒淌河至“151”公路两边废弃坑，填土400万立方米、种草33.33公顷。同期，根据省、州人民政府《禁牧令》要求，全面实施共和县青海南山环湖地区禁牧，禁牧地区涉及天然灌木林和退耕还林（草）项目区及草地退化严重的地区共3.67万公顷，设立护林点6处，安排专职（临时）护林管理员34人，实行全方位管护。至2005年，共和县环湖地区5乡28村共实施退耕还林（草）7900公顷，围栏封育天然林及灌丛3.67万公顷，营造人工生态林386.67公顷，封山育林2200公顷，荒山种草946.67公顷，围栏封育退化草场2.13万公顷，治理黑土滩1666.67公顷。

第六章 人 口

1986年，共和县总人口100660人。2005年，全县总人口120839人，净增20179人，年均增加1079人，增长率1‰。人口自然增长率呈逐年下降，由1986年的15.08‰下降到2005年的13.11‰，最低为2002年的11.33‰；人口男女性别比保持在107∶100～103∶100之间；城乡人口比重呈上升趋势，城镇人口占总人口的35%～37%，农牧区人口占总人口的65%～63%之间。人口总体素质提高，全县大专以上文化程度人口由1990年的2261人上升至2005年的4428人。2005年，全县人口密度为每平方公里8.27人。

第一节 人口数量

一、总人口

1986年，共和县人口总户数20386户100660人，其中男52917人、女47743人。1990年，全县人口总户数21300户102076人，其中男54087人、女47989人。1995年，全县人口总户数22715户106581人，其中男55971人、女50610人。2000年，全县人口总户数22715户112844人，其中男58275人、女54569人。2005年，全县人口总户数33568户120839人，其中男61956人、女58883人。

二、人口变动

1986年，全县总人口100660人，其中出生人口1518人，死亡人口747人；迁出人口7068人，迁入人口7923人。1990年，全县人口102076人，其中出生人口2940人，死亡人口797人；迁出人口4748人，迁入人口4233人。1995年，全县人口106581人，其中出生人口2276人，死亡人口520人；迁出人口2634人，迁入人口2413人。2000年，全县人口112844人，其中出生人口1900人，死亡人口689人；迁出人口2024人，迁入人口2566人。2005年，全县人口120839人，其中出生人口3272人，死亡人口1508人；迁出人口3756人，迁入人口2831人。

1986—2005 年共和县人口基本情况表

表 1-17 单位：人

年份	年末数				其中			
	总户数	总人口			出生人口	死亡人口	迁出人口	迁入人口
		合计	男	女				
1986	20386	100660	52917	47743	1518	747	7068	7923
1987	20431	99672	53131	46541	1961	365	5605	4737
1988	20068	99498	52706	46792	2550	557	5868	3221
1989	20412	99428	52572	46856	1924	232	3610	4540
1990	21300	102076	54087	47989	2940	797	4748	4233
1991	21622	103462	54845	48617	2069	235	2927	3665
1992	21841	103196	54359	48837	2527	—	3757	2999
1993	21908	103980	55073	48907	1719	419	3669	3637
1994	22261	105204	55403	49601	1870	653	2728	2890
1995	22715	106581	55971	50610	2276	520	2634	2413
1996	23205	107880	56453	51427	2345	436	2078	1988
1997	23504	108450	56470	51980	1806	331	3048	2149
1998	24301	110072	57293	52779	2349	536	2488	2212
1999	24492	111081	57774	53307	1572	475	1948	1770
2000	25388	112844	58275	54569	1900	689	2024	2566
2001	25881	112483	57905	54578	1142	291	2656	1573
2002	29920	122845	63750	59095	1403	310	4242	2503
2003	32118	121997	63195	58802	1493	311	4469	2500
2004	32116	120000	61963	58037	1305	305	5724	2739
2005	33568	120839	61956	58883	3272	1508	3756	2831

说明：1990 年和 2000 年为人口普查数字，其余年份为公安机关和统计部门的数字

三、人口分布

共和县自古以畜牧业为主，农业次之，从事牧业人口占比最大。1986 年，全县人口总数 100660 人，农牧业人口 76954 人，占全县人口总数的 76.44%。1990 年，全县 102076 人，其中农村牧区人口 75706 人，占全县人口总数的 74.17%。1995 年，全县 106581 人，其中农村牧区人口 78484 人，占全县人口总数的 73.63%。

2000年，全县112844人，其中农村牧区人口81768人，占全县人口总数的72.46%。2005年，全县120839人，其中农村牧区人口75119人，占全县人口总数的62.16%；恰卜恰镇45720人，龙羊峡镇12995人，倒淌河镇11677人，其他9个乡人口未超过万人，最少的是廿地乡3824人。城镇人口45720人，占全县总人口的37%，城镇化率37.84%。

四、人口密度

1986年，共和县人口密度为每平方公里6.89人。1990年，人口密度为每平方公里6.98人。1995年，人口密度为每平方公里7.3人。2000年，人口密度为每平方公里7.73人。2005年，人口密度为每平方公里8.27人。恰卜恰人口密度最大，每平方公里94.56人。次之为东巴乡，每平方公里21.73人；龙羊峡镇，每平方公里17.38人；沙珠玉乡，每平方公里10.93人；倒淌河镇，每平方公里8.97人；江西沟乡，每平方公里8.14人；铁盖乡，每平方公里6.17人；廿地乡，每平方公里5.11人；黑马河乡，每平方公里3.74人；石乃亥乡，每平方公里3.62人；英德尔乡，每平方公里3.26人。切吉乡人口密度最小，每平方公里1.82人。

1986—2005年共和县乡镇人口分布情况表

表1-18　　　　单位：人

年份	合计	恰卜恰镇	恰卜恰乡	东巴乡	龙羊峡镇	曲沟乡	铁盖乡	廿地乡	沙珠玉乡
1986	100660	23706	6872	3352	—	8757	4408	3494	5715
1987	99672	24305	6904	3368	—	7628	4492	3468	5748
1988	99498	24760	7053	3411	—	8194	4799	3571	5924
1989	99428	25292	7218	3415	—	7773	4982	3541	6466
1990	102076	26370	7491	3537	—	7525	5809	3642	6670
1991	103462	26777	7525	3554	—	7557	5857	3672	6800
1992	103196	26997	7436	3640	—	7258	5915	3642	6848
1993	103980	27487	7711	3592	—	7517	5818	3641	6850
1994	105204	20089	7875	3638	—	7939	5875	3677	6910
1995	106581	28097	7949	3685	—	8340	5964	3805	6999
1996	107880	28813	8100	3734	—	8546	6104	3856	7165
1997	108450	28780	8321	3773	—	8684	6155	3890	7281
1998	110072	29253	8482	3873	—	8513	6233	3917	7411
1999	111081	29751	8586	3916	—	8451	6265	3911	7554
2000	112844	31075	8618	3932	—	8429	6310	3934	7521
2001	112483	30973	8647	4006	—	8404	6357	3947	7482

续表

年份	合计	恰卜恰镇	恰卜恰乡	东巴乡	龙羊峡镇	曲沟乡	铁盖乡	廿地乡	沙珠玉乡
2002	122845	38850	—	4075	18542	—	6425	3971	7499
2003	121997	40111	—	4119	18032	—	6396	3977	7404
2004	120000	40966	—	4136	17096	—	6347	3971	7364
2005	120839	45720	—	4294	12995	—	6068	3824	6977

接上表

年份	英德尔乡	塘格木农场	切吉乡	哇玉香卡农场	倒淌河镇	黑马河乡	江西沟乡	石乃亥乡
1986	2600	8039	5609	5137	10851	3930	3499	4691
1987	3043	8691	5760	3911	10195	3221	3993	4981
1988	3295	7151	5816	2960	10110	3235	4170	5049
1989	3335	6499	5909	2609	9804	3240	4285	5060
1990	3488	6139	6082	2512	9703	3496	4372	5240
1991	3556	6013	6450	2520	9961	3471	4462	5287
1992	3648	5429	6513	2358	10146	3416	4596	5354
1993	3683	5207	6581	1995	10259	3424	4597	5618
1994	3713	5043	6824	1912	10161	3504	4492	5547
1995	3819	4959	7010	1818	10273	3592	4625	5646
1996	3855	4409	7158	1669	10415	3620	4708	5728
1997	3921	3974	7243	1533	10575	3686	4826	5808
1998	4141	3875	7338	1482	10729	3769	4888	6168
1999	4148	3761	7399	1437	10858	3801	4932	6311
2000	4186	3713	7420	1406	10960	3974	5018	6348
2001	4208	3313	7440	1312	10981	3985	5057	6371
2002	4267	3308	7483	1047	11024	4011	5073	6412
2003	4310	3216	7652	68	11061	4102	5112	6437
2004	4354	987	7747	63	11196	4125	5192	6456
2005	4491	987	7613	61	11677	4105	5554	6473

第二节　人口构成

一、民族构成

共和县是一个以藏族为主的多民族聚居区，全县共有22个民族，主要有藏族、汉族、回族、土族、撒拉族、蒙古族等民族。1987年，少数民族人口占全县总人口的52.82%，其中藏族占46.24%。2005年，少数民族人口79894人，占全县总人口的66.1%。少数民族人口中，藏族69059人，占少数民族总人口的86%，占全县总人口的57.14%，比1987年增加22974人；回族6082人，撒拉族1782人，土族1582人，蒙古族1047人，满族201人；总人口在百人以下的少数民族有：东乡族36人，壮族26人，土家族22人，哈萨克族12人，彝族10人，保安族8人，达斡尔族7人，布依族5人，朝鲜族4人，瑶族2人，锡伯族1人，畲族1人。与1985年相比较，2005年，共和县减少少数民族2个：黎族、侗族。

1987—2005年共和县各民族人口情况表

表1-19　　　　单位：人

类别	1987	1988	1989	1990	1991	1992	1993	1994	1995
常住人口	99672	99498	99428	102076	103462	103196	103980	105204	106581
汉族	47022	47934	42973	43631	47133	45581	41183	41325	41313
藏族	46085	44346	48916	50802	48519	49731	54901	55721	57061
回族	3795	4257	4491	4454	4544	4578	4666	4619	4640
撒拉族	172	211	197	267	282	267	212	206	206
土族	701	807	856	925	955	975	968	970	999
蒙古族	1700	1745	1760	1758	1799	1838	1826	2132	2149
满族	140	126	165	163	154	148	133	136	122
壮族	22	24	22	20	17	20	28	26	24
朝鲜族	0	0	0	0	0	0	1	1	1
东乡族	3	5	3	3	3	2	5	6	6
苗族	4	7	7	7	6	5	10	10	10
彝族	6	6	7	8	4	7	7	5	5
土家族	4	4	7	8	12	13	10	11	13
布依族	1	1	2	2	2	2	4	6	2
哈萨克族	7	7	5	8	8	9	9	14	14
瑶族	1	1	1	0	2	2	7	2	2

续表

类别	1987	1988	1989	1990	1991	1992	1993	1994	1995
纳西族	0	0	0	0	1	1	1	1	1
锡伯族	0	4	2	2	2	4	2	2	2
保安族	1	1	3	6	3	3	3	2	2
达斡尔族	5	7	7	6	7	7	7	7	7
畲族	1	1	1	2	1	1	0	0	0
其他民族	2	4	4	4	4	2	2	2	2

接上表

类别	1996	1997	1998	1999	2000	2001	2002	2003	2004	2005
常住人口	107880	108450	110072	111081	112844	112483	122845	121997	120000	120839
汉族	40822	40499	40764	41070	41404	40687	49703	47990	45276	40945
藏族	58421	59128	60436	60954	62264	62609	62791	63650	64427	69059
回族	4849	4969	4949	5133	5203	5194	6108	6143	6118	6082
撒拉族	216	225	232	238	239	241	294	295	306	1782
土族	1080	1094	1100	1120	1152	1192	1316	1298	1293	1582
蒙古族	2269	2320	2383	2358	2377	2354	2371	2366	2336	1047
满族	125	123	120	109	107	109	109	106	102	201
壮族	22	17	14	19	20	20	27	24	13	26
朝鲜族	1	1	1	3	3	3	4	4	5	4
东乡族	11	12	12	12	12	12	40	46	43	36
苗族	10	10	10	10	10	10	14	14	14	7
彝族	6	5	5	8	8	8	12	12	9	10
土家族	13	11	11	11	11	12	21	21	21	22
布依族	4	3	3	3	3	2	2	2	2	5
哈萨克族	13	13	13	13	12	12	12	7	12	12
瑶族	3	3	3	3	3	3	3	2	2	2
纳西族	1	1	1	1	1	1	1	1	1	0
锡伯族	2	2	2	2	2	2	2	2	2	1
保安族	2	2	2	3	3	3	4	4	5	8
达斡尔族	8	8	7	7	7	7	7	7	7	7
畲族	0	2	2	2	1	1	2	1	2	1
其他民族	2	2	2	2	2	2	2	2	4	0

二、性别构成

1986年，在全县总人口中，男性53131人，女性46541人，男女性别比114.16（女=100）。1990年，男性54087人，女性47989人，性别比112.7。1995年，男性55971人，女性50610人，性别比110.59。2000年，男性58275人，女性54569人，性别比106.79。2005年，男性61956人，女性58883人，性别比105.22。

三、年龄构成

2000年，第五次全国人口普查中，全县有0～14岁共34408人，占总人口的28.82%；15～64岁的80945人，占总人口的67.80%；65岁以上共4039人，占总人口的3.38%。按城乡划分年龄结构：城镇0～14岁共6970人，15～64岁共24722人，65岁以上844人；乡村0～14岁共27438人，15～64岁共56223人，65岁以上3195人。共和县人口年龄结构属成年型。

四、文化程度构成

1990年，第四次全国人口普查中，全县有大学本科学历800人，大专1461人，中专4632人，高中11335人，初中23455人，小学29467人，共71150人。每千人拥有小学以上文化程度人口数：大学本科6.25人，大专11.42人，中专36.21人，高中88.62人，初中183.38人，小学230.39人。

2000年，第五次全国人口普查中，6岁以上人口106941人，其中大专以上4428人，占4.14%；高中和中专11945人，占11.17%；初中17395人，占16.27%。每万人拥有的各种受教育程度人口：大专以上371人，高中和中专1000人，初中1457人，小学2958人。按城乡分每万人拥有各种受教育程度人口：大专以上城镇为325人、乡村为45人；高中或中专城镇为743人、乡村为257人；初中城镇为670人、乡村为787人；小学城镇为526人、乡村为2432人。全县文盲总人口为27950人，占总人口的23.41%（15周岁以上不识字或识字很少的人），其中城镇2472人、乡村25478人，分别占城镇和乡村15岁以上人口的7.6%和29.33%。

五、劳动人口构成

1986年，全县劳动人口25165人，其中从事农牧业劳动力22151人，国有企事业、机关及集体单位从业劳动力3014人。1990年，全县劳动人口25519人，其中从事农牧业劳动力22492人，国有企事业、机关及集体单位从业劳动力3027人。1995年，全县劳动人口26645人，其中从事农牧业劳动力23626人，国有企事业、机关及集体单位从业劳动力3019人。2000年，全县劳动人口28211人，其中从事农牧业劳动力24995人，国有企事业、机关及集体单位从业劳动力3216人。2005年，全县劳动人23626人，其中从事农牧业劳动力20592人，国有企事业、机关及集体单位从业劳动力3034人。

第三节　计划生育

一、计划生育管理机构

1986年2月，共和县计划生育办公室成立，隶属于县卫生局。1990年，共和县计划生育局成立。1995年，县卫生局、县计生局合并成立县卫生计划生育局。2002年，共和县计划生育局单设。2004年2月，更名为共和县人口和计划生育局。2005年底，全县计划生育干部共有137人，其中县25人、乡（镇）12人、村级联络员100人。

二、计划生育协会

1993年12月，共和县计划生育协会成立。同月，共和县计划生育协会第一次代表大会召开，会议讨论通过《共和县计划生育协会章程》，选举产生首届理事会。1996年，全县计划生育协会组织发展到14个，其中县级协会1个、乡（镇）协会13个，会员729人。2001年6月，县政府为县计划生育协会解决编制1名，专门从事全县计划生育协会工作。

三、宣传教育

1986年，县计划生育办公室设立宣传教育岗位，乡镇计划生育专干和村级计划生育联络员兼职宣传教育工作，突出宣传《青海省计划生育条例》，提倡优生优育。1991年后，将每年11月确定为计划生育宣传月，将日常宣传与集中宣传计划生育政策有机结合。1992年后，重点宣传修改后的《青海省计划生育条例》，将计划生育政策宣传作为农村牧区社会主义思想教育活动的主要内容，着重宣传计划生育“三为主”（以宣传教育为主、避孕为主和经常性工作为主）方针政策。2000年后，贯彻中共中央、国务院《关于加强人口与计划生育工作稳定低生育水平的决定》，重点在农村牧区开展“婚育新风进万家”活动，利用广播电视、图片展览、发放宣传品等形式，向农村牧区群众宣传计划生育政策、避孕节育、优生优育等知识。自2003年起，重点宣传《中华人民共和国人口与计划生育法》《计划生育技术服务管理条例》《社会抚养费征收管理办法》《流动人口计划生育工作管理办法》和《青海省人口与计划生育条例》，将优生优育、生殖健康、计划生育药具知识等作为经常性教育内容，持续开展“婚育新风进万家”活动。2004年，国家实施“双试点”制度后，宣传教育的重点转为“少生快富”和“奖励扶助”等内容，宣传形式上侧重于发放宣传资料，召开群众会议等。2005年，县人口和计划生育局制作藏、汉文政策法规及避孕节育知识画册、育龄群众应知应会画册、宣传挂历等宣传资料进入千家万户；乡（镇）设立计划生育宣传栏，定期更换宣传内容，并利用群众集会、传统节日等时机，采取悬挂横幅、张贴标语、发放宣传资料等形式，广泛开展宣传教育活动；县计划生育成员单位利用县广播电台、州电视台举办计生基础知识、计划生育优质服务专题讲座，定期播放计生基础知识和生殖健康项目知识，利用节假日、计划生育宣传月、《公开信》发表纪念日、农牧民运动会等有利时机在县、乡人口集中的主要街道举行计划生育宣传咨询服务活动，购置大量适合农村育龄群众的计划生育宣传品等。

四、生育政策

1986年4月，青海省第六届人民代表大会常务委员会颁布《青海省计划生育条例》。共和县计划生育按《条例》规定执行，实行计划生育要坚持晚婚、晚育、少生、优生，提倡“一对夫妇生育一个子女”。规定国家干部和职工、城镇居民一对夫妻只生育一个子女；已生育一个子女，经指定医疗单位鉴定为非遗传性残疾，不能成长为正常劳动力的；夫妻一方为独生子女的；婚后五年以上不孕，经县级以上医疗单位诊断并经县（市、区）计划生育委员会核实为不孕症，依法收养一个子女后怀孕的；夫妻双方或一方为少数民族的；夫妻双方或一方为华侨或归侨的；夫妻一方为初婚或有婚史未生育过，另一方只生育过一个子女的；夫妻一方为二等甲级以上残废的，符合上述条件之一的国家干部和职工、城镇居民可以再生育一个子女。普遍提倡农村一对夫妻生育一个子女，确有实际困难要求生育第二个子女的，可根据当地人口密度、自然资源、经济条件，有计划地安排生育。牧业区的少数民族牧民，一对夫妻可以生育三个子女。1992年2月，青海省第七届人民代表大会常务委员会修订颁布《青海省计划生育条例》。新《条例》修改生育政策个别款项，规定国家干部和职工、城镇居民夫妻双方为独生子女的可以再生育一个子女。2002年9月，青海省第九届人民代表大会常务委员会通过《青海省人口与计划生育条例》，《条例》修改生育政策个别款项，增加“夫妻一方为二等甲级以上伤残军人或者因公（工）致残完全丧失劳动能力的”；夫妻一方为城镇居民，另一方为农牧民的，适用城镇生育规定；夫妻一方为外省户籍，适用女方户籍所在地的生育规定。共和县计划生育政策按修改后的《青海省计划生育条例》执行。

2003年，国家实施“少生快富”试点工程，青海省被列入试点范围。具体内容为：2003年1月1日以后领取独生子女父母光荣证且独生子女在14周岁以内的农牧民家庭，一次性奖励3000元；对已生育两个子女，2003年1月1日以后自愿放弃生育第三个子女的牧区少数民族牧民家庭，一次性奖励1000元。是年，全县申报符合“少生快富”扶贫工程独生子女家庭125户、自愿放弃生育第三个子女的牧区少数民族牧民家庭6户；共兑现奖励资金38.1万元。2004年，全县申报符合“少生快富”扶贫工程独生子女家庭216户、自愿放弃生育第三个子女的牧区少数民族牧民家庭3户；共兑现奖励资金65.1万元。2005年，全县申报符合“少生快富”扶贫工程独生子女家庭133户、自愿放弃生育第三个子女的牧区少数民族牧民家庭13户；共兑现奖励资金41.2万元。县财政共筹措配套资金16.5万元，在全省率先兑现奖励资金，连续三年走在全省前列，受到省人民政府的表彰奖励。

2004年起，国家实施“奖励扶助”制度试点工作，共和县列为试点县。凡本人及配偶均为农业户口或界定为农村居民户口，1973—2001年期间没有违反计划生育法律法规和政策规定生育，现存一个子女或者两个女孩或子女死亡现无子女，年满60周岁的，按人均不低于600元的标准发放奖励扶助金，直到本人亡故为止。是年，全县申报符合“奖励扶助”对象210人，兑现扶助资金12.6万元。2005年，新增奖励扶助对象7人，全县享受“奖励扶助”对象共213人，兑现扶助资金12.7万元。

五、生育管理

已婚育龄妇女生育管理 1988—1989年，县计划生育局建立乡（镇）育龄妇女台账，将育龄妇女的婚姻、生育和节育等信息纳入台账管理。自1995年起，实行生育指标管理，县政府每年下达各乡（镇）及驻县境内各农（牧）场（站）人口指标任务，并进行年度目标责任制考核。县计划生育局根据全县总人口、育龄妇女人数、婚育情况，分别预测共和县长期、五年和年度出生人口数，以及人口自然增长率，报县人民政府审定后，列入国民经济和社会发展计划。根据《青海省计划生育条例》生育政策的规定，县计划生育局建立城镇生育二孩审批制度；农村生育二孩的，生育间隔需达到四年；牧区生育三孩无生育间隔限制。2002年，各乡（镇）废止育龄妇女台账管理，建立全员管理台账，使全县每个家庭成员均纳入管理范围。

流动人口计划生育管理 1986—1991年，共和县实行流动人口计划生育登记管理，流动人口生育子女须回原籍上报户口。1992年2月，《青海省计划生育条例》第五章增加暂住人口的计划生育管理规定，对暂住（流动）人口流出地、流入地实行双向管理、双向考核，对有关部门的工作职责做出明确规定。是年起，共和县对流动人口的生育管理由公安、工商、计生等部门配合，每年检查、清查流动、暂住人口计划生育情况。1996年后，共和县将流动人口纳入计划生育管理工作，成立流动人口计划生育工作领导小组，明确相关职能部门工作责任。根据《青海省流动人口计划生育管理和服务办法》，规范管理流动人口，流动人口计划生育管理服务工作日趋完善。2003年，共和县荣获青海省人民政府“人口与计划生育目标管理先进县”称号。

1995—2005 年共和县人口指标及任务情况表

表 1-20

年份	出生率（‰）	计划生育率（%）	计划外多孩率（%）	综合避孕率（%）
1995	13.23	92.14	5.89	80.98
1996	13.69	91.17	5.43	80.39
1997	13.2	92.24	3.87	83.51
1998	14.4	93.75	3.93	82.87
1999	12.42	94.37	3.03	83.83
2000	13.12	96.04	2.5	86.99
2001	13.26	93.41	2.88	85.41
2002	11.33	96.32	1.58	84.64
2003	11.73	97.27	1.7	82.42
2004	12.96	98.2	0.61	83.4
2005	13.11	98.7	0.47	82

六、计生技术服务

1986 年 10 月，成立共和县江西沟乡计划生育服务中心站，编制 4 名，负责开展环湖 4 个乡镇计划生育药具发放、宣传教育与技术服务工作。1993 年 10 月，撤销江西沟乡计划生育服务中心站，成立共和县计划生育服务站，办公地点设在州医院劳动服务公司三楼。1999 年 10 月，购买恰卜恰镇加拉供销社房屋，投资 36.6 万元对原房屋进行维修、装饰，县计生服务站搬至此办公，服务站设有 B 超室、检查室、药具室、资料室、人流室、手术室。2004 年 2 月，全县乡（镇）成立计划生育服务站 12 个，各乡（镇）卫生院有 2 人专门从事计划生育技术服务工作，年接受技术服务的育龄群众 21705 人次，接纳婚前、孕前咨询 800 余人次，服务孕期保健 420 余人次。2005 年，共和县被评为“青海省计划生育优质服务先进县”。

第二编

农牧林渔水及扶贫开发

第一章　农　业

1986年后，共和县稳定和完善农村家庭联产承包责任制。1994年，按照“大稳定、小调整”原则，适当调整农村承包地，完善土地承包合同，稳定农村土地政策。自1999年起，开展农村第二轮土地承包，此后30年不变。其间，推广应用农业科技技术，实施“丰收计划”“星火计划”，调整农业产业结构由“二元”结构向“多元”结构转变，农业综合生产能力明显提高，形成多种经营、全面发展格局。2005年，全县农业总产值3.02亿元，比1986年增长6.03倍，其中种植业产值6479.22万元，占农业总产值的21.46%。农牧民人均纯收入2199元，比1986年增长4.5倍。农业综合开发产生实际效益。农机具使用广泛，人工劳动强度降低，机械化程度总体高于80%。

第一节　机　构

一、管理机构

1986年前，共和县农牧局管理农业。1986年，改由县农牧科技局管理。1991年，县农牧局与县林业局合并。2002年，与林业分开，恢复为共和县农牧局。

二、职能管理服务机构

共和县农业综合服务中心　1991年，县农技站更名为县农业综合服务中心。2003年，成立农村能源站，与县农业综合服务中心实行两块牌子、一套人马，负责全县的农业技术推广、种子工作、农业有害生物预警与防治、农村能源建设。2005年，有职工14人。

共和县良种示范繁殖场　1995年前，县良种繁殖场属独立事业单位，有职工3人，临时人员随农事需要时雇用。后与县农业综合服务中心合并，单位指派固定工作人员负责全场工作。2005年，有职工1人，耕地11.33公顷，年繁殖良种5万公斤。

乡镇农业技术综合服务站　2005年，恰卜恰镇、龙羊峡镇、沙珠玉乡、铁盖乡、东巴乡等5个乡（镇）设有农业技术综合服务站，有工作人员10人。

第二节　农业经济体制改革

1984年后，县委、县政府贯彻中央、省、州文件精神，废除人民公社“三级所有、队为基础”的农村经济管理体制，在坚持土地集体所有制的前提下，全县农业村全部实行以农村家庭联产承包责任制为基础、统分结合的双层经营体制。1994年，按照“大稳定、小调整”原则，对农村承包土地经营权适当调整。1995年，中央印发《关于进一步活跃农村经济的十项政策》，全县放宽搞活农村经济，不再向农民下达统购派购任务和指令性计划，实行农副产品合同定购和市场价收购。是年起，农村经济由指令性计划转变为指导性计划。

1999年始，贯彻落实中共中央办公厅、国务院办公厅印发的《关于进一步稳定和完善农村土地承包关系的通知》精神，按照“明确所有权、稳定承包权、放活使用权、强化管理权”的原则，开展第二轮土地承包工作，在第一轮土地承包期15年的基础上再延长30年不变。2000年，全县完成土地承包面积2.88万公顷，签订土地承包合同11174份，颁发11174份，合同签订率和土地承包经营权证发放率均为100%。

第三节　农业用地与区划

一、耕地

全县耕地利用率区别较大，水浇地与浅山地、脑山地有很大区别。水浇地利用率在100%以上，高位水浇地利用率比水浇地稍低，占水浇地比例很小。1986年，全县耕地7956.2公顷。2001—2004年，响应国家政策退耕还林（草），共计退耕还林（草）8620公顷。2004年，哇玉农场和塘格木农场移交共和县，耕地增加6666.67公顷，全县实有耕地24534公顷。

1986—2005年共和县耕地面积情况表

表2-1　　　　单位：公顷

年份	合计	水浇地	浅山地	脑山地
1986	7956.2	3014	2429.47	2512.73
1987	8943.13	3004.13	2658.47	3280.53
1988	10287.07	3414.2	4669.27	2203.6
1989	11436.8	4061.33	6290.13	1085.34
1990	11769.53	4937.2	5747	1085.33
1991	12164.73	6703.93	4375.47	1085.33
1992	12164.73	6703.93	4375.47	1085.33
1993	12164.73	6703.93	4375.47	1085.33

续表

年份	合计	水浇地	浅山地	脑山地
1994	12062. 07	6601. 27	4375. 47	1085. 33
1995	12062. 07	6601. 27	4375. 47	1085. 33
1996	12062. 07	6523. 27	4453. 47	1085. 33
1997	12062. 07	6523. 27	4453. 47	1085. 33
1998	11430. 67	5931. 34	4419. 33	1080
1999	11703. 6	5934. 67	4688. 93	1080
2000	11456. 93	5888	4488. 93	1080
2001	10529. 87	5776. 67	3673. 2	1080
2002	7571. 2	3027. 64	1976. 39	2567. 17
2003	23887. 73	13675. 27	0	10212. 46
2004	24272	13709	6806	3672
2005	24534	13708. 34	6931. 73	3673. 73

说明：2001~2004 年退耕还林（草），2003 年哇玉农场和塘格木农场移交共和

二、种植业区划

根据农业资源和各类农作物对光、热、水、土等自然生态因素的需要，将全县农作物种植划分为 4 个区。

黄河河谷粮油果蔬区　黄河河谷及其支流恰卜恰河两岸台地，包括曲沟乡各村，铁盖乡各村，恰卜恰镇上塔迈村、下塔迈村、次汉素等村，海拔 2500～2800 米，年平均气温 3. 4℃～5. 8℃，年降水量 250～300 毫米，无霜期 90～150 天。2005 年，此区实有耕地 1226. 67 公顷，是共和县以小麦为主的主要产粮区。同时，兼种油菜、蚕豆、马铃薯、蔬菜等，生产梨、苹果等水果。

盆地河谷丘陵粮油区　青海南山以南的沙珠玉盆地、恰卜恰镇上半部及东巴丘陵，因干旱缺水，农业生产水平较低。海拔 2860～3200 米，年平均气温 1. 5℃～3. 1℃，年降水量 250～310 毫米，无霜期 69～100 天。2005 年，此区有耕地 2080 公顷，主要种植小麦、青稞、油菜等

塘格木切吉滩粮油区　包括青海南山以南、鄂拉山以北的切吉滩、英德尔乡。此区地势平坦，但缺水少肥，农业生产水平较低。海拔 2900～3200 米，年平均气温 1. 5℃～2. 2℃，年降水量 200～260 毫米。2005 年，地区实有耕地 799. 33 公顷。主要种植青稞、油菜。

环湖粮油、饲草饲料区　含青海南山以南的高寒山区和青海南山以北的湖滨区，包括廿地、倒淌河、江西沟、黑马河、石乃亥 5 个乡和湖东种羊场、铁卜加草改站等区域。此区海拔 3200～3350 米，年平均气温 0℃，无绝对无霜期，太阳辐射强，日照充足，气温日差较大。2005 年，此区实有耕地 5366. 67 公顷，主要种植青稞、油料及饲草饲料作物。

第四节 农作物品种

一、小麦

主要在恰卜恰镇、曲沟乡、铁盖乡、沙珠玉乡4个农业乡镇种植，廿地乡、英德尔乡、切吉乡有零星种植。主要品种有：

高原338 为共和县选育品种，在水浇地、高位水浇地种植，肥力中上等，亩产250公斤左右。耐肥抗倒伏，易感根腐病，已淘汰。

青春533 系引进品种。1990—1995年，水浇地的主栽品种，产量400~600公斤。因其品种退化严重，1995年后逐步淘汰。

高原506 川水地搭配品种，耐旱、耐寒性中等，抗倒伏性强。一般产量在400公斤左右，零星种植。

民和853 系1998年审定的品种，1999年引进为水浇地搭配品种。抗旱、抗青干、抗倒伏，品质较优。亩产420~470公斤。

高原602 1987年审定品种，高位水浇地主栽品种。1990年后，逐步成为搭配品种，下籽量较小，亩产200~310公斤，抗旱性强，丰产性与适应性好，品质性状较优，口较松。

乐麦5号 1998年审定品种，水浇地搭配品种。耐青干能力强，抗白秆病，对锈病近免疫。亩产量400~550公斤。

互麦13号 2000年审定引进品种，为水浇地、高位水浇地搭配品种。产量240~300公斤，耐旱性强，耐寒性，抗青干能力中，口紧，不易落粒。

阿勃 引进品种，高位水浇地的主播品种，川水地搭配品种。其特点是抗旱，抗青干，分蘖力强，适应性广，产粮稳定，面粉品质好。产量在350~450公斤，种植面积保持稳定。

高原448 1999年审定引进品种，水浇地的主栽品种、高位水浇地搭配品种。抗旱、抗青干，较耐盐碱，对秆锈病免疫。适宜在中等以上肥力的耕地种植，产量400~550公斤，种植面积较大。

二、青稞

种植区域为塘格木地区、环湖四乡（镇）、廿地乡、切吉乡、曲沟乡，以及恰卜恰镇的上半部及东巴地区。主要种植品种有莫多吉一号、北青三号、北青六号等品种。

莫多吉一号 延续种植品种，特点早熟、口紧、抗倒伏，为搭配品种。因产量低已被淘汰。

北青三号 系1987年审定的品种，株型整齐，耐盐碱、高抗云纹病，不易落粒。在较高水肥条件下亩产350公斤，一般亩产200~250公斤。在塘格木地区种植。

北青六号 2000年引进，具有早熟、丰产、抗倒伏、适应性广、品质优等特点。亩产240~350公斤，为主栽品种。

三、油菜

主要种植甘蓝型、白菜型油菜两种。甘蓝型油菜种植区域主要在曲沟乡、铁盖乡、沙珠玉乡全部，恰卜恰镇下半部；白菜型油菜种植区域主要在恰卜恰镇的上半部、东巴乡、英德尔乡、廿地乡、环湖四乡的全部。主要品种有：

托尔 1984年审定推广品种，水浇地、高位水浇地搭配品种，低芥酸中熟品种。亩产125~150公斤，抗逆性、抗病虫中等，已淘汰。

奥罗 1986—1990年为水浇地主栽品种，中晚熟品种。亩产225~250公斤，抗霜霉病、白锈病，抗逆性中等，已淘汰。

青油331 系引进的杂交品种，中早熟，川水地搭配品种。下籽量小，抗倒伏、耐寒较强。一般亩产210~240公斤，成熟后易裂果，已淘汰。

H165 甘蓝型双低油菜，早熟品种，高位水浇地试种品种。出苗较差，耐寒性强，抗旱性中，抗倒伏，易裂角，已淘汰。

垦油1号 1998年引进，系低芥酸杂交品种，川水地搭配品种。亩产250公斤，零星种植。

互丰010 甘蓝型杂交品种，引进后作川水地搭配品种，抗逆性强，籽粒含油率50.55%。平均亩产270公斤，零星种植。

青杂3号 2000年审定推广，水浇地搭配品种。早熟，抗旱性中，耐寒性较强，抗倒伏性中，籽粒含油量45.2%。亩产213~240公斤，种植广泛。

青油14号 1995年引进种植，属甘蓝型双低油菜，川水地、高位水浇地的主栽品种。属春性早熟品种，籽粒含油量45.7%。抗倒伏、耐寒性较强，抗旱性中。一般亩产200~300公斤。

门油3号、4号 浅山地搭配品种，耐寒、耐低温、抗风，早熟，主要在环湖地区种植。一般亩产60公斤。

青油241 系1989年审定的品种，高位水浇地、浅山地的搭配品种。春性中熟，抗旱性中，较耐低温霜冻，田间不易裂果，籽粒含油量44.88%。亩产80~110公斤。

浩油11号 系1988年审定的品种，高位水浇地搭配品种，浅山地主栽品种。耐寒性强，抗旱性中，高抗倒伏，不易裂果，籽粒含油量44.3%。一般亩产85~145公斤。

四、蚕豆

主要在水肥条件较好的曲沟乡、铁盖乡、沙珠玉乡种植，恰卜恰镇零星种植。主要种植品种有青海3号、马牙、青海9号、青海11号、陵西一号。

青海3号 20世纪80年代引进的当家品种，抗倒伏，不易裂荚。一般亩产300~350公斤。退化严重，已淘汰。

马牙 搭配品种。根系发达，茎秆粗壮、耐寒，仅有零星种植。

青海9号 系1994年审定的品种，该品种属高产、大粒型中熟品种，对水肥条件要求严格，在中等及以上肥力地种植，属搭配品种。亩产300公斤。

陵西一号 系2000年审定的品种，为水浇地搭配品种，生育期短、株型小，早熟、产量较低。加工产值高，主要为订单种植作物。亩产120~212公斤。

青海11号 系2003年审定的品种，为主栽品种。株型紧凑，中晚熟，大粒品种。亩产300~400公斤。

五、马铃薯

马铃薯主要在恰卜恰镇、曲沟乡、铁盖乡、沙珠玉乡、英德尔乡种植，切吉乡、廿地乡、黑马河乡零星种植。主要品种有：

南薯13号 1991年审定品种，海南州选育品种。水浇地、高位水浇地搭配品种，耐寒性、抗旱性中，耐盐碱能力差，属中晚熟品种。亩产1500~3500公斤。退化严重，已淘汰。

下寨65 1984年审定品种，主栽品种。植株耐寒、耐旱，高抗马铃薯晚疫病。亩产1700~2200公斤。结薯集中，薯块大而整齐，耐储藏。

青薯2号 1999年审定，为搭配品种。该品种属晚熟类型，植株直立高大，茎秆粗壮，叶色浓绿，生长势强，结薯集中，薯块圆形无空心，白皮白肉，芽眼浅，商品薯率高达90%以上，耐贮藏，抗病性强，品质优良。平均亩产3000公斤。

青薯168 1989年审定，为搭配品种。薯块大，食味品质好，炒食尤佳，休眠期长，耐储藏。植株喜水、肥，较耐寒、耐盐碱。亩产2500公斤以上。

脱毒175 1998年审定，为搭配品种。薯块长椭圆形，结薯集中，较整齐，耐储藏，休眠期较短。耐寒、较耐旱，较耐盐碱，高抗晚疫病。适宜在中等肥力条件的地块种植。亩产2710～3600公斤。

六、豌豆

豌豆在恰卜恰镇上半部、东巴、沙珠玉乡、廿地乡、英德尔乡种植，切吉乡、黑马河乡零星种植。主要品种有：

麻豌豆 高位水浇地、浅山传统地搭配品种，双荚多、粒大、粒色灰色，耐瘠、抗病，晚熟、易倒伏。一般亩产150～200公斤。

草原12号 1988年审定，高位水浇地搭配品种。种子呈圆形或挤压圆形，上有褐色大理石花纹及紫色斑点。晚熟品种，耐寒、抗旱性强。一般亩产130～175公斤。

草原276 搭配品种，半无叶豌豆品种，具有双荚多、籽粒大、直立抗倒、丰产性好等优点。籽粒圆、白色，小叶全部变为卷须，籽粒煮熟性和适口性良好。亩产250～350公斤。

阿极克斯 1998年审定品种，搭配品种。籽粒淡绿色或绿色，皱粒，籽粒煮熟后不裂皮，青豆粒烹饪鲜绿，甜度高，口感好。亩产180～250公斤。

草原224 1994年审定，搭配品种。耐寒、耐旱性较强，双荚少，煮熟性和食用品味好。亩产150～250公斤。

甜脆761 系食荚用豌豆的一种新类型，高茎、甜荚、剑形，荚上无硬皮层，青荚色鲜绿。丰产性好、青荚产量高、果皮肉厚质脆、味甘甜，并具有冷藏、速冻等食品加工特点，属于特优品种。亩产130～170公斤。

第五节 农业生产

一、耕作制度

共和县农作物耕作一年一熟。一般情况下，三年轮作一轮，川水地轮作方式为：小麦—豆类—小麦，小麦—马铃薯—小麦，小麦—油菜—小麦；浅山地、脑山地轮作方式为：青稞—油菜—青稞，油菜—青稞—油菜，青稞（油菜）—歇地—青稞（油菜），青稞（油菜）—饲草饲料—青稞（油菜）。

恰卜恰镇东南部、曲沟乡、铁盖乡等地属川水地区，沙珠玉乡、东巴乡、廿地乡、英德尔乡等地属高位水浇地地区，是共和县农作物高产区。此两地区精耕细作，推广良种，配合使用化肥和农家肥，实施条播种植，合理密植。防治病虫害以人工和药物防治相结合，作物生育期浇灌1～4次，农作物产量较高。

英德尔、切吉及环青海湖地区只种油菜、青稞、饲草饲料等，种植面积大，良种推广力度小，使用肥料以化肥为主，几乎不施农家肥。病虫草害防治以化学防治为主，播种、收获以机械化为主，农作物产量较低。

二、粮油种植面积及产量

1986年，全县粮食作物播种面积4526.67公顷，总产量15746.6吨，亩产232公斤；油料作物播种面积2346.67公顷，总产量1984.65吨，亩产56公斤。

1990—1994年，实施粮油作物丰收计划、旱作节水、化学除草、新品种推广等项目，农业生产稳步提升，产量持续稳定增长。1994年，粮食作物播种面积7526.67公顷，总产量24095.76吨，平均亩产213.45公斤；油料作物播种面积3653.33公顷，总产量3575.48吨，亩产65.2公斤。

1995—1999年，除1995年由于受干旱影响减产外，农作物产量维持在高产水平。1996年和1997年，粮油总产量28000吨，其中1997年粮油产量28425吨，粮食单产233公斤。

2000—2005年，耕地面积减少，仅2001—2003年退耕还林（草）8620公顷。农业产量徘徊不前，粮食亩产降到200公斤以下。2001年后，推广万亩油菜丰产栽培技术项目，油菜增产幅度提升，2001年油菜产量创历史新高，单产71公斤。2005年，突破100公斤，达112公斤。2005年，粮食产量14000吨，单产201.6公斤；油料产量1984.65吨，单产112公斤。

三、蔬菜种植面积及产量

共和县曲沟乡的7个农业村有蔬菜种植的传统，技术比较成熟，种植有辣椒、西红柿、胡萝卜、大蒜、白菜、芹菜等蔬菜。1990年以后，全县开始启动“菜篮子”工程开发项目，在曲沟乡、恰卜恰镇推广蔬菜种植。至2000年，全县蔬菜种植面积39.53公顷。2000年后，全县推广大棚蔬菜种植。2005年，全县新建塑料大棚21个，种植面积8400平方米，年产蔬菜31.48吨。年末，全县蔬菜种植面积84.4公顷，蔬菜产量达2569吨。

1986—2005年共和县农作物播种面积及产量情况表

表2-2

年份	粮食油料蔬菜等汇总		小麦		油菜	
	播种总面积（公顷）	产量（吨）	播种面积（公顷）	产量（吨）	播种面积（公顷）	产量（吨）
1986	6697.13	8302.14	2286.13	5436.73	1947	1346.18
1987	7782.6	14375	2172.07	8679	2664.07	2037.5
1988	8428.67	14387	2585.4	9832	2944.87	1819.5
1989	7126.53	18915	3137.6	10472	3037	2481.1
1990	7336.4	18361	3457.6	11383	3572.47	2273.3
1991	7359.6	21415	3736.8	13582	3719.8	2508.8
1992	11175.47	22625	3865.67	15248	3682.67	2598.5
1993	11258.33	24037	3724.11	14569	3904.07	3153.5
1994	11226.93	24095	3719.53	14253	3655.8	3575.5
1995	11178.2	16277	3359.8	8680	4032.8	2870.3
1996	11493.33	24997	3458.27	15508	4086.87	3097.7
1997	11243.33	25203	3398.53	15244	3979.6	3221.9
1998	10635	21108	3480.4	14151	3572.4	2926
1999	11200	23354	3505.2	14013	3920.13	4147
2000	11017.67	12430	3144.2	7102	4249.4	2875
2001	9087.13	15034	2310.27	8282	3532.13	3758
2002	5172.67	8949	1751	5327	1678.13	1691.5

续表

年份	粮食油料蔬菜等汇总		小麦		油菜	
	播种总面积（公顷）	产量（吨）	播种面积（公顷）	产量（吨）	播种面积（公顷）	产量（吨）
2003	8957	7885	1816	5073	5374	8410
2004	13179.4	8517	1703.4	5341	8007.67	9369
2005	14654.8	14000	1833.07	5622	8196.73	13825

第六节　农业技术推广

一、良种引进推广

1986—1995年，全县采取县种子村生产良种，调运外县良种补充的方式，推广小麦良种青春533、乐麦5号、4425、民和853、高原506、高原602、高原448等品种，实现小麦的第五次更新换代。推广蚕豆良种青海9号、青海11号、陵西一寸；推广青稞良种北青3号、北青6号；推广豌豆良种：草原276、青豌1号、阿极克斯、草原224；推广油菜良种浩油11号、青油331、互丰010、青杂3号、青油14号；推广马铃薯良种南薯13号、下寨65、青薯168、脱毒175、青薯2号。1996—2000年，采取群众自筹资金从乐都等县调运良种的同时，继续建立种子村生产种子，群众串换种植。2001年及以后，推广FF10000甜菜、玉米、油桃、花椒、草莓特色农作物丰产栽培技术。FF10000甜菜是引自德国的杂交种，是畜禽优良的多汁和青绿饲料，适口性好，能量和消化率高，是牛、猪、羊等牲畜的优良多汁饲料，特别是奶牛的最佳青饲料，单种亩产10吨左右，最高亩产可达15吨。2005年，龙羊峡镇曹多隆村种植0.8公顷，采叶2000公斤，根采收折合亩产7000公斤，单株最大甜菜根17公斤，比当地种植甜菜增产50%。经推广，甜菜种植面积每年在100公顷左右。2000—2005年，采取项目补助和群众自筹资金相结合方式，从平安县、海北州等地调运良种，建立种子生产基地，群众串换种植。

二、生产技术推广

1986年后，在全县农业区推广包括良种使用、适时早播、条播、配方施肥、药剂防治病虫害、喷施生物生长调节剂、适时收割等内容的农业丰产栽培技术。1989年，在恰卜恰镇索吉亥村、曲沟乡德胜村开始推广配方施肥，根据田间肥料试验和目标产量法，制定出不同地区、不同作物、不同产量的合理施肥量，施肥数据半定量和定量化，经过试验、示范，农作物增产幅度15%~20%。1990年，开始推广增产菌、稀土、生根粉、喷施宝、固氮菌等生物生长调节剂使用技术，全县推广面积666.67公顷。

1991年12月，印发《共和县配方施肥技术在农业生产中的应用》一书，并附有全县配方施肥表。至2005年，配方施肥技术更加成熟，在恰卜恰镇上半部、东巴乡、英德尔乡、廿地乡、切吉乡等地区推广以施有机肥、沟播、使用保水剂、选用抗旱品种等为内容的旱作节水技术。

三、有害生物防治技术推广

1986年始，根据种植结构、上年病虫害发生情况防治病虫害，合理轮作、药剂拌种、人工防治、药剂喷雾防治，使用低毒、高效、低残留农药，注重保护环境污染和农产品品质。共和县脑山地区主要危害鼠种为瞎老鼠、黄老鼠、达乌尔鼠兔，环湖地区、廿地乡、塘格木地区耕地6805

公顷，危害面积在95%以上；浅山地区主要危害鼠种为黄老鼠、瞎老鼠、小家鼠等，沙珠玉乡、东巴乡及恰卜恰上半部受危害耕地6806公顷，危害率90%以上；川水地区危害鼠种为黄老鼠、小家鼠、达乌尔鼠兔等，危害面积在1.37万公顷以上。日光节能温室和塑料大棚集中区以鼠兔危害为主，鼠兔取食蔬菜和幼苗，危害蔬菜面积80公顷。在农户和农田之间，鼠种分布无明显区别。2005年，川水地区发现有喜马拉雅小家鼠活动，无标本，待确认。农田鼠害防治初期由农民自行防治，后逐步改为政府补助防治，主要投放鼠药、鼠夹等。

2003—2004年，推广“油草净”综合防除油菜田杂草技术，在塘格木二大队、倒淌河甲乙村示范推广“油草净”防治油菜田杂草813.33公顷，杂草综合防除率达95%以上。经过除草平均亩产90.1公斤，对照一般农田平均亩增产22.2公斤，合计增产油菜27.1万公斤，投入产出比为1∶4.6。

第七节 农业机具

共和县传统耕作播种工具主要是畜力牵引的旧式铁犁、木耱、木耙等。1986年，全县有小型拖拉机241台，大中型拖拉机36台；磨面机、榨油机58台；农用运输车辆32辆。1989年，购进小型拖拉机牵引翻转犁、机引圆盘耙、旋耕机、机引播种机。1995年后，双轮双铧犁、山地步犁逐步淘汰。1995年，购进小型拖拉机2800台、机引播种机386台、机引圆盘耙36部。2000年，全县拥有各种类型的拖拉机4000台，其中小型拖拉机3820台、轮式拖拉机112台、链式拖拉机20台、联合收割机48台；机引犁1217部、耙29台，播种机526台；农用运输车50辆。1999年，开始引进机引大中型喷雾器。2000年，购进蚕豆单粒机引播种机6台。

2003年，购进马铃薯机械种植机、收获机3台（套）和大蒜收获机2台。当年，全县拥有各种类型的拖拉机5051台，其中小型拖拉机4842台、轮式拖拉机121台、链式拖拉机22台、联合收割机66台；机引犁1376部、耙36台，播种机487台，引进脱粒机91台，种子精选机3台；农用运输车辆498辆。2005年，全县拥有各种类型的拖拉机5531台，其中小型拖拉机4879台、轮式拖拉机253台、链式拖拉机33台、联合收割机40台；机引犁1623部、耙56台，播种机603台，机动脱粒机345台；农排灌机械120台；机动喷雾器105部、背负式喷雾器2132部、机引大中型喷雾器8部；农用运输车544辆。

1986—2005 年共和县主要农业机械拥有量情况表

表 2-3

年份	农业机械总动力（千瓦）	耕作机械		农副产品加工		运输机械		半机械化农具		农排灌机械（台/千瓦）	收获机械	农村用电量（万千瓦时）	农村化肥施用量（吨）
		大中型拖拉机（台/千瓦）	小型拖拉机（台/千瓦）	磨面机	榨油机	农用运输汽车（辆/千瓦）	挂车	胶轮车	牛奶分离器		联合收割机（台/千瓦）		
1986	—	36	241	38	20	32	38	4205	15	—	—	—	—
1987	2330.59	125/459.66	1249/1102.37	137	24	82/634.57	83	4229	522	—	—	—	—
1988	2646.32	114/387.6	1560/1376.85	173	24	90/645.56	82	5622	632	—	—	—	—
1989	2502.33	108/393.24	1619/1428.92	173	27	87/533.86	113	5664	857	—	—	—	—
1990	2905.91	113/422.12	1871/1653.53	184	38	86/615.02	111	—	—	—	—	116.27	1901.97
1991	32951.97	114/463.61	2159/1923.6	191	37	81/584.3	98	—	—	—	—	134.19	2300.25
1992	40399	115/4342	2400/21259	193	46	84/6103	98	—	—	—	—	280.33	2694
1993	46969	112/4189	2586/22569	193	52	84/6110	—	—	—	—	—	286.04	2605
1994	43576.16	102/3895.27	2741/24631.39	195	48	71/582.8	—	—	—	—	—	358.05	2450.37
1995	44825.64	104/4020.79	2800/24742	196	47	77/5806.5	—	—	—	—	—	434.54	2631.18
1996	50356.2	128/5537	3136/27596.8	242/2017.7		75/6891	—	—	—	—	—	392.71	2515
1997	50928	173/6286	3302/29023	242/2017.7		50/4449	—	—	—	—	—	648.46	2788
1998	53419	139/5963	3358/29586	—		48/4069	—	—	—	—	46/4874	417	3103
1999	53978	117/5768	3464/30480	—		52/4384	—	—	—	—	48/5079	421.2	3236
2000	56223.7	132/5727.7	3820/33570.8	—		50/4217	—	—	—	—	48/5079	641.7	3506.6
2001	62646	134/5839	4640/40788	—		248/2588	—	—	—	—	45/4737	761	2893

续表

年份	农业机械总动力（千瓦）	耕作机械		农副产品加工		运输机械		半机械化农具		农排灌机械（台/千瓦）	收获机械	农村用电量（万千瓦时）	农村化肥施用量（吨）
		大中型拖拉机（台/千瓦）	小型拖拉机（台/千瓦）	磨面机	榨油机	农用运输汽车（辆/千瓦）	挂车	胶轮车	牛奶分离器		联合收割机（台/千瓦）		
2002	62428.3	132/8454	4769/34535	—		279/2818	—	—	—	—	38/4332	599	2050
2003	72592.72	143/6552.64	4842/42872.04	—		498/7844.01	—	—	—	—	66/7070.3	705.38	2505.2
2004	81215	286/12887	4942/45909	—		564/8303	—	—	—	128/6448	41/4192	633	2223
2005	82535	286/13064	5205/50104	—		544/6822	—	—	—	120/6228	40/4006	707	—

第八节　农业综合开发

一、农业丰收计划

1986年开始，共和县实施省、部级农业综合开发丰收计划项目，在农业5乡（镇）建立百亩、千亩高产示范田、试验田。至2005年，推广面积4万公顷，增加粮食13070.9万公斤、油料993.2万公斤。

二、国际农发基金项目

1994年11月，共和县引进国际农发基金资金项目办公室成立。1995年1月5日，共和县人民政府决定撤销共和县引进国际农发基金资金项目办公室，成立共和县国际农发基金项目办公室，为县政府直属事业单位，其工作职责为负责全县农发项目的考查、评估、论证、审批、贷款发放、实施项目监督和贷款回收等工作。2005年，共有干部职工15人。1995年6月，共和县开始实施国际农发基金项目，该项目属共和县自中华人民共和国成立后首次引进的少数民族地区援助扶贫贷款，项目总投资8000万元，其中农发贷款3750.96万元；其余53%的投资为政府财政资金配套和群众投劳折算资金，共4249.04万元。至2000年4月26日，累计发放农发贷款3512.45万元；2003年，发放农发贷款783万元，回收农发贷款865万元，是自农发项目启动实施以来完成贷款回收任务最好的一年；至2005年12月，累计使用农发贷款4100万元（含滚动使用产生的利息），各级政府财政配套资金1841万元，农牧民折劳及自筹资金2410万元，农发资金总额超过原计划的8000万元。2005年12月，该项目仍在实施。

三、设施农业项目

2001—2002年，在江西沟乡下社村实施青海省两用畜棚综合利用项目，畜棚冬季圈羊，4—10月种植蔬菜。2004—2005年，投资建设或改造日光节能温室500座。至2005年末，全县累计建设日光节能温室573座、塑料大棚152座，种植蔬菜93.33公顷。在龙羊峡镇次汉土亥村，恰卜恰镇次汉素村、东香卡村、西台村形成日光节能温室蔬菜生产基地4个；建设龙羊峡镇后菊花村设施油桃生产基地1个。

四、农村沼气建设项目

2004年，在龙羊峡镇（曹多隆村、后菊花村、次汉土亥村、克才村）、恰卜恰镇（西台村）2镇5村实施农村沼气国债资金项目，每座投资国债资金1200元。至2005年，建成农村户用沼气池517座，配套改厕、改厨、改圈等设施建设。

五、种子基地建设项目

2000年始，为彻底改善共和县农作物品种多、乱、杂，品质差，提高全县良种化程度，实施种植基地建设项目，共建基地2个。

六、订单农业项目

2004年始，共和县与青海省农科院在农业5乡（镇）共同实施订单农业项目，年订单种植青海11号、陵西一号蚕豆，青豌1号豌豆，青油14号、杂交（制种）油菜等农作物。2004—2005年，全县订单农业种植面积53.33公顷，产值140.4万元，农民增收604万元。

七、乡镇农技站建设项目

2002年开始，全县实施乡镇农业综合服务站建设改造项目。当年，投资40万元新建恰卜恰镇、沙珠玉乡农业综合服务站，改造铁盖乡农业综合服务站。2003年，投资40万元建设改造龙羊峡镇农业综合服务站，新建东巴乡农业综合服务站。至2005年，新建农业5乡（镇）农业综合服务站523平方米、改造400平方米，配备电脑、打印机、投影仪、传真机、扫描仪、数码摄像机、光学照相机、笔记本电脑、交换机、档案柜等设备，形成小麦、油菜、青稞、蚕豆、豌豆、马铃薯六大作物电脑农业专家系统和病虫害防治数据库。

八、中药材种植项目

2003年起，在铁盖乡七台村、英德尔乡加什达村、恰卜恰镇上塔迈村3个村实施中药材种植项目，当年种植药材9.27公顷，种植黄芪、板蓝根、甘草等品种。至2005年，全县种植中药材共计245.94公顷。

第二章　畜牧业

畜牧业是共和县经济支柱产业。1986 年后，共和县着力推进畜牧业生产经营体制改革，开始实行“牲畜作价归户、分户经营、私有私养、草原公有、承包到户”的牧业生产经营责任制。1998 年，全县开展第二轮草场依法承包，调动农牧民发展畜牧养殖的积极性。20 年间，共和县委、县人民政府着力畜群生产结构调整，在县境内环湖地区组织实施以“四配套”（畜棚、围栏、种草、定居点）建设为重点的草原基本建设，施行现代化牧业示范工程，开办家庭牧场，引导牧民提高畜群适龄母畜比例，配套加速公羔、公犊育肥出售，缩短畜群周转期。积极推广暖棚饲养、优良牧草栽培、畜种良种繁育、畜疫防治、草原鼠虫害灭治等科学技术，综合治理沙化退化草场，畜牧业整体生产水平明显提高。2005 年，全县可利用草场 120.95 万公顷，占全县草场的 94.34%，年末牲畜存栏 146.05 万头（只），实现畜牧业产值 18623.25 万元。

第一节　机　构

一、共和县农牧局

1986 年前，共和县畜牧工作由共和县农牧局管理。1986—1990 年，由共和县农牧科技局管理。1991 年，科技局单列，农牧与林业合并成立农林局。2001 年，林业局单列，恢复共和县农牧局。

二、共和县畜牧兽医站

1986 年，县畜牧兽医站设有畜牧组、兽医组、化验室及门诊部；有畜牧兽医师 2 人，助理畜牧兽医师 3 人，技术员 7 人。2005 年，县畜牧兽医站人员增至 15 人，其中畜牧兽医师 3 人，助理畜牧兽医师 4 人，技术员 8 人。

1986 年起，各乡（镇）设有畜牧兽医站，行政上受乡（镇）政府和县农牧局双重领导，业务由畜牧兽医站负责指导；有技术人员 52 人。2005 年，有技术人员 56 人。

第二节　畜牧业经营体制改革

1986 年，共和县牧区在完成大包干责任制的基础上，开始实行“牲畜作价归户、分户经营、私有私养、草场公有、承包到户”的牧业生产经营责任制。同时，开展固定草场使用权工作。

1992 年，全县实行冬春草场承包到户。参加承包的 11 乡 99 村 18074 户牧户承包到户草场 111.97 万公顷。至 1994 年，全县完成冬春草场承包工作，参加承包的共有 11 个乡 99 个村，其中黑马河乡一次承包到帐圈和社的夏秋草场 4.02 万公顷。1995 年，明确可利用草场 121.87 万公顷的使用权和承包经营权，参加草场承包有 11 个乡镇 99 个村 19511 户农牧户，占可利用草场总面积的 100%，其中承包冬春草场 71.11 万公顷，承包夏秋草场 50.75 万公顷。

1998 年，全县开始第二轮草场承包。至 1999 年，承包夏秋草场 10.77 万公顷，占应承包草场面积的 24%。参加承包的共 11 乡 99 村 19651 户。2002 年，除全县农业 5 乡（镇）外，均完成牧区夏秋草场和农区草山草坡的承包。2005 年，恰卜恰、龙羊峡、沙珠玉、铁盖、东巴等乡（镇）47 村 40006 户农牧民（含半农半牧）依法承包草场 33.86 万公顷，占可利用草场总面积的 28%。

第三节　草　场

一、草场类型

全县草场按植被—地形学分类，可分为 6 类 16 组 53 型。环湖地区，以高寒和灌丛草甸类草场为主；共和盆地，则以温性草原类草场和荒漠草原草场为主。

温性草原类　分布范围广，全县滩地、山地、丘陵以及沟谷等地带都有这类草场，海拔 2900~3400 米。该草地类气候较温暖，植物以温性、旱生、中旱生植物为主，代表种有芨芨草、青海固沙草、克氏针茅等。可利用草地面积 37.84 万公顷，占全县可利用面积的 32.05%，年平均干物质产量为 641.5 公斤/公顷（鲜草重 1879.5 公斤）。此类草地是共和县的主体，是主要的冬春放牧地和饲草饲料生产基地。

温性荒漠草原类　此类草地在共和县境内分类分布范围较小，仅在黄河河谷和共和盆地呈带状分布。气候温暖干燥，植物以旱生和强旱生植物为主，优势种有短花针茅、川青锦鸡儿、藏籽蒿等。可利用草地面积 12.11 万公顷，占全县可利用面积的 10.26%，年平均干物质产量为 357.37 公斤（鲜草重 1019.76 公斤）。基本特征是植被稀疏，种类单纯、产量低。此草地类土地沙漠化强烈，应防止过度放牧利用，实施围栏封育，恢复植被，保护好草地生态环境。

高寒草原类　此类草地主要分布在海拔 3300~3600 米的山地，由耐寒的多年生草本植物组成，草地组 1 个，草地型 5 个，植物以中旱生植物为主，代表种有紫花针茅，属青藏高原特有种，伴生种有冷地早熟禾、洽草、扁穗冰草、赖草等。可利用草地面积 13.88 万公顷，占全县可利用草地面积的 11.75%，年平均干物质产量为 548.99 公斤/公顷（鲜草重 1560 公斤）。耐牧性不强，禾本科针茅属植物，秋季种子成熟颖果基盘尖锐，易刺伤畜体，不适用作秋季放牧草地。

温性荒漠类　此类草地呈非地带性分布在共和盆地，是在温暖和极端干旱的气候条件下由强旱生的半灌木和灌木组成的草地型，海拔 3000 米，可利用草地面积 13.45 万公顷，占全县可利用草地面积 11.39%，年平均干物质产量为 257.04 公斤/公顷（鲜草重 1028.17 公斤）。基本特征是植被极稀疏，种类单纯，产草量和放牧利用价值低，土地强烈沙漠化。此类草地适宜放养骆驼和山羊，防止过度放牧利用。

低平地草甸类　是在土壤水分适中的条件

下，由多年生中生草本植物组成部分的草地类型，此类草地主要分布在青海湖滨。倒淌河镇和共和盆地的沙珠玉河畔，分布海拔 3000～3300 米，可利用草地面积 22.18 万公顷，占全县可利用草地面积的 18.79%，年平均干物质产量为 805.01 公斤/公顷（鲜草重 4290.48 公斤）。土壤为草甸沼泽土，植被以湿中生植物为主，代表种有华扁穗草、马蔺和碱茅等。伴生种有早熟禾、海韭苦、海乳草、碱地蒲公英、芦苇等，适合作冬春放牧草地。

高寒草甸类 此类草地是共和县天然草地的主体，主要分布在青海南山。在寒冷湿润的气候条件下，由耐寒的多年生草本植物为主组成的草地类型，是青藏高原地区特有的主要类型。分布海拔 3600～4200 米。可利用草地面积 42.01 万公顷，占全县可利用草地面积的 36.43%，年平均干物质产量为 418493 公斤/公顷（鲜草重 2203.2 公斤）。植物种类丰富，优良牧草种类多，适口性好，营养价值高，代表种有小嵩草、线叶嵩草、矮生嵩草；伴生种有异针茅、冷地早熟禾、细叶苔草、洽草等，是共和县重要的畜牧业生产基地。部分地区因鼠类破坏和过度放牧出现严重退化现象，形成以裸地为主的“黑土滩”景观，应注意合理利用和治理。

二、牧草种类

共和县天然草场植物资源丰富。据省铁卜加牧草试验站鉴定，仅环湖地区就有种子植物 48 科 478 种。各类型草场中优良牧草占主导，主要有禾本科、莎草科、蓼科、藜科、菊科及豆科等。青海湖盆地的草甸草原类草场，有禾本科类、莎草科类、豆科类及杂草类等；共和盆地的温性草原类、荒漠草原类草场，以禾本科、藜科、莎草科为主；山区各类草场，则以莎草科和嵩草属植物为优良牧草；沼泽类草场，以莎草科、禾本科的优良牧草为主。优良牧草在共和县草场植被经济类群组合中占 50%以上。

绵（山）羊对各类牧草均有较好的食口性，夏季喜食柔软多汁的豆科、蓼科、菊科及葱属牧草，秋季莎草科植物的食口性最强（此类牧草结实早，富有营养，是抓秋膘的优良牧草），冬春主要采食保存在草场上的禾本科、莎草科及其他杂类牧草。牛对牧草的食口性大致与羊相似；马的食口性较为窄，喜食高禾草和莎草，对具有浓厚气味的嵩草及葱属牧草食口性差；骆驼对荒漠植物都具有一定的食口性，特别喜食枝叶粗糙、含水量较少的盐柴类植物。

三、草地牧草营养

共和县天然牧草中，禾本科牧草在开花期含粗蛋白为 9%～16%，粗脂肪为接近精饲料水平。莎草科牧草粗蛋白含量为 7%～15%，粗脂肪含量为 3%～7%，亦相当于精饲料。草地营养价值是影响草地饲用价值的主要因素，是由各类草群中粗蛋白质、粗脂肪、粗纤维、无氮浸出物及矿物质含量的多寡及数量组合所决定的。

牧草营养物质 草地牧草营养物质含量受生育期、生长环境、植物组成等诸多因素影响，调查中采集的 35 个草地型牧草混合样品都处在主要牧草的花期，进行粗蛋白、粗脂肪、粗纤维、无氮浸出物、粗灰分、水分和热能的测定。测定结果表明，粗蛋白含量在 15%以上的有 17 个，占分析样品的 48.57%；粗蛋白在 10%～15%的有 18 个草地型，占 51.43%。粗脂肪含量在 2%～4%的有 29 个草地型，占分析样品数的 82.80%；4%～6%有 5 个草地型，占 14.29%；低于 2%的有 3 个草地型，占 2.85%。粗纤维含水量在 30%～40%的有 9 个草地型，占分析样品数的 25.71%；20%～30%的有 17 个草地型，占 48.57%；低于 20%的有 9 个草地型，占 25.72%。无氮浸出物含量在 50%以上的有 16 个草地型，占分析样品数的 45.71%；40%～50%的有 15 个草地型，占 42.86%；低于 40%的有 4 个草地型，占 11.43%。粗灰分含水量高于 20%的有3个草地型，占分析样品数的8.57%；10%～20%的有4个草地型，占有11.43%；低于10%的有28个草地型，占80%。总营养物质含水量在95%以上的有29个草地型，占分析样品数的82.86%；90%～95%的有3个草地型，占8.57%。由此可见，天然草地牧草营养物质含量丰富，总营养物质含量大部分都在90%以上，粗蛋白质含量都在10%以上，粗脂肪含量在2%以上，无氮浸出物大部分在40%以上，粗纤维含量低于40%，具有粗蛋白、粗脂肪、无氮浸出物含量高，粗纤维含量低，即“三高一低”的特点。

牧草等级　按全国五等级的统一标准，以草地牧草质量的优劣和牧草产量的高低为依据进行评定。用“等”表示草地质量的优劣，用“级”来表示草地牧草产量的高低。据1996年测定，共和县草场分优、良、中、劣四等，按产草量分为5～8级。5级（亩产青草200～300公斤）共10.17万公顷，6级（亩产青草100～200公斤）共46.06万公顷，7级（亩产青草50～100公斤）共58.8万公顷，8级（亩产青草50公斤以下）共5.91万公顷。

第四节　牧业区划

一、北部湖滨牧业区

包括倒淌河、江西沟、黑马河、石乃亥4乡和英德尔乡的一部分及湖东种羊场、铁卜加牧草试验站等单位。全区土地面积53.63万公顷，占全县土地面积的36.6%。草场类型以高寒草甸类、温性草原类、高寒草原类为主，是共和县绵羊、半细毛羊、牦牛的主要产区。2005年，有牲畜69.78万头（只），占全县总牲畜的47.77%。其中，牦牛4.83万头，占全县牦牛数的50.52%。

二、西南谷地农林牧业区

包括切吉、铁盖2乡及英德尔乡的部分地区和塘格木、哇玉香卡农场是共和县的农牧交错区。土地面积65.25万公顷，占全县总面积的44.4%。草场以温性草原类、温性荒漠草原类、高寒草甸类为主，是共和县绵羊、半细毛羊、山羊、黄牛、骆驼的主要产区。2005年，有牲畜38.37万头（只），占全县总牲畜的26.27%，其中：牦牛16.49万头（只），占全县牦牛数的1.72%；骆驼64峰，是共和县骆驼的唯一产地。

三、中部浅山农林牧业区

包括沙珠玉、廿地、恰卜恰、东巴4个乡，是共和县的半农半牧区。土地面积20.43万公顷，占全县的13.9%。草场以温性草原类、温性荒漠草原类、高寒草甸类为主。土壤以淡栗钙土、棕钙土为主。除绵羊外，饲养一定数量的奶山羊、驴、骡、犏牛、黄牛和牦牛。2005年，有牲畜23.71万头（只），占全县牲畜总量的16.24%。

四、东南谷地农林牧业区

包括龙羊峡镇，气候温暖，水利条件较好，是共和县产粮保收区。土地面积7.55万公顷，占全县总面积的5.1%。2005年，有牲畜6.5万头（只），占全县牲畜总量的4.45%。

第五节　畜牧业生产

一、牲畜品种

共和县饲养的牲畜品种有绵羊、山羊、牦牛、黄牛、马、骡、驴、骆驼、猪，其中以绵山羊、牦牛为主。

牦牛 是高寒草原牧区特有的畜种，抗逆能力，适应性强，是牧民群众不可缺少的生活资料和生产资料。共和县牦牛主要分布在青海湖地区倒淌河、江西沟、黑马河、石乃亥、英德尔等5个乡（镇），切吉乡也有少量分布。共和县持续开展牦牛品种选育，引进野血牦牛进行少量的改良，取得良好效果。

黄牛 属蒙古类型黄牛，主要集中在海拔2800~3200米的青海南山以南和农业区。主要是肉、奶、役兼用型，也是农牧民不可缺少的生活和生产资料。主要分布在切吉、英德尔、廿地和农业区乡（镇），环湖地区也有少量分布。由于个别地区曾引进外地种牛进行改良，原有品种有新变化，原始黄牛品种数量逐渐减少。共和县黄牛饲养属于零星散养，数量极少。缺乏黄牛系列品种的引进，导致严重近亲繁殖，品种退化，体格变小，生长和增重缓慢，生产性能较低，效益不高。沙珠玉、恰卜恰、龙羊峡、铁盖等是共和地区黄牛饲养量最多的乡（镇），多数群众逐渐淘汰当地黄牛，养起黑白花、西门塔尔等奶牛品种。黄牛饲养数量逐年下降。

黑白花奶牛 主要分布在恰卜恰镇、龙羊峡镇、东巴乡、铁盖乡及沙珠玉乡等农区和半农半牧区，经济类型为乳肉型。共和地区的黑白花奶牛品种来源广泛。1957年陆续引进北京市黑白花、西门塔尔及三河牛参与本地牛的杂交改良。至1960年，全县共培育各类杂种牛310头。1980年起，开始采用黑白花冷冻精液进行改良工作，同时逐年从甘肃、宁夏、新疆等地及本省海东地区引进良种黑白花牛，进行纯种繁育及黄牛杂交改良，逐步繁殖，扩大种群。但多年来由于受自然条件的限制，共和黑白花奶牛业一直处于被动局面。2000年后，随着畜牧业产业结构调整，农村剩余劳动力数量的增加及人民生活习惯和饮食结构的转变情况，城乡居民对奶牛的需求增加，农区奶牛养殖数量大幅上升，从2002年开始连续3年增长率都在40%以上，先后从山东、山西、甘肃、陕西等地引进较大数量的外地奶牛。

藏羊 又称藏系羊，是中国三大原始绵羊品种之一。主要分布在青藏高原，青海省是主要产区，分布广，家畜中比重最大。依其生态环境，结合生产、经济特点，可分为高原型、山谷型和欧拉型3类。共和县藏羊主要分布在环湖地区、切吉及塘格木地区，其他乡也有分布。高原型藏羊主要分布在石乃亥乡、黑马河乡、切吉乡、英德尔乡；山谷型藏羊主要分布在江西沟乡、倒淌河镇、恰卜恰镇、廿地乡、铁盖乡、龙羊峡镇。藏系羊的特点是体格大，被毛以白色为主，呈毛辫结构，成年公羊平均体重48.14公斤，母羊平均体重37.23公斤。在生育过程中，周年内发育较快，后逐年减慢，7岁后衰退，终生寿命8岁左右。成年公羊平均产毛量1.5公斤，母羊0.98公斤，毛质以粗毛为主，品质优良，是制造长毛绒和地毯的上等原料。其所产羊毛，即为驰名中外的“西宁毛”。各类型藏羊的毛丛均由细毛、两型毛、粗毛、干死毛组成。公母羊均有角。粗毛长23厘米，绒毛长8厘米，为著名地毯毛羊。屠宰率37.34%，4.5岁母羊平均胴体重16公斤。因尾小而行走较快，适于3000~4500米高寒地区生活，能终年放牧。

加什科毛肉兼用半细毛羊 亦称加什科羊，主产区切吉加什科村，在江西沟（上社）、石乃亥（向公）也有少部分半细毛羊分布。

山羊 主要分布在农区和半农半牧区，即铁盖、沙珠玉、廿地、龙羊峡、恰卜恰、东巴等地，环湖地区也有少量分布。共和地区的山羊属蒙古系山羊，喜干燥、耐粗放、食谱广。2000年后，山羊收购价格上涨、出栏率及屠宰率升高，加之部分地区引进怀头他拉白绒山羊，故当地山羊数量有所减少。

马 属浩门马种，又称“大通马”，原名“浩门马”。主要分布在共和县环湖地区，包括石乃亥、黑马河、江西沟、倒淌河、切吉，其他乡镇也有少量分布。适应本区的自然条件，对严寒的适应性强，马的舍饲性好，具有较强的抵抗力。主要分布在共和的环湖地区及切吉乡，其他乡镇也有少量分布。

驴　又称“郭密驴”，俗称“毛驴”。主要分布在共和农业区的廿地、沙珠玉、恰卜恰、东巴、铁盖等地，体格较小，属于小型驴种，群体数量不大。

二、牲畜存栏

1986年，全县牲畜存栏1220509头（只），其中牛165616头，羊1029007只。1990年，全县牲畜存栏1201509头（只），其中牛174546头，羊1000506只。1995年，全县牲畜存栏1130674头（只），其中牛152655头，羊951785只。2000年，全县牲畜存栏1000325头（只），其中牛117234头，羊862673只。2005年，全县牲畜存栏1460524头（只），其中牛103875头，羊1347022只。

1986—2005年共和县牲畜存栏数情况表

表2-4　　　　单位：头、只

年份	草食牲畜合计	大牲畜								
		合计	牛				马	驴	骡	骆驼
			小计	黄牛	乳牛	牦牛				
1986	1220509	191502	165616	15611	94	—	16857	6009	1839	1181
1987	1221065	195774	169837	—	—	—	16682	6113	1891	1251
1988	1229028	198268	172995	15551	75	—	16053	6103	1910	1207
1989	1234811	194933	169103	15870	78	—	16599	6179	1849	1203
1990	1201509	201003	174546	16891	80	157575	16894	6465	1825	1273
1991	1221331	197294	170104	16909	82	153113	17297	6675	1826	1392
1992	1223906	196215	168624	16621	82	151921	17786	6610	1784	1411
1993	1227052	189602	181793	16286	93	145414	17624	7240	1955	950
1994	1229506	189225	161793	15460	93	146240	17831	6849	1839	913
1995	1130674	178889	152655	13851	196	138608	17172	6507	1779	776
1996	1050290	151922	127780	10496	155	117129	15377	6486	1734	545
1997	1056032	144435	121543	9854	165	111524	14957	6088	1698	149
1998	1053220	142839	120558	9338	170	111050	14483	5980	1672	146
1999	1050011	140849	119625	8826	185	110614	13504	5937	1640	143
2000	1000325	137652	117234	8906	217	108111	13100	5562	1614	142
2001	1000062	133978	113812	8193	420	105199	14096	4583	1358	129

续表

年份	草食牲畜合计	大牲畜								
		合计	牛				马	驴	骡	骆驼
			小计	黄牛	乳牛	牦牛				
2002	989177	126181	113768	5501	108267	—	9067	2276	988	82
2003	989276	120908	108739	8969	909	98861	9044	2253	835	37
2004	1425765	120867	110318	6154	1351	102813	8692	1256	527	74
2005	1460524	113502	103875	6186	2046	95643	7364	1329	870	64

接上表

年份	羊			猪
	合计	山羊	绵羊	
1986	1029007	108387	920620	9445
1987	1025291	113455	911836	9917
1988	1030760	119413	911347	10999
1989	1039878	118904	920974	10474
1990	1000506	124274	876232	10719
1991	1024037	121726	902311	11082
1992	1027691	121739	905952	12246
1993	1037450	126896	910554	9642
1994	1040281	127242	913039	9913
1995	951785	112294	839491	9688
1996	898376	103702	794674	9306
1997	911597	104455	807142	9117
1998	910381	105898	804483	8190
1999	909162	106421	802741	8098
2000	862673	101980	760693	6807
2001	866084	105633	760451	7173
2002	862996	109737	753259	7105
2003	112871	755497	307408	6394
2004	1304898	172847	1132051	—
2005	1347022	190285	1156737	—

三、牲畜出栏

1990年，全县牲畜出栏360167头，出栏率29.17%；出售牲畜245236头，商品率19.86%。1995年，全县牲畜出栏410209头，出栏率33.36%；出售牲畜331967头，商品率27.0%。2000年，全县牲畜出栏425672头，出栏率40.54%；出售牲畜341161头，商品率32.49%。2005年，全县牲畜出栏576891头，出栏率40.5%；出售牲畜506444头，商品率36%。

1990—2005年共和县牲畜出栏情况表

表2-5

年份	出栏率		商品率		年份	出栏率		商品率	
	头数	%	头数	%		头数	%	头数	%
1990	360167	29.17	245236	19.86	1998	369147	34.95	288296	27.3
1991	317266	26.42	214738	17.9	1999	360747	34.25	299577	28.44
1992	347551	28.46	251941	20.63	2000	425672	40.54	341161	32.49
1993	380718	31.11	263458	21.53	2001	370887	37.1	321801	32.2
1994	396163	32.28	306788	25	2002	370887	37.1	321801	32.2
1995	410209	33.36	331967	27	2003	403040	40.74	339319	34.1
1996	381930	33.78	311958	27.59	2004	435151	44	357902	36
1997	352073	33.52	285624	27.1	2005	576891	40.5	506444	36

四、畜产品

共和县畜产品主要有绵羊毛、山羊毛、山羊绒、牦牛绒、绵羊皮、山羊皮、羔皮、牛肉、羊肉、猪肉、鸡肉、牛奶、山羊奶。

1987—2005年共和县主要畜产品产量情况表

表2-6　　单位：吨

年份	奶类		肉类				羊毛
	合计	牛奶	合计	猪肉	牛肉	羊肉	
1987	4948	4692.2	4898.3	495.8	923.4	3475.9	1718
1988	5532	5400	5983.4	492.3	1460	4031.3	1680
1989	6681	6649.2	5763.8	536.4	2004	3201.7	1697
1990	8320	8294.9	7797.6	508.1	1956	5319.1	1789
1991	6560	6553.8	7261.3	470.5	2201	4586.5	1641
1992	7910	7904	7830	466	2339	5008	1671

续表

年份	奶类		肉类				羊毛
	合计	牛奶	合计	猪肉	牛肉	羊肉	
1993	9443	9408	8771	653	2485	5458	1769
1994	9489	9476	9102	585	3052	5465	1729
1995	7062	6947	9345.7	691.1	2562	6088.6	1594
1996	6382	6357	9783	623	4091	5053	1541
1997	6303	6253	8267	665	2510	5044	1574
1998	6285	6262	8382	612	2452	5307	1393
1999	6300	6190	7544	615	1968	4946	1485
2000	5003	4970	8675	832	1875	5941	1376
2001	6192	6170.3	8721.5	709.7	2650	2589.1	1223
2002	6536	5540.8	8291.7	797.1	1514	5978	1074
2003	5157	5129.4	8674.8	621.4	2388	5658.8	1158
2004	6905	6876	9752	663	2836	6203	1629
2005	7806	7806	10864	381	3064	7364	1618

五、畜牧业产值

1985年，全县畜牧业产值1664.3万元，占工农林牧副渔总产值的63.95%，每个畜牧业劳动力生产产值1317.2元。1985—1990年，畜牧业产值平均为2057.35万元，比1980—1985年平均值，增长29.16%。20世纪90年代，畜牧业产值平均为5194.86万元，比80年代增长184.64%。2000—2005年，畜牧业产值平均为12619.86万元，比90年代增长142.93%；畜牧业劳动力人均占有畜牧业产值平均为6362.30元，比90年代平均值增加82.5%。

1985—2005年部分年份共和县畜牧业产值比重情况表

表2-7

年份	农林牧渔副总产值（万元）	畜牧业产值（万元）	畜牧业劳动力人均产值（元）	备注
1985	2602.4	1664.3	1317.20	1980年不变价计算
1990	3506.6	2450.4	1779.00	1980年不变价计算
1995	8295.24	6517.72	4262.73	1990年不变价计算
2000	8694.86	6616.47	4416.57	1990年不变价计算
2005	27916.66	18623.25	8308.02	2000年不变价计算

第六节　草原管理

一、草原鼠虫害防治

共和地区历史上时常发生草原鼠虫害，危害严重。鼠害主要有高原鼠兔和中华鼢鼠。1986年，全县进行大面积调查草原鼠虫害，结果显示鼠害面积在27.33万公顷左右。2005年，省农牧厅给共和县下达高原鼢鼠灭治任务6666.67公顷，项目实施区域在石乃亥乡尕日拉、鲁色2个村的草场。在项目区取样方30个，经技术人员踏勘及走访牧户，结果显示危害种为高原鼢鼠，项目区内鼠害密度大，平均新鲜土丘数为486个/公顷，最低新鲜土丘数为252个/公顷，最高新鲜土丘数为764个/公顷。

1996—2005年部分年份共和县灭鼠面积情况表

表2-8

年份	灭鼠面积（万公顷）	地点	效果（%）
1996	2	石乃亥乡尕日拉、切吉、鲁色	92.3
1999	1.87	倒淌河乡蒙古、黑科、东卫、拉乙亥麻，曲沟乡瓦里关、多隆沟、龙才（春季0.33万公顷），英德尔乡更尕、曲让、中果、治海、浪娘，江西沟乡大仓、元者（1.54万公顷）	95.1
2000	5.33	倒淌河乡元者、黄科、蒙古，江西沟乡上社、下社	95.5
2001	3.33	石乃亥乡铁卜加、肉隆、向公、切吉、尕日拉、鲁色	95.55
2002	6.67	廿地、恰卜恰、东巴	97
2003	5.33	切吉乡加什科村	97.1
2004	2	倒淌河镇黑科、蒙古、东卫、哈乙亥、拉乙亥麻；石乃亥乡尕日拉、鲁色	97.4
2005	3.33	倒淌河镇	97.3

二、草原退化状况及原因调查

草原退化状况　1989年，全县总产草量为353073.41万公斤，平均亩产200.07公斤；1995年，为188234.29万公斤，平均亩产106.29公斤，比1989年降低46.69%，亩产草量降低6.87公斤。每亩产草量下降幅度按草场类型分，温性草原类草场下降75.76~88.6公斤，温性荒漠草原类下降40.57公斤，低地草甸类下降59.66公斤，高寒草甸类下降35.1公斤。草场质量下降，沙化面积逐年扩大，至1996年，塔拉滩地区各类沙漠化面积达21.31万公顷，占塔拉滩地区总面积的99.8%；1987—1996年，严重沙漠化草场面积增加1.08万公顷，达5.58万公顷，占塔拉滩地区总面积的26.1%；1994—1999年，流动沙地面积增加2563公顷，年均增加513公顷。

草原退化原因　经过调查，引起草原退化的因素很多，除干旱少雨、大风沙侵袭及鼠虫害等自然灾害外，人为的原因主要为过度放牧。由于牲畜逐年增加，出栏率和商品率很低，牲畜周转缓慢，草场负担逐渐加重。1997年，载畜量达

149.90万个羊单位，超过科学载畜量50.89万个羊单位的51.4%，全年缺草74299.4万公斤。由于在有限的草场上反复放牧，结果牧草全部啃光，甚至连根刨食，使草场植被稀疏，急剧退化；加之盲目垦荒，致使草场植被萎缩。1985年后，开垦草场1100.8公顷，其中江西沟446.4公顷，倒淌河611.33公顷，黑马河21.33公顷，英德尔21.73公顷，条件较好的冬春草场被开垦后，因气候寒冷，又不适宜农作物生长，多被废弃，盲目开垦草原，破坏草场植被，加速草原的退化。农牧交错地区部分农民受经济利益诱惑乱挖药材，1990—1995年，仅麻黄草挖掘面积达3733.33公顷，人数2.7万人次，任意开垦和破坏等不利因素，沙质草地和黑土滩逐年扩展，毒杂草滋生，鼠虫危害严重，产草量不断降低。

三、草原“四配套”建设

1986年后，共和县贯彻落实草原法，在充分利用、保护天然草场的基础上，重视畜牧业发展，加强草原管理，增加围栏草场面积，加大人工草场、畜棚、两用暖棚、畜圈建设，推动牧民定居点建设，实施草原“四配套”项目。1986年，全县有草原管道56条478公里；当年新围草场面积1.17万公顷，围栏草场总面积5.32万公顷；当年新种人工草场0.04万公顷，人工草场总面积0.35万公顷；全县有畜棚1789个20331平方米。1991年后，国家加大对草原建设投入力度，同时根据州人民政府《关于加强草原管理防治草场退化缓解畜草矛盾提升畜牧业经济效益的决定》《加强草场植被保护管理工作的决定》，县人民政府遵循“草畜平衡，稳步推进”的工作方针，加快草场建设步伐。至2005年，全县草原管道109条787公里；围栏草场面积47.8万公顷，人工草场面积7.8万公顷；畜棚7465个560615平方米；两用暖棚2908个348960平方米；畜圈11715个。

1986—2005年共和县草原建设情况表

表2-9

年份	草原管道		围栏草场		人工草场		畜棚		两用暖棚		畜圈
	总数（条）	长度（公里）	总面积（万公顷）	当年新围（万公顷）	总面积（万公顷）	当年新种（万公顷）	总数（个）	面积（平方米）	总数（个）	面积（平方米）	总数（个）
1986	56	478	5.32	1.17	0.35	0.04	1789	20331	—	—	—
1987	66	487.62	7.17	1.81	—	—	—	—	—	—	—
1988	66	487.62	8.48	1.32	—	—	1459	23500	—	—	8744
1989	67	525.62	10.16	—	0.52	—	1609	27570	—	—	8832
1990	—	—	—	—	—	—	—	—	—	—	—
1991	70	525.62	11.49	—	0.59	—	1698	32388	—	—	9046
1992	70	525.62	12.18	—	0.89	—	1980	38972	—	—	9130
1993	73	538	7.50	—	0.89	—	2160	42580	—	—	10032
1994	73	538	13.77	—	0.96	—	2250	44379	—	—	10118
1995	73	551.12	145.55	—	1.43	—	2562	46107	—	—	10118

续表

年份	草原管道		围栏草场		人工草场		畜棚		两用暖棚		畜圈
	总数（条）	长度（公里）	总面积（万公顷）	当年新围（万公顷）	总面积（万公顷）	当年新种（万公顷）	总数（个）	面积（平方米）	总数（个）	面积（平方米）	总数（个）
1996	75	555.42	15.27	—	1.9	—	3328	60327	—	—	9845
1997	75	555.42	16.2	—	1.93	—	4195	77527	—	—	9845
1998	75	556	17.86	—	2.37	—	5185	97789	—	—	10441
1999	75	556	19.36	—	2.37	—	5602	106335	—	—	10714
2000	82	593	21.11	—	2.37	—	7556	158274	—	—	10463
2001	82	658	23.87	0.18	2.26	—	2220	5476.5	—	—	10389
2002	86	658	25.2	0.23	2.49	—	3480	81356	—	—	3496
2003	90	704	59.24	1.6	5.3	—	1995	186736	455	72794	5071
2004	—	—	—	—	—	—	—	—	—	—	—
2005	109	787	47.8	1.5	7.8	0.7	7465	560615	2908	348960	11715

四、草原防火

1989年11月1日，全县开始执行《青海省实施〈中华人民共和国草原法〉细则》。1993年6月9日起，贯彻执行《青海省草原承包办法》。1996年5月20日，成立县草原防火办公室指挥部，进入防火期（每年9月15日至翌年6月15日），防火值班室24小时值班，办公室领导带班。

第七节　畜疫防治

一、传染病防治

猪口蹄疫　1994—2003年，在共和县呈点发状态，病原均为“O”型病毒。先后在黑马河乡、恰卜恰乡下塔迈村、塘格木农场等地发生猪口蹄疫94头，同群猪284头全部扑杀销毁。

猪瘟　1987年，恰卜恰镇、沙珠玉乡先后发现病猪18头，死亡15头。1987年后，坚持每年加强预防注射，坚持自繁自养，平时加强圈舍消毒，发病率非常低。

仔猪副伤寒　主要流行于农业区，春季多发，以1~5月龄仔猪多见。调查显示，1986—2004年，共发病118头，死亡34头，致死率28.8%。

猪丹毒　多发生于架子猪。1991—2004年，沙珠玉乡、铁盖乡和恰卜恰市场检疫中检出病猪30头，死亡2头，全部作销毁处理。

牛口蹄疫　1999年9月，铁盖乡拉才村发生牛口蹄疫，发病牛20头，同群牛10头全部扑杀销毁。2001—2004年，采血检测倒淌河、黑马河、江西沟、石乃亥、切吉、英德尔、廿地、铁盖等乡735头牛，全部为阴性。每年进行强制免疫，加强检测。

牛布鲁氏菌病（布病）　1992年之前，每年抽检一定数量的牛进行实验室检测，其阳性率极低。1993年，血清学检测恰卜恰、江西沟、曲沟、倒淌河、廿地、黑马河6乡1597头牛，检出阳性2头，经省畜牧兽医总站专家考核，全县牛布病达到控制区标准。

牛出血性败血症 该病在全县各地时有散发。牦牛比黄牛易感染，犊牛比成年牛发病多。1986—2005年，共发病244头，死亡131头。由于采取高密度预防注射，其发病率较低。该病在共和县已基本控制，但在气候骤变、潮湿等不良条件下，常可诱发该病。

犊牛沙门氏杆菌病 临床以下痢为特征，多发生于1月龄以内的犊牛，死亡率高。1991—1993年，普查18961头，其中发病牛1138头，死亡213头。1994—2000年，普查105617头，其中发病牛5817头，死亡1162头。2001—2003年，普查68659头，其中发病牛3084头，死亡616头。2004—2005年，普查13493头，其中发病牛523头，死亡77头。选用呋喃唑酮或磺胺嘧啶及药物治疗，对并发肺炎、关节炎的病犊可用抗生素等药物治疗。

牛皮蝇蛆病 一般多在夏季出现，1993—1994年，对江西沟、东巴、切吉、沙珠玉、廿地、铁盖乡、英德尔、倒淌河、江西沟、石乃亥等10乡4593头进行普查，发病牛688头。1995年对全县2100头牛普查，发病牛369头。1997—2005年，对全县2239头牛进行普查，发病牛2169头。为降低该病感染，在夏季成虫活动高潮季节应用2%敌百虫洗浴牛体，其次在10月用倍硫磷乳油进行肌内注射。

羊口蹄疫 羊口蹄疫在共和县多发生于冬春季节，未成年牲畜的感染率高于成年畜。1999年9月，在共和县黑马河乡文巴村、廿地乡、沙珠玉乡、恰卜恰乡、曲沟乡等地发病625只，均为“O”型。2001—2004年，对全县373只羊采血检测，全部阴性。2005年，对倒淌河、江西沟、切吉3乡的150份血清检测，检出阳性抗体20份。2000年后，加强疫情监测，每年进行春秋两季强化免疫，未发生过羊口蹄疫。

羊痘 该病一年四季均可发生，以冬春季为多见。1995年后，由于生产责任制的改变和检疫工作薄弱，在引进种羊时，从外县将该病带入。1995—2005年，发病10401只，死亡343只。

羔羊痢疾 该病在共和县多有流行，主要发生在7日龄以内的羔羊。在产羔初期散发，产羔盛期流行严重，发病最高年份年死亡多达8万余只。1991—2005年，共发病471145只，死亡89369只，致死率18.79%。预防注射是主要防治措施。

羊梭菌病 20世纪80年代前，该病在共和县各地均有发生。4—5月牧草返青时发病率最高。20世纪80年代后，每年用羊四联苗预防注射控制该病，个别地方因防疫密度不高而发生该病。1988年，切吉、英德尔、沙珠玉等乡发病羊2124只，死亡740只，致死率34.84%。2001年，廿地乡廿地村发病羊902只，死亡575只。2003年，铁盖乡拉才村发病羊50只，死亡26只。2001—2005年，切吉加什科村发生羊黑疫，发病羊467只，死亡84只。防治措施是每年高密度高质量地预防注射。

马鼻疽 1993年，经农业部考核验收，共和县马鼻疽病达到消灭标准。1994—2005年，每年检测马鼻疽病，共检测2412匹，未检出阳性牲畜。

马传贫 共和县历史上未发生过该病。1989年，经省畜牧兽医总站考核验收，宣布共和县为马传贫净化区。1999—2005年，共检测1299匹，全部为阴性。

破伤风 该病在共和县各地均有发生，无明显季节性。1991—2005年，共发病21匹，死亡21匹，均为去势后感染而发病。为降低该病的发生，在去势和手术时必须严格消毒，术后肌内注射破伤风抗毒素，局部伤口及时处理。每年用破伤风类毒素注射预防1次。

鸡新城疫 1988年，在恰卜恰发病200余只，全部死亡。1991—2005 年，在恰卜恰、曲沟、沙珠玉、铁盖等乡流行，病鸡 1495 只，死亡 1447 只。注射高密度进行预防，使鸡新城疫趋于点发。

禽流感　高致病性禽流感一年四季均可发生，各种品种和不同日龄的禽类均可感染发病。2004 年前，全县未发生过禽流感。2005 年 5 月，在共和县境内的青海湖鸟岛发生野禽高致病性禽流感，县防疫部门封锁疫点，并在黑马河设立检查消毒卡，对环湖地区饲养的鸡、鸽子全部扑杀销毁，共计 2770 只。普查农业区饲养的鸡 16548 只，未发现禽流感疫情。2004—2005 年，检测禽流感血清 813 份，全部为阴性。

禽霍乱　1996 年，东巴、恰卜恰、曲沟、沙珠玉等地区发生禽霍乱，病鸡 75 只，死亡 18 只。1997 年，沙珠玉、恰卜恰等地发病 43 只，全部死亡。2000—2005 年，恰卜恰、沙珠玉、龙羊峡等地发病 32 只，全部死亡。主要使用抗生素、磺胺类药物治疗。

二、寄生虫病防治

棘球蚴病　牛、羊在采食过程中感染该病，羊的发病率高于牛。该病在共和县长期存在，1986—2005 年，每年通过屠宰检疫，查出羊的感染率 30%，感染强度平均 1.5 个包囊，范围 1~8 个包囊。防治措施主要是开展群防群治，每年对犬用吡喹酮进行 1~2 次驱虫。

肝片吸虫病　肝片吸虫病主要在石乃亥、黑马河、江西沟、倒淌河等地区流行。环湖地区夏季草场多有滩，放牧牛羊时易感染该病。据屠宰检疫调查，环湖地区牛羊肝片吸虫感染率达 10%~20%。患病羊只消瘦，肝脏肿大，胆管内含有肝片吸虫。防治主要采取定期用硫酸铜对低湿草地喷洒灭虫等；及时处理厩舍粪便，发酵处理；使用丙硫咪唑、硫双二氯酚等药物驱虫。

牛羊消化道线虫病　牛羊消化道线虫主要有白矛线虫、奥斯特他线虫、马歇尔线虫、细颈线虫、古柏线虫、仰口线虫、食道口线虫、夏伯特线虫、毛首线虫。羊的感染率高于牛。冬春季为感染高峰期。冬春两次驱虫，增强抗病力，减少线虫的危害。

三、中毒病防治

家畜棘豆草中毒病在共和县各地均有发生。该病以供给失调、贫血、消瘦、母畜流产为主要特征。据调查，主要的棘豆植物有甘肃棘豆、黄花棘豆、镰形棘豆等。每年 3—5 月发芽、7 月开花、9—10 月结果。江西沟夏季草场每平方米长有棘豆属植物 108 株以上。在冬春草场上也有生长。马最易感染，羊次之。一般发生在缺草之年，由于饥不择食，误食棘豆草而发病。1978—1989 年，有 11 个乡的羊发病，共 20961 只，死亡 6510 只，致死率 31.06%。1990—2005 年，羊发病 10851 只。

第八节　畜牧技术推广

一、绵羊改良

1984 年后，绵羊改良走向稳步发展道路。至 1984 年，全县杂种羊达 45.8 万只，育成绵羊新品种——加什科毛肉兼用细毛羊。2005 年，青海省高原特色农产品展示会上荣获名牌畜禽品种。加什科毛肉兼用半细毛羊主要产区在切吉乡加什科村，江西沟乡（上社村）、石乃亥乡（向公村）也有少部分半细毛羊分布。切吉乡加什科村坚持绵羊改良，至 2005 年加什科羊达 59184 只，母畜比例 70%以上，为周边地区每年提供 500 只以上优良种畜。2004—2005 年，省畜牧兽医总站畜牧专家和县畜牧技术人员对加什科羊进行鉴定和屠宰测试，随机抽样，对 62 只成年公母加什科羊进行羊毛测量，被毛全白、同型，平均成年公羊产毛 4.6 公斤，平均成年母羊产毛 3.1 公斤，羊毛密度在 2000~4000 根，羊毛密度的品质支数在 56~60 支，平均羊毛纤维自然长度 10.05 厘米，伸直长度 14 厘米，平均公母羊净毛率 46.95%

2005 年共和县加什科羊随机抽样屠宰情况表

表 2-10

年龄	测试数（只）	宰前重（公斤）	胴体重（公斤）	屠宰率（%）
7 月龄	4	20.84	8.27	39.68
1.5 岁	5	31.2	13.29	42.60
2.5 岁	7	37.17	14.72	39.60
3~4 岁	12	40.81	17.17	42.01
4.5~6 岁	8	43.36	17.38	40.08

二、山羊改良

共和地区的山羊属蒙古系山羊，是岩羊和蒙古系山羊杂交而成，身黑色和灰色，喜干燥、耐粗放。1995 年，从辽宁省和青海省海西州引进绒山羊 78 只，投放到沙珠玉、切吉、曲沟、英德尔等乡，参配母羊 3250 只。1997 年，引进绒山羊 57 只，参配母羊 3260 只。2002 年，从海西州引进绒山羊 1400 只，其中公羊 500 只、母羊 900 只，分布在共和县南线及农业区，英德尔、沙珠玉、江西沟、曲沟、铁盖等地形成绒山羊改良繁育基地。至 2005 年，改良工作未有停顿。

三、奶牛改良

1986 年起，全县 5 个乡镇进行冷配工作，共冷配 429 头，完成本交 145 头，受孕 395 头，受孕率 68.8%。2002 年，在恰卜恰、东巴两乡开展奶牛基地生产。2003 年，从外省和本省海东地区引进黑白花牛和西门塔尔牛，同时进行细管冷冻精液人工授精工作，加快改良进度，扩大良种数量，增加生产性能，培育出黑白花奶牛。对初产和经产黑白花奶牛 50 天时进行测定，日挤乳 2 次，平均产乳量 13.14 公斤，平均泌乳量 2.8%，最高产乳量 26 公斤，因受自然条件的限制和饲养管理条件的影响，共和黑白花奶牛近似兼用型。共和黑白花奶牛性成熟年龄一般在 8~12 月龄，初配年龄 18~24 月龄，发情周期 17~25 天，平均 21 天，发情持续期 6~36 小时，一般平均为 18 小时，怀孕期 270~285 天，平均 280 天，产后第一次发情为 20~72 天，平均产犊间隔时间 393 天。

2003—2005 年共和县奶牛引进情况表

表 2-11

单位：头

年份	黑白花	西门塔尔	引进地	投放地	引进单位
2003	340	50	山西省、山东省	恰卜恰 390 头	县项目办、 县农业综合开发办

续表

年份	黑白花	西门塔尔	引进地	投放地	引进单位
2004	198	521	山东省、青海省民和县、大通县	恰卜恰499头、江西沟140头、龙羊峡50头、产业化公司80头	县扶贫办、项目办、农牧局
2005	466	—	青海省民和县、湟中县	恰卜恰268头、沙珠玉198头	县扶贫办、安置办、农业综合开发办

四、畜牧机具推广

1986年起，随着饲草料基地建设，共和县开始引导广大农牧民开展“圈窝子种草”、饲草打储基地建设。至2005年末，全县有饲草揉搓拉丝机200台（套）、中型割草机15台（套）、小型饲料打捆机21台（套）、鲜草包膜机21台、饲料粉碎机200台（套），动力机械总动力达5500马力。

第九节　畜牧业综合开发

一、畜牧业示范工程项目

1993年3月，《共和环湖藏区现代化草地牧业示范项目可行性研究报告》通过论证立项。项目实施范围在倒淌河乡甲乙村，江西沟乡下社、大仓、元者村，黑马河乡文巴村，石乃亥乡切吉村。项目投资300万元，其中农业部投资100万元，省计委配套资金100万元，州、县配套及自筹100万元。项目建设期历时4年。是年，完成项目投资63.9万元（国家投资50.4万元，州、县配套及群众自筹13.5万元），其中新建围栏投资4.1万元，分割围栏投资1.6万元，新建畜棚投资22.8万元，草料基地投资24万元，购置农机具投资4.2万元，项目前期工作费7.0万元。项目建成现代化家庭牧场和与之配套的综合服务体系。

1998年，共和县牧区开发示范工程项目被省计委批准实施，完成投资260.86万元，其中国家资金200万元，州、县配套资金60.86万元。建成高标准牲畜暖棚140座1.56万平方米，饲草饲料基地380.67公顷，水泥晒场400平方米，贮草棚19处900平方米，种畜棚320平方米，围栏草场483.33公顷，分割围栏64公里，人工种草36公顷，其中燕麦草24公顷。

二、国家农业综合开发项目

项目管理与项目概况　1999年，共和县被纳入国家农业综合开发计划。12月，成立共和县农业综合开发办公室，隶属共和县农牧局。2003年9月，划归县财政局管理，核定编制5名。至2005年，实施农业综合开发项目13个，涉及倒淌河镇、江西沟乡、黑马河乡、英德尔乡、石乃亥乡、切吉乡共6个乡镇24个村。2000—2005年，国家农业综合开发项目累计投入资金7432.53万元，其中中央财政资金3341万元、省财政配套资金861.6万元、州财政配套资金16.6万元、县财政配套资金309.2万元、群众自筹资金2904.13万元。所投入的资金中用于草原建设项目资金为5220.24万元，占项目资金的70.23%；用于科技项目资金为1419.69万元，占项目资金的19.10%；用于多种经营项目资金为166.51万元，占项目资金的2.24%；用于产业化项目资金为251.6万元，占项目资金的3.39%；用于生态治理项目资金为374.49万元，占项目资金的5.04%。

2000—2005 年共和县国家农业综合开发项目建设投资完成情况表

表 2-12

单位：万元

建设年限	项目类别	建设地点	计划投资			实际支出						
			总投资	财政投资	群众自筹	合计	财政资金					群众自筹
							小计	中央	省	州	县	
2000	草原建设项目	甲乙、哈乙亥村	560	455	105	564	320	210	110	0	0	244
2001	草原建设项目	大仓、元者村	833	558	275	835	475	341	134	0	0	360
2002	草原建设项目	文巴、正却乎、上社村	924	714	210	941.25	564	420	144	0	0	377.25
2002	多种经营项目	倒淌河镇	325	175	150	166.51	100	100	0	0	0	66.51
2002	生态建设项目	上社、元者村	440	340	100	374.49	200	200	0	0	0	174.49
2003	草原建设项目	鲁色、尕日拉、切吉村	984	744	240	984.1	601	480	121	0	0	383.1
2003	环湖科技项目	环湖五乡	616.6	536.6	80	558.37	426.6	200	0	0	0	131.77
2004	草原建设项目	加什科、乔夫旦	819	546	273	867.28	546.2	390	125	6.2	25	321.08
2004	草原建设增资项目	上社、下社、江西沟乡	420	280	140	421.42	280	200	64	4	12	141.42
2004	环湖科技项目	环湖五乡	410	310	100	414.83	200	200	0	0	0	214.83
2005	草原建设项目	东科、向公	588	392	196	607.19	392	280	89.6	4.48	17.92	215.19
2005	一般产业化项目	雪峰公司	252	168	84	251.6	167.6	120	38	1.92	7.68	84
2005	环湖科技项目	环湖五乡	430	310	120	446.49	256	200	36	0	20	190.49
小计			7601.6	5302	2073	7432.53	4528.4	3341	861.6	16.6	82.6	2904.13

生态治理项目　草原生态治理项目以改善草原生态环境为目标，依靠科技进步，促进项目区的牧业增效和牧民增收，进一步提高草地水源涵养、防止水土流失和防风固沙能力，探讨青海湖周围地区治理草场退化和沙化问题的途径。2003 年，实施环湖草原生态治理项目 1 项，项目地点确定在江西沟乡。完成建植人工草地 200 公顷；拉设封育围栏 2240 公顷；在封育草场内种植披碱草、多叶老芒麦、扁穗冰草等多年生牧草 1333.33 公顷，草场施肥 1333.33 公顷，安置招

鹰架40座。

科技示范项目　2003年，国家和青海省农业综合开发办公室立项并实施共和县环湖牧区农业综合开发科技推广项目，项目在2003—2005年实施，涉及环湖倒淌河镇、江西沟乡、黑马河乡、英德尔乡和石乃亥乡共24个村。项目建设中包括技术推广措施、技术引进措施、完善服务体系、配套设施建设和农牧民科技培训等5个方面。

种植牧草项目　推广种植加拿大燕麦和箭舌豌豆混播技术，种植一年生牧草5733.33公顷，其中倒淌河镇2600公顷、江西沟乡1200公顷、英德尔乡700公顷、石乃亥乡633.33公顷、黑马河乡600公顷；推广种植披碱草、多叶老芒麦、扁穗冰草等多年生牧草2533.33公顷，其中倒淌河镇866.67公顷、江西沟乡733.33公顷、英德尔乡400公顷、石乃亥乡266.67公顷，黑马河乡266.67公顷；引进畜种4个，引进牛羊460头，其中：引进无角陶赛特羊74只、黑白花奶牛136头、西门塔尔牛146头、1/2野血公牦牛104头；购置牧草收割机械3套，其中：割草机1台、搂草机1台、捆草机各1台；购置人工授精器械5套，购置仪器设备5套，完善乡镇服务体系5个。在环湖英德尔乡、黑马河乡、石乃亥3乡7村天然草地中利用推广草甘膦及2.4-D丁酯点注等药物灭治毒杂草技术2893.33公顷，其中英德尔乡886.67公顷、黑马河乡886.67公顷、石乃亥乡1113.33公顷。在环湖江西沟乡、倒淌河乡、黑马河乡、石乃亥装设S17型太阳能电围栏40套、B260型太阳能电围栏10套。据共和县草原站对种植的各类草场的产草量测定，采取燕麦和豌豆混播技术种植的当年生草场牧草产草量为2135公斤/亩，比单纯种植燕麦亩均多产鲜草435公斤，通过对建植草场的收割储藏利用。实施的科技示范推广优良牲畜引进项目中共引进肉用无角陶赛特羊75只，通过人工授精，每年可为项目区提供改良羊4000只，当年羔羊胴体重可达15公斤，比当地同龄羔羊胴体重8公斤；项目区首先引进西门塔尔及黑白花奶牛268头，引进的黑白花奶牛平均日产鲜奶18公斤。

三、草原建设项目

2000—2005年，共和县在倒淌河镇、江西沟乡、黑马河乡、石乃亥乡、切吉乡5乡镇13村实施农业综合开发草原建设项目6项。

2000年，实施倒淌河镇甲乙村、哈乙亥村草原建设项目，改良草场5200公顷，新建草场围栏2853.33公顷，灭除毒草2006.67公顷，人工种草113.33公顷，草场施肥333.33公顷；建设玻璃钢窗暖棚羊舍212座2.86万平方米，草料棚212座，饲喂槽212条，购置饲草铡草机11台，新建人畜饮水管道6.55公里，人畜饮水井42口，科技培训牧民706人次。累计投资626万元，其中国家投资272万元，省、州、县配套资金110万元，群众自筹244万元。

2001年，实施江西沟乡大仓、元者村草原建设项目，完成草场围栏2573.33公顷，灭除毒草1666.67公顷，人工种草153.33公顷，草场施肥1933.33公顷，草场补播220公顷；建设暖棚290座3.92万平方米，草料棚290座0.87万平方米，饲喂槽290条，购置牧草捆裹机1台；新建人畜饮水管道2条13.45公里，人畜饮水井80口；牧民科技培训1000人次。总投资835万元，其中国家投资341万元、省级补助134万元、群众自筹360万元。

2002年，实施黑马河乡文巴、正去乎村和江西沟乡上社村草原建设项目，完成黑马河项目区草场改良9333.33公顷，江西沟项目区草场改良133.33公顷；黑马河乡项目区冬春草场毒草灭除2000公顷，建成黑马河乡草场围栏3366.67公顷，草场施肥1466.67公顷，补播多年生早熟禾、无芒雀麦等优良牧草300公顷；黑马河乡人工种草200公顷，江西沟人工种草133.33公顷，户均66.67亩；黑马河乡灭治鼢鼠2000公顷。累计投资969.37万元，其中国家投资420万元、省级补助144万元、群众自筹405.37万元。是年，同期实施江西沟乡上社村和元者村草原建设项目。环湖草场生态开发建设2440公顷，围栏封育2240公顷，补播多年生冷地早熟禾、无芒雀麦、扁穗冰草、星星草等优良牧草1333.33公顷，草场施肥1333.33公顷；上社村种植当年生燕麦200公顷；在上社村二郎剑安装招鹰架和鹰巢40套（招鹰架25个、鹰巢15个）。累计投资484.49万元，其中国家投资200万元、省级配套资金110万元、群众自筹174.49万元。

2003年，实施石乃亥乡鲁色、尕日拉和切吉村草原建设项目，改良草场7600公顷，灭治毒草2000公顷，草场围栏2000公顷；实施草场施肥3000公顷，草场补播333.33公顷，人工种草333.33公顷，灭治毒杂草1.33万公顷；安装招鹰架75套；修建饮水井100口，砖木结构玻璃钢窗羊棚250座1750间4万平方米，畜圈250座18000米，饲喂槽250条。共投资984.1万元，其中国家补助480万元、省级补助121万元、群众自筹383.1万元。

2004年，实施切吉乡加什科和乔夫旦村草原建设项目，改良草场2400公顷（其中草场补播400公顷），灭治地下鼠2000公顷，草地围栏3333.33公顷；新建玻璃钢窗暖棚羊舍205座3.28万平方米，羊圈205座8.2万平方米；引进无角陶赛特种公羊10只，修复人工授精点3处9间135平方米，购置人工授精器械1套；修建畜圈1处200平方米，安置招鹰架144套。总投资847.57万元，其中国家补助390万元、省级补助156万元、群众自筹301.57万元。

2005年，实施切吉乡东科村和石乃亥乡向公村草原建设项目，新建牲畜暖棚160座2.16万平方米，畜圈160座5.42万平方米，草场补播300公顷，草场围栏1280公顷，灭治地下鼠3333.33公顷。总投资427万元，其中中央财政资金260万元、群众自筹167万元。

四、科技示范项目

2003年，在环湖5乡26村推广科技示范种草项目。在环湖5乡26村示范种草2066.67公顷。引进无角陶赛特种公羊10只、母羊15只、羔羊10只；引进西门塔尔、黑白花种公牛各2头，母牛各50头，野血清牦牛50头；引进肉用无角陶赛特种公羊12只、母羊6只、羔羊16只；幼畜疫病综合防治9.3万只，绵羊寄生虫病防治7万只。建设畜牧科技服务站5处，草原机械打贮草站1处。购置农机具3套，配置仪器设备5套。建成天然草地节水喷灌技术示范基地133.33公顷。投资558.03万元，其中国家投资200万元，省、州、县补助226.6万元，群众自筹131.43万元。2005年，推广种植优质高产1年生牧草1400公顷，多年生牧草1333.33公顷。引进无角陶赛特种公羊10只、羔羊5只、母羊10只，黑白花牛32头（母牛30头、公牛2头），西门塔尔牛32头（母牛30头、公牛2头），羔羊育肥技术示范4万只，犊牛育肥技术示范3000头，安装划区农牧围栏20套。投资385.51万元，其中国家财政资金179.96万元、群众自筹205.55万元。

五、草场改良建设增资项目

2004年，在江西沟乡上社、下社村实施草场改良建设增资项目。新建围栏2000公顷，建设人工草地533.33公顷，完成草场补播133.33公顷，施肥1533.33公顷，灭治毒杂草333.33公顷；新建牲畜暖棚60座9600平方米，畜圈60座3600米2.4万平方米；购置配套牧业机械16台（套），在上、下社村新建绵改点各1处，购置人工授精器械设备4套，配备畜疫防治器械9套；科技培训牧民600人次。总投资421.42万元，其中国家财政资金200万元、省级财政配套资金64万元、县级财政配套资金16万元、群众自筹

141.42万元。

六、良种奶牛繁育推广养殖基地建设项目

2005年，在青海雪峰牦牛乳业有限责任公司建成牛棚1座600平方米，饲草库500平方米，配种点1处，引进荷斯坦奶牛80头。投资128.2万，其中国家无偿资金28.2万元、有偿投资70万元、企业自筹30万元。

第三章 林 业

20世纪80年代后，共和县坚持以“营林为基础、普遍护林、大力造林、采育结合、永续利用”的林业产业发展方针，围绕“消灭宜林荒山荒地，实现全面绿化，发展高效林业，改善生态环境”的总体目标，建立和落实林业生产目标责任制，强化行业管理，科学经营，杜绝森林超采滥伐现象，严格控制森林资源消耗，森林生态安全得到有效维护。进入21世纪，先行启动实施天然森林保护工程、“三北”防护林体系建设工程、退耕还林工程、生态公益林工程、国家生态环境建设工程、保护母亲河工程和治沙工程，并同步推行林权制度改革，全境绿化造林步伐加快，生态环境建设明显改善。

第一节 机 构

一、行政管理机构

1986年10月，共和县林业局成立。1994年，更名为共和县农牧局。1998年，更名为共和县农林环保局。2004年，更名为共和县林业环保局，内设办公室、防火办、天保办、生态公益林办、环保办、退耕办。编制9名。

二、业务管理机构

1998年4月，共和县林业站成立，编制10名；森防站工作人员3人，与林业站合署办公。

第二节 林木资源

一、林地面积

有林地 2005年，按土地权属分，国有53735.1公顷、集体129607.27公顷、个体13132.3公顷，分别占全县林地总面积的27.3%、66%和6.7%。国有林地中有林地377公顷、灌木林52714.5公顷、未成林地50.1公顷、苗圃地5.3公顷、灌丛地588.2公顷，分别占国有林地面积的0.7%、98.1%、0.1%、0.01%、1.1%。

灌木林地 2005年，有灌木林地52816.6公顷，其中国家特别规定灌木林52714.5公顷、其他灌木林102.1公顷，分别占灌木林地面积的99.8%、0.2%。按起源分，天然灌木林51469.8公顷，人工灌木林346.8公顷；按林木权属分，国有灌木林地52714.5公顷，集体灌木林地91.6

公顷，个体灌木林 10.5 公顷；按树种分：旱柳 144.9 公顷，沙棘 61.5 公顷，柠条 875 公顷，柽柳 33.9 公顷，白刺 510.9 公顷，山生柳 50500.4 公顷，其他柳类灌木 293.6 公顷，鬼箭锦鸡儿 396.4 公顷。各乡镇（场）中，石乃亥乡灌木林地最大，龙羊峡镇灌木林地最小，分别占全县灌木林地的 28.2%和 0.05%。

灌丛地　2005 年，灌丛地面积 7423.7 公顷。按土地权属分国有 588.2 公顷、集体 6835.5 公顷，分别占灌丛地总面积的 7.9%和 92.1%。各乡镇（场）中，灌丛地主要分布在英德尔乡。

未成林地　2005 年，未成林地 16815.2 公顷，其中未成林造林地 15928.1 公顷、未成林封育地 887.1 公顷，分别占未成林地面积的 94.7%、5.3%。按土地权属分国有 50.1 公顷、集体 3705.1 公顷、个体 13060 公顷，分别占未成林地总面积的 0.3%、22%和 77.7%。国有林地中，全部为未成林造林地；集体林地中，未成林造林地 3106.6 公顷，封育地 598.5 公顷，分别占集体未成造林地面积的 83.8%、16.2%。

苗圃地　2005 年，苗圃地 60.2 公顷，权属国有苗圃地 5.3 公顷，集体苗圃地 54.9 公顷。

宜林地　2005 年，宜林地 117262 公顷，其中宜林荒山荒地 82297.9 公顷、宜林沙荒地 34964.1 公顷，分别占宜林地的 70.2%、29.8%。全部为集体宜林地。各乡镇（场）中，黑马河乡宜林地最大，切吉最小，分别占全县宜林地的 10.1%和 0.9%。非林地面积为 1466805.1 公顷，占全县总面积的 88%。

2005 年共和县各类林地面积情况表

表 2-13　　单位：公顷、%

林地使用权	总面积	林地								非林地	森林覆盖率	林木绿化率
		合计	有林地	疏林地	灌木林地	灌丛地	未成林地	苗圃地	宜林地	合计		
总计	1663279.8	196474.7	2097	—	52816.6	7423.7	16815.2	60.2	117262	1466805.1	3.3	3.4
国有	340892.3	53735.1	377	—	52714.5	588.22	50.1	5.3	—	337557.2	—	—
集体	163841.1	129607.3	1658.2	—	91.6	6835.5	3705.1	54.9	117262	34233.8	—	—
个人	1108146.6	13132.3	61.8	—	10.5	—	13060	—	—	1095014.1	—	—

说明：森林覆盖率=（有林地面积+国家特别规定的灌木林面积）/土地总面积×100%；林木绿化率=（有林地面积+灌木林面积+四旁树占地面积）/土地总面积×100%

二、森林资源分布

受海拔和坡向的影响，全县森林资源分布不均。至 2005 年，共和县森林资源分布具体呈现为环青海湖周围的高山峡谷地带阴坡、半阴坡主要以天然灌木林为主，其中石乃亥山区 14907.8 公顷，占天然林面积的 29.1%；青海南山分布面积 21333.3 公顷，占天然林面积的 41.6%；湖东种羊场东部的满隆山区 2090.7 公顷，占天然林面积的 4.1%；切吉南山 8254 公顷，占天然林面积的 16.1%。主要灌木树种有高山柳、箭叶锦鸡儿、金露梅、银露梅；人工林大多分布在共和盆地的农业乡一带，在恰卜恰、龙羊峡、东巴、铁盖、沙珠玉等农业乡，呈不连续、带状、片状分布。

2005年，全县林业用地面积为196474.7公顷，占土地总面积的13.4%；森林覆盖率3.3%。其中有林地2097公顷，占林业用地总面积的1.07%；灌木林52816.6公顷，占林业用地总面积的26.9%。天然灌木林主要分布在共和县的环青海湖周围的青海南山、大板山、鄂拉山等地，平均海拔3300~3800米，面积为51369.7公顷，人工林面积3543.9公顷，天然林面积是人工林面积的14.5倍。共和县人工林为近20年来营造起来的林地，林龄构成特点为幼、中龄林多，近、成、过熟林少，分别占林地面积的70%、30%。共和县天然林全部为灌木林，面积为51369.7公顷。按优势树种分，山生柳面积为50400.3公顷，占天然林面积的98.0%；白刺面积为510.9公顷，占天然林面积的1.0%；鬼箭锦鸡儿面积为396.4公顷，占天然林面积的0.8%；柠条为38.6公顷，占天然林面积的0.1%；沙棘面积为23.5公顷，占天然林面积的0.05%。按林种分，全部为防护林面积。

三、林木蓄积量

有林地蓄积量 2005年，全县有林地面积2097公顷，总蓄积162717.1立方米。有林地按起源分，全部为人工林。按权属分，国有有林地面积与活立木蓄积量最大，分别为615.9公顷、80024立方米，占全县有林地面积和蓄积的29.4%和49.2%；集体有林地面积与蓄积量分别为374.3公顷、70021.2立方米，占全县有林地面积和蓄积量的17.9%和43.0%；个体有林地面积与蓄积分别为20.4公顷、628.8立方米，占全县有林地面积与蓄积量的1%和0.4%。按优势树种分，主要是青杨树种，其面积与蓄积量分别为2086.9公顷、162716立方米，落叶松林面积和蓄积量都不足1%。按龄组分，幼龄林面积与蓄积量分别为587.2公顷、18815.4立方米；中龄林面积与蓄积量分别为886.2公顷、60719.1立方米，近成过熟林面积与蓄积量分别为623.6公顷、83182.6立方米。按林种分，全部为防护林，面积与蓄积量分别为2097公顷、162717.1立方米。

人工林蓄积量 2005年，全县人工林总面积为2443.8公顷，其中乔木林2097公顷、灌木林346.8公顷。人工林总蓄积量162717.1立方米。乔木林按权属分：国有人工林面积与蓄积量分别为377公顷、23053.1立方米，占全县人工林面积和蓄积量的15.4%、14.2%；集体人工林面积与蓄积量分别为1658.2公顷、139035.2立方米，占全县人工林面积与蓄积量的67.9%、85.4%；个体人工林面积与蓄积量分别为61.8公顷、628.8立方米，占全县人工林面积与蓄积量的2.5%、0.39%。乔木林按优势树种分：青杨面积与蓄积量分别为2086.9公顷、162716立方米，分别占人工林面积与蓄积量的99.5%、99.9%；落叶松面积与蓄积量分别为0.1公顷、1.1立方米，占人工林面积的0.1%；山杏面积为10公顷，占人工林面积的0.4%。乔木林按龄组分：幼龄林面积与蓄积量分别为587.2公顷、18815.4立方米，中龄林面积与蓄积量分别为886.2公顷、60719.1立方米，近熟林面积与蓄积量分别为311.8公顷、18609.9立方米，成熟林面积与蓄积量分别为311.8公顷、64572.7立方米，分别占人工林面积与蓄积量的28%和11.6%、42.2%和37.3%、14.9%和11.4%、14.9%和39.7%。乔木林按林种分，全部为防护林。

防护林蓄积量 2005年，全县防护林面积54913.6公顷，其中乔木林2097公顷、灌木林52816.6公顷，分别占防护林面积的3.8%、96.2%。乔木林全部为人工林，面积与蓄积量分别为2097公顷、162717.1立方米，占全县防护林面积与蓄积量的3.8%、100%。

“四旁”树木蓄积量 2005年，全县“四旁”树株数141.32万株，蓄积65838.9立方米。

其中恰卜恰镇“四旁”树株数38.5万株，蓄积量18253.3立方米，分别占全县“四旁”树株数蓄积的27.2%、27.7%；东巴乡“四旁”树株数3.3万株，蓄积量586.7立方米，分别占全县“四旁”树株数和蓄积量的2.3%和0.9%。

林网树木蓄积量　2005年，全县林网株数49.1万株，蓄积量35338.5立方米。其中铁盖乡林网株数13.73万株，蓄积量12298.9立方米，分别占全县林网株数和蓄积量的28%、34.8%；什地乡林网株数9300株，蓄积量408.1立方米，分别占全县林网株数和蓄积量的1.9%、1.2%。

林木蓄积总量　2005年，全县活立木总蓄积量263894.5立方米。其中，有林地蓄积量162717.1立方米，四旁树蓄积量65838.9立方米，林网蓄积量35338.5平方米，分别占全县活立木总蓄积量的61.7%、24.9%、13.4%。

2005年共和县各类林地蓄积情况表

表2-14

林木使用权	活立木蓄积量（立方米）	有林地		“四旁”树		林网	
		面积（公顷）	蓄积（立方米）	株数（株）	蓄积（立方米）	株数（株）	蓄积（立方米）
总计	263894.5	2097	162717.1	1413200	65838.9	491000	35338.5
国有	23053.1	377	23053.1	—	—	—	—
集体	174373.7	1658.2	139035.2	—	—	491000	35338.5
个人	66467.7	61.8	628.8	1413200	65838.9	—	—

第三节　林业工程

一、“三北”防护林体系建设工程

自1978年起，开始建设防护林，采取“国家给予种苗补助，地方匹配资金”形式植树造林。省政府把共和县纳入工程重点建设区，实行“谁造谁有，谁投资谁受益，谁经营谁管护”政策。至2000年，国家完成“三北”防护林一、二、三期工程建设。自2001年起，开始实施“三北”防护林第四期工程建设，至2005年，全县共完成“三北”防护林四期工程造林200公顷，成活率和保存率均达到验收标准，经国家和省林业部门验收全部合格，成活率85%。

二、退耕还林（草）工程

2000年起，国家实施退耕还林工程建设，采取国家给予种苗补助、粮食补助和现金补助的形式，逐年退耕还林。2000—2001年，省政府将共和县纳入退耕还林工程试点建设区，开始实施退耕还林（草）工程试点，全县培育新疆杨、云杉、山杏、沙枣、大果沙枣、速生杨、丁香、连翘、枸杞等20种，试验引进大黄、黄氏、贝母、党参、麻黄草等11种中草药材。2002年，全县启动退耕还林（草）工程，成立县退耕还林（草）领导小组，与乡镇人民政府签订责任书，落实目标任务，实行“谁退耕、谁造林、谁经营、谁受益”及对承包到户的耕地和宜林荒山荒地允许依法继承、转让的退耕还林（草）政策。坚持实行村务公开制度，有退耕还林（草）任务的乡镇，对各项政策全面公开，项目区乡（镇）政府与林业、畜牧等部门将任务落实到地块，核实面积，登记入册，签订合同，填写证卡，规范退耕还林（草）档案管理，健全和完善工程建设图、文、标、卡等资料，制定档案管理月报、季报制度，按退耕还林（草）户实际完成退耕面积兑现粮食、现金、种苗费用等各项补助。至2003年，全县累计退耕还林（草）1.03万公顷，其中退耕还林（草）4666.67公顷，荒山造林5666.67公顷。至2005年末，共和县完成退耕还林工程1.38万公顷，荒山荒地造林1.92万公顷，成活率和保存率均达到验收标准，经国家和省林业部门验收全部合格。

三、国家生态环境建设工程

1999—2001年，实施国家生态环境建设工程，共完成造林面积2886.67公顷。其中，1999年完成1700公顷，2000年完成953.33公顷，2001年完成233.34公顷。

四、“保护母亲河”工程

1999—2001年，实施“保护母亲河”工程，共完成造林面积1330.67公顷，其中1999年完成造林面积665.33公顷，2000年完成造林面积413.34公顷，2001年完成造林面积252公顷。

五、治沙工程

1992—2002年，实施以设置沙障为主的防沙治沙工程，累计造林866.67公顷。

六、生态公益林工程

2003年，青海省林业局把共和县纳入“国家重点公益林管护工程”范围，纳入保护范围的天然灌木林2.78万公顷，给予每年4.5元/亩补助。

七、“天保工程”

1999年，共和县开始启动天然林保护工程，并分别制定天然林保护实施方案。实施天然林保护工程范围主要是切吉人工林场。2002年，青海省林业局把共和县纳入“国家天然林保护工程”范围，纳入保护范围的天然灌木林2.03万公顷，年补助4.5元/亩。2004年后，按照《青海省天然林保护工程实施方案》，严把“造、封、护、育”四个环节。

第四节　林业管理

一、林木管理

成幼林抚育　1986年起，按照“去劣留优，去弱留壮，去密留稀，控制采伐强度，兼顾目标树分布均匀，保护幼苗幼树”的原则，保护和抚育中幼林。共和县项目区气候条件较差，林木缺少灌溉，林木长势较差，死亡率较高。“天保工程”区范围内的人工林可以进行抚育间伐，天然林只允许采取补植和林地清理抚育。非“天保工程”区国有林场辖区内的国家公益林不允许抚育间伐，只允许补植、林地清理抚育。1986—2005年，全县成幼林抚育面积6333.33公顷，通过森林抚育措施，实施补植补造、灌溉、清除林内病虫害林木，改善林分生长环境，促进林木生长发育，提高林分质量和林木保存率，维护森林健康。同时，通过抚育改善林分结构，促进林分生长发育，提高林分质量，增强森林生态防护功能。

病虫害防治　1986—2005年，共和县林业有害生物虫害主要有明亮长脚金龟子、杨干透翅蛾、杨圆蚧、柠条细足豆象、杨柳毒蛾、杨裳夜蛾、柳叶蜂、黄斑星天牛等；病害主要有杨树烂皮病等；鼠害主要有高原鼢鼠、达吾尔鼠兔。主测对象为杨干透翅蛾、黄斑星天牛、杨树烂皮病。按照“预防为主，科学防控，依法治理，促进健康”的方针，防治森林病虫鼠害。加强森林病虫鼠害测报工作，设立临时测报点8处，森林病虫鼠害监测率达91.7%；加强检疫工作，苗木产地检疫率达100%，调运木材做到随到随检。

为防止危险性病虫害的侵入，对应检疫苗木、木材等的经营单位和个体严格管理，完善制度，严格实行检疫报检和复检制度，健全档案，强化预测预报，严防病虫害侵入；积极开展森林病虫鼠害防治工作，年均防治面积达1000余公顷，主要防治杨干透翅蛾、杨圆蚧、杨树烂皮病、达吾尔鼠兔、高原鼢鼠等，防治率达50.1%。

森林植物检疫　1998—2005年，共和县森林防护站依据《森林病虫害防治条例》，执行产地检疫和调运检疫制度，防止森林病虫害带出或带入。全年检疫木材5000余立方米，检疫苗木530万株。2000年，县林业局组织人员全面检疫全县木材经营和木材加工厂（点），检疫原木和木制品1万余立方米，处理带有病虫害的木材或木制品。2005年，全年检疫苗圃60公顷，产地检疫率100%。全面进行复检工程造林的所有种苗，杜绝带疫苗木上山造林。

二、林权管理

1982年、1988年，共和县对全县国有、集体及个人林木、林地核发林权证。2002年，结合全县范围开展的“两区”界定工作，在原有林权证的基础上，重新进行界定和确权颁证工作，同时对出现的林地林权纠纷协调解决。

三、林地管理

1986—2005年，共和县贯彻执行国务院《关于保护森林资源制止毁林开荒和乱占林地的通知》精神，采取措施，严格林地用途管制，遏制林地逆转。规范征占用林地审核管理，按照国家林业局《关于征占用林地审核审批管理办法》的有关规定，加强林地审核管理。同时，加强国有林地为重点的保护管理，纠正一切形式的毁林开垦行为，防止林地流失。

四、林木采伐管理

1986—2005年，共和县依照上级下达的采伐限额，结合各乡（镇）森林资源的现状，将采伐限额层层分解下达，并与各乡（镇）签订《乡村林木采伐管理合同书》，明确规定乡（镇）林业站的主要工作职责，界定林木采伐管理权限，规范林木采伐程序，实行县、乡、村三级管理，每年年底进行采伐限额执行情况验收、检查，确保全县森林资源消耗量控制在限额之内。天然林禁伐后，木材供求矛盾突出。进一步对木材加工行业进行清理登记备案，健全监督检查制度，维护木材流通秩序。

五、森林防火

1986—2000年，共和县森林防火指挥部在每年10月1日至次年5月30日的森林防火期间，安排部署森林防火工作。通过各种宣传途径，大力宣传森林法、《森林防火条例》等各项法律法规，印发大量传单发放到林区居民手中。县人民政府及林业主管部门分别与各乡（镇）、林场、村签订防火公约或防火责任书。2001—2005年，县人民政府加强区域合作，将县内11个乡（镇）、1个林场、5个国有农场划定为大联防区，落实联防区防火责任。按照“谁主管，谁负责”原则，成立共和县森林草原火灾联防委员会，实行县级领导分片联系承包制、各级行政领导负责制，与林区各校区、各自然村签订防火责任书，落实防火责任。各林场制定严格的防火值班制度，场部、护林队有专人值班，设立值班电话，昼夜24小时值班，护林员在防火期间驻点巡逻，储备防火用油、防火车辆、灭火器材。在防火期到来之前，各乡（镇）和国有林场经常组织力量清山，消除各类火灾隐患，防火期内，坚决封山，做到凭证进山。严禁一切野外用火，严格执行不准带火进山制度。放牧区、旅游区、交通要道和坟地等重要部位，重点设防，严防死守。明确各林场、自然村防火责任区。组建以各林场场长、行政村主任或民兵连长为扑火队长，以村基干民兵为扑火骨干的扑火队伍，其中林场20人，各村20~50人。2000年，实施“天保工程”后，各林场陆续配备各种防火设备；完善房屋修缮

560 平方米，修建护林点 10 个，总建筑面积 960 平方米；购置护林摩托车 12 辆、森林防火指挥车 2 辆。同时，逐步建立《值班值宿制度》《森林防火检查制度》《入山管理制度》《野外用火制度》《设备管理制度》，严格火源管理，消除火灾隐患。20 年间，未发生森林大灾。

六、林政执法

1986 年起，共和县林政管理工作坚持“依法治林，发展林业”的方针，加强林政管理队伍建设，制定《共和县林业管理办法》，加大林业行政执法力度和执法监督力度，进一步巩固造林绿化成果；逐步健全林业行政执法机构，强化执法队伍建设，制定共和县林业行政执法“四项制度”，林业行政执法工作步入正规化、法治化轨道。2003 年，共和县森林公安分局成立，并依法委托乡（镇）林业站、国有林场行使林业行政执法权。至 2005 年末，全县先后开展“利剑行动”“绿盾行动”“绿箭行动”等专项行动，集中打击破坏森林和野生动植物资源等违法犯罪活动，及时查处林区各类案件，对林区乱砍滥伐、乱捕滥猎、乱采滥挖及非法征用占用林地等违法行为实行打击。共受理各类案件 124 起，查处 124 起，处理违法人员 146 人次，林业行政罚款 2. 53 万元，没收野生动物产品 20 余件，案件综合查处率 100%。

第四章　渔　业

共和县渔业资源主要分布在青海湖和黄河。1986 年，省政府批准共和县成立渔政管理站，管理县境内渔业资源。1995 年后，县人民政府把发展渔业纳入开发项目计划，先后多次在黄河水系人工投放池沼公鱼苗和高白鲑鱼苗，为开发特色水产品储备资源。

第一节　渔业生产

一、鱼类资源

共和县鱼类主要分布在黄河水系和青海湖。境内黄河水系中有 16 种，有经济价值的花斑裸鲤、极边扁咽齿鱼、黄河裸裂尻鱼、厚唇裸重唇鱼、瓦氏雅罗鱼和拟鲶高原鳅等；产于内陆水系的鱼类有 19 种，具有经济价值的有青海湖裸鲤、甘子河裸鲤、热裸裂尻鱼等。以鲤科、裂腹鱼亚科和条鳅科和鳅属鱼居多，多为中、小型鱼类，常见于宽谷河流的缓流或静水湖泊中，披细鳞者多见于急流河水中。

二、养殖

1985 年后，共和县在曲沟乡开挖改造部分鱼池，建成共和县曲沟渔场。1988 年，龙羊峡行委航运处为发展多种经营，在龙羊峡库区小面积投放鲤、鲫鱼苗进行试养。1991 年，龙羊峡水电厂在联合国开发计划署进行的青海省渔业发展项目中与省水产局合作，从美国引进虹鳟鱼网箱养殖技术，在龙羊峡水库设置 100 平方米的水域网箱中投放个体重 50~100 克鱼苗 825 公斤，进行虹鳟鱼成鱼养殖试验，经 6 个月养殖，于 1991 年 10 月下旬生产商品鱼 11367 公斤，鱼均重400~800 克。1992 年，龙羊峡水电厂网箱养殖面积扩大到 1 亩，投放个体 20~100 克鱼苗 10 万尾。1993 年，由龙羊峡工、行委养殖场在龙羊峡库区北设立网箱 4 个（100 平方米），投放 25 克重的鱼苗 7800 尾，是年鱼苗增重 500 余克，生产鱼 150 吨。1994 年，扩大养殖面积，网箱增加到 6 个 150 平方米，投放 25 克鱼苗 16000 尾，产鱼 200 吨。后因饲料价格上涨，无固定销路，亏损严重，至 1995 年停产，转由个体经营。1995—1996 年，青海省水产科技推广站从山西、新疆等地引进 1.8 亿粒池沼公鱼发眼卵，在龙羊峡水库进行移植试验，1997 年移植成功，当年捕捞池沼公鱼 12 吨。之后从外地引进网箔捕捞和灯光围网捕捞技术，池沼公鱼产量大幅度提高。1998—2004 年，平均捕捞量 1000 吨左右。2005 年，开始采取秋季休渔禁捕措施。2005 年，通过招商引资，引进盾安公司注册成立青海民泽龙羊峡生态水殖有限公司，独家开发龙羊峡库区渔业养殖业。沙珠玉达连海、英德尔更尕海等地零星养殖鲤鱼、鲫鱼、草鱼等。

三、加工

1995年，龙羊峡水电厂实业开发公司兴办中外合资企业青海龙展三文鱼开发有限公司，形成虹鳟鱼孵化、养殖、加工一条龙产业规模，但因受多种因素制约，产品积压，经营亏损剧增，至年底停产。2000年，龙羊峡库区开始发展池沼公鱼加工，有加工企业4家，从事加工人员300余人。池沼公鱼加工产品主要有速冻制品、烤制品、油炸制品、干鱼片等。产品主要销往北京、湖南、河北、浙江等省（市），部分产品通过边境贸易销往日本、韩国等地。2004年，龙羊峡库区从事渔业生产的人员达1600人，参与捕捞作业的大小船只达300艘。

湟鱼加工 1989年，青海湖鱼品加工企业依托上海水产局、上海水产品加工技术开发中心的帮助和支持，湟鱼裸鲤鱼丸、鱼香肠、鱼片、熏鱼等13个品种的加工试验获得成功，经鉴定选出5个品种进行小批量生产，市场销售较好，但未形成规模效益。1997年，青海省“人长久”工贸有限公司建成年加工湟鱼300吨的深加工厂，投资80万元，所生产的“人长久”牌炸湟鱼成为青海特色旅游产品，产品销往甘肃、陕西等省，年创产值达600万元。2000年，因青海湖实行封湖育鱼而停产。

虹鳟鱼加工 1990年，建成龙羊峡水库虹鳟鱼网箱养殖基地。1991年，取得亩产75.78吨的虹鳟鱼网箱养殖全国纪录。1995年，龙羊峡行委引进虹鳟鱼养殖技术和成套繁育设备，从事虹鳟鱼养殖与加工。1996年，解决虹鳟苗种繁育自给问题，并向省外输出鱼卵，是年向省外加工输出鱼片、冰鲜鱼35吨，产值130万元。初步形成集苗种繁育、饲料生产、网箱养殖、鱼品加工、保鲜贮运、包装运输、产品销售为一体的产业化经营模式。1997年，因龙羊峡水库风浪大等原因，停止生产虹鳟鱼。

池沼公鱼加工 1997年，青海省渔业环境监测站从山西、新疆等地引进池沼公鱼发眼卵在龙羊峡水库移植试验成功，是年捕捞到池沼公鱼12吨。1997年起，从外地引进网箔捕捞和灯光围网捕捞技术，池沼公鱼产量大幅度提高。1998—2004年，平均年捕捞量在1000吨左右。2000年，加工企业从2000年开始池沼公鱼精深加工，主要产品有速冻制品（块冻、条冻）、烤制品（单烤、串烤、散烤）、油炸制品、干片鱼等，产品主要销往北京、湖南、河北、浙江等地，部分产品通过边境贸易销往日本、韩国等地。

第二节 渔政管理

一、管理机构

1986年6月，省人民政府批准在共和县成立渔政管理站。2000年，改为共和县水上派出所，工作人员8人。

二、管理措施

1986年11月，青海省人民政府决定对青海湖实行封湖育鱼3年，并于同月发布《关于青海湖实行封湖育鱼的通告》。共和县政府、财政、公安、工商等部门配合上级渔政管理部门，从宣传《中华人民共和国渔业法》和《关于青海湖实行封湖育鱼的通告》入手，渔政人员、公安干警到湖区各乡、村、场、站等居民集中地区，反复宣传渔业法规。1989年，县渔政部门依照《中华人民共和国水生野生动物保护实施条例》《中华人民共和国渔业法》《青海省人民政府关于继续对青海湖封湖育鱼的通告》等相关法律法规，与工商、公安、交通、司法部门密切配合，建立联合检查、打击的协调机制，明确在捕捞、运输、市场经营等环节监督检查的分工协作关系，严厉查处非法偷捕、收购、加工、出售青海湖湟鱼的违法行为。1994年12月，省人民政府发布《关于对青海湖实施封湖育鱼的通告》，封湖期限为5年，其间仅允许青海湖渔场年限额捕捞湟鱼700吨，限产后省财政每年补贴20万元。2000年12月，省政府再次发市《封湖育鱼通告》，自2001年1月1日起至2010年12月31日止，期限为10年。青海湖渔场停产。

2000年，渔政部门加大依法保护青海湖湟鱼的工作力度，严厉打击非法偷捕青海湖湟鱼的违法行为。2002年后，开展青海湖封湖育鱼和龙羊峡渔政管理工作，运用宣传牌、标语、横幅等对《中华人民共和国渔业法》和《封湖育鱼通告》进行宣传，对青海湖的“151”、大水桥、石乃亥、黑马河、青海湖渔场等地区进行循环式执法检查，严厉打击非法捕捞和贩卖行为，在辖区内基本上遏制湟鱼在市场上贩运和贩卖。同时，在春季捕捞期，全面规范管理龙羊峡库区捕捞船只和人员，严格执行捕捞许可证、运销证制度，限额捕捞，对63艘机船进行检验、登记、发放捕捞证。至2005年，累计出动渔政警力815人次，教育驱散非法捕捞人员382人次，没收销毁渔网4338盘，皮筏23个，销毁机船8艘，查扣车辆10辆，查处收购销售案件260次，发放相关法规资料5365份。

第五章　水　利

1986—2005年，共和县通过国家补助、省州财力支持、以工代赈资金、财政扶贫资金、银行贷款和地方政府及群众自筹等多种投融资方式，逐年加大水利基础设施建设投资，建成娘堂水库，复建沟后水库，治理、整修和加固水库3座；新建和改（扩）建渠道14条281公里，灌溉农田5270.2公顷、林地1324公顷；新建人畜饮水管道46条776公里，解决26659人、39.84万头（只）牲畜饮水问题，农牧区3363户实现自来水入户；新建和扩建的4座提灌、供水工程控制性灌溉面积近1333.33公顷，解决5000个羊单位人畜饮水困难；修建草原节水灌溉工程2条，灌溉天然草场160公顷，饲草料场192.3公顷。开展大规模草原保护生态环境工程，草场沙化和水土流失得到有效遏制。确保万余人饮水安全，农牧区生产生活供水能力显著提高。

第一节　机　构

一、共和县水务局

1975年，共和县水电局成立。2000年，更名为共和县水务局，行政编制10名，内设办公室、项目股、财务股，全县9个乡镇水管所划归水务局统一管理。水务局局属事业单位有县水利电力管理队、县防汛抗旱服务队、县水土保持工作站、县水土流失预防监督站、县水土保持监测站、县水政执法大队（县水政水资源办公室）、沟后水库夏拉水库管理所等事业单位16个，工作人员69人。

二、共和县水利工程质量监督分站

2003年，共和县水利工程质量监督分站成立，为海南州水务局的派出机构。其主要职责是在所有水利工程在竣工验收前，对其工程质量进行等级核验后，进行验收和交付使用。2005年，共和县政府制定《共和县水利工程质量管理规定》，建立共和县水利工程质量监督制度和共和县质监站质量监督程序等相关制度，采用以制度管理水利工程质量的管理模式，确保工程安全、质量安全、资金安全、干部安全；强化共和县水利工程质量监督站的职能作用，加强工程质量监督、监管，严把工程质量关；加大对项目法人单位技术人员的培训力度，确保技术人员提高业务素质、强化工作责任心，保证工程建设质量；健全财务制度，确保工程质量安全。

第二节　水利设施

一、水资源开发利用

共和县沙珠玉区和恰卜恰河区水资源开发利用程度较高，青海湖环湖区水资源开发利用程度低。沙珠玉区及恰卜恰河区是共和县的主要农业区，灌溉面积较大，农业灌溉用水量大，环湖区是共和县的主要牧业区，农业灌溉面积较其他两个区少，农业灌溉用水量小，全县水资源开发利用率17%，与全国平均水平相当。恰卜恰河区水资源量为1.20亿立方米，占全县水资源总量的19%；环湖区水资源量为2.97亿立方米；经济文化等各方面发展不足，水土资源分布不平衡，与经济发展不协调，水利工程对天然径流的调节能力低，缺少骨干调蓄工程，不能提高水资源利用程度，灌溉管理水平低，灌溉技术有待改进和提高。

共和县水资源贫乏，人均水资源占有量5052立方米，每亩耕地平均占有水资源量1445立方米，两项指标全省分别为13754立方米和7091立方米。共和县多年平均降水312.4毫米，降水与径流在时空分布上不均匀，降水量垂直分布有差异。2005年，全县各部门用水量合计10585.9万立方米，其中农业用水占比较大，比例约占92%。

2005年共和县水资源开发利用分析情况表

表2-15

分区名称	水资源量（亿立方米）	实际供水量（亿立方米）	水资源开发利用率（%）
青海湖环湖区	2.97	0.1825	6
沙珠玉内陆河区	2.14	0.5159	24
恰卜恰河外流区	1.20	0.3602	30
全县	6.31	1.0586	17

二、水库

娘堂水库　1989年开工建设，1991年竣工。为注入式水库。水库坝址为天然凹地，水源为沙珠玉河，多年平均径流量1.96立方米/秒，总库容为1080万立方米。沙珠玉灌区有引水渠1条长5.1公里，干渠3条长37.77公里，农田灌溉面积2213.33公顷。2005年，进行除险加固，主要采用高压定喷技术修筑大坝防渗系统，加固输水洞，拆除并重建溢洪道，总投资1428万元。至年末，水库运行正常。

沟后水库　始建于1985年，1993年垮坝，1998年复建。水源为夏拉河，年平均径流量0.48立方米/秒，坝型为砼面板砂砾石坝，坝高55米，库容为130万立方米，兴利库容87.81万立方米，总投资3521万元。至2005年，水库运行正常。

夏拉水库　原名哈德龙哇水库，始建于1956年。1998年沟后水库复建时一并进行除险加固，并作为沟后水库水量调节水库使用，水库总库容154万立方米，兴利库容88.91万立方米；坝型为黏土斜墙砂砾石坝，坝高 18.2 米，总投资 1439.41 万元。至 2005 年，水库运行正常。

大水水库 库区以上流域面积约 408.55 平方公里，库容 615 万立方米，有效库容 560 万立方米，正常蓄水位 3499.10 米，正常洪水位 3499.45 米，校核洪水位 3499.8 米，可灌溉面积 2800 公顷。2001 年，鉴定大坝为三类坝。2001—2003 年，完成除险加固，总投资 3500 万元。大坝坝型为砂砾坝壳斜心墙复合坝，坝顶高程 3501 米，坝顶长 1644 米，坝身分河槽段和东西台地段，河槽段总长 700 米，东西台地段总长 944 米。至 2005 年，水库运行正常。

切吉水库 建于 1958 年，最大坝高 21 米，坝顶高程 3290.5 米，设计水位 3288 米，库容 410 万立方米。黏土斜墙砂壳坝，主坝长 135 米、副坝长 140 米、输水洞长 84 米。该水库蓄水后出现主坝基、副坝基、输水洞严重漏水。后于 1990 年整修，恢复设计库容 410 万立方米。因长期运行，库区铺设的防渗薄膜破裂，在库区形成渗水漏斗 50 个、坝后存在漏水等问题，成为病险水库。2005 年 8 月，经青海省水利厅大坝安全管理中心审查，鉴定切吉水库大坝属三类坝。至年末，水库运行正常。

塔什秋水库 塔什秋水库是一座以灌溉为主的小Ⅰ型注入式水库，坝址海拔高程 3320 米。工程区内简易公路可通，交通条件较为便利。该工程于 1972 年由原新哲农场自行设计、施工，1974 年竣工并投入使用。塔什秋水库为Ⅳ等工程，主要建筑物为 4 级，水库总库容 114.73 万立方米，死库容 0.5 万立方米，灌溉农田 2266.67 公顷。2005 年 5 月，县水务局委托青海省水利水电勘测设计研究院编制完成《大坝安全鉴定评价报告》。2005 年 8 月经青海省水利厅大坝安全管理中心审查，鉴定塔什秋水库大坝属三类坝。至年末，水库运行正常。

东巴水库 建于 1958 年，坝高 14 米，设计库容 10 万立方米，有效库容 7 万立方米。为土坝。渠道 21 公里。溢洪道长 350 米，宽 6 米，高 1.2 米。累计投资 10 万元。有效灌溉农田 94.27 公顷、林地 10 公顷。2003 年，因溢洪道被冲毁而修复溢洪道。至 2005 年，水库运行正常。

索尔加水库 建于 1958 年。坝高 15 米，设计库容 13 万立方米，有效库容 10 万立方米。为土坝。灌区渠道 7.5 公里。溢洪道长 200 米，宽 6 米，高 1.2 米。V 形钢管拔塞式放水形式。累计投资 29 万元。有效灌溉农田 146.67 公顷、林地 55.33 公顷。至 2005 年，水库运行正常。

下梅水库 位于东巴乡梅杜龙哇沟，建于 1958 年。坝高 11.5 米，设计库容 9 万立方米。土坝。溢洪道长 212 米，宽 6 米，高 12 米。累计投资 29 万元。有效灌溉农田 120.6 公顷、林地 56 公顷。至 2005 年，水库运行正常。

娄拉水库 位于倒淌河镇。始建于 1976 年，1979 年竣工。土石坝。设计库容 95 万立方米，实际库容 70 万立方米。坝高 14.2 米。溢洪道长 16 米，最大泄洪量 17.6 立方米/秒，涵管闸阀放水形式。灌溉饲草地 1000 公顷、林地 1533.33 公顷。坝下渗水严重。至 2005 年，水库运行正常。

塘曲水库 位于切彭塘曲沟。建于 1966 年。坝高 8 米，库容 10 万立方米。土坝。溢洪道长 150 米，宽 8 米。涵管闸阀式放水。累计投资 10 万元。灌溉农田 20 公顷。至 2005 年，水库运行正常。

塔勒水库 位于切彭塔勒沟，建于 1970 年。坝高 10 米，库容 10 万立方米。土坝。溢洪道长 200 米，宽 10 米，高 1.2 米。洞式放水，累计投资 20 万元。灌溉林地 120 公顷。至 2005 年，水库运行正常。

曲让水库 位于切彭塔勒沟，建于 1979 年。坝高 6 米，库容 9 万立方米。土坝。溢洪道长 85 米，宽 6 米，高 0.9 米。洞式放水，灌溉农田 66.67 公顷。至 2005 年，水库运行正常。

沟台水库　位于切彭塔勒沟，建于1969年，1999年维修。坝高15米，库容50万立方米。土坝。溢洪道长300米，宽12米，高1.2米。洞式放水。总投资60万元。灌溉农田120公顷、林地3.33公顷。至2005年，水库运行正常。

中试水库　位于切彭鹿龙沟，建于1980年，1998年维修。坝高13米，库容10.5万立方米。土坝。溢洪道长55米，宽6米，高1米。投资35万元。灌溉农田133.33公顷。至2005年，水库运行正常。

三、渠道

1985—2005年，全县共建设渠道14条，总长度281.49公里，控制农田灌溉面积5270.2公顷，林地1324.07公顷。

沟后水库灌区配套工程　沟后水库灌区配套工程始建于1985年，由陕西省水利水电勘测设计院承担设计。设计农林灌溉面积1666.67公顷，其中新增农田灌溉面积666.67公顷，改善666.67公顷，新增林地灌溉面积333.33公顷。同时解决恰卜恰的工业和生活用水问题。灌溉及人畜用水，由工作闸门前的专设引水钢管供给。灌区位于恰卜恰河的中游地带，北至沟后，南至恰卜恰，东接幸福滩，西联扎多堂。灌区为自流灌溉。渠系大部采用混凝土U形槽衬砌，由1条干渠、3条支渠组成，全长24.4公里。干渠设计流量1立方米/秒，加大流量1.2立方米/秒，长3.4公里。东支渠设计流量0.5立方米/秒，长9公里；中支渠设计流量0.2立方米/秒，长6公里；西支渠设计流量0.65立方米/秒，长6公里。渠系共设引水枢纽、渡槽、分水闸、斗门、排洪桥、涵洞、公路桥、便桥等建筑物113座。渠系配套工程共完成土石方6.84万立方米，浇筑混凝土与钢筋混凝土2376立方米，浆砌石2983立方米，耗用钢材107吨，水泥906吨，木材60立方米，投入劳动力4013万个工日。投资106万元。

沙珠玉灌区改扩建工程　沙珠玉灌区位于共和县沙珠玉乡境内，地处茶卡—沙珠玉盆地南端，距恰卜恰35公里。沙珠玉河是灌区的唯一水源，自娘堂以下河床均系粉砂或轻沙壤土，渗透度大。白尕坝至窝什加段，渗漏更为严重。改、扩建工程由省水利水电勘测设计院设计，1984年由共和县组织施工，1985年竣工。工程由引水枢纽、引水衬砌干渠、改建旧干渠和渠道防洪等四个部分组成。引水枢纽建在娘堂以上1公里处，包括长870米、高5米的拦洪蓄水坝、三孔泄洪闸、进水闸、冲沙闸、引水弯道与自泄式溢洪道等建筑物。泄洪闸、冲沙闸设计宣泄洪水124.5立方米/秒，最大210立方米/秒。引水干渠16.9公里，流量1.5立方米/秒，加大流量2立方米/秒，大部分采取特别防渗措施，其中混凝土板防渗11.5公里、草皮衬砌2公里。旧干渠改建11公里。渠道防洪包括修建防洪槽2条和防洪堤6公里。工程建造钢筋混凝土箱涵、槽涵、斗门、便桥等建筑物66座。种植沙生植物2506万平方米，设置3个黏土沙障。共完成土方61.74万立方米，浆砌石0.74万立方米，干砌石934立方米，混凝土与钢筋混凝土98立方米，投入劳动力44.38万工日。投资277.7万元。农林灌溉面积1400公顷。至2005年底，沙珠玉改、扩建工程的运行情况基本正常。

1985—2005 年共和县新修和改建渠道情况表

表 2-16

名称	地点	水源	长度（公里）	灌溉面积（公顷）	修建年份
然去乎渠道	黑马河乡	然去乎沟	18.1	农田 133.33	2002
扎滩渠道	恰卜恰镇	—	3	农田 6.67	1985
纳亥迈渠道	切吉乡	纳亥迈沟	32.83	农田 53.33 林地 2486.67	2001
祁加渠道	切吉乡	莫日沟	27	林地 229.6	2000
哈汗土亥渠道	铁盖乡	—	6	农田 9.33	1993
恰哇索玛渠道	恰卜恰镇	沟后水库	7.2	林地 7717	1989
叉叉沟渠道	切吉乡	叉叉沟	20.82	农田 102.07 林地 333.33	1989
娘堂水库引水渠	沙珠玉乡	沙珠玉河	5.1		1989
东巴灌区	恰卜恰镇	东巴水库	9.2	农田 133.33	1991
下梅灌区	恰卜恰镇	下梅水库	16.4	农田 140	1990
沙珠玉灌区	沙珠玉乡	娘堂水库	2.4	农田 1000	2002
沟后灌区	恰卜恰镇	沟后水库	15.73	农田 1666.67	1989
切吉水库灌区	英德尔乡	切吉水库	87.71	农田 2358.8	2003 年原塘格木农场移交
塔什秋水库灌区	英德尔乡	塔什秋水库	30	农田 666.67	2003 年原塘格木农场移交
合计			281.49	农田 6270.2 林地 10766.6	

四、管道

1986—2005 年，共和县共建有人畜饮水管道 46 条、775.93 公里，总投资 4580.2 万元，解决 26659 人、39.84 万头（只）牲畜的饮水问题；农牧区自来水入户 3363 户。修建草原节水灌溉管道 2 条、44.67 公里，灌溉天然草场 160 公顷，饲草料地 192.3 公顷，总投资 599 万元。

1986—2005 年共和县新建饮水管道情况表

表 2-17

<table>
<tr><th>项目名称</th><th>地点</th><th>水源类型</th><th>长度
（公里）</th><th>投资
（万元）</th><th>竣工日期</th><th>人畜饮水
（人/万头）</th><th>自来水入户
（户）</th></tr>
<tr><td>东巴村 1、2、4 社管道</td><td>恰卜恰镇</td><td>地下水</td><td>5</td><td>24. 56</td><td>2000</td><td>640/0. 38</td><td>—</td></tr>
<tr><td>莫合多管道</td><td>恰卜恰镇</td><td>地下水</td><td>4. 36</td><td>42. 8</td><td>2002</td><td>331/0. 15</td><td>—</td></tr>
<tr><td>加隆台日格勒管道</td><td>恰卜恰镇</td><td>地下水</td><td>5. 5</td><td>25</td><td>2000</td><td>232/0. 11</td><td>306</td></tr>
<tr><td>东巴上、下梅管道</td><td>恰卜恰镇</td><td>地下水</td><td>26. 66</td><td>118</td><td>2004</td><td>1174/1. 33</td><td>—</td></tr>
<tr><td>加拉、尕寺等村
的人饮管道工程</td><td>恰卜恰镇</td><td>沟后水库</td><td>19</td><td>400</td><td>2004</td><td>2164/3. 41</td><td>432</td></tr>
<tr><td>蒙古管道</td><td>倒淌河镇</td><td>地下水</td><td>9</td><td>59</td><td>2005</td><td>859/1. 68</td><td>—</td></tr>
<tr><td>其洛管道</td><td>倒淌河镇</td><td>地下水</td><td>3. 8</td><td>—</td><td>—</td><td>报废</td><td>—</td></tr>
<tr><td>尕海三村管道</td><td>倒淌河镇</td><td>地下水</td><td>64</td><td>220</td><td>2006</td><td>1899/6. 8</td><td>75</td></tr>
<tr><td>倒淌河镇供水管道</td><td>倒淌河镇</td><td>地下水</td><td>4. 19</td><td>150</td><td>2002</td><td>—</td><td>—</td></tr>
<tr><td>黑科管道</td><td>倒淌河镇</td><td>地下水</td><td>4. 5</td><td>25</td><td>1995</td><td>102/0. 2</td><td>—</td></tr>
<tr><td>握瓦得管道</td><td>倒淌河镇</td><td>地下水</td><td>3. 2</td><td>40</td><td>1993</td><td>245/0. 26</td><td>—</td></tr>
<tr><td>甲乙村 3 社管道</td><td>倒淌河镇</td><td>地下水</td><td>3. 5</td><td rowspan="2">68. 05</td><td>2005</td><td>172/0. 49</td><td>—</td></tr>
<tr><td>甲乙村 6 社管道</td><td>倒淌河镇</td><td>地下水</td><td>6. 55</td><td>2005</td><td>432/1. 24</td><td>—</td></tr>
<tr><td>甲乙村 4、5 社管道</td><td>倒淌河镇</td><td>地下水</td><td>8. 02</td><td>29. 2</td><td>2004</td><td>300/0. 86</td><td>—</td></tr>
<tr><td>哈乙亥管道</td><td>倒淌河镇</td><td>地下水</td><td>18. 5</td><td>29. 5</td><td>1997</td><td>372/1. 27</td><td>—</td></tr>
<tr><td>元者村 3、4、5、
6、7 社管道</td><td>江西沟乡</td><td>地下水</td><td>12. 05</td><td>53</td><td>2000</td><td>513/0. 73</td><td>23</td></tr>
<tr><td>元者村 1 社管道</td><td>江西沟乡</td><td>地下水</td><td>2. 05</td><td>20</td><td>2001</td><td>266/0. 38</td><td>—</td></tr>
<tr><td>大仓村 5、6 社管道</td><td>江西沟乡</td><td>地下水</td><td>3. 2</td><td>44. 79</td><td>1986</td><td>297/0. 59</td><td>—</td></tr>
<tr><td>大仓村 3、4 社管道</td><td>江西沟乡</td><td>地下水</td><td>5. 3</td><td>7</td><td>2001</td><td>336/0. 67</td><td>9</td></tr>
<tr><td>151 集镇供水工程</td><td>江西沟乡</td><td>地下水</td><td>2. 05</td><td>20</td><td>2001</td><td>500/</td><td>4</td></tr>
<tr><td>下社恰洛管道</td><td>江西沟乡</td><td>地下水</td><td>8. 5</td><td rowspan="2">101</td><td>1998</td><td>185/0. 39</td><td>2</td></tr>
<tr><td>下社冬休玛管道</td><td>江西沟乡</td><td>地下水</td><td>11</td><td>1998</td><td>334/0. 71</td><td>35</td></tr>
<tr><td>下社暖棚人饮工程</td><td>江西沟乡</td><td>地下水</td><td>4. 65</td><td>25</td><td>2003</td><td>245/0. 82</td><td>20</td></tr>
<tr><td>上社村 2、3、
4 社管道</td><td>江西沟乡</td><td>地下水</td><td>29. 75</td><td>78</td><td>2005</td><td>1168/1. 86</td><td>191</td></tr>
<tr><td>肉隆吉仁什巴管道</td><td>石乃亥乡</td><td>地下水</td><td>18</td><td>70</td><td>1995</td><td>268/0. 64</td><td>—</td></tr>
</table>

续表

项目名称	地点	水源类型	长度（公里）	投资（万元）	竣工日期	人畜饮水（人/万头）	自来水入户（户）
向公管道	石乃亥乡	地下水	24	178	2002	199/0.62	—
阿乙亥2社管道	龙羊峡镇	地下水	5.84	40	2002	238/0.22	30
麻尼磨台管道	龙羊峡镇	地下水	3.26	7.3	1994	104/0.03	23
菊花台人饮管道	龙羊峡镇	地下水	27	—	1995	1792/0.58	—
龙羊峡新村管道	龙羊峡镇	地下水	3.72	—	1997	676/	—
加拉、尕寺人饮管道	恰卜恰镇	地下水	121.96	575	2003	5664/3.6	1281
吉东社人饮管道	恰卜恰镇	地下水	6.86	37.36	2001	220/0.19	—
委曲人饮管道	铁盖乡	地下水	4.7	39.04	1989	179/0.03	41
上合乐寺管道	铁盖乡	地下水	14.5	40	2002	—	—
拉隆人饮管道	廿地乡	地下水	21.5	55	2005	376/0.98	—
玛珠人饮管道	廿地乡	地下水	2.5	9	1994	110/0.12	—
拉果人饮管道	廿地乡	地下水	5.6	—	1998	185/0.75	—
浪娘管道	塘格木镇	地下水	5.8	29.9	2001	220/1.08	—
拉日人饮管道	塘格木镇	地下水	18.1	118.3	2003	518/1.71	—
加什科人饮管道	切吉乡	地下水	32.5	146	2005	550/3.57	—
克才北山湾人饮工程	龙羊峡镇	地下水	2.87	74	2003	764/0.21	170
扎玛纳人饮管道	倒淌河镇	地下水	27.5	246	2003	1174/2.37	155
黄河村人饮管道	龙羊峡镇	地表水	13.43	66.4	2004	343/	78
切吉村人饮管道	石乃亥乡	地下水	9	71	2004	206/1.5	—
日麻香卡人饮管道	龙羊峡镇	地下水	20.69	85	2005	650/0.72	147
龙羊峡镇供水工程	龙羊峡镇	地表水	96.6	914	1997	1621/	773
上社草原节水灌溉工程	江西沟乡	地下水	18.646	299	2003	—	—
上社草原节水灌溉示范项目	江西沟乡	地下水	26.022	300	2001	—	—
合计	—	—	775.928	4580.2	—	26659/39.84	3363

五、涝池

东巴三社涝池 位于东巴乡三社，建于1971年。坝高1.2米，池容0.1万立方米，水源来自三社人畜饮水管道。土坝。有效灌溉农田3.33公顷。群众自筹修建。

索尔加涝池 位于索尔加村，建于1976年。坝高3米，池容0.21万立方米，水源来自东支自来水。国家投资修建。

莫合多涝池　位于莫合多村，建于1977年。坝高1.5米，池容0.25万立方米，水源来自莫合多管道。国家投资修建。

加隆台村日格勒涝池　位于加隆台村日格勒社，建于1977年。坝高6米，池容1.92万立方米，水源来自日格勒人畜饮水灌溉管道。国家投资修建。

加隆台村加隆台涝池　位于加隆台村加隆台社，建于1983年。坝高5米，池容1.2万立方米，水源来自加隆台沟泉水人饮管道。国家投资修建。

加隆台村拉康社涝池　位于加隆台村拉康社，建于1981年。坝高2.5米，池容0.3万立方米，水源来自拉康管道。群众自筹修建。

上梅一社涝池　位于上梅一社，建于1999年。坝高3.5米，池容0.495万立方米，水源来自上梅一社管道。

下梅涝池　位于下梅村，建于1982年。坝高3米，池容0.21万立方米，水源来自人畜饮水管道。国家投资修建。

瓦里关涝池　位于瓦里关村，建于1982年。坝高1.5米，池容3座0.8万立方米，水源来自人饮管道沟水。

龙才涝池　位于龙才村，建于1995年。坝高2.5米，池容3座0.7万立方米，水源来自尔日给沟拉鸡沟、克齐沟。

多隆沟涝池　位于多隆沟，建于1979年。坝高1.5米，池容2座0.3万立方米，水源来自青初水。群众自筹修建。

克才涝池　位于克才三社，建于1993年。坝高2米，池容0.4万立方米，水源来自下谢尔盖机井。

阿乙亥二社涝池　位于阿乙亥二社，建于1998年。坝高2.4米，池容0.32万立方米，水源来自荣栏沟水。国投12万元修建。

阿乙亥防洪墙　位于阿乙亥河滩，建于2001年。坝高3米，池容0.3万立方米，水源来自左右岸，防洪墙总长490米。国家投资30万元修建。

次汉素涝池　位于次汉素村，建于1985年。坝高3米，池容0.3万立方米。投资4万元。

沙尤涝池　位于上塔迈村，建于1958年。坝高3米，池容0.24万立方米，水源来自达连沟。

拉隆涝池　位于拉隆村，建于1982年。坝高5米，池容0.3万立方米，水源来自恰让沟。

切扎涝池　位于切扎村，建于1982年。坝高1.5米，池容0.15万立方米，水源来自恰让沟。

廿地涝池　位于廿地村，建于1978年。坝高3米，池容0.21万立方米，水源来自恰让沟。

哈干涝池　位于哈干村，建于1980年。坝高6米，池容0.6万立方米，水源来自哈干沟。

黄河村涝池　位于黄河村，建于1986年。坝高5米，池容0.3万立方米，水源来自哈干沟。

加什达涝池　位于加什达村，建于1998年。坝高5.5米，池容0.5万立方米，水源来自哈干沟。

多尕当涝池　位于中果村，建于1981年。坝高2.5米，池容0.2万立方米，水源来自哈干沟。

六、电灌站

2005年，全县共有电灌站23座，其中龙羊峡镇14座、恰卜恰镇7座、铁盖乡2座。铁盖乡黄河灌区7级提灌站是全省扬程最高的提灌站，总扬程373米，其次是龙羊峡镇菊花台、德胜6级提灌站和茫崖5级提灌站，扬程均为275米。

菊花台提灌（供水）工程　菊花台提灌工程的灌区范围，包括菊花台、曲沟后台和塞什杜滩，东至唐乃亥沟，西临恰卜恰河，南与库区相接，距共和县城20公里。1977年5月动工，

1980年12月竣工。由青海省水利局农水处勘测设计，共和县组织施工。扩大农田灌溉面积333.33公顷，林地灌溉面积80公顷；改善农灌面积100公顷。提灌工程的水源为恰卜恰河水。取水口设在恰卜恰河与阿乙亥沟汇合处下游200米。为解决河水不足问题，曾在进水口作引水截流，由于地质资料与施工实际不符，遇到漏水层而中途夭折。后改用增加机井补充水源。引水渠全长5.47公里，设计流量0.6立方米/秒，加大流量0.8立方米/秒。分设一、二号泵站。一号泵站选用12Sh-6A水泵2台，2×260千瓦电机2台，提水扬程61.2米；二号泵站选用8Sh-9A型水泵2台，2×155千瓦电机2台。输水渠4条，全长5.62公里，均采用衬砌混凝土板防渗，渠系设有大小建筑物59座。提灌工程共完成土石方17.06万立方米，砌石及混凝土2517立方米，混凝土与钢筋混凝土802立方米；架设10千伏输电线路10公里，建降压站2座；架通信线路7公里；用工8.5万工日，投资165万元。菊花台供水工程与提灌工程同步进行。水源取用阿乙亥沟西侧之泉水。该工程设泉室1座，铺设引水管道5.2公里。建泵站1座，配备BW-50/250水泵2台，2×7.5千瓦电机2台，铺设改性聚乙烯塑料管供水支管7.09公里，设供水点14个，水池2座。共完成土石方3.83万立方米，砌石96.5立方米，混凝土与钢筋混凝土76立方米，用工1.5万工日。投资28万元。菊花台提灌和供水工程投入使用后，由于前期工作仓促，施工技术力量不足和管理不善，造成部分设施毁坏。1986年，省水利厅拨款30万元补修和改进配套系统，用2台2 1/2GL-6N离心泵取代原泵，工程效益得以正常发挥。

马汉台提灌（供水）扩建工程 马汉台灌区位于铁盖乡，南至委曲沟，北临恰卜恰河；自东向西为黄河河谷的三、四、五、六级台地，与西面的二塔拉毗邻。地势平坦，气候较温和。台地均由沙质土壤覆盖，可种植小麦、豆类、油菜、蔬菜和水果。提灌工程由海南州水电队承担勘测设计，共和县组织施工。1979年3月开工，1983年11月竣工。同时兴建供水工程与提灌工程，1980年建成。工程由引水室、集水池、蓄水池、泵站组成。提水扬程144米。水源系由曲沟乡克才村附近的两股泉水组成，两泉相距200余米，出水量每秒3公升，水量稳定，水质洁净，悬浮物很少。经海南州防疫站检验，符合饮用水质标准。设计供水流量每秒3公升，自来水量260吨，可供8000余人畜用水，满足安置点人畜用水需求，投资22万元。1987年4月，马汉台提灌（供水）扩建工程开工，年底完工。扩建工程由4个项目构成：扩建二级泵站，安装200S-42A水泵2台，并联运行，配套电机功率2×40千瓦，设计提水流量0.15公升/秒，提水扬程18.66米；渠系配套，新建引、输水渠4.58公里，增设斗门与分水闸16座，排洪涵洞1孔，便桥5座；扩建人畜用水管道，新铺设干管10.98公里，修造检查井17座，供水房15座，蓄水池1座，引水枢纽1处；增架10千伏输电线路5.84公里。共完成土石方12.59万立方米，混凝土和钢筋混凝土892立方米。投资82万元。扩建后农灌面积扩大到200公顷，改善农田灌溉面积93.33公顷。

托勒台提灌工程 托勒台在黄河北岸四级阶地上，与马汉台相连，位于铁盖乡。1987年，由省水利水电勘测设计院设计，概算投资321.89万元，扩大灌溉面积312.13公顷。1988年5月，省水电工程局施工，12月竣工并交付使用。该工程设4级泵站。一级泵站采用囤船形，直接从龙羊峡水库提水，其最低水位为海拔2555米。安装各种类型水泵9台，电机总功率1132千瓦。安装压力输水管1910米，其中一级站Φ400钢管305米，橡胶管100米；二级站Φ450钢管303米；三级站Φ400钢管210米；四级站Φ400钢管1092米，Φ500水泥管180米，Φ300铸铁管80米。建成输水干渠总长4.64公里；干渠3条，总长11.9公里；支渠16条，总长3.5公里。各渠均采用混凝土板防渗。灌区建有各种渠系建筑物25座。托勒台提灌工程完成土石方16.91万立方米，砌石707立方米，混凝土与钢筋混凝土2834立方米，耗用钢材210吨，水泥800吨，木材80立方米，投入劳力12万工日。1989年5月，托勒台扩建工程开工，工程系托勒台提灌工程的延伸，包括提灌和供水两部分。由省水利厅水管局负责勘测设计，省水电工程局施工，1989年10月竣工。新建提灌站2座，提水扬程分别为55米和63米，提水流量0.24立方米/秒，输水渠5.95公里，渠系建筑物26座。五、六级泵站均安装有12Sh-6B和200S-63型水泵，配套电机分别为225千瓦及75千瓦，安装SJ7400/10变压器1台，架设10千伏输电线路4.2公里，通信线路4公里。为保证新老灌区的衔接和新灌区用水，将原三、四级泵站的水泵更换为大水泵，扩建四级泵站进水池，并改建10千伏输电线路2.5公里。供水工程建泵站1座，扬程63米，安装IS52-32-250型水泵2台，出水量12.5吨/时；配套电机11千瓦，SJ730/10变压器1台；输水管道干管1条2公里，支管2条1.5公里；供水点6处，100吨蓄水池1座。共完成土石方8万立方米，混凝土与钢筋混凝土961立方米，砌石700立方米。投资154.29万元，扩大灌溉面积146.67公顷，解决2200人、4400个羊单位的用水问题。

哇彦海提灌工程　哇彦海灌区地处黄河河谷四级台地上，南傍龙羊峡水库，西与菊花台以唐乃亥沟为界，距恰卜恰约30公里。提灌工程于1987年由青海省水电勘测设计院设计，概算投资118.61万元，灌溉农田90公顷、林地15.6公顷。1988年5月，由水电部四局机电安装公司组织施工。工程完成土方6.84万立方米，砌石357.5立方米，混凝土与钢筋混凝土511.4立方米；耗用钢材34.8吨，水泥220吨，木材38.97立方米；投入劳力4.82万个工日。哇彦海提灌站直接从龙羊峡水库取水。建泵站2个，其中一级泵站采用囤船型，取水最低水位2555米。一级泵站建成输水干渠1050米；二级泵站建成输水干渠1559米，其中：西干渠长842米、控制灌溉面积51.33公顷，东干渠717米、控制灌溉面积54.27公顷，合计控制灌溉面积105.6公顷。所有渠道设计流量均为0.12立方米/秒。

第三节　水土保持

一、水土流失现状

根据“青海省土壤侵蚀动态遥感调查强度侵蚀面积统计表”，共和全县属轻度以上水土流失区，面积为115万公顷，占全县总面积的66.86%，其中轻度侵蚀面积37万公顷，占全县总面积的21.51%；中度侵蚀面积51万公顷，占全县总面积的29.65%；强度以上侵蚀面积27万公顷，占全县总面积的15.70%。共和县境内水土流失现状总体上属中度水土流失区。水土流失危害主要表现在由于超载放牧引起的草场严重沙化、退化，致使草场产量降低，牧草质量变劣。据共和草地调查资料，全县退化草地总面积为42.71万公顷，其中：轻度退化面积为25.22万公顷，中度退化面积为17.13万公顷，重度退化面积为0.35万公顷，分别占全县可利用草地面积的22.5%、15%、0.31%。按季节草地划分，冬春季草地退化最严重，占退化草地面积的70%以上，造成季节草地产出不平衡，草畜矛盾突出。形成“缺草——放牧过度——水土流失——草地退化——生态环境恶化——更加缺草”之恶性循环局面，塔拉滩、黄河沿岸风沙带逐年扩大，部分牧民房屋被沙掩埋几次，被迫搬迁。

二、综合治理

针对共和县生态环境恶化的现状，县委、县政府高度重视水土保持生态修复工作，1998 年，成立共和县生态建设领导小组。是年起，共和县开展较大规模的草地保护生态环境建设，分别由水利、农林、畜牧等部门参与，累计由畜牧部门建设围栏草场 0.9 万公顷（其中一塔拉滩 0.39 万公顷）；草场多年生牧草补播 0.22 万公顷，主要补播牧草品种为披碱草、老芒麦、草地早熟禾、无芒雀麦等；草场喷洒 FA 旱地龙 0.53 万公顷。至 2005 年底，全县围栏草场达 59.24 万公顷，占全县可利用草场 121 万公顷的 49%。通过围栏封育、草地改良前后产草量对比调查，牧草生物量及草群结构发生较大变化，植株高度增加 14 厘米，频度和盖度分别提高 20% 和 17%，植被生物每亩增加 20.25 公斤。由水利部门建设集雨利用工程，在全县范围内实施雨水集流窖 5630 眼，总有效容积 16.89 万立方米，发展灌溉庭院种植面积 64 公顷，果园 35 公顷。由团县委实施的保护母亲河项目，在马汉台地区累计完成造林面积 940 公顷，成活 155 万株。由农林部门实施退耕还林、天然林保护工程，完成塔拉滩总封育面积 1000 公顷。2003 年，编制《共和县水土保持生态修复计划》，规划环青海湖区域为生态保持重点预防保持区，重点监督管理区为沙珠玉河上游区域，重点治理区为恰卜恰河流域、塔拉滩及沙珠玉河中下游地区。生态修复期分为近期、中期和远期共 15 年。2002 年，在沙尤地区打机井 1 眼，灌溉生态林 133.33 公顷。畜牧部门在尕海滩盆地完成退耕还草 266.67 公顷。2003—2004 年，借助省塘格木农场撤迁契机，共组织农业人口 1600 户 8000 人向塘格木地区移民。迁出环青海湖地区农业人口 84 户 421 人；迁出铁盖、沙珠玉、东巴、廿地、恰卜恰、龙羊峡等一塔拉及其周边地区农户 269 户 1340 人；围栏内牧草产草量、植被覆盖度、密度分别比围栏外提高 36%、30%、20%，移动沙丘移动速度明显减慢，局部地方沙丘移动停止。2004 年，成立共和县水土保持生态修复领导小组，并划定共和县水土保持生态修复示范区，将共和县一塔拉滩、二塔拉滩、马汉台地区、恰卜恰河流域、龙羊峡镇镇区、龙羊峡库区周围和阿乙亥沟流域、尕海滩盆地划定为共和县水土保持生态修复示范区，总面积 9 万公顷。至 2005 年，全县退耕还林（草）实现总面积 3.29 万公顷。在一塔拉滩沙丘进行杨树深栽 880 公顷，种植青杨插干、棉柳插干、柽柳、黑刺等苗木 143 万株，并全部进行围栏封育。设置柠条沙障 141.33 公顷，防护林 386.67 公顷，荒山种草 1.42 万公顷，荒山造林 5046.67 公顷。共和县水务局在二塔拉滩人工生态治理试验示范区种植林草 26.67 公顷，为塔拉滩生态治理提供经验。

三、小流域治理工程

2002 年后，落实省人民政府“禁牧令”和州人民政府《关于保护生态环境实施禁牧的命令》，进步明确禁牧封育区的范围，实施期限以及保障措施，完善森林管护承包责任制。全县“保护母亲河”绿色生态工程完成人工造林 179 公顷。2004—2005 年，县人民政府将一、二塔拉滩马汉台、恰卜恰河流域、龙羊峡镇区、龙羊峡库区周围及阿乙亥沟流域、尕海滩盆地划定为水土保持生态修复示范区，总面积 9 万公顷。

第六章　龙羊峡库区移民安置

共和县移民安置工作源于龙羊峡水电站蓄水发电。自1976年龙羊峡水电站建设之日起，移民与安置工作就同时布置、安排。自1980年起，共和县实施移民安置工作3期，实际搬迁1968户12300人。至2005年，移民安置户生产生活稳定，基础设施建设配套全面。

第一节　搬　迁

1976年1月28日，国务院正式批准兴建龙羊峡水利枢纽工程。3月3日，水利电力部第四工程局革命委员会向青海省革命委员会龙羊峡水电站筹备领导小组提出库区移民搬迁安置工作意见。11月9日，青海省革命委员会成立青海省龙羊峡库区规划安置工作领导小组。办事机构设在当年4月成立的青海省支援龙羊峡水电工程建设办公室。随着移民搬迁安置工作的开展，1978年6月，海南州及共和县相继成立龙羊峡库区移民规划安置领导小组，设立州、县移民安置办公室。

一、搬迁范围

1976年3月，由西北勘测设计院进行技术设计，水库淹没设计洪水标准为：土地征用为5年一遇，相应洪峰流量3060秒立方米；居民迁移为20年一遇，相应洪峰流量4100立方米/秒，分别作为土地淹没和人口迁移的统计依据。龙羊峡水库淹没涉及共和县曲沟乡和铁盖乡等。在此基础上，组成联合调查组，对比2个乡19个行政村的人口、耕地、草山、森林、房屋、庄廓、树木、果树、苗圃、坟墓、公路、桥梁、水电站和输电、电话、广播等线路以及农田水利设施等项目，逐村逐户分别进行调查清点登记。调查确定的水库淹没范围为：水库淹没耕地5780公顷，林地9266.67公顷，草场2.64万公顷，房屋4.2万间56.9万平方米，移民29744人，省劳改局7900人，机关单位644人。淹没省劳改局所属曲沟、巴仓2个农场和吴堡湾农场的查纳转运站，淹没恰（恰卜恰）贵（贵南）公路57公里、恰贵长话线53公里、省电力局曲沟水电站（装机容量1250千瓦）、电力线125公里，农话线路269公里。

二、第一期搬迁

1980年1月开始，1981年12月结束，为期2年。第一期搬迁海拔2489米以下的群众。原计划北查纳、加什达、曹多隆、前菊花4个村310户2126人搬迁至海西州大格勒，但曹多隆村（共89户544人）群众因路途遥远等原因，要求在曲沟台安置，未能迁往大格勒。加什达、北查纳、前菊花村迁往大格勒236户1582人，后因不适应当地气候及水土不服等原因，返迁148户954人。实际搬迁76户378人。

三、第二期搬迁

第二期搬迁海拔2489～2550米之间的群众。从1985年9月开始，到1986年9月完成。涉及共和县曲沟、前菊花、后菊花、黄河、德胜、苏乎拉、铁盖、拉干、拉才、吾雷1122户、6798人。实际共搬迁1122户6798人。

四、第三期搬迁

从1986年10月开始，到1987年9月完成。第三期搬迁海拔2550～2600米之间的群众。共搬迁次汉土亥、合乐寺、托勒台等村536户3376人。

五、行政和企事业单位搬迁

1980年始，曲沟、铁盖两乡乡政府、卫生所、兽医站、银行营业所、邮电所、税务所、供销社、派出所、线务站、学校等单位，全部于1983年完成搬迁任务。曲沟电站和州“五七”干校、州林业站、州民师、海南军分区、5198部队和山川铸造厂等6个单位的农场，皆于1981年撤销，并给予一次性补偿。

六、劳改农场搬迁

1980年，曲沟农场开始搬迁。1982年8月完成搬迁任务，共搬迁746户2825人。为安置移民群众，经报国务院批准，撤销省劳改局新哲农场。1983年4月，新哲农场完成搬迁，共搬迁792户4347人。新哲农场搬迁后，其土地房屋交给共和县人民政府。

第二节　安　置

移民安置规划采取新开辟安置点，就近后靠、异地搬迁、农转牧和分散安置四种方案进行。

一、异地移民安置

龙羊峡水库异地搬迁到海西州格尔木市大格勒乡的有170户608人。2005年，全乡农民人均收入5222元，形成水、电、路通和信息网络快带通的良好发展条件。该乡以种植小麦、青稞、油菜为主，辅以种植枸杞、大蒜等。

二、本地移民安置

共和县安置移民共计3615户16174人，其中男8637人、女7537人。移民主要从事农业生产，兼营少量的畜牧业。主要种植小麦、油菜、蚕豆、马铃薯和蔬菜等。粮食平均亩产250公斤左右，大都自用。畜牧业主要养殖绵山羊、猪和鸡、鸭等，以农村家庭圈养为主。2005年，全县库区移民人均存栏牲畜0.86头（只）；全县库区移民拥有耕地1907公顷，实际有效耕地1370公顷，人均1.27亩。年人均纯收入1367.6元。

三、本地移民生产生活概况

人畜饮水　共和县龙羊峡水库移民村（区）人畜饮水分别采用涝池取水、水井取水和水库取水方式。其中，铁盖乡、龙羊峡镇12个移民村2426户10128人依靠机井泵提水，水质较好，取水点与居民点的距离7～12公里；英德尔乡、恰卜恰镇12个移民村495户2359人依靠涝池取水，水质较差，取水距离4～10公里之间；其余8个移民村694户3687人依靠水库取水，水质较好，取水距离2～10公里。

供电　移民村（区）全部实现通电，输电线路总长度为941.6公里，供电正常。

农田水利设施　移民村（区）农田水利渠道总长度338公里，其中浆砌石86.9公里。电力提灌泵站43座，总装机8848千瓦，输水管道33.6公里。

医疗卫生　移民村（区）均有村级医疗卫生

室。所在乡（镇）均建有卫生院，就医方便。

教育状况　移民村（区）有小学19所，在校学生2280人，教师68人；所在乡镇有中学5所，在校学生878人，有教师49人。实现“两免一补”，义务教育阶段农牧民子女免费入学，初步形成布局合理、结构优化、体系完整的教育体系。

通信、广播电视　移民村（区）通信、广播电视网络均被覆盖，实现电话、广播电视“三通”。

农村沼气　移民村（区）中建成家用沼气池1035个（户），占移民总户数的40.12%。

四、返迁安置

1981年，第一期搬迁后，从大格勒返迁162户1102人，移民大多数居住在龙羊峡库区北岸茫崖地区和托勒台、后菊花地区。1988年，县人民政府决定，将加什达村部分返迁移民35户223人，安置在英德尔乡多尕当地区。1989年，县人民政府决定，将返迁移民106户643人安置在铁盖乡七台村—塔拉七台。1993年，县人民政府研决定，将剩余返迁移民186户908人安置在龙羊峡库区北岸茫崖地区。为稳定移民生产生活秩序，建成茫崖地区电力提灌工程，投资483万元；开垦土地132公顷，栽植经济林26.67公顷。至此，从大格勒返迁移民得到全部妥善安置。第一、二、三期按计划安置后，因种种原因出现返迁情况，重新安置工作一直持续至2005年。

第七章　扶贫开发

1986年后，共和县委、县人民政府开展有计划、有组织的扶贫开发工作，坚持“组织各方力量，通力协作，扶贫济困，因地制宜，治愚治穷，发挥优势，注重效益，持之以恒”的扶贫方针，坚持扶贫与开发工作“党政机关包村、干部包户、定点定人脱贫”，制定扶贫开发规划，扶贫与开发并重，着力提高贫困人口自身发展生产、提高生活水平的能力。至2005年，共实施扶贫项目7项，累计使用扶贫资金3129.2万元，脱贫2617户10411人。

第一节　扶贫机构及措施

一、机构职责

1997年4月，共和县扶贫办公室成立，为县委、县政府扶贫开发领导小组常设办事机构。核定编制6名，挂靠在县民政局。1998年7月，扶贫工作由农牧局负责。2006年5月，共和县扶贫开发办公室更名为共和县扶贫开发局。其职责是贯彻落实党中央、国务院、省委、省政府关于扶贫开发工作的政策、规划；根据州委、州政府和县委、县政府的总体部署，结合本县实际，研究提出全县扶贫开发和促进贫困地区社会经济发展的规划、措施。根据省定标准，拟定全县农村牧区贫困人口和争取国家级贫困县的扶持计划；组织全县贫困状况统计；拟定全县各乡扶贫资金的管理办法和分配方案，负责全县扶贫开发项目资金的争取、落实和管理使用；负责全县扶贫开发项目的筛选以及向上级部门上报较大规模的扶贫项目；负责全县扶贫开发项目的组织实施和协调工作；组织、指导和协调县直机关的定点扶贫以及社会扶贫工作；争取和协调省、州以及县内外对全县贫困地区的帮扶经济协助；负责全县易地扶贫项目的筛选、上报和实施工作及项目资金的争取、落实和管理使用；负责全县贫困地区干部培训和农牧民扶贫科技培训和贫困地区劳务输出的规划、管理、协调等工作。

二、扶贫规划

1996年，制定《共和县1997—2000年扶贫规划》。规划起止时间1997年至2000年，分为近期、中期两个阶段，近期1997年初至1998年末，中期1999年初至2000年末。规划的指导思想是以国家和全省扶贫攻坚计划为指导，突出扶贫开发重点，打好农牧业基础，搞好多种经营，发展乡镇企业，坚持自力更生，争取各方支持，用好优惠政策，落实各项措施，加大工作力度，提高扶贫效益，努力在20世纪末基本上解决贫困地区群众的温饱问题，为实现到下世纪初农牧民群众生活达到小康目标奠定基础。发展目标是：东巴、甘地两个省定贫困乡地区生产总值在1996年基础年递增8%以上，两乡571户2677人的贫困户人口在1988年以前温饱问题基本上得到解决；到1998年底两乡牧业牧户户均建设围栏草场600亩，户均围建饲草料基地0.33公顷，90%以上牧户有住房，牲畜有棚圈，50%牧户采用暖棚养畜，农区人均水浇地达到0.13公顷，粮食单产在现有基础上提高20%，人均生产粮食达到400公斤以上，人均纯收入达到700元以上。倒淌河乡次汉达哇、拉乙亥麻、黑科、哈乙亥、铁盖乡七台、委曲、切吉乡祁加共8个贫困村同期达到上述同等水平，农区畜牧业实施“五五”工程，即畜牧业总产值和人均畜牧业收入分别占到农业总产值和人均收入的50%。贫困地区的水、电、路“三通”问题基本得到解决，文化、教育、卫生、通信等事业得到较大发展。

三、贫困人口

贫困人口规模因国家不同时期扶贫工作任务重点和贫困界定标准不同而变化。1985年2月，州委、州人民政府在全面调查平衡的基础上，将全州年人均收入150元以下的5个乡列为贫困乡上报省委，要求予以重点扶持。省委将共和县东巴、甘地两乡列为省定重点扶持贫困乡。1986年，国家第一次确定贫困县，其标准以1985年统计数字为基础，农村人均年纯收入低于150元的县和低于200元的少数民族自治县确定为贫困县。至1987年底，东巴乡人均收入达到400元、甘地乡人均收入达到497.15元，两个乡宣布脱贫。在全县大部分贫困人口基本解决温饱和实现脱贫的同时，由于受旱灾、水灾、雪灾、冰雹、地震等自然灾害影响出现一些新的贫困户，初步解决温饱的贫困户又有一部分返贫。1991年，县、乡检查验收“七五”扶贫工作，按照当时贫困界定标准，即特困户为：农业乡年人均收入200元以下、年人均生产粮食150公斤以下；牧业乡年人均收入250元以下、人均占有牲畜折合羊单位10个以下。贫困户：农业乡年人均收入400元以下、年人均生产粮食300公斤以下；牧业乡年人均收入550元以下、人均占有牲畜折合羊单位20个以下的标准核实确定。

1994年，党中央、国务院决定实施《国家八七扶贫攻坚计划》，将贫困界定标准调整为年人均收入低于530元。根据国家贫困界定标准统计，1996年，全县有2个省列贫困乡、7个县定贫困村，全县人均占有牲畜10头（只）以下，年均纯收入530元以下的贫困户2038户10049人，分别占全县总户数的17%、总人数的15%，东巴乡贫困户327户1489人，分别占该乡总户数的52%、总人口的40%，贫困户人均占有牲畜6.1头（只），人均耕地0.26公顷，人均收入415元；甘地乡贫困户244户1188人，分别占乡总户数的30%、总人口的32%，贫困户人均占有牲畜4.6头（只），人均耕地0.09公顷，人均收入453.8元。到2000年底，全县有贫困人口1203户5493人。2002年8月，共和县人民政府印发《共和县扶贫开发规划（2003—2010年）》。《规划》依据青海省贫困村和贫困人口界定标准，确定贫困村54个，贫困人口8283户42311人。其中，绝对贫困村19个，2806户14009人；低收入贫困村35个，5477户28302人。2005年末，全县实有贫困人口5666户31870人。

四、扶贫措施

1986—1993年，实行省、州两级定点包乡、州级领导干部定点联乡、联地区、联工程项目和县级联重点村的工作责任制，主要采取救济口粮、帮助建房和捐赠衣物等生活资料的救济形式解决贫困户的生活困难。1991年，全县共核实贫困人口4858人，建立贫困档案；对贫困群众及时发放救济粮款，共计发放救济粮55万公斤、救济款6.5万元；确定14个部门对8个贫困村、社（县列）实行扶贫承包，选派6名干部到贫困村、社挂职工作。全年扶贫贷款到位290.22万元，给贫困户购买生产母畜30252头（只），购置农机具141台；给122户贫困户新建和改建房屋408间，购置帐房5间。1992年春节前夕，对全县178户贫困户，共发放面粉356袋8900公斤、茯茶178包、衣物11946件、方便面3560包、毛毡82条；减免贫困户乡统筹费、集体提留和农牧业税9746.28元，减免菜畜任务77头（只）、羊毛任务1358公斤，减免21户贫困户子女共27人学杂费；兴办扶贫经济实体，廿地乡恢复地毯厂，东巴乡办起扶贫育肥场。1993年，共发放给贫困户146户687人粮面10105公斤、茶叶339包，救济款22040元。

1994年，国家实施“八七”扶贫攻坚计划，全县扶贫开发工作转为开发式扶贫方式，采取“计划分解到村、领导联系到村、帮扶措施到村、资金安排到村、工作深入到村”和“扶贫项目到户、扶贫资金到户、帮扶干部到户、项目效益到户”的措施，帮助贫困群众解决生产生活困难。1995年开始，全县实施扶贫攻坚计划，扶贫开发工作以改善农牧业基础条件为重点、以实现人均收入增长为目标，加大教育投入和科技培训力度，推广农牧业先进实用技术，因地、因村制宜，实行扶贫综合开发，兴建草场围栏、畜棚、定居点、公路、水利、教育、卫生、输电线路等基础设施，实施贫困地区生产母畜购置、调迁移民、土地开发和撂荒地恢复、人畜饮水、草原灌溉项目建设等。

1997年，中共海南州委、州人民政府做出进一步加强扶贫工作的决定，共和县制定《共和县1997—2000年扶贫规划》，实行扶贫领导小组成员联扶贫、包项目责任制，党政机关包村扶贫责任制和干部下派挂职扶贫制度，签订县扶贫领导小组成员联扶贫包项目责任书，县与乡、乡与村签订目标责任书。州、县、乡抽调优秀干部18人到贫困乡、村挂职扶贫，州直11个部（局）、县直19个部（局）到贫困乡、村定点帮扶。1998年，部分乡村专门建立扶贫基地，切吉乡祁加村利用青稞基地建设资金60万元，建干砌石水渠14公里，复垦撂荒地133.33公顷，对无畜、少畜的贫困户82户移地到农业点务农；黑马河乡文巴村将无畜户28户134人组织起来成立集体“特困社”，并动员全村劳力400余人，利用50天时间，使用自筹款1.5万元，兴修干砌石渠道400余米。

2000年后，贯彻落实《中国农村扶贫开发纲要（2001—2010年）》，制定县、乡、村扶贫开发规划，采取整村推进、异地搬迁扶贫方式，发展特色种养业，推进产业化扶贫。同时，加强基础设施建设（主要是科技、教育、文化、卫生），开展贫困地区劳动力实用技术技能培训和劳务输出。2002年，实施新一轮扶贫帮扶目标责任制，实行“县级领导干部联乡，县直部门包村，干部包户帮扶”责任制。帮扶部门按照责任制要求制定扶贫开发规划，确定帮扶任务，明确帮扶对象。2003年，按照规划实施管理的不同层次，实行分级管理责任制，按照“县建档、乡建簿、村建卡”的原则，建立完善分级扶贫档案。至2005年，全县形成比较成熟的扶贫模式，探索出适合共和县情况的扶贫路径。

第二节 扶贫项目

一、社会帮扶

1986年，继《国家“八七”扶贫攻坚计划》实施以后，共和县扶贫开发工作在省、州等上级业务部门的大力支持下，从基本县情出发，动员和组织大量的人力、物力和财力，加大工作的力度，集中资金有计划、有步骤地开展以经济建设为中心的扶贫攻坚工作。2000年，在全县受到严重旱灾的情况下，贫困地区粮食总产量达到7102吨，油料总产量312吨，各类牲畜年末存栏1000325头（只），农牧区人均纯收入达到1371.98万元，地区生产总产值达到16201.45万元，其中农业总产值达8694.86万元。东巴、廿地两个省列贫困乡粮食总产量分别达到889.04吨和527吨；各类牲畜年末存栏达到16850头（只）、76668头（只），农牧民人均收入分别达到621.94元和1183.16元。

全社会固定资金投资累计完成26163万元，其中2000年完成投资10300万元，1997年东巴、廿地两个省列贫困乡完成固定资产投资1804.7万元；其中2000年完成投资1237.5万元，建成一批水利、电力、交通以及农牧业等基础设施，基础条件得到明显改善，为全县经济发展奠定良好的基础。2001—2005年，采取县（乡、镇）党政领导联点帮扶、机关单位定点包村帮扶和党员干部联户帮扶责任制，实施党政干部“民心工程”扶贫。各级联点帮扶单位和党政干部累计投入帮扶资金及捐款捐物折资达213.31万元。帮扶修建乡镇空心砖厂1家，乡村敬老院1家，为贫困农牧户修建畜棚48座，修建住房247间，购置太阳灶161台，购买绒山羊52只，资助贫困学生1611人。累计给贫困户划分耕地226.03公顷，草场1219.53公顷，复垦撂荒地566.67公顷，划出集体所有围栏耕地133.33公顷，安置82户无畜、少畜的贫困户务农，累计发放贴息贷款460万元，落实项目1799个，其中到户牛羊育肥项目648个，种植业项目865个，新建围栏项目223个，购置小型农机等其他项目63个。

认真实施科教兴县战略，组织实施的科普宣传、科技培训、科技推广、科技进步对经济增长的贡献率明显提高；“两基”工作进一步加强，全县基本完成“普六”，扫盲教育通过省级验收，通过实施“义教”工程，办学条件明显改善，现代化卫星教育网络初步形成，教育教学质量不断提高；“卫六”项目进展顺利，积极推行农村合作医疗制度，县、乡、村三级卫生保健网络日趋完善，全县贫困地区医疗卫生水平有较大的提高。

2000年，全县人口自然增长率10.06%，比计划控制目标减少3797人，为进一步搞好全县的扶贫开发工作，提高贫困地区群众的生产生活水平奠定基础。2001—2005年，国家累计投入共和县扶贫资金总量3129.2万元，其中扶贫贴息贷款1295万元，财政扶贫资金340万元，以工代赈资金1494.2万元，围绕基础设施建设、科技文化教育、能源建设、异地扶贫、社会扶贫等方面进行扶持。通过以上扶贫政策措施和社会各方面的扶持，至2005年底，共和县共解决2617户10411人贫困人口温饱问题。

二、整村推进项目

2004—2005年，实施扶贫开发整村推进项目，实施范围确定在廿地乡曲什纳，东巴乡索尔加、东巴村，恰卜恰镇西台村，沙珠玉乡上村，共计绝对贫困村5个，受益人口888户4479人。项目实施过程中，共引进西门塔尔奶牛747头，藏系羊1410只，修建简易畜棚24620平方米，维修村级道路4.8公里，新建人畜饮水涝池1座

500立方米、渠道2.3公里，维修人畜饮水管道2200米、渠道渡槽4处；维修村小学教室2栋316.91平方米。共投入财政扶贫资金345.71万元，其中财政扶贫资金340万元、群众自筹资金5.71万元。

三、异地安置扶贫项目

2003—2004年，实施哇玉和塘格木异地扶贫项目，共安置移民600户4673人。其中，2003年利用原哇玉农场闲置耕地，异地扶贫安置龙羊峡镇、沙珠玉乡等乡（镇）龙羊峡库区移民（涉及4乡8个村）375户1654人；2004年，利用原塘格木农场闲置耕地，共安置移民225户2461人（涉及9乡12个村），分配移民临时住房493间。共分配耕地1952.4公顷。共发放搬迁补助费131.76万元，另投入扶贫安置资金55.3万元。

四、产业化扶贫项目

2005年，积极扶持以农贸市场、乳品加工、肉类加工、奶牛养殖为重点的产业化龙头企业。共发放扶贫信贷资金250万元，其中，为百佳集团可可西里肉食品有限责任公司发放130万元，解决44个贫困劳动力就业问题；为元年工贸有限责任公司发放60万元，解决20个贫困劳动力就业问题；为环湖旅游有限责任公司发放40万元，解决14个贫困劳动力就业问题；为明昌清真肉食品有限责任公司发放20万元，解决7个贫困劳动力就业问题。2005年，投入扶贫资金50.4万元，恰卜恰镇、沙珠玉乡各新上藏毯编织项目1个。

五、农牧民培训项目

2003—2005年，共举办各类培训班32期，培训农牧民12343人次，其中泥瓦工、电工和电焊及金属冶炼、摩托车修理、餐饮等各种职业技能培训班5期，培训农牧民共7500人次；实用技术培训班26期，培训4701人次；举办乡镇、村社干部培训班1期，培训142人次。县各级政府及涉农部门帮助农牧民拓展劳务输出渠道，寻求增收门路。2005年，全县输出劳务人员14875人次，实现劳务经济收入1309万元。

第三编

工业　商贸　服务

第一章　工　业

共和县工业企业主要是以生产水泥、砖瓦为主的建材企业，水力发电为主的电力企业，碳化硅、硅铁为主的冶炼企业，以及农畜类产品的皮张加工业、地毯、针织纺织业等行业。1986年，县内有地方工业企业9户（不包括乡镇企业），其中国有企业3户：共和县大理石厂、共和县民族食品加工厂、共和县食品厂；集体工业企业6户：共和县针织绒厂、共和县皮毛绒厂、共和县民族服装厂、共和县五金厂、共和新宇铁合金有限责任公司、共和县地毯开发公司。1998年，根据中共中央文件精神，对县属国有企业开始改制。至2002年，向社会公开拍卖资不抵贷企业，所得资金偿还债务、安置国有企业下岗职工、参加社会保障和再就业。至2005年，非公有制企业在工业企业总数中的比例增加。

第一节　机　构

1986年后，共和县工商管理局负责国有、集体、私营工业企业及个体手工业者的注册登记和企业年检。共和县商业局管理县属国有企业、集体企业中的食品、粮油、饲料加工企业等。共和县工业交通局管理农机修造、建材、轻工等工业企业。共和县民政局管理社会福利企业。共和县计经委管理物资站和水泥厂。1994年，县工业交通局和县城乡建设局合并，组建成立县经济建设局。1996年，共和县粮食局成立，原由县商业局管理的粮油、饲料、挂面加工企业划归县粮食局管理。2004年，全县完成企业改制工作，县属国有工业企业只保留县自来水公司，由县水务局负责管理。乡镇企业管理局是负责全县乡镇企业和个体私营工业的综合职能部门，承担全县乡镇企业发展规划、指导、管理、监督、检查、协调和服务等职能。1978年，共和县社队企业科成立。1984年撤销，同时成立县农牧局领导的多种经营办公室。1985年，升格为乡镇企业管理局，核定编制6个。1995年，县政府机构改革核定行政编制10个，其中局长1名，副局长2名。2001年，撤销乡镇企业管理局，其业务归入县发展计划经济贸易局。共和县发展改革局、共和县经济贸易局负责管理改制后企业的相关业务和善后工作。

第二节　工业体制改革

一、企业经营机制改革

1986 年，共和县有工业企业 9 户，其中国有企业 3 户，即共和县大理石厂、共和县民族食品加工厂、共和县食品厂；集体工业企业 6 户：共和县针织绒厂、共和县皮毛绒厂、共和县民族服装厂、共和县五金厂、共和新宇铁合金有限责任公司、共和县地毯开发公司。为实现和提高经济效益，先后推行厂长（经理）任期目标责任制、承包经营责任制等经营机制改革，在一定程度上起了搞活企业、提升经济效益等作用。但部分企业欠账较多、产品滞销、与市场需求脱钩，处于勉强运行状态；部分企业时产时停，不能正常运行，企业经济效益差别较大。1988 年，青海省第三地质队、恰卜恰乡经委和青海省农牧机械厂三方联合成立共和新宇铁合金有限责任公司，属共和县首家股份制有限责任公司。

二、企业产权制度改革

1996—1998 年，共和县实有注册国有、集体企业 9 户，其中正常运行企业 2 户，时产时停企业 5 户，完全停业企业 2 户，企业运行艰难。1996 年，共和县大理石厂改制为共和县矿产资源开发公司。1999 年，共和县矿产资源开发公司宣告破产。2000 年，共和县民族食品加工厂、共和县食品厂、共和县五金厂、共和县民族服装厂宣告破产。2001 年，共和县针织绒厂、共和县皮毛绒厂、共和县地毯开发公司宣告破产。2002 年，共和新宇铁合金有限责任公司宣告破产。破产企业均存在负债和资不抵债情况，符合《中华人民共和国企业破产法》构成要件。宣告破产后，清算资产，安置职工。

第三节　工业生产

一、工业企业

共和县乡镇企业发端于 20 世纪 80 年代中期，起初由乡级农机站等社队企业转化为乡镇企业。随后国家提倡大力发展乡镇企业，共和县兴办乡镇企业形成热潮，陆续办起一批立足当地实际、为农牧业和群众生产生活服务的乡办（村办）企业。乡镇企业主要生产白灰、砖瓦等建材，以及以农牧产品为主的加工产品；其次经营交通运输、商业贸易、饮食服务等门类。至 1993 年，全县有乡镇企业 641 户（乡镇办 35 户、村办 3 户、个体户 603 户），共安置农牧区剩余劳动力 1910 人，年产值 1100 万元。其中，乡、村两级企业完成产值 857 万元。1994 年后，共和县乡镇企业在生产经营中，陆续遇到资金、人才、运输、利润等方面的约束和限制，除盈利好的少数企业能正常运行外，其他企业逐渐萎缩、直至停产。2000 年，共和县采取改制、出售、拍卖等形式，完成乡镇企业体制改革。此后，乡镇企业改称非公有制企业。共和县乡镇企业存在期间，由共和县乡镇企业管理局担负管理职责。

1986 年，全县有工业企业 27 户，其中全民所有制企业 5 户、集体所有制企业 22 户，主要涉及食品制造、纺织、缝纫、工艺美术品制造、电力、建筑材料等行业。1995 年，全县有工业企业 55 户，其中全民所有制企业 5 户、集体所有制企业 6 户、乡镇企业 44 户。2000 年，全县有工业企业 91 户，其中国有企业 2 户、集体企业 25 户、个体企业 64 户。2005 年，全县有规模以上企业 10 户，规模以下企业 27 户，涉及农副食品加工、木材加工、印刷、非金属制造、黑色金属冶炼、交通运输设备等行业。

二、主要工业产品产量

1986年，全县主要工业产品有29种，其中售电量9980万千瓦时、生产砖1682.58万块、食醋166.85吨、加工牛羊肉445吨。1990年，全县售电量8220万千瓦时、生产砖2390万块、食醋139.5吨、牛羊肉816.39吨。1995年，全县主要工业产品有19种，其中售电量8420万千瓦时、生产砖497万块、加工牛羊肉964吨。2005年，全县工业企业主要产品有16种，其中售电量5165万千瓦时、生产砖1395万块、加工牛羊肉1272.74吨。

1986—2005年共和县工业企业主要产品产量情况表

表3-1

年份	产品名称								
	售电量（万千万时）	砖（万块）	牛羊肉（吨）	食醋（吨）	酱油（吨）	地毯（平方米）	石灰（万吨）	皮鞋（万双）	食用油（万吨）
1986	9980	1682.58	445	166.85	408.79	413.51	—	0.88	—
1987	9064	1428	515.86	172	1972	478.27	—	1.25	—
1988	7402	2160	632.42	211.5	201.87	120	—	1.24	—
1989	7885	2000	549.93	237	264	379.4	0.2	1.38	—
1990	8220	2390	816.39	139.5	252.5	519.31	0.24	1.06	—
1991	7998	2500	335	65	150	—	0.2	1.09	—
1992	8059	2000	490	70	120	—	—	1.06	40
1993	8130	980	700	80	40	—	—	1.18	600
1994	8232	1600	899.50	7.5	—	1600	—	1.21	30
1995	8420	497	964	39	29	1486	—	1.00	45
1996	7665	430	459.5	20	15	890	0.16	0.87	66
1997	7385	540	221	—	—	221	0.03	1.4	—
1998	6987	—	—	—	—	—	—	—	—
1999	6394	1850	53	—	—	—	0.5	—	136
2000	6520	1200	496.8	—	—	—	0.12	—	60
2001	6764	2100	608	—	—	—	0.23	—	2980
2002	5361	—	—	—	—	—	—	—	—
2003	5553	—	—	—	—	—	—	—	—
2004	5376	1090	555.7	—	—	—	—	—	1090
2005	5165	1395	1272.74	—	—	—	—	—	3873.8

三、工业总产值

共和县工业总产值包括国有和集体企业、乡镇企业、发电企业等。1986 年，全县工业总产值 454.34 万元，超额完成 0.22%。比上年增长 42.1%。1991 年，全县工业总产值 1199.4 万元，完成年计划的 88.5%，实现利税 65.23 万元；其中，乡镇工业产值达 310 万元，实现利税 27 万元。1995 年，全县工业总产值 2423.8 万元，实现销售收入 1188.5 万元。1997 年，全县工业总产值 3964.8 万元。2000 年，全县工业总产值 3681.4 万元，其中规模以上工业企业实现工业总产值 1938.4 万元。

2005 年，全县工业总产值 31323.7 万元，其中规模以上工业企业实现工业总产值 19076.7 万元；实现工业增加值 9950.2 万元，其中规模以上工业企业实现工业增加值 6643.5 万元。

1986—1989 年共和县工业总产值、净产值情况表

表 3-2

单位：万元

年份	单位数（个）	工业总产值（不变价）						独立核算企业净产值、增加值（现价）			
		总计	合计	按所有制分		按生产性质分		其他	单位数（个）	工业净产值	工业增加值
				全民所有制	集体	轻工业	重工业				
1986	27	454.34	424.17	154.27	269.9	298.68	125.49	30.17	7	102.27	—
1987	33	600.1	590.1	176.6	413.5	435.3	154.8	10	5	136.5	178.6
1988	37	932.15	811	197.11	613.89	656.8	154.2	121.15	5	142	175
1989	—	1034.4	901.43	178.24	723.19	762.84	138.59	132.93	—	—	—

1990—1994 年共和县工业总产值、净产值情况表

表 3-3

单位：万元

年份	工业总产值					工业销售产值			工业增加值		
	总计	全民、集体工业			其他工业						
		合计	轻工	重工		合计	轻工	重工	合计	轻工	重工
1990	1158.51	970.71	797.7	173.01	187.8	—	—	—	462.48	374.61	87.87
1991	1199.4	1129.4	828.5	300.9	70	—	—	—	—	—	—
1992	1057.29	1057.29	719.76	337.53	—	774.22	521.63	252.59	586.13	381.62	204.51
1993	1040.2	1040.2	739.2	301	—	744.28	—	—	1040.2	—	—
1994	1695.1	1695.1	1083.2	611.9	—	941.08	711.31	229.77	1703.1	—	—

1995—1999 年共和县工业总产值、净产值情况表

表 3-4

年份	单位数（个）	工业总产值（万元）			工业销售产值（万元）			增加值（万元）		
		合计	轻工	重工	合计	轻工	重工	合计	轻工	重工
1995	55	2423.8	2032.7	391.1	—	—	—	—	—	—
1996	71	4124	1484.5	2639.5	3852.8	—	—	—	—	—
1997	76	3964.8	—	—	3705.2	—	—	1435	—	—
1998	60	3519	—	—	2770.8	—	—	—	—	—
1999	56	2458.7	—	—	1949.1	—	—	—	—	—

2000—2005 年共和县工业总产值、净产值情况表

表 3-5　　单位：万元

年份	工业总产值					工业销售产值	工业增加值				
	总计	规模以上企业			规模以下		总计	规模以上企业			规模以下
		合计	轻工	重工				合计	轻工	重工	
2000	3681.4	1938.4	1938.4	—	1743	2650.5	—	—	—	—	—
2001	3958	2601	1787	814	1357	3828	1299	853	—	—	446
2002	13228.9	10868.3	7302.2	3566.1	2360.6	13663.5	—	—	—	—	—
2003	18282	7057	4292	2765	11225	17255	4948	1910	1237	673	3038
2004	19101	9808	3936	5872	9293	18669	5556	3047	1164	1883	2509
2005	31323.7	19076.7	5447	13629.6	12247	31047.8	9950.2	6643.5	1590.8	5052.7	3306.7

四、工业产值变化因素

共和县地处民族地区，轻工业占比较大。1986—1990 年，工业企业生产运行和产值基本稳定。1991 年后，乡镇企业迅猛发展，占据工业“半壁江山”，工业产值呈上升趋势。2000 年后，国有、集体企业相继破产，非公有制企业应运而生，推动工业企业运行发展。2005 年，规模以上工业企业总产值 19076.7 万元，其中轻工业 5447 万元，重工业 13629.6 万元，轻重工业产值比为 1∶2.5。

第四节 电 力

一、经营机构

1989 年前，经营机构为共和县供电所，为单一装表、抄表收费单位。1989 年 9 月，升格更名为共和县电力局，隶属海南州电力局，内设机构

有生产经营股、农电股、配电班、办公室。

2000年8月，共和县电力局更名为共和县供电公司，内设综合部、营销部、生产技术部、运检中心，下辖城关供电营业所、龙羊供电营业所、环湖供电营业所、切吉供电营业所、沙珠玉供电营业所。根据供电所所辖营业范围分设乡（镇）电工组10个。县电力局在册员工128人，其中全民工32人、农电工96人。

二、电力供应

20世纪80年代末，共和县经济规模发展壮大，电力需求逐年增长。1986—2005年，凯华、鑫源、新华硅铁厂等工业企业先后落户共和县，供电负荷急剧增加。共和县电力部门为满足县域经济发展要求，扩建和改造原有供电网架。1987年，年用电量9064万千瓦时。1988年，两次增容110千伏共和变电站，并大规模地改造原有城区电网。1989年9月，共和县电力局成立，组织规模、人员配备、技术支持及优质服务均有提升。至2005年，年用电量为5165万千瓦时。年用电量减少原因为龙羊峡水电站大规模建设工作逐渐减少；共和县调整经济结构以及重新界定共和县电力局管辖用户数。

1986—2005年共和县电力生产指标情况表

表3-6

年份	售电量（万千瓦时）	线损率（%）	电费回收（%）
1986	9980	5.49	100
1987	9064	3.02	100
1988	7402	3.82	100
1989	7885	5.3	100
1990	8220	5.95	100
1991	7998	5.83	100
1992	8059	6.1	100
1993	8130	5.23	100
1994	8232	5.69	100
1995	8420	5.14	100
1996	7665	5.36	100
1997	7385	5.42	100
1998	6987	4.9	100
1999	6394	5.47	100
2000	6520	5.86	100
2001	6764	5.19	100
2002	5361	5.66	100

续表

年份	售电量（万千瓦时）	线损率（%）	电费回收（%）
2003	5553	5.52	100
2004	5376	5.31	100
2005	5165	5.66	100

三、电网建设

1985年，完成沙珠玉输变电工程，输电线路由恰卜恰架起，经马琮滩、廿地沟口到达沙珠玉乡，全长36.19公里；变电所占地0.35公顷，建筑面积189平方米；电压35/10千伏，初期容量1×630千伏安，最终规模达到2×1250千伏安。10千伏配电线路两条，全长37.25公里；总投资169.91万元。是年，架通塘格木农场至英德尔乡政府输电线路，工程由青海省电力设计院设计，海南州供电局施工，投资22万元。输电线路包括：10千伏输电线路1条，长13.96公里；低压配电线路1条，长2.76公里；SJL-50/10变压器1台。1988年，配合修建托勒台提灌工程，改建原曲沟35千伏输电线路11公里，新建3200千伏安变电所1座，投资45万元。1989年5月，托勒台扩建工程开工，五、六级泵站均安装有12Sh-6B和200S-63型水泵，配套电机分别为225千瓦及75千瓦，安装SJ7400/10变压器1台，架设10千伏输电线路4.2公里，通信线路4公里。县电力局成立乡电管站11个，完成第一期农网整改。全县乡通电率84%、村通电率63%。1993年，完成架设“151”至江西沟35千伏输电线路21.5公里，投资335万元；完成架设江西沟至黑马河10千伏输电线路42公里，建成江西沟400千伏安变电所。完成架设倒淌河至黄科村10千伏输电线路10.6公里，投资30万元。建成石乃亥尕日拉4千伏太阳能电站并投入运行，投资80万元。1994年，完成架设黑马河乡文巴村10千伏配电线路8.9公里，投资12万元；架设倒淌河哈乙亥、东卫、黑科3村10千伏输电线路28.96公里及低压线路，投资107.8万元；架设廿地乡10千伏的输电线路8公里，投资24万元。1997年，完成恰卜恰地区的镇网改造、输电线路的架设、高压器的更换及配套任务，投资87万元。1998年9月，编制《共和县农村牧区电网改造与建设计划》，并组织实施。2000年8月，按照“网架结构合理，供电能力适度超前，短半径、多布点，合理控制工程造价”原则，改造并建成倒淌河、切吉、西台变电所。2004年，共完成电力建设项目8项，完成投资7076万元。至2005年，共和县区域内拥有35千伏变电所8座（总容量为2.325千伏安）和35千伏线路262.60公里，10千伏线路1676.44公里，0.4千伏线路1951.09公里。全县乡级通电率100%、村通电率93%。

第五节 企业简介

一、海南州农牧机械厂

1956年建厂，为集体企业，主要生产步犁、镰刀、手锄、大铧、手动羊毛打捆机、草原灭虫喷粉机、牲畜药淋机、网围栏、脱粒机、保险箱等农牧业机械（农具）。1995年，工厂总资产817万元，年产值300万元，职工51人。进入20

世纪90年代，由于产品单一，更新换代慢，造成产品滞销，库存严重，该厂一直处于半停产和停产状况。2000年，由该厂向州中级人民法院提出申请，经州中级人民法院组成破产清算组清算完结，同时将该厂土地和建筑物以52万元的价格整体出售给吉林通化恒生制药有限责任公司后，宣布该厂破产，并于2001年6月，用54.3万元一次性安置职工55人，用268万元按分配比例清还债权人资产。

二、海南州印刷厂

1958年建厂，为国有企业。至1990年，已逐步发展成为海南州综合性国有印刷企业，拥有激光照排、彩色、书刊、不干胶商标、票据、自制包装物印刷设备，年产值800万元。20世纪90年代后，随着印刷市场的不断开放，各种所有制印刷企业发展迅猛，印刷业市场竞争日趋激烈。由于该企业位置偏僻，印刷市场狭小，不能满足生产能力需求，生产处于半停产和停产状态，企业陷入资不抵债窘境。2000年4月，该企业向州中级人民法院申请破产。同时，州公交局、州财政局、州人行根据《中华人民共和国公司法》的有关规定组成清算组，对该企业的资产、债权债务、应收账款、职工状况进行清算和调查。经清算，该企业资产总额为791.93万元，负债总额为1105.22万元，负债率为139.56%。依据可分配的资产为182.19万元，支出各项费用记有：法院诉讼费、清欠人员差旅费、车辆使用费、留守人员工资及清算报酬、留守人员养老金、公告费、其他零星计18.78万元；支出安置职工费用及其他费用计98.92万元（自愿解除劳动关系自谋职业的124名职工实行每人以一年工龄补助800元给予一次性安置，安置离退休职工26名，支付医药费5.41万元）；支出受偿的抵押资金61.15万元；支出债权3.64万元。在此次破产安置中，由于安置职工所需费用较大，企业无更多的资产变现，因此，州人民政府划拨29.5万元资金用于职工安置费用。后以100万元的价格，将企业整体出售给个体企业。该企业出售后，由私营企业继续经营。

三、海南州自来水公司

建于1968年，为社会公益性国有独资企业。至1990年，该公司形成覆盖恰卜恰城镇工业、商业和居民生活用水的供水管网，年供水量180万吨以上。但长期沉重的历史包袱和过多的资产负债，严重制约该公司的生存和发展。至2004年底，公司总资产991.95万元，总负债567.39万元，净资产424.56万元，在岗53人，停薪留职人员14人。由于该公司属社会公益性企业，创利空间有限，职工待遇低，经公司职代会讨论通过，向主管部门提出企业改制重组申请。2005年，州企业改制领导小组同意该公司改制重组方案，以参股的形式组建供水有限责任公司。是年8月，海南州正源供水有限责任公司成立，公司生产用资产351万元，其中国有173万元，占49.3%，股民178万元，占50.7%。

四、海南州砖瓦厂

1968年建厂，为国有企业。1989年，经海南州企业改制领导小组批准，实行租赁经营。1995年，企业工业总产值30万元（1990年不变价），产品销售收入40.8万元，利润-58.4万元。2002年，该企业资产总额696万元，负债总额788万元，资产负债率112%。该企业向州中级人民法院提出申请，要求破产还债。经筹措，从该企业库存材料变价、收回应收款、企业房改资金、土地厂房设备变卖资金和政府协调解决的补助金中共筹集资金62.35万元，按支付破产清算费用、支付职工工资及职工其他费用（自愿解除劳动关系自谋职业的35名职工实行每人按一年工龄补助800元给予一次性安置）、支付所欠税金、支付退还租金、支付清偿债权债务和其他费用后，宣告破产。

五、共和县民族食品加工厂

1971年，从共和县食品公司分离而成立，为小型国有企业，主要生产销售糕点、酱油、食醋等副食品。职工49人，退休职工18人。1999年，负债总额共计341.2万元。2000年，工厂将主要资产进行变卖，一次性安置职工。2000年8月，经共政发〔2000〕61号文件批复，同意破产。

六、共和县食品厂

位于共和县恰卜恰镇绿洲南路，建于1971年。主要生产销售糕点、酱油、食醋等副食品，职工30人。2000年，企业总资产达192.6万元，负债总额177万元。经共政发〔2000〕67号文件批复，2001年7月宣布破产。

七、海南州水泥厂

始建于1971年，为国有企业，主要生产普通425号磷酸盐水泥和白石灰，年生产能力1万吨。运行期间，为海南州的经济发展做出一定贡献。进入20世纪90年代，因该企业设备老化严重，产品生产单一，不能适应激烈的市场竞争要求，加之连年亏损，资不抵债，无法偿还到期的债务，加之属高污染企业，厂址又处于城镇中心，给周边环境造成严重污染，因此，政府依据环境保护法规，责令其停止生产。2001年，海南州根据《中华人民共和国公司法》《关于进一步促进中小型企业改革和发展的若干意见的通知》的有关规定，宣布该企业依法破产。海南州中级人民法院委托青海省计划委员会价格认证中心对该企业资产进行评估，评估的资产总额为315.76万元，负债总额为353.08万元，负债率110.8%。清算组将该厂的土地、厂房以50万元的价格，整体出售给共和县人民政府，同时筹集清算资金117.33万元支付债权，费用项目为：支付优先拨付清算费用10.62万元，支付职工债权费用18.43万元，支付职工安置费用46.76万元（自愿解除劳动关系自谋职业的38名职工实行每人按一年工龄补助800元给与一次性安置），支付优先受偿的抵押债权资金1.91万元，支付欠缴国家税收资金16.16万元。

八、海南州肉食品总公司

1971年8月成立，是青海省在草原牧区最早建立的牛羊肉出口加工基地，拥有3000吨冷藏贮存及与此相配套的半机械化牛羊肉屠宰加工设备和厂房，生产加工能力列青海省第二，经过20年的发展，下设海南、同德、兴海、贵南4个分公司。至1990年，该公司有固定资产1200万元，职工180余人，年可加工出口牛羊肉1000吨、羊肉8000吨及内销牛羊肉和牛羊副产品1000吨。主要产品有分割牛肉、出口四分体牛肉、出口卷绵羊肉、内销四分体牛肉、小包装牛肉、卷绵羊肉、涮羊肉片、酮体羊肉、分体羊肉、牛口条、牛尾肉、牛（羊）净肚、牦牛鞭干、牛羊蹄筋干、肠衣、百叶、皮张、羊毛等。产品严格按伊斯兰食品加工和国内外法令法规及客户合同的要求加工生产，产品行销原苏联、港澳、东南亚、中东等国家和地区及国内20余个省、市、自治区。1991年10月，公司生产的出口分割牛肉、出口（内销）卷绵羊肉3个产品荣获青海省行业优秀产品第一名。1992年，生产的专利产品牦牛鞭干荣获“第四届中国新产品、新技术博览会”银奖。1993年，出口分割牛肉、出口绵羊肉、牦牛鞭干3个产品荣获“双新会”银奖和铜奖。20世纪90年代后，公司由于历史包袱重和经营不善，从1991起至2000年企业连年亏损，最终发展到资不低债、扭亏无望的境地。经该公司申请，于2001年4月海南州中级人民法院裁定宣告该企业破产还债，并委托青海省永诚资产评估事务所对其资产进行评估，评估为：资产总计2951.18万元，负债总计5853.68万元。经过法院对企业厂房整体出售、库存商品出售、库存材料变现、车辆变卖、账外房屋变现、向上争取单位住房资金等形式获得可分配资金903.80万元，对企业破产分配安置为：支出清算费用47.50万元、抵押债权受偿额470.42万元、支付职工债权92.47万元、支付职工一次性安置费309.34万元（自愿解除劳动关系自谋职业的282名职工实行每人按一年工龄补助800元给与一次性安置）。2001年6月，内蒙古草原兴发肉食有限公司投资700万元，整体收购海南州肉食品公司，成立海南州草原兴发共和肉食品加工厂。2004年，工厂收购菜牛羊60426只，实现工业增加值1016万元，上缴税金14万元。

九、共和县民族服装厂

1972年，在恰卜恰裁缝铺的基础上成立，主要经营民族服装加工，为集体企业。1999年，负债总额为23万元。经共政发〔2000〕29号文件批复，2000年4月29日宣布破产。

十、海南毛纺织厂

始建于1972年，其前身为海南州氆氇厂，为集体所有制企业。1978年后，海南毛纺织厂逐步发展成为海南州中型骨干企业，生产规模不断扩大，被国家民委等4个单位确定为全国少数民族用品定点生产厂家之一。1988年，该厂迁至原海南州奶粉厂厂址，投入巨额贷款扩建厂房、购置设备。至1995年，固定资产增加到2200万元，有各种纺织设备124台（套），同时还引进奥地利非勒公司生产的DREF（德雷夫）-II型和DREF（德雷夫）-I型摩擦纺纱机，可加工3~30支各式异性的包芯纱、圈圈纱、色彩纱等多种纱线，并能用该机编织出石油管道设备保温材料及高档宾馆装饰用布纱等，同期再次投入150万元资金改造既有的摩擦纺车间，年生产精梳毛条150吨、绒线120吨。至此，该厂年生产能力为：毛毯8万条、呢绒10万米、各种纱300吨，年生产总值2000万元。形成洗毛、纺纱、织造、染整、运输等多功能配套的生产体系。1988年，该厂有职工446人，其中技术人员50人、经济管理人员15人。生产的江河牌纯毛水纹提花毛毯，由于色泽鲜艳、质地优良、水纹鲜明、手感细腻，在1988年青海省举办的纺织评比会上被评为优质产品。进入20世纪90年代中期，由于该企业产品品种单一、花色变化少等原因，造成市场销售不畅，产品库存严重，加之受固定资产投资过大、流动资金短缺、负债包袱过重、企业内部管理薄弱、财务管理混乱等因素的影响，生产经营处于半停产状态，至1996年全面停产。1999年9月，州毛纺织厂依据《中华人民共和国民事诉论法》《中华人民共和国城镇集体企业管理条例》向海南州中级人民法院申请破产。经州工交局、州审计局、州国资局、州农行和州建行组成的清查核算小组清算，该厂资产总额为2383.1万元，负债总额为7558.33万元，资产负债率为317%。根据国家政策规定，对州毛纺厂的职工家属按照“人均生活费低于城镇居民保障线”的有关政策予以安置。州委、州政府经协调由州就业局给职工360人发放4个月的失业金。同时用该厂库存原料加工成产品，全部用于抵押职工养老金和抵顶职工工资，计养老金202.7万元、职工工资32.8万元。2000年，法院宣布该厂破产终结。

十一、共和县皮毛绒厂

位于共和县恰卜恰镇健康北路，建于1974年。职工142人。2000年，资产总额470万元（其中流动资金277万元），负债988万元。经共政发〔2001〕50号文件批复，2001年宣布破产。

十二、共和县五金厂

建于1974年，企业性质为集体企业，职工59人。主营五金加工。1999年，总资产为920.5万元，负债608.8万元。2000年，一次性安置职工59人。经共政发〔2001〕9号文件批复，同意破产。

十三、海南州粮油公司

1975年，在原海南州面粉厂的基础上成立海南州粮油公司。至1992年，该公司已发展成为一个集粮油调运、加工、购销、储备为一体的工商合一的综合企业，承担海南州五县一委（一委指龙羊峡工委）、五大农牧场及果洛、玉树地区的粮油供应、调拨和销售任务。1995年，公司注册资金1316万元，固定资产1915.04万元，在职职工248人，占地面积70089.77平方米。年生产面粉2.24万吨、二级精炼油1.6万吨、饲料4000吨、青稞炒面3500吨、食醋200吨，拥有仓容量31500吨、储油罐1565吨。1992年，青海国家粮食储备局吸收州粮油公司为成员单位，遂成立青海共和国家粮食储备库，担负国家级和省级粮油（粮食1.46万吨、食用油400吨）储备任务。1997年，该公司实现工业总产值1427.21万元、销售收入9155.79元、利润210.56万元，创历史最高水平，被国内贸易部、海南州委及海南州国税局分别授予“全国粮食系统扭亏增盈”“全州民族团结先进集体”和“上缴利税贡献大户”荣誉称号，并连续五年被州人民政府评为“重合同、守信用”先进单位。1998年，该公司根据自身的发展要求，将公司分离成青海共和国家粮食储备库、海南州面粉厂、海南州油脂厂、海南州食品厂饲料加工厂和海南州粮油汽车运输公司共5个独立企业，分离后的各企业均为独立法人、自负盈亏的经营实体。

十四、龙羊峡电厂

1976年，水电四局进驻龙羊峡开始电站建设的选址、勘测等工作。历经20余年建设，龙羊峡电站于1986年10月下闸蓄水，1989年6月四台机组相继投产发电。龙羊峡电站总装机容量128万千瓦，年发电量60亿千瓦时，多年平均发电量为59.86亿千瓦时。至2005年，龙羊峡水电厂除保证正常发电外，在防洪、灌溉、给水、防凌、发展养殖业、旅游业和调节气候等方面，都具有显著的经济效益。

十五、共和县大理石厂

位于共和县恰卜恰镇团结南路。1985年，在原共和县农机修造厂的基础上成立，属国有企业。有退休职工69人。1985—1992年，在计划经济体制下，可基本维持生产。1996年2月，改制为共和县矿产资源开发公司。后因管理不善、设备落后、原材料价格过高、产品质量差等因素，导致产品在市场上失去竞争力，造成资金周转困难，企业负债沉重，负债总额为1127万元。经共政发〔1999〕25号文件批复，1999年5月宣布破产。

十六、共和县针织绒厂

位于共和县恰卜恰镇健康北路12号，建于1986年。该厂拥有资产总额135.4万元，负债总额215.4万元。职工22人。2001年宣布破产。

十七、海南州民贸公司

1986年4月成立。1995年，拥有固定资产598万元，经营面积8604平方米，设有经营网点11处，经营电器、服装、布匹、药品、手表、自行车、文化民族用品、体育器材等9000余个品种，年零售额686万元，职工168人。企业不断完善管理制度、强化经营水平，企业效益逐年提高。1997年后，实行企业改制，将州民贸公司分成州民贸有限责任公司、州民贸驻西宁采购站、州振兴民贸批发站和州烟草公司，各公司独立核算、自主经营、自负盈亏。20世纪90年代末，因市场疲软、经营下滑，造成连年亏损、债务过重，最终到了资不抵债、扭亏无望的境地。2001年5月，该公司根据《中华人民共和国公司法》向海南州中级人民法院提出破产申请。青海省兴华资产评估有限公司和海南州土地评估事务所受州经贸委委托，对该公司资产进行评估，评估结果为：资产总计779.35万元，负债总计1131.17万元。经州中级人民法院对企业房屋土地、商品出售、收回应收款、车辆变卖、房屋及柜台租金收入等项筹集，共筹集到资金291.59万元。企业破产分配资金项目为：清算费用21.76万元，抵押债权150万元，支付职工债权39.56万元，支付职工一次性安置费79.26万元，受偿国家税收3.94万元。对自愿解除劳动关系自谋职业的98名职工实行每人按一年工龄补助800元给予一次性安置。2001年，浙江客商在已收购破产企业——海南州民族贸易公司的基础上，成立海南州三丰商贸有限公司，公司总投资500万元，营业面积3500平方米，有员工72人。2004年，公司实现销售收入120万元，上缴税金10万元。

十八、共和新宇铁合金有限责任公司

1988年，由省第三地质队、恰卜恰乡经委、省农牧机械厂三家股东出资筹建，原企业名为青海省恰卜恰铁合金厂，股份制有限公司。1995年，更名为青海共和新宇铁合金有限责任公司。主营铁合金冶炼及硅石、石灰石矿加工与销售，注册资金为938万元，负债总额为2058.9万元。2002年9月，经共民破字第1-01号民事裁定，宣告共和新宇铁合金有限责任公司破产还债。

十九、共和县地毯开发公司

建于1988年，小型集体企业，职工109人，公司占地面积7346.3平方米，建筑面积2446.56平方米。2000年，资产总额260万元，负债总额300万元。负债率达115%。经共政发〔2001〕65文件批复，同意破产。

二十、青海省第二毛纺有限责任公司

2001年成立。原青海省第二毛纺厂破产后由原厂职工15人入股组建。自主开发研制的04长毛绒供不应求，被中国人民解放军总后勤部确定为军队装备定点生产厂家。2004年，该公司与总后勤部装备处签订04长毛绒生产合同，生产04长毛绒20万米。是年生产长毛绒8.1万米，毛纱100吨，羊绒被5000床，完成产值785万元，实现利润171万元。2005年，生产长毛绒16万米，毛纱500吨，羊绒被6000床，完成产值1600万元，实现利润250万元。是年，公司有职工328人。

二十一、草原兴发共和肉食厂

2001年6月，在整体收购原海南州肉食品公司基础上组建，总投资1700万元。2004年，收购菜牛羊60426头（只），实现工业增加值1016万元，上缴税金13.7万元。2005年，收购菜牛羊8万头（只），实现工业增加值1360万元，上缴税金100万元。是年有员工35人，生产季节超过80人。

二十二、海南州水泥有限责任公司

2002年成立，是由福建客商收购原破产企业海南州盛龙铁合金有限责任公司组建的水泥生产企业，年产水泥10万吨，投资5000万元。采用新型干法窑外分解工艺，全系统采用计算机集散系统及DCS控制系统。2002年，共生产水泥3.5万吨，完成产值980万元，实现利润122.5万元，上缴税金50余万元。2004年，取得全国工业产品生产许可证，并荣获青海省质量化学分析大评比优良企业。2005年，生产水泥8万吨，完成产值2240万元，实现利润280万元。

二十三、青海雪峰牦牛乳业有限责任公司

是海南州以加工乳产品为主的产业化龙头企业。设计年生产能力9000吨。2004年，加工生产乳制品800吨，完成产值248万元，实现利润48万元，有员工23人。2005年，公司加强奶源建设，在共和县、兴海县、贵南县建设奶站10处，生产乳制品3000吨，完成产值930万元，实现利润216万元。

二十四、新华铁合金有限责任公司

2003年5月，由甘肃客商收购破产企业新宇铁合金公司后的重组企业，投资435万元，有员工136人。2004年，实现工业产值达4000万元，上缴税金123万元。

二十五、海南州青海湖药业有限责任公司

该公司是由新疆客商收购原破产企业海南州青海湖制药厂组建的药品原料生产企业，投资1800万元。2004年10月，通过国家GMP认证，研制并开发麻黄浸膏粉、甘草酸等系列产品。2005年，生产麻黄素50吨、麻黄浸膏粉300吨、甘草酸100吨。完成产值4000万元，实现利润500万元。

二十六、龙羊峡鑫源矿业开发有限责任公司

2004年3月开始筹建，8月4日点火生产。是海南州最大的硅冶炼企业，年产锰硅15000吨。安装有6300千瓦矿热炉2台，总投资2600万元。至2005年，上缴税金55万元，有职工280人。

二十七、鑫绿源肉食品有限责任公司

2005年，由山东客商投资组建，计划总投资3500万元。项目分三期实施，2005年完成一期，计划投资500万元，当年完成投资350万元。二期和三期工程，计划总投资3000万元。

二十八、青海可可西里肉食品有限公司

隶属于青海百佳实业开发集团公司，成立于2005年5月，职工110人，注册资本405万元，总资产1300万元。主要研发生产“可可西里”牌牛肉干、牛肉酱系列产品，共100余个品种。

第二章　商贸　服务

1986—2005年，共和县商贸部门按照建立和完善社会主义市场经济体制的要求，推行调整社会商贸架构、实行多种购销形式、改革企业经营管理体制、建设商品市场体系等一系列改革措施，全县商贸企业改革与发展进入新阶段。其间，县内商贸部门进一步加大国有资产退出流通领域的监管力度，加快流通领域改制改组步伐，大力引进非公有制经济成分，实现商贸业主体多元化，形成各种经济成分、多种流通形式、多种竞争方式、少环节开放式的商品流通体系。至2005年，综合超市、专卖店等新型销售形式取代相对单一的百货店、副食店的销售形式，商品市场呈现网点遍布城乡、商品供应充裕的繁荣景象。

第一节　商贸体制改革

一、经营机制改革

1986年，根据国务院《关于深化国营商业体制和供销合作社体制改革意见的通知》，共和县撤销县商业批发公司和供销贸易公司，成立县粮食局；撤销粮油公司，恢复恰卜恰粮站。采取局长对政府承包，企业经理、厂长（主任）对主管局承包方法，实行经济责任承包制。是年，县属各公司实行（除县石油煤炭公司、粮食部门实行岗位责任制外）“国家所有、集体承包、照章纳税、自负盈亏”的经营承包责任制。县民贸公司实行经理（厂长）责任制，公司批发业务由公司统一核算，零售门店实行“联销计酬，工资全浮动，自主销售额工资含量”包干制，独立核算，照章纳税，自负盈亏；饮食服务行业的饭店、旅店、理发馆、照相馆实行集体承包、个人承包和租赁等经营形式；商办食品企业实行“职工集体承包，超利润分成”承包制。1988年，根据省人民政府《关于国营商业、饮食服务业、小型企业放开经营若干规定》精神，共和县百货公司、石煤公司、副食品公司、医药公司和食品加工厂开始实行承包经营和定额管理责任制，即“定死基数、利润递增、确保上缴、超收分成、欠收自补”。全面推行商业系统企业、门店招标竞争承包和租赁经营。至1990年末，商业系统第一轮3年承包租赁经营期结束。自1991年起，全面推行第二轮承包经营。县民贸公司在“定员定岗、定资金占用、定销售任务和商品损耗”的基础上，对各柜组和门店实行任务包干、风险抵押经济责任承包和百元销售工资含量分配办法，放开经营范围和方式。全县粮食企业放开粮食经营后，继续坚持以主营为本，在加强粮油调存、加工、销售的同时，利用自身优势开展多种经营，兴办商业、饮食服务、熟食品加工，发展养羊、养猪等第三产业，加快粮食转化。自1992年起，推行经营、价格、用工、分配“四放开”改革试点，继续推行“改、转、租、包”等补充过渡改革形式。第二轮承包经营一直延续到1996年。

二、产权制度改革

1997—1999年，根据青海省人民政府《关于加快全省国有小型企业改革的通知》《关于放开搞活全省国有中小企业意见的通知》精神，全县商业企业开展新一轮企业改革。改革的形式分为股份制、股份合作制、兼并和联合、剥离、分立等多种形式，改革的重点是产权制度，其原则是“抓大放小”。县饮食服务公司、县煤炭公司、县肉食蔬菜公司、县食品公司实行法人承包经营合同制；县医药公司改制为股份合作制企业，更名为共和县医药有限责任公司。1998年，县民贸公司与青海百货股份有限公司合作，以亚细亚商场为股本组建为“青海百货民族贸易有限公司”，开创债权转股权先例。按照盐业烟草行业“国有独资、统一管理、垂直领导、实行专营”政策，盐业经营从县民贸公司剥离，成立盐业经营部；烟草经营从县肉食品公司剥离，成立烟草公司。县肉食品公司、县饮食公司全部划小核算单位，实行租赁经营。1998年12月，共和县商贸系统股份有限责任公司1个，即共和县医药有限责任公司；实行法人承包制企业4个，即饮食服务公司、煤炭公司、食品公司、肉食品公司；实行“一司多制”公司2个，即民贸公司和食品加工厂；国有独资公司1个，即烟草公司。1999年，肉食蔬菜公司整体上划给青海省肉食品集团有限公司。2000年后，全县商贸企业以产权制度改革为重点，开展以依法破产和资产整体出售为主要形式的产权制度改制，除县烟草公司、县石油公司外，全部转为民营企业。

第二节　经济类型与网点

一、商业类型

国有商业　1986年，共和县国有商业完成国内商品购进2770万元，国内商品纯销售1653万元。1991年，完成国内商品购进2182.3万元，国内商品纯销售2534.1万元。个体私营商业迅速发展，国有商业受到冲击，企业负担加重，流通资金紧缺，产品积压，经营陷入困境。1992年，商业系统贯彻《全民所有制工业企业转换经营机制条例》，制定切实可行的改革方案，商业系统转换经营机制。县商业部门根据实际开展改革试点，制定出经营、分配、用工、物价“四放开”改革方案，扩大经营范围，采取清理历年库存、增设网点、下乡销售等办法，拓宽市场。1994年，对小型微利亏损企业实行国有民营，即大包干经营、租赁经营和离店经营。实行骨干商业企业利润或减亏基数递增（减）总包干全员承包销售办法。粮食企业实行“以业为主、多种经营、风险抵押、自负盈亏、定额上缴”承包办法。是年，全县商业系统商品销售总额2946.3万元。1997年，全县商业系统商品总购进3783万元，商品销售总额4512万元。1998年，完成商品总购进3742.5万元，商品销售总额4057.3万元。1999年，完成商品总购进3745万元，商品销售总额4159万元。2000年商业体制改革后，国有商业企业破产、出售、变卖，全部转为民营。

集体商业　1986年，共和县集体商业仍由县供销合作社联合社统一管理。是年，县境内供销合作社除县联社、县畜产公司、县农牧土特产公司外，尚有乡（镇）供销社12个和农牧区代销店33个，共有从业人员301人。1990年后，个体私营商业迅速发展，供销企业流通资金紧缺，产品积压，亏损严重。集体商业企业曾进行过多种形式的改革。勉强维持到1999年。2000年，集体商业企业完成改制，全部转为私营个体商业。

个体私营商业 1985年，共和县有个体私营商业298户，从业人员395人，实现社会商品零售总额124.98万元。随着改革开放的不断深入和社会主义市场经济的不断完善，个体私营商业网点发展迅速，遍布县内各村镇、县城各街道和居民住宅区。1990年，全县个体私营商业户1116户，从业人员1601人，商品销售额1315万元。1995年，全县个体私营商业户1466户，从业人员1969人，商品销售额4063万元。2002年，个体私营商业户2481户，从业人员3848人，商品销售额14228万元。2005年，个体私营商业户发展到2760户，从业4520人。全县实现社会消费品零售总额23541万元，经营品种涉及日用百货、五金家电、瓜果蔬菜、土产杂品、石油煤炭、中西药品等。

二、城镇商业网点

1986年，县内城镇商业网点有粮油商店、副食品商店、食品商店、纺织品商店、百货商店、医药商店、书店、日用杂货品商店、煤炭石油商店、五金交电化工商店、农业生产资料商店、专业商店、综合性商店、个体有证商店等。1987年后，随着改革开放和市场经济的快速发展，城镇商业网点得到快速发展，商业网点遍布城乡集镇。其间，个体私营商业网点快速增加。2000年后，城镇商业网点中全民所有制、供销合作社网点和集体所有制商业网点逐年减少，私营个体商业零售、批发网点大幅度增加，遍布全县城镇。

三、农村商业网点

1986年，县境内农村牧区商业零售网点有131个，从业人员248人。1987年后，商业服务网点逐步向农牧区延伸。个体商业网点发展迅速，遍布农村牧区。2000年后，农牧区商业网点中全民所有制、供销合作社网点和集体所有制商业网点被私营个体商业零售、批发网点所替代，个体私营商业网点成为农牧区商业流通主力军。

四、城镇综合市场

共和县恰卜恰商场 1988年5月建成投入使用。建筑面积3137平方米，采用封闭式二层砖混结构建筑，房屋142间，院内有铁皮棚60间，共安排国有、集体和个体工商业174户、从业人员231人，其中个体161户196人。总投资95万元，年成交额2000万元。1989年，商场设有服装、饮食、百货、蔬菜瓜果、肉禽蛋类等24个行业销售柜台，各种商品达320种，组织各项税收17.45万元。1990—1996年，该市场被国家工商总局、青海省工商局、海南州工商局评为“文明集贸市场”。1997年，被评为“规范化市场”。

共和县恰卜恰民族商场 1989年7月建成开业，建筑面积7103平方米，采用封闭式四层砖混结构建筑，有固定门面60间、摊位25个。总投资220万元。主要经营餐饮、服装、鞋帽等商品，年成交额1000万元。1990—1996年，该市场被青海省工商局、海南州工商局评为“文明市场”。1997年，被评为“规范化市场”。

共和县恰卜恰镇综合贸易批发市场 1989年7月建成开业。封闭式市场，面积2420平方米。投资180万元，由共和县民贸公司兴建。2003年8月，由青海可可西里实业开发集团有限公司整体收购，改（扩）建为砖混结构二层固定门面和大棚封闭摊位，建筑总面积达80000平方米，设门面、摊位160个，投资1150万元。主要经营餐饮、农副产品、调料、水产品等商品，年成交额2亿元。1997年，被评为“规范化市场”和

"诚信市场"。

龙羊峡消费品综合市场　1992年，由龙羊峡行委、水电部四局、龙羊峡水力发电厂、个体工商户共同筹资修建，占地5800平方米，修建营业门面96间1886.8平方米，双排遮阳拱形货棚1200平方米，铁皮售货亭90个，摊位80个，可容纳经营户260户。总投资107.5万元。1993年5月，龙羊峡民贸公司建成封闭式第二集贸市场，占地面积1439平方米，与该市场合并运行，投资45万元。1995年，工商户212户386人，市场年成交额825万元。2002年后，因水电部四局人员搬迁，龙羊峡行委撤销，镇区内人员锐减，大部分个体工商户撤离，年成交额下降。

共和县倒淌河畜产品交易市场　2003年5月建成开业。建筑面积8400平方米，为半封闭式市场，总投资180万元。主要经营牛羊屠宰及销售，市场摊位柜台38个，年成交额1147.4万元。

共和县恰卜恰清真牛羊肉屠宰市场　1997年11月建成开业，建筑面积461平方米，采用半封闭式建筑，投资4.5万元。主要经营牛羊屠宰及销售，年成交额80万元。

海南州旧机动车交易市场　2002年6月建成开业，建筑面积874.09平方米。由自然人投资修建，总投资180万元。年成交额120万元。

第三节　商业经营

一、农副产品贸易

1986年，共和县农副产品采购销售主体是共和县农牧土产公司、共和县肉食品公司等。收购的农副产品主要有羊及羊肉、牛及牛肉、羊毛、羊绒、牛毛绒、冬虫夏草、牛奶、蜂蜜等。1986—1992年，依据政策要求收购农牧土特产品。1993年后，由于放开经营限制，改为市场调节收购，收购主体改为私营个体购销。

二、粮油购销

1986年，共和县实行合同定购和市场收购相结合的办法，由粮食部门收购。是年，完成合同订购粮食任务60吨，议价收购任务2580吨；完成收购油料任务166吨。扩大议价经营，全县议购粮油13824吨（含调入），议销粮油11386吨（含调入）。1987年，全县粮油收购实行粮肥、粮油、预购定金"三挂钩"（奖售平价化肥、柴油和发放预购定金）政策，完善粮油合同定购制度，全年粮食合同定购60吨，议价收购12810吨（含调入），收购油料747吨（含调入）。1989年，全县收购粮食2945吨，销售平价粮食10760吨，从省外调入1021吨。1990年，粮食合同定购改为国家定购，按最低保护价收购，共收购粮食4924吨，收购油料194.4吨。全县销售粮食11460吨，销售油脂203吨。1991年，全县共计收购粮食任务440.43吨。国家对粮食管理体制和购销政策进行改革和调整，改变统一收购、统一销售、统一调拨、统一管理库存的"四统一"体制，实行购销双轨制，逐步缩小统销范围，扩大市场调节比重，实行粮食购销调拨包干。国家两次提高粮食统销价格，解决粮食收购中价格偏低和购销合同倒挂问题。压缩平价粮油销售的范围和数量，保证基本口粮和军粮的供应，做到国家定购与平价销售数量大体平衡。是年5月，国家调整粮油统销价格，销售粮食4930吨、油脂837吨。1992年，粮食统销价格再次提高后，继续对城镇居民口粮实行凭证、凭票、定量供应，对农村平价粮食销售实行计划供应。1993年，全县收购粮油573.5吨。粮食购销政策从统购统销转变为定购统销和议购议销并行（称为"双轨制"）。取消粮食定量供应，价格随行就市。1997年，收购粮油5159吨，其中粮食合同订购60吨，议价粮食收购4979吨，油料120吨。取消粮本，放开粮油销售。销售主体转为个体经营。1998年，国家实行完成国家粮食定购任务，并在留足农民自用、自储的余粮后，国有粮食企业须按保护价敞开收购，不准限收、拒收和停收，按质论价。2002年4月，国家放开粮食收购价格和市场后，县内全部实行粮食购销市场化。

三、物资供销

1986年，县内物资供应实行计划内分配和计划外供应相结合方式。1989年，海南州人民政府印发《关于加强物资管理、整顿流通秩序的实施意见》，规定计划内物资的分配调度由州、县计划部门负责，各物资公司（站）负责组织指令性计划物资的供应，计划外物资由物资企业自主经营；物资计划部门对指令性计划物资的计划执行情况实行年终核销和检查，物资企业向主管部门反映计划内物资的经营活动情况。1990年，国家取消计划内物资供应，物资供销全面进入市场化。2001年，县物资公司破产。至2005年，除个别涉及农业、牧业方面的生产资料公司享受一定国家政策外，其他均由市场调节。

四、生产资料供销

1986年，县境内生产资料经营继续实行计划内和计划外价格供应，主要经营电力、锯材、木材、钢材、水泥、砖瓦、石灰、玻璃、煤炭、燃油、金属制品、汽车配件、农具、化肥、农药、种子等。1987年，煤炭、柴油、化肥、农药的需求增大。在安排计划内供应的同时，通过各种渠道购进计划外化肥和柴油，以满足农牧业生产需求。1988—1999年，生产资料供应以共和县生产资料公司为主体，所组织的生产资料基本满足全县农牧业生产需求。其中，1996年，全县生产资料经营品种增加原煤、焦煤等品种。2000年后，生产资料供应全部进入市场化运作。

五、生活资料供销

1986年后，共和县生活日用品供应逐步取消定量供应和配给政策。商业部门为增加日用品花色品种，满足群众需求，从省外购进食盐、食糖、酱油、食醋、茶叶、罐头、肥皂、洗衣粉、火柴、针纺织品、五金交化商品、日用杂品等生活必需品。1991年，生活资料供应基本市场化。2005年，生活资料品种多、花色全、数量大，各种用品应有尽有，满足生活需求。

六、商业服务业

1986—1999年，共和县商业服务业由国有、集体、个体三方经营。2000年后，国有、集体服务通过全部过渡为民营，个体、私营服务业迅速发展。全县商业服务业包括餐饮、住宿娱乐日用品修理、理发美容、照相、家政、裁剪服装等。20年间，服务门类有增有减，总体是增大于减。新增歌舞厅、KTV、棋牌室、婚庆、打印、家电修理、计算机修理维护等新兴门类。服务业门类中，餐饮、住宿占比大，从业人数众多。餐饮业注重开发民族餐饮菜品，做大做强民族餐饮特色。2000年后，农家乐发展壮大，餐饮业市场再行拓展。2005年，旅馆业借助旅游业发展趋势，注重酒店改造升级，全县星级宾馆7家；文化娱乐业、体育休闲等行业健康发展；新兴服务业跟随时代变化应运而生，手机修理、美容美发、家电维修、计算机维修、广告传媒、婚庆、房屋中介、法律咨询等行业满足群众服务需求。

第四编

城乡建设　交通　邮电

第一章　城乡建设

1986年后，共和县注重抓城镇建设规划，稳步改造老城区，拓展开发新区。20世纪90年代末，共和县城镇建设立足自身地理区位，因地制宜，面向未来，统筹兼顾，组织修编《恰卜恰镇总体规划（1999—2020年）》，县城建设步入发展快车道，县城规模不断扩大，基础设施不断完善，城区面貌焕然一新。房地产业在开发中崛起，注入城区建设新活力。2000年起，全面实施小城镇发展战略，编制倒淌河、石乃亥、黑马河、江西沟等乡（镇）规划，并加大投资力度，小城镇道路、供排水、电网改造等基础设施建设步伐加快，集镇建设进入快速发展期。至2005年，全县城乡初步形成以供水、供电、供热、道路、排水、绿化和环境卫生相配套的城镇框架，城乡居民的生产生活条件得到明显改善。

第一节　机　构

一、共和县交通与建设局

1984年，共和县城乡建设环境保护局成立，编制9名。1995年，改为共和县经济建设局，编制12名。2002年，组建为共和县交通与建设局。

二、共和县房地产管理所

1986年10月，在共和县城乡建设环境保护局内设房地产管理所，工作人员内部调剂。建所初期主要工作职能为公房管理，1988年开始城镇房屋所有权登记和发证工作，1990年后逐步开展房地产评估工作。1993年，改称共和县房地产管理科，负责房地产制度改革管理。1995年，在全县机构改革中撤销房地产管理科，恢复房地产管理所，隶属县经济建设局。2002年后，隶属共和县交通与建设局。2005年，房地产管理所工作人员5人，负责城镇房屋产权证管理、房屋交易管理和房屋拆迁管理等工作。

第二节　城乡建设规划

一、恰卜恰镇总体规划

1984年，海南州人民政府和共和县人民政府联合成立恰卜恰镇总体规划编制领导小组，起草编制《恰卜恰镇总体规划》。1987年10月，青海省人民政府正式批准《恰卜恰镇总体规划》。规划期限近期为1990年，远期为2000年；规划人口规模近期3万人，远期5万人；规划用地规模近期主要调剂使用原有土地，远期2000年6.7平方公里，人均占地面积130.10平方米。城市性质定位为“以发展毛纺、皮革等畜产品加工和建材工业为主的社会主义现代化牧区城镇”。按照恰卜恰镇区城镇规划总体布局，将恰卜恰镇区规划为五个小区：第一小区长风路以北，区内主要为州、县政府等行政机关驻地，为行政小区；第二小区团结南路以东至民族东路，区内有地质队、供电局、县运输公司等，为综合小区；第三小区团结南路以西至恰卜恰河滩边民族中路，区内有民族师范学校、中小学、歌舞团、电影公司等，为文教区；第四小区恰卜恰河滩以西到民族西路，区内有共和县商业系统、农机公司、县物资站等，为综合区；第五小区民族东、西路以南，区内有青海第二毛纺厂、第三制药厂、共和皮革厂、海南州肉联厂等，为工业区。形成团结南路北端、绿洲南路北端、团结南路中端3个生活服务中心，各中心以百货商店、粮油门市部、农贸市场、电影院等形成商业服务、文化娱乐中心，服务半径均在1公里左右。规划确定将恰卜恰镇建设成畜产品、建材加工的生产基地，开展城乡物资交流的生产型、多功能牧区城镇。

1990—2000年，共和县人民政府两次修编《共和县恰卜恰镇总体规划》，委托青海省规划设计院编制。规划用地面积9.77平方公里；规划人口规模近期4.5万人，远期8万人；规划年限近期为1990—2005年，远期为2006—2020年。后委托南京大学规划设计院对《共和县恰卜恰镇总体规划》进行编修，并更名为《共和县恰卜恰镇详细规划》。《规划》编制的控制面积修订为4平方公里。2003年，青海省人民政府批准实施《共和县恰卜恰镇详细规划》。

二、小城镇集镇规划

2000年，共和县人民政府委托青海石油管理局勘察设计研究院编制完成《共和县倒淌河镇城镇总体规划（2000—2020年）》。2003年，由陕西省城乡规划设计研究院编制石乃亥、黑马河、江西沟3乡镇建设总体规划（2001—2020年），经省建设厅组织专家论证通过。

第三节　县城建设

一、街道建设

1986年，城区有主要街道3条9.54公里，均为柏油路面；大小街道31条，全长26.83公里。主要街道有团结北路、团结南路、绿洲北路、绿洲南路、公安巷、长风街、人民街、长空路、文化街、同心街等。1995年，完成城区恰卜恰河1号桥桥墩护坡、引桥路面和防洪堤等建设工程，投入资金50万元。1996年，新建水厕、街心小花园各1座，铺设街道两侧预制块3000平方米，维修儿童公园，投入资金30万元。1999年，实施团结南路、绿洲南路改造一期工程，全长2.1公里，投资250万元；完成主车道两侧非机动车道拓建13738平方米，铺设人行道预制块15144平方米，铺设道路沿石9925米，设置绿篱钢筋围栏6191米。2000年，实施城区道路改建工程，共改造城区道路2.4公里，投资604万元；新建绿洲北路机动车道，全长620米，投资86万元；新建青年路机动车道，全长470米，投资86万元；拓建长风路非机动车道，全长530米；新建公安巷道路281.6米，投资24万元。2002年，改造团结南路道路674.2米。2003年，修补城区道路油路面2420平方米；改造县政府门口经州卫校至次汉素桥头路面4.8公里，投资450万元。2004年，改造完成团结北路、绿洲路道路，投资1600万元。2005年，完成文化街道路及步行桥工程，修建引道733米、步行桥52米，投资133万元。同期改造城区机动车道、人行道、排水和照明设施，投资313万元。至2005年，城区街道道路32条共计30.7公里，桥梁16座，人行道19.8万平方米。主要街道有青海湖北大街、青海湖南大街、黄河北路、黄河南路，以及东台街、人民西路、健康北路、健康南路、新建街（含大众街）、青年路、东风桥、人民桥、长风桥、新建桥、青年桥等。城区道路基本形成"四横十纵"格局。

二、主要街道

青海湖北大街　南北向街道，长1100米。街道两旁自北向南主要有州消防队、县电影公司、县卫生防疫站、县人民检察院、县人民武装部、县中学、州农业银行、州建设银行、海南州委、州政府、州人大、军分区、党校、共和县委、县政府等单位。

青海湖南大街　南北向大街，长2490米。两侧东西向的较小街道，自北向南依次西侧为贵南东路、贵南西路、共和东路、赛乾路、贵德西路、恰雄路；东侧有宗日路、贵德东路、拉西瓦路、同德东路等街道。两旁自北向南有州邮电大楼、州青少年宫、州政府招待所、县农业银行、亚细亚商场、百佳商贸公司、海南影剧院、州客运站、商场、地质三队、新华书店、三丰公司、县农技推广站、海南线务站、镇政府、体育场、县文化馆、州水电队、州中学、县第二小学、金安小区、县中医院、县民族完小、州县车管所、州交警队、州民师、州县兽医站、州毛纺厂、州藏医院、652地质队，省第二毛纺厂，止于青年公园。

黄河北大街　南北向大街，长1040米。北起州民族师范，南止于大转盘。沿街驻有州医院、海南卫校等单位。

黄河南大街　南北向大街，长2980米。北起大转盘，南止次汉素桥。

贵南路　东西向大街，长1250米。位于城区最北处，东起于环城东路，西止东风桥。

公安巷　南北向大街，长580米。位于青海湖家园至东风路。

共和路　东西向大街，长1030米。位于城区北部，东起环城东路，西止东风桥。

文化街　南北向大街，长520米。位于青海湖南大街至步行桥。

宗日路　南北向大街，长450米。位于环城东路至青海湖南大街。

贵德路　南北向大街，长1365米。位于恰卜恰镇政府至农机公司。

恰雄路　东西向大街，长1090米。东起第二小学，西止黄河南路。

同德路　东西向大街，长1400米。位于城区中部，东起环城东路，西止共和县农机公司。

2005年共和县恰卜恰镇主要道路一览表

表4-1　　　　单位：米

序号	道路旧名称	道路新名称	路长	具体方位	路面结构
1	团结北路	青海湖北大街	1100	海南州公安局至中心广场	沥青
2	团结南路	青海湖南大街	2490	中心广场至青年公园	沥青
3	绿洲北路	黄河北大街	1040	师专至海南州医院	沥青

续表

序号	道路旧名称	道路新名称	路长	具体方位	路面结构
4	绿洲南路	黄河南大街	2980	海南州医院至次汉素桥	沥青
5	东风路	贵南路	1250	环城东路至东风桥	沥青
6	公安巷	公安巷	580	青海湖家园至东风路	沥青
7	人民路	共和路	1030	环城东路至人民桥	沥青
8	东台街	宗日路	450	环城东路至青海湖南大街	沥青
9	健康北路	贵德东路	480	环城东路至县人民法院	沥青
10	新建街 大众街	贵德西路	885	恰卜恰镇政府至农机公司	沥青
11	青年路	恰雄路	1090	原二完小至黄河南路	沥青
12	民族路	同德路	1400	环城东路至黄河南大街	沥青
13	环城北路	兴海路	2790	西台变电所至环城东路	沥青
14	环城东路	环城东路	3900	国道214线至民族东路路口	沥青
15	长风路	日月山路	920	海南州少年宫至海南州医院	沥青
16	建工巷	倒淌河巷	1200	共和东路至贵德东路	沥青
17	文化街	赛乾路	520	青海湖南大街至步行桥	沥青
18	顺风巷	羊曲路	380	海南州客运站至邮电局家属院	沥青
19	健康南路	拉西瓦路	530	海南州地税局至环城东路	沥青
20	光明巷	都塘巷	450	共和县工商局至河沿	硬化路
21	友好街	龙羊路	270	共和县车队至河沿	沥青
22	高原巷	拉泽塘巷	750	共和县民族中学至二毛家属区	其中硬化500米
23	环城西路	环城西路	2470	环城北路至次汉素桥	沥青
24	长安巷	直亥巷	240	海南州公安局家属院 至青海湖北大街	沥青
25	同心路	切吉东路	250	步行桥至黄河南大街	沥青
26	长空路	切吉西路	780	海南州医院至国道214线	沥青

三、城区桥梁

城区恰卜恰河上建桥梁6座，自北而南为环城路大桥、长风路大桥、步行街大桥、恰雄路大桥、贵德西路大桥和同德中路大桥。此外，黄河南大街、青海湖南大街和青康公路城区段，各建有桥梁1座。

四、供水排水

1986年，县城供水主管道33公里，支管道45公里，建有200吨水塔2座，500吨水塔1座，机井2眼，年供水量160.1万吨。由于未经净化处理，水质差，时常断水。1995—1997年，扩建供水西线工程，安装管道8.11公里，修建加压泵站1座、蓄水池1座（蓄水800吨），安装供水管道456米，工程投资90万元；建成西台供水工程，铺设供水管线3619米，投资981万元。1999年，完成恰卜恰水源建设项目，建成水源井1座，新增日供水能力3000吨，投资60万元。2000年，改造排水管道1.06公里，新建公安巷（含人民路）排水工程531米。2001年，完成恰卜恰镇供水管网扩建工程和排水改造工程。2002年，改造恰卜恰镇供水管网3.33公里，改造绿洲南路排水管道4.681公里，投资470万元。至2005年，城区主管道总长32.15公里，供水综合生产能力12000吨/日，其他1200吨/日，供水普及率80%，部分工业企业利用自备水源井供水。供水人口4.5万人。

1986年，县城有团结路雨污合流地下排水管道3.1公里，窨井46眼，出口在恰卜恰河，无污水处理设施。县城排水设施欠完善，城区排水管道6.098公里，除绿洲路管道（4.994公里）和长风路管道（0.57公里）按DN400~DN500的管径新建以外，其余均为20世纪60—80年代埋设的雨污水合流制管道。城区排水工程按近、中、远三期规划。一期新建东风路、文化街、同心街、人民路路东、公安巷、新建街、青年路路东、建工巷，改（扩）建健康南北路、东台街，合计改造长度5.92公里。二期排水工程重点改造既有道路排水管网。三期排水工程建设是《县城总体规划》中所确定的交通性次干道、生活性主干道等道路排水系统及污水处理厂（包括通往污水处理场的主管道Φ800总长2公里）。规划确定在恰卜恰河下游东侧建设共和县污水处理厂，处理规模1.2万吨/日，投资2700万元。处理程度初期为一级处理，远期达到二级生物处理。所有规划工程均于2005年基本完成，但未达到二期生物处理目标。

五、生活垃圾处理

2002年前，城区设有垃圾箱及垃圾清运车，集中运往2处垃圾场填埋，城区卫生状况良好。2003年，恰卜恰镇实施垃圾处理及环卫工程，新建垃圾处理场1座，库积59.6万立方米；新建转运站3座；购置设备数台（件）等。是年竣工投入运行，总投资90万元。

六、供热

2003年之前，全县大部分机关单位自行供暖，居民采取烧煤取暖方式。2003年，恰卜恰镇集中供热工程开工建设，其中锅炉房土建工程完成1658平方米，购置安装14千瓦高温燃煤锅炉2台及配套设备，完成投资950万元；建设换热站2座，完成投资81万元；供热管网铺设6公里，完成投资429万元。2003年冬季竣工，是年供热面积14万平方米。同期，海南州供热站成立，由州计经委管理。

七、道路照明

1986年，全县主要街道安装有路灯119盏。1986年后，在街道中陆续安装路灯。其中，1999年，在团结南路新安装双臂式路灯50盏。至2005年，城区有路灯933套2922盏。

八、城镇绿化

1986年，共和县组织全县干部、职工和群众开展镇区绿化美化活动，在镇区团结南北路、绿洲南北路、人民路、长风路等主要人行道栽植榆树墙绿化带3200平方米。1990年后，将团结南北路、绿洲南北路、人民路、长风路两旁杨树、柳树更换为榆树，共栽植榆树2600余株。1994年，城区共有绿地169.50万平方米，覆盖率21.60%；建有街心花园2座，占地2001平方米；修建儿童公园1座，占地4.20万平方米；绿化街道14条路旁植树4805株，总长12103米，栽植绿篱8078米。1999年，恰卜恰镇安装路旁绿篱围栏8.62公里。2000年后，陆续栽植、补植榆树等树种。至2005年，县城恰卜恰逐渐形成以儿童公园、青年公园、东山、西山林带为主体的绿地系统，绿地面积 30.65 公顷，其中公共绿地 6.65 公顷，人均 1.45 平方米。

九、楼宇建设

1986—2005 年，共和县城区共实施楼房建设项目 123 项，总建筑面积 305478 平方米，总投资 31233 万元。其中，住宅 64 项，建筑面积 185130 平方米，投资 16254 万元；公建、办公、商业 59 项，建筑面积 120348 平方米，投资 14979 万元。

1986—2005 年共和县恰卜恰镇主要建设项目情况表

表 4-2

序号	建设项目名称	总投资（万元）	资金来源	建筑面积（平方米）	房屋用途
1	共和县地税局住宅楼	120	自筹	1310	住宅
2	海南州移动通信分公司机房	20	自筹	240	办公
3	共和县烟草公司综合营业楼	31	自筹	620	办公
4	海南州中学商业住宅综合楼	250	自筹	3200	住宅
5	恰卜恰镇政府住宅综合楼	118	自筹	1570	住宅
6	共和县粮食局综合楼	60	自筹	800	住宅
7	海南州水电队住宅楼	143	自筹	1900	住宅
8	中国寿险海南分公司业务楼	100	省级拨款	1520	办公
9	共和县肉食公司综合楼	120	自筹	1560	住宅
10	海南州民族师范住宅楼	245	自筹	3500	住宅
11	海南州工商局业务楼	120	省级拨款	1453	办公
12	中国农业银行共和分理处综合住宅楼	22	自筹	282	住宅
13	共和县商贸总公司综合楼	141	自筹	2016	住宅
14	共和县教育局一完小教学楼	338	省级拨款	4500	公建
15	共和县教育局一完小住宅楼	100	自筹	1500	住宅
16	共和县肉食蔬菜公司第二综合楼	98	自筹	1500	住宅
17	海南线务站通信生产楼	250	省级拨款	2500	办公
18	海南州民族师范教学综合楼	210	省级拨款	3000	公建
19	海南州文体广电局职工住宅楼	203	自筹	2900	住宅
20	共和县国家粮食储备库综合楼	475	自筹	5773	住宅
21	海南州民族博物馆大楼	82	省级拨款	960	公建

续表

序号	建设项目名称	总投资（万元）	资金来源	建筑面积（平方米）	房屋用途
22	共和县烟草公司青海湖综合楼	140	自筹	1836	住宅
23	恰卜恰乡政府住宅楼	172	自筹	2145	住宅
24	畜产品中药材综合交易中心	250	自筹	3536	商业
25	海南州公安局消防队业务楼	242	省级拨款	1600	办公
26	海南州公安交警支队业务楼	150	省级拨款	1500	办公
27	海南州工人俱乐部综合楼	49	自筹	638	住宅
28	共和县一建综合楼	51	自筹	720	住宅
29	青海省民族师专学生公寓楼	370	省级拨款	4475	公建
30	河西派出所办公楼	78	省级拨款	938	办公
31	海南州藏文中学学生公寓楼	221	省级拨款	2600	公建
32	恰卜恰同心街综合楼	60	自筹	988	商业
33	共和县中医院综合楼	175	自筹	2426	住宅
34	海南州党校住宅楼	107	自筹	1607	住宅
35	青海省第三地质队综合楼	60	自筹	900	住宅
36	海南州计生局综合楼	145	自筹	1200	住宅
37	海南州宾馆藏胞接待中心	900	自筹	4832	商业
38	中国人民银行海南支行发行库办公房	2583	省级拨款	7000	办公
39	青海省无线电管理办公室海南综合楼	80	自筹	980	办公
40	共和县科技文化局住宅楼	178	自筹	2240	住宅
41	共和县青少年活动中心	124	省级拨款	1310	公建
42	共和县教育局住宅楼	220	自筹	3100	住宅
43	恰卜恰镇办公楼	140	省级拨款	1817	办公
44	共和县地税局住宅楼	100	自筹	1360	住宅
45	皓星商业用房	212	自筹	2640	住宅
46	共和县人民检察院办公楼	100	省级拨款	800	办公
47	共和县住房资金中心一号住宅楼	130	自筹	1850	住宅
48	共和县收教所	60	自筹	690	公建

续表

序号	建设项目名称	总投资（万元）	资金来源	建筑面积（平方米）	房屋用途
49	共和县汽车站	55	自筹	450	公建
50	共和县资金中心二号楼	126	自筹	1800	住宅
51	皓星花园住宅小区	1050	自筹	15966	住宅
52	共和县工商局住宅楼	192	自筹	2400	住宅
53	海南州国税局办公楼	450	省级拨款	2000	办公
54	海南州中学综合教学楼	240	省级拨款	2418	公建
55	共和县审判法庭	250	省级拨款	1600	公建
56	海南州审判法庭	300	省级拨款	2000	公建
57	共和县水电队职工住宅楼	146	自筹	2632	住宅
58	海南州卫生局办公楼	160	省级拨款	960	办公
59	海南州藏文中学职工住宅楼	176	自筹	2200	住宅
60	共和县中学教师商住楼	189	自筹	2500	住宅
61	共和县人民政府办公楼	280	省级拨款	3300	办公
62	共和县疾控中心办公楼	110	省级拨款	1400	办公
63	共和县国税局综合楼	130	省级拨款	1259	办公
64	共和县政府住宅楼	138	自筹	1850	住宅
65	海南州国家安全局办公楼	52	省级拨款	719	办公
66	海南州公安局技术业务楼	400	省级拨款	3000	办公
67	共和县汽车站综合楼	75	自筹	926	住宅
68	共和县第二完小教学楼	105	省级拨款	1390	公建
69	共和县民中学生公寓	130	省级拨款	2108	公建
70	海南州联通公司通信综合楼	800	省级拨款	2100	办公
71	金安小区一期工程	3000	自筹	20000	住宅
72	海南州技校教学综合楼	200	省级拨款	2000	公建
73	海南州医院急救中心	300	省级拨款	3000	公建
74	共和县运管所办公楼	180	省级拨款	1900	办公
75	共和县二小商住楼	195	自筹	2600	住宅
76	海南州卫校学生公寓	92	省级拨款	1120	公建

续表

序号	建设项目名称	总投资（万元）	资金来源	建筑面积（平方米）	房屋用途
77	海南州中学商住楼	285	自筹	4070	住宅
78	共和县中医院住宅楼	80	自筹	1000	住宅
79	共和县工商局办公楼	90	省级拨款	810	办公
80	共和县运输公司综合楼	98	自筹	1300	住宅
81	海南州政府商住楼	175	自筹	2000	住宅
82	共和县完小商住楼	230	自筹	3038	住宅
83	海南州卫校教师住宅楼	112	自筹	1600	住宅
84	金安小区商铺楼	86	自筹	1140	商业
85	共和县第一小学教学楼	225	省级拨款	3041	公建
86	州电信公司干部交流公寓楼	190	省级拨款	2076	住宅
87	惠安小区 1~5 号楼	1363	自筹	16740	住宅
88	共和县民中教学楼	404	省级拨款	4600	公建
89	共和县民中公寓楼	193	省级拨款	2200	公建
90	共和县民族完小教学楼	124	省级拨款	1500	公建
91	中国联通海南分公司商住楼	140	省级拨款	2000	住宅
92	海南州烟草专卖局综合楼	420	省级拨款	4200	办公
93	海南州移动分公司综合楼	460	省级拨款	1660	办公
94	共和县地税局公寓楼	80	自筹	900	住宅
95	皓星花园住宅小区 6、7 号楼	668	自筹	6681	住宅
96	香格里拉住宅小区	3500	自筹	35000	住宅
97	共和县民政局敬老院	150	省级拨款	1500	公建
98	海南州藏医院藏药制剂中心	260	省级拨款	2000	公建
99	海南州民中逸夫教学实验楼	210	捐款	2600	公建
100	海南州医院商住综合楼	105	自筹	1300	住宅
101	共和县扶贫培训中心综合楼	66	省级拨款	732	办公

第四节 集镇建设

一、龙羊峡镇

龙羊峡集镇随龙羊峡水电站建设而逐步形成。1976年，水电部四局万余名建设职工进驻查纳山，自己动手，建起一批“干打垒”临时性工棚后，开始大规模建设龙羊峡水电站工程。工程建设过程中，初步形成工程指挥机构驻地、施工人员驻地、生活供应等固定区域。自1978年起，按城镇目标设计出龙羊峡街区平面总体布置图。此后，按照设计图纸在黄河扇形山坡洪积阶地上，以行政单位为单元，统一布局，形成低层高密度行列式建筑群体。1979年3月，青海省革命委员会批准成立龙羊峡办事处，为海南州革命委员会派出机关，县级级别设置。公安局、检察院、法院和粮站、贸易公司、食品公司、银行、邮电局等国家机关和企事业单位随之建立。1986年，镇区有中学1所、技校1所、小学3所，在校学生3839人。四局职工医院有病床163张。文化设施主要有影剧院工人俱乐部、电视接收站、新华书店等。1990年后，龙羊峡街区建设速度加快，龙羊大街和新扩建的北大街楼房林立，新建框架结构的龙羊峡电厂培训中心大楼、工委办公楼、龙羊湖宾馆、龙羊酒家、水电部四局综合大楼、建设银行、农业银行营业楼等建筑，富有地方特色和现代化气息，初步形成高原电力工业新城雏形。龙羊峡—西宁146公里，龙羊峡—恰卜恰65公里，每天有班车往返。开通至沙沟汪什科和曲沟的两条水上航线，有定期客船往返。有集贸市场2处，个体工商户409户，从业人员609人。国营和集体商业年社会商品零售额达600余万元。2002年，龙羊峡街区建筑总面积7.94万平方米，沿龙羊大街两侧布局的混合结构大楼13幢，占总建筑面积的7%。街区大街呈东西走向，水泥路面，全长1.84公里，宽15米；龙羊南路、北路、东路、西路和创业路总长16公里，构成镇区的交通骨架。1995年后，龙羊峡建设工程完成建设任务，施工队伍陆续撤离龙羊峡。2002年4月，海南州人民政府决定，撤销龙羊峡工委、行委，与共和县曲沟乡合并成立龙羊峡镇，归共和县管辖。

二、倒淌河镇

倒淌河镇东距湟源县城50公里，西南距共和县城24公里。是海西、青南地区通往省会西宁的咽喉要道，素有“海南门户”之称。2000年，共和县撤销倒淌河乡，成立倒淌河镇。2001年，倒淌河镇被列为全省小城镇建设重点之一。是年，新建倒淌河大桥、铺装镇区人行道、修建非机动车道等工程，完成国道214线、国道109线与镇区的道路连接；建成三角地带广场和文成公主雕像；埋设供水管网2600米，排水管网3000米；新建变电所1座，安装路灯85盏；累计拆除沿街平房12927平方米，修建砖混楼房建筑面积25826平方米；建成农副产品交易市场1处，建成红十字急救中心、公安派出所、工商所、税务所、兽医检疫站等办公楼。总投资4500万元。街区设计新颖，造型独特，建筑物以二至三层为主，均衡庄重，错落有致，展示高原城镇浓郁的民族风格和崭新面貌。

第五节　建筑业

一、建筑企业

青海华厦建筑工程有限责任公司　1997年，海南州建筑工程公司改制后，由海南州华厦建筑公司与贵德城乡建设公司及海南州教育建筑工程公司组建而成。为工业与民用建筑施工的三级企业。

青海宏星建设工程有限公司　1996年成立。公司拥有房屋建筑工程总承包二级、市政公用施工总承包二级、建筑装饰装修专业承包二级、水利水电施工总承包三级以及公路路基专业承包三级资质。

青海省共和县建筑工程公司　1997年，由原共和县第一建筑工程公司（工民建四级企业）牵头，联合共和县第二建筑工程公司、共和县第三建筑工程公司、共和县中小学勤工俭学服务公司、共和县龙羊建筑工程有限责任公司等五家建筑企业组建而成。为股份制联合企业。

二、建筑工程质量安全监督

1986年，共和县城乡建设环境保护局内设共和县建筑工程质量监督站。1992年6月，共和县建筑工程质量监督站成立，隶属县城乡建设环境保护局，人员编制在内部调剂。2003年，共和县建筑工程质量安全监督站单列，工作人员5人。2003—2005年，共有接受监督项目（商住楼、义教工程、各单位办公楼、私人住宅等）57个。县质监站贯彻《中华人民共和国建筑法》《建设工程质量条例》《建筑工程安全生产管理条例》等法律、法规，规范全县建设工程质量与安全监督行为，严格执法，科学公正地开展建设工程质量安全监督工作。

第六节　房地产管理与开发

一、公有住房改革

1988年3月，共和县住房制度改革领导小组成立。是年11月，成立共和县住房制度改革领导小组办公室，设在县财政局。工作职责是开展住房制度改革的调查、测算工作，为全面开展住房制度改革做准备。1996年6月，《共和县城镇住房制度改革方案》经海南州人民政府批准实施。全县城镇住房制度改革全面启动。至1997年底，全县住房出售工作全面结束，共出售公有住房面积87227.15平方米，全部按房改价出售给干部职工，收回售房款444.7万元，占应收款总额的78.5%，归集住房公积金201万元，归集率93.4%。1997年，共和县人民政府印发《共和县集资建房实施方案》，县属行政事业单位和教育系统集资建房工程进入实施阶段。1998年，实现全县住房售房标准价向成本价平稳过渡，收回过渡房款差价194.3万元；完成县属行政、教育部门集资建房工程；规范和完善住房产籍档案，核发房产证1308本；进一步加强住房公积金的归宗和管理，年内归集住房公积金320万元，归集率95.2%。2000年，开展核查干部职工住房工作，严格按照执行标准，追缴超占面积的干部职工超标准房价款。按照《住房公积金管理条例》，全县归集住房公积金292万元，发住房贷款168.47万元。2001年后，全县继续推行住房公积金制度，成立住房资金管理中心。按规定，行政事业单位职工住房公积金个人上缴月工资的5%，财政按个人上缴数额给予同等资金补贴，转入公积金个人账户。2004年，公积金调整提高，个人上缴月工资的7%，财政补贴相应增加。实行公积金制度后，干部职工在工作期间个人购房，可以从银行申请住房基金贷款，贷款利率低于一般贷款，以帮助干部职工改善住房条件，干部职工退休后一次性领取全部住房公积金。

二、城镇房屋产权管理

1988年，县人民政府印发《共和县房产管理暂行办法》，启动城镇房屋产权登记发证工作。1990年后，相继进行房地产评估和所有权证办理工作。1995年，采取分片清查、电视通知、发促办通知书等方法，督办房屋所有权证158户，房产交易手续69起。调解各类房屋纠纷11起。是年，在倒淌河集镇进行发证试点工作，统一对集镇所有公、私房屋丈量、绘图，共办理房屋所有权证68户。1996年，清查恰卜恰镇区的房屋产权，共办理房屋所有权证45户，变更公有房屋27家、私有房屋39户，收取各项管理费29517元，收取上缴财政契税14388元，调解房产纠纷22起。恰卜恰镇房地产交易额26.43万元。至1998年底，全县共核发房产证1308本。2001年，进一步规范发证程序，从严审查，注重产权合格率，办理房屋登记196起，换发全国统一防伪房产证1170户，换证面65%。办理房产交易115户，总成交额250.4万元，调解各类房产纠纷11起。办理房产评估150户，评估额680.9万元，总评估面积24556平方米。2004年，按青海省建设厅《房地产交易与产权登记规范化管理考核标准》，制定相应的管理制度及目标责任。2005年，办理房地产权登记125起，办理抵押登记24起，房地产估价9起。

三、房地产开发

2002年后，共和县先后引进房地产开发企业，进入恰卜恰镇开辟房地产市场。2002年3月，西宁金大房地产有限责任公司在恰卜恰镇开发建设住宅小区皓星花园，小区占地面积10038.4平方米，至2005年建成砖混结构的6层住宅楼6幢，总建筑面积17183平方米，总投资1135万元，销售房屋114套。是年，宏星建筑公司开发香格里拉住宅小区，小区占地面积9155.6平方米，至2005年开发住宅楼6幢，建筑面积26536.8平方米，总投资3000万元，销售房屋234套。2004年，海南州刚坚投资有限责任公司开发建设金安小区（青海湖北大街原大理石公司院内），占地面积2.4万平方米，至2005年建成砖混结构的6层住宅楼10幢，总建筑面积38939平方米，其中办公场所0.1万平方米，会所及社区服务0.2万平方米，总投资4000万元，销售房屋314套。是年，青海宏星房地产开发有限责任公司开发建设惠安小区（建工巷6号），占地面积23119平方米，至2005年建成砖混结构6层住宅楼4幢，建筑面积16739.66平方米，总投资1363万元，销售房屋170套。其中，1号楼建筑面积1809平方米，20套；2号楼1906平方米，20套；1号楼和2号楼均是通过集资方式建设，集资均价每平方米650元；3~5号楼全部由开发商建设。

四、物业管理

2005年，共和县共有物业服务企业4家。其中，青海宏星物业服务有限公司，资质二级；青海宏海物业服务有限公司，资质二级，服务仅限于海南州供电公司；海南州锦青物业服务有限公司，资质二级，服务管理金安小区；青海圣帝路物业服务有限公司，资质二级，服务于海南州人民医院。

第二章 交 通

共和地区自古是唐蕃古道和丝绸南路南进青藏高原的重要关隘，为青海藏区环湖和青南交通枢纽要道。青藏公路和青康公路贯穿全境，素有青海高原“草原东门户”之称。1986 年，县境内国道、县道、乡道实现全面提升改造，通村公路四通八达。至 2005 年，全县国道过境二级沥青混凝土路面 266 公里，县道二级油路 111 公里、三级油路 96 公里、四级油路 157 公里、四级砂路 148 公里，等外级通村公路 160 公里。交通网络快速便捷。

第一节 机 构

1984 年，共和县工业交通局成立，负责全县交通建设和管理工作。1992 年，共和县工业交通局并入共和县计划经济委员会，内设交通股，负责交通管理工作。1995 年，从计划经济委员会分出交通股，其业务划归新成立的共和县经济建设局。2002 年，共和县经济建设局更名为共和县交通与建设局，内设交通股。至 2005 年，机构无变化。

第二节 公路建设

一、公路建设概况

1985 年，全县有沥青路面公路 330 公里，碎石路面公路、简易公路和乡间土路 700 公里，通车里程 1030 公里，公路密度为 0.06 公里/平方公里，县境内已形成以县城恰卜恰为中心，东至西宁、贵德，西至乌兰、天峻，南至兴海、贵南，北至海晏、刚察，以及县城连通各乡（镇）的交通运输网。自 1985 年始，先后修通恰卜恰—马汉台、恰卜恰—切吉、恰卜恰—江西沟公路；整修恰卜恰—沙珠玉公路。1993 年，争取缺口资金 46 万元，完成恰卜恰—马汉台公路续建工程；整修和维护既有乡村公路 365 公里；建设恰卜恰—“151” 的南山公路和曲沟—龙羊峡库区码头公路。1997 年，投资 7.3 万元，新建、维修、整修恰卜恰—铁盖、恰卜恰—曲沟公路。2004 年后，加大县乡公路建设力度，全县共完成交通建设项目 8 项，完成投资 6065 万元。新建维修恰卜恰—龙羊峡、恰卜恰—铁盖、恰卜恰—沙珠玉公路完成路基工程 70%；建成通村砂路 12 条，硬化村级道路 9 条；恰卜恰团结北路、绿洲路道路改造工程竣工。2005 年，全县县乡级以上公路通车里程 551 公里。

二、国道

青藏公路 编号为国道109线。1950年，由中国人民解放军西北军区组织修筑，是内地通往西藏自治区的交通大动脉。共和县境内东起日月山经倒淌河、江西沟、黑马河，西至大水桥，线长170公里。1967年，铺设为沥青路面。2001年，改建为二级公路，铺设为沥青混凝土路面。

青康公路 编号为国道214线。1950年，由中国人民解放军西北军区组织修筑。共和县境内北起倒淌河，经尕海滩、东巴、恰卜恰，南至三塔拉，线长96公里。2004年，改建为二级公路，铺设为沥青混凝土路面。

三、县道

三贵公路 公路北起共和县三塔拉，南至贵南县城，途经共和县三塔拉，兴海县尕马羊曲，贵南县塔秀乡、茫曲镇，全长104公里。原为四级砂砾路面。2003年，国家安排西部地区公路建设资金7210万元进行改建，等级提高到三级沥青表处油路，路基宽7.5米，路面宽4.5米，同期维修加固尕马羊曲黄河大桥。

尕西公路 1980年建成通车。三级砂路，起于尕海滩，经多隆沟，止于西曲沟。全长24公里。

吊龙公路 1979年建成通车。起于日月山，途经巴卡台、多龙沟等地区，止于龙羊峡，二级油路，沥青灌入式路面，全长61公里。

三大公路 1956年，由共和县和各农场合资兴建。砂石路面。起于三塔拉，途经塘格木、切吉、哇玉，止于大水桥，全长148公里。

恰沙公路 1968年建成，简易公路。起于恰卜恰，止于沙珠玉。1987年，改建成四级砂路。2004—2005年，改建成四级油路，全长35公里。

恰切公路 1968年，修通恰卜恰—“8782”飞机场路段20公里，为沥青表处路面。1980年，向西延至廿地乡，四级砂路。1982年延至英德尔乡，四级砂路。1987年，延长至切吉乡，四级砂路。2002年，改建为全线四级油路。全长95公里。

恰龙公路 2005年建成通车。起于恰卜恰，途经上塔迈、下塔迈、阿乙亥、克才、次汉土亥、曹多隆、后菊花等村，止于龙羊峡，三级油路，沥青表处路面，全长45公里。

恰江公路 1985年，修通恰卜恰—沟后水库段，四级砂路，线长13公里。1987年，以工代赈形式修通沟后水库—“151”段，与青藏公路相接，四级砂路，线长38公里。被命名为恰江公路，全长51公里。2005年，改建为二级旅游公路，沥青混凝土路面。

恰铁公路 1990年建成。起于恰卜恰镇，途经沙尤、上合乐寺村、马汉台村、止于铁盖乡。2004—2005年，改建为四级油路，并延长至托勒台村，全长15公里。

四、乡村公路

2004年，全县农村公路建设全面开始。至2005年，共修建通村砂路160公里，村道硬化89公里，配套桥梁6座。

第三节　公路运输

一、公路客运

1986年，全县拥有大型客车10辆，开通公路客运线路8条（共和至西宁1条、县乡班线7条），年客运量为8.1万人次，旅客周转量为526.5万人公里。1990年后，随着社会经济的发展，客运量逐年增大，客运车辆逐年增加。1993年，拥有客车19辆，年客运量为10.37万人次，旅客周转量为725.9万人公里。2000年，拥有客车66辆，年客运量为22.35万人次，旅客周转量为2391.45万人公里。至2000年，共开通班车线路21条，其中，恰卜恰辐射各乡（镇）班线14条，海南州境内班线3条（共和—同德、共和—河卡、共和—兴海），跨地（市）线路4条（共和—西宁、共和—玛多、共和—湟中、共和—格尔木）。2001—2005年，客运车辆保持在54辆，年客运量为25.81万人次，旅客周转量为3252.06万人公里。

二、出租车客运

1995年，共和县出现个体出租客运。1998年，共和县首家汽车出租公司成立。全县拥有出租车120余辆。2002年，共和县拥有出租车租赁（营运）公司4户，分别是宏星、远征、海联和兴旺出租车租赁（营运）公司，拥有出租车172辆。2003年起，根据市场需求控制总量。2005年，共有出租客车206辆。

三、城市公交

1995年，共和县公交汽车公司成立，开通2条公交线路，投放车辆2辆。至2005年，全县公交线路增至3条，投放车辆10辆。

四、公路货运

1986年，全县拥有大中小型营业性货车180辆，年货运量为10.8万吨，货物周转量为864万吨公里。1999年，全县货运车辆394辆，年货运量为29.06万吨，货物周转量为4184.64万吨公里。2000年，共和县货运车辆增加到533辆，年货运量40.28万吨，货物周转量5800.32万吨公里。2005年，货车车辆853辆，年货运量91.78万吨，货物周转量为13767万吨公里。

第四节　养护与管理

一、公路养护

1988年，成立共和县公路养护队，隶属县交通与运输局，为自收自支的事业性公路养护单位，负责全县县乡公路养护管理工作，核定事业编制7名。2005年，改革养护管理体制，一次性安置公路养护队原有职工，养护业务交由共和县交通与建设局负责管理。是年，全县养护县乡公路350公里。

二、规费征收

拖拉机养路费征收　1986年，征收额为8980元。1996年，征收额为27821.8元，年增长率21%。1997年，由于费额调整，农用车辆增加，征收额为12万元。2002年，征收额为17万元。自2003年起，免征农牧民进城拖拉机养路费，征收逐年减少。2005年，征收额为9万元。

公路运输管理费征收　1986年，征收额为3万元。1997年，征收额19万元，年增长率44%。1998年，猛增至46万元。2005年，征收67万元。

客运附加费征收　1993年，征收的客运附加费8.97万元。2002年，征收57.23万元。2005年，征收57.51万元。

1986—2005年共和县路政规费征收情况表

表4-3　　　　单位：元

年份	手扶拖拉机养路费	客运附加费	公路运输管理费
1986	8980	—	30000
1987	12320	—	51700
1988	16780	—	69800

续表

年份	手扶拖拉机养路费	客运附加费	公路运输管理费
1989	18260	—	—
1990	19260	—	—
1991	19986	—	—
1992	20326. 7	—	—
1993	22186	89680	126368
1994	24187. 8	92783	132720
1995	26861. 83	136870	157226
1996	27821. 8	156930	173268
1997	123473	174254. 6	191033. 98
1998	137883. 8	277054. 4	465166. 16
1999	176386	364040. 8	349258. 5
2000	198260	436125. 4	325364. 3
2001	189230	465217	379863
2002	171178	572256. 85	458661. 2
2003	159340	519003. 7	465722
2004	69169	519806	498915. 56
2005	90517. 6	575072	668024. 8

第五节　水　运

一、龙羊峡库区航运

1987 年，龙羊峡水电站蓄水发电，形成龙羊峡库区。库区水面长 106 公里、宽 2～10 公里，平均水深 50 米以上，水域面积 383 平方公里。龙羊峡库区蓄水后，为解决库区两岸交通问题，库区周边群众自发筹集资金，用“195”号柴油机作动力，焊接拼装成小型机动船，开展水上运输。是年 6 月，龙羊峡航运处成立。8 月，从四川长寿湖造船厂购进旅游船 2 艘、快艇 1 艘，经过试航后，开通龙羊峡至贵南县沙沟航线 18 公里，当年客运量 6000 人次。1988 年 12 月，从四川广元造船厂购进货运船 2 艘，先后开通龙羊峡至曲沟（曹多隆）18 公里航线和龙羊峡至贵南县白刺滩（拉干）68 公里航线。1989 年，开通龙羊峡至贵南县沙沟轮渡，年轮渡机动车辆 200 余台次，货物吞吐 2000 吨。1991—1995 年，陆续建成龙羊峡港、沙沟港、白刺滩港、曲沟港，航道长 112 公里；建成库北客货引道各 1 条、库南混合引道 1 条，总长 1011 米；建成航站楼、电力、通信、导航、消防等配套设施，港口以客运为主，航道六组。至 2005 年，库区设有龙羊峡航运处、龙羊峡水电厂、西北电力勘测设计院

3家水运企业，共有驳船21节、趸船4艘、机动船2艘、客货运输船4艘，载重吨位1116.3吨，总功率1140千瓦，船员38人。

二、青海湖航运

青海湖东西长109公里，南北宽65公里，环湖周长360公里，水域面积4500平方公里，其中水深大于20米的水域4000平方公里。1980年后，青海湖鸟岛对外开放。1997年5月，青海湖“鸟岛1号”游船下水青海湖，从事湖区短途旅游客运。1999年12月，《青海湖水上客运工程规划》通过评审。2002年5月，青海湖“151”码头工程开工建设，2003年11月竣工交付使用。2001年，青海湖渔场使用所属船舶转为旅游观光航运服务。2003年6月，青海湖游轮公司高速游船投入运营。2005年6月，青海省第一艘钢质海事巡逻艇“青海巡1号”在青海湖下水并圆满完成首次巡航任务。至此，青海湖（151）共开通青海湖“151”基地码头至二郎剑、青海湖“151”基地码头至渔场码头、青海湖“151”基地码头至海心山、青海湖南岸二郎剑至海心山水运航线4条。

第三章　邮　政

1999年邮政、电信分设前，共和县邮政工作由共和县邮电局承担。邮政电信管理机构改革后，县境内邮政业务由海南州邮政局经营部经营，下设邮政支局所、营业厅7处。邮政业务顺应时代发展和科技进步潮流，不断拓展服务领域，增加特快专递、邮政储蓄、集邮等新业务。邮政综合信息技术和网络平台建设均达到全新水平。邮政服务实现全县全覆盖。

第一节　邮政管理与设施设备

一、邮政管理

1986—1999年，共和县邮电局担负县境内邮政业务。1999年9月，邮政、电信分家后，邮政业务由海南州邮政局代理至2005年。2005年，共和县邮政局成立。

二、邮路

1986—2001年，海南州邮政局经营部（共和县）共设邮路3条，总长度为352公里。其中，自办汽车邮路1条，线长165公里；委办汽车邮路2条，线长187公里。2002年，延长自办汽车邮路至180公里，延长委办汽车邮路至197公里。2005年，邮路3条，总长377公里。

1999年，海南州邮政局经营部设有投递段道4条，其中城市投递段道共3条，投递人员3人，由自行车、摩托车投递，单程投递路线合计27公里，投递班次为每日一班；乡邮投递段道1条，投递人员1人，由汽车投递，投递路线总长度150公里，投递班次为每两日一班。2002年，延长乡邮投递路线至392公里，投递班次改为每三日一班。至2005年，未有变化。

三、邮政设施

1986—1999年，海南州邮政局经营部（共和县）共有邮政信报箱群16处，邮政信筒、信箱27个，邮政用户信报箱288个，信报箱格口数为556个，妥投点达320个。各类包裹磅秤10台，其中有电子秤4台；邮政专用办公桌3个，邮政专用分拣柜2组，包裹架2组，保险柜3个，档案柜4个，发行柜1组；县内邮件容器（邮袋）80条。2001—2005年，信报箱格口数756个。

1999年，海南州邮政局经营部有复印机1台，UPS电源1套（电池2组，共计64块），邮资机1台（德国JET米ILE）综合营业设备“一台清”1套（服务器1台、无盘工作站3台），邮政储蓄营业台席2处，储蓄设备1套（前置服务器1台，终端机2台），储蓄事后监督设备1台。2001年，新增报刊发行设备1台、电子汇兑台席1处、电子汇兑设备1套（前置服务器1台、终端机1台）、汇检设备1套。

四、邮政车辆

1999年，海南州邮政局现业经营部共有各类车辆13辆，其中自行车2辆，摩托车2辆，邮政专用车1辆，邮政储蓄专用车1辆，邮政速递专用车1辆，其他生产用车6辆。2002年，新增摩托车1辆，新增邮政专用车1辆。2005年，共和县邮政局共有各类车辆6辆，其中自行车2辆，邮政储蓄专用车1辆，邮政速递专用车1辆，其他生产用车2辆。

第二节　邮政业务

一、函件

1986年，海南州（共和县）邮政局收寄函件有平常信件、挂号信件、国际平信等。1991年，全年收寄函件69万件。1994～1995年，函件数量大幅增加，分别达106.48万件、104.29万件。1996年起，函件数量有所下降。2000年，全年收寄函件仅28万件。2005年，收寄函件26.9万件。

1986—2005年部分年份海南州（共和县）邮政局收寄函件业务情况表

表4-4　　单位：万件

年份	函件	年份	函件
1991	69	2000	28
1994	106.48	2001	31
1995	104.29	2002	34
1996	70.7	2003	52.85
1997	39.5	2004	34.19
1998	30	2005	26.9
1999	18.5		

二、包裹

1986～2005年，海南州（共和县）邮政局收寄包裹业务缓慢发展。1991年，全年收寄包裹0.6万件。1996年，收寄包裹数量有所增加，达0.98万件。2005年，全年收寄包裹0.44万件。

1986—2005年部分年份海南州（共和县）邮政局收寄包裹情况表

表4-5　　单位：万件

年份	包裹	年份	包裹
1991	0.6	2000	0.75
1994	0.6	2001	0.81

续表

年份	包裹	年份	包裹
1995	0. 59	2002	0. 94
1996	0. 98	2003	0. 57
1997	0. 7	2004	0. 28
1998	0. 77	2005	0. 44
1999	0. 27		

三、特快专递

1997 年，海南州（共和县）邮政局开通特快专递业务，开办高考录取通知书、季节性包裹等快递业务。当年收寄国内特快专递 125 件，特快专递物品 36 件，邮寄速递礼仪品种 559 件。1999 年，现业经营部营业部共收寄邮政特快专递邮件 838 件，其中国内特快专递 753 件，特快专递物品 85 件，邮政速递礼仪品种 3092 件。2000 年后，特快专递业务发展迅速，邮件数量增加。2004 年，邮政速递礼仪品种业务停办。2005 年，收寄国内特快专递 3016 件，特快专递物品 733 件。

1997—2005 年海南州（共和县）邮政局收寄特快专递邮件情况表

表 4-6　　单位：件

年份	国内特快专递	特快专递物品	邮政速递礼仪品种
1997	125	36	559
1998	486	47	976
1999	753	85	3092
2000	989	223	2992
2001	1289	206	1603
2002	1618	247	267
2003	1994	455	223
2004	2037	817	停办
2005	3016	733	停办

四、汇兑业务

1986 年起，海南州（共和县）邮政局汇兑业务主要以小额汇款为主。1990 年，全年办理普通汇票 4. 7 万张。1996 年，汇票业务有所下降，当年仅办理普通汇票 0. 28 万张。2000 年，办理普通汇票 3 万张。2005 年，办理普通汇票 0. 81 万张。

1986—2005年部分年份海南州（共和县）邮政局汇兑业务情况表

表4-7

年份	普通汇票（万张）	年份	普通汇票（万张）
1991	4.7	2000	3
1994	3.63	2001	3.5
1995	3.39	2002	3.6
1996	0.28	2003	1.75
1997	3.1	2004	0.5
1998	2.45	2005	0.81
1999	2.8		

五、报刊收订

1986年起，报纸和杂志发行是邮政部门的重要业务之一。1991年，全年收订报纸198.80万份，杂志14万份；全年报刊流转额39.80万元。1999年，全年共收订报纸124万份，收订杂志7.1万份；全年报刊流转额为73万元。2001年，新报刊发行系统顺利上线，报刊发行工作得到加强。2005年，收订报纸117.7万份，杂志5.9万份；全年报刊流转额86.6万元。

1986—2005年部分年份海南州（共和县）邮政局报刊发行业务情况表

表4-8

年份	报纸（万份）	杂志（万份）	报刊流转额（万元）
1991	198.8	14	39.8
1994	145.52	9.68	52.83
1995	143.4	9.16	55.17
1996	137	11	63
1997	145.2	12.2	66.4
1998	145	12.3	70.2
1999	124	7.10	73
2000	120	8	79
2001	130	8	79
2002	132	8.10	80
2003	128.22	10.99	98

续表

年份	报纸（万份）	杂志（万份）	报刊流转额（万元）
2004	62.69	4.98	40.05
2005	117.7	5.90	86.6

六、邮政储蓄

1987年始办邮政储蓄业务，海南州邮电局在城区网点办理“活期存款”“定期存款”“定活两便存款”共3种储蓄业务。1990年，增加“零存整取”“保值储蓄”“大额储蓄”“代发工资”等5种业务。1991年后，邮政储蓄发展较快。1999年，经营部邮政储蓄平均余额为2305.7万元，邮政储蓄期末余额2744.69万元。2005年，平均余额6033.71万元，较1999年增加3728万元，增长1.62倍；期末余额达7934.01万元，较1999年增加5189.72万元，增长1.89倍。2005年末，邮政储蓄余额6033.71万元。

1999—2005年海南州（共和县）邮政局邮政储蓄余额情况表

表4-9

单位：万元

年份	平均余额	期末余额
1999	2305.7	2744.69
2000	2803.6	3027.29
2001	3424.57	5314.05
2002	4606.43	6047.99
2003	5052.71	5506.98
2004	5833.71	6934.01
2005	6033.71	7934.01

七、集邮业务

1986年，集邮业务在既有业务基础上有新的发展，年售出各种集邮品27万枚。以后各年份逐年增长。1999年，邮政部门共销售各类通信、纪念、特种邮票36.24万枚，销售各种集邮用品1540册。2005年，全年售各类通信、纪念、特种邮票32.36万枚，销售各种集邮用品2684册。

1999—2005年海南州（共和县）邮政局销售集邮票品情况表

表4-10

年份	各类通信、纪念、特种邮票（万枚）	各种集邮用品（册）
1999	36.24	1540
2000	30.56	3173
2001	46.47	6628
2002	20.43	2962
2003	10.17	5664
2004	29.36	4930
2005	32.36	2684

八、代理业务

1999年，现业经营部代收电信话费972人次，代收金额3.56万元。2005年，代理电信类业务7121人次，代收金额9.73万元。

1999—2005年海南州（共和县）邮政局代理业务情况表

表4-11

年份	代理电信类业务（人次）	代收金额（万元）
1999	972	3.56
2000	771	2.7
2001	4562	28.26
2002	3376	19.22
2003	7554	10.89
2004	6121	7.73
2005	7121	9.73

第四章　通　信

1986年后，共和县电信业务得到较快发展，特别是邮电业务分营后，通信网络建设由明线加载波传输一跃开通无线传呼、程控电话和移动通信业务，逐步普及城乡千家万户。进入21世纪，全县通信领域由一枝独秀转换为电信、移动、联通、铁通几大运营商竞争局面，网络产品不断升级换代，推陈出新。通信质量不断提高，费用不断降低，服务不断优化，经济社会效益显著提升。

第一节　中国电信

一、管理机构

1998年9月，海南藏族自治州邮电局实行邮、电分营，成立海南藏族自治州电信局。1998年11月，无线寻呼业务从海南州电信局剥离，成立国信寻呼公司海南州营业部，后改为中国联通公司青海分公司海南州营业部。1999年6月，移动通信业务从海南州电信局分离，成立青海省移动公司海南州分公司。2000年7月，青海省电信公司海南州分公司成立。2000年底，中国电信实施从上到下主附、主辅分离，海南电信分公司“三产”新地公司与主业分离后，成立青海省电信实业公司海南州分公司。2004年9月，海南州分公司组织架构调整，设立州分公司营销中心、网络中心、计划财务部、综合管理部。设置州分公司二级管理部门，营销中心设市场部、大客户部、10000号客服中心；网络中心设网络管理部、网络监控维护部和维护安装部。共和县电信业务一直由海南州电信部门直管。

二、通信设施建设

20世纪70—80年代，海南邮电发展较为缓慢，电信主要经营电报、电话。1985年，海南州邮电局建成通信大楼，面积2600平方米。市话扩容到1000门，市话年末用户1013户。1990—1992年，州局（共和）扩容市话，市话交换机容量由1000门扩大到1500门。1992年6月，电报传输全部进入全国电报自动转报网，实现自动转报。1993年7月，海南州邮电局在原有的长途半自动（DD14）的基础上，开通16路长途全自动交换设备（DD16），长途电话进入全国长途自动网。1994年，利用澳大利亚政府贷款引进其技术设备，开通6000门数字程控电话。1995年，恰卜恰地区安装126终端设备，开通无线寻呼业务。1996年，海南州C3本地网通信工程光传输工程建成并运行，开通151帐房宾馆的载波电路和程控电话。1997年7月，开通STM-1本地环数字传输电路、PCM音频数字电路，实现海南州电路传输数字化。开通共和县 GSM 移动电话、分组业务。1998 年，组建海南州本地电话网，统一区号为 0974，并同时规范局号。开通共和—倒淌河 128 线光接入通信设备，并利用一级干线降级的铜线和闲置的 12 路明线载波设备，初步解决环湖地区通信难问题。1999 年，开通环湖地区 STM-16 传输系统，增加传输容量。建成并开通海南州政府网站（已使用 ADSL 宽带上网）。2001 年，完成多项交换机和 ETS 无线信道扩容、市话线路改造、光缆铺设等通信建设工程，固定电话网络地区扩大。2002 年，开通西环 320G DWD 米波分传输设备，开通 2.5G 南环传输设备，并在此基础上开通至玉树、果洛的 2.5G 传输设备。4 月，海南州本地网电话号码顺利升至 7 位。2003 年 6 月，开通“小灵通”无线市话业务。2003 年，通过省电信公司的 A 级验收，2004 年 8 月，通过集团公司 AA 级验收。2005 年，共和交换机总容量达 2.7 万门，实装容量为 2 万门，其中农村电话 3490 部。共和县本地网和长途传输电路数 1682 条，本地光缆长度 300 皮长公里，长途光缆长度 655 皮长公里。宽带端口容量达 1312 个，小灵通接入容量达 6686 线；固定电话用户数 1.96 万户、小灵通电话用户 5200 户、宽带用户 900 余户。电话普及率（主线）达每百人 16.13 部，城镇住宅电话普及率达每百户 94.06 部。青海省电信公司海南州分公司在全州范围内经营的电信业务主要有固定电话、“小灵通”和 ETS 无线电话；ADSL 宽带业务；163 互联网业务；电视电话会议业务；数据业务、智能网业务；各类电信卡、传真电报、电话信息业务；商务领航和号码百事通等业务。

第二节　中国移动

一、通信管理

1997 年，海南移动通信成立。1999 年 10 月，海南移动分公司成立。2001 年后，各地对移动通信的需求呼声很高。移动公司成立后，全州仅有共和、龙羊、贵德有移动手机发射塔，其他地区兴海、贵南和同德均无移动手机信号。2000 年，移动公司员工 17 人。2005 年，共和地区移动通信由海南州移动分公司负责管理。

二、通信业务

1997 年，共和县始通中国移动通信。起初，共和县建有移动发射塔 1 个，手机信号范围较小。移动通信主要是靠 BP 机无线寻呼传递，人们之间经常是“留言”或“回电”等。移动用户不足 800 户，移动交换机容量 2 万门，品牌仅有“全球通”“本地通”两种品牌。2001 年，移动公司建起基层基站，信号覆盖面上升。2003 年，开始建设第一批基站，当年建成沙尤、倒淌河、江西沟、黑马河 4 个基站并开通运行。2004 年，开始建设第二批基站，共建成沙珠玉、新寺、九道班、英德尔等基站 13 个，至此，共和县中国移动信号覆盖面积 80%以上，部分家庭手机数量由 1 部发展为 2 部以上。由于部分站点建设传输线路投资较大，移动公司利用卫星无线接入方式，开通切吉乡和石乃亥乡两个卫星基站。2005 年，开始第一批通村信号覆盖工程。移动手机用户迅速得到普及，全县手机客户发展到万余户。手机功能从 2G 发展到 3G，并增加上网功能，向 GPRS 导航、医疗等功能发展。面向中小企业推出“宽带商务”信息化平台，拓展市场领域和经营范围，成为移动业务新的增长点。

第三节　中国联通

一、业务管理

2002 年 3 月 28 日，中国联通有限公司青海分公司海南联通共和营业部成立，办公地点位于恰卜恰镇顺风巷 7 号。2002—2003 年，共和营业部主要以发展寻呼业务为主，兼并黄河寻呼、海华寻呼，开通用户专网。2002 年 3 月 19 日，正式开通联通移动业务；4 月 21 日，开通联通增值业务。2005 年，海南联通共和营业部有员工 15 人。

二、联通业务

共和营业部经营范围包括：固定网国内长途电话业务、固定网国际长途段话业务、IP 电话业务（限 PHone-PHone 的电话业务）、900/1800 米 Hz GSM 第二代数字蜂窝移动通信业务、国际数据通信业务、26GHz 无线接入业务；国内甚小口径终端地球站（VSAT）通信业务、国内因特网虚拟专用网业务、因特网数据中心业务、语音信箱业务、传真存储转发业务、因特网介入服务业务和信息服务业务；经营与通信业务及信息业务相关的系统集成、设备生产销售、设计施工业务；技术开发、技术服务、技术咨询、技术培训；寻呼机、手机配件的销售、维修；电信卡的制作、销售；客户服务；房屋租赁；编辑、出版、发行电话号码簿。在发展业务的同时，有计划、有步骤的建设通信网络。2004 年主营业务收入达 951 万元。2005 年，共和营业部共有站点 13 个，G 网基站设备 10 套。主营业务收入 1327 万元。

第四节　中国铁通

一、业务管理

2003 年 10 月 1 日，中国铁通海南（共和）营业部成立。2003 年 6 月，与州邮政局达成协议，在邮政局一楼设立营业厅，二楼设立机房和办公场所。2003 年 9 月，与电信、移动、联通实现互联互通。2004 年 5 月，正式使用 ADSL 宽带设备。

二、铁通业务

2003 年，铁通线路覆盖绿洲南路、绿洲北路、文化街、团结南路、民族市场等，12 月实现装机。2004 年 6 月，在海南州第二毛纺织厂、民族中学、东风路等地实现装机。中国铁通采用先进技术，提供固定网本地电话、国内国际长途电话、IP 电话、数据传送、互联网、视讯、卡类、呼叫中心、虚拟专网、网络托管、传真存储转发等多项基础和增值电信业务。营业部成立后，已先后升级和更新设备 3 次。2005 年，有铁通用户 2300 户。

第五编

财税　金融

第一章 财 政

1986年及以后，伴随着国家开放搞活进程，共和县国民经济在改革中持续发展，财政收入实现逐年增长。20年间，按照国家财政政策，不断深化财政体制改革，调整和优化财政收支结构，财政管理进一步完善，财务监督和国有资产管理水平进一步提高。特别是进入21世纪的5年间，全县强化财源建设，培育财源后劲，财政增收能力明显增强。2005年，全县财政收入5758万元，有力保证全县经济建设和社会事业发展需求。

第一节 机 构

2005年，共和县财政局内设办公室、预算股、农财股、农税股、财监股、企财股、政府采购中心、农业开发办、外债办、乡镇核算中心。干部职工34人。

第二节 财政体制改革

1986—1993年，共和县按照国家“统一领导、分级管理”的财政体制原则，实行“划分税种、核定收支、分级包干、一定五年不变”财政分级包干体制。自1994年起，实行分税制管理财政体制，主要改革税种及入库级次，确定各级财政收支范围。同期，畜产品税实行“保税放价、源头控管”管理办法。县级财政主要承担县党政机关所需经费和本级经济、事业发展支出。

第三节 财政收入

1986年，全县财政收入930万元，完成年度预算的108.75%，较上年同期增长12.3%。1991年，地方财政收入1228.9万元，完成年计划的102.4%，比上年增长3.1%。1994年，完成地方财政收入936万元，中央财政补助1200万元，年度财政赤字363万元。1997年，共和县完成县级财政收入1321.8万元，完成年初预算的99.4%，其中工商税收638.7万元、农牧业税和耕地占用税624.7万元、企业所得税8.8万元、其他收入8.9万元，罚没收行政性收费40.7万元，上级财政补助1944.3万元，其中专项补助616.2万元；中央“两税”收入576万元，完成年计划的100%。

2005年，地方财政收入1808万元，税收返还收入693万元，定额补贴121万元，专项补贴5157万元，上年财政赤字2021万元。

1986—1995年共和县财政收入情况表

表5-1

单位：万元

年份	财政收入				
	总计	本年收入合计	中央、省补助收入	国库券本息收入	上年结余收入
1986	1387.2	930	375	—	82.2
1987	1488.8	987.2	398.6	2	101
1988	1490.9	1213.1	186.9	—	90.9
1989	1989.3	1141.1	752.9	—	95.3
1990	2927.5	1192.2	1610.6	—	124.7
1991	2202.5	1228.9	573.6	—	400
1992	2162.5	1255.4	605.5	—	292.8
1993	2645.1	1400.9	1104.7	—	139.5
1994	1793	936	1200	12	-363
1995	1946.2	1120.8	1320.8	1.5	-496.9

1996—2005年共和县财政收入情况表

表5-2

单位：万元

年份	财政收入							
	总计	本年收入合计	税收返还收入	原体制定额补助	专项补助	转移支付补助	上年结余	其他
1996	2299.1	1305.7	519	-38.2	544.5	—	-928.9	897
1997	2522.1	1321.8	525.8	-38.2	616.2	82.3	-954.3	968.5
1998	2771.5	1534	516.6	-38.2	630.9	—	-1037.9	1166.1
1999	2715	1657	499	-38	627	—	-1246	1216
2000	2861	1815	502	-38	2090	—	-1508	—
2001	2497	1751	502	-38	2142	—	-1927	67
2002	3811	2000	502	-38	3216	—	-1903	34
2003	6033	3035	693	-43	3991	—	-1660	17

续表

年份	财政收入						
	总计	本年收入合计	税收返还收入	原体制定额补助	专项补助	转移支付补助	上年结余	其他
2004	5018	2422	693	121	3389	—	-1607	—
2005	5758	1808	693	121	5157	—	-2021	—

第四节 财政支出

一、一般公共服务支出

1986—2005 年，全县累计支出 22811 万元，占一般预算支出的 20%，年均增长 10.7%。随着国家加大转移支付力度，县级财政困难现状得到缓解，实现基层政权运转经费从借、拖、欠到经费保障的转变。严格执行《中华人民共和国预算法》，不断优化支出结构，财政支出逐步向公共服务转变，全县累计完成一般预算支出 111377 万，年均增长 13.32%。2005 年末，乡镇年运转经费 16 万~18 万元，人均 7700 余元；政法经费人均 4000~6000 元；县直机关经费人均 2000~3000 元。

二、教育支出

1986—2005 年，全县累计支出 21255 万元，占一般预算支出的 19%，年均增长 13.4%。教育支出以实现“两基攻坚”为目标，重点支持寄宿制学校建设、“二期义教工程”和农村牧区中小学危房改造，支持落实“两免一补”政策，惠及全县农村牧区义务教育阶段中小学生。支持中小学教育结构调整，促进教育事业健康稳定发展。

三、社会保障和就业支出

1986—2005 年，全县累计支出 21019 万元，占一般预算支出的 19%，年均增长 21.1%。重点支持解决社会体系建设，扩大养老保险和“低保”覆盖面，支持就业再就业，完善农村特困群众生活医疗救助制度，初步建立农村最低生活保障制度，提高企业退休人员基本养老金标准，并确保企业离退休人员基本养老金按时足额发放，提高优抚对象抚恤补助标准。给予成品油价格调整影响较大的渔业、林业、城市公交、出租车司机等行业和群体补贴，解决龙羊峡库区移民生产生活困难等。

四、医疗卫生支出

1986—2005 年，全县累计支出 7538 万元，占一般预算支出的 7%，年均增长 15.5%。主要支持公共卫生体系建设，推进新型农村牧区合作医疗工作，全县新型农村牧区合作医疗覆盖面 98.9%。施行城镇居民基本医疗保险制度。

五、农林水事务支出

1986—2005 年，全县累计支出 20736 万元，占一般预算支出的 19%，年均增长 14.9%。重点支持农牧业产业化、基础设施、结构调整、生态工程等项目和为农牧民办实事工程；完善粮食直补、农资综合补贴、良种补贴、农机具购置补贴制度，支持扶贫工作。

六、基础设施建设支出

1986—2005 年，共和县加大交通、水利、生态、城镇建设等基础设施建设的支出力度，累计基本建设支出 1693 万元、城乡社区建设支出 1814 万元，两项占一般预算支出的 3%，年均增长 21%。基本实现城乡道路“村村通”油路。城镇供排水系统得到完善。城镇软硬件设施不断完善，城镇服务水平不断提高。县级财政具体支出项目有基本建设支出、企业挖潜改造支出、科技三项费用、支农支出、城市维护建设费、行政管理费、各项事业费、抚恤和社会福利救济费、公检法支出、教育附加支出等专项支出。

1986—2005 年共和县财政支出情况表

表 5-3　　单位：万元

年份	财政支出	年份	财政支出
1986	1160.8	1996	3220.3
1987	1488.8	1997	3594.4
1988	1490.9	1998	4202.2
1989	1989.3	1999	4424
1990	2927.5	2000	6333
1991	2202.5	2001	7921
1992	2162.5	2002	9945
1993	2645.1	2003	12163
1994	1793	2004	13854
1995	1946.2	2005	17105

第五节　财政管理

一、财政预算管理

1986—1993 年，国家实施“划分税种、核定收支、分级包干”财政体制，海南州人民政府对共和县实行“定额上解、超收全留、超支不补、一定三年不变”管理体制。1994 年后，国家实行分税制财政管理体制。分税制管理体制打破隶属关系，将税种划分为中央税、地方税、共享税。共和县推行县乡财政体制改革，制订《共和县行政事业单位编制与工资挂钩管理办法》，实行全县在编人员工资“全额核发”；核拨全县编外人员 40%工资，实行有收入的事业单位工资财政负担 70%、80%、90%，不足部分从事业收入或经营收入中自行解决；实行县级党政机关正常运转所需的水电暖、邮电、车辆经费、法定会议费等定额包干办法。制订《共和县县乡财政分级管理暂行办法》，实行“乡级理财、分灶吃饭、划分收支范围、定收定支、收支挂钩、定额补助、超收按比例返还、超支不补”。实行有行政事业性收入的行政事业单位经费上缴制度与经费挂钩的“自收自支、定额上缴、比例返还”管理方式。

二、国有资产与国债资金管理

1986 年后，根据国家清产核资“制度化、规范化、经常化”要求，共和县采取重点清查和连续清查的方式，开展行政、企事业单位清产核资工作。1993 年，全面清查预算单位国有资产。1998 年，清查国有企业资产。2000 年，清查党政机关、事业单位国有资产；解决“家底”不清、管理混乱、损失浪费严重等问题；基本查清核实行政、企事业单位占用财产的实物数量及债权、债务。根据国家国有资产管理局《关于印发行政事业单位国有资产产权登记实施办法的通知》精神，1996—2000年，连续五年登记全县行政事业单位资产和产权，解决产权归属不清、定性不准、账实不符、国有资产流失等问题。至2005年，共和县行政事业单位总资产20492万元，年均增长10.8%。国有企业总资产达425万元，年均增长-2.64%。

三、预算外资金管理

1996年，国务院颁布《关于加强预算外资金管理的决定》，明确预算外资金属于财政性资金，实行财政专户收支两条线管理，将预算外资金逐步纳入预算管理的范围。1999年，共和县在全省率先实施会计委派试点工作，成立会计管理股，制定《共和县委派（任）会计人员管理暂行办法》《委派会计人员岗位责任制》等规定，明确规定会计人员基本职责、岗位责任以及核算管理等要求。2000年，委派会计人员进入业务量大、资金流量大、财务管理比较规范的13个单位监督财务工作，给农林、畜牧、经济建设、计划经济、民政、教育、卫生、老干部、县机关事务局等9个单位分别委派主办会计1人。根据公、检、法、司等单位的特殊情况，实行会计委任。2001年，教育系统设立"会计核算中心"，配备中心主任1人（由县教育局局长兼任），主管会计1人（由县财政局从委派会计中委任），出纳1人（由县教育局统筹安排），全部收回县属各学校账务集中到教育局核算中心，实行报账制，取消各学校在银行的单位账户、在会计核算中心统一开设账户，实行"集中管理、分户核算"管理办法，杜绝乱收费、挪用、截留资金的现象，保证"收支两条线"管理规定得以贯彻落实。至2005年，共和县仍执行收支两条线体制。

四、农发资金管理

2001年，印发《共和县财政支农、扶贫资金县级报账制实施办法》。具体做法是：根据财政支农扶贫项目的合同总投资首先预付项目30%的启动准备金，并根据项目施工单位的工程进度、提供的原始发票以及对提款报账申请审批表进行审核批准后，按进度拨付项目资金。工程竣工验收后，为确保工程质量，按项目决算总投资额扣取5%的工程质量保修金，一年后如无质量或其他问题再将工程质量保修金拨付给项目施工单位，并实行专款专用、专账核算、专人管理，保证财政支农扶贫专项资金的到位率，确保项目资金安全运行。

五、国债项目管理

1998年起，在国债项目管理上，完善制度，规范管理，严格监督，提高基础设施建设资金的使用效益，确保国债项目顺利实施。严格执行省财政厅国债专项资金财政财务管理、基本建设财务管理规定，在国有商业银行开设"国债专项资金专户"，严格执行"专户存储，专人管理，单独建账，独立核算"规定。加强国债专项资金财务管理，坚决纠正擅自提高提取比例和乱列项目成本行为。加强项目概算、预算和竣工决（结）算审查，实现事前、事中、事后全过程监督。至2005年，累计使用国债专项资金1.38亿元，项目资金涉及以工代赈、人畜饮水、中小学危房改造、天然林保护、城镇建设等项目75个，涵盖共和县农林水及城市基础设施、教育、卫生等领域。

六、政府采购管理

2001年4月，共和县财政局向共和县人民政府呈报《关于要求成立共和县政府采购管理中心的报告》；9月，共和县机构编制委员会印发《关于同意成立"共和县政府采购中心"的批复》，建立政府采购专项管理机构；10月，制订《共和县政府采购暂行办法》。2002—2005年，共和县政府严格实行政府采购制度，规范政府采购管理行为，逐年扩大政府采购范围和采购资金量。2002年，政府采购预算资金20.5万元，实际采购资金18.5万元，节约资金2万元，节约率9.7%。2003年，政府采购预算资金297.2万元，实际采购资金257.3万元，节约资金40万元，节约率13.4%。2004年，政府采购预算资金66.7万元，实际采购资金61.1万元，节约资金5.6万元，节约率8.3%。2005年，政府预算采购资金327万元，实际采购资金290万元，节约资金37万元，节约率11.3%。

第二章 税 务

1994 年，税务机构分设，执行“统一税法、公平税负、简化税制、合理分权”的原则，实行全国统一的税收管理制度。实行分税制后，国家税务、地方税务培植税源促产增收的积极性得到提高，税务事业全面推进，税收入库明显增长。1986 年，全县完成税收 750.6 万元。2005 年，共和县国家税务局各项税收收入 1159.7 万元，地方税务局各项税收收入 2462.9 万元。

第一节 税务体制改革

一、财税分设

1984 年，共和县实行财政和税务分设，按照“利改税”政策，开展税收工作。共和县税务局成立，下设县局征收股及恰卜恰乡、曲沟乡、倒淌河乡、江西沟乡、黑马河乡、切吉乡、沙珠玉乡、铁盖乡税务所，税务系统干部职工 54 人。1991 年，随着财税体制改革，经海南州税务局批复，设立共和县税务局恰卜恰税务分局。至 2005 年，全县税收工作形成统一的税收管理制度框架，按照“统一税法、公平税负、简化税制、合理分权”的原则，实行全国统一税收管理制度。

二、税务机构分设

1994 年 10 月，按照国务院、财政部、国家税务总局统一部署，在全国实行第二次分税制改革，成立国家税务总局和地方税务局两套机构，并按税种划分中央和地方收入及国、地税各自的征管权限，共和县税务分局分设组建共和县国家税务局、共和县地方税务局。

第二节 国家税务

一、管理机构

1994 年 10 月，全国实行第二次分税制改革，成立国家税务总局和地方税务局两套机构。共和县国家税务局正式挂牌成立，隶属海南州国家税务总局垂直管理和地方政府双重领导。负责共和县地区（除龙羊峡工行委）国家税收的征管工作，内设税收管理股、计财股、人教监察股、办公室，下设稽查分局、恰卜恰分局、曲沟所、铁盖所、沙珠玉所、切吉所、倒淌河所、江西沟所、黑马河所。1994 年，共和县国家税务局相继撤销各基层税务所，成立共和县国家税务局青海湖税务分局，统管11个乡（镇）（除龙羊峡镇）的税收征管工作。2005年，有编制75名。

二、税种

1986—1994年，全县开征的税费种类主要有营业税、产品税、城乡个体工商户所得税、个人收入调节税、房产税、车船使用税、建筑税、私营企业所得税、印花税、筵席税、城镇土地使用税、固定资产投资方向调节税、土地增值税、牲畜交易税、屠宰税、城市维护建设费等16个税种。另外，根据国务院制定的《国家预算调节基金征集办法》《征收教育费附加的暂行规定》，共和县税务局同时负责征收国家预算教育基金、能源交通建设基金和教育费附加。

1994年财税分制改革后，共和县开征的国税税种主要有增值税、个人存款利息所得税、企业所得税、消费税等。其中，增值税以商品生产流通各环节或提供劳务的增值额为计税依据而征收的一种税。纳税人分为一般纳税人和小规模纳税人，分别适用不同税率和征收率。其中小规模纳税人按4%和6%两档征收率，增值税一般纳税人按17%、13%和零税率三档税率计征增值税，且一般纳税人进项税额抵扣，小规模纳税人进项税额不能抵扣。增值税是共和县国家税务局第一大税种。个人存款利息所得税按20%的比例税率征收。企业所得税内资企业所得税率33%，对当年应纳税额在3万元以下的企业，按18%的税率征收，年应纳税所得额在10万元以下至3万元的，按27%的税率征收。消费税共有14个税目，采用比例税率和定额税率两种形式。

三、税源

1986年后，共和县国家税务局所辖税源企业因企业改制，除少数企业较稳定外，许多企业改制重组，变化较大。至2005年，共和县国税局的重点税源企业主要有：海南州电力局，2005年实现税金378.33万元；青海第二毛纺织有限公司实现税金50.82万元；海南州自来水公司实现税金4.39万元；青海烟草公司海南分公司实现税金195.67万元。

四、税收收入

1986—1994年，共和县税务局共组织各项工商税收收入8747.8万元。1994年分税制改革后，共和县国家税务局确立以流转税和所得税为主体的税收征管体系，坚持“加强征管，堵塞漏洞”，并为重点企业开通防伪税控开票系统和防伪税控报税系统，实现税务机关对纳税人增值税专用发票和经营纳税状况的严密监控。1995—2005年，共和县国家税务局共组织税收收入8320.83万元。其中，增值税7558.96万元，占税收收入总额的90.8%；消费税26.47万元，占税收收入总额的0.3%；个人存款利息所得税519.82万元，占税收收入总额的6.3%；企业所得税215.58万元，占税收收入总额的2.6%。2002—2005年，共和县国家税务局贯彻落实各项税收优惠政策，累计减免税额513.49万元，其中减免增值税税额416.02万元，享受减免户数1469户（人）次；减免企业所得税97.47万元，享受减免户数18户。

1986—1994年共和县工商税收收入计划与实际完成情况表

表5-4

年份	下达计划数（万元）	实际完成数（万元）	完成比例（%）
1986	646	750.6	117
1987	735	834	114

续表

年份	下达计划数（万元）	实际完成数（万元）	完成比例（%）
1988	909	1103.7	122
1989	1254	954.1	76
1990	978	1029.5	106
1991	1088	1091.2	101
1992	1088	1136	105
1993	1165.6	1355.8	117
1994	380	492.9	130
合计	—	8747.8	—

说明：数字来源于县财政局年度预算收支决算报表

1995—2005年共和县国家税务局税收收入情况表

表5-5　　单位：万元

年份	1995	1996	1997	1998	1999	2000	2001	2002	2003	2004	2005
增值税	649.19	687.74	765.12	587.72	579.24	672.82	640.62	654.19	597.44	841.58	883.31
消费税	5.41	3.82	3.9	2.62	3.43	2.76	0.7	0.57	0.72	1.44	1.09
个人所得税	—	—	—	—	0.34	52.62	88.72	91.27	88.29	96.16	102.41
企业所得税	0.3	0.03	0.03	2.83	1.01	2.71	3.29	1.76	17.38	13.34	172.89
合计	654.9	691.59	769.05	593.17	584.02	730.91	733.33	747.79	703.83	952.52	1159.7

五、税务稽查

1995年，共和县国家税务局成立稽查分局，副科级建制，编制15名。1996—2004年，共和县国家税务局稽查分局共查补税款406.43万元，其中查补增值税399.89万元，查补消费税0.26万元，查补企业所得税6.13万元，查补营业税0.16万元。2004年，撤销稽查分局，全县国税稽查业务由海南州国家税务局统一管理。

1996—2005年共和县国家税务局税务稽查情况表

表5-6　　单位：元

年份	查补总额	查补增值税	查补消费税	查补企业所得税	查补营业税
1996	426083	426037	46	—	—
1997	659969	659969	—	—	—
1998	810766	781778	733	28255	—

续表

年份	查补总额	查补增值税	查补消费税	查补企业所得税	查补营业税
1999	273602	263376	—	10091	135
2000	308234	289926	—	16876	1432
2001	365159	360745	—	4414	—
2002	414267	414027	240	—	—
2003	378977	376120	1230	1627	—
2004	427273. 19	426913. 19	360	—	—
合计	4064330. 19	3998891. 19	2609	61263	1567

第三节　地方税务

一、管理机构

1994 年 10 月，共和县地方税务局正式挂牌成立，隶属海南州地方税务局垂直管理和地方政府双重领导，负责共和县（除龙羊峡工行委）地方税收的征管工作。1995 年，税务稽查队改为税务稽查分局。1996 年，局机关内设机构为办公室、人事监察科、计划财务科、税政管理科，派出机构为税务稽查分局、纳税申报中心、恰卜恰中心税务所、倒淌河中心税务所、切吉中心税务所、黑马河中心税务所。1999 年，撤销切吉中心税务所，税务稽查分局更名为稽查局。2001 年，撤销稽查分局。2005 年，设有办公室、综合业务科、法制科、办税服务厅、龙羊峡征收分局、倒淌河中心税务所和恰卜恰中心税务所。全局干部职工 32 人。

二、税种

1995—2005 年，县地税局征收的税费种类 16 个：营业税、个人所得税、城市建设维护税、车船使用税、房产税、屠宰税、资源税、城镇土地使用税、固定资产投资方向调节税、企业所得税、印花税、土地增值税、文化教育费、教育费附加、养老保险金、失业保险金。其中，2000 年停征固定资产投资方向调节税，2002 年停征屠宰税。

三、税源

1994 年后，共和县地税税源以国有企业的金融、保险、毛纺织及肉食品加工企业占主导地位。第一产业中的屠宰税比重占到收入总量的 10%。随着国有企业改革和经济多元化发展趋势，非公有制企业发展壮大，税收逐年增加。2002 年，国家停征屠宰税，共和县每年农牧业税收优惠近 100 万元。2005 年，地方税收 2462. 9 万元。地税税源转为以建筑安装业为主导，金融、保险、移动电信及服务行业多种经济成分多种行业共同发展的税源主体。

四、税收收入

1994 年，地方税收 520. 4 万元。1999 年，地方税收收入首次突破千万元，达到 1057. 5 万元。2005 年，地方税收 2462. 9 万元。

1994—2005 年共和县地方税务局税费收入情况表

表 5-7　　　　单位：万元

税种＼年份	1994	1995	1996	1997	1998	1999	2000	2001	2002	2003	2004	2005
营业税	286.4	257.1	310.9	366.5	466.7	575	660.5	967.8	1093.8	1110.9	1033.9	1570.8
个人所得税	4.5	13.8	29.4	38.2	62.3	81.5	199.3	190.7	180	242.1	411.3	224.8
企业所得税	17.7	12.9	50.7	59	8.3	59.2	26	41.1	12.1	19.4	108.2	6.9
城市建设维护税	10.1	12.5	41	37.2	46.5	52.6	56.6	52.9	62.9	56.5	237.2	144.5
房产税	101.2	72.9	70.1	76	68.2	62.6	91	58.1	62	84.4	250.7	231.4
屠宰税	6.6	44.5	201.2	169.2	159	141.2	179.5	24.9	32.9	—	—	—
资源税	0.1	0.2	0.3	0.1	—	—	—	—	1.4	—	—	7.9
城镇土地使用税	27.2	23.1	18.9	16.8	26.6	26.3	12.4	8.3	10.7	14.9	10.2	9.7
印花税	4.2	2.1	3.7	1.5	7.2	3.2	27.1	2.7	4.1	13	16.9	15.3
固定资产投资方向调节税	32.6	38	8	3.4	28.8	20	24.4	—	—	—	—	—
车船使用税	5.2	3.5	3.6	3.4	3.7	2.8	3.6	2.8	2.7	27.7	39.5	57.9
土地增值税	—	—	—	—	—	—	1.2	—	—	—	9.5	2.9
教育费附加	16.7		25.8	29.6	28.7	33.1	37.3	40.3	46.3	56.2	163.1	190.3
文化教育费	—	—	—	—	—	—	—	0.2	0.6	1.3	0.5	0.5
税款滞纳金罚款	7.9	60	45	38.9	—	—	—	—	—	—	—	—
合计	520.4	540.6	808.6	839.8	906	1057.5	1318.9	1389.8	1509.5	1626.4	2281	2462.9

五、税收稽查

1994 年，共和县地方税务局稽查局成立，按照国家税收法规，查处税收违法行为，保障税收收入足额入库，负责税收常规检查、专项检查、立案检查的实施；配合公、检、法部门共同查处税务案件，监督全局依法治税，保证税法实施。1994—2001 年，共查处 151.8 万元。2001 年起，撤销稽查分局。

第三章　银行业

1986年，共和县境内独立金融机构有中国农业银行共和县支行、中国农业银行龙羊峡支行和共和县农村信用合作社。1999年2月和7月，中国农业银行共和县支行和龙羊峡支行均降格为共和县分理处和龙羊峡分理处，原共和县支行下属机构全部并入农业银行海南分行。20年间，共和县境内金融机构积极支持地方经济建设，发放各项贷款，为共和县国民经济发展和社会事业繁荣进步注入活力。

第一节　银行业机构

一、中国农业银行共和县支行

1986年，中国农业银行共和县支行内设人秘股、业务股、农金股、会计股、稽核审计股和营业室。其下属办事处、营业所和储蓄所14个，即恰卜恰办事处、第四办事处、“151”办事处、沙珠玉营业所、江西沟营业所、曲沟营业所、塘格木营业所、哇玉香卡营业所、切吉营业所、黑马河营业所、石乃亥营业所、倒淌河营业所、恰卜恰第一储蓄所、恰卜恰第二储蓄所。共有职工105人。

1988年，中国农业银行共和县支行海南州民贸大楼储蓄所建立。1989年，团结北路储蓄所、团结南路储蓄所建立。1993年，第二储蓄所升格更名为团结南路办事处，是年健康南路储蓄所成立。1995年，撤销“151”办事处。1996年，撤销切吉营业所、曲沟营业所、石乃亥营业所，健康南路储蓄所升格更名为健康南路办事处。1997年，星光（清真寺）储蓄所成立，撤销沙珠玉营业所、黑马河营业所，健康南路办事处更名为团结南路第一分理处，团结南路储蓄所更名为健康南路储蓄所。1998年，撤销星光（清真寺）储蓄所。1999年2月，共和县支行降格更名为共和分理处，其及下属机构全部并入农业银行海南分行（原农业银行海南州中心支行），团结南路办事处更名为团结南路第二分理处、恰卜恰办事处更名为恰卜恰分理处、第四办事处更名为绿洲南路分理处，撤销哇玉香卡营业所。2000年，撤销倒淌河营业所、江西沟营业所。2003年，塘格木营业所、绿洲南路分理处先撤销后跨区迁出海南地区。2004年，撤销龙羊峡分理处。2005年，撤销团结南路第二分理处、团结北路分理处、第一储蓄所、团结南路储蓄所。

二、中国农业银行龙羊峡支行

1986年，中国农业银行龙羊峡支行内设人秘股、业务股、会计股、稽核审计股和营业室，其下属储蓄所3个，即第一储蓄所、第二储蓄所、第三储蓄所，共有职工44人。1993年，中国农业银行龙羊峡支行北大街代办所成立。1994年，龙羊峡支行储蓄部成立。1997年，撤销龙羊峡支行储蓄部、北大街代办所。1998年，撤销龙羊峡第一储蓄所、第二储蓄所。1999年，撤销龙羊峡支行第三储蓄所，龙羊峡支行降格为龙羊峡分理处，并入中国农业银行海南分行。

三、共和县农村信用合作社

1986年，共和县有12个农村信用合作社、1个信用分社；分别为恰卜恰、东巴、倒淌河、江西沟、黑马河、石乃亥、切吉、英德尔、廿地、沙珠玉、铁盖、曲沟农村信用合作社，哇玉香卡农村信用合作分社。1995年10月，根据人行青海省分行《关于规范农村信用合作社名称的紧急通知》精神，将信用合作社更名为农村信用合作社。是年，共和县设立联社营业部。1998年，中国人民银行海南州中心支行撤销廿地农村信用合作社，业务并入恰卜恰农村信用合作社。是年，曲沟农村信用合作社搬迁至龙羊峡镇，更名为龙羊峡农村信用合作社。1999年，中国人民银行海南州中心支行撤销英德尔农村信用合作社业务并入恰卜恰农村信用合作社。2005年，全县农村信用社共有机构网点10家，其中县联社1家、信用社9家，分别为联社营业部、恰卜恰、绿洲、倒淌河、龙羊峡、江西沟、黑马河、石乃亥、切吉、沙珠玉农村信用合作社。全县在职职工人数53人。

第二节　存款与信贷

一、存款

农行存款　1986年，农业银行共和县支行各项存款5273.6万元，其中农业存款797.5万元，工商企业存款1799.3万元，乡镇企业存款6.8万元，储蓄存款2670万元；中国农业银行龙羊峡支行1986年各项存款2380万元，其中农业存款27.9万元，工商企业存款269.2万元，储蓄存款2080.4万元，其他存款2.5万元。1997年，中国农业银行共和县支行各项存款11483.4万元，其中农业存款1135.7万元，工商企业存款1817.2万元，储蓄存款8530.5万元；中国农业银行龙羊峡支行各项存款2054.9万元，其中农业存款71.8万元，工商企业存款177.9万元，乡镇企业存款6.3万元，储蓄存款1798.9万元。1998年，农业银行机构改革，撤销中国农业银行共和县支行和龙羊峡支行，业务经营全部移交中国农业银行海南分行，至1998年，各项存款（共和县地区）17258.8万元，其中农业存款2965.3万元，工商企业存款2805.7万元，乡镇企业存款0.6万元，储蓄存款10649.9万元，其他存款837.3万元。2005年，农业银行海南分行（共和县地区）各项存款34987.8万元。其中，农业存款1856.7万元，工商企业存款7221.7万元，乡镇企业存款64.8万元，储蓄存款23031.4万元，其他存款2813.2万元。

农村信用社存款　1986年，全县农村信用社各项存款余额610.29万元，股本金3.97万元，当年全县农村信用社盈利18.19万元。1993年，受社会集资热、经商热、证券热以及民间借贷，住房制度改革等诸多因素影响，资金分流、储源减少，县农村信用社加强储蓄宣传，狠抓网点建设，扩大储蓄阵地。年末，各项存款余额增加至902.39万元，股本金15.53万元，是年全县农村信用社亏损9.48万元。1997年，全县农村信用社开发新储种、开辟新储源，开办农牧区生产基金存款。年末，各项存款余额2135.96万元，股本金36.61万元，是年全县农村信用社亏损50.06万元。1998年，全县农村信用社开办代收

代付、代理保险、代发工资等业务。年末，各项存款余额 2508.45 万元，股本金 76.35 万元，是年全县农村信用社亏损 109.88 万元。2005 年，全县农村信用社各项存款余额 6216.3 万元，股本金 615.84 万元，是年全县农村信用社盈利 106.15 万元。

二、贷款

农业贷款 1986—1997 年，中国农业银行共和县支行贷款余额 2311.9 万元，其中农业贷款 1921.5 万元，乡镇企业贷款 390.4 万元；累计发放贷款 10535 万元，其中农业贷款 6494.8 万元，开发性低息贷款 343 万元，农业综合开发贷款 299.4 万元，乡镇企业贷款 1208.6 万元，扶贫贷款 180.6 万元，农户贷款 2008.6 万元；中国农业银行龙羊峡支行贷款余额 859 万元，其中农业贷款 20 万元、乡镇企业贷款 839 万元；累计发放乡镇企业贷款 461.2 万元。1994 年，信贷投入相对增加，农行各项存款余额达 10016.2 万元，较年初增加 850.2 万元。各项贷款余额 18855.3 万元，其中农业贷款 1930.6 万元，工业和乡镇企业贷款 6985 万元，贸易及农副产品收购贷款 5021 万元，其他贷款 4918.6 万元。1997 年，县农行各项存款余额达 11532 万元，累计发放贷款 5921 万元，发行国库券 38 万元；县建行各项存款余额 8444 万元，发放贷款 5185 万元；信用联社存款余额 1955.1 万元，发放贷款 863.8 万元。1998—2005 年，中国农业银行海南分行（共和地区）贷款余额 3811.8 万元，其中农业贷款 1491.5 万元，农业综合开发贷款 635.6 万元，扶贫贷款及扶贫贴息贷款 373.2 万元，治沙贷款 133.8 万元，乡镇企业贷款 1177.7 万元。累计发放贷款 6293.4 万元，其中农业贷款 267.5 万元，农业综合开发贷款 717.8 万元，扶贫贷款及扶贫贴息贷款 1797.3 万元，康复扶贫贷款 308 万元，农户贷款 1520.1 万元，治沙贷款 505 万元，乡镇企业贷款 1177.7 万元。

工业贷款 1986—1997 年，中国农业银行共和县支行贷款余额 3263.3 万元，累计发放贷款 22556.6 万元，其中工业贷款 20949.1 万元、发展少数民族经济贷款 1607.5 万元；中国农业银行龙羊峡支行贷款余额 440 万元，为发展少数民族经济贷款，累计发放贷款 344.9 万元。1998—2005 年，中国农业银行海南分行（共和地区）贷款余额 11751.2 万元，累计发放贷款 610 万元。

商业贷款 1986—1997 年，中国农业银行共和县支行贷款余额 2844.1 万元，累计发放贷款 49325 万元，其中商业贸易贷款 12415.1 万元，粮食贷款 355.6 万元，粮食收购农副产品贷款 10332.6 万元，国营商业收购农副产品贷款 13495.8 万元，供销社贷款 1604.9 万元，供销社收购农副产品贷款 10757.7 万元，农机公司贷款 363.3 万元；中国农业银行龙羊峡支行贷款余额 480.6 万元，累计发放贷款 4558 万元，其中商业贸易贷款 3089.3 万元，粮食贷款 654.4 万元，粮食收购农副产品贷款 30 万元，国营商业收购农副产品贷款 784.3 万元。1998—2005 年，中国农业银行海南分行（共和地区）贷款余额 6994.7 万元，其中商业贷款 6843.7 万元，粮棉油加工企业贷款 151 万元。累计发放贷款 11937 万元，其中商业贸易贷款 60 万元，粮食加工企业贷款 2368.5 万元，国营商业收购农副产品贷款 9178.5 万元，供销社收购农副产品贷款 330 万元。

个人消费贷款 1998 年，中国农业银行海南分行（共和地区）开始个人消费贷款，贷款对象主要为城镇居民个人住房贷款。是年，贷款余额 176.1 万元。至 2005 年，贷款余额 1571.9 万元。1998—2005 年，累计发放个人消费贷款 4344 万元。

其他贷款 1986—1997 年，中国农业银行共和县支行贷款余额 4246.7 万元，其中技术改造贷款 619.3 万元、其他贷款 3627.4 万元。累计发放贷款 5544.7 万元，其中基建及技术改造贷款 472.5 万元，票据贴现 503.7 万元，信用社贷款 1895.5 万元，企业特定贷款 820 万元，私营企业及个体工商业贷款 812.7 万元，其他贷款 1040.3 万元；中国农业银行龙羊峡支行贷款余额 77.8 万元，累计发放贷款 484.8 万元，其中票据贴现 15.7 万元，个体工商业贷款 210.9 万元，其他贷款 258.2 万元。1998—2005 年，中国农业银行海南分行（共和地区）贷款余额 3973.5 万元，其中技术改造贷款 90 万元，入行划转老少边发展经济贷款 3380.3 万元，入行划转地方经济开发贷款 188 万元，小额质押贷款 85 万元，其他贷款 230.2 万元。累计发放贷款 7012 万元，其中入行划转老少边发展经济贷款 5354.5 万元，入行划转地方经济开发贷款 188 万元，特定贷款 74.3 万元，私营企业及个体工商业贷款 864 万元，下岗失业担保贷款 24.8 万元，小额质押贷款 325.5 万元，一般助学贷款 9.9 万元，其他贷款 171 万元。

1986—2005 年中国农业银行共和县支行（含合并后海南分行）各项存款余额情况表

表 5-8　　　　单位：万元

年份	农业存款	乡镇企业存款	工商企业存款	储蓄存款	其他存款	合计
1986	797.5	6.8	1799.3	2670	—	5273.6
1987	982.4	6.2	1288.4	3038	82	5397
1988	573	8.9	2113.9	3186.8	120	6002.6
1989	649.6	3.1	1822.2	3340.2	244.9	6060
1990	577.3	16.1	1382.4	3918.5	407.4	6301.7
1991	383.5	1.7	1832.1	4233.8	276	6727.1
1992	662.9	1.1	1506.7	4707.1	482.9	7360.7
1993	535.2	1.5	1859.2	5398.8	481.6	8276.3
1994	627.7	1.4	542.2	6650.5	928.7	8750.5
1995	307.6	5.4	1353.5	7024.5	79	8770
1996	846	0.9	1408	7804	—	10049.9
1997	1135.7	0	1817.2	8530.5	—	11483.4
1998	2965.3	0.6	2805.7	10649.9	837.3	17258.8
1999	2411	0.5	5119.6	11234.2	834.9	19600.2
2000	1995.9	0	7928.4	15123.1	1819.7	26867.1
2001	2042.2	1.7	12488.6	18407.2	2361.6	35301.3
2002	2455	70.5	8406.9	18146.2	2214	31292.6
2003	2266.7	74.5	9138.4	20852.4	2701.3	35033.3

续表

年份	农业存款	乡镇企业存款	工商企业存款	储蓄存款	其他存款	合计
2004	1546.8	31.7	7320.4	20081.9	1614.6	30595.4
2005	1856.7	64.8	7221.7	23031.4	2813.2	34987.8

1986—2005年中国农业银行共和县支行农业、工业各项贷款余额情况表

表5-9

单位：万元

年份	农业贷款	农业开发贷款	扶贫贷款	扶贫贴息贷款	康复扶贫贷款	治沙贷款	开发性低息贷款	乡镇企业贷款	工业贷款	发展少数民族经济贷款
1986	681.1	—	6.7	—	—	—	40.1	205.6	1793.7	50
1987	695.2	—	3.5	—	—	—	30	153.5	1708.4	345
1988	733.8	—	2.4	—	—	—	30	409.8	2338.4	345
1989	856.4	—	1.5	—	—	—	30	413	3018.4	362.5
1990	1259.1	—	11.5	—	—	—	30	412.8	3610.5	350
1991	1730	—	154.2	—	—	—	30	145.8	7019.4	596.5
1992	1933.1	—	120.6	—	—	—	30	144.1	7992.1	1293
1993	2074.9	—	0	—	—	—	30	172.6	9844.6	2339
1994	1930.6	—	0	—	—	—	30	182.3	6802.7	2504.5
1995	2155.9	—	0	—	—	—	—	208	6600.7	2139
1996	2243	—	0	—	—	—	—	393	7271	—
1997	1921.5	—	0	—	—	—	—	390.4	3263.3	—
1998	1325.3	642.1	20	—	100	203	—	1447.6	9030.3	—
1999	2553.5	639.4	61.4	—	97	194	—	1328.6	9983	—
2000	136.5	639.4	105.3	—	152.4	108.7	—	1257	8033	—
2001	1238.2	639.4	122.9	359.4	135.2	136.1	—	1207.6	12134.6	—
2002	312.7	636.3	88.8	387.4	75.9	1636.1	—	1177.6	12459.9	—
2003	1665.3	636.1	80.7	495.3	0	133.8	—	1177.6	12357.9	—
2004	1502	635.6	57.3	403.7	0	133.8	—	1177.7	12251.9	—
2005	1491.5	635.6	304	69.2	0	133.8	—	1177.7	11751.2	—

1986—2005 年中国农业银行共和县支行商业及其他贷款余额情况表

表 5-10　　　　单位：万元

年份	商业贷款	粮油加工企业贷款	个人住房贷款	人行划转地方经济开发贷款	技术改造贷款	其他贷款	人行划转老少边发展经济贷款
1986	1447.1	—	—	—	26	—	—
1987	2368.8	—	—	—	218.9	—	—
1988	3507.5	—	—	—	401.5	74.3	—
1989	7075	—	—	—	381.5	—	—
1990	8264.3	—	—	—	371.5	262.6	—
1991	6010.5	—	—	—	617.3	219.1	—
1992	7699.7	—	—	—	655.4	209	—
1993	7461.6	—	—	—	682.4	67.8	—
1994	5021.1	—	—	—	669.9	4248.7	—
1995	6821.6	—	—	—	659.3	4479.1	—
1996	7303	—	—	—	658	4584	—
1997	2844.1	—	—	—	619.3	3627.4	—
1998	9868.4	—	176.1	188	1081.8	4087.7	3401
1999	10683.7	232	147.9	188	621.8	5253.7	3401
2000	2320	639.4	843.3	188	154	13514.4	3451
2001	—	1175.3	2008.7	188	150	1077.3	3451
2002	6119.9	1160.8	1879.6	188	141	358	3434.7
2003	5861.7	151	2040.5	188	135	325.2	3434.7
2004	6875.2	151	2074	188	41.4	269.1	3434.7
2005	6863.5	151	1571.9	1880	90	230.2	3380.3

农村信用社贷款　1986—2005 年，全县信用社加大贷款支持力度，扩大信贷范围，在保证粮油生产资金的前提下，支持农业产业结构调整，促进种、养、加工共同发展，有力地支持农村个体、私营经济发展。其中，1986 年，农行青海省分行根据中央关于“不得向信用社下达指令性转存款指标保证信用社多存多贷”的规定，取消对信用社指令性转存款指标和贷款指标。年末，全县农村信用社各项贷款余额 222.10 万元。1990 年，全县农村信用社对贷款企业进行分类排队，对难以正常生产经营、耗能高、风险大、信用程度低的企业，分别采用停放信贷、以销定贷、收

旧贷新、变产抵债等措施。年末，各项贷款余额257.92万元。1998年，全县农村信用社积极支持肉、奶、蛋、禽的生产，重点支持“菜篮子”工程。年末，各项贷款余额1479.43万元。2000年，围绕打造各地特色农牧业产业规划，加大对特色设施农牧业信贷支持。年末，各项贷款余额1667.91万元。2003年，按照“公司+基地（专业合作社）+农牧民”的生产经营模式，通过向农业生产加工企业发放贷款，支持其向农牧民提供优良种养植业品种，收购、储备原材料，形成农牧户规模种养殖基地到公司收购加工的产业链。年末，各项贷款余额4841.05万元。2005年，全县农村信用社以资本充足率、不良贷款率、存贷增幅、存贷比例等主要指标为依据，增加贷款投放，支持地方经济发展。年末，各项贷款余额6325.41万元。

1986—2005年共和县农村信用社存贷款情况表

表5-11

单位：万元

年份	存款余额	贷款余额	年份	存款余额	贷款余额
1986	610.29	222.1	1996	1420.21	617.17
1987	649.61	235.4	1997	2135.96	1045.23
1988	794.49	223.06	1998	2508.45	1479.43
1989	729.55	254.24	1999	2220.65	1477.03
1990	771.31	257.92	2000	2465.78	1667.91
1991	835.83	304.9	2001	2722.18	2088.16
1992	823.24	271.93	2002	2966.62	2660.02
1993	902.39	231.81	2003	3389.58	4841.05
1994	1221.47	289.4	2004	4806.22	5456.02
1995	1419.69	572.26	2005	6216.3	6325.41

第三节　金融监管

一、货币投放

1986—1997年，中国农业银行共和县支行累计现金投放36.28亿元，现金回笼36.28亿元；中国农业银行龙羊峡支行累计现金投放7.68亿元，现金回笼7.68亿元。1998—2005年，中国农业银行海南分行累计现金投放75.36亿元，现金回笼75.34亿元。

二、利率管理

1986—2005年，中国人民银行先后调整储蓄存款利率19次。1986年，执行利率为活期2.88%，整存整取6个月6.12%、一年7.2%、三年8.28%、五年9.36%、八年10.44%，零存整取一年6.12%、三年7.2%、五年7.92%。1988年9月，开办整存整取二年期储蓄存款业务，利率为9.18%。

1988年9月10日，开办保值储蓄，根据国民经济状况及物价上涨情况，对储户存入银行的三年、五年、八年期整存整取、华侨人民币、存本取息定期储蓄存款在规定的期限内给予一定保值补贴的储蓄方式，保值贴补率由中国人民银行按月公布。1991 年 12 月 1 日，随着物价的回落和市场的稳定，保值储蓄被暂时取消。1993 年，为稳定货币，增加储蓄存款，从 1993 年 7 月 11 日起，对已存入的三年、五年、八年期定期储蓄存款实行保值贴补，保值期从 1993 年 7 月 11 日算至存款到期日为止。1996 年后，国家的宏观调控政策收到成效，物价涨幅回落到银行利率之下，从 1997 年 4 月起，国家取消保值储蓄业务。1990 年 8 月 21 日，定活两便储蓄存款利率按同期定期整存整取存款利率打九折。1993 年 3 月 1 日《储蓄管理条例》实施后，定活两便储蓄存款利率改按一年期以内（含一年）定期整存整取同档次利率打六折执行，存款利率按挂牌利率执行，不再分段计息，不再开办八年期定期整存整取存款。1999 年 11 月 1 日起，开始对个人储蓄存款利息征收所得税为 20%；2007 年 8 月 15 日下调到 5%，实行分段计息。2000 年 4 月 1 日，对个人存款账户实行实名制管理，储蓄存款按挂牌日利率执行。2000 年 4 月起开办教育储蓄，期限为一年、三年、六年，利率执行同档次定期存款利率，六年期执行五年期定期存款利率，利息收入免征个人所得税。2005 年，执行利率为活期 0.72%，整存整取三个月 1.71%、六个月 2.07%、一年 2.25%、二年 2.7%、三年 3.24%、五年 3.6%，零存整取一年 1.71%、三年 2.07%、五年 2.25%。

三、债券发行与管理

中国农业银行代理国库券业务分别为代理发行单位购买和个人购买，1989 年停止代理发行单位购买国库券业务。

1986—1997 年，中国农业银行共和县支行代理发行国库券 1877.7 万元，其中单位购买国库券 103.5 万元、个人购买国库券 1773.9 万元；中国农业银行龙羊峡支行代理发行国库券 404.9 万元，其中单位购买国库券 3 万元、个人购买国库券 401.9 万元。1998—2005 年，中国农业银行海南分行（共和地区）代理发行国库券 1783 万元，全部为个人购买。

第四章　保　险

1984年12月，中国人民保险公司共和县支公司成立。1996年，根据《中华人民共和国保险法》分设财产保险公司和人寿保险公司。2003年，两家公司改制为股份公司。保险公司存续期间，注重保险业务管理，不断调整、改善险种机构，优化险种覆盖面，险种规模效益逐步提高。同时，着力强化风险防范理念，完善营销机制，推行代理业务制度，严控理赔关系，保险业务服务经济社会的功能得到较好显现。

第一节　财产保险

一、中保财险共和县支公司

1984年12月，成立中国人民保险公司共和县支公司。1996年，根据《中华人民共和国保险法》的规定，进行财产寿险分业经营。中保财产保险有限公司共和县支公司内设财务科、业务科、营业部、营销部，员工4人，保险代理人12人。1999年，中保财产保险有限公司共和县支公司更名为中国人民保险公司共和县支公司。2003年，公司实行股份制改革，更名为中国人民财产保险股份有限公司共和支公司，正式员工4人，代理营销人员10人；至2005年，员工7人，保险代理人52人。

二、承保

1986—2005年，中国人民财产保险有限公司共和支公司开办业务有机动车辆保险、责任保险、意外伤害保险、财产保险等。公司业务不断发展，从1984年成立初的25万元，发展到2005年的819.51万元。

1986—2005年中保财险共和县支公司保险费收入情况表

表5-12　　单位：万元

年份	保费收入	其中				
		机动车辆险	企财险	家财险	货运险	责任险
1986	64.68	58.6	5.85	0.23	—	—
1987	79.56	71.6	7.62	0.34	—	—

续表

年份	保费收入	其中				
		机动车辆险	企财险	家财险	货运险	责任险
1988	160.45	70.5	89.6	0.35	—	—
1989	98.6	98.6	—	—	—	—
1990	209.55	181.7	20.8	1.29	5.76	—
1991	185.6	151	12	20.6	2	—
1992	103.86	84.2	15.4	1.2	3.06	—
1993	73.98	61.4	10.9	1.5	0.18	—
1994	151.92	94.9	37.3	17.2	2.52	—
1995	216.9	167.6	30.5	18.8	—	—
1996	272.5	222.4	34.1	16	—	—
1997	312.43	258.9	27.8	9.23	0.4	51.1
1998	373.27	341.3	14.3	9.05	—	8.62
1999	415.15	364.3	23.5	4.95	—	22.4
2000	363.66	325.5	4.65	5.03	0.98	27.5
2001	433.35	385.9	20.7	8.32	1.43	17
2002	501.62	460.7	21.4	5.78	0.24	13.5
2003	546.57	518.3	15	5.4	—	7.87
2004	692.64	660.2	16.5	8.01	—	7.93
2005	819.51	783.8	7.84	1.62	0.15	26.1

三、理赔

1986—2005年，中国人民财产保险股份有限公司共和支公司共赔付金额3690.3万元，其中机动车辆险理赔2241.6万元，企财险理赔283.86万元，家财险理赔93.88万元，货运险理赔32.24万元，责任险理赔118.25万元。1988年12月28日，海南州肉类生产制品厂1号储液罐因超压发生爆炸，烫伤工人3人。公司及时查勘，定损赔付，事故赔款4.85万元。1990年4月26日，塘格木地区发生6.9级强烈地震。灾害发生后，公司迅速派出查勘工作组5个，深入灾区查勘定损，抢救物资。共计支付赔款330万元。1993年8月27日，沟后水库垮坝，造成上百人死亡，财产受损28亿元。省公司及时派出3个查勘理赔小组赶赴灾区，查勘定损，抢救物资，共支付赔款300余万元。

第二节　人寿保险

一、中保人寿共和县支公司

1984年12月，成立中国人民保险公司共和县支公司。1996年，根据《中华人民共和国保险法》的规定，进行财产寿险分业经营，分设中保人寿保险有限公司共和县支公司。2003年8月，更名为中国人寿保险股份有限公司共和支公司，内设财务科、综合科、业务科、营销部。至2005年，员工9人，保险代理人42人。

二、承保

1995—2005年，县内开办的主要险种有7种。

简易人身保险　1986年开办，1996年停办，是一种保险兼储蓄性质的保险。期限为5年、10年、15年、20年、30年五种。此险种是定期、定额、有息、有责，期满后还本付息。至1996年共收保险费190万元。至2005年，累计给付235万元。

子女教育婚嫁备用金保险　1990年开办，是一种22周岁返还本利，保险兼储蓄的子女教育、婚嫁保险。1996年停办，至1996年，共收保险费540万元。

学生平安保险　1986年开办，是承担学生生活学习期间的意外伤害责任的保险，是一种期限为1年的短期保险。至2005年，共收取保费310万元，累积赔付212万元。

人身意外伤害保险　1996年开办，为企业、社会团体、个人承担综合意外伤害责任的短期保险，至2005年，共收取保费200万元，累积赔付140万元。

养老金保险　1987年开办，为企业职工、社会团体、个人承担养老兼意外事故责任的保险。至2005年，共收取保费555万元，累计给付养老金53万元。

附加住院医疗保险　1996年开办，承担因病住院发生的住院医疗费用保险。至2005年，收取保费400万元，累计给付940万元。

增加类保险　1996年，开办99鸿福终身保险、66鸿运保险（A型）、66鸿运保险（B型）、重大疾病终身保险、鸿寿养老保险，1999年6月停办；共收保险费80万元。1999年，开办国寿简易人身保险、国寿英才少儿保险、国寿少儿两全保险、福馨两全保险、团体年金保险、福瑞两全保险、祥和定期保险、祥运定期保险、祥瑞终身保险、祥瑞还本保险、康宁终身保险、康宁定期保险、安居定期保险、国寿独生子女两全保险、国寿子女教育婚嫁备用金保险、国寿如意两全保险、国寿个人养老金保险、国寿养老金还本保险、国寿松鹤养老金保险、国寿松柏养老金保险二十个新条款，涵盖子女教育、意外伤害、养老、储蓄、重大疾病等方面；至2005年，共收取保险费1640万元；2001年，开办国寿鸿福相伴保险（分红型）、国寿鸿寿年金保险（分红型）、国寿鸿泰两全保险（分红型）、国寿鸿运少儿两全保险（分红型）、国寿千禧理财两全保险（分红型）、国寿鸿盛终身保险（分红型）、国寿鸿祥两全保险（分红型），此类保险是保险、储蓄兼分红型的理财保险，至2005年共收取保费2000万元，累计派发红利210万元；2002年，开办国寿康宁重大疾病保险（分红型）、国寿鸿瑞两全保险（分红型）、国寿鸿星少儿两全保险（分红型），其中国寿康宁重大疾病保险（分红型）2003年停办；至2005年，共收取保险费110万元，累计派发红利11万元。

三、理赔

被保险人发生保险事故时提出索赔，自索赔手续提供齐全之日起，中保人寿共和县支公司根据《中华人民共和国保险法》，在10个工作日内，按照保险条款责任确定赔付保险金。1995—2005年，累计支付赔款654.2万元。

1995—2005年中保人寿共和县支公司收支情况表

表5-13　　单位：万元

年份	保费收入	赔款支出	生存、满期给付
1995	220	16.1	5.4
1996	278.7	15.8	8.9
1997	325.1	32.3	10.8
1998	423.8	44.9	84.8
1999	497.3	51.2	99.5
2000	564.1	48.1	112.8
2001	610.6	42.7	122.1
2002	655.4	50.4	131.1
2003	702.4	101.7	140.5
2004	785.2	120	157.1
2005	866.7	131	173.3
合计	5929.3	654.2	1046.3

第六编
综合经济管理

第一章　经济总情

1986—2005 年，共和县地区生产总值上升较快，是经济发展最快的历史时期。县委、县政府始终以经济建设为中心，坚持改革，扩大开放，调整经济结构，注重发展质量和效益。2005 年，实现地区生产总值 118534 万元，比 1986 年净增加 113782 万元；社会商品零售总额 23541 万元，比 1986 年净增加 19669 万元；固定资产投资 43428 万元，比 1986 年净增加 42775 万元；第一、二、三产业的比例调整到 16：48：36。

第一节　主要经济指标

一、地区生产总值

共和县统计资料显示，1986 年全县实现地区生产总值 4752 万元。1990 年，实现地区生产总值 8688 万元，比 1986 年增加 3936 万元。1995 年，实现地区生产总值 19190 万元，比 1990 年增加 10502 万元。2000 年，实现地区生产 26009 万元，比 1995 年增加 6819 万元。2005 年，实现地区生产总值 118534 万元，比 2000 年增加 92525 万元。

“七五”（1986—1990）期间，共和县地区生产总值年均增长 7.5%；“八五”（1991—1995）期间，年均增长 27.2%；“九五”（1996—2000）期间，年均增长 2.9%；“十五”（2001—2005），年均增长 46.1%。

1986—2005 年共和县地区生产总值情况表

表 6-1　　　　单位：万元

年份	总计		第一产业		第二产业		第三产业	
	不变价	现价	不变价	现价	不变价	现价	不变价	现价
1986	3335	4752	2226	3521	533	590	576	641
1987	3390	4979	2112	3529	671	776	607	674
1988	3636	7004	2132	5102	929	1071	575	831
1989	3707	7476	2276	6341	789	951	642	184

续表

年份	总计		第一产业		第二产业		第三产业	
	不变价	现价	不变价	现价	不变价	现价	不变价	现价
1990	4227	8688	2349	6092	1077	1283	801	1313
1991	—	—	8342	8950	1315	1129	—	—
1992	9451	9083	7509	6376	913	986	1029	1721
1993	13241	12968	9772	8064	812	859	2657	4045
1994	13367	18877	9528	13455	512	719	3327	4703
1995	14062	19190	9289	12143	749	1177	4024	5870
1996	15375	20184	10549	12696	974	1388	3852	6100
1997	13994	19293	8667	10858	1436	1887	3891	6548
1998	14206	19673	7354	9288	1600	1917	5252	8468
1999	15124	21595	7875	9946	1414	2123	5835	9526
2000	16202	26009	6096	9488	2994	4493	7112	12028
2001	29288	30013	10550	11229	5465	5511	13273	13273
2002	84379	83805	11975	12108	45942	43674	26462	28023
2003	73252	77026	12497	12997	30610	31955	30145	32074
2004	90339	93628	14325	15040	39738	42312	36276	36276
2005	107884	118534	18868	20782	53233	57243	35783	40509

说明：2002 年前的地区生产总值里不包括龙羊峡的生产总值

二、农林牧渔业总产值

1986 年，共和县实现农林牧渔业总产值 2999.92 万元，其中农业产值 863.95 万元、林业产值 51.4 万元、牧业产值 2030.23 万元、渔业产值 15.24 万元、农林牧渔服务业。1990 年，农林牧渔总产值 3506.6 万元，其中农业产值 933.3 万元、林业产值 40.7 万元、牧业产值 2458.4 万元、渔业产值 2.2 万元、农林牧渔服务业 72 万元。1995 年，农林牧渔业总产值 8370.67 万元，其中农业产值 1739.47 万元、林业产值 107.27 万元、牧业产值 6523.43 万元、渔业产值 0.2 万元。2000 年，农林牧渔业总产值 8694.86 万元，其中农业产值 1729.9 万元、林业产值 305.54 万元、牧业产值 6616.47 万元、渔业产值 42.95 万元。2005 年，农林牧渔总产值 30190.1 万元，其中农业产值 6819.22 万元、林业产值 446.06 万元、牧业产值 18623.3 万元、渔业产值 65 万元。

1986—2005 年，农林牧渔业总产值总体上升呈上升趋势，1993 年、1994 年突破亿元，2005 年超过 3 亿元。农业和牧业产值较为稳定，农业产值长时间稳定在 1540.69 万～2453.13 万元之间；牧业产值长时间稳定在 6159 万～8319.85 万元之间，其中 6000 万元以上的年份有 15 个；林业产值不甚稳定，增降幅度较大，20 年间上百万元的年份有 8 个；渔业产值增降幅度更大，年与年相比较差距过大。

1986—2005年共和县农林牧渔业总产值情况表

表6-2　　　　单位：万元

年份	农林牧渔业总产值（现价）					
	合计	农业产值	林业产值	牧业产值	渔业产值	农林牧渔服务业
1986	2999.92	863.95	51.4	2030.23	15.24	39.1
1987	2909.28	790.33	41.9	1953.3	0.24	123.51
1988	3042.58	776.2	48.7	2108.32	4.15	105.21
1989	3286	979.96	55.65	2176.28	5.36	68.75
1990	3506.6	933.3	40.7	2458.4	2.2	72
1991	8950.14	2058.33	86.72	6666.93	14.4	123.76
1992	9272.58	2170.25	95.21	6861.41	17.91	127.8
1993	10866.4	2331.49	118.45	8304.24	17.27	94.94
1994	10992.8	2553.92	117.6	8319.85	1.42	—
1995	8370.67	1739.47	107.27	6523.43	0.2	—
1996	8942.36	2454.72	91.89	6394.95	10	—
1997	9081.36	2544.3	48.97	6487.59	0.5	—
1998	8620.23	2207.5	58.76	6346.5	7.47	—
1999	9119.46	2636.66	93.41	6387.4	1.99	—
2000	8694.86	1729.9	305.54	6616.47	42.95	—
2001	9050.46	2294.78	33.45	6159.23	261	—
2002	9024.2	1540.69	735.74	6447.77	300	—
2003	10756.4	2070.39	593.2	6442.91	186	1463.9
2004	11418.5	2453.13	179.92	6915.18	120	1750.3
2005	30190.1	6819.22	446.06	18623.3	65	4236.6

三、社会商品零售总额

1986—2005年，共和县社会商品零售总额一直处于上升态势。1986年，全县社会商品零售总额为3872万元。1990年，达到5638.03万元。2000年，达1.18亿元。2005年，全县社会商品零售总额达到2.35亿元。

1986年后，国营商业、集体商业在改制过程中，逐步转为个体或私营商业，个体商业发展壮大，成为商贸流通领域的主要组成部分，商品购销渠道畅通，门类增加，满足人民群众的消费需求，购销两旺，市场繁荣。

1986—2005 年共和县社会消费品零售总额情况表

表 6-3

单位：万元

年份	社会消费品零售总额	按销售地区分		按行业分				
		县零售额	县以下零售额	批发零售贸易业	限额以上	限额以下及个体户	餐饮业	其他
1986	3872	2406	1215	—	—	—	—	—
1987	4185	2836	1039	—	—	—	—	—
1988	5046.85	3854	997	—	—	—	—	—
1989	5030.01	3786.1	951.99	—	—	—	—	—
1990	5638.03	4188.3	1180.6	—	—	—	—	—
1991	5928.77	4105.4	1306.7	—	—	—	—	—
1992	6544.52	3902.2	2041.38	—	—	—	—	—
1993	7148	5066	2082	4745	—	—	723	123
1994	8836	5705	3051	5260	—	—	854	2433
1995	9374	6092	3282	4962	—	—	903	3113
1996	10880	5995	4885	5871	—	—	1404	3392
1997	10878	6204	4674	5456	—	—	1840	3534
1998	10882	6079	4803	5639	—	—	1881	3308
1999	11606	6818	4788	6517	—	—	1935	2850
2000	11815	6825	4990	7415	—	7415	1459	2207
2001	13373	7530	5843	8287	—	8287	2147	1583
2002	19983	12520	7463	11199	314	10885	4133	1935
2003	18720	12011	6709	12590	313	12277	3990	2140
2004	21066	13650	7416	14332	69	14263	4856	1878
2005	23541	14424	9117	16393	—	16393	5622	1526

四、社会固定资产投资

1986 年后，共和县基本建设投资逐年增加，农牧业和社会文化事业基础设施得到明显改善。当年，完成全社会固定资产投资 653 万元。1990 年增加到 1170 万元，是 1986 年的 1.8 倍。1995 年，基本建设完成投资 1072 万元。2000 年后，紧紧抓住国家经济建设向西部地区倾斜机遇，改善投资环境，加大投资力度，从多方面争取项目和筹措资金，增加固定资产投资项目，全县农牧业基础设施建设及社会文化事业投资逐年增大。当年，全社会固定资产投资资金 10845 万元。2002 年，全县固定资产投资 12497 万元。2005

年，全社会固定资产投资完成 43428 万元，比 2000 年增长 4 倍。全县固定资产投资中，新建项目投资所占比重较大。是年，完成县属固定资产投资 3.93 亿元，比上年增长 19.6%。

1986—2005 年共和县全社会固定资产投资情况表

表 6-4　　单位：万元

年份	计划总投资	累计完成投资	基本建设	其中						
				农林牧渔业	电力供应	地质与水利	交通运输与仓储	批发零售餐饮业	房地产开发	教育文化卫生
1986	2389	653	653	—	—	—	—	—	—	—
1987	797	801	801	—	—	—	—	—	—	—
1988	4102	1803	1803	—	—	—	—	—	—	—
1989	876.44	1130.44	1130.44	—	—	—	—	—	—	—
1990	4932	1170	1170	—	—	—	—	—	—	—
1991	1792	1581	1569	—	—	—	—	—	—	—
1992	537	558	—	—	—	—	—	—	—	—
1993	1953	1163	—	—	—	—	—	—	—	—
1994	1573	1117	1117	389	—	—	857	461	—	—
1995	1072	1072	1072	626	—	—	210	—	—	—
1996	1582	1194	—	—	83	—	—	—	64	—
1997	2592	2592	2592	2087	—	—	—	10	296	55
1998	2811	2811	2811	1863	—	—	101	—	265	—
1999	4230	4230	4230	1374	381	1319	268	9	—	470
2000	10845	10845	10845	2707	3860	1097	90	574	—	366
2001	8397	8297	8297	2469	649	2161	60	426	—	334
2002	20138	12497	12345	6737	1650	1272	4421	112	3230.5	959
2003	41662	34384	43071	5774	2637	2994	1456	824	1945	904
2004	52130	41531	31212	3394	114	5342	6775	2674	350	1311
2005	60919	43428	36604	2984	6772	3985	3122	950	3035	2677

第二节　经济结构

一、产业结构

1986年，共和县地区生产总值中，一、二、三产业结构之比为74：12：14。1995年，一、二、三产业之比为63：6：31。2000年，一、二、三产业之比为37：17：46。2005年，一、二、三产业之比为18：48：34。产业调整后，二、三产业比重增加，尤其是第三产业上升到34%。

二、农业产业结构

1986年，农业总产值中，农、林、牧、渔及其他副业之比为26.5：1.3：66.1：0.6：5.5。2005年，结构比值为22.5：1.5：61.7：0.2：14。

三、工业产业结构

1986年，共和县工业产值中国有工业企业与集体工业企业产值构成比为35：65。1995年，工业企业总产值中国营、集体工业企业产值构成比为79：21。2005年，规模以上工业企业与规模以下工业企业产值构成比为61：39。

第二章　发展与计划管理

1986—2005年，共和县共编制年度计划20个，中长期计划4个（“五年计划”）。1990年起，计划管理体制逐步改革，管理重点是做好宏观调控、促进微观搞活，将原来单一性的指令性计划逐步过渡为指令性和指导性相结合的计划体制。1995年，开始实施社会主义市场经济体制，取消物资计划供应。计划管理部门的重点工作是研究县情，制定经济发展规划，争取立项投资，组织项目实施。至2005年，计划管理工作除关系国计民生及必须由国家控制的领域及行业外，全部由市场调节。

第一节　机　构

1955年，成立共和县计划科。1961年，设立县计划委员会。1987年，更名为县计划经济委员会。1992年，县工交局和县计划经济委员会合并为县计划经济委员会。1995年，与县统计局合并为县计划统计局。1997年，县计划统计局分设为县计划经济局、县统计局。共和县计划经济局系县人民政府职能部门，行政编制7名，事业编制1名。2000年，县商业局、供销联社、乡镇企业局、计划经济局合并组建为县发展计划经济贸易局。2005年，县发展计划经济贸易局内设办公室、综合股、计划发展股、经济贸易股、规划股、固定资产投资股，有干部职工32人。

第二节　计划编制

一、中长期计划编制

“七五”计划（1986—1990年）　共和县“七五”计划根据国家和省、州的宏观政策，结合共和县社会经济、自然特点以及这期间的发展情况，确定“七五”时期全县生产建设的方针为：“以牧为主、农牧结合，积极发展多种经济，工、农、牧、林、副、渔全面发展”。为保证“七五”计划的实现，采取的措施是：贯彻“对内搞活经济，对外开放”方针，坚持把改革开放放在首位，坚持社会主义计划经济，发展商品生产，在放开搞活的前提下，发挥经济杠杆的作用，进一步缩小指令性计划，逐步扩大指导性计划的范围，贯彻《中共中央关于经济体制改革的决定》，一靠政策、二靠科学、三靠群众、少说空话、多做实事。全面贯彻中共十二大所确定的各项方针政策，改革共和县经济体制，使其更适应生产力的发展，以改革为动力，提高经济效益为中心，勇于开拓、艰苦奋斗，做到粮食、经济作物和多种经营的同步发展；农业、工业、商业的同步发展；财政收入、集体积累和人均收入的同步增长。“七五”计划的主要经济指标是：到1990年，全县工农牧业总产值达到4375万元，较1980年的2103.35万元翻一番，平均年递增4.7%，人均占有地区生产总值达到5813.65元。工业产值争取到1990年总产值达到820万元，年平均递增率17%。乡（镇）到1990年，企业总产值355万元。财政收入由1985年的650万元增加到1990年的808万元。人口自然增长率控制在15.5%以内。

“八五”计划（1991—1995年） 共和县“八五”计划的指导思想是：坚持以农业为基础，充分利用资源优势，发展地方工业和乡镇企业，搞活流通领域，促进农工商协调发展。奋斗目标是：加强农业基础建设，合理调整产业结构，以粮为主，促进农村经济全面发展，尽快脱贫致富；利用资源优势，办好地方工业和乡镇企业，提高企业经济效益；培植财源，增加收入；搞活流通，发展第三产业；发展科学、教育、文化、卫生、体育等各项事业，控制人口增长。力争工农业总产值、财政收入、社会商品零售总额、固定资产投资规模、职工工资总额，在“八五”期间均实现突破。“八五”计划的主要经济指标是：到1995年末，地区生产总值达到15400万元。工农业总产值10000万元。财政收入1300万元，农牧民人均纯收入达到900元。

“九五”计划（1996—2000年） 共和县的“九五”计划以中共十五大精神为指针，按照省、州总体部署，牢牢把握解放思想、加快发展主题，以经济建设为中心，进一步强化农牧基础，加快基础设施建设，积极调整经济结构，加快企业改制步伐，放手发展乡镇企业和非公有制经济，努力培植新的经济增长点，实施可持续发展战略。主要任务是：进一步加强农业基础建设，合理调整农业内部结构，继续把粮食生产放在首位，努力提高粮食单产；巩固商品粮基地建设项目，促进农村经济全面发展；充分利用资源优势加大地方工业的改造力度，加快乡镇企业发展速度；广泛培植财源，增加财政收入，提高地方行政的综合实力；促进流通领域的快速发展；卓有成效地发展科学、教育、文化、卫生、体育、旅游等事业，特别要加快“科技兴县”的步伐；加强城市基础设施建设，提高服务功能，使共和成为风景优美、环境良好、交通便利、城乡联系紧密的工业、粮油、“菜篮子”生产基地。“九五”计划的主要指标是：地区生产总值达到29855万元，年均增长9%，比1980年翻两番。工农业总产值达到17753万元，年增长9.9%，其中：工业总产值6353万元，年增长18.7%；农业产值11400万元，年均增长6.4%；乡镇企业总产值7828万元，年均增长29.3%，农牧民人均纯收入达到1332元，年均增长6%，财政收入2784万元。

“十五”计划（2001—2005年） “十五”计划确定：以邓小平理论和党的路线、方针、政策为指导，以中共十五大精神为指针，紧紧抓住国家实施西部大开发战略的机遇，强化牧农基础，加快基础设施建设，加强生态环境的治理，加大经济结构调整力度，加快小城镇建设步伐，深化改革，扩大开放，大力发展非公有制经济，大力开发旅游业，努力改善人居环境，不断完善社会服务功能，控制人口自然增长，全面提高人口素质，力争物质文明和精神文明得到更大进步，推进“科技兴县”战略，搞好各项社会事业，巩固民族团结，社会稳定的政治局面，促进全县经济与社会快速协调发展。“十五”计划的主要指标是：到2005年，地区生产总值达到

23783万元，年均增长8%；其中第一产业年均增长3.5%，第二产业年均增长8%，第三产业年均增长15%，人均地区生产总值达到1941元，比2000年增加508元。三项产业比例由“九五”末年的57∶14∶29调整到48∶14∶38；社会固定资产投资累计达到6亿元，年均增长12%；财政收入达到2655万元，年均增长8%；农牧民人均收入2175万元，年均增长8%；城镇居民收入达到8437元，年均增长6%。社会商品零售总额达到6217万元。期末总人口控制在12.3万人以内，人口自然增长率14.5%。

二、年度计划编制

年度计划，即在每个“五年计划”框架内，按年度编制国民经济和社会发展的计划，是国民经济和社会发展中期计划的具体行动计划。1986—2005年，共编制年度计划20个。每个年度计划根据“五年计划”的指导思想、奋斗目标、主要任务、主要措施分别编制而成。年度计划的主要内容包括农业、工业、固定资产投资、财政、商品流通、资源开发、科技、教育、卫生、体育、广播电视、人口等。随着国家方针政策及工作重点的变化，不同年度的年度计划编制的内容也有新的变化。年度计划由共和县人民代表大会审议通过后，由共和县人民政府组织实施。

第三节　计划执行

一、“七五”计划执行结果

“七五”期间，共和县经济实力增加，人民生活水平不断提高。1990年末，全县工业总产值1158.51万元，“七五”期间年平均递增率17%；乡镇企业总值355万元；县级财政收入由1985年650万元增加到1990年的1192.2万元。在财政支出安排方面侧重于智力投资和新办工业的研究及勘探设计费用。全县畜牧业生产实现数量质量并举，加快周转，1990年牲畜总头数控制在1985年的水平线上。畜牧业生产建设上着重抓好牲畜改良、畜疫防治和草原建设等；由于龙羊峡水电站库区淹没共和县主要粮食产量区的耕地1252.93公顷，全县粮食总产量仅完成1300万公斤，平均年递减0.4%。油料总产量50万公斤。饲料种植面积保持在1985年的水平上，1990年产饲草196万公斤，农业总产值933.3万元；1990年全县造林面积达2646.67公顷，封育6280公顷，森林覆盖率提高到1.68%，林业总产值40.7万元；渔业总产值2.2万元；副业生产总产值为454.1万元。全县以新能源的开发利用作为重点科研项目进行研究，至1990年共引进风力发电机500台，总装机容量达2.5万千瓦，解决500户群众的照明以及电视机、收录机等方面的生活用电。“七五”期间，全县科技工作以“经济建设要依靠科学技术”为宗旨，走“科技兴县”的道路，分别完成《能源需求与生产预测模型》等课题6个。医疗卫生工作面向基层，建成乡级中心卫生院3个，设简易病床50张，建立妇幼保健院1所。增加主治医师10人，住院部医师20人，中级医师20人，藏医10人，培训藏医20人，接生员150人，乡村医生20人。

二、“八五”计划执行结果

“八五”期间，全县地区生产总值和各项社会事业取得较大发展，基本完成“八五”计划提出的目标。“八五”末，全县地区生产总值1.92亿元，农牧民人均纯收入995.43元。1995年，全县粮油总播面积1117.8公顷，总产量19147.52吨，农业总产值达1739.47万元，年均增长19%。“八五”期间，累计造林2230.87公顷，累计育苗67.67公顷，四旁植树302.4万株，农田林网种植65.9万株。牲畜存栏113.07万头（只），较“七五”末缩减7.08万头（只）。牲畜出栏率达33.36%，较“七五”末增长4.19个百分点。商品率达27%，较“七五”末增长7.14%。乡镇企业完成总产值2850万元，“八五”年均增长54.03%；总收入2565万元，年均增长50.95%。“八五”期末，全县工业总产值达2423.8万元，年均增长18.4%。商供企业完成总销售6960万元，年均下降2.86%。粮食系统完成销售收入1226万元，实现利润40.5万元。交通运输业完成客运量862.4万人次。“八五”末，全县农贸市场11个，工商个体户1466家，从业人员1969人。全县农贸市场成交额达4699万元。“八五”末，全县财政收入达1946.2万元（其中县级收入1120.8万元），年均增长5%，支出3003万元。县农行各项存款余额8770万元。县保险公司开办30余个险种，保费收入（含蓄金）达425万元，共理赔120万元。“八五”期间，全县农业新增耕地269.33公顷，增加灌溉面积1114.6公顷。共围草场3.49万公顷，新建牧民定居点479户38320平方米，改建1109户68904平方米。建设棚43761平方米，增加种草面积1240公顷。完成沙珠玉直乃亥电灌站、恰卜恰东台灌溉工程和马汉台、菊花台人畜饮水改（扩）建等50余项工程，共投资84.58万元。完成江西沟下社等8个村的通电工程，全县村通电率达72.2%，共投资584万元。新建恰卜恰至铁盖县乡公路13.5公里，改建恰卜恰至曲沟县乡公路13公里，共投资122.4万元。开通恰卜恰镇6000门程控电话。全县适龄儿童入学率85%，巩固率达94.8%，基础教育普及率66.5%。建成乡村甲级医疗站61个。人口自然增长率控制在9.98‰，计划生育率达92.1%。

三、“九五”计划执行结果

“九五”期间，全县地区生产总值由1995年的1.92亿元增加到2000年的2.6亿元。2000年，全县地方财政一般预算收入1815万元；社会消费品零售总额1.18亿元。“九五”期间，累计完成固定资产投资2.17亿元，比“八五”累计完成投资增加1.62亿元。粮油播种面积1.1万公顷，粮食总产量15305吨，单产达207.07公斤，较“八五”期末亩均增产24.76公斤。国家生态环境重点治理项目总投资2700万元，完成投资2352万元，累计完成围栏封育6800公顷，草场施肥2900公顷；完成造林1258.8公顷，农田林网56.1公里，植树120万株，实施退耕还林（草）3600公顷，“九五”期末成片造林3113.33公顷，林地覆盖率增长1.53%，比“八五”期末成片林保存面积增加980公顷，全县林地覆盖率增长0.11%。全县地区生产总值中，一、二、三产业的比重由1995年的65∶20∶15调整到2000年的57∶14∶29。2000年，全县个体工商户2270户，私营企业21户，注册资金2038万元，从业人员2960人，完成总产值1382万元，销售收入14898万元。工商企业改革取得初步成果，国有集体企业33户中完成改制15户，改制面45.5%。“九五”期末，全县工业总产值3681.4万元。实施城镇住房制度改革，建立住房公积金制度。初步建立社会保障制度，落实城镇居民最低生活保障。“九五”期间，普及初等教育和扫除青壮年文盲工作通过省级验收。2000年，全县学龄儿童入学率达98%，比“八五”期末增长3.7%；完成勤工俭学收入100万元，较“八五”期末增长25%，平均增长4.6%；初等教育普及率达99%，比“八五”期末增长5%；建成数字卫星教育地面接收站9座，配合教学计算机180台。医疗卫生事业取得新的成绩。改造10个乡级卫生院危房，累计投资100万元。全县创建省级文明单位3个，州级文明单位4个，县级文明单位68个，文明乡镇2个，文明农牧户1450户、城镇文明家庭1105户，建成特色文化乡4个，小康文化村17个，“村村通广播电视”村40个。恰卜恰镇被命名为“省级卫生城镇”。全县农牧业、交通、水利、电力、通信、教育、文化、卫生、城镇等基础设施条件明显改善。

四、“十五”计划执行结果

“十五”期间，全县地区生产总值由2000年的2.6亿元增加到2005年的11.85亿元；地方财政一般预算收入1808万元；社会消费品零售总额2.35亿元；全县累计完成固定资产投资14.17亿元，较“九五”增加12.01亿元。先后实施和完成切吉四级油路路基、恰龙三级油路、恰卜恰—铁盖、沙珠玉四级油路等公路干线建设，完成通村砂路16条259.5公里，村级硬化道路87.8公里；完成恰卜恰镇团结南路、北路和绿洲路道路改造以及文化街、同行街道路、步行桥建设工程；实施国道109线日月山—黑马河段的道路环境整治工程；基本完成“151”—恰卜恰三级油路、国道214线共和段道路改造等项目。实施沟后水库重建，大水水库、娘堂水库除险加固工程，新建和维修人畜饮水管道38条332.84公里；实施沙珠玉节水灌溉项目，新建集雨利用水窖5580眼，1266.67公顷退耕还林（草）地、2666.67公顷农田得到灌溉保障，解决3.69万人、45.53万头（只）牲畜的饮水困难问题。完成全县乡镇农网改造和恰卜恰城网改造任务，新建切吉、倒淌河变电所，改（扩）建龙羊变电所；移动、联通、电信、铁通等通信网络已基本覆盖全县，边远地区通信难的问题基本解决；农牧业基础设施实施环湖现代高效畜牧业示范项目、农业综合开发项目、农区“五位一体”建设项目，累计建成围栏草场52.8万公顷，建成牲畜暖棚3156座，牧民全部实现定居。城镇化建设步伐加快，恰卜恰城镇建设日新月异，欧式一条街和藏式一条街初具规模，基本建成金安、惠安、皓星等3个住宅小区，启动实施香格里拉住宅小区，公共卫生、供热、供排水、美化、亮化等公用设施不断完善，恰卜恰中心城镇作用日益明显；倒淌河撤乡建镇工作顺利完成。恰卜恰撤乡并镇、龙羊峡撤委建镇顺利实施，全县乡（镇）布局更加趋于合理。石乃亥集镇建设一期工程圆满竣工。全县城镇化水平37.3%。组织实施草产业、牛羊育肥、奶牛养殖、温棚蔬菜、汉藏药材等农牧业结构调整项目，带动建成雪峰乳业、青海湖肉业、可可西里牛肉干加工等一批结构调整骨干性企业，农牧业产业结构进一步优化。2005年，全县牲畜总增率42.8%，出栏率40.48%，商品率34.98%。粮油播种面积1.28万公顷，粮油总产22658吨，较“九五”末增加48%。工业化进程加快，新华、海鑫、鑫源等一批高耗能企业相继建成，工业产值达3.13亿元，占全县国民经济的比重不断提高。非公有制经济发展迅速，到“十五”末，全县私营企业和个体工商户2710户，实现增加值3.29亿元。三项产业结构调整趋于合理，地区生产总值中，一、二、三产业的比重由48∶14∶38调整到16∶48∶36。“十五”期间，实施共和县生态一期、二期、三期工程，“三北”四期防护林工程，天然林保护工程，天然草地植被恢复与建设，草地围栏建设，保护“母亲河”工程，退耕还林（草）工程等国家重点生态保护和治理工程，累计投资3735.1万元，完成围栏封育132.84万公顷，人工造林1.06万公顷，退耕还林（草）1.35万公顷，治理水土流失面积15.6平方公里。生态恶化趋势得到遏制。“十五”期间，基本完成国有集体企业53户改革改制，企业下岗职工1178人得到妥善安置。积极稳妥实施农牧区税费改革，全面取消农牧业税收，农牧民负担明显减轻。全县累计引进招商项目42个，引进到位资金3.6亿元。实施国家贫困地区义务教育一期、二期工程、危房改造工程、寄宿制学校建设工程等项目，累计投资4569万元；各级各类学校办学条件明显改善，全县教育基本完成“两基”目标任务，“两基”人口覆盖率100%，青壮年非文盲率98%。疾病预防控制和医疗救治体系初步建立，防治“非典”取得成效，初级卫生保健达到合格县标准，农村卫生服务一体化管理覆盖面达70%，新型农牧区合作医疗制度正式启动，农村牧区缺医少药和城镇居民看病难的问题得到缓解。转移农村剩余劳动力10万人次；城镇居民可支配收入6849元，农牧民人均纯收入2693元。“十五”期间，全县创建省级文明单位11个，州级文明单位21个，县级文明单位36个，省、州、县级文明村36个，星级文明户1751户，科技示范乡2个，科技示范村13个；社会治安综合治理防控体系初步建立，惩治犯罪取得成效。依法治理工作村（居）民自治制度不断完善，城镇社区居委会建设不断规范。

五、年度计划执行

每年3月或4月，将年度计划提请县人民代表大会审议批准后正式下达，县政府组织实施。每年6~7月，检查上半年执行情况，各单位以书面报告形式向县政府汇报计划执行情况。每年12月，县政府组织有关部门检查全年计划执行情况。同时，县委、县政府根据国家宏观调控政策和县域经济发展潜力，经过综合、分析，提出下一个年度计划草案，提请人民代表大会审议批准。

1986—2005年，共和县地区生产总值按不变价计算为年均增长20%，其中第一产业11.9%，第二产业27.4%，第三产业24.27%。

第四节　重点项目建设

一、项目概要

1986—2005年，共和县实施重点建设大项目8个、子项目22个，主要包括畜牧业生产和草场建设项目、农林项目、水利项目、乡镇企业项目、社会支持服务项目、项目与信贷管理、监测与评价以及妇女特别信贷项目等。至2005年，全县累计发放农发贷款6648.01万元，累计回收本金3771.52万元，回收利息954.08万元，年末余额2876.48万元。1995—2000年是项目实施期。项目总投资8625.1万元，其中农发贷款4312.55万元，占总投资的50%；政府配套3018.79万元，占总投资的35%；群众投劳折资1293.77万元，占总投资的15%。1997年项目中期评价时，由于汇率变化，农发贷款相应减少，政府配套和群众投劳增加。中评调整后，全县投资计划9172.8万元，其中农发贷款3261.7万元，占总投资的35.6%；政府配套4517.3万元，占总投资的49.2%；群众投劳折资1393.8万元，占总投资的15.2%。项目实施期累计完成项目总投资9189.6万元，占投资计划的100.1%，超额完成0.1个百分点，其中农发贷款3261.4万元，占计划的100%；政府配套资金4498.5万元，占计划的99.8%；群众投劳折资1429.7万元，占投资计划的102.6%。

2001—2005年是项目滚动发展期。自2001年起，共和县农发项目贷款投资以改善生态环境和调整农牧业产业结构为目标，本着“集中使用、突出重点、防范风险”的投资原则，资金主要投向周转快、效益好、投资少、风险小的农牧业产业结构调整项目。至2005年，全县5年累计发放贷款3386.6万元，其中牛羊育肥683.3万元，育肥牛羊22305头（只）；畜棚项目295万元，参与户376户，修建畜棚376座45120平方米；温室蔬菜项目80万元，种植蔬菜64亩；奶牛养殖项目332.4万元，养殖奶牛580头；农牧业产业化龙头企业项目464万元；小城镇建设项目566万元，修建沿街铺面13436平方米；农区绒山羊繁育项目46.2万元；林木育苗20.5万元；

畜种改良及其他项目投资 899.21 万元。项目区农牧业综合能力不断提高，生态环境得到进一步改善。全县牲畜总增率、出栏率、商品率、仔畜繁活率和繁殖母畜比例分别比项目实施前提高 3.4%、8.25%、7.49%、2.72%和 2.46%。

二、项目实施效益

畜牧业生产和草场建设　全县畜牧业生产和草场建设共完成投资 3532.69 万元，占总投资计划的 116.86%。其中，建成畜棚 303 座 36360 平方米；育肥牛羊 17.43 万头（只）；完成猪育肥 14836 头，饲养母猪 219 头，公猪 8 头；完成围栏草场建设 2.05 万公顷；种草 1826.67 公顷；草场施肥 1640 公顷。通过围栏和围栏分割、划区轮牧、施肥及加大牲畜出栏、减少存栏总量、调整畜群结构、进行畜种改良、改善牲畜个体生产性能等措施，减轻草场压力，草场利用更加趋于合理。监测表明，2000 年全县天然草场平均每公顷干草产量为 953.34 公斤，分别比 1999 年、1998 年、1997 年、1996 年增长 9.55%、27.63%、41.15% 和 52.47%。2000 年，饲草资源总量为 10.08 亿公斤，比 1996 年增长 44%，草地现有载畜量 142.28 万个羊单位，2000 年项目区实现草畜平衡。草场植被覆盖度、密度、高度均有所提高，草场生态环境得到明显改善。

农林项目　农林项目共完成投资 1930.48 万元，占计划的 95.5%。全县共完成水、旱地改良 8108 公顷；建成日光节能温室 3 公顷；果园 9.5 公顷；杨树育苗 12.8 公顷；农机站 1 座。在旱地改良、水浇地改良中，通过平整土地、维修灌溉设施、提供良种、化肥、农药等，大力推广分层施肥、穴播、生物制剂拌种等新技术，农作物单位面积产量得到提高。旱地改良的青稞亩产由项目前的 95 公斤提高到 175 公斤，增产 84.21%。水浇地改良的小麦亩产由项目前的 280 公斤提高到 400 公斤，增产 42.86%。

水利项目　全县共完成水利工程 9 项，其中灌溉工程 4 项、人畜饮水工程 5 项。水利灌溉项目完成投资 2130.54 万元，占计划的 100.8%；人畜饮水工程完成投资 361.88 万元，占计划的 99.9%。在旱地改良、水浇地改良中，通过平整土地，维修灌溉设施，提供良种、化肥、农药等，大力推广分层施肥、穴播、生物制剂拌种等新技术，提高农作物单位面积产量。旱地改良的青稞亩产由项目前的 95 公斤提高到 175 公斤，增产 84.21%。水浇地改良的小麦亩产由项目前的 280 公斤提高到 400 公斤，增产 42.86%。

小型乡镇企业项目　完成农机具修理、粮油加工等小型乡企项目 105 项，完成投资 58.4 万元。

妇女信贷项目　完成投资 209.5 万元，占计划的 96%。该项目以小商品经营、牛奶加工、缝纫等经营活动为主，参与户共 987 户。项目实施期间，共计扫除家庭妇女文盲 8373 人，其中脱盲 5897 人，脱盲率 70.43%。多数妇女通过扫盲教育初步具备阅读文字的能力，可以家庭记账、看书阅报。累计有 6700 名妇女参加简单的农牧业生产知识和生产技术培训，另有 1430 人次参加卫生保健知识的培训。通过实施小商店经营、牛奶分离器等项目，增加家庭收入，改善家庭生活。

社会支持服务项目　全县新建、扩建和维修边远农牧乡、村卫生院（室）30 所，学校 20 所。完成投资 306.2 万元，占计划的 116%。

绒山羊养殖项目　该项目实施后，群众经济收入大幅度增加，加快脱贫致富奔小康的步伐。据对沙珠玉乡直亥村绒山羊项目调查，2005 年，全村绒山羊产绒 591.75 公斤，实现经济收入 12.19 万元。

第三章　国土资源管理

1986年，共和县开始设立土地管理机构。此后20年间，全县国土资源管理工作有序展开、逐步加强。土地管理步入法制化、科学化、规范化轨道。地籍管理、土地利用管理、耕地（牧草地）保护、建设用地管理、矿产资源管理和土地执法监察的各项工作，对有效保护国土资源、提高国土资源的利用率和经济社会效益起到重要作用。

第一节　机　构

1986年，共和县土地管理所成立。1990年，更名为共和县土地管理局，有干部职工8人。1999年，成立共和县土地估价事务所，股级建制，隶属县国土局，编制在县国土局内调剂。2001年，共和县土地管理局更名为共和县国土资源局。2004年，调整县国土资源管理局为县人民政府工作部门，设综合股、矿产资源管理股、国土资源管理股和国土资源执法大队，核定编制为行政编制8名、事业编制6名。至2005年，机构、人员未有变化。

第二节　土地资源管理

一、地籍管理

1986年起，共和县土地管理部门逐步加强地籍管理工作，制定工作方案，明确目标责任，土地管理工作逐步法制化、科学化、规范化。1988年，指定专人具体负责各乡（镇）基本农田保护检查和统计工作。同时，做好基本农田保护基础性工作。按乡镇规划确定基本农田保护面积，并分解到村、社、农户，落实到地块、图斑上，对各类数据统一编号、统一造册登记。1989年，开展恰卜恰地区国有土地申报工作，按照登记规则填制表格，绘制图纸，经海南州土管局验收，图纸精确率达95%以上。1997年，开展城乡地籍调查，共调查国有土地9820宗，面积540公顷，建立健全全县土地“户籍”档案。是年4月，共和县人民政府委托青海省物勘院对共和县恰卜恰镇城镇进行地籍调查。调查过程中，范围涉及北至州消防队，南到国道214线次汉素养路道班，西至海南州冷库西面陡崖，东到环城东路火葬场内4637宗各类土地使用权状况、权属状况、土地用途三方面主要测量数据内容，调查总面积7.8平方公里。是年，开展农村地籍调查，共调查宅基地165宗，占地面积240.24公顷，其中农民宅基地157宗0.93公顷、村集体土地1宗0.17公顷、国有土地5宗14.29公顷，并按照“权属合法、四至清楚、面积准确”的原则进行登记、确权、发证。1998年，组织开展城乡地籍调查，共调查国有土地8843宗，办理国有土地使用权证1000本，土地使用抵押171宗，查处各类违法占地案件16起。同时加强农村宅基地登记发证工作，共办理集体土地建设用地使用证720本。地籍管理至2005年从未间断。

二、基本农田保护

1995年，根据《中华人民共和国土地管理法》和《青海省重点农田保护条例》等有关规定，县人民政府印发《共和县基本农田保护办法》。2003年，全面落实基本农田保护责任到村到户。按照乡（镇）农业区划，科学确定基本农田保护面积和范围，并分解到村、社、农户，落实到地块、图斑上，各类数据统一编号、统一造册登记，共和县人民政府与乡（镇）人民政府签订基本农田保护责任书，乡（镇）人民政府与村委会签订基本农田保护责任书。至2005年，全县划定基本农田保护面积2.39万公顷，划定地块151块。

三、耕地与牧草地保护

2000年后，共和县人民政府在稳定农村牧区基本经营制度的基础上，积极探索草牧场土地承包经营权流转途径。明确流转的前提是依法自愿有偿，流转的形式可以在法律允许范围内多种多样；强调流转的底线是不得改变草牧场土地所有权性质，不得改变草牧场土地用途，不得损害农牧民草牧场土地承包经营权益。至2005年，全县各地积极探索草牧场土地承包经营权流转的各种形式，逐步转变农牧业生产经营方式，推进适度规模经营，发展现代农牧业。县国土、农牧和科技局分别设立草牧场和土地承包经营权流转管理服务中心，各乡（镇）设立草牧场土地承包经营权流转管理服务平台，为流转双方提供信息沟通、法规咨询、价格评估、合同签订、纠纷调处等服务，妥善保管流转合同及有关资料，健全登记备案制度。定期监测流转草牧场土地信息。建立健全舆论监督、群众举报等社会监督制度。

第三节　土地利用管理

一、耕地利用管理

1980年，共和县土地全面实施家庭联产承包制后，全县耕地利用率得到提高。1985年，全县耕地3万公顷，其中可利用耕地7213.33公顷。1988年，曲沟、沙珠玉、恰卜恰、铁盖等乡开展土地分等定产工作，取得联产承包及发展农业经济基本数据。1996年，全县耕地1.21万公顷，其中农业耕地6462.6公顷，水浇地6523.27公顷，浅山地4453.47公顷，脑山地1085.33公顷；牧业耕地5599.47公顷，水浇地792.33公顷，浅山地3954.73公顷，脑山地930.4公顷。2000年，全县耕地1.15万公顷，其中农业耕地9507.07公顷，水浇地5155.6公顷，浅山地601.87公顷，脑山地149.6公顷；牧业耕地5549.87公顷，水浇地732.4公顷，浅山地3887.07公顷，脑山地930.4公顷。2003—2005年，哇玉农场和塘格木农场相继撤场归地方。至2005年底，全县耕地2.44万公顷，其中各乡（镇）耕地2.37万公顷。

二、土地复垦

1986—2005年，共和县加强土地复垦工作，土地复垦规划与土地利用总体规划相协调，合理利用土地，执行“谁破坏、谁复垦”原则。县国土部门负责土地储备管理，监督检查共和县行政区域内土地复垦的综合协调工作。土地复垦指标纳入建设计划，经县国土部门、行业管理部门批准后实施。其中，2004 年，通过田、路、水、林、村综合治理，在切吉乡哇洪滩复垦耕地 1000 公顷，在切吉乡杰波滩复垦土地 1100 公顷。

三、建设用地管理

1986—2005 年，共和县建设项目用地预审管理工作根据《中华人民共和国土地管理法》和《中华人民共和国土地管理法实施条例》，保证土地利用总体规划的实施。县土地行政主管部门在受理建设用地申请之日起 15 个工作日完成审查工作，并提出具体预审意见和对建设单位的具体要求，始终坚守土地红线，确保现有土地草场承包关系长期不变。其中 1987 年，开始实行土地管理“一家管、一支笔、一本账”办法，重点规范恰卜恰镇土地管理和审批，由县土地管理办公室统一办理，严格按照恰卜恰城镇规划审批建设用地；各乡 1986 年 10 月后所批庄廓用地一律无效。1988 年，县人民政府印发《恰卜恰镇土地利用及私人宅基地管理实施细则》，要求加强宅基地及房产管理，提高土地使用效益。1992 年，共和县人民政府决定，规范土地使用证的办理，凡在共和县土地管理局依法办理土地申报登记手续，改变土地用途从事经营活动的国家、集体、个人一律从《中华人民共和国土地管理法》颁布实施之日起，办理临时使用证，逾期不办理的，按照《中华人民共和国土地管理法》和《海南州土地管理暂行规定》给予处罚。1997 年，全县颁发国有土地使用权证 451 宗，土地使用权抵押 41 宗，查处各类违法占地案件 12 起，非法出租土地案件 240 宗，共颁发集体土地建设用地使用证 263 宗。2005 年，开展城镇存量建设用地情况专项调查，先后对恰卜恰、龙羊峡、倒淌河 3 镇在城镇建设用地规划控制面积，闲置土地权属、数量、用途、闲置时间，空闲土地的权属、数量，批而未供土地的现状、数量、用途等情况作专项调查。建设项目用地预审批原则是：土地用途管制；切实保护耕地；合理和集约利用土地；保障基础设施、国家重点建设项目用地；建设项目涉及农用地的，项目由县人民政府批准，由县土地行政主管部门负责预审工作；建设项目占用土地利用总规确定的城市建设用地范围内的国有建设用地，预审工作由建设项目县人民政府土地主管部门负责；建设单位提出预审申请时应交：申请预审的正式文件；项目建议书批复文件；建设项目可行性研究报告，其中包含土地利用的章节，内容包括规划选地情况，用地总规模和用地类型，补充耕地资金落实情况等；单独选址的建设项目，拟占用地质灾害防治规划确定的地质灾害易发区内土地的，还应当提供地质灾害危险性评估报告；土地行政主管部门应当对建设项目用地选址是否符合土地利用总体规划，是否符合土地管理法规条件；建设项目是否符合国家供地政策；建设项目用地选址是否符合地质灾害防治规划；占用耕地的，补充耕地资金是否落实、计划费用是否合理等。

四、土地执法检查

1986—1992 年，共和县国土资源土地执法工作由县国土局内持有相应执法证的干部承担，组成工作组，负责调解处理土地矛盾纠纷。1993 年，成立共和县土地监察大队。1993 年 5 月，海南州土地管理部门印发《清理整顿土地隐形市场处理违法占地暂行办法》，开展龙羊峡地区清理整顿土地隐形市场试点工作。其间，清理整顿私自转让、出租、抵押、改变用途和非法占地 367 宗 10.36 公顷，其中隐形土地交易 202 宗 7.60 公顷，交易金额 615.98 万元，违法占地 165 宗 2.76 公顷；处理隐形土地交易 188 宗 0.57 公顷、违法占地 46 宗 0.29 公顷，收取各种费用 5.17 万元；颁发国有土地使用证 20 份，发证面积 9.13 公顷。是年，全县开展创建无违法批地、无违法用地、无违法管地“三无”乡镇活动，至 1996 年，共和县创建“三无”乡（镇）6 个。2001 年，共和县依法查处县供电局非法转让国有土地一案，依法没收非法所得35万元。2003年，按照国土资源部《进一步治理整顿土地市场秩序工作方案》，全县开展土地市场秩序清理整顿工作，查处违法批地11宗。2005年，海南州国土局、共和县国土局会同省国土资源海南检查支队，实地查处江西沟下社村村民在“151”景区国道109线以北非法占地建房问题，依法下达《责令停止违法行为通知书》，严肃查处村民违法占地建房行为，责令拆除违法建筑物，恢复原状。是年，全县实现“三无”乡（镇）全覆盖。

第四节 矿产资源管理

一、矿产调查

1993年，共和县土地管理部门组织专业技术人员，详查全县大理石、花岗岩矿产储量。剥离大理石矿风化层4000立方米，打开工作面900平方米；开采花岗岩荒料150立方米，加工板材2660平方米。1997年，完成哇洪沟矿区公路工程勘测设计及施工图预算编制，项目获省计委批准立项。1999年，完成龙羊峡硅石矿地质草测10平方公里和阿尕泽金异常二级普查地质草测8平方公里，槽探4200平方米，投资58万元。2001年，实施直亥买金矿二级普查、扎龙加当根金矿普查、哇洪山温泉断裂带中段铜铅金矿产资源潜力评价项目，投资160万元。

二、矿产开发

1996年，共和县大理石公司与县矿产开发公司合并组建共和县矿产资源开发总公司，开发利用大理石资源。是年，县供销社与香港德顺有限公司合作，兴建龙羊金属硅厂，投资1300万元。2004年，县国土局公开拍卖黑马河辖区的塔温磁铁矿点采矿权。至2005年，由于矿产资源开发利用受国家产业政策、资源储量、开采条件等多种因素制约，共和县仅有大理石开采，其他金属矿藏未予开采。

三、矿产管理

1986年，共和县计划委员会行使矿产资源管理职能。1994年，县计划经济委员会专设矿产资源管理办公室，配征管员、财会员各1人。1995年前，县级负责发放小型非金属矿采矿许可证，中型以上由州级部门发放。2000年后，要求经营者提高技术水平，提升回采率，必须依据采矿许可证批准面积、有效期、开采方式依法开采，禁止滥采乱挖。自2001年起，共和县发展计划经济贸易局负责管理矿产资源工作。2005年，县人民政府制定《共和县人民政府关于全面整顿和规范矿产资源开发秩序的实施意见》，全方位整顿和规范矿产资源开发秩序。

四、行政执法

1986年起，共和县开始整顿和规范矿产资源开发秩序，杜绝一矿多开、大矿小开行为，逐步实现规模、有序开发。按照“扶优扶强，壮大规模，政府引导，市场运作，统筹兼顾，公开公正”原则，通过参股、兼并、收购、重组等多种方式，推动小矿山企业整合组建为大型企业。严格执行“三率”（回采率、贫化率、选矿回收率）指标和综合利用指标，严格执行环保“三同时”制度，加大处罚无证采矿、以探代采、越界开采、滥采乱挖、采富弃贫、非法承包或转让矿权等浪费和破坏矿产资源行为，严肃查处有法不依、执法不严、滥用职权的违法行为。2001年，县国土资源局全面检查整顿矿产资源开发利用秩序，制止矿山非法开采行为。2003年，规范环湖地区采沙秩序，查处不按规定办理有关手续的空心砖厂10户，责令限期补办相关手续。2005年，海南州国土局、共和县国土局会同省国土资源海南检查支队，加大动态巡查工作力度，全年联合巡查倒淌河地区日月山至龙羊峡岔路口近8公里范围内的采沙场5次。

第四章　工商行政管理

1986—2005年，随着社会主义市场经济体制的建立和逐步完善，工商企业所有制结构、经济结构发生明显变化，全县私营经济和个体工商户得到较快发展。工商行政管理部门的职能由单纯监管集贸市场逐步向集贸、个体、工商登记、商标、广告、合同和打击投机倒把等转变，依法履行市场监管职能，规范市场主体经营行为，维护公平竞争，维护社会经济秩序和广大消费者权益，完善市场监管体系。

第一节　机　构

一、共和县工商行政管理局

1979年10月，成立共和县工商行政管理科，有干部职工10人。1980年，共和县工商行政管理科更名为共和县工商行政管理局，下设曲沟、沙珠玉、倒淌河、恰卜恰工商所，有干部职工17人。1984年，增设黑马河、切吉工商所。县工商局设办公室、经济检查股、市场股、企业股，并设立经济合同仲裁委员会。1999年，县工商局上划省工商局，实行省以下垂直管理。2001年机构改革，县工商局内设办公室、市场科、公平交易科、法制科、企业个私科，下设恰卜恰河东、恰卜恰河西、沙珠玉、倒淌河、黑马河、切吉工商所，有工商干部职工53人。2005年，共和县工商行政管理局机构未发生变化，共有工商干部53人，工勤人员4人。

二、共和县消费者协会

1993年11月，共和县消费者协会成立。共和县消费者协会制订《共和县消费者协会章程》和《共和县受理消费者投诉办法》。协会办公地点设在共和县工商行政管理局。

第二节　工商登记管理

一、企业登记管理

1986年，全县有工商企业141户，其中国有20户、集体89户。1988年，共和县对辖内工商企业进行整顿并重新换发营业执照，整顿后全县共有19户公司（国营14户、集体5户），注册资金1654.59万元，从业人员1660人。是年，全县有各类企业147户，分支机构225个。移交海南州工商局管理的州属企业89户（其中各类公司16户），县属企业57户（包括公司19户、不含已撤销的3户），分支机构142个，注册资金4490万元，从业人员4180人。其中国有企业31户，分支机构88个，从业人员1920人，注册资金2920.7万元；集体企业26户，分支机构59个，注册资金1969.3万元，从业人员2260人。1990年，全县共有工商企业224户，注册资金3909.56万元（其中分支机构111个，经营单位56户，注册资金525.83万元）。全民所有制企业108户，注册资金2106.15万元；集体所有制企业106户；企业法人57户，注册资金3408.32万元（其中联营企业1户）。登记办照企业3户，注册资金30.7万元。1993年，允许企业先开业后办手续，并取消部分许可证。注册登记企业287户，注册资金4446万元。1996年，年检企业255户，通过年检的企业252户，年检率99%。2000年，全县应年检企业186户，实际年检177户，注销6户，申请延期年检2户，未参加年检1户，年检率98.3%。是年，有企业186户，注册资金7457万元，其中企业法人77户（有限责任公司9户），分支机构74户，经营单位35户；注册登记新办企业5户，办理变更登记15户，清理“三无”企业和挂靠企业2户；对逾期年检的企业2户，依法给予处罚，共罚款500元。2001年，根据省工商局《建立企业经济户口制度的实施意见》要求，将企业设立、变更、注销登记工作中的初审和年检、企业日常监管、企业回访等职权下放到工商所。全年建立企业经济户口165户，其中企业法人76户、经营单位38户、分支机构33户、有限责任公司18户。年内，新办企业5户，预先核准企业名称6户。2005年，全县共有各类企业164户、从业人员2520人，注册资金4630万元。

二、私营企业与个体工商户登记管理

1986年，共和县有个体工商户592户、从业人员847人；私营企业3家、从业人员57人。1993年，吊销营业执照3户，清理整顿“挂靠集体”企业42户，认定名为“集体”实为个体的企业31户，并限期办理变更手续。2001年，治理整顿“三无企业”和无照经营专项活动，查出个体无照经营9户，查处未办理变更手续的企业2户。2003年，坚持属地化监管原则，深化私营企业“经济户口”监管。工商管理部门通过划分片区责任区域，分别建立个体、企业“经济户口”内勤总台账、前置审批手续台账和片区分台账。实行企业绿、蓝、黄、黑分别对应A、B、C、D四类，制定《分类管理操作规程》，建立信用体系评价机制及相应的反馈机制、督查机制、报送机制、评定机制。全县企业143户中分出一类企业42户、二类企业83户、三类企业11户、四类企业7户。通过并联审批办理企业个体注册登记26户，办理前置审批文证件36件。2005年，推进企业信用建设和个体工商户分层分类监管，加强数据库建设，重新确定A类企业144户、B类1户、D类37户。个体工商户分层分类监管，分出个体工商户2624户，其中A类2524户、B类56户、C类42户、D类2户。同时推行分层登记、“一审一核”的注册工作制度，将原来“受理、审核、核准”三个环节简化为审查受理、核准驳回两个环节，对不涉及前置许可的经营户实行“一审一核”制。年底实行分层登记85户，从业人员133人，注册资金76万元。2005年，全县共有个体工商户2624户，从业人员3767人，注册资金3744万元，实现营业收入35722万元，工业总产值5378万元，完成增加值17444万元。私营企业199户（其中分支机构52户），从业人员2615人，注册资金10413万元，实现营业收入6295万元，工业总产值5211万元，实现增加值4075万元。全县非公有制经济注册资金14157万元，个体工商户户均注册资金1.53万元，私营企业户均注册资金70.83万元，注册资金超过百万元以上的私营企业有22户。

三、经纪人登记管理

2003年起，共和县工商行政管理局对全县持证上岗经纪人纳入管理，当年共和县倒淌河镇畜产品交易市场和恰卜恰镇畜产品共有经纪人2人。至2005年底，全县有持证上岗经纪人80人，主要从事牛羊、皮毛、虫草、枸杞、牛奶、藏区特色产品的交易。

第三节　市场监管

一、市场经营管理

1986年起，随着共和县经济的不断发展，各类市场逐渐形成，县工商行政管理部门充分发挥监管职能，严厉打击市场违法行为，努力打造文明规范、公平竞争的市场环境，不定期地开展各类市场整治工作。1989年，按行业召开多次各种形式的会议，学习宣传工商法规、税务法、食品卫生法等有关法规，结合换发营业执照对个体户重新进行一次检查整顿和法制教育，通过换发营业执照建立和健全个体经济档案，实行分行业造册登记，一户一档一卡，进一步核实营业额。1997年，着力加强市场规范化管理，建立“开放、竞争、有序、统一”的市场秩序，巡查恰卜恰河东、河西实行市场工作，实现由静态管理到动态管理、由粗放管理到规范管理、由单向管理到双向管理的三个转变。2001年，积极探索各类市场主体实施有效分类监管新型市场监管模式，确定信用良好行为企业12户，不良行为企业2户；信用良好个体户26户，不良行为个体户13户。2002年，全年共接待首问群众585人次，首办412次，首问办结率达100%，首办办结率99.5%，群众满意率达99%以上。2005年，县工商局会同质监、卫生、消防等部门及企业联手先后开展节日市场、旅游市场、文化市场、粮食市场、成品油市场、夏季饮品市场、边销茶市场、校园周边环境和打击非法拼装报废车、不正当竞争及走私贩私行为等各类专项整治38次。

农资市场管理　1986年起，逐渐开放农资市场，县工商局每年检查农资市场成为常态化工作，查处违法违规经营农资行为。1994年，根据县人民政府《关于认真做好1994年绵羊毛收购工作和狠抓农副产品收购工作保证计划完成购销任务的紧急通知》要求，先后抽调干部18人配合各乡（镇）检查站加强检查，出动车辆480辆次，超额完成绵羊毛收购任务。2000年，开展“红盾打假保农牧业”专项整治，抽调执法人员42人，检查各类门店71户，查获未经登记备案的二铵18吨、尿素10吨、过磷酸钙1吨。2001年，签订《不销售湟鱼及制品责任书》《不销售不合格车辆及配件责任书》及《保证书》《互联网和电子游戏经营者责任书》《安全管理目标责任书》等各类责任书1578份。2004年，开展“红盾护农”专项行动，落实农资经营单位“两票两账一卡一书”制和农资申报配送备案制，健全农资经营户监管台账。2005年，查处农资案件1起，罚款200元；登记备案化肥2521.6吨、农药4270公斤、种子134.7吨、鼠药1.2吨，陈化小麦43.87万公斤、青稞118.43万公斤。

粮油市场管理　1994年，查扣交粮食部门平价收购的油菜籽27吨、青稞5吨、豌豆10吨，查扣油菜籽137吨、蚕豆15吨。1995年，根据国家工商总局《关于加强粮油市场管理做好粮油批发企业清理工作的通知》精神，配合粮油部门调查、整顿粮油生产企业和各农牧场粮油生产经营状况。通过整顿，取消经营粮油的企业3户，变更粮油经营方式的企业5户。2000年，按照国家粮改政策，常规性监督检查辖区内经销成品粮和粮食加工经营户，先后出动执法人员293人次，检查门店498户次。根据省、州局《关于加强粮食市场监管工作的通知》要求，先后8次深入到乡、村、社，广泛宣传国家粮改政策，建立联络员监督机制。按规定发放粮食经营企业和粮食加工企业、成品粮销售门店粮食收购资格证。2001—2005年，每年专项检查全县粮食市场，主要检查综合市场、粮油经营企业（门店）、个体工商户及其经营的面粉、青稞等。

二、市场监督检查

1986年起，市场监督的重点转为打击投机倒把、清理整顿无照经营和查处售卖假冒伪劣商品行为。1989年，开展经济检查，共查出大小违法案件13起。1990年，共查处各类经济违法违章案件19起。其中，立案查处4起，全部结案，罚没款11805元；一般案件9起，罚没款22641.40元；群众举报查处4起；上级部门委托办理的2起，共计罚没款344.46万元。全年共查处假冒、伪劣、变质商品50余种，总价值达10.5万元，补交管理费4000元，经济处罚2000余元。1993年，开展大规模的打假治劣活动4次，共出动检查人员145人次，出动检查车辆35辆次。查获假冒物品金额达11.9万元，查封个体户制造劣质醋点1处；查处制造假烟窝点1处；查处制造劣质糖果加工点1处，没收劣质糖果64公斤。1996年，开展规范市场行为、制止不正当竞争的打假扫劣活动。共开展大规模的专项治理4次，共出动检查人员156人次，检查国营、集体、个体门店1561户。查获假冒伪劣商品18个大类共215个品种，捣毁制售伪劣饮料窝点4处，制假门店1处。并当场缴获互助大曲商标标卡1200套，瓶盖封口300只，查获各类假酒1050瓶、假烟304条、劣质茯砖茶577包、伪劣糖果460公斤、劣质儿童皮鞋13双。其中，立案查处17起；查出擅自经营不合格的磷肥57吨，受理消费者投诉15起，其中立案查处3起。1997年，全年受理投诉26起，查处销售假冒伪劣商品个体门店9处，金额1120元，清理无证经营户24户，清理沿街摆摊设点584起，查处未经登记的非法户外广告36次，纠正一般性违章行为641起，调解各种纠纷67起。2001年，共出动执法人员882人次，车辆294辆次，开展各项专项检查93次，累计检查各类门店4942个；查办案件101起，其中立案查处72起，案值3.6万元，罚款9000元，没收非法所得6000元。全年受理消费者投诉39起，结案38起，为消费者挽回经济损失1.24万元。共查获各类变质、假冒食品2483包（袋、罐）、劣质茯砖茶645包、假冒互助酒96瓶、假冒名烟43包，没收不合格计量器具3把、湟鱼175公斤、过期药品858盒（包、支）、盗版VCD光碟402张；取缔非法回收拆解报废车窝点1处，强制收购被拆解的报废车5辆，查处州液化气站超标准收费和石乃亥冷库注水牛肉案件；监督销毁过期兽药价值2万余元。2003年，共开展各类专项整治69次，累计出动执法人员986人次，累计检查各类门店、摊点、市场6897个，查获各类伪劣、变质、假冒商品总价值4.95万元。查办各类案件101起，结案101起，其中简易案件31起，没收金额1.11万元，罚款1.19万元，总案值4.05万元。检查农贸资化营单位2户，农资销售门店8个。专项整治“毒鼠强”市场，共收缴“毒鼠强”等违禁药品1417包（瓶），包装袋16952个，捣毁窝点1处，取缔农药门店5户。2005年，开展食品市场专项整治，共查办食品案件40起，案值2.1万元，查获各类过期变质及“三无”食品、饮料、糖果、白酒等价值3.4万元、无碘盐及工业用盐410公斤。捣毁添加有毒有害化工原料硼砂的加工面条窝点2处。设立各大市场、批发部、超市“12315消费者监督岗”64处。查获假冒伪劣商品45个品种标价12.1万元，立案查处各类案件（含食品市场专项整治案件）110起，案值11.78万元，罚没款4.85万元，结案率100%。

三、“文明市场”创建

1988年，恰卜恰商场被国家工商行政管理局命名为“全国文明集贸市场”。1992年，恰卜恰市场被评为“全国文明集贸市场”“全省文明集贸市场”“全州文明集贸市场”。1993年，向私营、集体、个体门店发放宣传材料2000份，举办有企业厂长（经理）或业务人员和有关个体代表参加的识别假冒伪劣商品讲座会2次；组织学习《打击投机倒把暂行条例》《中华人民共和国商标法》《保护消费者合法权益条例》以及《中华人民共和国反不正当竞争法》等法律法规知识4次。1994年，按照国家颁布的《集贸市场管理基本规范》，要求市场管理人员人人做到文明管理，秉公办事，坚持改革与发展、建设与管理相结合，建立起一套以激励、自我约束相互补充和双向管理的机制。“文明市场”创建活动一直持续至2005年。

第四节　经济合同管理

1987年起，县工商行政管理部门在企业中开展“重合同、守信用”活动，并以县政府的名义召开“重合同、守信用”合同命名颁证大会。1989年，鉴证经济合同56份，合同总金额596.6万元，其中建筑安装合同54份，金额592.08万元；租赁合同2份，金额3.52万元，已履约53份，履约率94.6%。1990年，开展《中华人民共和国经济合同法》学习宣传活动，强化经济合同的行政管理，推动形成“重合同、守信用”社会风尚。确认无效经济合同2起，挽回企业损失20余万元。全县共鉴证各类经济合同100份，涉及金额1418.27万元。其中，建设工程承包合同93份，金额1339.95万元；企业承包合同5份，金额40.05万元；加工承揽合同1份，金额0.74万元；购销合同1份，金额7.83万元；解除合同2份，金额29.7万元；收取合同鉴证费2168元，劳务管理费47723元。1991年，县辖区内的建筑单位和施工队统一使用《建设工程施工合同》文本，备齐《农副产品购销合同》等6种合同统一文本。共鉴证合同54份，合同金额804.8万元，指导当事人修改合同7份。1992年，审查企业检查各类经济合同1500余份，合同金额7000余万元。调解合同纠纷4起，挽回经济损失1.2万元，受理经济合同仲裁案1起。鉴证经济合同共38份，总金额304万元。共和县民贸公司等7个单位被县人民政府命名为“重合同、守信用”单位。1993年，鉴证经济合同39份，金额462万元，调解合同纠纷2起，挽回经济损失2万余元。1994年，检查合同130份，金额400余万元。评选出建立健全合同管理制度，合同管理机构和合同档案以及在经营活动中能够依法签订合同、履行合同的企业9户，被命名为共和县1992—1993年度“重合同、守信用”单位。鉴证合同28份，金额256万元，注册商标的企业共5户。1996年，检查合同130份，金额2400万元，已履行合同74份，金额1264万元，占合同总数的57%，占合同总金额的53%，查处欺诈合同1份。1997年，检查合同67份，合同金额1340万元。监督检查的29户企业法人，占应检查的71户企业法人的38%。鉴证建设工程施工合同11份，金额739万元。企业动产抵押物登记31份，抵押物总金额3346万元，主债权2292万元。推行示范合同文本5种7430份，其中：建设施工合同280份，工矿产品购销合同800份，农副产品购销合同200本，财产租赁合同30份，房屋租赁合同120份。2000年，鉴证房屋租赁合同246份，合同金额76.4万元，发放许可证68户。2001年，开展《中华人民共和国合同法》培训，全县参加培训632人，培训面占辖区经营户的31%。全年鉴证各类合同43份，总金额1317万元，调解合同纠纷2起，争议金额1300元。开展“重合同、守信用”单位评选和州级文明（星级）市场创建活动，评出共和县元年工贸有限责任公司等7户企业为2000年度“重合同、守信用”单位。恰卜恰消费品综合市场被评为“海南州二星级市场”、民族商场为“二星级市场”。参加合同招投标活动17起；举办《中华人民共和国合同法》培训班5期，参加人员278人次。调解合同纠纷1次，争议金600元。2005年，举办合同培训、宣传活动31次，印发《中华人民共和国经济合同法》宣传手册3000余册，发行合同规范文件汇编1000册。

第五节　个体私营经济管理

1986年，共和县对个体工商户的服务组织为共和县个体劳动者协会，全县个体工商业有592户，从业人员847人。1989年，全县个体工商业有1108户，从业人员1679人（其中包括外省、外州市、本地的办临时营业执照的421户592人）。本地经商的798户占全县总户数的4%，总人口的1.2%，个体自有资金320.79万元（其中流动资金112.07万元、固定资产208.72万元）。个体营业额573.37万元。全年个体户向税务部门交纳税金105.65万元，比上年增加43.10万元，其中恰卜恰个体户交纳税金56.32万元。

1990年，全县共有工商个体户1116户，从业人员1601人，其中农牧民和社会待业青年210户，占总户数的18.82%。当年全县个体工商户营业额达1315万元，占全县社会商品零售额的28.1%，创造产值136.83万元；共计交纳税收117.45万元。1991年，引导和支持少数民族经商，制定个体户发展规划，定责任、定指标、定任务，采取简化手续，优先考虑经营场地，提供信息，减收管理费等办法，予以积极支持。为个体经营者创造较为宽松的环境，解除个体户的后顾之忧，建立健全个体档案，使个体登记逐步走向规范化、科学化的道路。1992年，鼓励农牧民群众“发展一户个体户，减少一户贫困户，增加一户富裕户”，走共同致富的道路。着力发展私营企业和第三产业，简化手续，放宽经营范围和方式，优先安排摊位，提供方便。1997年，制定《共和县个体私营经济发展规划》，将个体户发展指标数下到每一个工商所，直接与综合考评工作挂钩，年终一次性兑现。个体工商户发展到1714户，从业人员2169人；注册资金1207万元。集贸市场成交量4948吨，成交额5242万元，个体工商户上缴税金309万元，较上年同期相比增长25.2%。

2000年，共和县贯彻落实省政府《关于大力发展个体私营经济的决定》及《补充规定》，宣传《中华人民共和国个人独资企业法》《个人独资企业登记管理办法》等法律法规，完善、设立个私经济注册办照大厅，制定《共和县工商行政管理局个体私营企业联络员制度》，为广大经营者提供法律、信息、咨询服务，缩短办照时间，简化审批手续，以“先登记后经营”的办法提供便利条件。全年个体工商户2270户，注册资金2038万元，从业人员2960人，总产值1382万元，销售总额14898万元，市场成交额6305万元，下岗职工从事个体经营的为321户。私营企业21户，较上年同期增长18.7%，注册资金1350.3万元，安置下岗职工51人，雇工255人，技术人员42人。年内共有个人独资企业4家，注册资产46.5万元，从业人员18人。2003年，采取服务、引导与规范并举的方式，促进个体私营经济发展。全年全县共有个体工商户2672户，从业人员4223人，实现增加值11016万元。全县个体工商户及私营企业中累计安置下岗失业人员827户（人），安置农牧民经商622户（人）。全县私营企业60户，从业人员913人，实现增加值1634万元，户数、从业人员、增加值与上年同期相比，分别增长11.1%、69.7%和140.6%。年内新发展下岗职工从事个体私营活动的269户，其中私营企业4户，累计安置下岗失业人员827户（人），全年免收各类行政事业收费38.36万元。在市场内安置自产自销农民经营户27户，解决广大蔬菜种植户卖菜难问题。引导农牧民经商86户。

2005年，全县共有个体工商户2973户，从业人员5318人，注册资金4474万元，实现增加值20327万元。私营企业80户，从业人员185人，注册资金5590万元，产值7875万元，实现增加值343万元，分别较上年同期增长8.1%、69%和26.2%。

1986—2005年共和县个体工商户基本情况表

表6-5

年份	户数（户）	从业人员（人）	注册资金（万元）	总产值（万元）	销售总额或销售收入（万元）	年检（户）	缴纳税金（万元）
1986	592	847	198	49	324	454	—
1987	628	936	210	51	344	485	—
1988	634	986	234	55	187	402	—
1989	1108	1679	328	60	658	910	105.65
1990	1116	1601	449	136	1315	1010	117.45
1991	1191	1745	431	124	1433	958	121.05
1992	1254	1727	377	201	2170	1001	—
1993	1367	1868	460	191	2730	1185	—
1994	1331	1764	723	162	3297	1201	195.1
1995	1466	1969	739	258	4063	1206	—
1996	1501	1926	1150	180	1417	1300	246.8
1997	1714	2169	1207	424	5242	1504	309
1998	2356	2979	1651	78	729	2021	—
1999	2065	2641	1662	558	6307	1980	—
2000	2270	2960	2038	1382	14898	2000	—
2001	2370	3437	2598	1227	12157	2100	—
2002	2481	3848	2576	1432	14228	2201	—
2003	2672	4223	3337	2180	24840	2350	—
2004	2811	4731	3823	1701	32269	2407	—
2005	2973	5318	4474	1921	39502	2509	—

第六节　商标广告管理

一、商标管理

1993年，共和县办理注册商标2件。1996年，转发商标注册证3份，办理注册商品年检5个。2000年，全县拥有注册商标的企业6户，使用注册商标8件，均按时注册。使用未注册商标的企业6户，商标9件，其中地方特色农副产品商标1件，均按核定的商品类别正确使用。2001年，全县拥有注册商标的企业4户，使用注册商标6件，均验证，验证率达100%；使用未注册商标的企业3户，商标3件；查处商标侵权案件3起，共罚款140元。2002年，全县拥有注册商标企业17家，注册商标26件；未注册商标企业6家6件；完成注册商标验证7件；企业破产清算组出具证明保留破产企业商标5件，停止使用商标13家14件（自动放弃商标5件，企业破产无法验证的8家，注册商标9件）；未注册商标登记备案4件，停止使用2件。2003—2004年，共办理商标侵权及冒用注册商标案件6起，收缴商标标识0.67万张，收缴罚款3万元。2005年，共培育商标4户7件，申请商标注册3户5件；查办商标案件10起，罚款500元。是年，全县有知名商标1个。

二、广告管理

1996年，全县共查处未经审批的户外广告7条，其中补办手续3条、限期拆除2条、没收2条；审批横幅广告21条，张贴广告400份，车辆广告1份。1997年，共审批户外广告18件，横幅广告48条，印刷品广告6000份，没收未经审批而悬挂的横幅广告3条，限期拆除印刷品广告78起。是年，广告栏增加到11处，基本满足恰卜恰地区张贴广告的需要。2002年，广告经营单位3家。2000年，共审查户外广告55件，办理许可证55份。查处未经登记而擅自发布户外广告的企业、个人18户，查获虚假医疗广告张贴工具1套。没收印刷品广告4000份，连查处2户，责令停止发布18户，强制拆除27处。2001年，共检查户外广告32处，路牌广告9个，横幅形式广告91条，店堂广告52处，公益广告37处，广告18960份（条）；查处未经登记擅自发布户外广告23起，责令停止发布；没收印刷品广告15406份；立案查处广告案件12起，罚款430元；强制拆除户外广告189处，限期拆除1321处。办理许可证35份。2002年，建立健全县、所两级商业广告监测网络16个，发布广告监测信息1期，监测广告113条，查出违法广告4条；查办商标侵权、假冒案件4起，案值36万元，罚没款1.52万元；查办广告案件4起，没收违法印刷品广告1270份。新设置路牌广告27块，灯箱广告7个，其中公益广告5块，修补灯箱广告5个。2003年，规范广告经营单位，共检查广告282处（条），没收印刷品广告500份，强制拆除户外广告5处，责令停止发布广告1起，清理户外广告17处，处罚乱张贴户外广告1户。办理广告审查登记17户。责令改正制度不健全的经营单位2户，限期办理非法从事广告经营活动的个体工商户4家。2005年，共监测广告176条，其中涉嫌违法广告12条，广告合格率93.2%。检查医疗、药品保健品广告73条，没收户外印刷品广告429份，查办广告案件10起，罚款1000元。

第七节 消费者权益保护

1986年后，共和县工商行政管理部门重视消费者权益保护工作。及时向消费者提供消费信息和咨询服务；积极参与有关行政部门对商品和服务的监督检查；就有关消费者合法权益的问题，向有关行政部门反映，查询、提出建议；及时受理消费者的投诉，并对投诉事项进行调查、调解；投诉事项涉及商品和服务问题的，提请鉴定部门鉴定并告知鉴定结论；就损害消费者合法权益的行为，支持受损害的消费者提起诉讼，并通过大众传播媒介予以揭露批评；宣传消费维权的法律法规和基本知识，做到家喻户晓。

1991年，倒淌河个体户陈龙君被寄校教师打伤，商店被砸，县工商局和个协及时派人去了解情况，并及时向公安部门报案，该校老师××被拘留并赔偿商店损失及医疗费2900元。1992年，依靠群众打假治劣，先后开展打假治劣专项斗争6次，查获假冒伪劣商品1200余种，没收查扣并销毁商品物资金额达12.1万元，其中查处假茅台128瓶，假五粮液96瓶，假红塔山87条。接群众举报信和电话12起，并全部查处解决。积极配合“中国质量万里行”活动。1994年，采取查、堵、防相结合，群众举报与主动出击相结合的方法，积极开展打假治劣工作。查处一般违法违章经济案件3起，查获无碘盐16.2吨。1996年4月12日，共和县消费者委员会成立。是年，受理消费者投诉15起，调解15起，给消费者挽回经济损失9.5万元。其中共同处理投诉案件1起，提请监督部门鉴定的1起。1997年，受理消费者投诉18起，调解率达100%，不予受理5起。为消费者挽回经济损失12150元，接待来访咨询人员80余人次。

2000年，检查国营、集体、个体、私营企业等经营单位5836家（户），检查成品油加油站29户，查出有问题的16户，注销烟花爆竹生产企业1户。检查各类文化娱乐服务场所91户，查出有问题的45户，其中查处12户，限期整改15户，取缔18户。检查青海湖风景区经营门店142户，查出有问题的62户。签订青海湖旅游景区经营者责任书97份，发放从业人员服务证96个。全年共查办案件115起，案值8.41万元，罚款1.95万元，没收金额0.21万元。是年，共受理消费者投诉28起，申诉2起，为消费者挽回经济损失2万余元。累计接待来电、来访咨询人员178人次。质量问题投诉占总投诉的65%，价格投诉占10%，医疗投诉占15%，其他占10%。2001年，围绕“绿色消费”年主题，共出动宣传、咨询、服务工作人员63人，车辆2台次，设立法律咨询组、现场受理投诉组、学雷锋义务组等5个活动小组，悬挂横幅10条，黑板报7块，发布消费警示4条，举办首届工商法律法规知识现场有奖问答活动，展示假冒伪劣商品13个品种，填写绿色消费志愿者承诺卡730份，接待群众咨询服务1630人次。2003年，县政府批转《共和县乡镇、村社“12315”网络建设实施办法》，由乡（镇）镇长担任站长，并在各行政村社聘请维权义务监督员，将消费者维权工作延伸到农村牧区，形成县局、工商所、乡镇、村三级联动维权体系。统一印发《受理申（投）诉举报指南》、工作制度及相关文书。是年，共建立工商所申（投）诉站6个，乡镇村申（投）诉点29个、维权站11个，聘请义务监督员161人。全年共受理消费者申诉15起，投诉52起，挽回经济损失2.8万元。2005年，工商局受理消费者投诉64起，解决64起，挽回经济损失42.1万元，赔偿消费者经济损失6.16万元。

1996—2005 年共和县受理消费者投诉情况表

表 6-6

年份	受理消费者投诉（起）	解决消费者投诉（起）	不予受理投诉（起）	挽回消费者经济损失（万元）	赔偿消费者经济损失（万元）	接受消费者咨询（人次）
1996	15	15	—	9.5	—	—
1997	21	21	—	9.3	0.05	125
1998	32	32	—	0.35	—	26
1999	68	68	—	8.6	—	234
2000	28	28	—	2.4	—	178
2001	39	39	—	1.24	—	264
2002	63	63	—	1.6	—	192
2003	52	52	8	2.8	—	129
2004	39	39	—	1.04	—	11
2005	64	64	—	42.1	6.16	66

第八节　市场建设

1986 年后，先后建成恰卜恰和各乡（镇）贸易市场。1989 年，本着“谁投资、谁建房、谁经营、产权归己”原则，环湖地区的倒淌河、江西沟、黑马河和沙珠玉乡的集镇建设实行统一规划、统一设计、统一修建和分户修建办法，共新建、维修门店 436 间，建筑面积 7674 平方米，自筹资金 81.8 万余元，其中新修门店 250 间 4503 平方米，自筹资金 67.5 万余元；维修门店 186 间 3171 平方米，自筹资金 14.36 万余元。同期共拆除旧门店 254 间，折合资金 13.6 万余元。恰卜恰文化街建设面积 1575 平方米，新建门店 83 间，围绕恰卜恰拓宽街道，动员个体户拆除旧门店 80 间，自筹资金 46.47 万元。全年市场建设，建筑面积 9249 平方米，共自筹资金 128.35 万元。

1990 年，恰卜恰镇、铁盖乡、石乃亥乡等由政府和民营企业筹措资金，改建恰卜恰蔬菜批发市场、马汉台农贸市场，新建石乃亥农贸市场。全年新建的农贸市场建筑面积 1200 平方米，建门店 65 间，投入资金 15 万元，其中群众集资 10 万元。1993 年，全县新建市场 3 个。其中，倒淌河综合集市贸易市场占地面积 16810 平方米，建筑面积 6210 平方米，投入资金 140 万元，安排经营户 96 户，年成交额达 219 万元；由县工商局和县畜产公司负责修建的恰卜恰畜产品活畜交易市场，5 月开业，占地面积 2780 平方米，建筑面积 540 平方米，投入资金 8 万元，修建房屋 24 间；由县林业局和玛可河林业局联合修建的恰卜恰海河木材批发市场，占地面积 180 平方米，投入资金 6 万元。

1994 年，坚持量力而行和“谁投资、谁收益、产权归己”原则，一手抓培育，一手抓监督管理，做到市场建设与经济发展相适应。石乃亥乡、倒淌河乡和黑马河乡政府统一集资39.66万元，分别修建和扩建畜产品交易市场，建筑面积共1878平方米。其中：石乃亥乡投资28.8万元，建房80间，实用面积960平方米；倒淌河乡投资3.33万元，建房14间，实用面积168平方米；黑马河乡投资7.5万元，建房75间，实用面积750平方米。其中安排国营、集体、个体经营户134户进市场经营。1996年，根据国家对现有的各类市场实行管办脱钩的精神和要求，积极引导省地质三队、州电影公司、州建设银行、恰卜恰清真寺、共和县饮食公司等企业和单位共投资31.5万元，先后建起恰卜恰畜产品市场、农副产品零售专业市场、生猪定点屠宰市场、牛羊定点屠宰市场、恰卜恰畜产品市场。牧民拉夫旦投资11万元修建小型篷顶式全封闭市场。

1997年，全县培育和改（扩）建市场4个，建成海南地区规模较大、服务设施比较完善的海南州畜产品交易中心。该市场占地面积6123平方米，共投资12万元，集住宿、交易、经纪、运销为一体，同时可储存皮张10万张、绒毛500吨，设有中低档客房40间800平方米，可安排住宿人员200人，仓库3栋1405平方米，羊毛打包机2台，牛羊圈12个，可圈牛羊720头（只），面积240平方米，硬化场地735平方米；海南州新华书店新建的新华市场，市场占地面积为1100平方米，共投资10万元。改（扩）建恰卜恰生猪、牛羊定点屠宰市场，形成棚顶式、半封闭市场，形成“统一圈放、统一屠宰、统一检疫、统一收费”四统一规范管理模式。改（扩）建清真牛羊屠宰市场后，占地面积617平方米，建筑面积416平方米，棚顶面积145平方米，总投资4.5万元；改（扩）建生猪屠宰市场后，占地面积700平方米，建筑面积400平方米，棚顶面积400平方米，总投资15万元。2002年，恰卜恰文化街建成三联商贸城，占地面积1000平方米，容纳摊位20个，主要经营服装和鞋帽产品，投资42万元。2003年，投资1150万元在恰卜恰镇建成综合贸易批发市场，占地面积12703.47平方米，容纳摊位114个。

第五章　物价管理

1986—2005 年，共和县遵循“控制物价水平、调整价格结构、加强价格管理、深化价格改革、促进经济振兴”的方针，严格控制物价总水平上涨幅度。定期不定期地持续开展物价检查，重点检查人民生活必需品的价格，特别是与人民生活关系密切的肉、菜等副食品价格，对恰卜恰地区的肉类市场进行限价，检查各粮店、个体饭馆及粮油制品价格，加大对行政事业等单位乱收费的查处力度，加强商品明码标价管理和电力、电信等垄断行业的价格监督，物价管理工作扎实推进。

第一节　机　构

1985 年，共和县建立物价监督检查所，负责全县的物价监督检查工作，隶属县计划经济委员会。1995 年，县物价所分设为物价行政管理所和物价检查所。其中物价行政管理所隶属县计划经济委员会，物价检查所归工商局管理。1998 年，物价行政管理所与物价检查所并称物价所，隶属县发展改革与经济贸易局，负责管理全县物价工作。核定编制 6 名。至 2005 年，机构无变化。

第二节　价格管理

一、物价改革

1986—1993 年，共和县逐步由国家有计划地调整价格结构为主过渡到商品经济时期的价格管理，属国家定价的商品占到 80%以上。其间，经常出现商业单位和零售商户擅自提价现象，物价部门检查任务繁重。1994 年起，社会主义市场经济体制改革步伐加快，物价管理工作的重点是抑制通货膨胀。1997 年，物价体系改革初见成效，价格关系经历不断调整后，基本形成以市场为导向的价格机制。农作物产品收购价经过多次调整，收购价格的过低状况发生明显变化，工业品中一些商品价格过高或过低的问题得到调整；市场商品零售价格、交通运价、公用服务收费标准均有调整，价格向合理化的方向转变。政府为保护广大城乡居民的实际收入不因价格调整而降低，采取必要补贴措施，并取得一定成效。1997—2005 年，随着市场经济体制的逐步建立和完善，物价管理工作重点转移到宏观监控方面。

二、物价调控

1986年，共和县物价调控管理工作实行“调、放、管”相结合。采取“先调后放”方法，放开主要原材料、能源、交通运输价格，同时开放各竞争部门的价格。将物资调拨改为批发贸易，提高纸张、毛绒、呢绒、金银饰品及部分药品和日用百货的价格。对部分商品实行最高限价，包括对计划外产品实行统一最高限价。同时，放开农机及农产品价格，建立价格调节基金制度，对已开放的价格和执行国家指导价的部分重要商品实行申报制，国家定价、国家指导价、市场调节三种价格形式中，市场调节价比重增加。1987年，调整煤和水泥价格，调整招待所客房费、木材、国贸毛绒、毛针织绒、纱、全腈纶绒线、理发、丝绸、陶瓷品、玻璃钢、油漆钢等商品价格。1988年，调整价格的商品有牛奶、鸡饲料、猪饲料、地产各种棉布、天河牌加酶洗衣粉、农用塑料薄膜、糕点、水泥、食盐、公园门票、各型号机油、机械油、变压器油、压缩机油、汽油、柴油、各种型号腈纶绒线。

1990年，调整价格的商品有小蚕豆、油菜籽、电影票、馒头、大饼、洗衣粉、肥皂、冰饮、煤炭。是年，针对经济过热，物价总水平上涨，市场上抢购风越刮越大的形势，政府沿用对居民实行定量供应粮食的政策，粮食、食油价格不动，实行专营的化肥、农药、农膜核定综合零售价，严格执行计划外生产资料最高限价。1991年，全县初步实现抑制通货膨胀的目标，适当提高糖料、油料、化肥、油脂、成品油、钢材、生铁、粮油销价及多年来未动且偏低的邮电资费等的价格。1992年，大幅度提高粮食购销价格，同时提高统配煤炭、钢铁、化肥、货运等大批基础产品价格，取消钢材、生铁、纯碱等计划外生产资料的全国统一最高限价。1993年，逐步取消居民购粮证，放开粮食价格，提高副食品及日用品价格。1994—1995年，提高木材价格和定购粮油价格；基本放开粮、油、禽、蛋等市场价格；放开部分统配煤炭价格，水泥价格及县内生产的工业品价格。实现化肥计划内外的价格并轨，并实行政府指导价。成品油销售实行国家定价，形成一种商品只使用一种价格形式，市场调节价格成为主要形式。同时，实行商品明码标价管理制度，实行药品价格差率控制。1998年和2000年先后两次调整县城自来水价格，解决城镇用水的供需矛盾。2005年，规定全县中小学学杂费收费标准，高中收费标准为：杂费每生每学期160元，住宿费每生每学期40元，取暖费每生每月12元。县城及城镇所在地初中、小学住宿费标准每生每学期30元。各中小学统一按照农村义务教育阶段“一费制”标准收费。

三、收费管理

1994年，共和县根据《青海省行政事业性收费管理办法》的规定，逐步加强行政事业性收费管理。1996年，共和县进一步规范收费许可证制度，规范行政事业性和经营服务性收费行为。1999年，共发放收费许可证109套。2003—2005年，共和县共举行价格听证会4次，分别就生活垃圾收费、自来水收费、污水处理收费和出租车服务收费听取公众意见、建议。

四、价格检查

1986—2005年，县物价管理部门通过开展物价检查和受理消费者的价格投诉，发现并处理一批价格违法案件，并依据国家相关法规对涉事单位和个人给予行政处罚。2005年，按照县人民政府的统一部署，专项执法检查县肉食品有限责任公司、三江源工贸有限责任公司、草原兴发等肉食品冷库及市场。20年间，县物价管理部门共受理违纪案件8万起，查处价格违法违纪金额30.1万元，其中退还用户12万元，上缴财政18.1万元。

第三节　产品价格

一、农畜产品价格

1986—1995年，国家先后取消畜产品派购任务，实行自由上市交易、随行就市、按质论价。随着居民收入的增加，消费者对畜产品的需求增长迅速，畜产品价格从1986后连续十年不断攀升，到1995年全县猪肉价格、牛羊肉价格、禽肉价格达最高点。2000年后，在菜畜收购季节进行巡回检查，实行“活畜过秤、毛重定等”“皮肉分别计价”的办法。2005年，共查处各类违纪案件144起，违纪金额6.69万元，收缴财政入库1万元。全社会零售物价总指数为106.8%。

1986—2005年部分年份共和县主要商品零售价格情况表

表6-7　　单位：元

品名及单位＼年份	1986	1992	1997	2000	2005
面粉（公斤）	0.47	—	2.4	3.12	2.56
大米（公斤）	0.46	0.71	3.41	2.9	3.44
清油（公斤）	1.89	3.95	7.01	7.6	7.1
豆腐（公斤）	—	1.23	—	2	2.6
猪肉（公斤）	3.21	6.21	13.69	9	13.72
牛肉（公斤）	3.07	3.86	13.04	12.00	16.42
羊肉（公斤）	2.62	3.83	10	14	15.32
白糖（公斤）	1.78	3.11	6.4	4	4.2
牛奶（公斤）	0.66	1.2	2.93	3	3
萝卜（公斤）	—	0.48	1.06	1.2	1.28
白菜（公斤）	—	0.56	1.16	1.13	1.33
白棉布（米）	—	2.48	5.9	6	16
中华牙膏（支）	—	1.09	2.33	—	—
天河洗衣粉（袋、小）	—	2.06	2.34	—	—

二、工业产品价格

1986年，国家将肥皂、铝锅、铁壳保温瓶、普通灯泡等共计11种产品价格下放地方管理。是年，进一步扩大纺织品质量和花色浮动差价，允许企业在上下10%的浮动幅度内自主定价。1988年，对彩电价格实行上浮政策，14英寸每台上浮不超过192元，18英寸每台上浮不超过370元，20英寸每台上浮不超过400元。1988—1992年，放开食糖、卷烟等轻工业产品零售价格。1992—2001年，逐步放开重点产品价格，深化轻化工产品价格改革，放开除课本、食盐以外的所有产品价格。1986—2005 年，由于共和县的工业产品基本上均为外部引进，全县工业产品价格执行国家有关规定。

1986—2005 年部分年份共和县部分工业产品价格情况表

表 6-8

单位：元

品名（单位）＼年份	1986	1992	1997	2000	2005
食盐（公斤）	0.296	0.52	1.40	2.00	2.40
电视机（台）	1700	3050	1400	800	700
电冰箱（台）	2400	2200	2000	1800	1800

三、药品价格

1986—2005 年，共和县少数药品价格由政府管制，大多数药品价格由企业自定。政府在制定药品价格时，控制其流通环节差率和进销差率。是年，西药注射剂进销差率 20%，片剂进销差率 19%，重要药品进销差率 22%，批零差率 15%。其间，经过连续多次的药品整改，共和县内一些常用药品零售价格明显下调，如头孢曲松（一种临床常用的抗感染药）注射剂，药价整改前价格由企业自主制定，零售价每支为 138 元/左右，1997 年国家开始进行药价整改后，降为 97 元，2001 年进一步降为 40 元；头孢哌酮注射剂（溶媒结晶粉），零售价 1997 年每支售价 96 元，2001 年降为 38 元，降低 60%；2004 年再次下调到 22.4 元，降低 42%。

四、交通运输价格

20 世纪 80 年代末 90 年代初，全国物价水平出现较大幅度上涨，导致汽车运输成本大幅度提高，尤其是 1992 年国家实行生产资料价格并轨，国营汽车运输企业的计划内平价油取消，燃油成本大幅度增加，给企业经营带来运作困难。1989 年，国家较大幅度提高公路客运票价，共和县根据实际情况做了相应调整。1990 年，国家调整公路运价管理权限，是年共和县货物运价水平达每吨公里 0.50 元。1994 年，交通部印发《关于公路运价改革有关问题的通知》，明确客运价格主要实行政府指导价，涉外客运、高档车客运实行市场调节价。1995—2005 年，放开公路货运价格，共和县实行政府指导价管理春运期间票价浮动。

五、邮政电信资费

1990 年 7 月 31 日，外埠平信由 8 分调到 2 角，本埠平信由 4 分调到 1 角。1996 年 12 月 1 日和 1999 年 3 月 1 日，国家先后两次提高平信资费标准，平信资费为：在城市地区和行政县范围内通信，20 克以内每封邮资 0.60 元；发往城市城区外及行政县外信，每封邮资 0.80 元。1993 年，国务院下发〔1993〕55 号文件，放开无线寻呼、电话信息业务、电子信箱业务等 9 种电信业务，允许非邮电企业经营。1991 年 3 月 1 日，经青海省政府批准，共和地区的一类用户电话初装费由原来的 2000 元/部提高到 4000 元/部；二类用户初装费由原来的 1000 元/部提高到 2000 元/部；三类用户 500 元/部，市内通话费由 3 分钟 4 分调整为 8 分；市内公用电话调整为每 3 分钟 0.10 元。1998 年后，共和县电信取消一类、二类用户分类，合并为二类用户，合并后一类用户的初装费为 800 元。市话通话费由 0.08 元/3 分钟提高到 0.10 元/3 分钟。

第六章　审　计

1986—2005年，共和县审计机关根据国家审计法规，对全县经济运行活动中的财务收支、预算执行、领导干部离职经济责任、金融保险机构、企业财务等方面实行审计监督，发挥审计在经济运行和廉政建设中的监督作用。共审计279个单位（项目）。

第一节　机　构

1984年4月，共和县审计局成立，有审计工作人员9名。1986年，有行政编制10名。2002年，龙羊峡行委审计局撤销后并入共和县审计局。2005年，县审计局内设办公室、经济责任股、财税股、行政事业股，编制13名，实有干部职工16人。

第二节　财务审计

一、行政事业单位财务审计

1986年，县审计局先后审计乡（镇）计划生育费、全县1986—1987年支农经费、车辆管理所公路养路费收支、县工交局公路养护费等部门（单位）收费使用情况，并调查审计民政部门1985—1986年社会救济福利事业费发放以及抚恤、离退休费和其他民政事业费使用情况。1991年，审计行政事业单位38个，重点审计“三多一差”（预算外资金较多、事业费多、罚没收入多和遵守财经纪律差）的单位，审计总金额为841.44万元。1992年，共审计行政事业单位16个，查出违纪违规金额20.2万元，主要问题为违反专控商品规定擅自购买和制作专控商品、维修费支出无工料单等原始凭证、白条报账和公款吃喝等现象。1997年，审计重点为计生经费、双保基金、普教经费使用情况，共审计7个单位，查出违纪金额19.62万元，其中应上缴财政资金11.21万元，已上缴财政8.54万元。查出挤占挪用专项资金单位3个，挪用资金11.08万元。1998年，审计县民政局、县统计局、住房资金、公安局、机关事务局、水电局、经济建设局等单位经费使用情况。经审计，县房改办、公安局、机关事务局、县公路养护队、县房地产估价所、沙珠玉水管所等单位，共有违规金额52.13万元，应上缴财政资金10.51万元，已上缴财政0.1万元。其中：县房改办在房改期间，自行收取“产籍档案费”3760元（共752户，5元/户）决定全部收缴财政；县公安局下属河东、河西派出所1996—1997年将罚没款收入8249.50元，收取“暂住人口管理费”63788.50元，两个派出所及户政股收取的户口簿、迁移证等工本费46483.65元，以上合计金额118521.65元，均未纳入财政专户，直接截留坐支。根据有关财经法规，对上述单位进行经济处罚7055.65元，全额收缴财政。审计倒淌河乡财政所1997年度应缴未缴教育费附加14.02万元，直接坐支，违反规定。

2000—2005年，全面审计县级财政预算，审计项目20项，查出违规金额641万元，管理不规范资金2046万元，应归还资金渠道641万元，自行纠正金额2100万元，提交审计工作报告10份。

二、企业财务审计

1986年，共和县审计局共审计国有企业6户、供销社企业4户。1987年，审计县大理石制品厂、县副食品公司、县石油煤建公司和恰卜恰、曲沟、切吉供销社等企业单位1986年（大理石厂包括1985年）财务收支合规性和经营情况。1988年，审计国有企业12户和供销社企业14户，审计金额516.83万元，查出违纪金额11.62万元，应上缴财政2.11万元。1992年，审计沙珠玉供销社和县饮食服务公司财务收支情况，查处违控金额0.43万元，挤占成本0.69万元，虚增利润2.59万元，职工短款挂账0.88万元。1994年，重点审计企业资产、负债、损益真实合法性、国有资产保值增值等情况。1998年，审计县汽车运输公司财务情况，查处该公司1996年、1997年度未办控购手续而购买摩托车、寻呼机、北京吉普车等违纪违规行为。

第三节 经济责任审计

1987年，共和县首次开展国有企业厂长（经理）离任前经济责任审计，试审县汽车队队长离任后的经济责任。1988年，审计县大理石公司、副食品公司、民贸公司和畜产品公司经理离任经济责任，着重考评企业管理、经营实绩和财务收支情况，审计金额1319.5万元，查出违纪金额10.61万元。

1991年，审计切吉林场场长任职期间的经济责任，严肃处理以“价”定本（核算方法）、以“销”定产，以及违反规定购买专控产品，重发乱发奖金、劳保福利、补贴等问题。1992年，根据企业主管部门申请，审计县民贸公司、肉食蔬菜公司、副食品公司、物资公司国有企业和青海湖旅行社原任经理经济责任，查出经济占成本（费用）7.72万元，虚增利润4.79万元，截留销售收入2.82万元，截留利润1.96万元，潜亏挂账61.53万元，亏损挂账59.57万元，固定资产管理失控，长期不挂账核算135万元，长期拖欠职工工作29.75万元。1993年，审计县皮革厂、大理石公司、民族服装厂、食品加工厂等企业厂长（经理）经济责任，查出县皮革厂历年亏损364.73万元，1992年挤占成本8.5万元，应收款数额大，潜亏因素多等问题；县民族服装厂会计资料不完整、不真实问题；查处县食品加工厂少提折旧2.45万元，漏交“两金”6.01万元，挤占成本6.31万元。1999年起，审计机关坚持“积极稳妥、量力而行、提高质量、防范风险”原则，开展经济责任审计。

2000—2005年，共和县经济责任审计项目96项，审计黑马河乡、江西沟乡、倒淌河镇、切吉乡、沙珠玉乡、财政局等党政领导干部96人的经济责任，查处违规金额112万元、管理不规范资金410万元，应归还资金渠道96万元，自行纠正金额365万元，提交审计报告96份，审计结果报告96份。

第四节　专项审计

1986年，专项审计县属国营商业企业、公交企业、县级供销企业、物资企业和文化企业等企业当年奖金发放情况。1987年，专项报送审计县级14个企业单位1986年度奖金发放情况。审计结果显示：1986年县级所属企业共实现利润148.03万元，发放职工奖金20.36万元，占实现利润的13.75%。1989年，专项审计龙羊峡库区北岸苗圃基地和县中医院住院楼的投资使用情况。其中，龙羊峡库区北岸苗圃基地投资15万元，审计时实际支出8.42万元，符合资金使用规定；县中医院住院楼的建设，总投资51万元，实际完成建筑面积1995.34平方米。此两项工程款支出方面存在的主要问题是：白条支出较多；有些开支手续不够健全。

1991年，专项审计县公安局、检察院、法院的罚没款等预算外资金，县水电队切吉哇合管道工程资金，县中医院1—6月的财务收支，全县中小学危房改造资金的管理使用和全县抗震救灾、重建家园资金管理使用情况等7个项目，审计总金额1178.22万元，查处违纪违规金额26.24万元，其中违纪金额13.05万元。

1992年，专项审计全县教育费附加、“4·26”抗震救灾资金、查查沟水利工程和娘堂水库工程资金使用情况，查出违纪违规金额254.48万元，其中违纪金额31.72万元。是年，审计沟后水库竣工决算，审计总金额6.36万元，查出临时周转贷款逾期罚息列入工程成本金额3.69万元，对其前期准备工作基建程序、工程概算和修正、资金来源、工程投资及资金使用做出结论，并做出经济效益评估，为沟后水库工程的全面验收提供依据。1998年，专项审计县民政局、林业局、县农发行、县畜牧局、切吉林场、铁盖乡、沙珠玉乡及其下属单位“八五”“九五”期间林业生态建设投资情况及1996—1997年林业资金到位、管理、使用等情况。“八五”“九五”期间，全县利用林业生态总投资287.5万元，其中：1996—1997年利用林业生态建设总投资99.6万元。资金使用符合规定。2000—2005年，共和县专项资金审计项目784项，查出违规金额522万元，管理不规范资金1876万元，应归还资金渠道72万元，自行纠正金额1035万元，提交审计工作报告133份，审计意见308份，完成审计调查4项，审计信息39篇。

第五节　金融审计

1990年，全县行业性审计农业银行共和县支行1989年、1990年第一季度的财务收支情况，审计金额726.62万元，查处违纪金额7.75万元，其中应上缴财政3096.04元。存在的主要问题是截留国家收入，私设“小金库”乱支乱花等。1992年，审计农业银行共和县支行1990—1992年财务收支和1991年至1992年6月的信贷资金使用情况，查出报账手续不全金额4.37万元，冒名贷款和跨地区贷款1.4万元，逾期呆滞账款9270万元。1993年，审计建行共和县办事处1991—1992年财务收支和信贷资金使用情况，并对其内控制度和经济效益进行延伸审计。查出挤占成本、逾期贷款等问题。1994年，审计农行共和县支行1992—1993年财务收支情况，查出房租收入不做收益，在房租收入中直接列支违约金以及1992年挪用信贷资金修建恰卜恰民族商场等违纪问题。1997年，审计金融单位1个，通过审计提出加强财务会计工作管理，提高经济效益，严格控制逐年上升的亏损问题，同时增收应收利息回收率，增加收入和降低非正常贷款，促进金融流通正常运转；在应收福利费开支方面，严格按财务制度，规定据实列支。2002年后，不再审计金融机构，改由银行系统自行独立审计。

第七章 统 计

1986—2005 年，随着社会主义市场经济体制的确立和不断完善，共和县农牧区经济成分和经营方式发生重大变化，县统计部门根据《中华人民共和国统计法》及其《实施细则》，依法对全县国民经济和社会发展情况进行统计监督，深入开展综合分析和专题研究，充分利用可以公开的经济信息，准确、及时、全面、方便地向社会提供信息咨询，为经济建设和改革开放做好服务。

第一节 机 构

1986 年，共和县统计局单设。1995 年，与县计划经济委员会合并。1996 年，又恢复单设。2003 年，成立政府信息中心。2004 年，成立普查中心。2005 年，县统计局有计算机 10 台，所有报表均可实现网上直报，工作人员 17 人。是年，全县共有政府统计机构 13 个，其中正科级单位 1 个，工作人员 17 人；乡（镇）11 个，工作人员 14 人。全县共有统计单位 64 个。

2005 年，全县 11 个乡镇均成立乡镇统计工作站，配备专业统计人员。共和县实行“统一领导、分级管理”管理体制，负责组织领导和协调本行政区域内的统计工作，受同级人民政府和上级政府统计机构的双重领导，在统计业务上以上级政府统计机构领导为主；县级统计机构的行政经费由地方财政支付，乡镇统计人员工资、经费由乡镇管理。

第二节 国民经济核算统计

1989—1990 年，初步核算共和县国内生产总值，统计国民收入。1991—1995 年，国内生产总值在国民经济核算中的地位进一步提高，逐步取代国民收入，占据核心指标的位置。国内生产总值年报从 1989 年的初步核算到 1993 年成为正式年报。1993 年，国家统计局正式取消国民收入统计报表。1995 年，共和县开始对 GDP 核算，增加地区季度生产总值报表。2005 年，实行地区生产总值下算一级，取消各县地区生产总值报表。国内生产总值报表的行业分类，按 1994 年国家标准国民经济行业分类（GB/T754-94）分为三大产业 16 大行业，报表种类 8 种 11 大指标分组，即按生产法计算国内生产总值的方法为增加值=总产出-中间投入；按收入法计算的方法为：增加值=劳动者报酬+生产税净额+固定资产折旧+营业盈余；按支出法计算的方法为国内生产总值=最终消费支出+资本形成总额+货物和服务净出口；国民生产总值=国民生产总值+国外的净要素收入。

第三节　专项统计

一、农业统计

1986年，共和县开展农产量、牧业、住户等三项抽样调查。1992年，对全县农村基层报表多、乱以及指标重叠、基层负担重、数出多门等现象进行调整，改进农业统计报表。《农村统计一套表制度》的年报有《农村基层组织情况》《农村劳动力资源及实有劳动力构成情况》《耕地面积》《农业机械年末拥有量》《主要农业机械化项目水平》《农村电气化和农业科学化情况》《农作物播种面积和产量》《牧业主要产量》《牲畜头数平衡表》《水产品总量和养殖面积》《农村自然灾害情况》等20张表1175个统计指标；《农村统计综合表》包含《农业总产值（1990不变价）》《农业总产值（当年价）》《农业总产值和农业商品产值计算表》《农业增加值》等4张表610个指标。

1993年，实行农村统计一套表制度（分统计年报和定期报表），推行“7加1”（7种专业报表用1种程序）报表制度，采用新的《农林牧渔业综合统计报表制度》年报有《农村基本情况及农业生产条件》《农业主要产品生产情况》《水果生产情况》《林业生产情况》《草原建设情况》《牲畜头数平衡表》《渔业生产情况》《农林牧渔业总产值、商品产值计算表》《农林牧渔业中间消耗表》《农林牧渔业增加值》等11张表464个统计指标；定期报表延用1992年定期报表，分别为《农作物播种面积及产量》《牲畜生产情况》《农林牧渔业总产值》3张表196个统计指标。2001年起，把《农业统计报表制度》改为《农林牧渔业统计报表制度》及《农业产值综合统计报表制度》。《农林牧渔业统计报表制度》包括《农业生产条件》《主要农产品生产情况》《水果生产情况》《林业生产情况》《草原建设情况》《牧业主要产品产量》《牲畜头数平衡表》《渔业生产情况》《国有农牧场生产经营情况》《蔬菜及特种作物生产情况》《县（市）社会经济基本情况表》11张表465个统计指标；《农业产值综合统计报表制度》包括《农林牧渔业总产值》《农林牧渔业中间消耗》《农林牧渔业增加值》3张表490个统计指标。定期报表延用1992年定期表，分别为《农作物播种面积及产量》《牲畜生产情况》《农林渔业总产值》3张表196个统计指标。

二、工业统计

1986—1991年，工业统计分为乡以上和乡以下两部分，设立的工业统计报表有《分地区工业总产值》《分行业工业总产值》《工业产品产量》《州级工业企业工业总产值》《独立核算工业企业全员劳动生产率》《全民所有制独立核算工业企业净产值和主要财务成本指标》《集体所有制独立核算工业企业净产值和主要财务成本指标》《村办工业企业主要指标》《城乡个体工业主要指标》等类别，并实行一月一报，年终汇总形成年报。1992年，由于企业所有制发生较大改变，工业统计报表统计范围包括国有、集体、私营、股份合作、联营企业（有限责任公司、股份有限公司等内资企业，港、澳、台商投资企业，外商投资企业）。工业统计指标包括工业增加值、总产值、销售产值、主要工业产品产量、销售量、库存量、主要工业产品生产能力、主要技术经济指标、能源购进、消费及库存以及主要财务成本指标和从业人员、工资总额等；按年报基层表分为工业企业生产、销售总值表、工业企业财务状况表、工业企业能源购进、消费及库存表及主要工业技术经济指标表；按定期报表分为工业产销总汇及主要产品产量表、工业企业主要经济指标表、主要工业产品销售与库存量表及重点耗能工业能源购进、消费及库存表。年报及定期报表涉及指标100余项。1994年后，随着工业生产的发展及工业企业改制、破产、重组等，国有企业所占工业经济份额比例逐步缩小，股份制及个体私营等非国有经济不断发展，地区工业生产逐步形成以股份制为主的多种经济成分共同发展的生产局面。根据青海省统计局《关于严格执行工业总产值统计新规定的通知》，工业定期报表中所有产值指标均按第三次全国工业普查的新规定计算，工业中间投入计算不含增值税的进项税额；现价工业总产值一律采用不含销项税额的价格计算。

2000—2005年，工业统计以全部国有及年产品销售收入500万元以上的非国有工业企业为重点，制定工业统计报表年报和定期报表制度。设立的定期统计表有《共和县规模以上工业企业主要经济指标》《共和县规模以上工业企业主要经济指标》《共和县工业企业产值、增加值完成情况》《共和县工业企业主要产品产量》，年报表有《共和县主要年份主要指标完成情况》。其间，州统计局将直接统计的州属工业交共和县统计，实行就地统计；根据国家统计局的要求，开始采用价格指数缩减法计算工业发展速度。

三、交通运输和邮电统计

1986—1994年，交通运输和邮电统计实行年报表和定期报表两种，报表有《公路通车里程》《客货车汽油单耗情况》《非交通系统重点单位自有载货汽车运输量》《公路运输部门主要指标完成情况》《全民所有制公路运输部门工具年末实有数》等。1999年后，调整交通运输和邮政统计报表制度。统计报表有《公路通车里程》《公路运输主要指标》《邮电业务量及邮电局、所、邮路长度》《电信业务总量及电话次数、户数和电报份数》。2002年，在交通运输统计报表中增设《共和县营运载货汽车》《共和县营运载客汽车》报表。2005年，交通运输和邮电统计中增设《共和县主要年份指标完成情况》报表。

四、固定资产投资统计

1986年，固定资产投资报表主要有《固定资产投资完成情况》《基本建设完成情况》《基本建设房屋建筑面积及价值》《按国民经济行业分基本建设投资完成情况》《更新改造投资完成情况》组成。《固定资产投资完成情况》报表中涉及的统计指标有5大类24个指标；《基本建设完成情况》报表中涉及的统计指标有6大类17个指标；《基本建设房屋建筑面积及价值》报表中涉及的统计指标有4个；《按国民经济行业分基本建设投资完成情况》报表中涉及的统计指标有3大类11个指标；《更新改造投资完成情况》报表中涉及的统计指标有5大类13个指标。1987年，将《按国民经济行业分基本建设投资完成情况》报表，分解为《全民所有制单位基本建设投资完成情况》《城镇集体基建完成情况》报表。1988年，增加《城镇和工矿区私人建房情况》报表；将《按国民经济行业分基本建设投资完成情况》报表改为《基本建设按行业分完成投资》《全民其他按行业分投资完成情况》《城镇集体按行业分投资完成情况》定期报表。1989年，增设《分行业全民零星固定资产投资完成情况》《资金来源分投资完成情况》《全民基建房屋竣工面积及价值》《更新改造房屋竣工面积及价值》《城镇集体房屋竣工面积及价值》报表。

1990年，增设《全民基建、更新改造、全民其他、城镇集体、财务拨款情况》定期报表。1991年，增设《按构成和用途分固定资产投资完成情况》定期报表。1996年，增设《基本建设投资与新增固定资产完成情况》《农村集体资产投资完成情况》《利用外资情况》定期报表。1997年起，增加《房地产开发投资报表》《固定资产投资统计》共10种表709个指标。是年1月凡是计划投资在5万元以上的基本建设项目、更新改造、房地产建设项目及其他投资建设项目，均纳入统计范围。2001年起，改为季报统计。2003年起，凡是计划投资在50万元以上的基本建设项目、更新改造、房地产建设项目及其他投资建设项目，均实行开工统计登记和竣工统计报告制度。2002年1月起，州统计局将直接统计的州属固定资产投资交共和县统计，实行就地统计。

五、商业贸易统计

1986年，商业统计报表包括《社会商品零售总额》《集体所有制商业购、销、存总额》《社会消费品零售额按销售对象、地区及商品类别分组》《全民所有制商业和供销合作社商品购、销、存总额》《工业部门对集体、个体商业商品销售和零售额》《社会农副产品收购额（量）统计年报》《商业机构、人员》年报组成全县商业报表体系，共13种表210余个指标。1993年，共和县开展小型商业企业抽样调查，用科学的计算方法推断全州小型商业企业商品销售。商业企业报表陆续进行改革后，推行“7加1”一套表，设立《社会消费品零售总额》《批发零售贸易业商品销售、库存总额（国内商业、对外贸易业）》《批发零售贸易业商品销售、库存总额》《批发贸易业机构、网点、人员》《零售贸易业机构、网点、人员》《批发零售贸易企业财务状况（国内商业对外贸易业）》《批发零售贸易企业财务状况（物资供销业）》定期统计报表9大类130余个指标。1997年后，个体商业迅速发展，共和县开始对个体商业采取抽样调查的统计方式进行统计。2002年1月起，州统计局将直接统计的州属商业交共和县统计，实行就地统计。2005年，根据《青海省个体批发零售贸易业餐饮业抽样调查方案》，共和县开展抽样调查。

六、社会统计

劳动工资统计 1986年，劳动工资报表制度分为《分部门全民所有制单位职工人数和工资》《分地区全民所有制单位职工人数和工资》《计划外用工及聘用和留用的离退休人数》《全民所有制工业全部职工人数和工资》《全民所有制工业、建筑业全部职工分类情况》《分地区全民所有制工业、建筑业全部职工分类情况》《全民所有制单位固定职工和合同制职工增加来源和减少去向变动情况》《分部门全民所有制单位全部职工工资总额构成情况》《分地区全民所有制单位全部职工工资总额构成情况》（未包括在工资总额中发给个人的补贴，离休、退休、退职人数）《分部门城镇集体所有制单位职工人数、工资和个体劳动者人数》《分地区城镇集体所有制单位职工人数、工资和个体劳动者人数》《集体单位合同制职工人数及聘用的离退休人员》《城镇县（区）级及其以上集体所有制单位全部职工增加来源和减少去向变动情况》《分部门城镇县（区）级及其以上集体所有制工业、建筑业全部职工人数和工资》《分地区城镇县（区）级及其以上集体所有制工业、建筑业全部职工人数和工资》。1993年，劳动工资统计由12大行业调整为16大行业，其中工业分为采掘业、制造业、电力、燃气及水的生产和供应业；地质普查和勘探业，改为地质普查业、水利管理业；交通运输邮电业，改为交通运输仓储及邮电通讯业；商业、公共饮食、物资供应和仓储业，改为批发和零售贸易餐饮业；房地产管理公用事业、居民服务业分为房地产业、社会服务业；新增其他行业。年报表有《全部职工人数与工资》《全部职工人数与工资补

充资料》《全体所有制单位固定职工和合同制职工增加来源或减少去向变动情况》《城镇集体所有制单位全部职工增加来源或减少去向变动情况》《其他各种所有制职工人数》《城乡劳动力配置情况》《服务业财务状况》7 种表 142 个指标。

1998 年，由于对企业进行改革，劳动工资统计报表相应调整。2002 年，根据国家的统一部署，劳动工资统计由农、林、牧、渔业，采掘业，制造业，电力、煤气及水生产和供应业，建筑业，地质勘查业，水利管理业，交通运输、仓储及邮电通信业，批发和零售贸易、餐饮业，金融业，保险业，房地产业，社会服务业，卫生、体育和社会福利业，教育、文化艺术及广播电影电视业，科学研究和综合技术服务业，国家机关、党政机关和社会团体，其他行业 18 大行业调整为农、林、牧、渔业，采矿业，制造业，电力、然气及水的生产和供应业，建筑业，交通运输、仓储及邮政业，信息传输、计算机服务和软件开发业，批发和零售业，住宿和餐饮业，金融业，房地产业，租赁和商务服务业，科学研究、技术服务和地质勘查业，水利、环境和公共设施管理业，居民服务和其他服务业，教育、卫生、社会保障和社会福利业，文化、体育和娱乐业，公共管理和社会组织，国际组织 19 个大行业。年报表按经济类型分为国有单位、集体单位、其他经济单位的从业人员和劳动报酬表以及单位从业人员变动情况表，共 4 种表 81 个指标。2004 年起，州统计局将直接统计的州级单位劳动工资交由共和县统计局统计，实行就地统计。

教育统计　教育统计主要由主管部门负责收集、整理、汇总，直接上报上级主管部门，抄送同级政府统计部门。

文化统计　文化统计由基层文化部门统计，逐级上报主管部门，抄送政府统计部门。统计范围包括电影院、电影放映队、文艺团体、文化馆、广播电台、电视台、体育等。

卫生统计　卫生统计由基层卫生院、所、站统计，报主管部门，抄送统计部门。内容有医疗机构数、病床数、人员数。

第四节　统计服务

1986 年后，共和县统计工作围绕每个“五年规划”，根据每年全县总体发展目标、任务和要求，确定统计工作重点，创新服务理念，夯实服务基础，拓展服务领域，提高服务质量。每年除准确、及时上报月报、季报和年报外，还通过加工、整理、分析大量统计资料，撰写统计分析材料，为党政领导和有关部门提供统计数据和决策依据。自 2004 年起，县统计局开始承担州直机关行政企事业单位的报表收集汇总上报任务，乡（镇）统计工作也随着形势不断变化。

第七编

党政群团

第一章　中国共产党共和县委员会

1986—2005 年，县委通过召开党代表大会、全委会议及全委扩大会议、常委会会议集中讨论重大事项，进行重要工作部署和决策，组织带领全县干部群众积极开展经济建设、政治建设、文化建设、社会建设和生态文明建设，县委各工作部门以及基层各级党组织按照县委决策，结合其职能认真组织抓好工作落实。中共共和县委及各乡（镇）党委依照党章规定按时进行换届选举。与此同时按照中央和省州的安排部署，县委工作机构和办事机构相继进行机构改革。其间，先后召开中共共和县党代表大会 5 次（第八次至第十二次代表大会），审议和通过中共共和县委员会工作报告、县纪律检查委员会工作报告，选举中共共和县委员会、中共共和县纪律检查委员会，讨论并决定重大问题等。

第一节　历届党代会

一、中国共产党共和县第八次代表大会

1987 年 6 月 4—6 日在恰卜恰召开。出席大会代表 180 名，列席代表 11 名。万玛龙主代表中共共和县第七届委员会向大会做题为《总结经验，再鼓干劲，坚持改革，奋发进取，为全面完成共和县“七五”各项任务而努力奋斗》的工作报告，杨永华做县纪律检查委员会工作报告。大会审议并通过关于第七届县委工作报告和纪律检查委员会工作报告的决议。大会选举产生中共共和县第八届委员会委员 25 名。八届一次全委会议选举万玛龙主、万玛仁千、兰科先、多杰扎西、杨永华、杨企斌、更尕当周、李启珠、张谨为县委常务委员会委员，选举万玛龙主为书记，万玛仁千、兰科先、张谨为副书记。选举产生中共共和县纪律检查委员会委员 15 名。

二、中国共产党共和县第九次代表大会

1990 年 4 月 17—19 日在恰卜恰召开。应出席大会代表 150 名，实到代表 146 名，列席代表 12 名。万玛仁千代表中共共和县第八届委员会向大会做题为《认清形势，明确任务，振奋精神，艰苦创业，为夺取共和县两个文明建设新胜利而努力奋斗》的工作报告，周措做县纪律检查委员会工作报告。大会审议并通过关于第八届县委工作报告和纪律检查委员会工作报告的决议。选举产生中共共和县第九届委员会委员 24 名。九届一次全委会议选举万玛仁千、旦巴尖措、刘忠全、更尕当周、李德存、武志俊、周措（女）、杨企斌、彭毛扎西为县委常务委员会委员，选举

万玛仁千为书记，旦巴尖措、武志俊、更尕当周为副书记。选举产生中共共和县纪律检查委员会委员15名。

三、中国共产党共和县第十次代表大会

1993年7月4—6日在恰卜恰召开。应出席大会代表150名，实到代表142名，列席代表12名。祁生奎代表中共共和县第九届委员会向大会做题为《加快改革开放，加速发展经济，为共和经济的繁荣和各项事业的进步发展而努力奋斗》的工作报告，梁希鹏做县纪律检查委员会工作报告。大会审议并通过关于第九届县委工作报告和纪律检查委员会工作报告的决议。选举产生中共共和县第十届委员会委员25名。十届一次全委会议选举彭毛才郎、旦巴、辛东和、公保、苏珺（女）、祁育雄、梁希鹏、李安定、彭毛扎西、李德存为县委常务委员会委员，选举彭毛才郎为书记，旦巴、辛东和、公保、苏珺（女）为副书记，选举产生中共共和县纪律检查委员会委员15名。

四、中国共产党共和县第十一次代表大会

1998年4月13—15日在恰卜恰召开。应出席大会代表180名，实到代表169名，列席代表12名。李树青代表中共共和县第十届委员会向大会做题为《高举旗帜，开拓前进，把共和县的社会主义现代化建设事业全面推向二十一世纪》的工作报告，昂旦扎西做县纪律检查委员会工作报告。大会审议并通过关于第十届县委工作报告和纪律检查委员会工作报告的决议。选举产生中共共和县第十一届委员会委员27名。十一届一次全委会议选举李树青、多杰才让、苏珺（女）、彭毛东主、李德存、李健华、昂旦扎西、龙启顺、卓玛加为县委常务委员会委员，选举李树青为书记，多杰才让、苏珺（女）、彭毛东主为副书记。选举产生中共共和县纪律检查委员会委员17名。

五、中国共产党共和县第十二次代表大会

2003年3月24—26日在恰卜恰召开。应出席大会代表180名，实到代表177名，列席代表12名。大会审议并通过关于第十一届县委工作报告和纪律检查委员会工作报告的决议。选举产生中共共和县第十二届委员会委员27名。十二届一次全委会议选举更藏加、王振昌、张生彪、尕玛才让、魏明霞（女）、纳玉福、杨洪文、蒋树成、叶丹、吴国祺、力本嘉为县委常务委员会委员，选举更藏加为书记，王振昌、张生彪、尕玛才让、魏明霞（女）为副书记。选举产生中共共和县纪律检查委员会委员17名。

1986—2005年中共共和县委员会书记副书记任职情况表

表7-1

届次	职务	姓名	性别	民族	籍贯	任期时间
第七届（1984.12—1987.6）	书记	万玛龙主	男	藏族	青海共和	1985.6—1987.6
	副书记	兰科先	男	藏族	青海共和	1984.12—1987.6
		华　旦	男	藏族	青海共和	1984.12—1987.6
		郑子恩	男	汉族	青海西宁	1984.12—1987.5
		张　谨	男	汉族	青海湟源	1985.10—1987.6
		吕鸿海	男	土族	青海互助	1986.2—1987.6

续表

届次	职务	姓名	性别	民族	籍贯	任期时间
第八届（1987.6—1990.4）	书记	万玛龙主	男	藏族	青海共和	1987.6—1990.1
		万玛仁千	男	藏族	青海共和	1990.1—1990.4
	副书记	万玛仁千	男	藏族	青海共和	1987.6—1990.1
		兰科先	男	藏族	青海共和	1987.6—1990.1
		张　谨	男	汉族	青海湟源	1987.6—1990.1
		旦　巴	男	藏族	青海共和	1990.1—1990.4
		武志俊	男	汉族	陕西彬县	1990.1—1990.4
		更尕当周	男	藏族	青海玉树	1990.1—1990.4
第九届（1990.4—1993.7）	书记	万玛仁千	男	藏族	青海共和	1990.4—1992.5
		祁生奎	男	汉族	青海共和	1992.5—1993.7
	副书记	旦巴尖措	男	藏族	青海同德	1990.4—1992.5
		武志俊	男	汉族	陕西彬县	1990.4—1993.7
		更尕当周	男	藏族	青海玉树	1990.4—1992.6
		彭毛才郎	男	藏族	青海贵德	1992.5—1993.7
		辛东和	男	藏族	青海循化	1992.6—1993.7
		公　保	男	藏族	青海共和	1992.6—1993.7
		苏　珺	女	汉族	山东武城	1992.7—1993.7
第十届（1993.7—1998.4）	书记	彭毛才郎	男	藏族	青海贵德	1993.7—1995.1
		郑子恩	男	汉族	青海西宁	1995.1—1997.12
		李树青	男	汉族	青海民和	1997.12—1998.4
	副书记	旦　巴	男	藏族	青海共和	1993.7—1995.1
		辛东和	男	藏族	青海循化	1993.7—1998.4
		公　保	男	藏族	青海共和	1993.7—1998.4
		苏　珺	女	汉族	山东武城	1993.7—1998.4
		普化太	男	藏族	青海贵德	1995.1—1997.12
		昂旦扎西	男	藏族	青海乐都	1996.9—1997.12
		彭毛东主	男	藏族	青海贵德	1997.12—1998.4
第十一届（1998.4—2003.3）	书记	李树青	男	汉族	青海民和	1998.4—1999.11
		多杰才让	男	藏族	青海贵南	1999.11—2001.11
		更藏加	男	藏族	青海贵德	2001.11—2003.3
	副书记	多杰才让	男	藏族	青海贵南	1998.4—1999.11

续表

届次	职务	姓名	性别	民族	籍贯	任期时间
第十一届（1998. 4—2003. 3）	副书记	苏　珺	女	汉族	山东武城	1998. 4—2000. 7
		彭毛东主	男	藏族	青海贵德	1998. 4—2003. 3
		王振昌	男	汉族	青海贵德	1999. 11—2003. 3
		李德存	男	汉族	山西临县	2000. 12—2001. 11
		张生彪	男	汉族	青海湟源	2002. 1—2003. 3
第十二届（2003. 3—2005. 12）	书记	更藏加	男	藏族	青海贵德	2003. 3—2005. 12
	副书记	王振昌	男	汉族	青海贵德	2003. 3—2005. 12
		张生彪	男	汉族	青海湟源	2003. 3—2005. 12
		尕玛才让	男	藏族	青海共和	2003. 3—2005. 12
		魏明霞	女	汉族	陕西临潼	2003. 3—2005. 11
		马永国	男	撒拉族	青海循化	2003. 8—2005. 8（挂职）
		河生花	女	土族	青海贵南	2005. 11—2005. 12

第二节　组织机构

一、县委工作部门

1986年，中共共和县委所属机构有办公室、组织部、宣传部、统战部、政策研究室、政法委、党校、直属机关工委8个职能部门。1988年，成立县委机要室。1990年，县委机要室更名为县委机要科。1995年，机构改革中，县委工作机构调整为5个：办公室（含机要科、政策研究室、党史业务）、宣传部、组织部（与直属机关工委合署办公）、统战部（与民族宗教事务局合署办公）、政法委员会（与司法局合署办公）。县委议事性机构4个：机构编制委员会、社会治安综合治理委员会、保密委员会、密码工作领导小组。整建制转为副科级事业单位2个：老干部服务办公室（归口县委组织部领导）、档案局（归口县委办公室领导）。是年，撤销政策研究室。2001年，设工作部门5个：办公室（含机要科、政研室）、组织部、宣传部（含文明办）、统一战线工作部、政法委员会。直属机关党委与组织部合署办公，社会治安综合治理委员会办公室与政法委合署办公，宣传部挂精神文明建设指导委员会办公室牌子。常设机构1个：机构编制委员会办公室；部门管理机构1个：机要室。至2005年底，中共共和县委机构设置未做变动。

二、乡（镇）党委

1986年，全县辖1个镇12个乡，设置乡（镇）党委13个。1992年起，各乡（镇）设立纪律检查委员会，纪委书记由乡（镇）党委副书记兼任。1993年前，各乡（镇）每三年召开一次乡（镇）党员代表大会，选举产生新一届党委领导班子。1993年后，每五年召开一次党员代表大会，选举产生乡（镇）党委委员5~7人，并选出书记1人和副书记1~3人。2005年，全县共有乡（镇）党委12个。

第三节　县委全委（扩大）会议

一、第七届县委全委会议

中共共和县第七届委员会共召开全委会议4次。其中，1986年12月21日，县委召开七届三次全委（扩大）会议，传达学习中共中央总书记胡耀邦第二次视察青海时的重要讲话和中共十二届六中全会精神。1987年3月13日，县委召开七届四次全体会议，研究召开中国共产党共和县第八次代表大会有关问题。

二、第八届县委全委会议

中共共和县第八届委员会共召开全委会议4次。其中，1989年1月10日，县委召开八届三次全体扩大会议，县委副书记张谨代表县委常委会做题为《认真学习贯彻中央“两会”精神，努力夺取共和县两个文明建设新胜利》的报告。1990年2月20日，县委召开八届四次全委扩大会议，县委书记万玛仁千代表县委常委会做题为《振奋精神，增强信心》的工作报告。

三、第九届县委全委会议

中共共和县第九届委员会共召开全委会议6次。其中，1992年3月5日，县委召开九届三次全委扩大会议，传达学习贯彻州委八届二次全委扩大会议和全州三级干部会议精神，总结全县1991年工作，部署1992年工作任务。1993年2月17日，县委召开九届四次全委（扩大）会议，县委书记祁生奎代表县委常委会做题为《加快改革开放，加速发展经济，为共和县工作更快更好地上一个新台阶而努力奋斗》的工作报告。

四、第十届县委全委会议

中共共和县第十届委员会共召开全委会议6次。其中，1994年2月26日，县委召开十届二次全委会，县委书记彭毛才郎代表县委常委会做题为《认清形势，坚定信心，振奋精神，真抓实干，努力促进共和经济持续、协调、稳步地向前发展》的工作报告。1995年2月21日，县委召开十届三次全委会，县委书记郑子恩代表县委常委会做题为《振奋精神，真抓实干，为进一步开创共和工作的新局面而努力奋斗》的工作报告。1996年1月31日，县委召开十届四次全委会，县委书记郑子恩代表县委常委会做题为《抓住机遇，加快发展，为共和县国民经济和社会事业的全面发展而努力奋斗》的工作报告，学习贯彻中共十四届五中全会和省、州委全委会议精神，总结1995年工作，安排部署1996年工作任务，兑现1995年经济指标合同，签订1996年经济指标合同。1997年1月11日，县委召开十届五次全委会，会议深入学习贯彻中共十四届六中全会和省、州委全委会议精神，总结1996年工作，安排部署1997年工作任务，兑现1996年经济指标合同，签订1997年经济指标合同，审议并通过《共和县关于贯彻海南州社会主义精神文明建设“九五”规划的实施意见》。1998年1月25日，县委召开十届六次全委（扩大）会议，县委书记李树青代表县委常委会做题为《解放思想，求实创新，把共和县的改革开放和现代化建设推向新阶段》的工作报告，会议总结1997年工作，安排部署1998年工作任务，兑现1997年经济指标合同，签订1998年经济指标承包责任书。

五、第十一届县委全委会议

中共共和县第十一届委员会共召开全委会议7次。其中，2000年12月26日，共和县召开县委十一届四次全委会，深入学习贯彻中共十五届五中全会和省、州委全委会议精神，总结2000年工作，安排部署2001年工作任务，讨论《共和县国民经济和社会发展“十五”规划（草案）》。2002年1月29日，县委召开十一届五次全委会，学习贯彻省、州委全委会议精神，总结

2001年工作，安排部署2002年工作任务。

六、第十二届县委全委会议

中共共和县第十二届委员会至2005年12月共召开全委会议3次。其中，2004年2月19日，共和县召开县委十二届二次全委会议暨经济工作会议，州委常委、县委书记更藏加代表县委常委会做题为《求真务实，锐意进取，不断夺取共和全面建设小康的新胜利》的工作报告，会议总结2003年工作，安排部署2004年工作任务，兑现2003年各项目标责任书，签订2004年各项目标责任书，命名表彰文明单位和文明乡（镇）。2005年1月24日，县委召开十二届三次全委会，安排部署党代会常任制试点工作。

第四节　县委常委会会议

县委常委会会议一般情况下每月召开一次。1986—2005年，共召开常委会会议260余次。其中，2001年9月11日，县委常委会议传达海南州《贯彻落实中办进一步加强基层专武干部队伍建设文件精神》的实施意见和州委常委会议纪要精神。会议听取县人民武装部部长杨洪文作的《关于近年来县人民武装部全面建设情况汇报》和贯彻落实州委常委议军会议精神的建议，讨论研究贯彻州委常委会议精神，做出加强共和县民兵预备役建设的有关决定。会后参观检查东巴乡武装部“双八条”建设情况。2001年12月，县委召开县委常委民主生活会，听取县直机关各部门、各单位和各乡镇，对县委班子及成员的意见和建议。归纳梳理出对县委班子及成员的意见和建议22条，其中对班子成员的意见和建议16条；提给县委班子的意见和建议6条。县委各常委以“三个代表”重要思想为指导，根据中央《决定》和省委《实施意见》，按照“八个坚持、八个反对”的要求，对照反馈的意见和建议，从思想、工作、学风、生活作风等方面作了深刻的自我批评。2002年12月16日，常委会议围绕《中共中央关于加强和改进党的作风建设的决定》提出的“八个坚持、八个反对”新要求和省委贯彻《决定》的实施意见提出的需要集中解决的十二个突出问题，充分借鉴“三讲”教育经验，结合总结一年的思想、工作实际，认真进行对照检查，重点查找思想，作风、工作等方面的不足和存在的问题，正确运用批评与自我批评的思想武器，开展积极健康的思想斗争。采取发放征求意见表的形式，广泛征求各乡（镇）、县直机关各党组、党委，县委、县政府各部门对县委各常委的意见和建议。

2003年4月7日，县委召开常委专题会议，听取有关重点工作进展情况的汇报，集中研究解决存在的困难和问题。会议研究决定，严格实行退耕还林（草）工程目标责任制，层层分解任务，责任到人，自始至终做到有人管、有人抓。会议要求县政府主管领导和教育主管部门组成工作组，借鉴铁盖校区和县中学人事分配制度改革经验，结合全县事业单位改革，研究制定教育“三制”改革方案。2003年5月20日，县委常委会议专题研究部署全县党风廉政建设和反腐败工作。会议要求，各级领导干部要进一步增强责任意识，切实加强对党风廉政建设和反腐败工作的领导，认真抓好党风廉政建设责任制的落实工作，各级党委（党组）每年至少要召开两次专题会议研究党风廉政建设工作，做到年初有安排、有分工，年中有督促、有检查，年底有考核；认真实行领导干部述职述廉制度，党政班子成员都要认真撰写好年度述职述廉报告，并在一定范围内实事求是地进行述职述廉；认真开好民主生活会，加强党风廉政建设的学习宣传教育工作；要按照“谁主管、谁负责”的原则，在查办重大案件和处理重大问题时，实行责任追究，坚决克服在责任追究问题上“失之于软、失之于宽”的现象；加强监督检查和执法监察。要围绕干部制度改革，农牧区税费制度改革和农牧区中小学校收费等工作，进一步加大监督检查力度。

第五节 重要决策与重大活动

一、重要决定

企业改制 1986年9月20日，县委、县政府批转县经济体制改革领导小组《关于共和县简政放权增强企业活力的试行方案》，决定简政放权，同步配套改革，给企业下放权力。确定县属工商企业以股份制和股份合作制为主、乡镇企业以出售为主的指导意见，实行“一厂一策”，因厂制宜，印发《关于企业改制的决定》等指导性文件。1989年3月，县委贯彻落实中共十三届三中全会提出的治理经济环境、整顿经济秩序和全面深化改革的方针，决定以提高经济效益为中心，推动工业企业经济体制改革，全面实行承包经营责任制，引入竞争机制，促进两权分离、政企分开；完善企业内部的经营机制，搞好企业的清财建账工作，提高企业经营管理水平；深入开展“双增双节”运动，实现增收，增强企业自身的发展能力。1993年8月9号，县委、县政府召开县委书记、县长联合办公和县级各大班子联席会议，具体研究部署企业改制、职工安置等问题。1998年7月29日，县委、县政府召开全县个体私营经济工作会议，推动建立产权明晰、责权明确、政企分开、管理科学的现代企业制度，县政府与各乡（镇）签订《共和县1998—2000年个体私营经济发展目标责任书》。县委印发《共和县进一步发展个体私营经济的若干规定》。

农牧区改革 1993年，县委、县政府印发《共和县减轻农民负担的几项决定》，明确规定农牧民应该承担的合理收费项目和标准，禁止不合理收费和摊派项目，并规定村一级不准用公款搞生活接待，村干部外出参观学习，要经上一级政府批准，严禁借参观考察之名用公款旅游观光；农业承包合同项目，只限于粮食定购、水费、管理费、教育附加、民兵训练等，其他各种收费一律不得纳入合同范围；每个农牧业劳动力每年承担5~10个标准日的义务工，主要用于植树造林、乡村道路维修等。2002年，为深入贯彻中共十五大和中共十五届三中全会精神，从根本上治理对农牧民的乱收费问题，切实减轻农牧民负担，建立规范的农牧区分配制度，县委、县政府成立县税费改革领导小组，抽调工作人员182人，开始在全县推行农村牧区税费改革试点工作，逐步取消乡统筹费、农村教育集资等专门面向农牧民征收的行政事业性收费和政府性基金、集资，取消屠宰费，取消统一规定的劳动积累工和义务工，调整农业税、牧业税和农业特产税政策，改革村级支出的征收使用办法，建立科学规范的农村牧区征收制度，切实减轻农牧民负担。

农牧业发展 1989年4月25—26日，县委、县政府召开共和县与驻县境内各农牧场（站）联席会议。会议确定，从1989年起，驻县各农牧场（站）每年给共和县交售一部分粮油；各农牧场（站）在完成自己上交的畜产品任务后，分担所在乡的一部分畜产品上交任务；农牧场（站）采取以场带村的办法，积极支持当地乡、村开发土地，帮助群众代耕代种，开展有偿服务。2000年2月，根据共和县十一届四次全委会议精神，县委、县政府决定加大结构调整力度，建立无公害蔬菜、绵羊、绒山羊、牛改良、良种、中药材、经济林、种苗、万亩草种、羊育肥、水产捕捞加工等十大基地，提高农牧业经济效益，促进农牧民增收。2005年3月2日，县委、县政府确定2005年为农牧民办10件实事，进一步改善农牧区基础设施条件，促进农牧业增效、农牧民增收。

科教兴县　1988年1月25日，县委、县政府召开县委书记、县长联席会议。会议决定，通过社会集资解决学校危房问题，进一步改善办学条件；成立共和县藏语文工作领导小组及办公室，工作经费列入财政预算，并为各项配齐熟悉藏汉两种语言文字的文秘人员。1996年6月25日，县委、县政府印发《共和县普及义务教育实施细则》和《共和县农牧民扫盲工作实施方案》，实施“九五”时期全县普及义务教育任务和农牧民扫盲发展规划。加强基础教育，各级各类学校由应试教育转向素质教育，加强和改进德育教育工作，全面提高教育教学质量。发展多层次、多形式的职业技术教育，办好农牧民文化技术学校，推进农科教相结合，深化教学内部管理体制改革，多渠道加大对教育的投入，提高教师的地位和待遇。1996年4月，县委印发《关于加速科技兴县步伐的若干问题的决定》，要求进一步加强对科技工作的领导，普及科技知识，增强全民科技意识，发展高科技技术，提高企业经济效益，推广现代农牧业技术，发展“两高一优”（高产、高效、优质）和生态农业，增加对科技的投入，实施科技人才开发激励政策。2000年后，加大农牧业科技投入，补充基层农牧业科技人员。

二、重大活动

社会主义思想教育活动　1991年10月，中共共和县委根据中央和省委、州委的统一部署，部署安排在全县农村牧区分期分批开展社会主义思想教育活动。教育活动主要内容是：社会主义优越性教育，党的基本路线教育，现阶段党在农村牧区方针、政策教育，马克思主义民族观、宗教观、党的民族宗教政策和民族团结教育，爱国主义、集体主义、自力更生、艰苦奋斗教育，社会主义民主和法制教育等。县委抽调县级机关干部122人、乡级机关干部53人，组成“社教”工作团，分赴第一批“社教”村35个村开展社会主义思想教育活动。参加“社教”的干部群众12034人，共召开各类会议2106次，参加人数55258人次，实际受教育的达11357人次，受教育面达96%以上，其中农牧民群众达96%，乡级机关干部职工达100%，寺院僧侣为77.1%，历时两个多月“社教”，广大农牧民群众认识乡情、国情，增进对社会主义的热情，坚定社会主义信念。“社教”共进行4批，1992年12月结束。

“三讲”教育活动　2000年3月，根据中央和省州委部署，县委决定从2000年3月中旬开始利用50天左右时间在全县领导班子、领导干部中深入开展以“讲学习、讲政治、讲正气”为主要内容的党性教育活动。“三讲”教育活动主要解决党员领导干部党性党风和工作中存在的突出问题，使领导班子和领导干部思想上有明显提高、政治上有明显进步、作风上有明显转变、纪律上有明显增强，以更好的精神状态和更出色的工作作风为党和人民建功立业。4月4日，县委决定，在全县农村牧区基层组织中，开展创建农村牧区基层组织建设先进县、“六好”乡镇党委及“五好”村党支部的三级联创和争当优秀县、乡镇党委书记、村党支部书记活动，掀起农村牧区基层组织建设争先创优的热潮，从而解决好“有能人管事”“有钱办大事”和依法行政的问题，进一步提高农村牧区基层组织建设的整体水平，为迎接西部大开发、推动农村牧区改革深入、经济发展、社会稳定和进步提供强有力的组织保证。6月6日，县委决定在全县各级党组织和党员干部中开展“三个代表”重要思想学习教育活动。

“三个代表”重要思想学习教育活动　2001年2月始，共和县分批次先后在乡（镇）、县直

部门、村开展“三个代表”重要思想学习教育活动，全县县直机关、乡（镇）和村干部3000余人参加学习教育活动。第一批“三个代表”重要思想学习教育活动自2001年2月开始，分“学习培训、对照检查、整改提高、巩固落实”四个阶段进行，历时5个月。教育活动期间共走访群众6800人次，收集群众意见和建议1300余条，帮助农牧民和群众办实事210余件，解决支农资金100余万元，写出调查报告30余篇。第二批“三个代表”重要思想学习教育活动自2001年12月7日开始，2002年7月结束。村、居民委员会均参加活动，收集意见和建议130条。两批“三个代表”学习教育活动期间举办骨干培训班11期，参学对象培训班30期，下派指导组16个，编发简报24期，发征求意见表780份，设意见箱102个，召开各种类型座谈会160余次。县委印发《关于巩固“三个代表”学习教育活动成果建立健全长效机制的意见》，推动学教活动经常化、制度化。

党的代表大会常任制试点工作　2004年5月，省委组织部确定共和县为全省党的代表大会常任制试点县之一。2005年3月，共和县召开党代会常任制试点工作的第一次全体代表会议。审议县委和县纪委工作报告，讨论通过《中国共产党共和县代表大会常任制（试点）工作方案》和《关于代表团在闭会期间活动的规定（试行）》等7项制度。州委指导组定期召开共和县党代会常任制试点工作汇报会，根据实际提出指导意见。县委组织部适时组织人员深入各乡镇检查指导常任制试点工作，督促整改，狠抓工作落实。年底，共和县开展党代表述职评议活动，党代表述职着重汇报如何行使党代表的职责权利，履行党代表义务，密切联系党员群众，发挥党代表作用等情况。

保持共产党员先进性教育活动　2005年3月，根据中央和省委、州委的统一部署，分三批在全县各党组织和党员中开展以实践“三个代表”重要思想为主要内容的保持共产党员先进性教育活动。全县参加一、二、三批先进性教育活动的党委有14个、党总支11个、党支部216个，共有党员5278人。县委多次召开常委会议，专题研究先进性教育活动。抽调县级机关党员干部343人组成巡回检查组1个、督导组22个、驻村指导组86个，进村进组开展教育活动。出展板36期，展示各种图片400余幅；开办先进性教育活动广播专题栏目，用藏汉双语播出稿件350余篇，发放《新时期保持共产党员先进性教育活动读本》等藏汉语学习资料15020余册，发放《永远的先锋战士》《雪域丰碑》《青春之歌》《草原明珠》《郭艳荣》等藏汉双语光盘605套。各党组织在健全组织、完善机构的基础上，结合本地区和本单位的实际，认真制定实施方案，按期召开动员大会，开展思想发动，并通过举办骨干培训、张贴标语、广播电视报道、简报信息等形式，积极宣传动员。全县各级党组织共举办骨干培训班170期，参加人数3647人次，张贴标语3267条，悬挂横幅191条，小黑板报宣传栏219期，建学习园地206个，广播电视报道520条，专题展板380块；县先进性教育办公室编发工作信息212期，信息交流17期，县级党员领导干部和部门负责人做动员报告132场次，上党课248场，做专题辅导93次，这为先进性教育活动有序进行营造良好氛围。各级党组织集中学习讨论时间均在40小时以上，县级机关、各乡镇党委集中学习时间在48小时以上，个人学习笔记达2万字以上，写心得体会人均2篇以上，集中学习4320次，座谈讨论920次18101人次，做形势报告会201场次6800人次，上党课327次6091人次，观看电教片665场次26183人次，全县党员参学率达98.69%。各级党组织和广大党员采取灵活多样方式，广泛征求群众意见，共发放征求意见表19512份，收回19278份；设立意见箱205个，开通电话80余部，共征求到意见建议1451条。对存在的问题，坚持边整边改、立说立行，积极从党员自身做起，从群众最不满意的事改起，努力在边学边改上下功夫。全县各级党组织严格按照“四必谈”的要求，以帮助党员提高认识、查找问题、纠正错误、互相提高为目的，采取“一对一”“一对多”的方法开展交心谈心活动，各党组织谈心人数累计达10365人次，其中班子谈心1233人次，支部书记与党员谈心2023人次，党员之间谈心3931人次，党员与群众谈心3178人次，召开返乡务工党员座谈会18次，谈心202人次，谈心面达98%。全县各党组织紧紧围绕“党员受教育、群众得实惠”的目标要求，统筹兼顾，狠抓农牧业生产，精心开展服务“三农”活动。

第六节　纪检监察

一、机构

1986年，中共共和县纪律检查委员会（以下简称“县纪委”）内设办公室、纪检监察室和案件审理室，编制8名。1988年，共和县监察局成立，主管全县行政监察工作。1993年5月，县纪委、县监察局合署办公，履行纪律检查和政府行政监察职能，接受县委、县人民政府双重领导，实行两块牌子、一套人马。定编14名。1995年，共和县纪委、监察局内设办公室、监察综合室、纪检监察室、案件审理室、党风廉政建设室。共有行政编制16名（纪委9名、监察局7名）。

二、党风廉政建设

党风廉政宣传教育　1986—1991年，县纪委印发《关于认真纠正大办婚事、奢侈过春节等不正之风的通知》，号召全体党员以身作则，带头抵制大操大办婚事等不正之风。为配合全县农村牧区的思想教育工作，县纪委印发《关于共产党员在社教工作中模范遵守党的纪律的通知》。1997年，召开纪委全委会议，部署反腐败工作任务。开展纪律检查宣传月活动，发放《青海纪检与监察》第六期100本于全县各党支部及县级领导干部手中。各级党政组织充分利用基层组织建设、机关纪律作风整顿、党员培训以及宣传栏、黑板报等不同形式掀起学习宣传活动的热潮。2002年，各乡（镇）、各部门广泛深入开展党风廉政宣传教育活动，观看《高墙内的钟声》《责任的呼唤》等警示教育电教片81场次，观看人数2189人次；全县各级党组织集中学习累计次数达414次，参加学习人数达7015人次；开展座谈讨论85次，参加人数1397人次。县纪委开展“党风廉政建设知识”竞赛活动，组织全体党员、公务员学习有关党纪政纪条规，积极参与竞赛活动。2004年，县纪委开展以“为民、务实、清廉”为主题的党风廉政宣传教育活动，为期一个月。全县各级党组织集中学习教育累计580次，参加学习人数7200人次；开展讨论30余次，干部职工每人撰写心得体会1篇以上，全县征订《条例》读本799本；到各乡（镇）巡回宣讲12场次，参加学习人数457人次；在全县党政机关党员干部中开展以两个《条例》为中心内容的测试，参加测试人数840余人。2005年6月，县纪委开展以“坚持立党为公、执政为民，保持共产党员先进性”为目标，以“艰苦奋斗、廉洁奉公”为主题的党风廉政建设宣传教育月活动。活动期间，县纪委征订两个《纲要》等资料340本，全县各级党组织集中学习次数达350次，参加学习人数达7000余人次，开展座谈讨论80余人次，组织开展反腐倡廉形势报告会35场次，开展传统教育30次，组织观看警示教育片65场次；组织反腐倡廉知识竞赛（测试）45次；悬挂宣传横幅28条，宣传标语28条，办黑板报10期，发放宣传资料2600余份。

党风廉政建设责任制 1989年，县纪委根据《关于廉政制度建设的七条规定》，要求全县党政机关结合本单位、本部门的实际情况，切实搞好廉政制度建设工作，建立和健全有关廉政制度建设的规章制度。由纪委牵头，建立联席会议制度，要求在联席会议上通报、交流党风党纪、政风政纪和法纪方面的情况，提供信息。参与县工商局系统、税务局系统的廉政制度建设试点工作。3月和9月，县纪委两次赴各乡（镇）检查党风党纪建设和廉政制度建设，纠正存在的问题。1995年，全面开展行政、事业单位副科级以上干部和基层站（所）负责人自查自纠民主生活会，各级党政组织按期召开以廉洁自律为主要内容的民主生活会。2002年，县委领导与各乡（镇）党委、县直机关各部门的主要负责人签订党风廉政建设目标责任书。10月，县党风廉政建设责任制领导小组组织考核组进行考核，全县党风廉政建设工作得到落实。2004年，县党风廉政建设责任制小组将全县党风廉政建设和反腐败工作主要责任分解到各乡（镇）、各部门，明确各项具体工作的责任单位，对牵头和相关责任单位提出目标要求，促进党风廉政建设和反腐败工作的深入开展。全县党风廉政建设工作形成“一把手”负总责，一级抓一级，层层抓落实的良好局面。

专项清理整顿工作 1989年，县纪委贯彻整顿治理方针，积极参与物价、税收、财务大检查和对公司、个体工商户的清理整顿工作，共清理整顿公司36户、个体工商户259户。1997年，开展专项执法检查工作，县监察局分别会同县土地局、计划经济局、统计局、民政局，开展清理整顿国有土地隐形市场、建设项目收费检查、统计执法大检查、贯彻执行《中华人民共和国村民委员会组织法》及村委会干部撤换等情况的执法监察。县监察局主要领导参加工业企业清欠工作，至11月底，追缴拖欠款10余万元。2005年，开展集资建房专项清理工作。共和县成立清理集资建房工作领导小组，办公室设在县监察局执法监察室，清房办及时做出安排，按有关规定核查申报表，并张榜公示核查结果，接受群众监督。

纠风和执法监察工作 1992年3月，共和县纠正行业不正之风领导小组成立，组长由常务副县长担任，领导小组办公室设在县纪委监察局。1993年，县纪委严肃招生制度和纪律，参与普通高校招生报名资格审查工作，经调查核实，取消不符合招生政策规定的考生13人高考资格。参与、监督民办教师转正工作，严格转正的关键环节，使民办教师转正工作按择优录取的原则进行。参与县供销商业企业资金清查和清理销售库存积压产（商）品工作。1995年，县监察局会同县农牧民负担监督管理小组，围绕减轻农牧民负担开展执法监察，深入曲沟、东巴、廿地、英德尔四乡的村、社、户，跟踪调查农牧民负担情况，抽查涉及农牧民负担的收费项目。协同审计等部门监督检查廿地、英德尔乡重建家园资金使用到位情况。调查摸底行政事业单位拖欠企业资金情况，并将情况及时上报州监察局。协同县财政等部门参与和清理检查“小金库”工作。开展执法监察，重点监察中小学乱收费的问题。2004—2005年，共和县以纠正部门和行业不正之风为重点，深入开展纠风治理工作。继续开展民主评议行风活动，在全县27个部门和行业民主评议行风“回头看”活动，聘请行风评议代表30名，行风监督员462名，并充分发挥评议代表和监督员的作用，全县共设立举报电话58部，举报箱28个，走访调查3708人次，召开各种座谈会87次，参加人数2190人，发放问卷调查表9613份，回收率96%。纠正医药购销和医疗服务中的不正之风，会同卫生、物价等部门检查医疗卫生单位18家和个体门诊5家，共安排部署整顿行动4次，全县让利药品种类达70余种，平均降低价15%，最高降幅35%。

三、案件查处

1987年，共和县纪检部门共接受来信23件，共立案20件，结案20件。来信中，反映干部工作生活作风的7件，控告违反财经纪律的3件，反映以权谋私的1件，未构成违纪的4件，其他方面的5件。给予留党察看处分2人。1988年，县纪委共接受来信来访17件，其中检举控告信12件，申诉信5件；县纪委查处11件，转非纪检部门6件。给予留党察看党纪处分2人。1989年，接受来信来访18件，其中检举控告信12件，申诉信6件；县纪委自办12件，办结12件，转其他有关部门查处6件。给予开除党籍处分1人。

1990年，县纪委共接受来信11件，其中检举控告7件，申诉4件，办结11件；给予开除党籍处分1人，给予留党察看处分1人。1991年，受理来信来访23件次，办结率100%。共立案查处党员违纪案件4件，复查党员申诉案2件，处理违纪党员6名，其中科级党员干部5人；给予留党察看处分的3人，党内严重警告处分的1人，党内警告处分2人。1992年，共发现违纪案件线索12件，其中立案3件，办结2件，批评教育处理的3件，转有关部门处理的4件，受开除党籍处分的1人，受留党察看处分的2人，批评教育3人。1993年，受理各类案件23件，结案19件，结案率82%，处理违纪人员3人，其中党内警告处分2人，开除党籍1人，共挽回经济损失17.74万元。1994年，查办案件7件，13人，党纪政纪处理7人，其中，给予开除党籍处分1人，留党察看2人，党内严重警告2人，行政撤职1人，行政记大过1人。1995年，纪检监察机关接受来信来访52件次，其中初查20件，待查1件，立案2件，转办8件，查结22件，重复来信19件，给予党纪处分1人，给予政纪处分1人。

1996年，共接受来信来访43件次，其中初查22件，查结19件，待查3件，转办5件，给予开除党籍处分1人，党内警告处分1人。1997年，自办案件28件，转办13件，查结41件，待查7件，处理上年遗留案件3件，均构不成立案条件。1998年，共收来信来访20件，共调查举报案件19件（包括上年遗留7件），其中立案查处13件，给予撤销党内职务处分1人。1999年，共受理群众来信来访22件次，全部初查核实了结。其中，免去1人村党支部职务，免去5人事业单位股级职务，批评教育5人。

2000年，共受理群众来信来访48件次，其中重复信件12件，上级监察转来2件，县委、县政府交办24件，立案查处2件，通报批评3件，给予开除党籍处分1人，给予党内严重警告、行政记大过处分1人，发内部通报3份。2001年，受理群众来信来访17件次，其中重复信2件，办理上级纪检监察机关转来信件6件，领导干部交办6件，解决轻微违纪问题4件。2002年，共受理群众来信来访24件，其中办理上级部门转来信件12件，领导交办2件，重复信件4件，其中立案查处1件，给予开除党籍处分1人。2003年，共受理群众来信来访14件次，其中重复信件2件，办理上级部门来信来访10件。2004年，共受理群众来信来访14件次，办理上级部门转来信件6件。指导沙珠玉乡党委、纪委立案查处1件，并给予党纪处分1人。2005年，受理来信来访32件，立案28件，结案28件。

第七节　组织工作

一、机构

1986年，中共共和县委组织部（以下简称“县委组织部”）有工作人员8人。1995年，县委组织部与直属机关党委合署办公，实行两块牌子、一套人马。核定行政编制10名。2002年，核定人员编制9名。至2005年，县委组织部机构未发生变化。

二、基层组织建设

党员队伍　1986年，全县有党总支8个、党支部55个，有共产党员624人。在党员总数中，女党员118人。2005年，全县有党总支10个、党支部83个，有共产党员1334人。在党员总数中，女党员368人，占党员总数的27.59%；少数民族党员552人，占党员总数的41.38%；35岁以下党员354人，占党员总数的26.54%；本科、大专、中专、高中以上文化程度党员1007名，占党员总数的75.49%。2000年，各乡（镇）共发展党员225人（其中女性55人），培养入党积极分子271人。2005年，全县发展农牧民党员54人（其中女性7人），培养入党积极分子85人。

党员教育　1986年后，全县基层组织继续坚持“三会一课”制度，每月至少组织一次党员学习活动。1991年，结合社会主义思想教育，开展村（牧）民自治示范活动的宣传、贯彻，从是年10月至第二年年初，先后在4个乡35个村集中进行社会主义思想教育。主要以学习文件为主，配合组织、宣传部门培训村社干部，共培训村社干部864人。开展“做新时期合格党员”活动，使广大党员受到党的革命传统和基本知识再教育。2000年，建立健全《党员学习制度》《民主评议党员制度》《党员大会制度》等一系列党内制度，使党建工作不断规范化。2003年始，各级党组织加强流动党员、下岗失业党员、离退休党员的教育管理工作，组织广大党员学习“三个代表”重要思想、十六大报告和新党章，帮助党员找准自身存在的问题，以办实事、解难题、当表率的实际行动树立合格共产党员的良好形象，进一步增强党的宗旨意识和党性观念，保持党员队伍的先进性。2005年，落实《关于在发展党员工作中实行公示制的意见》，各级党组织结合先进性教育活动，进一步完善流动党员管理办法，建立切合实际、可操作性强的流动党员管理制度。全年举办党员培训77期，参加学习党员6336人次。

基层党组织建设　1988年始，进行村民委员会选举试点，为基层党组织建设提供践经验。1992年，集中精力，重点整顿、转化三类支部，抓好一类支部上水平、二类支部上台阶等工作，结合社教，开展党支部达标升级活动，全县农牧区党支部总体状况有较大改观。1998年，调整改选部分村党支部书记和支委。2003年，组建社区组织机构，理顺社区关系，优化社区干部队伍，使社区党组织建设迈上正规化轨道，制订和完善《社区居委会工作职责》《社区党支部工作职责》《党员管理制度》《干部学习制度》等管理制度。2005年，针对农牧区基层组织建设中存在的问题，集中精力、突出重点、攻克薄弱，进一步巩固农牧区开展“三个代表”重要思想学习教育活动的成果，真正形成让干部经常受教育、使农牧民长期得实惠的长效机制。落实党组织主要负责人带头抓机关党的建设的责任制。县直机关各党委组织召开党建工作经验交流会，研究加强党建问题。建立社区党建工作协调委员会和党员领导干部联系社区工作制度。创新非公有制经济组织党组织体制，理顺党组织隶属关系，逐步实现以属地管理为主、行业管理为辅的管理体制，真正做到“组建一个、巩固一个、带动一片”。推行党建工作指导（联络）员制度，主要解决县级机关党组织建设中问题多、困难多、活动不正常的问题。

三、干部队伍建设

干部培训 1986—1990年，干部的培训内容主要以政治理论学习和业务培训为主，以组织人事部门举办短期培训班为主，每年参加培训的干部占干部总数的20%左右。自1991年起，干部培训逐步有计划、有安排，并从部门开展单一的理论和业务培训向各级党校系统培训理论和业务知识、提高学历、领导能力、挂职锻炼等多方面的培训转变。1991年，制订《1991—1995年干部培训规划》，是年培训干部184人，其中科级干部74人。1992年，选派干部8人到省委党校学习培训，选派科级干部40人到州委党校学习培训，选拔乡（镇）领导干部67人参加县委党校培训班。举办中共十四大报告培训班2期，参加培训的科级干部100余人。1994年，选派科级干部23人到州委党校培训，鼓励干部86人报考中央党校和省委党校大专函授班，举办公务员过渡培训班4期，培训人员389人。1997—1998年，选派科级干部46人参加州委党校培训，鼓励干部27人报考中央党校函授大专班。1999年，制订《共和县1999—2001年干部教育培训规划》，举办计算机培训班1期，参加培训158人。2000年，选派科级干部8人参加“全州西部大开发研讨班”，选派干部6人参加外地业务培训。科级干部15人参加党校函授学习，其中考取党校研究生2人。县委党校举办公务员过渡培训班和计算机知识培训班各1期；举办干部培训班5期，共培训干部400人。选派乡镇领导干部4人和县直机关科级干部3人分别到海东地区和州直单位挂职学习。2004年，选派乡（镇）领导干部5人到海东地区挂职学习。举办干部培训班12期，培训干部968人。2005年，举办干部培训班6期，培训干部529人，选派乡（镇）领导干部7人到西宁挂职学习、县直机关副科级干部4人到州直机关挂职学习，选派科级干部9人参加中青年后备干部培训班学习。

干部管理 1986—1987年，全县有科级干部184人，平均年龄44岁。1988年，全县有科级干部189人，其中少数民族91人。全县乡（镇）实行干部聘任任用，共聘任行政单位干部、股级干部89人，落聘9人。1989年，全县科级干部221人，其中少数民族107人，女干部10人，年龄35岁以下的57人。1990年，结合乡（镇）换届工作，交流干部25人，副职提任正职3人，正职改为副职1人，选拔中青年副科级干部18人，其中女干部2人，少数民族干部10人。1991年，全县科级干部245人，其中少数民族干部124人，女干部10人，大专以上学历的43人，35岁以下的85人。1992年，实行干部纵向交流，从县直机关交流到乡（镇）任职的干部14人，其中提拔交流的5人，从乡（镇）交流到县直机关任职的9人，乡（镇）之间相互交流干部25人，县直机关相互交流21人，州县相互交流干部7人。开展以“查思想、查纪律、查工作、查作风”为主要内容的纪律作风整顿工作。查处违纪干部职工27人，分别给予党纪政纪处分或通报批评。民主评议考核副科级以上领导干部208人。1994—1995年，全县共有科级干部254人，其中男239人，女15人，35岁以下的干部62人，45岁以上的96人，藏族干部132人，大专文化程度以上的53人。1999年，实行领导干部党风廉政建设责任制和领导干部廉洁从政谈话、县处级领导干部收入申报制度。2000年，全县共有科级干部225人，男195人，女30人。2003年4月23日，县委决定，实行党政领导班子正职人选全委会表决和征求意见、县委常委会议讨论干部任免票决制。2005年，全县共有科级干部264人。

干部选拔任用　1991年，调整交流科级干部42人，提拔科级干部26人。1993年，乡（镇）换届工作中，15名副乡（镇）长候选人落选。当年选拔任用科级干部20人。1994年，调整交流干部24人，免职4人，任用中青年干部9人。1996年，结合乡（镇）换届工作，调整充实乡镇党政副职20人，其中新提拔17人，女干部8人。换届工作中，落选副乡长候选人5人。县直机关提拔任用科级干部2人，调整5人，免职5人。1997年，全县共调整交流科级干部19人，新提拔12人，其中女干部1人，提拔挂职扶贫、支教科级干部3人。1998年，全县共调整任用交流科级干部82人，新提拔21人，其中女干部4人。交流科级干部41人，免职4人。1999年，结合乡（镇）换届工作，提拔副科级干部12人，其中女干部7人，副职提正职11人。县直部门交流到乡（镇）任职5人，乡镇之间交流12人。县直部门调整充实科级干部40人，提拔9人，其中女干部1人，副提正4人，调整交流27人。2000年，充实科级领导干部76人，其中新提拔24人（女干部4人），副职提正职13人。调整交流39人，其中乡（镇）之间交流5人，县乡之间交流13人，县直部门之间交流19人，州县之间交流2人。建立后备干部队伍120人。县委印发《共和县实行领导干部选拔任用公示制暂行办法》《共和县实行领导干部试用期暂行办法》《共和县公开选拔领导干部暂行办法》《共和县非领导职务管理暂行办法》《共和县领导干部任职谈话暂行办法》和《共和县干部交流回避暂行办法》。2000年，共和县首次实行副科级干部公开选拔工作，是年，共面向全县公开选拔副科级干部3人。2001年，调整交流科级干部31人，提拔12人，副职提正职7人，交流12人，其中公开选拔副科级干部5人。2002年，调整任用交流科级干部57人，提拔7人（其中女干部3人），公开选拔1人，副科提正科7人。乡镇之间交流14人，乡镇与县直部门之间交流14人，县直部门之间交流15人。2003年，根据新形势下干部选拔任用工作中出现的新情况、新问题，印发《共和县干部差额考察办法》，实行党政领导班子正职人选全委会表决和征求意见、县委常委会讨论干部任免票决制办法。调整任用干部82人，交流50人，对提拔任用的非选举产生的干部10人实行一年试用期。对调整任用的20名正职人选向县委全委会征求意见，县委常委会就调整任免的干部57人进行票决。2004年，共调整任用干部16人，其中公开选拔副科级领导干部2人，交流11人。2005年，调整任用干部126人，交流干部73人。公开选拔副科级领导干部4人，县人民法院通过竞争上岗的形式选配正科级审判员3人、副科级审判员1人，县人民检察院通过竞争上岗的形式选配副科级检察员3人。2000—2005年，全县共公开选拔副科级干部8个批次26人。

四、人才工作

20世纪80年代初，共和县向全县有中专以上文凭的干部职工发放知识分子补贴。1986年，县委、县政府决定，凡在县内工作具有中专以上文化程度、取得技术员以上职称，或经自学考试获得国家承认中专以上毕业证书的干部职工，分别按资历、工作年限、工资级别，发给相应的书刊资料费。1988年后，推进以“扩大民主、完善考核、推进交流、加强监督”为主要内容的党政干部制度改革，推进各级领导班子和干部队伍建设，建立起能上能下、能进能出、有效激励、严格监督、竞争择优、充满活力的用人机制，全县出现尊重知识、尊重人才的良好局面，为优秀人才脱颖而出、健康成长创造条件，实现人才资源的整体开发与合理配置。1996年后，改进党管干部的方法，坚持群众公认和公开、平等、竞争、择优原则，扩大群众对干部工作的参与和监督，坚持自上而下和自下而上的用人机制，任人唯贤，以素质论人才，重实绩使用干部。2004年，为加强对全县人才工作的领导和协调，共和县人才工作领导小组成立，县委副书记、县长任组长，办公室设在县委组织部，有成员15人。县人才工作领导小组职责是负责全县人才工作的规划、政策研究、宏观指导和工作协调，各成员单位认真贯彻落实州、县人才工作的方针政策，根据各自的职能及全县经济社会发展的需要，全面了解和掌握系统人才工作和人才队伍建设状况，制定系统人才开发规划及实施计划，保证人才工作的各项制度、目标任务落到实处。2005年，公开竞聘中小学校长，从县外聘用中学校长1人，并在县属中学推行校长年薪制。针对县内缺乏水务、畜牧专业技术人才的实际，从省属重点大学招聘水务专业人才1人，从外县引进水利工程师2人。

五、老干部工作

1986年，县老干部管理办公室编制5名，实有工作人员4人。1987年，定编6名，实有工作人员7人。1994年11月，成立县老干部服务办公室（归口县委组织部领导）。1995年，核定老干部服务办公室为副科级事业单位，核定事业编制8名。2000年，老干部服务办公室列入参照国家公务员制度管理单位，核编8名。2003年，更名为共和县老干部局。

共和县干部离退休后均由县老干部局和所在单位共同管理。县老干部局履行向老干部及时传达党和国家及省州县有关政策及法律法规、及时兑现落实老干部“两项待遇”、探视生病住院老干部、妥善处理老干部丧葬事宜、按时足额发放老干部遗属生活补贴等工作。1986—2005年，县委、县政府定期召开离退休干部会议，向离退休干部传达上级重要会议和文件精神，通报全县经济社会发展情况等。老干局经常召开座谈会，组织开展活动，重要节日慰问离退休干部，督促落实离退休干部离退休费和医药费“两费”以及相关福利待遇和各项生活补贴，认真落实离退休干部的政治待遇和生活待遇。每年给离休干部征订《老年报》等学习刊物。至2005年，县老干部局共有服务对象986人，其中离休干部30人、县级干部15人、省外居住干部18人、老干部遗属遗孀178人。

第八节　宣传工作

一、机构

1986年，中共共和县委宣传部（以下简称“县委宣传部”）有干部4人，下属单位为共和县人民广播站，工作人员12人。1995年，明确县委宣传部行政编制6名。2002年，机构改革后，县委宣传部行政编制6名。2005年，县委宣传部有干部职工6人。

二、理论学习

1986年，县委宣传部组织党员干部系统学习《政治经济学》（资本主义部分）。1987年，根据全省及共和县干部正规化理论教育五年规划，开始学习马克思主义哲学原理。根据形势发展的需要和上级有关指示，部署安排以“坚持四项基本原则”为主要内容的在职干部职工学习。1988年，抽调干部近300人组成中共十三大文件精神宣讲工作组，春节前后，分两次深入农村牧区进行宣传，组织干部群众认真学习领会中共十三大文件精神，了解社会主义初级阶段基本理论和“一个中心两个基本点”等内容。县委宣传部会同县委办编写《形势教育宣传材料》，发给党政机关和乡（镇）党委。县委宣传部抽调各有关部门人员18人，组成党的基本路线教育工作组，赴倒淌河乡进行党的基本路线教育试点。1989年，全县深入宣传贯彻落实中共十三届四中全会精神，组织全县干部群众学习全会文件，深刻理解其精神实质。召开县级机关、企事业单位干部职工大会3次。同时，学习江泽民在庆祝中华人民共和国成立40周年大会上的重要讲话和中共十三届五中全会精神。1990年，全县认真学习贯彻中共十三届五中全会和州委、县委扩大会议精神。全面开展社会主义理论学习教育，举办县级干部《关于社会主义若干问题学习纲要》学习班1期。1995年，组织党员干部学习马列主义、毛泽东思想及邓小平建设有中国特色社会主义理论，做到学习计划、学习时间、学习内容、学习制度“四落实”。县委中心组学习基本做到每月集中学习1次。县级机关党组充分利用每周政治学习日，组织广大党员干部职工开展理论学习，重点学习《邓小平文选》《建设有中国特色社会主义理论学习纲要》、中共十四届四中和五中全会精神等内容。共征订《邓小平同志建设有中国特色社会主义理论学习纲要》等学习材料1500余本。2000年，重点学习江泽民总书记在纪念中国共产党成立78周年座谈会上的讲话、《江泽民同志论讲学习、讲政治、讲正气》等。中心组成员共撰写论文31篇，写心得体会124篇，在《共和宣传》《工作研究》上摘登31篇。在全县范围内深入开展“中央实施西部大开发战略，我们怎么办”大学习、大讨论活动。2005年，强化理论武装工作，深入学习贯彻“三个代表”重要思想。县委印发《关于切实加强全县在职干部政治理论学习的安排意见》。县委中心组成员率先垂范，从严要求，严格按学习安排，带头认真学习。县委制定印发《中共共和县委中心组理论学习制度》，促进领导干部理论学习制度化、规范化。发放《2005年中央和省委1号文件宣传问答》100余册。

三、思想教育

1986年，组织较大规模的思想教育活动6次，州、县共同组织英模报告会2次，与团县委、商业部门共同组织形势教育报告会2次。1988年，县委宣传部积极配合县政治思想工作组，连续举办思想政治工作学习班4期，县级机关干部、各企事业单位股级以上干部共180人参加学习。学习内容是《中共中央关于加强党的纪律、维护改革大局的通知》《国务院关于做好当前物价工作和稳定市场的紧急通知》等文件以及人民日报《改造我们的思想工作》的社论，以《社论》中所提出的思想政治工作的六条要求衡量思想政治工作，寻找差距，探索新形势下思想政治工作的路子。1989年，广泛进行形势教育、党的基本路线教育和安定团结的教育，先后抽调机关干部50余人深入农村牧区、寺院、学校、企事业单位开展宣传教育活动，共召开各类会议303次，受教育群众17687人次，其中宗教人员310人。

1991年，开展全县农村牧区社会主义思想教育活动。1995年，县委宣传部安排部署爱国主义教育活动。2000年，开展“三讲”教育活动，解决党性党风方面存在的突出问题。印发《关于在全县党员、干部中普遍开展一次马克思主义唯物论和无神论教育的安排意见》，各地、各单位、各部门组织党员共召开学习座谈会249次，参加人员16249人次，县委统战部、县宗教局举办为期两个月的藏传佛教僧侣爱国主义教育培训班，培训中青年僧侣500余人。县委组织部、县委宣传部联合印发《关于认真开展“致富思源、富而思进”教育活动的安排意见》。各乡镇、各部门、各单位以干部、党员和农牧民群众为重点，通过召开座谈会、参观走访、村民算账对比等方式开展宣传教育活动。

2005年，全县深入开展弘扬民族精神、时代精神和“五个特别”精神的主题教育活动。结合全县保持共产党员先进性教育活动，在全县中小学广泛开展《永远的丰碑》革命英雄学习教育活动。

四、新闻宣传

1989年，新闻宣传单位共投稿732篇，采用316篇，照片50张，采用30张，共出宣传栏16期。国庆节期间，制作全面反映共和县十年来“两个文明建设”伟大成就的大型宣传专栏1期。出版《宣传动态》11期。

1990年，开展抗震救灾和县委各项中心工作宣传报道工作。在“4·26”大地震以及其他中心工作中，县委宣传部和县广播站全力以赴，共组织各类稿件226件，其中抗震救灾稿件121篇，摄影154幅，充分发挥有线广播的重要作用。1995年，县委宣传部组织召开新闻报道工作会议，安排全年新闻宣传报道任务。全年向《青海日报》《青海经济报》《青海藏文报》等省级报刊投送新闻稿件170篇，采用发表110余篇。其中《人民日报》首次采用共和县通讯员采写的新闻。为州电视台提供新闻90余条，向省电视台提供15条，并协助省、州电视台拍摄环湖系列报道26集。办街区新闻图片宣传栏10期。在保证省台节目正常转播的同时，在自办节目中共播出新闻稿件320篇，并向省广播电台等新闻单位投稿50余篇，增办《每周一歌》《历史回顾》等两个小栏目。县委宣传部共编发《共和宣传》14期。

2000年，重新组建共和县通讯报道组，为省级报刊投稿200余篇，被《青海日报》《青海藏文报》等采用新闻稿件90余篇。为省州电视台提供电视新闻60条，其中省电视台7条。在自办节目中，共播出新闻稿件1000篇，其中藏文稿件325篇。共出街区宣传栏9期54个版面，使用照片800幅，重点介绍县委、县政府各项工作部署。配合《发展中的海南》编委，深入全县行政企事业单位和各乡（镇）做文字、图片资料收集整理工作。县委宣传部共编发《共和宣传》42期。开办《工作研究》，摘登论文14篇。

2005年，进一步完善通讯员奖惩制度，发放通讯员奖励资金5900元，召开大会兑现奖励，创造良好的通讯报道氛围。全县先后邀请《人民日报》《中国农民报》《中国法制报》等“走进西部”记者团，《青海日报》《青海法制报》《西海都市报》等报社记者，《青海日报》“和谐青海”专题采访团以及省、州电视台等新闻媒体记者多次来共和县采访，营造良好的社会舆论氛围。在各级各类新闻媒体共组织发稿698篇（条）中，在国家级媒体发稿8篇；省级新闻媒体发稿135篇；州县级新闻媒体发稿522篇（条）；在新华网共和网站发稿33篇。邀请州电视台记者摄制播放《走进共和》10集系列报道。在旅游文化节前，邀请全省12家新闻媒体记者50余人，在西宁举办记者招待会。邀请青海电视台现场直播开幕式、农牧民运动会等盛况。邀请中央电视台《青海不再遥远》专题拍摄组、中国国际广播电台、人民日报社以及以青海日报社为主的省级各大报社，新华社、海南电视台、海南报社等新闻媒体记者到旅游节现场多角度、多层面采访报道，营造良好的舆论宣传氛围。

五、精神文明建设

1986年，全县贯彻《中共中央关于社会主义精神文明建设指导方针的决议》精神，教育各族人民做文明公民。开展以理想和纪律、形势和政策、遵纪守法和职业道德为主要内容的思想教育工作，组织开展学雷锋、学蒙托那义等先锋模范活动，在全社会积极倡导移风易俗，树文明新风，创文明单位，建文明乡镇，培养“四有”公民。1987年，共和县精神文明建设委员会更名为和县精神文明建设协调委员会，由县委副书记任主任。1988年，贯彻《青海省文明单位管理规划》，全面复查考核1985年以来命名的66个文明单位，经复查，保留53个，取消5个。

1992年，开展文明单位、“五好家庭”“美好家庭”等精神文明创建活动。1994年，检查考核1985年后创建的县级文明单位，经复查保留县级文明单位42个、撤销20个。至1995年，全县共有县级文明单位42个，州级文明单位2个，省级文明单位1个。1996年，全县精神文明建设工作逐步融入全县各项工作中，精神文明创建内容扩展为争创文明县城、文明乡（镇）、文明行业“三大创建”活动，以及评选“文明户”“遵纪守法户”“双文明户”“文明个体工商户”“消费者放心店”等活动。1997年，共和县精神文明建设指导委员会成立，同时撤销共和县精神文明建设协调委员会。1998年起，恰卜恰镇被命名为县级文明城镇。是年底，全县共有省级文明单位3个，省级文明窗口单位2个，州级文明单位4个，县级文明单位55个，文明乡镇2个。1999年，恰卜恰镇被中央文明委命名为“全国创建文明村镇工作先进单位”，被中共海南藏族自治州委员会命名为州级文明县城。江西沟乡、县人民武装部在全省军民共建“高原千里文明线”工作表彰会上被评为先进单位，受到省委、省政府、省军区表彰。

2000年，共和县被授予“全国创建文明村镇工作先进县”。是年，全县共建成特色文化乡4个，小康文化村12个，建成综合文化活动室18个，组建“青年文明号”15个，“青年志愿者服务队”30个，“青年星火带头人”51人。2001年，全县精神文明建设工作围绕贯彻落实《公民道德建设实施纲要》，进一步加强公民和未成年人思想道德建设，开展《公民道德建设实施纲要》宣传活动，建立健全学校、家庭、社会“三位一体”的未成年人思想道德建设网络，组织开展“崇尚文明、反对迷信”“倡导文明新风，共建美好家园”等主题活动，科技、文化、卫生“三下乡”，宣传、帮扶、援助“三到乡（镇）村”，科技、文化、法律、卫生“四进社区”等活动，开展“三大创建”及“共铸诚信”“百城万店无假货”等各类精神文明创建工作。2004年，全县依托文化中心户（院）成立民间曲艺队4个，书法、绘画、秧歌、棋牌等文艺活动小组10个，设置晨练点10处，经常开展文化娱乐活动；以文化中心户（院）成员为核心组织起来的乡村社火表演队、民族歌舞表演队、民间曲艺演出队等。

第九节　统战工作

一、机构

1986年，中共共和县委统战部（以下简称“县委统战部”）有编制4名，实有4人。1995年，县委统战部与民族宗教局合署办公，实行两块牌子、一套人马。统战部副部长兼任民族宗教局局长。是年，行政编制8名。1998年，县政协副主席兼任统战部部长。2002年，核定县委统战部与县民族宗教事务管理局行政编制7名。至2005年，县委统战部机构和人员未变化。

二、落实统战政策

1986年，县委成立落实政策办公室。县委统战部按照党中央的方针、政策办事，坚持实事求是、有错必纠的原则，采取内查外调结合和先易后难的方法。是年，全县有国民党起义投诚人员13人，其中国家干部10人（全退休）、农村社员3人，给予生活补助。1987年，全面落实宗教信仰自由政策，批准恢复寺院20座，其中清真寺4座。1989年，中共中央印发《中共中央关于坚持和完善中国共产党领导的多党合作和政治协商制度的意见》。中共共和县委制订实施意见和进一步加强制度落实的相关措施。县委常委会召开会议，专门研究统一战线和民主党派工作。召开全县统战工作会议1次，解决统一战线发展中的重大问题和涉及民主党派和无党派人士工作的实际困难。

三、民主党派与党外人士工作

民主党派工作 1988年5月，九三学社海南分社共和执委会成立，郭爱艇任执委、县政协第五届委员会委员、常委。1998年6月26日，九三学社海南州基层委员会成立，张彩莲任执委、县政协第六、七、八届委员会委员、常委。黄埔同学会共和联络小组成立后，王熙任组长、县政协第五至六届委员会委员。2001年9月20日，共和县工商业联合会成立，辛福海任会长、县政协第五届委员会委员，马德林为第二任会长、县政协第六届委员会委员、常委，东忠民为第三任会长、县政协第七届委员会委员、常委，王锦章任第四任会长。

党外人士工作 1986年后，为确保全县各界人士参与管理国家的民主权利，县级中共党员领导分工联系全县民主党派成员和无党派人士。县委、县政府注重改善知识分子生活待遇和工资待遇，解决知识分子住房问题，并给予一定的经济补助。推荐非党知识分子王武林、杨肇宏为县人大常委会副主任，卡毛吉（女）为州人大代表、县政协副主席，王锦章为县政协副主席、州政协委员、常委；关却加为县政协委员、常委；郭爱艇、张彩莲（女）、达日措（女）为县政协委员、常委。2005年，共和县推荐海南州第十一届政协委员34人，其中党外人士26名。至年底，共和县共推荐并提拔党外知识分子、宗教界科级以上干部为副省级干部1人，副州级干部5人，正县级干部4人，副县级干部12人，科级干部11人。

共和县第七届至第十二届人民代表大会党外人士代表情况表

表7-2

单位：人

届别（时间）	代表			副主任	党外副主任
	代表总数	党外人士	所占比例（%）		
第七届（1984.12—1987.6）	142	72	50.7	5	1
第八届（1987.6—1990.6）	125	7	5.6	4	—
第九届（1990.6—1993.4）	126	9	7.1	6	1
第十届（1993.4—1998.3）	129	17	13.1	3	1
第十一届（1998.3—2003.3）	146	16	11	5	1
第十二届（2003.3—2006.9）	146	14	9.6	4	—

政协共和县委员会第三届至第七届政协委员党外人士代表情况表

表7-3

单位：人、%

届别（时间）	委员			副主席			常委		
	人数	党外人士	所占比例	人数	党外人士	所占比例	人数	党外人士	所占比例
第三届（1986.10—1990.4）	69	46	66.7	4	2	50	8	6	75

续表

届别（时间）	委员			副主席			常委		
	人数	党外人士	所占比例	人数	党外人士	所占比例	人数	党外人士	所占比例
第四届（1990.4—1993.4）	69	31	45	6	4	66.7	7	5	71.4
第五届（1993.4—1998.4）	70	48	68.6	6	6	100	12	6	50
第六届（1998.4—2003.3）	73	51	69.9	4	4	100	12	8	66.7
第七届（2003.3—2006.9）	80	38	47.5	3	3	100	13	7	53.8

第十节　政法委工作

一、机构

1983 年，设立中共共和县委政法委员会（以下简称“县委政法委”），下设办公室。2005 年 12 月，县委政法委内设科室有办公室、社会治安综合治理办公室、维护稳定工作办公室、防范和处理邪教问题工作科等科室。县委政法委干部编制 7 名，工勤编制 1 名，实有人数 8 名。

二、案件督导协调

1986—2005 年，县委政法委支持和监督政法各部门依法行使职权，指导和协调政法各部门依法相互制约、密切配合；督促、推动查处大要案，研究和协调有争议的重大、疑难案件，从而推动政法各部门正确行使职权，促进公正执法。其中，1986 年，协调政法各部门督办重大案件 3 件。1992 年，召开案件协调会 2 次，协调督办疑难案件 2 件。1988 年，与公、检、法协调处理刑事、民事告状难问题，接待群众来信来访工作，尽力解决群众的疑难问题。1999 年，收到群众控告、上诉案件 23 起，共协调解决 15 起，接待上访人员 200 余人次。2000 年，共受理涉法涉诉信访案件 36 件，协调处理 10 件、转办 8 件。2001 年，共受理涉法案件 37 件，协调处理 29 件。2002 年，督促协调有争议的重大疑难案件 8 件。2004 年，受理涉法案件 31 件，协调督促处理 29 件。2005 年，受理涉法涉诉案件 13 件，协调督促处理 12 件。

三、综合治理

1986—2005 年，根据全县治安状况，县综治委有针对性地对全县社会治安综合治理工作做出部署，并督促落实，指导协调，推动各乡（镇）、各综治部门落实社会治安综合治理措施，总结推广实践经验，进一步探索社会治安综合治理新路子，为全县的改革、发展、稳定提供良好的社会治安环境。

1986 年，充实和健全综合治理领导小组，由政法各部门主要负责人及有关方面 8 人组成，并成立办公室。1988 年，县政法综治部门在恰卜恰地区开展综合治理工作，印发宣传材料近千份，与行政企事业单位（99 个）签订治安承包合同书，与居民签订居民公约（2500 余户），与个体工商户签订服务公约（893 户）。1991 年，成立县社会治安综合治理领导机构和办事机构，各乡（镇）、各厂矿企业事业单位、村（居）委会也相应成立社会治安综合治理组织机构和办事机构，工作人员由所属地区和乡镇干部兼任。1992 年，检查恰卜恰地区 104 个单位的综治领导小组工作情况；举办乡（镇）治保主任、治保委员培训班 1 期；强化厂门卫、小区门卫、单位门卫内保工作，初步形成群防群治网络。1994 年，举办法制学习班 4 期，全县有轻微违法行为人员 893

人参加学习。开展农贸市场、废旧金属收购点、文化娱乐场所整顿工作，清查流动人口；集中开展整治农牧区社会治安秩序专项工作。1995年，县综治委集中整治恰卜恰地区社会治安，抽调干警60余人，重点整治治安问题较为突出的行业、场所共计167个，用时50天时间；开展第三次集中整治农牧区社会治安秩序，抽调州县干部184人，组成工作组13个，全面整顿重点村24个、重点社59个，共调解纠纷57件，处理治安案件20起，清查收缴民间枪支31支，破获刑事案件16起；全面检查宗教寺院社会治安状况，在37座佛教寺院举办法制学习班2期，评出优秀寺院9个、先进个人32人。1996年，开展整治城镇社会治安"百日行动"。1997年，实行社会治安综合治理"一票否决"制，通报批评防范措施不得力的单位6个，给予发生案件的单位和个体工商户（12个）相对性罚款。1998年，与各乡（镇）综治委兑现1996—1998年度的综治领导责任书；在已创建命名安全文明单位19个（家属院）基础上，新建安全文明小区4个、安全楼院6个。1999年，开展严厉打击涉枪涉爆专项斗争，收回流散在社会上的枪支12支；开展清理超期羁押案件专项活动；向省"见义勇为"基金会上报共和县见义勇为好公民华措、兰措。

2000年，对恰卜恰镇区发生被盗案件的5个单位实行"一票否决"、通报批评单位3个，经济处罚单位12个。2001年，专项整治恰卜恰地区治安状况，使恰卜恰地区发案率下降29%；开展创建安全文明活动，按照责任书的要求和"六无"标准，评定达标村45个、达标单位162个。2003年，加强综治基层组织建设，各乡（镇）配备综治专干1名，经费列入县级财政预算，招聘治安协管员14人充实到恰卜恰镇7个社区居委会，招聘协警员4人充实到恰卜恰2个公安派出所；全县共创建安全小区43个、安全单位73个、安全楼院92个、安全村49个，城镇覆盖面75%，农牧区覆盖面65%。2004年，验收上一轮综治领导责任书落实情况，经济处罚发生治安问题的30个单位，警告7个单位，表彰综治先进单位197个。共和县社会治安防控体系建设正式启动，"110"智能报警系统开始运转。2005年，兑现2003—2004年度综治领导责任制落实情况，签订2005—2006年度综治责任书；开展文化娱乐场所和出租房屋整顿工作；成立恰卜恰地区"摩的"安全管理协会；开展反盗窃、废旧物品收购拉运等治安问题的专项集中整治工作；启动"平安共和"建设活动。

四、专项整治行动

1986—2005年，政法机关继续坚持"严打"方针，重点打击杀人、抢劫、伤害等严重暴力犯罪和盗窃、诈骗等多发性侵财犯罪，开展各种社会治安专项整治行动，全县治安环境进一步改善。1986年，开展"严打"斗争第二战役，共抓获各类犯罪分子55人。1992年，全县开展反盗窃自行车、反盗窃牲畜专项行动，开展交通秩序整顿工作。1994年，开展反盗窃、反贪污贿赂、惩治腐败专项斗争。1995年，开展"春季严打攻势"整顿交通秩序行动，其间共检查车辆31190辆，纠正违章2913辆。1997年，开展集中整治治安专项活动，抽调工作人员50人，分单位整顿组、特种行业整顿组、交通秩序整顿组、流动人口清查组，深入恰卜恰镇各单位、各行业开展整治工作。2000年，开展集中专项整治入室盗窃、抢劫、盗窃机动车辆行动，破获各类刑事案件26起，抓获犯罪嫌疑人14人，摧毁犯罪团伙3个。2001年4月7日，政法委组织召开"严打整治"公捕公判大会，依法公开宣布逮捕犯罪嫌疑人15名，依法公开宣判犯罪分子4名。2003年，共抽调130人，成立刑事案件侦破、治安防范、交通秩序整治、市场秩序整治、文化市场整治、法制宣传、治安巡逻、卫生防疫、城镇管理等9个工作组，分赴各乡（镇）镇进行集中整治，整治期间共立刑事案件89起，破案30起，受理治安案件51起，查处45起，共排查矛盾纠纷13起，调处13起。2005年，开展“反盗窃”专项集中整治。

第十一节 党校工作

一、机构

1986年，中共共和县委党校（以下简称“县委党校”）内设机构有办公室、教研室、行政科，共有教职工9人。1997年，党校工作人员核定为10名（行政人员2名、专业技术人员8名）。2005年，县委党校内设办公室、教研室、总务科、电教中心、教务科，定编9名，实有教职工9人。

二、干部学习培训

1986—1990年，县委党校干部学习培训内容主要以政治理论为主，以短期培训班形式为主，每年参加党校学习培训的干部占干部总数的20%。1987年，举办短期培训6期，培训党员干部536人。1991年，县委印发《1991—1995年干部培训规划》，干部培训逐步实现有计划的分期分批到县委党校接受政治理论和业务知识培训。是年培训干部184人，其中科级干部74人。1992年，选派干部8人去省委党校学习培训，选派科级干部40人到州委党校学习培训，县委党校培训乡镇领导干部67人。举办中共十四大报告培训班2期，参加培训的科级干部100余人。1994年，选派科级干部23人到州委党校进行培训，报考中央党校和省委党校大专函授班干部86人，举办公务员过渡培训班4期，培训389人。1997年，选派科级干部12人参加州委党校培训，报考中央党校函授大专班干部7人。1998年，选派科级干部34人参加州委党校培训，报考中央党校函授大专班干部20人。1999年，县委印发《共和县1999—2001年干部教育培训规划》。干部50人报名参加省委党校函授大专、本科班学习。2000年，科级干部15人参加中央党校函授学习。县委党校举办举行务员过渡培训班1期、计算机知识培训班1期。2001年，县委党校与青海民族大学联合举办研究生函授班，有干部20人报名参加学习。2003年，县委印发《共和县2003—2007年大规模培训干部工作五年规划》，举办干部学习培训班5期，共培训干部400人。2005年，县委党校举办大规模干部学习培训班7期，培训干部626人。县委党校根据各个时期的形势和任务要求，以党政干部、国家公务员、社区干部、青年后备干部、农村基层党员、村组干部、入党积极分子、企（事）业职工为培训对象，至2005年，20年间共举办主体培训班、专题研讨班等各类培训班1100余期，培训党员、干部11万余人次。

三、党员培训教育

1986年后，党校工作适应形势发展的要求，发挥党员干部培训主阵地作用，围绕县委中心工作，对全县党员干部进行党的基本理论、基本政策教育。1986年，举办二年制文化班1期，共有党员37人参加学习，按期毕业。1987—1989年，举办各类短期培训班25期，培训党员干部1037人次。1990年后，全面展开党员干部正规化教育，县委党校逐步加大培训力度，改变以往集中在党校办班的做法，采取走出去的方式，深入基层，在广大农村牧区举办培训班。1990—1994年，举办乡村党员干部培训班、干部理论学习培训班、县直机关党员干部轮训班、学习《邓小平文选》第三卷培训班等42期，培训（轮训）干部1409人次。1995—1999年，举办县乡行政机关公务员培训班、中共十四届四中全会和中共十四届五中全会精神学习培训班、党的民族政策教育培训班、中共十五大精神学习培训班等共169期，参加培训的党员干部共计6548人次。2000—2005年，举办“三个代表”重要思想学习培训班、政治理论骨干培训班、中共十五届五中全会精神学习培训班、中共十六大精神学习培训班、全省思想政治工作会议精神、七一重要讲话、中共十五届六中全会、建党80周年重要讲话、村党支部书记村委会主任学习“三个代表”重要思想学习班、《公民道德建设实施纲要》《中共中央关于加强和改进党的作风建设的决定》《中华人民共和国人口与计划生育法》、WTO知识培训、《依法行政》、大规模干部培训班、专业技术人员WTO知识培训、中央1号文件，中共十六届三中、四中全会，《中华人民共和国行政许可法》、《中华人民共和国公务员法》、共和县党代表大会常任制培训班，县直机关、村党支部书记、县直机关入党积极分子培训、新一届村干部培训班等各类培训班234期，参加培训21295人次。党校教师努力提高教学与研究能力，寓教于学，教学相长，至2005年，党校教师共撰写论文30余篇，发表于公开刊物20篇，发表于州委党校内部刊物4篇。

第二章　共和县人民代表大会

1986—2005 年，共和县人民代表大会及其常务委员会在中国共产党的正确领导下，紧紧围绕经济建设这个中心，依法各司其职，各履其责，在协同推进共和县各项建设事业发展的进程中发挥重要的推动引领作用。县人大常委会依法履行讨论决定全县重大事项和监督“一府两院”工作，通过会议审议、选举和任免国家机关工作人员，以及人大代表提议案、视察、调研等工作方式，积极推进全县民主政治建设、经济建设和依法治县进程。1986 年 1 月至 2005 年 12 月，共和县人民代表会议经历第七届人民代表大会第三次会议至第十二届人民代表大会第三次会议。县人大代表共提出选举建议、批评和意见 718 件，县人大常委会任免国家机关工作人员 436 人次。

第一节　县人大代表选举

一、共和县第七届人大代表

1984 年 11 月，选举完成共和县第七届人民代表大会代表。经过提名推荐、反复酝酿、民主协商，确定正式代表候选人，实行差额选举，以无记名投票的方式，直接选举产生共和县第七届人民代表大会代表 142 名。当选代表中，农牧民代表 78 名，占代表总数的 54.93%；人民解放军代表 4 名，占代表总数的 2.82%；少数民族、宗教和其他方面的代表 79 名，占代表总数的 55.63%；中共党员代表 72 名，占代表总数的 50.70%；女代表 11 名，占代表总数的 7.75%。

二、共和县第八届人大代表

共和县第八届人民代表大会代表选举工作自 1987 年 3 月中旬开始，6 月底结束。经共和县第七届人大常委会代表资格审查委员会审查，应选代表 125 名，实选代表 125 名，符合法律规定，承认代表资格，并分别给代表发放当选证书。全县选民 74106 人，参加投票选举的选民 66869 人，参选率 90.23%。为共和县历次换届选举参选率最高。当选代表中，农牧民代表 37 名，占代表总数的 29.6%；军队代表 5 名，占代表总数的 4%；少数民族代表 69 名，占代表总数的 55.2%；女代表 7 名，占代表总数的 5.6%；大中专以上文化程度代表 40 名，占代表总数的 32%。

三、共和县第九届人大代表

共和县第九届人民代表大会代表的换届选举工作自 1989 年 12 月中旬开始，1990 年 5 月底结束。全县选民 74006 人，参加投票选举的 66009 人，参选率 89.19%。应选代表 126 名，实选代表 126 名。当选代表中，农牧民代表 57 名，占代表总数的 45.24%；军队代表 5 名，占代表总数的 3.97%；少数民族代表 75 名，占代表总数的 59.52%；女代表 10 名，占代表总数的 7.94%；大中专以上文化程度代表 27 名，占 21.43%。

四、共和县第十届人大代表

共和县第十届人民代表大会代表的换届选举工作自 1993 年 3 月 10 日开始，7 月 2 日结束。全县选民 75385 人，参加投票选举的选民 67212 人，参选率 89.16%。应选代表 129 名，实选代表 129 名。当选代表中，中共党员 118 名，占代表总数的 91.47%；农牧民代表 41 名，占代表总数的 31.78%；人民解放军代表 5 名，占代表总数的 3.88%；少数民族代表 86 名，占代表总数的 66.67%，女代表 13 名，占代表总数的 10.08%，大中专以上文化程度的代表 24 名，占代表总数的 18.60%。

五、共和县第十一届人大代表

共和县第十一届人民代表大会代表的换届选举工作自 1997 年 12 月 10 日开始，1998 年 4 月 11 日结束。全县选民 63755 人，参加投票选举的选民 55963 人，参选率 87.78%。应选代表 146 名，实选代表 146 名。当选代表中，农牧民代表 62 名，占代表总数的 42.47%；中共党员代表 130 名，占代表总数的 89.04%；军队代表 4 名，占代表总数的 2.74%；少数民族代表 100 名，占 68.49%；女代表 17 名，占代表总数的 11.64%；大中专以上文化程度的代表 70 名，占代表总数的 47.95%。

六、共和县第十二届人大代表

共和县第十二届人民代表大会代表的换届选举工作自 2002 年 12 月下旬开始，2003 年 3 月中旬结束。全县登记选民 62494 人，参加投票选举的选民 54994 人，参选率 88%。当选代表中，农牧民代表 69 名，占代表总数的 46.94%；中共党员代表 132 名，占代表总数的 89.80%；军队代表 5 名，占代表总数的 3.40%；少数民族代表 112 名，占代表总数的 76.19%；女代表 20 名，占代表总数的 13.61%；大中专以上文化程度的代表 74 名，占代表总数的 50.34%。

第二节　县人民代表大会会议

一、第七届人民代表大会

第一次会议　1984 年 11 月 13—16 日召开，出席会议代表 142 名，列席 33 人。会议听取和审议县人民政府工作报告、1983 年国民经济和社会发展计划执行情况和 1984 年国民经济和社会发展计划的报告、财政决算报告和县人大常委会工作报告、县人民法院工作报告、县人民检察院工作报告，并通过相应决议。会议选举才郎安加为县人大常委会主任，刘占全、马青加、王更凯、卓措、王武林为副主任，文进海等 13 人为委员；选举兰科先为县人民政府县长，杨森林、角巴东主、尼玛、王占德为副县长，申积德为县人民法院院长，张希伟为县人民检察院检察长。

第二次会议　1985 年 9 月 11—14 日召开，出席会议代表 124 名，列席 22 人。会议听取和审议县人民政府工作报告、1984 年国民经济和社会发展计划执行情况和 1985 年国民经济和社会发展计划的报告、财政决算报告和县人大常委会工作报告、县人民法院工作报告、县人民检察院工作报告，并通过相应决议。

第三次会议　1986 年 4 月 20—23 日召开，出席会议代表 138 名，列席 30 人。会议听取和审议政府工作报告、共和县国民经济和社会发展第七个五年计划（草案）的报告、1985年国民经济和社会发展计划执行情况及1986年国民经济和社会发展计划（草案）的报告、1985年财政决算及1986年财政预算（草案）的报告，县人民法院和县人民检察院工作报告，通过相应的决议。

二、第八届人民代表大会

第一次会议　1987年6月15—21日召开，出席代表125名，列席31人。会议听取和审议县人民政府工作报告、1986年国民经济和社会发展计划执行情况与1987年国民经济和社会发展计划报告、1986年财政决算和1987年财政预算报告、人大常委会工作报告、县人民法院工作报告和县人民检察院工作报告，并通过相应的决议。会议选举才郎安加为县人大常委会主任，马青加、刘占全、卓措、刘忠全为副主任，张谨、才项、杨永华、才郎东智、多杰扎西、更尕当周、王德高、张永和、叶忠贤、刘有康、丁芝珍、马哈山、才加、加合尔等14人为委员；选举万玛仁千为县人民政府县长，李启珠、王占德、才项仁增、彭毛才郎为副县长；选举申积德为县人民法院院长，张希伟为县人民检察院检察长。

第二次会议　1988年4月25—29日召开，出席代表125名，列席36人。会议听取和审议县人民政府工作报告、1987年国民经济和社会发展计划执行情况与1988年国民经济和社会发展计划报告、1987年财政决算和1988年财政预算报告、县人大常委会工作报告、县人民法院工作报告、县人民检察院工作报告，并通过相应的决议。会议期间，代表们对共和县的两个文明建设和政府工作提出建议67件。

第三次会议　1989年5月23—26日召开，出席会议代表125名，列席47人。会议听取和审议县人民政府工作报告、1988年国民经济和社会发展计划执行情况与1989年国民经济和社会发展计划报告、1988年财政决算和1989年财政预算报告、县人大常委会工作报告、县人民法院工作报告、县人民检察院工作报告，并通过相应的决议。会议期间，代表们对共和县的两个文明建设和政府工作提出建议30条。

三、第九届人民代表大会

第一次会议　1990年6月17—21日召开，出席会议代表120名，列席34人。会议听取和审议县人民政府工作报告、1989年国民经济和社会发展计划执行情况与1990年国民经济和社会发展计划报告、1989年财政决算和1990年财政预算报告、人大常委会工作报告、县人民法院工作报告、县人民检察院工作报告，并通过相应的决议。会议选举马青加为县人大常委会主任，李国祯、多杰扎西、卓措、王德高、祁加夏茸、杨肇宏为副主任，卢育文、先保、夏德仁、加合尔、丁芝珍、彭毛扎西、马哈山、德吉忠、王延海、兰科先为委员；选举旦巴尖措为县人民政府县长，彭毛才郎、旦巴、徐连保、魏洪全、刘忠全、祁育雄为副县长；选举万玛龙珠为县人民法院院长，李明鉴为县人民检察院检察长。

第二次会议　1991年5月7—11日召开，出席会议代表124名，列席36人。会议听取和审议县人民政府工作报告、共和县第七个五年国民经济和社会发展计划执行情况及第八个五年国民经济和社会发展计划（草案）和十年规划设想的报告、1990年国民经济和社会发展计划执行情况及1991年国民经济和社会发展计划（草案）报告、1990年财政预算执行情况和1991年财政预算（草案）报告、县人大常委会工作报告、县人民法院工作报告、县人民检察院工作报告，并通过相应的决议。会议选举共和县出席海南州第九届人代会代表75名。

第三次会议　1992年5月5—7日召开，出席会议代表122名，列席45人。会议听取和审议政府工作报告、1991年国民经济和社会发展计划执行情况与1992年国民经济和社会发展计划报告、1991年财政决算和1992年财政预算报告、县人大常委会工作报告、县人民法院工作报告、县人民检察院工作报告，并通过相应的决议。会议补选先保为县第九届人大常委会委员，马加布为县人民检察院检察长。

第四次会议 1992年11月11—13日召开，出席会议代表125名，列席40人。会议听取和审议共和县1992年1—10月财政预算执行情况的报告、通过县人大常委会批准调整县人民政府1992年财政预算的决定。会议补选彭毛才郎为共和县人民政府县长。

四、第十届人民代表大会

第一次会议 1993年6月28日至7月2日召开，出席会议代表129名，列席45人。会议听取和审议县人民政府工作报告、1992年国民经济和社会发展计划执行情况与1993年国民经济和社会发展计划报告、1992年财政决算和1993年财政预算报告、人大常委会工作报告、县人民法院工作报告、县人民检察院工作报告，并通过相应的决议。会议选举马青加为县人大常委会主任，李国祯、多杰扎西、加华为副主任，辛东和、卓措、王延海、夏德仁、卢育文、先保、德吉忠、李加洛、彭毛扎西、张秀、秦凤英、马海青、加科、才果、杨肇宏等15人为委员；选举旦巴为共和县人民政府县长，祁育雄、华青、何佑龙为副县长；选举万玛龙珠为县人民法院院长，马加布为县人民检察院检察长。补选万德才郎为共和县出席海南州第九届人代会代表。会议期间，向大会提交各类建议106条。

第二次会议 1994年5月21—24日召开，出席会议代表129名，列席27人。会议听取和审议县人民政府工作报告、1993年国民经济和社会发展计划执行情况与1994年国民经济和社会发展计划报告、1993年财政预算执行情况和1994年财政预算报告、县人大常委会工作报告、县人民法院工作报告、县人民检察院工作报告，并通过相应的决议。会议期间，代表们向大会提交各类建议67件。

第三次会议 1995年4月11—14日召开，出席会议代表127名，列席28人。会议听取和审议县人民政府工作报告、1994年国民经济和社会发展计划执行情况与1995年国民经济和社会发展计划报告、1994年财政预算执行情况和1995年财政预算报告、县人大常委会工作报告、县人民法院工作报告、县人民检察院工作报告，并通过相应的决议。会议补选普化太为共和县人民政府县长。会议期间，收到代表向大会提交各类建议69件；议案3件。

第四次会议 1996年5月14—17日召开，出席会议代表124名，列席代表36人。会议听取和审议县人民政府工作报告、共和县国民经济和社会发展“九五”计划和2010年远景目标规划报告、1995年国民经济和社会发展计划执行情况与1996年国民经济和社会发展计划报告、1995年财政预算执行情况和1996年财政预算报告、县人大常委会工作报告、县人民法院工作报告、县人民检察院工作报告，并通过相应的决议。会议补选尕者、尚贵贤为县十届人大常委会委员，选举力毛加等79人为共和县出席海南州第十届人民代表大会代表。会议期间，收到代表向大会提交各类建议65件；议案2件。

第五次会议 1997年4月18—20日召开，出席会议代表120名，列席54人。会议听取和审议县人民政府工作报告、1996年国民经济和社会发展计划执行情况与1997年国民经济和社会发展计划报告、1996年财政预算执行情况和1997年财政预算报告、县人大常委会工作报告、县人民法院工作报告、县人民检察院工作报告，并通过相应的决议。会议期间，收到代表各类建议36件。

五、第十一届人民代表大会

第一次会议　1998年4月7—11日召开，出席会议代表146名，列席46人。会议听取和审议县人民政府工作报告、1997年国民经济和社会发展计划执行情况与1998年国民经济和社会发展计划报告、1997年财政预算执行情况和1998年财政预算报告、县人大常委会工作报告、县人民法院工作报告、县人民检察院工作报告，并通过相应的决议。会议选举梁希鹏为县人大常委会主任，吴金才让、加华、才项加、多杰太为副主任，才让太、叶忠措、叶旦才让、多杰、杨兴林、陈列卓玛、豆盖吉、冶鸿福、卓玛加、拉毛、拉夫旦、赵琮、曹成芳、段珠生等15人为委员；选举多杰才让为共和县人民政府县长，李德存、华旦、杨占海、尕玛才让、李健华为副县长；选举万玛龙珠为县人民法院院长，陈光炜为县人民检察院检察长。会议期间，收到代表提交大会各类建议91件。

第二次会议　1999年4月6—10日召开，出席会议代表144名，列席49人。会议听取和审议县人民政府工作报告、1998年国民经济和社会发展计划执行情况与1999年国民经济和社会发展计划报告、1998年财政预算执行情况和1999年财政预算报告、县人大常委会工作报告、县人民法院工作报告、县人民检察院工作报告，并通过相应的决议。会议补选先克友、赵文忠为县十一届人大常委会委员。会议期间，收到代表向大会提交各类建议66件。

第三次会议　2000年4月10—13日召开，出席会议代表146名，列席52人。会议听取和审议县人民政府工作报告、1999年国民经济和社会发展计划执行情况与2000年国民经济和社会发展计划报告、1999年财政预算执行情况和2000年财政预算报告、县人大常委会工作报告、县人民法院工作报告、县人民检察院工作报告，并通过相应的决议。补选王振昌为共和县人民政府县长，赵德寿为县人民法院院长，拉泽为县十一届人大常委会委员。会议期间，收到代表向大会提交各类建议59件。

第四次会议　2001年3月26—30日召开，出席会议代表140名，列席49人。会议听取和审议县人民政府工作报告、共和县国民经济和社会发展"十五"计划纲要的报告、2000年国民经济和社会发展计划执行情况与2001年国民经济和社会发展计划报告、2000年财政预算执行情况和2001年财政预算报告、县人大常委会工作报告、县人民法院工作报告、县人民检察院工作报告，并通过相应的决议。审议通过《共和县人民代表大会关于办理代表议案暨代表建议批评和意见的办法》。会议补选文进海为县十一届人大常委会副主任，选举共和县出席海南州第十一届人代会代表80名。收到代表向大会提交各类建议83件。

第五次会议　2002年4月2—5日召开，出席会议代表137名，列席53人。会议听取和审议县人民政府工作报告、2001年国民经济和社会发展计划执行情况与2002年国民经济和社会发展计划报告、2001年财政预算执行情况和2002年财政预算报告、县人大常委会工作报告、县人民法院工作报告、县人民检察院工作报告，并通过相应的决议。会议补选蒋玉林为共和县人民检察院检察长，张生彪、张宝年为县十一届人大常委会委员。收到代表向大会提交的各类建议66件。

六、第十二届人民代表大会

第一次会议　2003年3月28—31日召开，出席会议代表146名，列席49人。会议听取和审议县人民政府工作报告、2002年国民经济和社会发展计划执行情况与2003年国民经济和社会发展计划报告、2002年财政预算执行情况和2003年财政预算报告、县人大常委会工作报告、县人民法院工作报告、县人民检察院工作报告，并通过相应的决议。会议选举多杰太为县人大常委会主任，吴金才让、文进海、才让太为副主任，万玛措、王文慧、汪生荣、冶鸿福、纳贝、张正芳、张宝年、拉夫旦、拉泽、林有文、赵正花、赵琮、苑旦坚措、索南仁青、蒋树成等15人为委员；选举王振昌为共和县人民政府县长，纳玉福、才让太、熊有云、何世钦、更太为副县长；选举赵德寿为县人民法院院长，蒋玉林为县人民检察院检察长。收到代表向大会提交的各类建议90件。

第二次会议 2004年2月26—29日召开，会期4天，出席代表143名，列席53人。会议听取和审议县人民政府工作报告、2003年国民经济和社会发展计划执行情况与2004年国民经济和社会发展计划报告、2003年财政预算执行情况和2004年财政预算报告、县人大常委会工作报告、县人民法院工作报告、县人民检察院工作报告，并通过相应的决议。收到代表向大会提交各类建议44件、议案2件。

第三次会议 2005年3月17—20日召开，会期4天，出席代表142名，列席59人。会议听取和审议县人民政府工作报告、2004年国民经济和社会发展计划执行情况与2005年国民经济和社会发展计划报告、2004年财政预算执行情况和2005年财政预算报告、县人大常委会工作报告、县人民法院工作报告、县人民检察院工作报告，并通过相应的决议。收到代表向大会提交各类建议39件、议案1件。

第三节 人大常委会机构设置

共和县人民代表大会常务委员会是人民代表大会的常设机构，在人民代表大会闭会期间行使宪法和法律赋予的职权。1981年2月，共和县第六届人民代表大会始设常务委员会，但未作为常设机构存在。1984年11月，根据《中华人民共和国地方各级人民代表大会和地方各级人民政府组织法》的规定，县七届人大一次会议起所选举产生的人大常委会，作为人民代表大会闭会期间的常设机构，并设办公室，配备主任、副主任及工作人员，办理日常事务；每届人大常委会由人民代表大会在代表中选出主任1名，副主任3~6名，常委8~15名。1989年1月，县第八届人大常委会党组报请县委同意，设立县人大常委会法制科、财政经济科、教科文卫科为县人大常委会工作机构（科级），在县人大常委会的领导下工作。1991年，县人大常委会内设有办公室以及财经工作委员会、教卫文工作委员会、法制工作委员会（2001年改为内务司法工作委员会）。至2005年12月，共和县人大常委会常设机构是：办公室、财经工作委员会、教卫文工作委员会、内务司法工作委员会。有干部职工20人。其中，人大常委会主任1名，副主任3名；科室主任4名，工作人员7人。

共和县第六届至第十二届人大常委会主任副主任任职情况表

表7-4

届次	职务	姓名	性别	民族	籍贯	任期时间
第七届人大常委会（1984.11—1987.6）	主任	才郎安加	男	藏族	青海共和	1984.11—1987.6
	副主任	刘占全	男	汉族	青海大通	1984.11—1987.6

续表

届次	职务	姓名	性别	民族	籍贯	任期时间
第七届人大常委会（1984. 11—1987. 6）	副主任	马青加	男	藏族	青海贵德	1984. 11—1987. 6
		王更凯	男	汉族	陕西蓝田	1984. 11—1987. 6
		卓　措	女	藏族	青海共和	1984. 11—1987. 6
		王武林	男	汉族	甘肃天水	1984. 11—1986. 10
第八届人大常委会（1987. 6—1990. 5）	主任	才郎安加	男	藏族	青海共和	1987. 6—1990. 5
	副主任	马青加	男	藏族	青海贵德	1987. 6—1990. 5
		刘占全	男	汉族	青海大通	1987. 6—1990. 5
		卓　措	女	藏族	青海共和	1987. 6—1990. 5
		刘忠全	男	汉族	陕西汉中	1987. 6—1990. 5
第九届人大常委会（1990. 5—1993. 7）	主任	马青加	男	藏族	青海贵德	1990. 5—1993. 7
	副主任	李国祯	男	汉族	青海共和	1990. 5—1993. 7
		多杰扎西	男	藏族	青海共和	1990. 5—1993. 7
		卓　措	女	藏族	青海共和	1990. 5—1993. 7
		王德高	男	汉族	河南	1990. 5—1993. 7
		祁加夏茸	男	藏族	青海共和	1990. 5—1993. 7
		杨肇宏	男	汉族	江苏无锡	1990. 5—1993. 7
第十届人大常委会（1993. 7—1998. 4）	主任	马青加	男	藏族	青海贵德	1993. 7—1998. 4
	副主任	李国祯	男	汉族	青海共和	1993. 7—1998. 4
		多杰扎西	男	藏族	青海共和	1993. 7—1998. 4
		加　华	男	藏族	青海共和	1993. 7—1998. 4
第十一届人大常委会（1998. 4—2003. 3）	主任	梁希鹏	男	汉族	青海共和	1998. 4—2003. 3
	副主任	吴金才让	男	藏族	青海共和	1998. 4—2003. 3
		加　华	男	藏族	青海共和	1998. 4—2003. 3
		才项加	男	藏族	青海共和	1998. 4—2003. 3
		多杰太	男	藏族	青海兴海	1998. 4—2003. 3
		文进海	男	土族	青海民和	2001. 3—2003. 3
第十二届人大常委会（2003. 3—2005. 12）	主任	多杰太	男	藏族	青海共和	2003. 3—2005. 12
	副主任	吴金才让	男	藏族	青海共和	2003. 3—2005. 8
		文进海	男	土族	青海民和	2003. 3—2005. 12
		才让太	男	藏族	青海共和	2003. 3—2005. 12
		熊有云	男	汉族	青海共和	2005. 11—2005. 12

第四节 县人大常委会会议

一、第七届人大常委会

共召开全体会议 22 次。讨论全县政治、经济、文化、教育、科技、卫生等工作中的重要议题 338 件，听取和审议县人民政府、县人民法院、县人民检察院及政府有关部门的工作报告 78 次，通过决议决定 15 项。审议通过《关于加强全县水利工程设施管理办法》。督促检查办理人大代表建议 330 件，解决群众迫切要求解决的一些问题。针对市场物价、草原水利建设、龙羊峡库区移民搬迁工程、土地管理、社会治安、教育体制改革、农牧业生产等问题，先后组织委员进行较大规模的调查和视察活动 21 次，提出调查报告 11 份。根据《中华人民共和国地方各级人民代表大会和地方各级人民政府组织法》的规定，制定印发《共和县人大常委会会议简则》《共和县人大常委会主任办公会议简则》《共和县人大常委会关于人大代表联系的规定》。

二、第八届人大常委会

共召开全体会议 21 次。听取和审议县人民政府、县人民法院、县人民检察院及政府有关部门的工作报告（汇报）56 次，通过决议决定 7 项。针对县人民检察院执法、恰卜恰防汛和环境污染治理、食品卫生、农业开发、学校危房处理等问题，先后组织代表进行较大规模的调查和视察活动 11 次，提出调查报告 7 份。根据省人大常委会《关于在全省开展执法检查的决定》和州人大常委会《关于在全州开展执法检查的安排意见》的要求，就《中华人民共和国宪法》《中华人民共和国民族区域自治法》《中华人民共和国地方各级人民代表大会和地方各级人民政府组织法》《中华人民共和国刑法》《中华人民共和国婚姻法》《中华人民共和国经济合同法》《中华人民共和国环境保护法》《中华人民共和国食品卫生法》以及工商行政、财税、物价、计划生育等 20 余部法律法规在共和县的贯彻执行情况进行执法检查，通过开展执法检查，进一步提高广大群众和各级干部的法律意识和法制观念，保证宪法、法律和地方性法规在本地区的贯彻执行。1989 年 3 月，县人大常委会为加强乡（镇）人大建设，根据《中华人民共和国地方各级人民代表大会和地方各级人民政府组织法》的规定，制定印发《共和县乡（镇）人代会闭会期间主席团工作职责（试行）》。1988 年，县八届人大常委会加强制度建设，进一步建立和完善《共和县人大常委会会议议事规则》《共和县人大常委会主任会议议事规则》和《共和县人大常委会机关工作人员岗位责任制办法（试行）》。

三、第九届人大常委会

共召开全体会议 23 次，听取和审议县人民政府、县人民法院、县人民检察院及政府有关部门的工作报告（汇报）60 次，通过决议决定 9 项，提出会议审议建议意见 102 条。先后组织代表进行较大规模的调查和视察活动 15 次，提出调查报告 10 份。第九届人大常委会就《中华人民共和国建筑法》《中华人民共和国环境保护法》《中华人民共和国行政监察法》《中华人民共和国水利法》《中华人民共和国矿产资源法》《中华人民共和国林业法》《中华人民共和国职业教育法》《中华人民共和国教育法》《中华人民共和国水土保持法》等法律法规在共和县贯彻执行情况进行执法检查 17 次。

四、第十届人大常委会

共召开全体会议 39 次，听取和审议县人民政府、县人民法院、县人民检察院及政府有关部门的工作报告（汇报）60 次，通过决议决定 9 项。提出会议审议建议意见 102 条。先后组织代表进行调查和视察活动21次，提出调查报告13份。县十届人大常委会建立完善《共和县人大机关工作学习制度》《共和县人大机关安全保卫工作制度》《共和县人大机关实物管理制度》《共和县人大常委会办公室后勤管理制度》《共和县人大机关车辆管理制度》。决定撤销共和县农牧局，分设共和县农林局和共和县畜牧局，撤销共和县计划统计局，分设共和县计划经济局和共和县统计局。

五、第十一届人大常委会

共召开全体会议34次，听取和审议县人民政府、县人民法院、县人民检察院及政府有关部门关于农牧、环保、水利、科教文卫、计划生育、企业改革和社会保障、财政和审计、社会治安和普法教育、审判和检察等10多个方面的59个专项工作报告（汇报）59次，通过决议决定9项，提出会议审议建议意见97条。先后组织代表检查和视察16次，提出视察（执法检查）报告16份。坚持党的领导，依法行使任免权。积极开展工作评议，2000年，常委会评议县水电局、县经济建设局、县科技文化局工作情况；2001年，评议县农牧局、县教育局、县人民法院工作情况。加强被任命干部的任后监督工作。第十一届人大常委会积极参与立法工作，规范工作程序。常委会组织代表对《中华人民共和国婚姻法》《青海省青海湖流域生态环境保护条例》《青海省老年人权益保障条例》《海南藏族自治州城镇市容环境卫生管理条例》等法律法规征求草案稿意见、座谈、调研17次，并结合共和县实际提出修改意见。制定印发《共和县人大常委会监督工作办法》《共和县人大常委会会议议事规则》《共和县人大常委会联系县人大代表办法》《共和县人大常委会关于办理人民群众来信来访办法》《共和县人大常委会主任会议职责》，进一步修改完善《共和县人大常委会任免国家机关工作人员办法》，规范人大监督工作程序。

六、第十二届人大常委会

共和县第十二届人大常委会，至2005年12月共召开常委会全体会议25次。受青海省人大常委会委托以及配合海南州人大常委会，就《中华人民共和国劳动法》《中华人民共和国药品管理法》《中华人民共和国全国人民代表大会和地方各级人民代表大会代表法》《中华人民共和国水土保持法》《中华人民共和国工会法》《中华人民共和国教育法》及《海南藏族自治州城镇市容与环境卫生管理条例》等10余部法律法规开展执法检查和调研活动。县人大常委会还组织代表开展就共和县贯彻《中华人民共和国统计法》《中华人民共和国婚姻法》及《海南藏族自治州实施〈婚姻法〉变通规定》进行执法检查，听取和审议县政府对相关工作情况的工作汇报，提出若干意见和建议。围绕全县经济建设和社会发展目标，先后视察共和县2000—2003年实施退耕还林（草）工作情况、牧区现代化示范项目实施情况、减轻农牧民负担情况、开展"两基"教育情况、全县小城镇建设和第三产业发展情况、农牧民增收措施落实情况、农业综合开发项目实施情况、全县开展科学技术推广工作情况、县乡公路建设与管理情况、农牧区中小学教育教学质量情况等工作。积极参加县人民法院庭审活动和县人民检察院的公诉观摩活动。常委会每年听取和审议县本级财政决算报告和预算执行情况的审计报告，相应地做出调整部分财政预算决议。听取和审议"一府两院"关于农牧、教育、减轻农牧民负担、税费改革、农业综合开发、小城镇建设、农牧科技推广、交通、农牧区开展新型合作医疗保险工作的情况汇报。视察县人民法院民事审判工作、县人民检察院法律监督工作、县公安局社会治安整顿专项工作等，提出具有建设性的意见建议87条。积极开展工作评议，2003年，评议县人民检察院、县民政局工作情况；2004年，评议县劳动人事局工作情况。制定印发《共和县人民代表大会常务委员会述职评议办法》。

第五节　履行职权

一、重大决议决定

1984—2005 年，共和县人大常委会共召开全体会议 146 次，共对县政府、县人民法院、县人民检察院工作及重大事项做出各类决定、决议 238 项。其中，1986 年，做出《关于加强在公民中普法教育的决定》；1987 年，做出《关于加强法制教育维护安定团结的决定》《关于强化土地管理的决议》。针对共和县部分地区、部门和单位先后发生食物、煤气中毒、交通肇事和沉船溺水等重大事故，尤其是 1988 年 6 月 18 日发生在沙珠玉乡达连海的沉船溺水事件，致船工、学校师生共 13 人丧生，造成重大社会影响的情况，县人大常委会八届九次会议及时做出《关于立即采取措施切实搞好安全工作的决定》。1988 年 11 月 25 日，县人大常委会八届十二次会议做出《关于批准〈共和县人民政府关于处理恰卜恰地区私人建房违章违法问题的规定〉的决议》。1994 年 10 月 17 日，县人大常委会十届十二次会议根据组织法的规定，决定撤换时任共和县土地管理局局长；是年 11 月 30 日，县人大常委会十届十四次会议做出《关于批准共和县人民政府机构改革实施方案的决定》。1995 年 4 月 8 日，县人大常委会十届十八次会议根据代表法第四十条之规定，做出《关于县十届人大代表华旦暂时停止执行代表职务的决定》。1995 年 12 月 26 日，县人大常委会十届二十三次会议做出《关于恢复共和县粮食局并列入县政府序列的决定》。1998 年 8 月 25 日，县十一届人大常委会第二次会议做出《关于实施〈共和县“九五”期间依法治县规划〉议案的决定》。2000 年 10 月 17 日，县十一届人大常委会第十七次会议，审查共和县人民政府《关于恰卜恰镇总体规划》的议案，做出《关于同意恰卜恰镇总体规划的决议》。2001 年 8 月 25 日，县十一届人大常委会第二十三次会议做出《关于进一步开展法制宣传教育工作的决议（“四五”普法决议）》。2002 年 3 月 26 日，县十一届人大常委会第二十七次会议，审查共和县人民政府《关于共和县倒淌河镇总体规划》的议案，做出《关于共和县倒淌河镇总体规划的决议》。2004 年 4 月 27 日，县十二届人大常委会第七次会议，审查共和县人民政府《关于共和县石乃亥乡镇建设规划》的议案，做出《关于共和县石乃亥乡镇建设规划的决议》。2005 年 1 月 25 日，县十二届人大常委会第十二次会议根据县人民法院的提请，做出《关于共和县人民法院人民陪审员名额的决定》。

二、政务监督

共和县人大常委会对县人民政府、县人民法院、县人民检察院实施法律监督与工作监督，主要通过审议工作报告、视察调查方式实施监督，1986—2005 年，听取和审议“一府两院”关于农牧业生产、贯彻执行《中华人民共和国森林法》《中华人民共和国草原法》《中华人民共和国土地管理法》《中华人民共和国水法》《海南藏族自治州自治条例》、农牧区普法、民族宗教工作、草原和水利建设、扶贫、商业、科技文化教育、统计、监察、乡镇企业以及代表议案建议办理等工作情况汇报 223 次，提出审议意见建议 450 条。历届人大常委会将会议审议意见建议和视察、执法检查当中提出的意见建议及时转交政府限期办理，并安排在人大常委会会议上听取和审议办理情况的报告，促进“一府两院”工作，监督工作取得明显实效。

三、国家机关工作人员任免

1985—2005年，历届共和县人大常委会任免县人民政府、县人民法院、县人民检察院和县人大常委会办公室及各工作委员会的工作人员，并对所有任职干部颁发任命书。共任免共和县人民政府代理县长、副县长，县人民政府工作部门主任、局长，县人民法院代理院长、副院长、庭长、审判员、人民陪审员，县人民检察院代理检察长、副检察长、检察员，县人大常委会委员、办公室主任、副主任436人次。

第七届人大常委会期间，共任免国家机关工作人员112人次。1986年3月18日，县七届人大常委会第八次会议决定任命才项仁增为县人民政府副县长，同时免去杨森林的县政府副县长职务。1986年5月21日，县七届人大常委会第十次会议决定任命李启珠为县政府副县长。1986年10月24日，县七届人大常委会第十二次会议决定免去王武林的县人大常委会副主任职务、角巴东主的县人民政府副县长职务。

第八届人大常委会期间，共任免国家机关工作人员59人次。其中，1989年8月17日县八届人大常委会第十七次会议任命旦巴为县人民政府副县长。

第九届人大常委会期间，任免国家机关工作人员42人次。其中，1991年6月26日，县九届人大常委会第七次会议接受魏洪全辞去共和县人民政府副县长职务的请求；1992年3月28日，县九届人大常委会第十三次会议接受李明鉴辞去共和县人民检察院检察长职务的请求，同时决定任命马加布为共和县人民检察院代理检察长；1992年5月23日，县九届人大常委会第十五次会议接受旦巴尖措辞去共和县人民政府县长职务的请求，同时决定任命副县长彭毛才郎为共和县人民政府代理县长；1992年7月4日，县九届人大常委会第十六次会议决定任命华青、何佑龙为县人民政府副县长，决定免去刘忠全的县人民政府副县长职务。

第十届人大常委会期间，任免国家机关工作人员48人次。其中，1993年11月10日，县十届人大常委会第二次会议决定任命才项加为共和县人民政府副县长；1993年12月29日，县十届人大常委会第四次会议决定任命尕藏多杰为县人民政府副县长；1994年2月22日，县十届人大常委会第五次会议决定任命马文为县人民政府副县长，决定免去何佑龙的县人民政府副县长职务；1994年5月13日，县十届人大常委会第八次会议决定免去才项加的县人民政府副县长职务；1994年7月18日，县十届人大常委会第十次会议决定免去祁育雄的县人民政府副县长职务，决定任命李坚、桑庆为县人民政府副县长；1995年1月25日，县十届人大常委会第十六次会议决定任命普化太为共和县人民政府副县长、代理县长，决定免去旦巴的县人民政府县长职务；1995年5月5日，县十届人大常委会第十九次会议决定任命樊永宁为县人民政府副县长；1995年11月15日，县十届人大常委会第二十二次会议决定免去彭毛扎西、杨肇宏的县十届人大常委会的委员职务；1996年9月24日，县十届人大常委会第二十八次会议决定免去辛东和的县十届人大常委会的委员职务；1996年9月24日，县十届人大常委会第二十八次会议决定任命杨占海为县人民政府副县长，决定免去华青的县人民政府副县长职务；1997年12月18日，县十届人大常委会第三十六次会议决定任命多杰才让为共和县人民政府副县长、代理县长，任命李德存、李健华、华旦为县人民政府副县长，决定免去普化太的县人民政府县长职务，免去李坚、桑庆、尕藏多杰的县人民政府副县长职务。

第十一届人大常委会期间，共任免国家机关工作人员89人次。其中，1998年6月25日，县十一届人大常委会第一次会议决定免去才让太、段珠生的县十一届人大常委会的委员职务，补选李树青为共和县出席州十届人大代表；1999年1月29日，县十一届人大常委会第五次会议补选公保尚、万玛仁千为共和县出席州十届人大代表，决定免去李健华的县人民政府副县长职务；1999年11月26日，县十一届人大常委会第十次会议决定任命王振昌为共和县人民政府副县长、代理县长，决定免去多杰才让的县人民政府县长职务；2000年12月22日，县十一届人大常委会第十八次会议上，决定免去李德存的县人民政府副县长职务；2001年2月28日，县十一届人大常委会第十九次会议决定免去曹成芳、拉毛的县十一届人大常委会的委员职务；2001年3月26日，县十一届人大常委会第二十次会议上决定任命魏明霞为县人民政府副县长；2001年6月25日，县十一届人大常委会第二十二次会议决定任命蒋玉林为县人民检察院副检察长、代理检察长，免去陈光炜的共和县人民检察院检察长职务；2002年2月6日，县十一届人大常委会第二十六次会议决定任命熊有云为县人民政府副县长，决定免去杨占海的县人民政府副县长职务；2002年3月26日，县十一届人大常委会第二十七次会议决定免去扎羊的县十一届人大常委会委员职务；2002年10月25日，县十一届人大常委会第三十一次会议决定任命马小琴为县人民政府副县长。

第十二届人大常委会期间，任免国家机关工作人员86人次，其中，2003年6月25日，县十二届人大常委会第二次会议决定免去纳贝的县十二届人大常委会委员职务；2003年10月28日，县十二届人大常委会第四次会议决定免去汪生荣的县十二届人大常委会委员职务；2004年4月27日，县十二届人大常委会第七次会议决定任命鹿云飞为县人民政府副县长；2005年6月28日，县十二届人大常委会第十六次会议决定任命杜汉民、华本太为县人民政府副县长，吕进祥为县人民检察院副检察长、代理检察长，同时决定免去才让太、何世钦的县人民政府副县长职务，蒋玉林的县人民检察院检察长职务；2005年8月26日，县十二届人大常委会第十八次会议决定免去吴金才让的县十二届人大常委会委员职务；2005年12月15日，县十二届人大常委会第二十次会议决定任命拉夫旦为县人民政府副县长，同时决定免去熊有云的县人民政府副县长职务。

四、调研视察

1984—1990年，共和县七届、八届人大常委会先后组织代表对县乡机关学习使用民族语言文字情况、民族教育十件实事落实情况、恰卜恰镇区绿化工作情况、基层供销社贯彻执行价格政策情况、恰卜恰地区食品卫生与农贸市场卫生和市场与物价管理工作情况、县供销生产资料大楼和县民族食品厂更新改造工程建设情况、乡镇医疗卫生工作、龙羊峡库区移民安置点建设情况、县民族中小学教育教学工作情况、羊毛收购工作等情况进行视察（检查）31次，提出视察（检查）报告18篇，提出意见建议42条。

1991—1993年，共和县九届人大常委会对“一府两院”实施监督的重点是：县政府贯彻执行宪法、法律、行政法规和各级人大及其常委会的决议、决定情况；资源和环境保护、扶贫、教育、卫生、工、农、牧、林业生产情况；“二五”普法和综合治理情况；县人民法院、县人民检察院依法独立行使审判权、检察权和依法办案情况。县人大常委会对“一府两院”实施监督时，按照法律程序，严格依法办事，做到既不失职，又不越权。届内共进行调查和视察活动15次，提出调查报告10篇，提出意见建议38条。

1993—1998年，共和县十届人大常委会不断改进和加强监督工作，积极探索新的监督形式，突出监督重点，加大监督力度，围绕全县改革开放和经济建设中带有根本性、全局性的重大事项，听取和审议“一府两院”的工作汇报，积极开展视察、调查和检查活动，强化监督职能，提高监督实效。常委会坚持把对法律法规实施情况的监督检查放到重要位置，把执法检查工作作为保障和促进经济发展和社会进步的重要方面，经常开展视察、调研活动。先后对《中华人民共和国选举法》《中华人民共和国妇女权益保障法》等17部法律法规的学习、宣传和贯彻情况执法检查8次。同时，配合省、州人大常委会执法组开展对有关法律法规的实施情况的检查工作。专题听取并审议县政府关于总结验收“二五”普法的情况汇报，并检查指导各部门学习贯彻专业法情况。每次执法检查工作都注重在了解情况、听取各方面意见的基础上提出改进建议，督促有关部门认真研究解决。每次例会前，按照会议议题，主任会议专题研究拟定提纲，抽调人员组成工作组，认真开展“三查（察）”活动；每次“三查（察）”活动结束后，都向人大常委会写出专题报告，并向“一府两院”转交审议意见，引起政府及其有关部门的高度重视，对其认真进行处理和答复，尤其是对加强农牧业投入、做好农牧业基础设施建设和服务体系建设、增强对农牧民负担监督管理，以及加强企业内部管理、抓好工业生产、加快社会保障制度改革步伐等事关经济建设和社会发展方面的审议意见，都给予高度重视，认真研究，逐项办理解决。届内共开展调查和视察活动21次，提出视察（调查）报告13份，提出意见建议52条。

1998—2003年，共和县十一届人大常委会通过执法检查、监督重点案件等方式，加强法律监督。常委会对《中华人民共和国草原法》《中华人民共和国义务教育法》《青海省计划生育条例》等33部法律及法规的贯彻执行情况进行检查。为保障和促进农牧区经济发展，常委会每年都把有关涉及农（牧）的法律法规作为重点进行执法检查。通过检查，监督有关部门依法切实做好税费改革，重点解决农牧负担过重等群众反映强烈的问题，并对违法案件进行查处。针对共和县土地管理工作中个别地方存在以言代法、批人情地现象以及执法不严、违法案件查处不力等问题，要求政府拿出具体解决的措施方案，逐步予以解决。遏制土地管理中政出多门、各行其是、言出法随、以言代法、批人情地收人情费的现象，逐步规范土地管理行政行为。在《青海省计划生育管理条例》执法检查中，指出共和县个别地区贯彻实施《条例》不坚决、落实计生优惠政策不到位等问题，及时向政府提出整改要求。在公安队伍规范化建设情况的检查中，明确指出对突发事件的打击和防范力度不够，公安民警出警不力、作风不实等问题，提出改进的意见。在对法院的经济、民事案件执法情况进行检查后，县人民法院严格执行最高人民法院《关于严格执行案件审理期限制度的若干规定》，进一步强化内部监督制约机制和纠错机制，避免案件审理中忽略事实、轻信被执行人口供、强制执行力度不够等现象发生。在打击经济、职务犯罪情况的检查中，常委会重点提出检察院反贪污贿赂工作不力的问题，检察院以其作为改进工作的突破口，从严治检，大力加强反贪污贿赂工作，打击经济犯罪和职务犯罪等工作有新的起色。在对基层农牧区中小学收费情况检查中，发现有擅自设立项目，超标准收费、收费票据不规范等现象，县政府给予高度重视，及时责令有关学校限期纠正。自2001年起，各校完善“收费卡”制度，取消勤工俭学“采、捡、挖”项目收费，使巧立名目收费、搭车收费等一系列既不合法又不合理的现象得到遏制，学校收费日趋规范化、合法化。常委会对每次视察、执法检查都精心组织，经常与“一府两院”联系，确定有关议题。常委会领导亲自带队，县乡人大密切配合，上下联动。检查后，专门听取和审议执法检查情况报告，针对存在问题，跟踪监督“一府两院”进行整改，力求视察、执法检查不走过场。

2003—2005年，共和县十二届人大常委会受省人大常委会委托，对《中华人民共和国劳动法》进行执法检查；配合州人大常委会对共和县恰卜恰、龙羊峡、倒淌河三镇贯彻执行《海南藏族自治州城镇市容与环境卫生管理条例》和《中华人民共和国药品管理法》情况进行执法检查；配合并精心组织和协调省州人大常委会开展《中华人民共和国全国人民代表大会和地方各级人民代表大会代表法》《中华人民共和国水土保持法》《中华人民共和国药品管理法》《中华人民共和国工会法》《中华人民共和国教育法》的执法检查；调研全县重点小城镇建设与管理及第三产业发展情况、农牧民增收措施落实情况和“普九”教育情况。县人大常委会还组织代表开展对共和县贯彻《中华人民共和国婚姻法》及《海南州实施〈婚姻法〉变通规定》《中华人民共和国统计法》的执法检查，在常委会会议上听取和审议县政府对相关工作情况的汇报，提出若干意见和建议，并要求县人民政府限期整改。在执法检查过程中，始终把执法检查与法制宣传相结合，与协调解决问题相结合，增强执法检查效果，解决实际问题。围绕全县经济建设和社会发展先后开展工作视察10次。视察共和县2000—2003年实施退耕还林（草）工作情况、牧区现代化示范项目实施情况、减轻农牧民负担情况、开展“两基”教育情况、全县小城镇建设和第三产业发展情况、农牧民增收措施落实情况、农业综合开发项目实施情况、全县开展科学技术推广工作情况、县乡公路建设与管理和农牧区中小学教育教学质量情况等工作。参加县人民法院庭审活动和县人民检察院的公诉观摩活动。常委会每年听取和审议县本级财政决算报告和预算执行情况的审计报告，相应地做出调整部分财政预算决议。听取和审议“一府两院”关于农牧、教育、减轻农牧民负担、税费改革、农业综合开发、小城镇建设、农牧科技推广、交通、农牧区开展新型合作医疗保险工作情况和县人民法院民事审判工作、县人民检察院开展法律监督、县公安局开展公安工作等情况的工作汇报，提出具有建设性的意见建议87条。

五、代表议案办理

共和县人大常委会各次会议代表议案、建议的办理程序是：经议案审查委员会审查整理，向大会主席团报告获得通过，再由议案审查委员会主任委员向大会报告交办意见，获全体代表过半数通过后，交由人大常委会办公室交办具体单位。承办单位接到代表议案或建议、批评和意见后，限期六个月内办理完毕，将办理结果逐件答复代表，抄送县人大常委会办公室。属于县人民政府办理的议案，还必须将办理结果报告县人大常委会，印发全体代表。

1986—2005年，共和县历届人大常委会高度重视代表们依法提出的议案和建议，对历届历次会议代表提出的8件议案1126件建议及时转交“一府两院”办理完毕，并逐件答复代表，体现国家机关对人民负责的精神。其中，第八届人民代表大会第二次、第三次会议代表建议97件；第九届人民代表大会第三次会议代表建议33件；第十届人民代表大会第一次会议代表建议106件，第二次会议代表建议67件，第三次会议代表建议69件、议案3件（“关于给县藏语文工作委员会添置必要办公设备的议案”“关于将县乡镇人大代表经费依法列入县级财政预算的议案”和“关于尽快解决本县境内乡与乡之间草场地界的议案”），第四次会议代表建议65件、议案2件（“关于要求修建被洪水冲断的英德尔乡至哇玉公路的议案”和“关于延期供应牧民和城市居民口粮问题的议案”），第五次会议代表建议36件；第十一届人民代表大会第一次会议代表建议91件，第二次会议代表建议66件，第三次会议代表建议59件，第四次会议代表建议83件，第五次会议代表建议66件；第十二届人民代表大会第一次会议代表建议90件，第二次会议代表建议44件，议案2件（“关于解决倒淌河学校缺少课桌椅的议案”和“关于解决廿地乡曲什纳村37户群众用电问题的议案”），第三次会议代表建议69件，议案1件（“关于石乃亥乡尕日拉完小改建为寄宿制学校的议案”），第四次会议代表建议75件。

六、来信来访接待

1986—2005年，共和县人大常委会受理群众来信来访案745件1556人次。其中，立案办理693件，办结657件，办结率94.8%；省州人大交办16件，办结16件。来信来访件主要反映农村土地、牧区草场、财务管理、用水；企业改制后遗留的部分职工的养老工资福利；建筑工程和民工工资兑付、征地款的补偿；对法院判决、执行处理不服和历史遗留问题等五大方面的问题。历届县人大及其常委会作为权力机关和民意机关，把听取民声、关注民意始终作为人大依法履职的重要基础，每年都要从信访部门收集人民来信来访的重要信息，把人民来信来访的焦点问题列入县人大常委会的重点监督议题，开展视察、调研，督促“一府两院”采取措施加以解决，使各种矛盾纠纷的调处力度明显加大，从而使大部分来信来访的利益诉求得到满足。

第三章　共和县人民政府

1986—2005 年，共和县人民政府历经第七至第十二届。县人民政府认真贯彻落实党的各项方针政策，紧扣各个时期的政府工作重点和要求，坚持以经济建设为中心，以改革开放为动力，统筹发展经济，稳定和发展农牧业、改革工业体制、繁荣商贸流通、开发和提升旅游业，尤其在牧业经济中着力进行“四配套”建设，使牧业经济和牧民生产生活发生历史性变革，实施龙羊峡库区移民安置工程，使移民搬得出、住得稳，民生事业步子大、效果好。县人民政府在依法治县、精神文明建设、文教卫生等各方面做了大量工作，推动共和县政治稳定、经济发展和社会进步，步入共和县经济与社会发展的新阶段。

第一节　领导成员与组织机构

一、共和县第七届人民政府

1984 年 11 月 15 日，共和县第七届人民代表大会第一次会议选举兰科先为共和县人民政府县长，杨森林、角巴东主、尼玛为副县长。其间，共和县第七届人大常委会第五次会议任命王占德为县人民政府副县长；第七届人大常委会第八次会议任命才项仁增为县人民政府副县长；第七届人大常委会第十次会议任命李启珠为县人民政府副县长。

二、共和县第八届人民政府

1987 年 6 月 21 日，共和县第八届人民代表大会第一次会议选举万玛仁千为共和县人民政府县长，李启珠、王占德、才项仁增、彭毛才郎为县人民政府副县长。其间，1989 年 6 月 17 日，县人大常委会八届第十七次会议任命旦巴为县人民政府副县长。

三、共和县第九届人民政府

1990 年 6 月 21 日，共和县第九届人民代表大会第一次会议选举旦巴尖措为县人民政府县长，彭毛才郎、旦巴、徐连保、魏洪全、刘忠全、祁育雄为县人民政府副县长。其间，1992 年 5 月 23 日，县人大常委会九届第十五次会议任命副县长彭毛才郎为共和县人民政府代理县长；1992 年 7 月 4 日，县第九届人大常委会第十六次会议任命华青、何佑龙为县人民政府副县长。1992 年 11 月 11 日，共和县第九届人民代表大会第四次会议选举彭毛才郎为共和县人民政府县长。

四、共和县第十届人民政府

1993年7月2日，共和县第十届人民代表大会第一次会议选举旦巴为共和县人民政府县长，祁育雄、华青、何佑龙为副县长。其间，1993年11月10日，县十届人大常委会第二次会议决定任命才项加为副县长；1993年12月29日，县十届人大常委会第四次会议决定任命尕藏多杰为副县长；1994年2月22日，县十届人大常委会第五次会议决定任命马文为副县长；1994年7月18日，县十届人大常委会第十次会议决定任命李坚、桑庆为副县长；1995年1月25日，县十届人大常委会第十六次会议决定任命普化太为共和县人民政府副县长、代理县长；1995年5月5日，县十届人大常委会第十九次会议决定任命樊永宁为共和县人民政府副县长；1996年9月24日，县十届人大常委会第二十八次会议决定任命杨占海为副县长；1997年12月18日，县十届人大常委会第三十六次会议决定任命多杰才让为共和县人民政府副县长、代理县长，任命李德存、李健华、华旦为副县长。

五、共和县第十一届人民政府

1998年4月11日，共和县第十一届人民代表大会第一次会议选举多杰才让为共和县人民政府县长，李德存、华旦、杨占海、尕玛才让、李健华为副县长。其间，1999年11月26日，县十一届人大常委会第十次会议决定任命王振昌为共和县人民政府副县长、代理县长；2000年4月14日，共和县第十一届人民代表大会第四次会议选举王振昌为共和县人民政府县长。2000年12月22日，县十一届人大常委会第十八次会议决定免去李德存的副县长职务；2001年3月26日，县十一届人大常委会第二十次会议上决定任命魏明霞为副县长；2002年2月6日，县十一届人大常委会第二十六次会议决定任命熊有云为副县长；2002年10月25日，县十一届人大常委会第三十一次会议决定任命马小琴为副县长。

六、共和县第十二届人民政府

2003年3月31日，共和县第十二届人民代表大会第一次会议选举王振昌为共和县人民政府县长，纳玉福、才让太、熊有云、何世钦、更太为副县长。其间，2004年4月27日，县十二届人大常委会第七次会议决定任命鹿云飞为副县长；2005年6月28日，县十二届人大常委会第十六次会议决定任命杜汉民、华本太为副县长；2005年12月15日，县十二届人大常委会第二十次会议决定任命拉夫旦为副县长。

共和县人民政府第七至第十二届县长副县长任职情况表

表7-5

届次	职务	姓名	民族	性别	籍贯	任期时间
第七届 人民代表大会期间 (1984.11—1987.6)	县长	兰科先	藏族	男	青海共和	1984.11—1987.6
	副县长	杨森林	汉族	男	青海乐都	1984.11—1986.3
		角巴东主	藏族	男	青海共和	1984.11—1986.10
		尼　玛	蒙古族	男	青海共和	1984.11—1987.6
		王占德	汉族	男	青海互助	1984.11—1987.6
		才项仁增	藏族	男	青海共和	1986.3—1987.6
		李启珠	汉族	男	山东省	1986.5—1987.6

续表

届次	职务	姓名	民族	性别	籍贯	任期时间
第八届人民代表大会期间（1987.6—1990.5）	县长	万玛仁千	藏族	男	青海共和	1987.6—1990.5
	副县长	李启珠	汉族	男	山东省	1987.6—1990.5
		王占德	汉族	男	青海互助	1987.6—1990.5
		才项仁增	藏族	男	青海共和	1987.6—1990.5
		彭毛才郎	藏族	男	青海贵德	1987.6—1990.5
		旦　巴	藏族	男	青海共和	1989.8—1990.5
第九届人民代表大会期间（1990.5—1993.7）	县长	旦巴尖措	藏族	男	青海同德	1990.5—1992.5
		彭毛才郎	藏族	男	青海贵德	1992.11—1993.7
	副县长	彭毛才郎	藏族	男	青海贵德	1990.5—1992.11
		旦　巴	藏族	男	青海共和	1990.5—1993.7
		徐连保	汉族	男	江苏省	1990.5—1993.7
		祁育雄	汉族	男	青海互助	1990.5—1993.7
		魏洪全	汉族	男	山东省	1990.5—1991.6
		刘忠全	汉族	男	陕西汉中	1990.5—1992.7
		华　青	藏族	男	青海贵德	1992.7—1993.7
		何佑龙	汉族	男	陕西三原	1992.7—1993.7
第十届人民代表大会期间（1993.7—1998.4）	县长	旦　巴	藏族	男	青海共和	1993.7—1995.1
		普化太	藏族	男	青海贵德	1995.4—1997.12
	副县长	祁育雄	汉族	男	青海互助	1993.7—1994.7
		华　青	藏族	男	青海贵德	1993.7—1996.9
		何佑龙	汉族	男	陕西三原	1993.7—1994.2
		才项加	藏族	男	青海共和	1993.11—1994.5
		尕藏多杰	藏族	男	青海海晏	1993.12—1997.12
		马　文	回族	男	青海共和	1994.2—1998.4
		李　坚	汉族	男	江苏溧阳	1994.7—1997.12
		桑　庆	藏族	男	青海同德	1994.7—1997.12
		普化太	藏族	男	青海贵德	1995.1—1995.4
		樊永宁	汉族	女	辽宁省	1995.5—1998.4
		杨占海	汉族	男	青海贵德	1996.9—1998.4
		多杰才让	藏族	男	青海贵南	1997.12—1998.4
		李德存	汉族	男	山西临县	1997.12—1998.4

续表

届次	职务	姓名	民族	性别	籍贯	任期时间
		李健华	汉族	男	北京市	1997.12—1998.4
		华　旦	藏族	男	青海共和	1997.12—1998.4
第十一届人民代表大会期间（1998.4—2003.3）	县长	多杰才让	藏族	男	青海贵南	1998.4—1999.11
		王振昌	汉族	男	青海贵德	2000.4—2003.3
	副县长	李德存	汉族	男	山西临县	1998.4—2000.12
		华　旦	藏族	男	青海共和	1998.4—2003.3
		杨占海	汉族	男	青海贵德	1998.4—2002.2
		尕玛才让	藏族	男	青海共和	1998.4—2003.3
		李健华	汉族	男	北京市	1998.4—1999.1
		王振昌	汉族	男	青海贵德	1999.11—2000.4
		魏明霞	汉族	女	陕西临潼	2001.3—2003.3
		熊有云	汉族	男	青海共和	2002.2—2003.3
		马小琴	回族	女	青海西宁	2002.10—2003.12（挂职）
第十二届人民代表大会期间（2003.3—2005.12）	县长	王振昌	汉族	男	青海贵德	2003.3—2005.12
	副县长	纳玉福	藏族	男	青海共和	2003.3—2005.9
		才让太	藏族	男	青海共和	2003.3—2005.6
		熊有云	汉族	男	青海共和	2003.3—2005.12
		何世钦	汉族	男	青海贵南	2003.3—2005.6
		更　太	藏族	男	青海贵德	2003.3—2005.12
		鹿云飞	汉族	男	辽宁锦州	2004.4—2005.12（挂职）
		陈　峰	汉族	男	河南商城	2004.10—2005.12（挂职）
		杜汉民	汉族	男	青海共和	2005.6—2005.12
		华本太	藏族	男	青海共和	2005.6—2005.12
		拉夫旦	藏族	男	青海共和	2005.12—2005.12

七、县政府工作机构

1986年，县人民政府工作部门有办公室、民政局、财政局、税务局、审计局、工商行政管理局、商业局、司法局、教育局、农牧局、劳动人事局、卫生局、工交局、乡镇企业局、统计局、水电局、文化局、民族宗教事务局、档案局、计划委员会、供销联社、科委、公安局、环保局。

1995年机构改革后，县人民政府工作部门有办公室（含土地管理局，为副科级机构）、计划统计局、经济建设局（含工交、环保、城建）、财政局、劳动人事局（含编委办为副科级机构）、民政局（含行政区划）、科技文化局（含科协、广播电视）、乡镇企业局（含扶贫）、农牧科技局（含林业、农牧区划、项目办）、教育局、水利水电局、卫生计生局、审计局、工商行政管理局、公安局、地方税务局。县属事业单位：藏语文工作委员会。增设科级事业单位1个，即县机关事务管理局（挂机关服务中心牌子）；整建制转为副科级事业单位3个，即老干部服务办公室（归口县委组织部）、档案局（归口县委办公室）、安置办公室（归口县民政局）。

2002年机构改革后，共和县人民政府工作部门有办公室（含国土资源局）、发展计划经济贸易局（含物价、旅游、乡镇企业、粮食、供销、商贸）、教育局（含招生办）、科技文化局（含广播电视体育）、公安局、民政局（含行政区划办）、财政局、劳动人事局、交通与建设局、水务局、农林环保局、畜牧局、计划生育局、卫生局、审计局、统计局。监察局和纪律检查委员会机关合署办公，民族宗教事务局与统战部合署办公，司法局与政法委合署办公，列入政府工作部门序列，不计政府工作部门个数。政府办公室挂法制办公室牌子，农林环保局挂扶贫办公室牌子。不再保留乡镇企业局、经济建设局、农林局、计划经济局、土地管理局、水利电力局、卫生计划生育局、供销联社、商贸总公司、粮食局。

至2005年底，县人民政府工作部门有办公室、劳动人事局、财政局、审计局、发展计划和经济局、科技文化局、环境保护和林业局、农牧局、水务局、交通与建设局、公安局、教育局、卫生局、人口和计划生育局、统计局、民政局。其中，原发展计划经济贸易局改为发展计划和经济局、原畜牧局改为农牧局、农林环保局改为环境保护和林业局、原计划生育局改为人口和计划生育局。其他机构与2002年一致。

八、乡镇机构

1986年，全县共设恰卜恰镇、恰卜恰乡、倒淌河乡、英德尔乡、曲沟乡、铁盖乡、沙珠玉乡、切吉乡、黑马河乡、石乃亥乡、江西沟乡、廿地乡、东巴乡共13个乡镇。1994年，县乡机构改革，共和县下设13个乡（镇），其中一类镇级人民政府1个（恰卜恰镇）、乡级人民政府12个（恰卜恰乡、曲沟乡、铁盖乡、东巴乡、廿地乡、沙珠玉乡、倒淌河乡、江西沟乡、黑马河乡、石乃亥乡、切吉乡、英德尔乡）、三类乡1个。2002年，根据青海省机构编制委员会《关于撤销海南州龙羊峡工委、行委的通知》和海南州人民政府《关于设立龙羊峡镇的批复》精神，结合撤销海南州龙羊峡工行委、共和县曲沟乡，设立共和县龙羊峡镇。至2005年底，共和县有镇级人民政府3个（恰卜恰镇、龙羊峡镇、倒淌河镇），乡级人民政府9个（英德尔乡、铁盖乡、东巴乡、廿地乡、沙珠玉乡、江西沟乡、切吉乡、黑马河乡、石乃亥乡）。乡（镇）人民政府一般设置党政办公室、社会事务办公室、劳动保障中心、社会治安办公室、人民武装部等内设机构。

第二节　施政方式

一、会议制度

1999年4月，共和县人民政府办公室印发《县政府会议制度》，规定县政府会议有县政府全体会议、县政府常务会议、县长办公会议、县政府专题会议。2005年3月23日，县政府第二次常务会议修订通过《共和县人民政府工作细则》。《细则》规定："县政府会议有县政府全体会议、县政府常务会议、县政府专题会议"。县政府实行县长负责制，县长领导和主持县政府全面工作。常务副县长协助县长主持县政府日常工作。

副县长负责有关方面的工作，分管有关部门的工作，联系有关单位。县长外出期间，由常务副县长主持县政府的全盘工作。副县长协助县长工作，各副县长之间工作互补。

县政府全体会议　县政府全体会议由县长、副县长、各局局长、办公室主任组成。由县长或委托负责常务工作的副县长召集和主持。会议讨论的事项由县长或主持会议的常务副县长提出。会议的主要任务是传达贯彻党中央、国务院、省委、省政府、州委、州政府和县委、县政府及其常委会的重大工作部署，重要指示、决策、决议和重要会议精神；讨论研究全县经济建设和社会发展中的重大问题；分析通报全县经济和社会形势；决定和部署县政府的主要工作；讨论通过按照法律、法规规定需要由县政府全体会议决定的事项。县政府全体会议每年至少召开一次，如有重要事项可及时召开，根据需要可安排有关部门、乡镇和单位负责人列席。1986—2005年，召开县政府全体会议26次。其中，1994年12月15日政府全体会议，落实州工作组赴共和、兴海地震灾区重建家园检查验收情况通报有关要求。会议要求，根据每户重建和维修的工程量重新确定补助资金，该扣拨的要扣拨，该调整的要调整，该收回的资金由各乡（镇）负责限期收回，逾期不收回的由县财政扣拨该乡的经费。扣拨、收回的资金根据州工作组的指示用于新建校舍和维修校舍。会议还要求县乡两级要从中吸取教训，改进工作作风，树立全心全意为人民服务的思想，善始善终地搞好本职工作。为严肃政纪，对这次造成不良影响的有关责任人，核查工作结束后要追究责任。

县政府常务会议　县政府常务会议由县长、副县长、办公室主任组成。由县长或县长委托常务副县长召集和主持。会议的主要内容是传达党中央、国务院、省委、省政府、州委、州政府的重要决策、决定和会议精神，研究制定贯彻执行的措施和办法；讨论决定县政府和县委、县人大及其常委会的重要指示、决议、决定的贯彻实施意见；讨论决定县政府年度计划，部署阶段性主要工作；讨论决定县政府各部门、各乡镇政府请示县政府的重大事项；讨论审议县政府规范性文件；通报经济和社会方面的重要工作情况；听取县人民政府工作部门的工作汇报并做出相应的决定和安排。县政府常务会议原则上每月召开一次或根据会议议题需要不定期召开，每次出席人数需超过其组织成员的半数以上，根据会议议题需要可安排有关乡镇和部门的负责人列席。1986—2005年，召开县政府常务会议157次。其中，1998年6月9日，县政府县长多杰才让主持召开常务会议。会议要求县政府有关部门要积极协调，抓紧做好农业6乡（沙珠玉、恰卜恰、廿地、东巴、铁盖、曲沟）节水灌溉项目总体规划（规划10万亩）前期准备工作。根据总体规划，力争部分项目在1999年立项启动。会议决定，1999年申报实施三项道路建设工程：恰卜恰—廿地—英德尔公路维修工程，恰卜恰—曲沟—龙羊新村环库公路改造新建工程，恰卜恰—沟后水库—“151”公路改建工程。2004年12月1日，县政府召开常务会议，会议研究决定，从2005年1月1日起，全县干部职工（包括退休干部职工）基本医疗保险金个人账户资金（门诊费）随工资按月发放给个人，由县医保办负责测算具体发放数额，个人承担部分不再收取；从2004年1月1日起，全县干部职工个人和单位住房公积金缴存比例由原来的5%提高到7%；从2004年10月1日起，全县各部门超编人员的工资由40%调整到80%，其余20%待2005年事业单位机构改革和工资改革时增加到位；决定由县政府办公室修改起草《共和县农村牧区教育费附加征收管理使用办法》，并印发全县贯彻执行。从2002年1月1日起，全县农牧区教育费附加以1997年全县农牧民人均收入的1%的比例征收，总额为89万

元，由财政局、教育局、政府办公室协调分解下达各乡镇的征收任务。

县政府专题会议 由县长、常务副县长、与议题有关的副县长、县政府有关部门、有关乡（镇）政府的负责人组成，由县长或县长委托常务副县长召集和主持，或根据需要由分管副县长直接召集和主持。会议的主要任务是具体研究某一方面的业务工作；协调解决经济建设、社会事业中的有关重要问题。其中，2003年3月25日，县政府召开县退耕还林（草）工作专题会议，会议听取退耕还林（草）工作领导小组办公室关于2003年度全县退耕还林（草）工作进展情况的汇报，并就全县退耕还林（草）有关问题进行研究。2003年12月2日，县政府县长王振昌主持召开全县动物防疫工作有关问题专题会议，会议就认真贯彻落实省、州动物防疫工作会议精神，确保完成州政府与县政府签订的《动物防疫目标责任书》各项目标任务做了专题研究。会议决定，成立共和县动物防疫工作指挥部，县政府县长任总指挥，县政府主管副县长、县畜牧局长任副总指挥，县畜牧局、财政局、交通与建设局、工商局、公安局、兽医站等部门的负责人为成员，并在指挥部下设办公室，负责开展全县动物防疫工作。2003年12月17日，县人民政府县长王振昌主持召开塘格木农场接管工作有关问题专题会议，会议就全力做好塘格木农场接管工作，加强国有资产管理做了专题研究。

二、目标管理

1986年6月至1996年，县政府领导实行包片、包项目责任制。1997年起，县政府与各乡（镇）政府、县企业主管部门签订经济和社会发展目标责任书，年终，县政府组织专门力量，以县统计局及有关主管部门提供的数据为依据，按照责任书规定的任务指标、计分标准和评分奖罚办法，对各乡（镇）、各企业主管部门当年的经济和社会发展指标完成情况进行考核，根据考核结果兑现奖惩。1989年3月，州人民政府与共和县人民政府签订共和县十项经济指标承包责任书。2003年9月，共和县考核委员会办公室印发《共和县乡镇及县直机关领导班子和领导干部目标责任考核实施细则（试行）》。该《细则》内容包括考核程序、考核情况评价、考核档次认定、奖罚和有关表格构成。是年，领导班子目标责任考核评分表分为：党建共性目标、工作责任目标（经济社会发展目标）、民主测评分、考核组综合评分、奖励分等。领导班子成员目标责任考核民主测评表的评价档次分为优秀、称职、基本称职、不称职。自2004年起，共和县对共和县委、县政府领导班子16名成员分解目标责任，并签订《共和县领导班子成员目标责任分解表》。县委书记、县长分别和各乡（镇）党委书记、乡（镇）长签订目标责任书。目标责任书包括共性目标和工作责任目标。其中共性目标包括：自身建设、干部队伍建设、村级组织建设、党风廉政建设、统一战线建设和民族团结进步、创建文明单位活动；工作责任目标包括：农林牧生产、结构调整、基础设施建设、人民生活、乡镇企业、财税、社会事业、其他等。县直部门目标责任书共性内容分为政治理论学习、干部作风建设、支部工作、机关管理工作、党风廉政建设、民族团结进步6项。

三、政府公文

1986—2005年，共和县人民政府印发的公文主要有命令（政府令）、决定、议案、指示、公告及通告、通知、通报、报告、请示、批复、函、会议纪要等。均以纸质印发。其中，通知是政府施政的主要公文形式，以布置、安排工作任务为主。

四、政务督查

1986年起，政务督查由县人民政府办公室牵头，或由主管部门牵头督查。督查的主要范围为：对于县政府全体会议、县政府常务会议、县政府专题会议在全县政治、经济、文化等方面决定事项的落实进展情况等。督查工作结果以县人民政府《督查通报》《督查专报》的形式下发。

第三节　施政纪要

一、农牧业经济

中共十一届三中全会后，对农牧业经济体制逐步进行改革。至1984年，共和县实行“牲畜归户、私有私养、现金提留、任务到户”和“牲畜折价归户”的生产责任制，改变“三级所有，队为基础”的经济模式，农牧业生产走向稳步发展的轨道。共和县耕地利用率得到进一步提高。1985年，全县各乡（镇）耕地7213.33公顷。2002年上半年，共和县全面开展农牧区税费改革和减轻农牧民负担工作。具体目标是：执行农牧区税费改革政策，取消涉农（牧）收费项目（统筹费），包括乡村两级办学、计划生育、优抚、修建乡村道路、民兵训练费；取消村提留，包括公积金、公益金、管理费等；取消向农牧民征收的行政事业性收费，政府性基金和涉及农牧民的其他集资、摊派；取消要求农牧民出钱、出物、出工的一切达标活动以及各种带有强制性的经营服务性收费。规范涉及收费项目和执法行为，加强监督管理，向社会公示，接受群众监督。倒淌河镇2002年税收比该镇1986—2000年的税费平均数116.72万元减少37.43万元，减负率32.07%，人均税费从税收前的134.16元减少至91.14元，人均减负43.02元。2002年之前，恰卜恰镇税费总额为53.78万元，人均税（费）68.25元，税改后，人均减负20.98元，人均减负率30.74%。同时，推行“村管村用”的财务制度和农牧民负担监督卡，农牧民清楚应当缴纳的税种及税额，农牧民乱收费的现象得到遏制。村社干部也得到精简，倒淌河镇和恰卜恰镇村社干部比税改前减少99名。2003年和2005年，哇玉农场、塘格木农场相继撤场归地方。2005年底，全县农村开展土地延包证换发补发的准备工作。2004年起，全面实施种粮补贴，进一步促进全县农牧业经济发展，至2005年全县农业总产值较2000年年均增长3844.36万元，农牧民人均产值年均增长505.59元。第七届至第十二届县人民政府始终把农牧业生产放在各项工作的首位，政策上倾斜农牧业，措施上加强农牧业，利益上普惠农牧民，千方百计促进农牧业经济发展壮大，使农牧民得到实惠。

二、工商业经济

1996年以来，共和县围绕以经济建设为中心，坚持抓住机遇，深化改革，扩大开放，促进发展，保持稳定的基本方针，针对各企业实际情况，坚持因地制宜、因企施策的原则，采取破产、上划、清算等形式，完成国有企业改制工作。企业改制过程中，县政府采取拨款、企业资产变现等措施筹集资金，解决养老金上缴、职工安置等一系列问题。是年，共和县原有国有企业33户，职工861人。参与改制的企业主要有共和县石油公司、医药公司、肉食蔬菜公司、烟草公司、食品公司、民族食品加工厂、物资公司、煤炭公司、饮食服务公司、民族贸易公司、盐业公司、畜产公司、粮食收储公司、大理石公司、矿产公司、公路工程队、运输公司、挂面厂、龙羊峡民贸公司、龙羊峡肉食品公司、龙羊峡饭店、龙羊峡医药公司、龙羊峡烟草公司、龙羊中心粮站、县属各基层粮站等。至2004年，参与改制的企业全部完成改制工作。全县用于安置职工的总资金976.6万元，其中上级拨款527.94万元，企业资产变现448.68万元，共安置职工861人，遗属19人。同时，按照州劳动和社会保障局、州财政局《关于解决国有破产企业退休人员参加基本医疗保险实施方案》的要求，共和县退休职工全部参加基本医疗保险。在企业改制结束后，2004年底上级拨款49.36万元，补交共和县物资公司、龙羊峡民贸公司、龙羊峡烟草公司、龙羊峡医药公司、龙羊峡肉食品公司等5家破产企业77名职工养老保险费和退休职工（9人）医保费。企业改制后，共和县国有、集体企业消失，代之而来的是私营企业和个体工商户迅速发展壮大。2005年，全县共有私营企业199户，从业人员2615人，注册资金10413万元，工业总产值5211万元，实现营业收入6295万元，实现增加值4075万元；个体工商户2624户，从业人员3767人，注册资金3477万元，实现营业收入35722万元，工业总产值5378万元，完成增加值17444万元。

三、招商引资

2002年始，共和县实施“走出去，引进来”战略，由县委、县政府主要领导或分管领导带队，组成“小分队”外出招商10次、100余人次，分别赴北京市、重庆市、广东省广州市、浙江省温州市等地和省内西宁市开展招商引资和经贸洽谈。至2005年，连续3年组团参加第四、五、六届青海贸易合作洽谈会，累计发放《共和县情简介》《共和对外经济合作项目》《共和经济发展情况》《共和招商引资项目》等各种宣传资料1万余份，累计达成意向性合作项目8项。2005年，在青海招商网页上发布共和县情简介、区位交通优势、资源优势、投资程序、优惠政策、招商引资项目等。是年，挂牌设立共和县行政审批服务中心，中心设在县政府原会议楼一楼大厅，实行“一个窗口对外，一条龙服务”招商服务。县计划、工商、电力、国税、地税、土地、建设等15个部门进驻中心联合办公，推行“一门受理、联合审批、一口收费、限时办结”的工作方式，建立并联审批、代办协调、监督审查等一系列规章制度。凡进入中心的各类项目，均可在较短的时间内完成所有手续的办理，对一些复杂的手续，由中心受理后，交由各单位承办，中心负责督促，缩短办理时间，方便各类客商，受到投资者的赞誉。至2005年底，全县共引进合作项目52项：工业项目主要有新华铁合金有限公司、鑫源铁合金有限公司等；畜产品加工项目主要有青海湖肉业等；房地产项目主要有皓星房地产开发、惠安小区、金安小区、香格里拉等。项目协议投资52278万元，实际到位资金25192万元。累计储备项目123个，项目涉及房地产、农产品深加工、旅游、基础设施建设、冶金等行业。招商工作由共和县招商办公室负责办理。

2002—2005年共和县招商项目情况表

表7-6

年份	招商项目（项）	协议资金（万元）	到位资金（万元）
2002	新建5项	1437	1437
2003	新建14项	4319	3503
2004	新建15项	27687	12005
2005	新建18项、续建5项	18835	8247

四、生态环境保护

共和县地处青藏高原腹地，海拔高、气候条件差，森林资源匮乏，生态环境脆弱，自然灾害频繁。1992年，共和县被列为全国防沙漠建设县之一。1998年，共和县被确定为全国生态环境建设和保护“母亲河”绿色工程建设县，被列入全省退耕还林（草）试点县。县政府成立共和县生态环境建设领导小组，县长任组长。生态环境建设从向群众宣传有关法律法规、开展执法检查，草原监理、提高环保意识入手，同时开展植树造林、草场承包、退耕还林等工作，使治理沙化、生态环境保护工作取得明显成效。1999年，全县生态环境工程投资1700万元，共完成成片造林1253.33公顷，保护“母亲河”绿色工程造林133.33公顷。完成围栏封育5133.33公顷。2000年，退耕还林66.67公顷，退耕还草200公顷，荒山造林5135公顷。至2005年，全县累计完成成片造林面积达3662平方公里，治理较早的地区已初步形成了小区域乔灌草相结合、林渠路相配套的生态防护林、设置沙障、封沙育草等工程和生物措施，共营造成片林250.5平方公里，农田林网292条165.9公里，构成农田网眼1174格，围栏封育2940公顷，“四旁”植树72万株，设置沙障533.33公顷，封沙育草累计1.13万公顷。全县农田得到有效保护后，粮食单产提高到240公斤，比治理前提高140%。

2000年，共和县退耕还林（草）工程启动。2000—2003年，全县累计完成退耕还林（草）任务1.38万公顷。退耕还林（草）工程涉及全县自然村129个（农牧户7086户），以及省、州、县、乡国有农牧场（站）8个。退耕还林（草）建设以柠条为主、兼有青杨（棉柳）等树种的生态林，退耕还草建设以披碱草为主、兼有紫花苜蓿等草种的草场。县人民政府和县粮食主管部门做好与省州的协调，在粮食安排和供应上，减少环节，降低成本，就近调运，就近供应，兑现到户。2000—2002年，实际兑现退耕还林（草）补助粮17200吨，并发放兑现退耕补助款。退耕还林（草）工程使共和县生态环境建设与保护有了实质性进展，昔日冬春季常见的沙尘现象得到初步遏制。

五、龙羊峡库区移民安置

1980年起，共和县龙羊峡库区移民安置工作启动。至1991年，全面完成龙羊峡库区移民搬迁安置工作。其间，境内外迁群众分别被安置在县境内的铁盖、龙羊峡、塘格木（原英德尔乡）、沙珠玉、恰卜恰等5个乡镇和海西州大格勒地区。至2005年末，共和县境内库区移民共计1968户12300人。各移民安置点基本实现通电、通自来水、通路、通电话、通广播电视。多数移民安置点引进小麦、油菜优良品种，实施“一村一品”战略，开展牛羊育肥，种植经济作物，修缮水利基础设施等。移民经济收入明显增加，生活水平得到提高。自1995年起至2005年，国家投入移民资金492.77万元，支持移民发展捕捞、养殖、种植、牛羊育肥等项目。共和县人民政府为移民安置投入大量的人力、物力和财力，以确保移民群众扎下根、稳住心、生产生活有保障，发展生产，勤劳致富。

第四节 政务工作

一、政府法治

1993年，共和县政府办公室挂政府法制办牌子，政府办副主任兼法制办主任，聘请律师1名，主要调查研究全县依法行政和政府法制建设中出现的新情况、新问题，提出依法行政的具体措施和工作建议，为县政府提供法律咨询服务；

推动依法行政工作，负责行政执法责任制和评议考核制的建立及实施，强化责任追究；依法开展行政执法监督检查。至 2005 年末，共和县政府法制办共提出监督纠正有关违法或不正当的行政行为的建议 67 条，承办县政府管辖的行政复议和行政赔偿案件 3 件，受县政府领导委托办理涉及县政府的行政诉讼案件 4 件。承办各乡（镇）和县政府各部门制定的规范性文件的备案审查工作；负责行政执法主体资格的审查、认定工作，监督各部门实施行政审批事项，严格规范行政审批行为，协调部门之间在实施有关法律、法规、规程中产生的矛盾和争议，组织清理县政府规范性文件。

二、信访工作

1986 年，共和县设有信访办公室，有在职人员 3 人。2001 年，信访办公室更名为信访局。2005 年，共和县信访局为县政府办公室挂牌机构，编制 3 名。县信访工作联系会议办公室设在信访局。乡（镇）信访工作人员由综治维稳干事兼任。

1986—1990 年，共受理来信来访 289 件，处理来信来访 252 件，接待来访 46 件 106 人次。1991—2000 年，共受理来信来访 330 件，处理来信来访 285 件，接待来访 45 件 45 人次。群众反映的问题主要有工资福利、医药费报销、民事纠纷、历史遗留问题、违法违纪等方面。2001—2002 年，来信来访的内容涉及解决工资福利待遇问题、下岗职工生活困难与再就业问题、企业改制中遗留的养老金和医疗保险及安置问题；控告揭发单位特别是基层领导违法乱纪、以权谋私、损害群众切身利益问题，个别乡镇干部工作作风不扎实、导致干群关系紧张，引发群众不满等问题；反映司法机关办案久拖不决、态度蛮横，合法权益得不到保障问题；反映草山、地界、移民搬迁和社会治安等热点问题。2003 年，接到群众来信来访 93 件，处理来信来访 86 件，接待来访 7 件 7 人次。主要反映因病致贫问题、大中专毕业生分配问题、复退转军人安置问题、民办教师转公办教师问题、地区草山争议和耕地纠纷问题、土地征用补偿费问题等。2004—2005 年，接到群众来信来访 228 件，受理 188 件，接待来访 40 件 40 人次。2005 年，中共共和县委、县人民政府印发《中共共和县委、共和县人民政府关于进一步加强和改进信访工作的意见》《中共共和县委常委信访接待日制度》《共和县领导及其行政机关负责人信访接待日制度》《共和县信访局工作人员岗位责任》等文件。是年，受理来信来访 128 件，处理来信来访 103 件，接待来访 25 件 25 人次。信访主要内容在于草山（土地）地界纠纷问题、下岗职工生活困难问题、土地补偿费分配不公等问题。信访工作按照“属地管理，分级负责”“谁主管，谁负责”和依法及时、就地解决与疏导教育相结合的工作原则，明确任务，落实责任，该立案的立案，该转办的转办，该给群众答复的答复，使人民来信来访得到妥善处理。

1986—2005 年共和县群众来信来访受理情况表

表 7-7

年份	受理数（件）	处理数（件）	接待来访	
			件数	人数
1986	42	37	6	7
1987	31	28	7	10

续表

年份	受理数（件）	处理数（件）	接待来访	
			件数	人数
1988	57	51	4	21
1989	63	49	6	39
1990	96	87	23	29
1991	42	36	6	6
1992	59	42	17	17
1993	33	29	4	4
1994	50	44	6	6
1995	39	34	5	5
1996	25	24	1	1
1997	37	35	2	2
1998	19	18	1	1
1999	14	12	2	2
2000	12	11	1	1
2001	20	17	3	3
2002	41	32	9	9
2003	93	86	7	7
2004	100	85	15	15
2005	128	103	25	25

第四章　政协共和县委员会

中国人民政治协商会议共和县委员会的班子、常委会、政协委员实行任期换届制。政协委员通过协商产生，政协常委会及其班子成员通过每届第一次全体委员大会选举产生。每届换届之前，中共共和县委成立换届领导小组，负责政协换届各项事宜。1986年1月至2005年12月，政协共和县委员会历经第二至第七届委员会。即第二届的继续，第三至第七届的任期。至2005年12月，政协共和县第七届委员会任期未满。

第一节　政协委员

政协共和县第三届委员会共有委员69名。按界别分，中共界委员7人，占委员总数的10%；科技界4人，占委员总数的5.8%；教育文化界4人，占委员总数的5.8%；工人界2人，占委员总数的2.9%；民主党派界1人，占委员总数的1.5%；港澳同胞藏胞及亲属界4人，占委员总数的5.8%；医药卫生界2人，占委员总数的2.9%；工青妇界3人，占委员总数的4.4%；军队界1人，占委员总数的1.5%；农牧民界10人，占委员总数的14.5%；宗教界18人，占委员总数的26.1%；原国民党投诚人员3人，占委员总数的4.4%；退休干部4人，占委员总数的5.8%；民族中上层人士6人，占委员总数的8.7%。

政协共和县第四届委员会共有委员69名。按界别分，中共界8人，占委员总数的11.59%；工青妇界2人，占委员总数的2.90%；文化教育界5人，占委员总数的7.25%；医药卫生界2人，占委员总数的2.90%；科技界5人，占委员总数的7.25%；军队界1人，占1.45%；工人界3人，占4.35%；宗教界人士17人，占24.64%；民主党派界2人，占2.90%；三胞亲属界3人，占4.35%；农牧民界6人，占8.7%；乡镇企业界2人，占1.45%。

政协共和县第五届委员会共有委员70名。按界别分，中共界9人，工青妇界3人，文教界4人，医药界2人，科技界5人，工人界3人，农牧民界8人，民族中上层界5人，宗教界19人，民主党派界2人，三胞眷属界3人，工商个体界3人，乡镇企业界2人，起义投诚界2人。

政协共和县第六届委员会共有委员73名。按界别分，中共界6人，占8.2%；民革界1人，占1.4%；九三学社界1人，占1.4%；工商联界2人，占2.7%；无党派民主人士界10人，占13.7%；工青妇界3人，占4.1%；三胞亲属界2人，占2.7%；科学技术界5人，占6.8%；经济界7人，占9.6%；少数民族界3人，占4.1%；宗教界15人，占20.6%；其他18人。

政协共和县第七届委员会共有委员80名。按界别分，中共界14人，占17%；九三学社1人，占1.3%；工商联7人，占8.7%；无党派民主人士10人，占12.5%；群众团体（工青妇）3人，占3.8%；三胞亲属2人，占2.5%；科学技术界10人，占12.5%；经济界12人，占15%；少数民族界3人，占4.1%；宗教界18人，占22%。

第二节 政协全体会议

一、第三届全体会议

三届一次全体会议 1986年10月10—12日召开。出席会议委员69名。会议听取和审议县政协第二届常务委员会工作报告和提案委员会关于县政协第二届三次会议以来提案工作情况的报告，通过有关决议。选举才项为政协共和县第三届委员会主席，祁加夏茸、巨焕、王冰祥为副主席，华青（小）为秘书长，华青（大）、巴科、谭仲科、仁增久买、切羊、彭措、多杰尖参为常委。

三届二次全体会议 1987年6月15—19日召开。出席会议委员67名。听取和审议政协共和县第三届常务委员会工作报告和提案委员会关于政协三届一次会议以来提案工作情况的报告，通过有关决议。列席县人大八届一次会议。

三届三次全体会议 1988年4月25—30日召开。出席会议委员68名。会议听取和审议共和县政协第三届常务委员会工作报告和提案委员会关于县政协三届二次会议以来提案工作情况的报告，通过有关决议。列席县人大八届二次会议。补选王更凯为县政协三届委员会副主席。

三届四次全体会议 1989年5月22—25日召开。出席会议委员67名。听取和审议共和县政协第三届常务委员会工作报告和提案委员会关于政协三届三次会议以来提案工作情况的报告，通过有关决议。列席共和县第八届人民代表大会第三次会议。会议通过中国人民政治协商会议共和县第三届委员会关于近期换届的决议。

二、第四届全体会议

四届一次全体会议 1990年4月20—24日召开。出席会议委员69名。会议听取和审议政协三届常务委员会工作报告和提案委员会关于政协三届四次会议以来提案工作情况的报告，通过有关决议。列席共和县第九届人民代表大会第一次会议。选举才项为政协共和县第四届委员会主席，兰科先、巨焕、刘占全、华加、杨永华、谭仲科为副主席，彭力为秘书长；选举仁增久买、多杰尖参、龙吾为驻会常委，彭措、巴科、马金秀为政协共和县第四届常务委员会委员。

四届二次全体会议 1991年5月2—7日召开。出席会议委员67名。听取和审议县政协第四届常务委员会工作报告和提案委员会关于政协四届一次会议以来提案工作情况的报告，通过有关决议。列席县人大九届二次会议。

四届三次全体会议 1992年5月2—7日召开。出席会议委员67名。听取和审议县政协四届常务委员会工作报告和提案委员会关于政协四届二次会议以来提案工作情况的报告，通过有关决议。列席县人大九届三次会议。

三、第五届全体会议

五届一次全体会议 1993年4月15—19日召开，出席会议委员70名。会议听取和审议政协共和县第四届常务委员会工作报告和提案委员会关于政协四届三次会议以来提案工作情况的报告，通过有关决议。列席县十届人大一次会议。选举才项为政协共和县第五届委员会主席，兰科先、巨焕、刘占全、华加、杨永华、谭仲科、彭力、刘忠全、尼玛为副主席，仁增久买、多杰尖参、桑吾等为第五届常务委员会委员。

五届二次全体会议 1994年4月11—13日召开，出席会议委员68名。听取和审议政协共和县第五届委员会常务委员会工作报告和提案委员会关于政协五届一次会议以来提案工作情况的报告，通过有关决议。列席县十届人大二次会议。

五届三次全体会议 1995年4月10—13日召开。出席会议委员69名。听取和审议县政协五届委员会常务委员会工作报告和提案委员会关于政协五届二次会议以来提案工作情况的报告，通过有关决议。列席县人大十届三次会议。会议补选郭爱艇为县政协五届常务委员会委员。

五届四次全体会议 1995年9月20日召开。出席会议委员68名。听取和审议政协共和县五届委员会常务委员会1995年前五个月的工作情况及当前主要工作意见的通报；会议补选辛东和为五届委员会主席，达乃、吴雷为县政协五届常务委员会委员。

五届五次全体会议 1996年5月12日召开。出席会议委员68名。听取和审议政协共和县五届常务委员会工作报告和提案委员会关于政协五届三次会议以来提案工作情况的报告，通过有关决议；列席县人大十届四次会议。

五届六次全体会议 1997年4月16—19日召开。出席会议委员67名。听取和审议政协共和县第五届常务委员会工作报告和提案委员会关于政协五届四次会议以来提案工作情况的报告，通过有关决议。列席县人大十届五次会议。

四、第六届全体会议

六届一次全体会议 1998年4月5—9日召开。出席会议委员73名。听取和审议政协共和县第五届常务委员会工作报告和提案委员会关于政协五届四次会议以来提案工作情况的报告，通过有关决议。列席县人大十一届一次会议。选举杨卓改为政协共和县第六届委员会主席，尼玛、达乃、土旦尼玛、谭仲科为副主席，齐环才让、柏瑜清、仁增久买、桑吾、多杰尖参、关却加、张彩莲、公保、马生贵、加华尖措、尕藏叶西智华、彭措为常务委员会委员，多杰尖参、桑吾、仁增久买为驻会常委；通过政协共和县第六届委员会第一次会议决议。

六届二次全体会议 1999年4月5—9日召开。出席会议委员73名。听取和审议政协共和县第六届常务委员会工作报告和提案委员会关于政协六届一次会议以来提案工作情况的报告，通过有关决议。列席县人大十一届二次会议。

六届三次全体会议 1999年8月9—10日召开。出席会议委员73名。通报1999年上半年政协常委会工作情况；补选多杰、文进海为县政协六届委员会副主席。

六届四次全体会议 2000年4月10—14日召开。出席会议委员72名。听取和审议政协共和县第六届常务委员会工作报告和提案委员会关于六届三次会议以来提案工作的报告，通过有关决议。列席县人大十一届三次会议。补选杜贵琴为县政协六届常委会委员。

六届五次全体会议 2001年3月31日至4月5日召开。出席会议委员73名。听取和审议政协共和县第六届常务委员会工作报告和提案委员会关于六届三次会议以来提案工作的报告，通过有关决议。列席县人大十一届四次会议。补选卓玛加为政协共和县六届委员会主席、熊有云为副主席，谭伟华、张正德为常委。

六届六次全体会议 2002年4月1—4日召开。出席会议委员72名。听取和审议政协共和县第六届常务委员会工作报告和提案委员会关于六届三次会议以来提案工作的报告，通过有关决议。列席县人大十一届五次会议。补选卡毛吉为副主席，美力为常委。

五、第七届全体会议

七届一次全体会议 2003年3月27日召开，出席会议委员76名。听取和审议县政协六届常务委员会工作报告和关于六届政协提案工作情况的报告，通过有关决议。列席县第十二届人民代表大会第一次会议。会议选举卓玛加为县政协七届委员会主席，齐环才让、卡毛吉、更藏班玛南杰为副主席，土旦尼玛、尕藏叶西智华、任治提、曲生加、达日措（女）、苏福宝（回）、张彩莲（女）、宋宝成、柏瑜清（女）、美力、索南才旦、索南本、谭伟华为常务委员会委员。

七届二次全体会议 2004年2月25—28日召开。出席会议委员69名。听取并审议政协共和县第七届常务委员会工作报告和提案工作报告，通过有关决议。列席共和县第十二届人民代表大会第二次会议。

七届三次全体会议 2005年3月15—19日召开。出席会议委员73名。会议审议通过常委会工作报告和提案工作情况的报告，通过有关决议。列席县第十二届人民代表大会第三次会议。

七届四次全体会议 2005年9月14日召开。出席会议委员66名。听取政协共和县第七届常务委员会2005年1—8月工作通报。补选吴金才让为政协共和县第七届委员会主席。

政协共和县第二届至第七届委员会主席副主席任职情况表

表7-8

届次	职务	姓名	性别	民族	籍贯	任期时间
第二届委员会（1983.12—1986.10）	主席	才　项	男	藏族	青海共和	1983.12—1986.10
	副主席	武志杰	男	汉族	陕西彬县	1983.12—1986.10
		祁加夏茸	男	藏族	青海共和	1983.12—1986.10
		巨　焕	男	藏族	青海共和	1983.12—1986.10
		仁青安杰	男	藏族	青海共和	1984.11—1986.6
第三届委员会（1986.10—1990.4）	主席	才　项	男	藏族	青海共和	1986.10—1990.4
	副主席	祁加夏茸	男	藏族	青海共和	1986.10—1990.4
		巨　焕	男	藏族	青海共和	1986.10—1990.4
		王冰祥	男	汉族	甘肃天水	1986.10—1990.4
		王更凯	男	汉族	陕西蓝田	1988.4—1990.4
第四届委员会（1990.4—1993.4）	主席	才　项	男	藏族	青海共和	1990.4—1993.4
	副主席	兰科先	男	藏族	青海共和	1990.4—1993.4
		巨　焕	男	藏族	青海共和	1990.4—1993.4
		刘占全	男	汉族	青海大通	1990.4—1993.4
		华　加	男	藏族	青海共和	1990.4—1993.4
		杨永华	男	藏族	青海共和	1990.4—1993.4
		谭仲科	男	回族	青海化隆	1990.4—1993.4

续表

届次	职务	姓名	性别	民族	籍贯	任期时间
第四届委员会（1990.4—1993.4）	副主席	尼　玛	男	蒙古族	青海共和	1992.8—1993.4
		刘忠全	男	汉族	陕西汉中	1992.7—1993.4
		尕藏多杰	男	藏族	青海海晏	1992.11—1993.4
		彭　力	男	藏族	青海贵德	1992.10—1993.4
第五届委员会（1993.4—1998.4）	主席	才　项	男	藏族	青海共和	1993.4—1995.9
		辛东和	男	藏族	青海循化	1995.9—1998.4
	副主席	巨　焕	男	藏族	青海共和	1993.4—1995.8
		刘忠全	男	汉族	陕西汉中	1993.4—1998.4
		兰科先	男	藏族	青海共和	1993.4—1995.4
		华　加	男	藏族	青海共和	1993.4—1998.4
		谭仲科	男	回族	青海化隆	1993.4—1998.4
		彭　力	男	藏族	青海共和	1993.4—1998.4
		尼　玛	男	蒙古族	青海共和	1993.4—1998.4
		刘占全	男	汉族	青海大通	1993.4—1998.4
		杨永华	男	藏族	青海共和	1993.4—1998.4
		土旦尼玛	男	藏族	青海共和	1993.4—1998.4
第六届委员会（1998.4—2003.3）	主席	杨卓改	男	藏族	青海乐都	1998.4—2001.3
		卓玛加	男	藏族	青海同德	2001.3—2003.3
	副主席	尼　玛	男	蒙古族	青海共和	1998.4—2003.3
		达　乃	男	藏族	青海共和	1998.4—2003.3
		土旦尼玛	男	藏族	青海共和	1998.4—2003.3
		谭仲科	男	回族	青海化隆	1998.4—2003.3
		文进海	男	土族	青海民和	1999.8—2003.3
		多　杰	男	藏族	青海化隆	1999.8—2003.3
		熊有云	男	汉族	青海共和	2001.3—2003.3
		卡毛吉	男	藏族	青海兴海	2002.4—2003.3
第七届委员会（2003.3—2005.12）	主席	卓玛加	男	藏族	青海共和	2003.3—2005.9
		吴金才让	男	藏族	青海共和	2005.9—2005.12
	副主席	齐环才让	男	藏族	青海贵德	2003.3—2005.12
		卡毛吉	男	藏族	青海兴海	2003.3—2005.12
		更藏班玛南杰	男	藏族	青海兴海	2003.3—2005.12

第三节　政协常委会议

一、第三届常委会会议

第三届常委会共召开会议11次。其中，1987年11月22—26日，县政协三届三次常委（扩大）会议传达全国地方政协工作组（委）会议精神，传达省政协五届十五次常委会议精神，回顾一年来的工作。1989年1月16—17日，三届九次常委会传达县委八届三次全委扩大会议精神，回顾1988年的政协工作，落实政协1989年工作任务。1989年11月23—27日，三届十次常委会传达中共十三届五中全会精神，学习江泽民总书记在庆祝中华人民共和国成立四十周年大会上的讲话，传达全省政协工作经验交流会议精神，总结1989年政协工作，讨论1990年政协工作安排。

二、第四届常委会会议

第四届常委会共召开会议12次。其中，1992年7月6日，四届八次常委会总结上半年工作，传达州政协八届二次会议精神，通过人事任免。1992年9月2日，四届九次常委会传达全省第三次州、市政协联席会议精神，增补县政协四届委员会副主席、常务委员、副秘书长。

三、第五届常委会会议

第五届常委会共召开会议23次。其中，1995年10月26日，县政协五届十一次常委会学习中共十四届五中全会文件，学习政协青海省委员会贯彻《政协全国委员会关于政治协商、民主监督、参政议政的规定》的实施细则，听取委员对牧业生产视察的通报。12月26日，县政协五届十二次常委会议学习有关文件，讨论县政协1995年工作总结，听取提案办理情况的通报。1996年2月6日，县政协五届十三次常委会议学习江泽民在全国政协新年茶话会上的讲话，传达中共共和县委十四届五次全委会会议精神，学习《政协海南州委员会实施青海省政协〈关于政治协商民主监督参政议政规定实施细则〉的办法》；讨论1996年工作要点。1997年2月28日，县政协五届十八次常委会议沉痛哀悼邓小平，缅怀邓小平的丰功伟绩；传达县委五届五次全委扩大会议精神。12月10日，县政协五届二十一次常委会议审议县政协1997年工作总结，讨论1998年工作要点。1998年3月30日，县政协五届二十二次常委会议研究和讨论县政协换届的各项准备工作，听取关于新一届政协委员考察推荐情况的汇报。

四、第六届常委会会议

第六届常委会共召开会议36次。其中，1998年12月11日，县政协六届三次常委会议讨论审议政协共和县委员会1998年工作总结，听取审议县政协关于政协共和县六届一次会议以来委员提案办理情况的通报，听取各专门委员会及驻会常委一年来的工作汇报。2000年12月8日，县政协六届十七次常委会议听取共和县“义务教育”工程实施情况汇报，审议县政协2000年工作总结。2001年6月8日，县政协六届二十一次常委会议酝酿讨论《围绕基地建设加大产业结构调整》调研报告。10月30日，召开县政协六届二十五次常委会议，听取县政府就政协六届五次会议以来委员提案办理情况的通报、项目办关于农发基金发放和回收工作情况的汇报、县畜牧局关于基层兽医站危房改造工作情况的汇报，审议县政协关于民族语言文学使用情况的调研报告。

五、第七届常委会会议

第七届常委会共召开会议17次。2003年11月17日，县政协七届四次常委会议听取恰卜恰镇就政协关于恰卜恰地区贯彻落实《海南藏族自治州城镇市容环境与卫生管理条例》调研建议落实情况汇报，县财政局关于2003年财政工作情况通报，县农林环保局关于全县退耕还林（草）情况通报，县政府关于2003年全县经济工作进展情况通报，县政府关于县政协七届一次会议委员提案办理情况通报。2004年11月16日，召开县政协七届十次常委会议讨论通过关于石乃亥乡性病流行情况的调研报告。2005年10月20日，县政协七届十六次常委会议听取县政府就县政协关于石乃亥乡性病流行调研建议落实情况的汇报，听取提案审查委员会督办委员提案情况的汇报，审议通过县政协关于共和县退耕还林（草）管理和后续产业经营情况的调研报告。12月20日，县政协七届十七次常委会议听取县政府关于政协七届三次会议以来提案办理情况的汇报，听取政协七届常委会组成人员联系委员情况的汇报，审议通过政协共和县委员会2005年工作总结及2006年工作要点的报告；审议通过政协共和县委员会贯彻全国政协关于政治协商民主监督、参政议政规定的实施细则。

第四节　调研视察

一、第三届期间

第三届委员会任期内，共组织视察调研18次。其中，1987年9月中旬，县政协组织部分委员组成调查组，实地调查黑马河、倒淌河两个乡寄校办学条件，发现学生流动量大、巩固率低、教学制度不健全、教学仪器和体育器材奇缺、学校经费不足、教师吃饭难等问题，报请县委责成有关部门研究解决。1988年4月，组织部分政协委员调查倒淌河寄校和黑马河寄校几年来的办学成果和发展牧区民族教育事业的经验，形成详细调查报告。1989年5月，组织委员专题调查千卜录寺院以寺养寺情况；调查全县棉花种植情况，形成调查报告。

二、第四届期间

第四届委员会任期内，共组织视察调研20次。其中，1990年9月，县政协组织委员调研切吉乡、铁盖乡、廿地乡牧区寄宿制学校学生入学率、巩固率及学校公用经费使用情况，写出详细调查报告。县政协常委会审后，报县委、县政府。1991年7月，县政协组织委员详细调查龙羊峡库区移民共和县内安置情况，调查内容涉及移民前和移民后生活对比、土地（草场）分配使用、学生入学、生活饮用水、道路交通等五个方面。1992年3月，县政协组织委员详细视察三塔拉地区生态现状，调查分析草场退化原因及生态建设设想，形成调研报告上报海南州政协委员会。1993年8月，组织委员分为两组，实地调查了解共和县境内既有水库和灌溉渠道运行情况，发现普遍存在水库管护松懈、管护资金不足、渠道失修等实际问题。此调研报告报县政府后，引起高度重视。县政府责成县水利主管部门迅速落实管护责任，使全县水利设施维修管护提质增效。

三、第五届期间

第五届委员会任期内，共组织视察调研52次。其中，1995年3月，组织政协委员先后到12个乡（镇）的部分村社和单位，视察农村牧区工作、农牧业生产情况、商业购销活动和民族教育4次。8月，专题调查农牧产品上市旺季绵羊毛收购、农业乡交售畜产品、粮食征购等情况。通过调查，形成调查报告提交县政府。其中：《做好畜产品流通互作，促进畜牧业生产发展》《对农业乡交售畜产品情况调查》《牧区社会治安、畜疫防治方面存在的问题》等在省政协《政协信息》《政协委员建议》上刊发。1995年，组织委员会同农业技术人员，深入田间地头，对农作物良种生产情况进行视察，发现良种普遍生长不好，来年缺种问题严重，向县政府和有关部门提出意见建议7条；组织政协委员到东巴乡黄河村、倒淌河乡蒙古村和新寺，视察调查搬迁安置、计划生育和民族宗教工作、稳定工作及夏秋农牧业生产等情况，提出改进意见建议9条；组织委员视察调查恰卜恰地区经营清真食品的商户及饮食业经营情况，向有关部门提出改进意见建议3条。1996年5月，组织政协委员视察农村、牧区工作和春耕生产情况，针对春耕生产中存在的问题，从落实农村政策、抗旱播种、做好服务等方面提出意见建议。6月，组织委员视察石乃亥中心寄校，发现该校学生宿舍全属危房，问题十分严重，及时将视察报告发给有关部门，县教育局十分重视，及时拨款改建石乃亥乡中心寄校危房。

四、第六届期间

第六届委员会任期内，共组织视察调研48次。1998年5月13日，县政协组织政协委员视察调研沙珠玉、铁盖、廿地、英德尔四乡的基础教育情况，形成《关于沙珠玉等乡基础教育发展现状的调查报告》。1998年，组织部分委员视察调查全县乡村教育发展现状，重点调查铁盖乡拉干村、拉才村、铁盖村和沙珠玉乡直乃亥村小学，以及廿地乡羊让村等，形成调研报告，并及时向有关部门反映，县政府及主管部门十分重视，多方争取，将铁盖乡牧业三村联办寄校列入"国家贫困地区义务教育工程"，并动工兴建。给廿地乡羊让村寄校落实资金10万元，并列入"希望工程"。1999年5月25—30日，组织部分政协委员协同有关单位详细调查县挂面厂企业转换经营机制、下岗职工再就业等情况，形成《关于挂面厂开办养猪场情况的调查报告》，报县委、县政府，受到县委、县政府的重视。1999年11月12—16日，由教科文卫委员会牵头，组织农牧科技界的委员深入乡、村、社和农牧民群众中，围绕县委、县政府重视的课题开展调查研究，分别对农业科技推广、畜疫防治工作进行专题调研和视察，写出《关于对共和县农业科学种田情况的调查报告》和《关于对共和县畜疫防治工作情况的调查报告》。2000年5月，协同省、州政协调研组调研共和盆地生态建设和退耕还林（草）实施情况；形成《共和县生态环境建设刍议》调查报告，并在州政协九届十七次"关于共和盆地生态环境的对策措施"为主题会上得到上级领导的肯定。2001年，县政协陪同省州政协调研组，视察调研全县精神文明建设、农牧业结构状况、农牧民收入和民族宗教工作情况；组织畜牧、水电、农林等部门的州、县政协委员专题调研恰卜恰、廿地、曲沟、铁盖、倒淌河、江西沟等六乡"十大基地"建设情况，形成《围绕基地建设，加大产业结构调整》。2002年6月下旬至7月中旬，农林、畜牧界部分委员调研倒淌河镇、江西沟乡、黑马河乡、石乃亥乡及环湖地区各国营农场、部队农场、各相关单位退耕还林（草）情况。2002年10月21—23日，县政协组织部分委员专题调研恰卜恰镇社区建设工作情况，形成《解放思想、大胆尝试、用心铸就社区美好家园》的调研报告。

五、第七届期间

第七届委员会至2005年12月期间，共组织视察调研37次。2003年5月15日，主席卓玛加陪同州政协调研组专题调研共和县下岗职工再就业和社会保障工作情况。5月19日至6月3日，县政协组织部分委员、常委深入恰卜恰镇及社区居委会，就恰卜恰镇贯彻执行《海南藏族自治州城镇市容与环境卫生管理条例》情况进行深入调研，并向县委报送调研报告，受到县委的重视。2003年7月24日，县政协组织部分委员视察环湖地区现代畜牧业基础设施建设情况。11月5—10日，县政协组织县水务、土地、城建、农林、环保、草原等部门的政协委员专题调研龙羊峡镇区生态保护与建设情况，并向县委报送调研报告，分析存在的问题及原因，提出切合实际的对策，得到县委的肯定。2004 年 4 月 15—25 日，县政协组织部分委员、常委深入全县 12 个乡镇，就全县畜疫防治工作情况进行专题调研。10 月 20 日至 11 月 5 日，县政协组织部分委员、常委就石乃亥乡性病流行情况做了专题调研。2005 年 9 月 15—24 日，县政协组织部分委员就共和县退耕还林（草）管理和后续产业经营情况进行专题调研，通过听取汇报、召开群众座谈会、实地查看等形式，实地察看各乡（镇）农村牧区退耕还林（草）实际情况。

第五节 专委会工作

一、专委会设置

1986 年，政协共和县委员会成立学习委员会、文史资料研究委员会、提案工作委员会和教育文化卫生组、民族宗教组。核定编制数 11 名，有干部职工 13 人。1995 年，实施县委机构改革方案，根据政协《章程》和中共中央有关规定精神，撤销学习委员会、文史资料研究委员会、提案工作委员会和教育文化卫生组、民族宗教组，由办公室行使专门委员会的职责。核定政协机关行政编制 11 名。2002 年机构改革后，设办公室（下设秘书科）、提案法制委员会、经济发展委员会、科教文卫体委员会、社会事业与联谊委员会、学习文史委员会。2005 年，学习文史委员会更名为文史资料委员会，提案法制委员会和经济发展委员会合并为提案经济法制委员会，保留教科文卫委员会，社会事业与联谊委员会更名为民族宗教委员会。

二、文史资料委员会工作

1986 年，按照全国政协关于征集编写地方文史资料的精神，组织部分委员按照“存真求实”的原则，征集整理全县 23 座藏传佛教寺院的基本情况及发展史，并按要求按时报海南州佛教协会。1987 年，政协常委会传达全国政协文史资料工作会议和西北 5 省区政协第五次文史资料工作协作会议精神，安排有专长的政协委员和有关人士通过实地调查了解当家寺、元者寺、千卜录寺、新寺等四大寺院的史料，完成初稿编写。是年，编写千卜录寺切群加千户史料定稿，并送交省政协文史资料研究委员会审定。1989 年，编纂千卜录寺院简史初稿。征集资料过程中，座谈走访群众 1000 余人次，广泛征求各方面意见，征集到大量历史资料。

1994 年，完成共和地区《都秀部落》《千卜录部落》史的组稿和《郭密部落史》讨论与审定工作任务，确保《海南藏族部落史》按时出版发行。1998 年，完成全县藏传佛教寺院（共 23 座）概况及发展简史征集任务，并按时报州佛教协会。

2000 年，完成政协共和县委员会成立以来在履行政治协商、民主监督、参政议政职能中所做工作的资料收集工作任务。2002 年，文史资料征集工作突出藏传佛教文化和寺院文化，突出藏民族非物质文化遗产保护与整理工作，形成较为系统的文字资料。

1986—2005 年，共和县政协文史资料委员会已整理出共和县各乡（镇）机构沿革、先进人物、教育文化、交通邮电等历史资料，以及供销合作社、民贸公司、信用社情况的历史资料。收集到党和国家领导人到共和县调研、视察的珍贵照片，收集到的主要照片有：1980 年 10 月 8 日，全国人大常委会副委员长班禅额尔德尼·确吉坚赞到龙羊峡水电站视察照片；1983 年 7 月 23 日，中共中央总书记胡耀邦等到共和县龙羊峡工地视察照片；1984 年 6 月 30 日，国务院副总理万里、李鹏等视察龙羊峡水利枢纽工程照片；1990 年 8 月 1 日，中共中央政治局常委、中纪委书记乔石视察共和县照片；1993 年 7 月 19 日，中共中央总书记江泽民与共和县江西沟牧民合影照片；1995 年 5 月 12 日，国务院副总理吴邦国到共和县江西沟“151”地区视察照片；1995 年 7 月 12 日，中共中央政治局常委、书记处书记胡锦涛到共和县江西沟视察照片；1996 年 7 月 24 日，中共中央政治局常委、全国政协主席李瑞环视察共和县照片；2002 年 9 月 4 日，国务院副总理温家宝到共和县视察照片；2005 年 6 月 24 日，中共中央政治局常委、全国政协主席贾庆林到共和县视察照片等。

三、提案经济法制委员会工作

1986 年，县政协三届一次会议，共征集到委员提案 103 件，办理并作答复的 90 件，占总数的 87%。1987 年，县政协三届二次全委会议期间，委员提出提案 32 件。1989 年，县政协三届三次全委会期间，收到提案 22 条。

1990 年，县政协四届一次会议共征集提案 86 件，办理并作答复的 70 件，占总数的 70%。1992 年，共征集政协委员的提案 46 件，得到解决的 7 件，占提案总数的 15%；积极争取办理的 15 件，占提案总数的 33.3%；不能及时办理的 24 件都一一做了答复。1993 年，县政协五届一次会议后，共收到委员提案 191 件。其中，经济方面 8 件，农业生产方面 38 件，水利方面 6 件，科技、交通方面 26 件，民族教育方面 15 件，社会治安方面 5 件，民族宗教、草原建设、草山纠纷等方面 20 件，其他方面 73 件，经县政协五届常委会审查立案的 170 件，全部办理完毕。其余 21 件作为意见建议供有关部门参考。1994 年，共征集经济建设和精神文明建设方面委员提案 19 件，其中，作为提案处理的 16 件。

1995 年，共收到委员提案和意见、建议 119 条。县委、县政府对委员的提案非常重视，两次召开专门会议，认真听取汇报，研究办理措施。采取跟踪督办和办案单位协商办理的措施，以提高办案速度和质量。1998 年，六届一次会议以来共征集提案 56 件，经主席会议研究作为提案的 31 件，作为意见建议的 25 件，有 31 件提案由政协办及时向有关部门转办，县政府专题对提案办理工作做出具体安排部署。至年底，31 件提案中已解决的 13 件，占 42%。1999 年，六届二次会议期间，共收到意见建议及提案 34 件，其中，立案的有 29 件，作为意见建议的 5 件。全部提案建议转交县政府办公室，全部办理完毕。

2000 年，六届四次会议共收到委员提案意见建议 50 件，其中，立案 11 件，作为意见建议的 7 件，由提案委员会直接向提案人答复的 32 件。2001 年 5 月 16—24 日，组织政协委员专题调研农牧业结构调整情况，形成调研报告。2003—2004 年，县政协七届一次、二次会议期间，共收到委员提案、意见、建议 97 件。2005 年，七届三次会议期间，共收到有关农牧业基础设施建设、文教卫生事业发展、生态建设与保护、农牧业增效、农牧民增收、民族宗教、群众生活等领域的提案意见建议 34 件。交付承办单位的提案意见建议全部办理完毕。

四、教科文卫委员会工作

1986—2005 年，教科文卫委员会组织的视察教研活动 51 次。其中，1998 年，视察调查全县民族教育发展现状。从调查情况来看，共和县民族教育发展势头很好，取得优异成绩。1998 年 9 月，视察调查共和县乡村教育发展现状，重点调查共和县有实际困难的铁盖乡拉干村、拉才村、铁盖村、沙珠玉乡直乃亥小学，廿地乡羊让村。形成内容翔实的调查报告，并及时向有关部门呈送反映，县政府及主管部门对此报告十分重视，多方争取，将铁盖牧业三村联办寄校列入“国家贫困地区义务教育工程”，并动工兴建。为廿地羊让村寄校落实资金 10 万元，并列入“希望工程”，解决三乡五村学生上学难的实际困难。2001 年 9 月 13—20 日，组织部分政协委员调研县直机关各乡（镇）使用藏语文情况，形成《加强民族语言文字工作为民族地区经济发展服务》为题的调研报告，并呈送县委，得到县委的肯定。

五、民族宗教委员会工作

1986—2005 年，每逢少数民族重大节日，县政协以及统战部等单位领导，都要到少数民族居住地、清真寺、佛教寺院祝贺、慰问，了解情况，解决生产生活困难，同时慰问少数民族老干部和宗教界人士。

1986 年，组织政协委员参加环湖开发区建设，在千卜录新寺建立种草种树联系点，动员宗教界人士种草种树，供应树苗，取得显著成效；经县政协和县林业部门检查验收，千卜录寺共植树 4.97 万株，约 10.53 公顷；种草 2 公顷。1987 年，各寺院共造林 4 公顷，植树 3.5 万株，种植粮油作物面积 18.53 公顷，寺院办医疗点 3 处，有房屋 9 间，医务人员发展到 5 人，资金 1400 元，寺院办藏经印刷点 2 处。1989 年，以千卜录寺和恰卜恰清真寺为重点，以点带面，整顿全县寺院。组织部政协委员，配合州、县委在曲沟、切吉、铁盖等乡宣传党的民族宗教政策，受教育的群众 1600 多人次。

1992 年，全县开放的各类寺院 34 座，其中，佛教寺庙 12 座，活动点 9 处；清真寺 6 座，活动点 7 处。有宗教人员 979 人，其中驻寺宗教人员 544 人。是年，先后到 10 个寺院（其中：佛教寺院 7 个、清真寺 3 个），召集大小会议 14 次；召集寺管会人员座谈会 5 次，收到较好的效果。1994 年，政协组成工作组，深入牧区、寺院，广泛宣传党的民族宗教政策，广大群众和僧侣受到一次民族宗教政策的再教育。政协回族委员深入到清真寺和穆斯林群众中，宣传党的民族宗教政策，做思想教育和转化工作。

1998 年，县政协密切配合有关部门开展爱国主义教育，并按《共和县寺院管理条例》建立健全寺院各项规章制度。积极协助县委、县政府及有关部门调处草山纠纷，维护民族团结和社会稳定。1999 年，在人民政协成立五十周年之际，召开驻恰委员座谈会，畅谈人民政协五十年的光辉历程和新中国成立以来取得的辉煌成就，增强委员们爱祖国爱家乡的信念，坚定走社会主义道路信心。

2000 年，县宗教局举办宗教人员爱国主义教育培训班 6 期，参加人数 600 人。民族宗教委员会协同有关部门调处千卜录寺内部纠纷，为维护共和地区的稳定起到积极作用。2005 年，组织各界委员，认真学习《中华人民共和国反分裂国家法》，极大鼓舞和激励各界委员提高全面建设小康社会和实现祖国统一大业的热情，坚定祖国统一的信心。

第五章　人民团体

共和县人民团体组织有共和县总工会、共青团共和县委员会、共和县妇女联合会、共和县工商业联合会、共和县残疾人联合会等5个组织。1986—2005年，共和县各群团组织立足各自职能、发挥各自优势，分别开展各类有益于推进全县物质文明和精神文明建设的活动。县总工会大力加强工会组织建设，积极维护职工合法权益，开展帮扶济困送温暖活动；团县委积极组织开展青年志愿者、“希望工程”助学等活动；县妇联积极在全县妇女中开展妇女教育、妇女维权、“巾帼扶贫”活动，以及开展《中华人民共和国妇女权益保障法》《中华人民共和国婚姻法》《中华人民共和国未成年人保护法》宣传活动；县工商联发挥对外联系广的优势，积极引资引技术，开展“光彩事业”“三救三献”等多种社会公益活动；县残联积极开展残疾人康复活动、残疾人培训就业活动，以及协助开展残疾儿童教育工作。这些活动和工作的开展，为推进全县经济发展和事业进步发挥积极的作用。

第一节　共和县总工会

一、组织机构

1986年，共和县总工会有干部职工3人。1990年，县总工会有工作人员10人。会员3348人，其中女会员1156人。1995年，县总工会行政编制4名，实有工作人员10人。2005年，县总工会编制4名，实有工作人员10人。内设办公室、维权部、女工劳保部、财务部。

1986年，共和县基层工会58个，会员2034人，其中女会员1256人。1987—1992年，国有企业、集体所有制企业在改革过程中虽有减少，但工会组织一直保持52个。1993—2002年，全县国有企业、集体企业完成改制，基层工会组织减少。2002—2005年，县总工会积极发展基层组织，特别注重发展非公有制经济组织中的工会组织。2005年，全县工会组织68个，会员4340人。

二、代表大会

第四次代表大会　1988年10月22—24日召开。出席大会的代表51名，特邀代表5名。大会听取并审议通过共和县总工会第三届委员会的工作报告、工会财务工作报告。选举产生共和县工会第四届委员会委员15人，常委7人，选出出席海南州总工会代表大会代表25人。选举俄日为县总工会主席。

第五次代表大会 1993年4月26—28日召开。出席大会代表45名，特邀代表4名。听取并通过共和县工会第四届委员会工作报告、财务工作报告和县总工会第一届经费审查委员会报告。选举产生共和县工会第五届委员会委员15人，常委7人。选举张秀为县总工会主席。

第六次代表大会 2002年10月26—28日召开。出席大会的代表85名。大会审议通过共和县总工会第五届委员会工作报告、财务工作报告、经费审查委员会工作报告。选举产生共和县工会第六届委员会委员15人，常委7人。选举赵琮为县总工会主席。

三、工会工作

劳动竞赛 1986—1992年，县总工会共组织开展劳动竞赛5次，基本上是每年开展一次较大规模的劳动竞赛。其中，1986年，共和县成立职工技术协作委员会，组织开展全县职工技术协作活动及各项技术比赛。开展企事业单位职工业务技术大练兵活动，参加活动单位17个。1989年，青海省总工会印发学习保护“安康杯”知识竞赛活动方案，此活动每年开展评比表彰1次。1990年，开展以“双增双节”为主要内容的社会主义劳动竞赛，岗位练兵、技术培训活动。紧紧抓住提高经济效益中心工作，调整产品结构，改进经营管理，提高产品质量，在降低生产成本上下功夫，充分调动广大职工的积极性、主动性。1992年，开展“创效益、提质量”劳动竞赛活动，职工共提合理化建议132条，从事各种形式的技术创新43项，节约生产成本600万元，创造经济效益500余万元。1993—2002年，开展劳动竞赛4次。县总工会组织各基层工会开展“国家有困难，企业怎么办？企业有困难，我们怎么办?”大讨论，倡导职工为企业出谋划策，同心同德渡过企业困境。2003—2005年，组织非公企业工会“创优树模”劳动竞赛，凝聚企业精神，树立“优质发展、创新发展”的现代企业新理念。

职工维权 1989年，县大理石公司发生扣发职工三天丧假工资的问题，职工反响强烈。县总工会经过调查，协助企业予以纠正。1999年，全县开始推行厂务公开工作，成立共和县厂务公开协调小组。此项工作对于推动企业提高自身管理水平、健全监督机制、密切干群关系，取得明显成效。2000年后，大力推行职工与企业互相签订劳动合同活动，督促企业和职工各自履行权利和义务，尽可能避免发生工资纠纷。2001年10月，《中华人民共和国工会法》颁布施行后，县总工会组织干部职工开展形式多样的宣传活动，营造良好的学习氛围。2003年12月4日，共和县协调劳动关系三方会议暨第一次会议召开，建立政府、工会、企业三方协商机制。2004年，劳动争议案件立案4件，依法裁决3件，裁定民工工资、经济补偿金及赔偿金共计94.44万元，涉及农民工108人，提供资金援助500元。2004年，总工会共督促企业职工与企业签订劳动合同3100份。2005年，劳务纠纷立案3起，开庭3起，裁定农民工工资63.17万元，涉及农民工206人。调处劳动争议纠纷8件，追讨农民工工资14万元。为共和县干部职工33人追回在青海省西宁市集资建房中被开发商多收取的购房款7.9万元。

女工工作 1989年，各单位建立女职工委员会19个，小组2个。1990年3月7日，共和县女工委员会正式成立。1991—2000年，全县各单位成立女工委员会56个，组建率100%。2001—2005年，组织贯彻《中华人民共和国妇女权益保障法》和《女职工劳动保护规定》，举办学习《女职工健康保健知识教育》讲座等。督促女职工与单位签订劳动合同，特别注重合同中关于女工生育期间工资与劳保待遇等条款。

职工救济 1997年，针对共和县企业效益不佳、亏损面逐年增大、职工工资长期拖欠、部分职工生活处于极端困难的实际状况，县委、县政府发出《关于组织全县干部职工向困难职工群众捐款献爱心的通知》，动员全县广大干部职工积极为贫困职工捐款、献爱心。当年共收到捐款40717.5元，对贫困职工155户发放慰问款48300元；并建立困难职工档案，开展帮扶解困工作。1998年，收到捐款21779元，财政拨付20000元，上级工会补助4000元，共计45779元。慰问困难职工205户，发放慰问金46700元。1999年，开展送温暖济困活动，有基层工会44个3327名职工共捐款2.2万余元，用于慰问特困职工家庭114户，发放慰问金18000元。2000年4月12—13日，沙珠玉乡遭受大风袭击，有职工家庭44户受灾，省、州总工会共拨款3.5万元用于慰问和补助受灾职工家庭。2001年，筹集捐款46322元，慰问困难职工和离退休职工208户，发放慰问款43400元。2002年，州总工会补助12000元，慰问困难职工48户、发放慰问款33159.3元。2003年，筹集捐款39950元，慰问困难职工201户、发放慰问款40200元。2004年，州总工会补助11500元，慰问困难职工201户、发放慰问金16300元。2005年，筹集捐款32235元，慰问困难职工127户、共发放特困职工家庭慰问金37400元。开展“金秋助学”“圆梦助学”活动，帮助困难职工子女及困难学生7户8人，发放慰问金15260元。

第二节　共青团共和县委员会

一、组织机构

1986年，共青团共和县委员会有行政编制4名。2005年，有机关行政编制4名，设社会治安综合治理和预防青少年违法犯罪工作领导小组办公室、西部计划项目办公室。

1986年，全县共有基层团委14个，团支部144个，团员2439人，占全县青年总数的17.2%。1996年，基层团委16个，团总支5个，团支部173个，团员2792人。2005年，基层团委15个，团总支10个，团支部151个，团员2067人。

1986—2005年部分年份共和县团组织、团员情况表

表7-9　　　　单位：个、人

年份	团委	团支部	团员			分布		民族	
			小计	男	女	机关	农牧区	汉族	少数民族
1986	14	144	2439	1630	809	524	1915	6570	1782
1991	15	153	2793	2213	580	767	2026	2166	627
1996	16	173	2792	1819	973	1020	1772	1077	1715
2005	15	151	2067	1330	737	1074	993	498	1569

2005 年共和县共青团组织情况表

表 7-10

单位：个、人

系统	基层团委	团总支部	团支部	青年数	团员总数	女团员数	少数民族团员数	新团员数	超龄团员离团数	团员入党数
总计	15	10	151	19413	2067	737	1569	339	129	70
工业	—	—	—	—	—	10	110	—	—	—
农牧业	12	—	92	13203	993	178	726	—	122	42
商业、服务业	—	—	2	975	23	6	6	120	—	6
中学	2	10	47	1988	888	476	530	—	—	—
机关	1	—	—	3230	150	64	184	218	—	—
其他	—	—	10	17	13	3	13	1	7	22

二、共青团代表大会

第六次代表大会 1987 年 7 月 13—14 日召开，出席会议代表 119 名。会议听取和审议通过共青团共和县第五届委员会工作报告，选举产生共青团共和县第六届委员会委员 14 人。选举杨多杰太为团县委书记，巴周为团县委副书记。

第七次代表大会 1993 年 4 月 27—28 日召开，出席会议代表 80 名。会议听取和审议通过共青团共和县第六届委员会工作报告。选举产生共青团共和县第七届委员会委员 15 人。选举魏生超为团县委书记，丁仁祯、拉格措为团县委副书记。

第八次代表大会 2002 年 9 月 15—17 日召开，出席会议代表 71 名。会议听取和审议通过共青团共和县第七届委员会工作报告。选举产生共青团共和县第八届委员会委员 15 人。选举苑丹坚措为团县委书记。

三、主要工作

青工工作 1986 年，团县委与县委宣传部共同组织理想和形势教育报告会 2 次，通过理想和形势教育，广大团员青年进一步提高对形势、政策、理想、任务和四项基本原则的认识水平。1993 年，团县委在恰卜恰建立“农村青年星火带头人培训基地”，至 2000 年，全县有“农村青年星火带头人”51 人。2001 年，举办“农牧区农村基层组织负责人及农村星火带头人”培训班 1 期，培训乡（镇）团委书记、“农村星火带头人”100 余人。2002 年后，团组织把政治理论学习作为青年思想政治工作的出发点，通过学习教育，引导广大团员青年认真领会党的重大决策中的一系列新思想、新论断、新观点和新方法。以五四青年节、六一儿童节、“一二·九”等重大活动、节庆日为契机开展主题活动，加强民族团结进步教育活动，弘扬民族精神，在青少年中培育以爱国主义为核心的民族精神，引领青年自觉实践社会公德、职业道德和家庭美德，养成与社会主义市场经济相适应的道德观念和行为规范。

保护母亲河绿色工程 1999 年起，团县委为深入宣传生态文明理念，进一步加强广大青年保护母亲河、爱护生态环境、净化美丽家园的责任感、使命感、紧迫感，倡导青少年参与保护母亲河行动，组织发动青年志愿者到黄河边，携手开展“同饮黄河水·共保母亲河”主题户外实践活动，通过实际行动实践“还河流以清澈，还天空以蔚蓝，还自然以生机”目标。1999年3月，州委、州人民政府在恰卜恰举行“保护母亲河行动”动员大会和募捐仪式，掀起“保护母亲河行动”热潮。“保护母亲河绿色工程”分五年实施，1999—2001年为造林期，2002—2003年为管护抚育期。项目总规模3670公顷，项目区分布在龙羊峡镇（原曲沟乡）和铁盖乡。各项目区按照“因地制宜，因害设防，以绿为主，集中连片”原则，营造“乔、灌、带、片、网”多林种相结合的防护林体系，共完成成片造林853.2公顷，完成总造林计划的112.2%，共栽植各类苗木127.47万株。2005年，团县委举办以“保护母亲河”为主题的植树造林、生态知识竞赛、保护母亲河少年儿童绘画展等活动，共发放宣传单3000余份、展出宣传画册70余张。

希望工程　1991年起，团县委组织实施“希望工程”。1993年，恰卜恰乡西香卡小学校长张庆荣获得全国“希望工程——园丁奖”，恰卜恰乡加拉完小学生南拉太荣获“希望之星”称号，铁盖乡希望小学获“希望小学管理优胜奖”。1995年，县委成立希望工程实施领导小组。2001年，建成石乃亥中心寄宿制希望小学，投资25万元。至2005年12月，全县共修建（改、扩建）希望小学12所，累计资助学生1041人次，投入资金468万元；争取“大红鹰”希望书库3套，储书量3500册，价值3万余元；实施“温暖读书计划”；购置体育器材2.5万元。

志愿者活动　1991年起，团县委引导和教育青年为社会提供服务、参与青年志愿者行动，组织动员团员青年参与清扫垃圾、美化城镇环境、照顾孤寡老人、帮助军烈属家庭等活动。按照“一助一”“多助一”“手拉手”等活动形式，参与扶贫济困，投身社会公益事业，弘扬社会主义新风尚，每年参加服务活动人员万余人。1993年“8·27”沟后水库垮坝事故抢险救援中，共和公路段青年突击队被团省委授予“抢险救灾优秀青年突击队”，铁盖乡团委被授予“抢险救灾优秀团组织”称号。2003年启动“西部计划”项目，至2005年，共有大学生志愿者61人在共和县进行为期1~2年的支教、支医、支农、扶贫、青年中心、远程教育等志愿服务活动。先后荣获省级“西部计划”杰出志愿者、优秀志愿者称号的志愿者11人。

少先队建设　1986年，全县有少先队75个，少年儿童11567人，少先队员6852人，辅导员104人。少先队开展丰富多彩的主题实践活动，通过升国旗、唱国歌、国旗下的讲话等活动，把爱国主义教育具体化、形象化，落实到爱人民、爱家乡、爱集体、爱家庭、爱父母的实际行动上。1988年，开展以“五学、五唱、五做”为内容的爱党、爱国、爱军教育活动，培养少年儿童的集体主义精神。1997年，开展“跨世纪中国少年雏鹰行动”“雏鹰假日小队手拉手文明行动”等活动。1999年，建队纪念日开展“六个一”活动。至2005年，全县18岁以下未成年人约有3.1万人，占全县总人口的26%。少先队活动阵地97个，少先大队16个，中队118个，小队430个；6~14周岁少年儿童15092人，少先队员13604人。

第三节　共和县妇女联合会

一、组织机构

1986年，共和县妇女联合会有在职干部职工4人。1994年，根据中国妇女第七次全国代表大会修订的《中华妇女联合会章程》规定，各级妇女主任的职务名称改为主席。1995 年，明确编制 4 名。2005 年，有行政编制 4 人，在职工作人员 5 人，内设办公室、妇女儿童工作部。

1986 年，全县村级建立妇女组织 86 个，选举产生妇代会主任 86 名，副主任 13 名，委员 192 名。配备妇女专职干部 14 名，其中少数民族干部 8 名。1991 年，全县行政村增加到 88 个，选举产生妇代会主任 88 名，其中，落实报酬 66 人，年最高工资 300 元，最低工资 20 元。经评选，全县村级妇代会组织和新组建的居委会（7 个）中一类妇代会 37 个、二类 41 个、三类 17 个。全部配齐乡（镇）妇联干部。全县党政机关、科教文卫系统全部建立妇委会（妇女小组），共有妇委会 7 个、妇女小组 13 个。1995 年，全县行政村增加到 97 个，组建妇代会 97 个，其中一类妇代会 52 个，二类妇代会 39 个，三类妇代会 6 个。妇代会主任报酬基本得到落实，妇代会主任中有 39 人进入村党支部和村委会。2002 年，行政村增加至 98 个，组织妇代会 98 个，其中一类妇代会 53 个，二类妇代会 40 个，三类妇代会 5 个。非公有制企业中建立妇女小组 7 个，建立社区妇委会组织 7 个。2004 年，全县共有村级妇代会 92 个，社区妇代会 9 个，城镇妇委会 20 个，妇女小组 6 个。2005 年，全县有副科级以上妇女干部 26 名（其中县级干部 5 名）。

二、妇女代表大会

第五次代表大会 1988 年 5 月 19—21 日召开。出席会议代表 108 名。会议听取并审议通过县妇联第四届执委会工作报告。会议选举产生第五届执委会委员 22 人。选举德吉忠为主任。

第六次代表大会 1993 年 4 月 26 日召开。出席会议代表 70 名。听取并审议通过县妇联第五届执委会工作报告。选举产生第六届执委会委员 17 人。选举秦凤英为主任。

第七次代表大会 2002 年 9 月 16 日召开。出席会议代表 77 名。会议听取并审议通过县妇联第六届执委会工作报告。会议选举产生第七届执委会委员 17 人。选举王文慧为主席。

三、妇联工作

妇女教育 县妇联组织广大妇女学习中共十三大以来的历届代表大会和省、州、县历届党代会精神，学习全国人大通过的各种法律法规，学习全国和全省妇女代表大会精神，学习邓小平理论和“三个代表”重要思想，开展爱国主义、社会主义教育和“四自”“四有”教育及“双学双比”等活动。1986—2005 年，全县共举办各类妇女培训班 540 余期，开展学文化、学技术、比成绩、比贡献的各类活动 260 次，参与妇女 16.7 万余人次。积极引导农牧民妇女参加退耕还林（草）、荒山荒坡绿化工程。全县参加植树造林的妇女 32582 人次，营造“三八”林绿色基地 56.8 公顷，退耕还草 200 公顷，退耕还林 136.67 公顷，荒山种草 1289.87 公顷，荒山造林 948.67 公顷，“三北”四期工程 466.67 公顷，种植中药材 54.67 公顷。以家长学校为阵地，加强家庭教育工作，定期举办教育骨干培训，提高家长素质。全县共开展家长学校 60 所，培训家长 5 万余人次。县妇联多方筹措资金帮助失学辍学女童重获受教育权利，共救助失学女童 400 人，全县适龄女童入学率 96.8%，巩固率 96%。举办成人扫盲班 516 期，参加培训学习的妇女 15360 人次，脱盲率 97.5%。

妇女儿童维权 1986—2005 年，每年定期集中时间开展三八妇女维权周活动，广大妇女的法律意识明显提高，自我保护能力显著增强。先后多次选派农村牧区妇女骨干参加省、州、县妇联举办的维权知识培训班，县妇联组织司法、公安、工商等部门深入各村举办妇女维权培训班，宣讲妇女权益保障法、新婚姻法等内容。县妇联与县法律援助中心签订协议，免费为贫困妇女开展法律帮扶活动，各乡镇都设立家庭暴力报警点，形成横到广大农村牧区、纵到县、乡（镇）、村纵横交错、覆盖全面的信访网络。县妇联共处理妇女来信来访420件（起），内容包括婚姻家庭纠纷、家庭财产纠纷、民事纠纷等，处理率在98%以上。全县建立工作机制，督促有关部门严格执法、公正司法。县妇联建立完善首问责任制，县人民法院聘请1名妇联干部担任特邀陪审员等。加强与有关部门的协调、沟通，充分发挥法律顾问小组、妇联联审员和“148”法律热线的作用，努力构建妇女儿童维权工作的社会化体系。

“巾帼建功”活动 各妇委会、女工委员会根据各自的特点深入开展岗位练兵、技术比武、爱岗敬业、争先创优、服务人民、奉献社会的“岗位建功巾帼文明示范岗”的创建工作。至2005年，全县共树立县级“巾帼文明示范岗”4个、州级“巾帼文明示范岗”1个，共表彰巾帼标兵38名。县妇联创造条件，积极为下岗女职工提供服务。举办下岗女职工培训班4期，培训下岗女工156人。2005年，下岗女工122人自谋职业，办理工商营业执照，并享受优惠政策；下岗女工161人与再就业服务中心签订《基本生活保障和再就业协议》。建立再就业服务中心4个，下岗职工扶贫市场2个。

第四节 共和县工商业联合会

一、组织机构

1992年8月，成立共和县工商业联合会筹备领导小组。1993年12月，共和县工商业联合会成立。县工商联办公室设在县委统战部，有工作人员1人。2005年，县工商业联合会有干部职工2人。

1993年，根据有关文件和全省工商联组织工作会议精神，采取召开联席会议、走访了解、座谈讨论等方式，积极宣传新形势下工商联（商会）的性质和任务，逐步增强工商联的吸引力，加快会员发展的步伐。发展个人会员（个体户）50个。1994年，发展会员12个，其中乡镇企业会员1个。1995年，发展会员15名。1997年，发展会员10名。至2005年，县工商联会员267名。

二、工商联代表大会

第一次会员代表大会 1994年1月20日召开。会议听取和审议通过共和县工商业联合会筹备工作报告。选举产生首届执委会委员9人。选举辛福海为会长，马德林、张海帮为副会长。1997年7月，补选范国良、张爱国、赵文忠、辛延英、马云为工商联第一届执委。

第二次会员代表大会 1998年4月15日召开。会议听取和审议通过共和县工商业联合会第一届执委会工作报告。选举产生第二届执委会委员9人。选举辛福海为会长，张海帮、杨兆林、马生贵、陕玉清为副会长。

第三次会员代表大会 2002年4月9日召开，出席会议代表48名，特邀代表7人。会议听取和审议通过共和县工商业联合会第二届执委会工作报告。选举产生第三届执委会委员9人。选举王有年为会长，张有才、曲生加、吴明昌、马生贵为副会长，马德林为秘书长。2003年12月21日，县工商联召开第三届二次执委会，补选东忠民为县工商联第三届常务副会长兼秘书长。

三、工商联工作

思想政治工作 1994—2005年，共和县工商联贯彻“团结、帮助、教育、引导”方针，开展以拥护党的领导、拥护社会主义道路、为两个文明建设服务为主要内容的思想政治工作，组织会员学习贯彻邓小平理论、“三个代表”重要思想和党的路线方针政策及有关法律法规，引导会员“爱国、敬业、诚信、守法”，教育会员围绕地方经济建设奋发图强，努力树立新时期非公有制经济良好形象，以发展报效祖国、回报人民，为共和县经济建设和社会安定、民族团结贡献力量。中共十六大指出“非公有制经济人士是社会主义事业的建设者”。县工商联因势利导，引导工商企业在实践中树立正确的世界观、人生观和价值观，肩负历史重任，内强素质，外树形象，创建优秀企业文化，争做合格的社会主义事业建设者。在思想政治工作中，除学习宣传、座谈会和以会代培等，还积极举办文艺会演、项目比赛、知识竞赛等丰富多彩、寓教于乐的活动。同时，开展“职业道德好、社会形象好、经济效益好、内部管理好、依法纳税好、履行会员义务好”为内容的“六好会员企业”、先进民营企业和优秀企业家等评比表彰活动。2004年，在条件具备的非公有制经济企业中建立党、团、工会、妇联组织。

献计献策 共和县工商联成立后，充分履行工商业联合会职责，积极为共和社会经济发展建言献策。1996年，县工商联组织非公有制经济人士召开座谈会5次，参加人数120人次，认真学习贯彻中共十五届五中、六中全会和全省统战、工商联会议精神，引导全体会员爱国、敬业、守法，积极参政议政，为发展共和经济献计献策，充分发挥非公有制经济人士的参政议政作用。2003年12月17日，县委宣传部、县委统战部、县工商局在县委常委会议室召开全县非公有制经济企业及有关部门负责人座谈会。会议认真分析共和县在发展非公有制经济方面存在的问题，充分听取非公有制经济人士的意见和建议，部分意见建议为县委、县政府决策起到参考作用。

光彩事业 1995年，县工商联充分发挥广泛联系非公有制经济人士的优势，引导会员积极开展扶贫帮困、助残助学等光彩事业和社会公益活动，为灾区、希望工程、贫困学校和乡村捐款捐物。1996—2005年，县工商联共组织会员捐助光彩事业6万余元。

调查服务 1994年后，根据州委统战部《关于认真填报〈非公有制经济情况统计表〉的通知》精神，县工商联组织人员调查统计全县工商业注册资金、年商品零售额、年总收入等基本情况。

第五节　共和县残疾人联合会

一、组织机构

1991年5月，共和县残疾人联合会（以下简称“县残联”）成立，副科级单位。2000年3月，县残联单列，升格为正科级单位，核定编制3名。

2000年，建立县残疾人劳动就业服务站、县残疾人康复服务指导站、县残疾人用品用具供应站和各乡（镇）残疾人协调委员会，建立社区居委会残疾人协会12个。2003年，建立共和县青海湖藏医院残疾人康复服务所。至2005年，全县已全部建立起县、乡镇、村（社区）残疾人协会组织。县残联设立残疾人专门协会5个。至2005年末，全县办理残疾证2296人（份）。

二、残疾人代表大会

第一次代表大会 1992年5月19日，按照《中国残疾人联合会章程》，共和县残疾人联合会第一次代表大会在恰卜恰召开，出席会议代表15名。听取和审议通过县残联筹备小组关于筹建共和县残疾人联合会的工作报告。选举产生县残联第一届主席团委员3名，选举祁富贵为县残联理事长。

第二次代表大会 1997年11月8日召开。

出席会议代表23名。听取和审议通过县残联第一届主席团工作报告。大会做出《关于进一步做好残疾人工作的意见》的决议。选举产生县残联第二届主席团委员7名，选举塔毛友为县残联理事长。

第三次代表大会　2002年8月10日召开。出席会议代表43名。听取和审议通过县残联第二届主席团工作报告。选举产生县残联第三届主席团委员9名，选举塔毛友为县残联理事长。

三、主要工作

康复工作　1991年起，共和县残联以残疾人“人人享有康复服务”为目标，贯彻落实《中华人民共和国残疾人保障法》和青海省残工委《关于进一步加强残疾人康复工作的意见》，根据残疾人事业“八五”“九五”“十五”“十一五”计划纲要的要求和奋斗目标，采取措施，逐步开展以州、县医院、乡镇卫生院、社（牧）区医疗站为康复站（点）的残疾人服务。同时，建成共和县残疾人综合服务中心，建筑面积200平方米，投资15万元。县残联加强残疾人用品用具供应服务，建立残疾人用品用具供应服务体系。充分利用社会、家庭资源，开展肢体功能、盲人行走导向、聋儿听力语言、助视器适配等康复训练服务，累计配送用品用具共900余件。举办残疾人康复管理人员、业务人员培训班8期，培训265人次，发放残疾人康复普及读物100套1700册。至2005年，全县进行康复训练的脑瘫、偏瘫残疾人14人，进行功能训练的智残儿童20人，进入省聋儿中心接受训练的适龄聋儿2人，居家接受语言训练聋儿7人，安装假肢10例，为肢体残疾人211人装配矫形器，施行小儿麻痹矫治手术87例，完成白内障复明手术400例，配用低视力患者助视器22人。通过各种康复项目和渠道，全县残疾人受到不同程度的康复服务。

教育与就业工作　1991年，县残联协同教育部门开展特殊教育工作，倡导残疾儿童随班就读。争取“扶残助学项目”，在重要节点慰问随班就读的特困残疾儿童。1994年，共和县建立特教学校，大部分残疾儿童进入特殊学校读书学习，部分适龄残疾少年儿童仍在附近学校随班就读。1995—2000年，全县残疾人教育工作继续以提高残疾少年儿童教育入学率为目标，进一步强化教育手段，努力提高残疾人素质。继续协助教育部门办好共和特教学校，在校学生每年均在50人左右。随班就读残疾学生120人，全县适龄残疾少年儿童义务教育入学率78.8%。2001—2005年，实施“中西部地区盲童入学”“扶残助学”“彩票公益金”等项目，累计发放救助金3.5万元，累计救助贫困残疾人学生13人次，其中，“盲童入学”项目5人，“扶残助学”项目6人，社会救助290人。政府援助贫困残疾大中专、高中学生4人8000元。州、县两级残联开展职业教育和就业技能培训，累计有城镇和农牧区残疾人150人接受职业教育和技能培训。坚持集中与分散相结合方式，积极拓展残疾人就业途径，采取措施集中安排残疾人在福利企业、个体私营企业就业，鼓励残疾人创业，政府给予资金扶持。至2005年，全县共有残疾人172人到城镇单位就业，其中，按比例安排残疾人就业162人，推荐输送到省内企业就业残疾人10人；共资助贫困残疾儿童106人参加义务教育阶段学习；举办残疾人技能培训班20期，培训残疾人1897人次，其中，电脑培训、爆米花、钉鞋、配钥匙、压面、电焊、洗车、盲人按摩等培训效果明显，就业率高。

扶贫工作　1991年起，共和县残联重视残疾人扶贫工作，既有长远规划，又有近期计划。残疾人事业发展“十五”计划、“十一五”规划中均特别列入残疾人扶贫工作规划，并及时检查总结和评估。至2005年，全县共得到帮扶的贫困残疾人1250人，其中，保持稳定温饱水平的占80%以上；全县纳入低保的城镇贫困残疾人302

人，并落实全额享受低保金和增资 20 元的规定标准；纳入农村牧区低保范围的贫困残疾人 267 人。2000 年后，县残疾人联合会贯彻实施《青海省残疾人工作“十五”计划实施方案》和共和县《关于全县在职干部捐款帮助特困农牧民修建房屋的通知》精神，采取有效措施开展残疾人康复扶贫工作。开展以残疾人的基本需求为重点，兼顾多样性康复需求，紧紧围绕覆盖面广、时效性强、残疾人迫切需求的康复项目工作。2002—2005 年，动员干部职工每人一次性捐助工资总额的 8%，用于帮助因残疾而绝对无住房的特困户修建房屋 9 户，捐助款 3.6 万元。

第八编

公检法司及人民武装

第一章　公　安

20世纪80年代中后期，共和县公安机关集中开展“严打”行动，社会治安逐步趋于稳定，人民群众安全感增强。20世纪90年代，着力开展打击刑事犯罪和有组织犯罪、涉枪涉爆犯罪等专项斗争。进入21世纪后，成立“110”指挥中心，开通“110”报警服务台，组建特巡警大队，重点开展打击黑恶势力，使影响社会稳定和公民人身安全的一些突发事件及时得到预防和妥善处理。

第一节　机　构

一、共和县公安局

1986年，共和县公安局内设刑警、交警、治安、预审、政保等股（队）和行政拘留所。1987年，增设秘书股。1988年，增设交通股。1989年，增设倒淌河交警中队。1990年，设法制股、户政股。1991年，增设通讯股、内保股和总务股。1992年，增设收审所、纪检组。1993年，设立保安服务公司，州公安局将看守所移交给县公安局管理。1998年，成立110指挥中心、巡警大队。1999年，将法制纪检（组）分设为法制股、纪检组，增设后勤保障股。2000年，县公安局成立警务督察大队，秘书股更名为办公室，治安股更名为治安大队，刑警队更名为刑警大队，撤销预审股。2001年，成立消防大队，增设经济犯罪侦查大队。2002年7月，龙羊峡撤委建镇，县公安局接管龙羊峡公安局。增设金盾办公室。2003年，政保股更名为国内安全保卫大队，内保股与经济犯罪侦查大队合并为经济侦察大队，增设禁毒大队和监管大队。2005年，撤销户政股，业务划归治安大队。共内设股（队、室）11个。

二、基层公安派出所

1986年，共和县设河东、河西、曲沟、倒淌河、石乃亥、黑马河、廿地、沙珠玉、切吉派出所（9个）。1987年，增设东巴派出所。1988年，增设英德尔、江西沟、铁盖派出所（3个）。1993年，增设恰卜恰乡派出所、青海湖派出所、湖东种羊场派出所。2002年，增设哇玉派出所。2005年，共设有派出所16个。

第二节　刑事侦查

一、案件侦破

1986年后，共和县公安机关根据不同时期的刑事犯罪特点，开展各类严打整治斗争，加大对于恶性案件、多发性案件的侦破力度，强化八类案件、盗抢机动车案件、群众反映的多发性案件的侦破力度，进一步完善和落实侦查破案工作机制和责任倒查制度。刑事侦查突出“快”“细”“准”，针对犯罪作案规律和特点，使用各种刑侦手段，力求达到迅速侦破刑事案件的目的。1986年，全县共发生刑事案件74起，破获56起，破案率76%。其中，重大案件30起，破获24起，破案率80%。1989年，各类刑事案件立案99起，破获80起，破案率80.8%。共查获各类作案人员145名，破获犯罪团伙14个66人。追缴赃款赃物折价57.8万元，上缴财政罚没21万元；收缴冬虫夏草、麝香、鲜鹿茸等价值17万余元物品；破获积案2起，隐案9起；协助外地破案2起，抓获案犯2名，追缴北京吉普车1辆。1992年，全年发生刑事案件97起，破获62起，破案率63.9%。破获盗窃牲畜案件33起，摧毁犯罪团伙10个，抓获犯罪嫌疑人53人，追回牲畜236头（匹）；查获盗窃自行车40辆，抓获犯罪嫌疑人9人；破获特大盗窃案1起；破获盗窃摩托车案件5起，追回摩托车5辆，抓获犯罪嫌疑人4人，挽回经济损失3万余元；破获石乃亥乡切吉村国道109线附近劫持汽车特大案件，抓获犯罪嫌疑人，挽回经济损失7万余元。1993年，全年发生各类刑事案件114起，破获67起，破案率58.8%，其中重特大案件发案88起，破案52起，破案率59.1%；查获损失72.75万元，摧毁各类犯罪团伙12个，抓获犯罪嫌疑人114人。1996年，全县共立刑事案件167起，破获79起，破案率47.3%。摧毁以彭某华为首的抢劫团伙和以苏某峰为首的盗窃团伙，破获恰卜恰地区抢劫、入室盗窃案件30余起。2000年，全县共立各类刑事案件257起，破案102起，破案率39.7%（包括隐积案1起），抓获犯罪嫌疑人157人，其中逮捕98人、治安处罚5人、变更强制措施23人、转其他公安机关处理7人、释放17人、待处理7人，预审结案66起105人。2001年，全县共立各类刑事案件249起，破获98起，破案率39.4%；破获隐积案29起，抓获各类犯罪嫌疑人131人。2002年，全县共立刑事案件209起，破获103起，破案率49.3%，共抓获犯罪嫌疑人110人，其中逮捕69人、释放10人、治安处罚2人、取保候审8人、待处理21人。2005年，全县共立各类刑事案件266起，破案133起，破案率50%。

1986—2005年共和县刑事案件立案破案情况表

表8-1

年份	立案数（起）	破案数（起）	破案率（%）
1986	74	56	75.7
1987	79	68	86.1
1988	100	88	88

续表

年份	立案数（起）	破案数（起）	破案率（%）
1989	99	80	80.8
1990	125	68	54.4
1991	168	83	49.4
1992	97	62	63.9
1993	114	67	58.8
1994	139	88	63.3
1995	156	84	53.8
1996	167	79	47.3
1997	789	264	33.5
1998	210	75	35.7
1999	183	102	55.7
2000	257	102	39.7
2001	249	98	39.4
2002	209	103	49.3
2003	341	138	40.5
2004	321	140	43.6
2005	266	133	50

二、刑侦设施设备

1986年，共和县设有法医实验室1间，配备有照相机1架、痕迹勘查箱2个、现场勘查箱2个、比对桥1台、指纹投影仪1台、立体显微镜1台、静电吸附器1台、翻拍机1台、影像机1台、显影罐2只、暗袋1个、烘干机1台、分离机1台、恒温箱1只、冰箱1台、电子显微镜1台、电子天平1架和法医勘查箱1套。配法医1人，情报资料员1人，文检员1人，刑事照相员2人，痕迹检验员2人。1987年，配备现场勘查箱、痕迹勘查箱、海鸥照相机各1套。1997年侦审合一后，刑警队划分为3个责任区中队和1个技术中队。技术中队情报资料员1人、刑事照相员1人、痕检员2人、法医2人，负责刑事案件的现场勘查工作。2004年，配备刑事勘查车1辆、照相机1台、摄像机1台、翻拍架1台。

第三节 治安管理

一、户政管理

1986年，县公安局治安股负责办理户口迁入、迁出，出生、死亡登记以及农业户转非农业户登记，办理边境通行证等。全年办理职工家属、子女及专业技术人员（含聘用人员）家属农转非户口221户487人，办理农牧民自理口粮到集镇务工经商暂住证明200余份。是年，全县常住人口100660人，暂住人口有1332人；全年换发城镇户口簿5000余本。自1987年7月起，县公安机关在恰卜恰镇区开展居民身份证颁发试点工作。1988年，全面颁发居民身份证。1989年，全县颁发居民身份证工作结束，共计发证39780人，占全县应发数的94.71%。

1990年，县公安局设立户政股。1991年，各派出所及时登记达到年龄界限的居民，并颁发居民身份证。1992年，全县实现一乡（镇）一派出所后，户籍管理工作全部纳入公安机关管理。1993年，全年办理居民身份证2394人，临时身份证207人，边境证147个。1994年4月，全县开始启用新的居民身份证照片（大头照），至1995年，共办证24625人。1995年12月，公安部实行全国统一的居民户口簿和常住户口登记表。

2000年，全县共有25067户112844人，完成居民身份证升位11万人，换发户口簿3000余本，办理居民身份证3195人（张），发放迁移证1658张，办理边境证88人（张），办理农转非76户120人，解决小城镇户口14户53人。2001年，共办理居民身份证4205人（张），发放迁移证1535张，边境通行证83张。2002年，全年办理居民身份证3118人（张），身份证照相1167人次，办理边境通行证125人次，农转非户口344户722人。2005年，撤销户政股，业务划归治安大队。全县常住人口120839人，其中男61956人，女58883人；非农业人口45915人，未落常户口163人；出生人口3272人，死亡人口1508人；省内迁入2533人，省外迁入298人；迁往省内3084人，迁往省外672人。

1986—2005年共和县居住人口情况表

表8-2　　单位：人

年份	人数	年份	人数	年份	人数
1986	100660	1993	103980	2000	112844
1987	99672	1994	105004	2001	112483
1988	99498	1995	106581	2002	122845
1989	99428	1996	107880	2003	121997
1990	102076	1997	108450	2004	120000
1991	103462	1998	110072	2005	120839
1992	103196	1999	111081		

二、枪支弹药及爆炸物品管理

1986年，公安机关加强对枪支弹药及易燃易爆物品的管理，清理登记各种枪支，共掌握各种枪支863支（手枪419支、步枪96支、猎枪78支、小口径步枪270支），核发办理持枪证376本。举办爆破员培训班2期，年审考核爆破员，经考核合格发放爆破员证12个，培训、年检爆破员89人。1987年，共登记管理枪支542支，收缴非法私藏、贩卖的各种枪支4支，收缴子弹12发，收缴爆炸物品2354公斤。1989年，清理、登记各种枪弹及爆炸危险物品，逐单位逐枪逐人核对造册，共登记造册掌握各类枪支383支，收缴不符合配发条件枪支4支。1990年，根据青海省委办公厅文件精神，清查原配发给县级党政领导的自卫枪支。1996年前，公安机关管理枪支、弹药以登记掌握、发放枪号为主。1996年5月起，开始依法清查收缴非法持有的枪支，并切实加强公务用枪和民用枪支管理。1996年，共缴获各类枪支345支。其中，小口径步枪121支，非法汽改小口径步枪150支，自制火枪39支，气枪5支，猎枪16支，其他各类枪支14支、管制刀具495把，集中保管各类民用枪支142支。2000年，收缴自制“五四”式手枪4支，汽改小口径步枪2支。2001年，依据《中华人民共和国民用爆炸物品管理条例》，坚持严格管理、严密防范、严肃整治方针，加大治爆缉枪工作力度，严格管控爆破物品的购买、运输、库存、使用等环节，发现并捣毁非法制爆窝点3个，查处违法人员3人，缴获炸药8882公斤、树皮炸药4张、雷管90050发、导爆索2700米、导火索47292米，查获手榴弹1枚、各类枪支56支、子弹200余发，依法取缔临时库存炸药点13处。集中销毁缴获的枪支弹药2次。2002年，全县清缴各类枪支88支，子弹118发，炸药1277公斤，雷管7942发，导火索1721米。2005年，全县共收缴各类枪支11支，收缴子弹72发。

1986—2005年共和县公安局枪支弹药及爆炸物品收缴情况表

表8-3

年份	枪支（支）		子弹（发）	爆炸物品（公斤）
	收缴	登记掌握		
1986	1	863	10	—
1987	4	542	12	2354
1988	4	265	—	—
1989	4	383	38	—
1990	3	367	41	—
1991	5	383	7	—
1992	33	1361	—	—
1993	1	234	12	—
1994	13	444	150	—
1995	—	361	28	—
1996	345	—	1112	—
1997	89	—	59	—
1998	16	—	67	—
1999	6	—	12	—
2000	6	—	2000	—
2001	56	—	200	8882

续表

年份	枪支（支）		子弹（发）	爆炸物品（公斤）
	收缴	登记掌握		
2002	88	—	118	1277
2003	18	—	10	6671
2004	13	—	143	—
2005	11	—	72	—

三、特种行业管理

1986年前，共和县特种行业有旅馆、印刷、刻字业、废旧金属收购业。1986年，全县有特种行业经营户62户，从业人员132人；个体饭馆、修表、镶牙等小商摊点83个，从业人员276人。1988年后，县内公共娱乐场所、房屋出租、录像、旧货收购业等特种行业兴起，门店增多。1989年，取缔倒淌河地区无证营业台球摊点6户，取缔个体旅社1户，限期整改经营手续不健全的旅社2户。

1990年，全县从事特种行业的有旅店业56户、旧货收购业8户、刻字印刷业4户、影剧院2户、录像业4户。1993年，重新制定旅店“四簿”制度，严明舞厅、卡拉OK厅等娱乐场所的营业制度，根据《青海省公共复杂场所治安管理条例》，查封特种行业营业许可2户（处）。1996年，与所有特种行业经营业主签订治安责任书。

2001年，依法取缔存在有赌博、吸食毒品、色情活动的茶艺、啤酒屋8户和民族歌舞厅2户，处罚废品回收站2户。2005年，全县从事特种行业的有旅店业78户、旧货收购业20户、刻字印刷业4户、影剧院2户、录像业15户。

1986—2005年共和县公安局特种行业治安管理情况表

表8-4　　单位：户

年份	旅店业	刻字、印刷业	旧货收购业	年份	旅店业	刻字、印刷业	旧货收购业
1986	56	2	4	1996	72	16	19
1987	56	2	4	1997	72	24	19
1988	56	2	4	1998	72	24	19
1989	54	2	4	1999	52	24	19
1990	56	4	8	2000	78	8	20
1991	56	4	8	2001	78	8	20
1992	56	4	8	2002	78	4	20
1993	58	8	8	2003	78	4	20
1994	72	10	12	2004	78	4	20
1995	72	16	19	2005	78	4	20

四、治安案件查处

1986年，共和县加强治安管理工作，重点开展护山、护院巡逻值勤，共查处各类治安案件37起（殴打他人30起，偷窃财物2起，违反户口管理2起，抢夺财物1起，毁坏公私财物1起，赌博1起）。破获马某德盗窃案，查获现金6000余元，收录机4台，手表2块，小口径步枪1支，粮票1250公斤及部分衣物，总价值1万元。1989年，全年发生治安案件59起，处罚112人，收缴治安罚款7050元，查缴录像机2台、淫秽录像带14盘，禁播录像带50盘。1993年，共立各类治安案件36起，处理36起，结案率100%，治安处罚37人，报送劳教4人；破获积案4起、隐案9起。是年，为遏制盗窃牲畜案件发生，制发牲畜销售检查证和牲畜销售证明，派出所与村（组）签订《预防牲畜被盗责任书》，组建预防牲畜被盗巡逻检查组。1994年，共和县公安局和海北州天峻县公安局联手，摧毁以伊拉某某为首的31人特大盗窃牲畜犯罪团伙，抓获团伙成员12名。该团伙在共和县境内作案18起，共盗窃牦牛151头。1996年，全年共整治歌舞厅5户、电子游戏室6户、旅行社57户、出租房屋145户802间、私人庄廓498户、废旧金属回收点19户，清查流动人口1562人，查封存在严重问题的旅社和饭店各1户，与驻恰单位（182个）签订《恰卜恰地区机关、团体、企事业单位及家属区社会治安责任书》182份，签订《恰卜恰地区公共复杂场所、特种行业、文化娱乐场所、商业门店及租赁房屋社会治安承包责任书》782份。2000年，全县共立各类治安案件142起，查处138起，处罚各类违法人员145人。2001年，全县共立各类治安案件198起，查处172起，查处违法人员127人。2002年，全县共受理治安案件91起，查处75起，查处率82.4%，查处违法人员102人，其中警告18人、行政拘留16人、罚款处理68人。2005年，全县共受理各类治安案件437起，查处各类治安案件428起。

1986—2005年共和县受理查处治安案件情况表

表8-5

年份	立案（起）	查处（起）	处罚（人）			
			合计	拘留	罚款	警告
1986	37	37	72	10	59	3
1987	49	49	80	12	62	6
1988	24	24	45	12	30	3
1989	59	59	112	19	87	6
1990	45	45	81	14	60	7
1991	68	68	109	15	90	4
1992	42	42	98	17	69	12
1993	36	36	60	10	42	8
1994	37	37	114	15	70	19
1995	40	40	105	31	68	6

续表

年份	立案（起）	查处（起）	处罚（人）			
			合计	拘留	罚款	警告
1996	33	33	50	12	22	16
1997	34	33	71	33	34	4
1998	79	78	156	22	131	3
1999	66	65	121	24	77	20
2000	142	138	145	20	87	38
2001	198	172	127	23	70	34
2002	91	75	102	16	68	18
2003	367	353	272	46	179	47
2004	484	484	515	14	235	266
2005	437	428	456	17	219	220

五、警务“110”

1995年，共和县公安局开通“110”报警电话，建立起公安快速反应机制。是年，“110”接报警电话917次，处警814次，处警率88.77%。1998年7月16日，共和县公安局“110”指挥中心暨巡警大队正式挂牌。“110”指挥中心和巡警大队成立后，及时制定“110”接处警规程，完善“110”系统管理，要求做到“有警必接，有难必帮，有险必救，有求必应”。将“110”设在县公安局指挥中心内，由县公安局指挥中心“110”集中受理，统一指挥调度。在实行县境内一级接处警、24小时不间断警务制度。规定在恰卜恰城区必须5分钟到达现场，在郊区必须10分钟到达，各乡（镇）远郊以最快速度到达处置。是年，“110”接警1017起，处警率达94.8%，出动警力6650人次。1999年，召开“110”联动会议，水利、电力、卫生拟出方案，拓展社会联动。是年，“110”接警970次，出警925次，处警率95.4%。

2000年，探索新形势下快速反应、以动制动、以快制快的新方法、新思路，严格落实巡逻制度，全年共处置报警11967起。其中，违法犯罪案件356起，交通事故108起，民事纠纷284起，接受公民救助41起，其他1178起，出动机动车辆1967辆次，出动警力9800余人次。是年，“110”接处警率98%。2001年，“110”巡警大队开展“三项教育”工作，发放群众征求意见表100份，征求到建议和意见13条。针对群众意见修订和完善各项规章制度，合理规划办公用房，设置留置室，购置统一的必需用品，“110”整体素质明显提高。启动恰卜恰地区以“110”为龙头的社会联动工程。是年，共接警1850起，出动警力3960人次，巡逻中检查过往摩托车150余辆，收缴罚款1.2万余元。2002年，“110”巡警大队被共和县精神文明委员会授予“文明示范窗口单位”称号，全年接警1957起，出警1957次，出动警力9785人次。此后，“110”报警量激增。至2005年，共接警15630起，通过“110”报警服务台接处警破获各类刑事案件60余起，查处治安案件近900起，抓获各类违法犯罪嫌疑人100余人。

第四节　禁毒缉毒

1986—2005 年，共和县公安机关坚持开展毒情排查工作，加强对毒品犯罪侦查破案工作，强化毒情研判，突出打击重点，改进打击方式，不断提高对毒品犯罪的发现能力、侦查破案能力、办案取证能力，依法严厉打击毒品犯罪活动。在查禁和打击毒品犯罪的同时，开展禁毒宣传。每年“6·26”国际禁毒日，在全县学校、厂矿和街道开展禁毒宣传教育活动，让群众认识毒品，远离毒品。2001 年 5 月 15 日，马某某伙同杨某某从青海省西宁市马某某手中购买海洛因后到海南州贩卖，被查处。2003 年 8 月 1 日，胡某某等 2 人在海南州举办州庆期间，从西宁购买海洛因，经互助县到恰卜恰镇贩卖给王某某等 4 人，得赃款 1500 余元，被查处。2005 年，县公安机关有计划有重点地开展禁毒工作，打击毒品犯罪。形成重点场所和重点人员监测、易制毒化学药品管理、吸毒人员就业安置与管理、吸毒人员戒毒与康复、创建无毒乡等各个方面齐抓共管新格局。

第五节　交通管理

一、交通秩序管理

1986 年后，贯彻《中华人民共和国道路交通安全法》，开展交通安全宣传活动。1986 年，共和县交警大队成立。是年，县公安局和恰卜恰镇人民政府联合印发《恰卜恰城镇交通管理暂行规定》和《恰卜恰镇交通管理处罚暂行规定》，先后在恰卜恰地区 12 所学校和驻镇各单位进行宣传。1989 年，全年纠正各类交通违章 2 万人次，处罚各类违章 790 余人次，收缴违章罚款 1.04 万元。2000 年，举办交通咨询 2 次，接待群众咨询 12 人次，发放交通安全宣传资料 3000 余份，在恰卜恰主要街道、路口及公共复杂场所悬挂禁令标志 18 块，大型安全横幅 2 条，举办违章驾驶员学习班 2 次，参加学习 350 人次，上路检查车辆 230 余次，处罚 1062 辆次。2001 年，全年处理交通违章 3421 人，教育 4144 人次，处罚 3492 人，罚款 13 万余元。上路查处各类机动车 421 辆次，罚款 2 万余元。2003 年起，先后在县城事故多发地段设置路标及警示标牌；在城区主要道路标画道路中心线，在主要路口标画人行横道斑马线，以规范行车、停车行为。2005 年，共和县交警大队内设法制股、违法处理股、肇事处理股、办公室等机构，成立恰卜恰地区“摩的”安全管理协会。至 2005 年 12 月，交通巡警以治理公路“三乱”为中心，坚持上路执勤，查处无牌无证车辆和违章机动车辆行驶行为，共发放宣传资料 11.24 万余份，悬挂宣传横幅 12739 条，展出宣传展板 5189 块，播放警示教育片 1278 场，发送宣传短信 160 条，电视台播放警示语 300 条。

二、车辆管理

1986 年始，全县机动车辆管理步入正轨。是年，全县共登记机动车 87 辆，检查持证驾驶员 38 人。1993 年，针对自行车被盗现象严重问题，对镇区所有自行车实行轧号、办证、发放牌照等措施，共计补办牌证 604 辆。1996 年，全年共查验各类机动车辆 5955 辆，其中摩托车 395 辆，货车 3200 辆，小型汽车 1170 辆，客车 460 辆，处罚 1355 辆。2005 年，全县共登记机动车 861 辆，持证驾驶员 1025 人，同时加强车辆和驾驶人员年检年审。

三、交通事故

1989年，全县共发生交通事故133起，死亡38人，伤92人；直接经济损失47.32万元。1993年，全县共发生交通事故118起，死亡29人，伤104人，直接经济损失81万余元。1996年，全县共发生交通事故93起，死亡12人，伤37人，直接经济损失62.25万元。2000年，共发生交通事故51起，其中轻微事故36起，一般事故10起，重特大事故5起，伤25人，死亡5人，直接经济损失4.2万元。2001年，共发生交通事故30起，死亡10人，伤25人，直接经济损失8.59万元。2002年，发生交通事故39起，死亡15人，伤52人，直接经济损失10.52万元。2005年，共发生交通事故288起，其中重大交通事故46起，受伤75人，死亡9人，造成直接经济损失54.93万元。至2005年，凡在共和县辖区内发生的交通事故，以“公开、公正、公平”原则，实行现场勘查、调查取证、调写交通事故责任认定书的处理方式。

1986—2005年共和县机动车及驾驶员登记情况表

表8-6

年份	机动车（辆）	驾驶员（人）	年份	机动车（辆）	驾驶员（人）
1986	87	38	1996	152	184
1987	95	44	1997	11	211
1988	98	52	1998	169	230
1989	106	54	1999	181	257
1990	112	60	2000	193	299
1991	119	70	2001	269	330
1992	126	78	2002	340	398
1993	131	93	2003	418	474
1994	139	105	2004	570	607
1995	147	138	2005	861	1025

第六节　消防管理

1986年，驻共和县消防机构是海南州消防中队，属武警编制，实行义务兵役制。全队编制45人，属原青海省武警消防总队和海南州公安局双重领导。1986—1990年，共和县消防工作由县公安部门承担。1991年，组建共和县消防中队，配备干部3人、战斗员12人，以及解放牌消防水罐车1辆。是年，恰卜恰镇建成州消防中队三层砖混办公楼，投资42万元。1998年4—11月，共和县消防中队开展“走万家厂店、送消防安全”活动。2000年10月，共和县消防中队开展“红门开放”消防宣传活动，将消防安全重点单位、厂矿、企事业单位、公共场所、人员聚集场所负责人及群众代表等分批次请进消防中队，进行消防安全常识教育和培训。2001年，共和县消防大队成立。是年4—11月，共和县公安消防机构联合县工商、文化等部门，开展“公众聚集场所消防安全专项治理”活动，消除一大批人员密集公众场所的火灾隐患。2002年6月，县公安消防机构联合有关职能部门全面检查恰卜恰地区网吧、公共娱乐场所和学校、幼儿园消防安全情况，依法整治部分无消防手续、违反消防安全法规的“黑网吧”，消除大批火灾隐患。至2005年，开展“红门开放”消防宣传活动978次，共计发放宣传资料12万份，受教育者10万余人次。1986—2005年，全县共发生各类火灾131起，火灾致死亡6人，伤16人，直接经济损失205万元。

第七节　监所管理

1950年，共和县看守所成立，有看守员3人。1975年，看守所移交州公安局管理。1993年，移交共和县公安局管理。1986年，监所管理侧重抓政策教育、法制教育和监规教育。是年，由于看守人员未严格执行监所规章制度，造成人犯逃跑事件。1993年，全年预审受理各类刑事案件47起，审清移送41起，审结率87%，报送检察院批捕案犯75人，挖出余犯6名，追回赃款5300元；完成州公安处看守所交接工作，将州公安处遗留下来的重大已决犯14名押送移交给劳改部门管理。2000年，贯彻落实《中华人民共和国看守所条例》《中华人民共和国监狱法》及其有关法律法规，建立和完善各项规章制度，实行岗位责任制、监院（舍）承包制、监管回访制、年度教育制度和承诺制。新建审讯室3间、会见室1间。2005年，新建新型共和县看守所监室，总建筑面积2000平方米，监室使用面积为1600平方米，设计关押容量为170人，投资360万元。新建看守所办公楼，设有会见室、接待室、卫生间和民警更衣室。1986—2005年，共和县看守所充分发挥对拘留人员、在押人员的监管、教育职能，履行《中华人民共和国看守所条例》《中华人民共和国监狱法》，健全各项规章制度及夜间巡视检查制度，严格值班记录和交接班制度，随时了解监室情况，发现问题及时解决，严防不安全事件的发生。共和县看守所共受到表彰9次。其中1997—2000年，被评为“全国二级看守所”；2001—2005年，被评为“全国一级看守所”。

第二章　检　察

1986—2005年，共和县人民检察院为保证国家法律的统一和正确实施，维护公平正义，依法履行法律监督职能，全面开展经济、刑事、民事行政、监所、控告申诉等检察工作，改革检察制度，实行检察官办案责任制和人民监督员制度。努力促进公正执法、文明执法，提高工作效率，规范检察干警执法行为，保障公民民主权利，维护地区社会稳定。

第一节　机　构

1986年，共和县人民检察院内设办公室、刑事检察股、经济检察股、法纪检察股和监所检察股。1992年，增设税务检察室。1995年，增设乡镇企业检察室。1997年，撤销县税务检察室。1998年，撤销乡镇企业检察室。2002年6月，龙羊峡人民检察院撤销后，并入共和县人民检察院；8月，县人民检察院迁入青海湖南大街5号新办公楼，面积961平方米。2003年，增设纪检组，监所检察室并入批捕科，法纪检察科并入反贪污贿赂局。2004年，内设起诉科、批捕科、侦查监督科（含监所检察室）、民事行政检察科、控告申诉检察科（含举报中心、赔偿办公室）、反贪污贿赂局（含渎职侵权检察）、纪检组、办公室。2005年，县人民检察院内设起诉科、批捕科（含监所检察室）、控告申诉检察科、民事行政检察科、反贪污贿赂局（含法纪检察科）、办公室。

1986—2005年共和县人民检察院检察长副检察长任职情况表

表8-7

单位	职务	姓名	性别	民族	籍贯	任职时间
共和县人民检察院	检察长	张希伟	男	汉族	陕西省	1986. 1—1990. 3
		李明鉴	男	回族	湖北省	1990. 5—1992. 3
		马加布	男	藏族	青海贵德	1992. 3—1998. 4

续表

单位	职务	姓名	性别	民族	籍贯	任职时间
共和县人民检察院	检察长	陈光炜	男	汉族	山东省	1998.5—2001.5
		蒋玉林	男	回族	青海贵德	2001.5—2005.5
	副检察长	次　正	男	藏族	青海共和	1989—1991
		李自新	男	汉族	河南省	1985—1989
		王云洪	男	藏族	青海化隆	1991—1998
		李德义	男	土族	青海贵德	1991—1998
		丁贵平	男	藏族	青海贵德	1999.1—2000.3
		索南本	男	藏族	青海共和	1999.2—2005.12
		张海龙	男	藏族	青海共和	2000.6—2005.12

第二节　刑事检察

1986—1996年，共和县刑事检察工作先后由县人民检察院刑事检察科、侦查监督科、公诉科负责。

1986年，全年共受理公安机关提请逮捕案件32起48人。经审理，批准逮捕37人，决定不批准逮捕11人。受理公安机关移送起诉案件32起44人，经审理向法院起诉27起34人，决定免予起诉的1起3人，按照管辖范围转州检察院审理案件4起5人。其中起诉案件中盗窃案15起20人；伤害案3起3人；强奸案4起4人；赌博案1起3人；抢劫案1起1人；汽车肇事案1起1人；破坏公共财物案1起1人；破坏生产案1起1人。1987年后，坚持“严打”方针，突出打击重点，严格把握批捕、起诉关，实行快批捕、快起诉。

1995年，全年受理案件中以盗窃案件居多。1996年，共和县贯彻最高人民检察院《关于进一步做好“严打”工作的通知》精神，坚决打击严重危害社会治安的杀人、抢劫、强奸、伤害、贩毒、制贩枪支等犯罪活动。全年共受理各类提请逮捕的案件80件160人。其中，依法批准逮捕76件143人；不批准逮捕15人。共受理各类移送起诉案件78件129人，依法向法院移送起诉67件105人；移送州检察院起诉1件1人；不起诉1件4人；免予起诉2件8人。批捕案件占受理总数的95%；起诉数占受理总数的85%。

1997年后，审查批捕和起诉工作分别改由批捕科和公诉科办理。1997—2005年，在检察机关机构改革中，原来的审查批捕部门更名为侦查监督部门，职能由原来的审查批捕扩展为刑事立案监督、侦查活动监督和审查批捕三项，承办刑事犯罪案件（包括本级检察院直接受理侦查的贪污贿赂、国家工作人员渎职等犯罪案件）犯罪嫌疑人的审查批捕，决定逮捕和立案监督、侦查活动监督；受理未成年人涉嫌犯罪案件的审查批捕工作。全年受理公安机关和刑侦部门提请批捕的各类案件51件92人。其中，依法批准逮捕45件78人，依法不逮捕6件14人；受理公安机关和自侦部门移送起诉案件70件112人，其中，经审查向法院移送起诉46件70人，不起诉4件9人，1996年12月底免诉的2件2人，移送州检察院起诉5件12人，退回补充侦查2件5人，取保候审2件4人，在审查阶段的9件10人。批捕案件占受理总数的82.2%，起诉数占受理总数的66%。2004年。全年共受理提请批捕案件81件141人，经审查批准逮捕74件129人，其中抢劫9件21人，盗窃28件57人，故意伤害11件15人，故意杀人3件3人，交通肇事19件19人，伪证1件1人，非法拘禁1件2人，收购赃物1件1人，寻衅滋事妨害公务1件4人，窝藏销赃1件1人，诈骗2件3人，强奸2件2人，破坏交通工具1件7人，偷税1件3人。不批准逮捕7件12人，批捕率91%。提前介入重大案件10件，发出检察建议1份。共受理移送起诉案件95件140人，经审查提起公诉86件124人，追诉漏罪、漏犯3件3人，撤案1件3人，转州院3件4人，不起诉1件2人，有罪判决率99%。通过调节处理刑事附带民事案件8起。2005年，把提高办案质量作为检察工作的“生命线”，依法规范办理程序，严格办案纪律，把握好刑事法规，对未成年人犯罪坚持教育、感化、挽救的方针，对主观恶性小、社会危害不大的作案人员，特别是对初犯、偶犯、过失犯，重在教育挽救，依法从轻处理。

1986—2005年，共受理公安机关移送审查起诉各类刑事犯罪案件1450件1680人，经依法审查向人民法院移送起诉1408件1618人，不起诉40件52人；出庭支持公诉1359件1600人次；追诉21件28人，追捕20件34人。

1986—2005年部分年份共和县人民检察院审查批捕案件情况表

表8-8

年份	受理		批捕		不批捕	
	件数（件）	人数（人）	件数（件）	人数（人）	件数（件）	人数（人）
1986	32	48	27	37	—	11
1988	39	68	36	62	3	6
1991	36	63	32	53	2	4
1992	40	77	29	61	3	4
1993	43	90	40	84	1	2
1994	53	110	46	89	—	—
1995	50	80	47	77	4	5
1996	80	160	76	143	—	15
1997	51	92	45	78	6	14
1999	75	133	73	121	2	12
2001	93	156	87	148	4	8
2002	77	129	77	125	—	4
2003	79	115	75	109	4	6
2004	81	141	74	129	7	12
2005	82	112	78	100	4	12

1986—2005 年部分年份共和县人民检察院审查起诉案件情况表

表 8-9

年份	受理		起诉		免诉		不起诉	
	件数（件）	人数（人）	件数（件）	人数（人）	件数（件）	人数（人）	件数（件）	人数（人）
1986	32	44	27	34	1	3	—	—
1988	38	65	26	44	6	11	—	—
1991	40	60	30	43	6	10	—	2
1992	48	78	35	59	9	14	—	—
1993	38	75	27	49	3	6	1	1
1994	55	105	42	69	1	9	—	1
1995	55	74	43	59	3	4	1	1
1996	78	129	67	105	2	8	1	4
1997	70	112	46	70	2	2	4	9
1999	94	131	77	106	—	—	6	11
2001	90	137	67	96	—	—	4	8
2002	92	129	71	101	—	—	6	6
2003	89	137	68	101	—	—	3	9
2004	95	140	86	124	—	—	1	2
2005	83	122	81	115	—	—	—	—

第三节　经济犯罪检察

1986 年，县人民检察院坚持“从严从重”打击经济犯罪方针，重点查处贪污、贿赂和挪用公款案件。成立违法乱纪检察组（主要负责查处经济案件和法纪案件）和国家机关工作人员职务犯罪举报中心。全年共受理各类经济犯罪案件 10 起，经立案前调查，决定立案侦查 6 起 6 人（含副科级干部 2 人），决定逮捕 5 人。经审理向法院起诉 3 起 3 人，法院均做了有罪判决。依法免予起诉 3 起 3 人，建议行政处理 4 起 4 人，为国家挽回经济损失 63897 元。1989 年，县委发出《关于加速贯彻落实“两高”通告的通知》，县人民检察院组成工作组，分赴全县各乡（区），采取形式多样宣传“两高”（最高人民法院、最高人民检察院）通告，发动群众检举，督促犯罪嫌疑人投案自首。1991 年，根据最高人民检察院关于继续把深入反贪肃贿斗争作为检察机关工作重点的战略部署，集中力量查处贪污贿赂犯罪案件，特别是在重点部门系统内查处大案要案，县人民检察院协助县财政局、审计局等部门，在企业单位开展查收入、查开支、查制度、查管理、清账、清财产、清欠款的“四查三清”活动，在供销商业等重点行业开展反贪肃贿活动，发挥检察建议作用，帮助企业建章立制，提出口头和书面建议10余次，为企业挽回经济损失40余万元。1997年新修订的《中华人民共和国刑法》颁布后，“经济犯罪”改称“职务犯罪”，检察机关重点查处贪污、贿赂、挪用公款等职务犯罪案件。全年共受理各类经济犯罪案件线索23件24人，其中，初查案件14件14人；待查案件10人，通过办案挽回经济损失15.40万元。1999年，最高人民检察院把贪污贿赂大案标准定位10万元以上。县人民检察院坚持重点查办党政机关、行政执法机关、司法机关、经济管理部门以及金融、建筑、粮食流通领域和国有企业改革中发生的贪污贿赂渎职等职务犯罪案件，特别是造成国有资产流失的犯罪案件。全年受理各类经济案件线索14件15人，侦查终结移送起诉6件6人（包括州院交办的1件1人）。2001年，共受理经济案件线索12件12人，其中初查8件8人，待查4件4人，不立案2件2人，立案3件3人，移送起诉科审查起诉3件3人，移送共和县人民法院做出有罪判决1件1人。办理上年积案中，移送本院审查起诉科3件3人，移送共和县人民法院2件2人，不起诉1件1人，撤销案件3件3人。通过办案挽回经济损失8.14万元。2004年，共计受理各类职务犯罪案件15件15人，其中自行发现4件4人，初查13件13人，立案6件6人，其中经济案件5件5人，渎职案件1件1人。移送起诉3件3人，挽回经济损失56万余元。2005年，在检察机关反贪部门成立办案组，把办案责任、目标细化到人；加强举报宣传，充分利用报刊、广播电视等媒体开展举报职务犯罪宣传活动和贪污贿赂案件线索有偿举报活动，引入举报职务犯罪案件奖励机制，对提供举报线索的，经查证立案后，根据案值给予举报人奖励。

1986—2005年，全县共受理国家工作人员贪污贿赂等职务犯罪案件348件358人，立案侦查各类经济案件77件80人，依法逮捕嫌疑人76人，提起公诉73件76人；不起诉5件6人；追回赃款、赃物计人民币200余万元。

1986—2005年部分年份共和县人民检察院经济案件情况表

表8-10

年份	受理		立案		起诉		不起诉、免诉		挽回经济损失（万元）
	件数（件）	人数（人）	件数（件）	人数（人）	件数（件）	人数（人）	件数（件）	人数（人）	
1986	10	—	6	6	3	3	3	3	6.39
1988	6	—	1	—	1	—	—	—	1.20
1991	27	28	12	14	3	3	—	—	15.58
1992	20	—	8	10	—	—	—	—	48.77
1993	6	—	2	2	—	—	—	—	1.42
1994	47	3	3	—	—	—	—	—	2.03
1995	38	38	—	—	—	—	—	—	—
1996	37	39	7	8	—	—	—	—	12
1997	23	24	6	6	—	—	—	—	15.4

续表

年份	受理		立案		起诉		不起诉、免诉		挽回经济损失（万元）
	件数（件）	人数（人）	件数（件）	人数（人）	件数（件）	人数（人）	件数（件）	人数（人）	
1999	14	15	6	6	6	6	—	—	—
2001	12	12	3	3	3	3	1	1	8.14
2002	11	12	4	7	—	—	—	—	61.25
2004	15	15	6	6	—	—	—	—	56

第四节　法纪检察

1986年，根据青海省检察长会议精神，在全县各地广泛张贴渎职侵权案立案标准，采取多种形式宣传，配合县乡镇企业局、城建局、交通局等单位进行检查，提出整改措施。全年共受理法纪案件9起，其中玩忽职守案2起4人，责任事故案5起5人，非法扣留案1起1人，诬告陷害案1起1人。决定立案侦查2起4人，其中玩忽职守案1起3人，诬告陷害案1起1人，起诉法院作有罪判决。责任事故案5起，非法扣留案1起和玩忽职守案1起，鉴于情节显著轻微，不构成犯罪，建议原单位给予行政处理。1988年，贯彻落实青海省人大常委会《关于加强法纪检察工作的决议》，重点查处玩忽职守、重大责任事故和侵犯公民人身权利案件。共受理法纪案件7起，其中玩忽职守1起，责任事故4起，重婚1起，伤害1起，经立案前的调查，决定立案侦查2起，起诉1起2人，免诉1起2人。

1991—1995年，按照“一要坚决、二要慎重、三要务必搞准”原则查处渎职侵权案，严格区分犯罪与违法、违纪界限，做到打击与教育有机结合。1991年，共受理法纪案件4件6人，其中玩忽职守1起，转经济科并案查处。非法拘禁1起，由于案情复杂，当事人外逃无法取证。执法人员违法乱纪2件3人。1995年，受理各类法纪案件3件3人，其中刑讯逼供1件1人；非法拘禁1件1人；其他案件1件1人。

1996—2000年，县人民检察院结合“严打”斗争形势，坚持严格执法、狠抓办案方针，以查处行政执法领域中的渎职侵权犯罪为重点，坚持打击、保护、预防“三位一体”办案指导思想，加大对国家机关工作人员玩忽职守、滥用职权、徇私舞弊等犯罪案件查处。1996年，共受理法纪案件2件4人，立案1件1人。1999年，共受理法纪案件5件5人，其中调查处理举报失实的1件1人，初查3件3人，转办1件1人，侦查终结移送起诉1件1人。

2001年，依法监督该立案而不立案、该报捕而不报捕、该移送起诉而不移送起诉的有罪不究、以罚代刑等问题，对案件办理中出现的问题提出建议10次，对公安机关刑事案件立案监督1起。2002年，县人民检察院法纪科与反贪部门合署办公。法纪工作重点转移到查办国家机关工作人员的职务犯罪，开展个案预防和行业预防。依法纠正该立案而不立案2件2人，及时发现应报捕而未报捕的遗漏犯罪嫌疑人5人。2003年，县人民检察院设立纪检监察组，受理对检察人员违纪行为的控告、举报，按照干部管理权限查办检察工作人员的违纪案件；受理检察人员不服政纪处分的申诉。2004年，加强立案监督，把监督的视线扩展到受理提请批捕前的发案、立案阶段。

依法纠正该立案而不立案案件2件。发现应报捕而不报捕的犯罪嫌疑人1人。2005年，将法纪科更名为反渎职侵权局，并入反贪污贿赂局合署办公，从事反渎职侵权案件的侦查工作。1986—2005年，全县共受理玩忽职守、徇私舞弊、非法拘禁等渎职侵权案件72件80人，立案查处57件62人。

第五节　民事行政检察

1988年6月，最高人民检察院印发《关于开展民事、行政诉讼监督的研究和试点工作的通知》，青海省人民检察院、青海省高级人民法院随即联合印发《关于人民检察院对民事、行政诉讼活动实行法律监督试点的通知》，要求在全省开展民事、行政诉讼监督试点工作。1992年，县人民检察院设置民事行政检察科，明确专人负责民事行政检察工作。民事行政检察科负责民事经济审判、行政诉讼监督工作，提请抗诉，出庭履行职务。1992—1996年，5年间共受理民事行政诉讼案件43件，立案提请抗诉案件3件，劝其息诉40件。1997—1998年，根据州检察院和州法院联合下发的文件精神，收到县人民法院民庭、经济庭移送的判决书共48件，通过审查均未发现错判和违法违纪行为。2001年，县人民检察院按照《规则》要求，坚持“公开、公正、合法、敢抗、能抗、会抗”的办案原则，加强民事行政检察工作。是年，共受理举报案件5件，经查证属举报失实，作不立案处理。全年受理民事案件1件1人，经查后转州检察院处理。2003年，依法受理民事行政案件2件。2005年与县国有资本管理、经营部门加强联系，商讨如何完善和保护国有资本，并联合印发《县国有资本管理、经营部门对国有资本流失案件向检察机关报告备案制度》。1999—2005年，共受理民事行政申诉案件25件25人，立案复查4件4人，未立案8件8人，息诉服判8件8人，办理刑事附带民事诉讼案4件。依法向人民法院提起再审的3件3人；向人民法院发检察建议16份；法院重新审理做出判决的2件2人；共受理不服法院判决、裁定生效的民事行政申诉案件40件，立案提请抗诉案件2件，劝其息诉36件，转法院处理2件。

第六节　控告申诉检察

1986—1996年，县人民检察院专门安排工作人员负责信访工作，接收人民群众来信来访，然后根据“归口负责、分级办理”原则，转有关部门妥善查处。1987年，按照中央和高检的要求，复查1953年检察机关开始建立后的历史老案，全面彻底地复查原做出免诉、劳教、管制决定的所有案件。经过复查，对原处理决定不当的案件做了纠正，对免予起诉案12起做出撤销免诉的决定。全年受理申诉控告信件2件，接待来访人员10次，及时转有关单位作处理。1988年，成立国家机关工作人员职务犯罪举报中心，专门接待来信来访和群众检举控告。全年共审理控告申诉来访29人次，对控告申诉案件来一件办一件，做到有接待，有处理，认真答复来访、申诉提出的问题，并针对问题到发案单位调查了解，予以认真查处。1991年，共受理控告申诉案35件，其中控告有经济问题的线索30件，经过认真分析摸底，做好初查工作，通过内查外调达到立案标准的有6件。1992年，认真查处已受理的控告申诉案件和群众来信来访，并将处理结果反馈给申诉和来访群众。1996年，共受理控告申诉信件11件，举报信件12件。

1997—2005年，县人民检察院建立《署名举报的七项承诺》《举报线索奖励制度》，实行举报、初查、立案“三告知”制度，实现受理、登记、审查、分流等程序分级负责和归口管理。1999年，共受理控告、申诉、举报、赔偿线索共26件35人。2001年，检察长接待日接待群众来访380人次，全年共受理控告、申诉、举报线索39件63人。2002年，县人民检察院制定《共和县人民检察院控告申诉首办责任制》，落实控申首办责任制度，明确首办责任，开展创建“文明接待室”活动，安排检察长接待日，开展法制宣传活动和信访工作，实行首办责任制。是年，通过处理群众来信来访和受理控告申诉，发现和化解社会矛盾，全年共计受理控告、申诉和举报线索27件30人。2003年，推行控告申诉首办责任制，力争把问题解决在首办环节，解决在基层，切实解决群众告状难和申诉难问题，全年接待重要来访500人次，共受理举报、控告、申诉线索25件，其中举报线索11件，控告线索7件，申诉线索7件，按照统一登记，归口管理的办法一一做了处理。是年，县人民检察院被最高人民检察院评为“文明接待室”。2004年共受理控告、申诉、举报线索26件。其中举报线索10件，申诉线索5件，控告线索11件。2005年，检察长接待日接待群众来访320人次，同时利用各种形式开展法制宣传讲座20次，参加人数12000人次；上街设点宣传和深入基层宣传知识10次；解答群众咨询100余次。

1986—2005年，县人民检察院共受理各类案件线索503件538人，按案件管辖范围全部分流转办；检察长接待日接待来访2480人次，开展法制宣传80余次，发放宣传材料8000余份，接受咨询12800人次，开展宣传讲座75次，悬挂横幅70条，挂图80张（次），展出展板178块（次），召开座谈会95次。

1986—2005年部分年份共和县控告申诉情况表

表8-11

年份	受理		控告申诉		举报		来信来访		查办	转办	
	件	人	件	人	件	人	件	人	件	件	人
1987	2	—	—	—	—	—	10	—	—	2	—
1988	29	—	—	—	—	—		—	—	—	—
1991	35	—	30	—	—	—	—	—	6	—	—
1993	9	—	—	—	—	—	—	—	4	5	—
1994	15	—	15	—	34	34	—	—	4	34	34
1995	23	23	—	—	—	—	—	—	—	23	23
1996	11	—	—	—	12	—	—	—	—	—	—
1997	9	—	—	—	—	—	2	10	—	9	—
1999	26	35	1	1	—	—	—	—	—	5	5

续表

年份	受理		控告申诉		举报		来信来访		查办	转办	
	件	人	件	人	件	人	件	人	件	件	人
2001	39	63	—	—	—	—	—	380	—	13	22
2002	27	30	—	—	—	—	—	—	—	7	4
2003	25	—	14	—	11	—	—	500	—	—	—
2004	26	—	16	—	10	—	—	—	—	—	—
2005	—	—	—	—	—	—	—	320	—	—	—

第七节　监所检察

1986—1995 年，县人民检察院监所检察科对县看守所、拘留所实施法律监督。先后制定《看守所检察工作细则》和各类登记制度，及时准确地掌握人犯进出、转捕、释放、劳教等情况，督促严格执行看守所工作制度，督促狱政管理科学化、制度化、规范化。加强安全防范，维护监所秩序，打击牢头狱霸，杜绝体罚人犯，防止人犯凶杀、自杀、逃跑等恶性事故发生。

1986 年，共深入狱内检查 16 次。当年共受理劳改农场重新犯罪案件 10 起 18 人。经审查，向法院起诉 5 起 7 人，起诉后法院均作有罪判决。受理公安机关提请逮捕农场刑事案件 6 起 6 人，经审理，决定逮捕 5 起 5 人，不批准逮捕 1 起 1 人。受理公安机关移送起诉农场刑事案件 5 起 5 人，经审理，全部向法院提起公诉。1987 年，配合公安、劳改机关严厉打击重型犯罪分子，共受理公安机关提请逮捕刑事案件 2 起 3 人，经审理，批准逮捕 1 起 2 人，退回补充侦查 1 起 1 人。受理劳改农场移送加刑案件 5 起 13 人，经审理，起诉 1 起 1 人，免予起诉 1 起 4 人，退回补充侦查 3 起 3 人。

1994 年，协同看守所干警打击“牢头狱霸”，对人犯针对性地进行法制宣传和政策教育 8 次，受教育达 245 人次；个人谈话 21 人次，训诫个别抗拒改造、对抗审讯的“牢头狱霸”；协同看守所严格控制有行凶、逃脱、闹监苗头的羁押人犯。1996—2002 年，监所检察所、驻所检察室先后制定和完善《驻所检察人员责任制》《驻所安全检察制度》《驻所检察催办制度》《严禁刑讯逼供制度》《督查制度》等规章制度 10 余项。履行监督职责，严格交付、收押、释放等法律程序，严格审查减刑、假释、保外就医条件。1996 年，通过检察，发现有不符合规定而留所、减刑、保外就医等现象。有针对性地对在押人犯进行法制和思想教育，受教育达 380 人次；通过教育，在押人犯揭发他人犯罪线索 5 件。1997 年，监所检察主要加强对刑罚执行情况的监督。全年累计对狱内检查 20 次，消除事故隐患 1 起。1999 年，共检查看守所 8 次，发现隐患 8 次，口头建议 8 次。2001 年，共检查看守所 53 次，发现隐患 8 次。发现超期羁押 2 件 2 人，送达法律文书不全的 3 件 3 人，其他违法事件 3 件；书面建议 2 次，口头建议 6 次。

2003 年，针对公安、审判、检察机关诉讼环节发生超期羁押的情况，检察院开展专项清理整治活动，并建立健全《未决、已决（逮捕）犯罪嫌疑人诉讼时限登记簿》，实行一人一卡登记，逐人逐案挂牌，明示诉讼起止时限。与公安、法院联合制订《关于防止和纠正超期羁押的意见》，明确诉讼阶段各办案部门的权力和责任。检察室对超期羁押实行提前预警告知制度，及时向办案部门发出《犯罪嫌疑人羁押期限提示函》，并口头或电话提示。2004年，全面履行监所检察职责，狠抓执法重点，确保无一起超期羁押案件发生。组织开展“减刑、假释、保外就医”的专项检查，完成2002—2004年度办理减刑、假释、保外就医清查和上报工作。完成驻所检察室三级达标工作，通过上级检察院检查验收。全年定期检查看守所关押人员的刑罚执行情况，安全大检查60次。2005年，制订《约见检察官制度》和《建立与在押人员教育谈话制度》，在监管场所开办检务公开宣传栏和检察信箱，广泛接受监督。全年共督办换押10余人次，超期羁押预警通知8人次，初查职务犯罪案件2件，办理在押人员脱逃犯罪案件1件。

第三章　审　判

1986—2005 年，共和县人民法院树立社会主义法制理念，坚持审判；执行工作为经济建设和社会稳定服务，坚持严格执法、秉公办案，全面推行审判制度改革，加强刑事审判、民事审判、经济审判、行政审判、案件执行等各项工作，逐步完善审判程序和审判制度。

第一节　机　构

1986 年，共和县人民法院内设刑事审判庭、民事审判庭、经济庭、办公室。1989 年 3 月，设立行政审判庭。1990 年 6 月，设立执行庭和恰卜恰法庭。1991 年 7 月，设立告诉申诉庭。1995 年 9 月，经共和县机构编制委员会批准，内设办公室、刑事审判庭、民事审判庭、经济审判庭、行政审判庭、告诉申诉庭、执行庭、恰卜恰人民法庭。2000 年 8 月，增设纪检组。2001 年，撤销告诉申诉审判庭、经济审判庭、恰卜恰人民法庭，增设立案庭、审判监督庭、政工科、法警大队、书记员管理办公室。2002 年机构改革后，成立司法警察大队、执行局；龙羊峡行委撤销后，龙羊峡人民法庭并入共和县人民法院。至 2005 年，共和县人民法院机构未有变化。

1986—2005 年共和县人民法院院长副院长任职情况表

表 8-12

单位	职务	姓名	性别	民族	籍贯	任职时间
共和县人民法院	院长	申积德	男	汉族	青海互助	1986—1989
		万玛龙珠	男	藏族	青海贵德	1990—1999
		赵德寿	男	汉族	青海贵南	2000—2005
	副院长	殷德进	男	汉族	江苏淮安	1986—1998
		青　排	男	藏族	青海贵南	1988—1999
		怀开加	男	藏族	青海贵德	1998—2005

续表

单位	职务	姓名	性别	民族	籍贯	任职时间
共和县人民法院	副院长	刘德林	男	汉族	青海共和	1990—1999
		巴玉祥	男	藏族	青海共和	1997—1999
		张玉山	男	汉族	河南南阳	2000—2005

第二节　刑事审判

1986—1990 年，县人民法院以“两法”为武器，依法审理各类刑事案件，严厉打击刑事犯罪分子。刑事审判始终坚持“以事实为依据，以法律为准绳”原则，在“准”字上狠下功夫，坚持依法办案，不枉不纵。1991 年，内设少年法庭，对未成年人犯罪贯彻“教育、感化、挽救”方针，寓教于审，审教结合。1986—1992 年，共受理各类刑事案件 38 件。1991—1994 年，共审结各类刑事案件 7 件 12 人，均判处缓刑。

1997 年，县人民法院的刑事审判工作按照修改后的《中华人民共和国刑事诉讼法》和《中华人民共和国刑法》的规定执行，继续深入开展“严打”斗争，保持严打态势，依法从重从快严厉打击严重破坏生产和生活秩序的犯罪分子。2000 年，县人民法院把预防未成年人犯罪作为工作重点来抓，通过深入校园举办以案释法巡回讲座、对社会“边缘少年”进行集中帮教等活动，教育广大未成年人自觉学法、守法，遏制未成年人犯罪逐年上升势头。针对因各种经济纠纷引发的刑事案件，县人民法院刑事审判工作及时调整思路，始终把斗争的锋芒对准暴力型、多发性以及经济犯罪等群众深恶痛绝的案件，突出刑事审判工作在维护社会稳定、经济发展和政治稳定的职能作用，严厉打击各种刑事犯罪活动，全力维护社会稳定。2000 年后，交通肇事案件不断增多。2001 年，审理交通肇事案件 17 件，占历年审理交通案件总数的 17.2%。2001—2005 年，共审结 441 件 645 人。连续五年实现零积案。

1986—2005 年，刑事案件以故意伤害、盗窃、交通肇事、抢劫、诈骗等案件居多，盗窃案居首位。20 年间，审结各类刑事案件 1373 件 1997 人。其中，共审理盗窃案件 570 件，占刑事案件总数的 41.5%。

1986—2005 年部分年份共和县人民法院刑事案件审理情况表

表 8-13　　单位：件

年份	审结案中							
	受理	审结	故意杀人	强奸	伤害	抢劫	盗窃	其他
1986	49	44	1	5	5	1	16	16
1987	40	35	1	2	1	—	17	14
1988	47	47	8	4	—	3	14	18
1990	55	55	—	2	8	—	25	20

续表

年份	审结案中							
	受理	审结	故意杀人	强奸	伤害	抢劫	盗窃	其他
1991	50	49	—	2	5	2	21	19
1993	39	38	—	1	9	2	22	4
1994	68	64	—	4	9	2	34	16
1995	83	80	—	3	11	3	37	26
1996	84	80	2	3	5	5	51	14
1997	66	61	—	—	5	4	40	12
1998	89	85	—	5	27	4	35	14
1999	86	79	—	—	9	—	31	39
2000	86	84	—	—	23	—	33	28
2001	93	93	—	—	19	5	31	38
2002	87	87	—	1	12	5	34	25
2003	83	83	—	—	16	7	28	28
2004	95	95	—	—	—	—	—	—
2005	83	83	—	—	25	6	29	23

第三节　民商事审判

一、民事审判

1986年，第六届全国人民代表大会第四次会议通过《中华人民共和国民法通则》，县人民法院以《民法通则》和最高人民法院1988年做出的《关于贯彻执行〈民法通则〉若干问题的意见（试行）》为基本依据审判经济和民事诉讼案件。1986—1990年，在受理的民事案件中以婚姻、赔偿、债务、赡养案件居多。民事审判贯彻“调解为主、判决为辅”方针，对受理的离婚案多以调解方式处理。1987—1989年，离婚纠纷案件增多，青年夫妇离婚的比重大。由于强化调解职能，把调解贯穿于审判始终，共调解4137件，占民事案件总数的66%。1992年起，县人民法院严格依照《中华人民共和国民事诉讼法》和《中华人民共和国民法通则》等法律法规办案，坚持依法调解，强调当事人负举证责任。1994年，改革审判方式，实行“一步到庭”办案方式，强调当事人的举证责任，充分发挥合议庭的作用，民事办案质量和效率在不断提高。

1986—1995年，县人民法院共受理民事案件2515件。1996—2005年，县人民法院共受理民事案件3790件。20年间，民事案件多为婚姻、抚养、抚育、赡养、继承、债务、赔偿、劳资、经济合同等纠纷，其中以婚姻家庭纠纷居多，共审结婚姻家庭纠纷案件3555件，占民事案件总数的56.4%。

1986—2005 年部分年份共和县人民法院民事案件审理情况表

表 8-14　　　　单位：件

年份	受理	审结	审结案中						
			婚姻家庭	继承案件	债务纠纷	房屋纠纷	经济合同	赔偿	其他
1986	200	182	135	2	17	—	—	7	11
1987	166	124	104	—	15	1	—	1	3
1988	238	210	150	3	40	4	—	3	10
1990	230	221	134	1	39	1	—	4	42
1991	233	219	154	—	44	—	—	6	15
1993	264	255	165	—	62	—	—	5	23
1994	374	363	265	2	54	1	—	5	74
1995	331	324	242	1	52	—	—	14	15
1996	349	328	228	1	74	—	—	9	14
1997	350	310	200	—	78	—	—	17	15
1998	473	412	241	4	99	—	—	24	44
1999	446	410	247	—	89	—	—	35	39
2000	353	320	174	—	86	—	—	28	32
2001	356	337	180	—	85	—	—	26	46
2002	433	417	169	—	179	—	6	30	33
2003	395	389	152	—	164	—	26	32	15
2004	270	262	—	—	—	—	—	—	—
2005	365	355	121	—	113	—	112	—	9

说明：2002 年经济审判并入民事审判

二、经济审判

1985 年，县人民法院设立经济审判庭开展经济审判工作，按照青海省高级人民法院规定的案件管辖范围收受案件，即受理公有制企业之间的产、供、运、销合同，基本建设和维修方面的合同，信贷、保险、环境、商标等七个方面的经济纠纷案件。1990 年后，县人民法院贯彻实施《中华人民共和国经济合同法》《中华人民共和国担保法》和《中华人民共和国民事诉讼法》，在经济审判中按照“着重调解、就地解决”原则审理各类经济案件。县人民法院遵循促进经济建设的原则，在适用第一审普通程序和简易程序审理经济案件期间，以 1990 年受理县农行下属单位营业所、信用社的申请支付令案件为标志，成立收贷组，对县内影响资金正常运转的债权债务明确的借款合同等经济纠纷案件，依法适用督促程序向债务人下达支付令，及时立案、审理和执行。

1996—2000年，经济审判工作以“促进社会主义市场经济公平合理，依法保护公民、法人合法权益，创造良好的经济投资环境”为指导思想，运用法律手段，依法维护企业合法权益。

1986—2001年，共审结经济案件789件，诉讼标的总金额达1479.09万元。经济案件主要是购销合同、借款、建设工程承包和其他案件。随着经济改革的不断深入，经济纠纷案件特别是经济合同纠纷明显增多。2002年，经济审判并入民事审判。经济审判始终坚持“三个有利于”方针，坚持着重调解的原则，审判人员经常深入实际，深入群众，调查研究，就案学法，不断总结经验，促进经济案件审判质量提升。

1986—2005年部分年份共和县人民法院经济案件审理情况表

表8-15　　单位：件

年份	受理	审结	审结案中		
			工程承包合同	购销合同	其他
1986	31	28	3	5	20
1987	34	28	—	20	8
1988	39	37	8	15	14
1990	28	27	5	10	12
1991	32	29	4	12	13
1993	77	71	—	24	47
1994	57	52	6	31	15
1995	52	51	6	22	23
1996	39	36	4	11	21
1997	138	137	3	8	126（借款合同119件）
1998	81	79	9	19	51（借款合同40件）
1999	39	36	10	19	17
2000	19	17	4	3	10
2001	22	21	3	2	16（借款10件）

说明：2002年经济审判并入民事审判

第四节　行政审判

1986年，县人民法院依照《中华人民共和国民事诉讼法（试行）》的规定，由民事审判庭审理行政案件。1990年10月1日《中华人民共和国行政诉讼法》颁布实施后，县人民法院根据青海省委、省人民政府、省高级人民法院、省编制委员会联合印发的《关于全省各级人民法院设置行政审判庭的通知》精神，设立行政审判庭，全面展开行政审判工作，负责对全县各种行政案件的审理。“民告官”案件逐渐诉诸法院。县人民法院根据《中华人民共和国行政诉讼法》关于“保护公民、法人和其他组织的合法权益，维护和监督行政机关依法行使行政职权”的立法目的，按照《中华人民共和国行政诉讼法》规定的受案范围收受案件。由于对《中华人民共和国行政诉讼法》宣传力度不够、行政机关多用口头的形式裁决纠纷，致使行政案件上诉很少。1994年，针对共和县行政机关在行政诉讼中因行政违法行为而败诉的情况，县人民法院以办专栏、张贴标语、电视讲话、广播等形式宣传国家赔偿法，对有关行政执法单位负责人进行国家赔偿法培训。利用各种机会先后到全县人口相对集中的地方开展行政诉讼法、国家赔偿法和行政处罚法等行政审判法律法规的宣传20余次，共接待群众法律咨询1000人次，散发宣传资料8000份。1995—2000年，行政案件逐年增多，行政执法机关的书面裁决多于口头裁决，行政执法逐渐趋于严谨、规范；经过“二五”“三五”“四五”普法，群众的法律意识逐渐增强，敢于用法律武器来保护自己的合法权益。五年间，共审理行政案件41件。

2001年，随着全面推进依法治国、依法行政进程，行政机关进一步转变职能和工作作风，行政审判工作出现新的特点，行政案件逐年下降，非诉行政案件有所增多。2001—2005年，共审查处理行政非诉案件48件。通过审理行政案件，依法保护公民、法人和其他组织的合法权益，维护和支持行政机关依法行政。1990—2005年，共审结行政案件66件。

1990—2005年共和县人民法院受理行政案件情况表

表8-16　　　　单位：件

年份	受理	审结	年份	受理	审结
1990	3	3	1998	8	7
1991	2	1	1999	10	10
1992	—	—	2000	1	1
1993	2	2	2001	6	6
1994	2	2	2002	5	5
1995	2	2	2003	8	8
1996	8	7	2004	1	1
1997	9	8	2005	3	3

第五节　案件执行

1986—1990年，县人民法院实行“审执合一”制，审判人员既办案又要负责案件执行。1990年6月，设立执行庭，专司案件执行工作，实行审执分立，建立执行案件管理系统，明确院长、执行局长、执行员的管理权限。执行工作采取综合治理手段，运用各种强制措施，有效打击拒执行为，促进执行工作良性循环。坚持大案、要案和疑难、复杂的执行案件向县委、县人大、县委政法委汇报制度，依靠县委、县人大常委会、县政府排除执行工作中存在的阻力和障碍，解决执行工作中遇到的困难和问题，缓解“执行难”。1991 年，执行庭配备执行员，执行工作得到加强，全年执行已审结的案件 163 件（其中民事 154 件，经济案件 9 件），占审结案件的 65.7%；未执行的案件 45 件（其中民事 27 件，经济案件 18 件）。1992 年，县人民法院对 1980 年以来未执行的 100 余件经济纠纷案件，集中时间、人力，加大执行力度，执行完结案件 80 件，执行率 80%。1993 年后，省高级人民法院印发《关于全省开展统一集中执行工作的安排意见》，县人民法院充实执行力量，对本院审结并发生法律效力的案件进行专题研究，根据案情分类排队，制定执行方案，开展案件执行“大会战”。是年，共受理执行案件 104 件（含旧存 35 件），已执行 84 件（含部分执行的 26 件），执行率 80%。其中，执行经济案件 22 件（含部分执行 9 件），标的额 17.65 万元；民事案件 51 件（含部分执行的 16 件），标的额 7.34 万元；行政案件 3 件，标的额 1450 元；刑事附带民事 1 件，标的额 1500 元。

1995 年，共执行受理案件 84 件，已执行 47 件，标的额 110.03 万元。1999 年始，县人民法院克服困难，强化执行措施，努力缓解“执行难”，加大积案执行力度，促进受结案良性循环。

2001 年，集中清理 2000 年旧存积案 19 件，集中清理 17 件，标的额 78.87 万元。针对一些有履行能力而拒不执行或抗拒执行的情况，采取强制措施予以执行。采取查封、扣押、冻结、变卖财产等强制措施执行 26 件，司法拘留 6 人次。2002 年成立执行局。2005 年，县人民法院贯彻实施《人民法院执行工作若干问题的规定》，加强和改进执行工作，探索建立新的执行工作管理体制和执行机制。全年共受理各类执行案件 2384 件，审结 1850 件，执结标的达 3391.11 万元。由于被申请执行人无财产可执行和下落不明等原因，使当年一些案件得不到及时执行，形成积案。至年末，共有积案 534 件。

第六节　信访申诉

1986 年，县人民法院对“文化大革命”前、“文化大革命”中判处的案件，中共十一届三中全会以来和“严打”开始后判处的案件，由本人提出申诉的，进行重点复查，共复查各类刑事案件 17 件 27 人。经复查后，宣告无罪的 5 件 5 人；其中，“文化大革命”前的 3 件 3 人，“文化大革命”中的 2 件 2 人，“严打”以来的 4 件 7 人。其中，减轻刑罚的 3 件 6 人，维持原判的 1 件 1 人。共处理人民来信 403 件，接待来访群众 195 人次。1987 年，共处理申诉案件 6 件 6 人，经审理，减轻刑罚的 5 件 5 人；维持原判的 1 件 1 人。1988 年，申诉、信访工作坚持实事求是、有错必纠的方针，积极慎重，及时处理。对于本人提出申诉的案件，给予重点复查；对于确实处理错了的案件，经查证后实事求是地予以纠正。对于犯罪事实清楚、证据确凿、定性准确、量刑适当的，则坚决维持原判。对于无理纠缠的，则对其进行法制教育，使其认罪服法。1990 年，共受理申诉案件 1 件 1 人，接待来访群众 230 人次，处理人民来信 480 件，接待法律咨询 20 人次。

1991 年，共受理告诉、申诉和来信来访 360 件（人）次，审查处理 360 件。1994 年，共处理来信来访 231 件，接待来访群众 350 人次。1995—2000 年，共处理来访函件 1023 件，接待来访群众达 1855 人次，院长接待日接待群众 371 人次，当场答复 160 件，转交业务庭处理 103 件，处理县党委、人大、上级法院转办的案件 7 件，处理县人民代表议案和人大等部门转办的案件 27 件。

2001 年，院长接待日接待群众 147 人次，处理各类问题 27 件，转交业务庭处理 16 件。接受党委、人大、省级法院转办案件 13 件，已全部处理，做到件件有回复、事事有交代。2002 年，全年共受理各类申诉案件 14 件，依法驳回申诉 8 件，提起再审（含指令再审）6 件，审结 6 件。接待来访群众 156 人次，处理来信 28 件次，接受党委、人大和上级法院转办案件 2 件，已处理 2 件，院长接待日接待群众 192 人次，处理各类来访事宜 31 件。2003 年，共接待来访群众 255 人次，处理来信 25 件次，受理申诉案件 16 件，依法驳回 13 件，提起再审 3 件，审结 3 件，结案率 100%，其中，维持原判 1 件，改判 1 件，撤诉 1 件。2004 年，加强立案信访接待工作，共处理告诉、申诉来信 29 件次，来访 137 人次。2005 年，共接待来访群众 113 人次，登记备案涉诉信访案件 17 件，其中已处理 17 件次，受理申诉申请再审 7 件，驳回 5 件，撤诉 2 件，共组织诉前调解案件 6 件，调解成功 6 件，共为 9 件案件 19 名贫困当事人减免缓交诉讼费 3. 7 万元。

第四章　司法行政

1986—2005年，共和县司法行政工作以促进社会主义法制建设，推动依法治县为目标，积极开展司法行政改革，认真组织实施“一五”至“四五”普法教育，广泛开展送法七进（进机关、进乡村、进社区、进学校、进企业、进单位、进寺院）等活动，公民社会法治意识普遍增强，普法工作成效显著。律师事务、公证事务全面开展，帮教矫正、人民调解、法律援助工作卓有成效，全面依法行政和依法治县进程步伐加快，促进全县经济发展。社会和谐，民族团结，人民安居乐业。

第一节　机　构

1984年，共和县司法科改称县司法局。1985年，县司法局下设公证处和法律顾问处。1991年，法律顾问处更名为共和县律师事务所。1997年，增设恰卜恰法律服务所和倒淌河法律服务所。2005年，县司法局内设机构未发生变化，下设有公证处、律师事务所，12个乡（镇）各设有司法所1个。

第二节　普法工作

一、“一五”普法

1986—1990年，开展“一五”普法工作。1986年，共和县人民政府印发《共和县“一五”普法规划》，全面启动普法教育工作。是年，订购《法律汇编》《干部法律常识读本》《职工法律常识读本》《农民法律常识读本》等1100册，印发普法宣传材料137份和《法规汇编（藏文）》210套，以及其他有关“普法”材料130余本，全部分发到各乡（镇）干部职工和农牧民手中。1987年，普法宣传教育培训乡村干部普法骨干35人、农牧民普法骨干38人。向农牧民讲授《中华人民共和国宪法》《中华人民共和国刑法》《中华人民共和国民法通则》《中华人民共和国经济合同法》《中华人民共和国婚姻法》《中华人民共和国草原法》《中华人民共和国治安管理处罚条例》《海南藏族自治州自治条例》等。集中举办副科级以上领导干部学习班和基层普法骨干培训班1期，为期10天，共有干部74人（县级干部11人、科级干部47人、乡镇司法助理员和普法骨干16人）参加学习和培训。发放给干部职工《法律汇编》3000册，为农村、牧区订购《农民法律常识读本》及其他材料90册，《法规汇编（藏文）》200册。

二、“二五”普法

1991—1995年，开展“二五”普法工作。1992年，法制宣传工作按照“二五”普法规划的要求，利用录音、录像广播、宣传图片、标语等形式，进行《中华人民共和国宪法》宣传活动，共发放各种宣传材料千余份，张贴宣传标语120张，接待咨询人数达300余人次。在农牧区重点进行《中华人民共和国宪法》《中华人民共和国土地管理法》《中华人民共和国婚姻法》《中华人民共和国民事诉讼法》《中华人民共和国治安管理处罚条例》《中华人民共和国民族区域自治法》等学习宣传活动。1994年，法制宣传以全面完成以宪法为核心、专业法为重点的普法任务为目标，积极开展法制宣传教育和认真部署普法考核验收实施方案，企事业单位重点抓好市场经济法律的宣传和学习。是年，全县参加专业法学习的干部职工2789人。举办专业法宣传骨干培训班18期，培训骨干460人，出动宣传车辆5次，办专业法宣传栏、黑板报5期，发放专业法宣传材料3800余份。

三、“三五”普法

1996—2000年，开展“三五”普法工作。1996年，在巩固“二五”普法成果的基础上，加大对生产、生活、工作相关法律法规的宣传教育。全年重点学习宣传《中华人民共和国土地管理法》《中华人民共和国森林法》《中华人民共和国水法》《中华人民共和国经济合同法》等法律法规。在农村牧区作大规模宣传8次，参加听讲的农牧民5万余人次。1997年，全县举办普法骨干培训班3期，培训骨干251人次，为县级领导干部举办法制讲座2次，参加人数36人次。开展街头宣传3次，广播宣传3次，出动宣传车2次，悬挂横幅8条，张贴标语450张，印发宣传材料850份，受教育群众3.5万余人次。全年共征订发放《法律法规汇编》普法教材800余本，县处级领导干部参加全省统一考试，参考率95%以上。县普法办在县党校举办法制宣传教育骨干培训班2期，全县62个部门和单位250人参加骨干培训班学习。主要学习“一书五法两条例”。1998年，协同工商部门，结合“3·15”宣传日，举办法制宣传活动3次，印发宣传材料近3000份，受教育群众1.2万余人次，组织普法对象710人参加全省法律知识竞赛答题活动。12月，组织副县级以上领导干部24人和副科级以上领导干部168人参加全州法律学习统一考试，参考率92.3%和81.95%，副科级以上领导干部考试及格率100%。利用开展藏传佛教爱国主义教育试点工作的有利时机，派员到千卜录、尕日拉、甲乙等寺院，面向广大僧侣开展以宪法为核心的有关法律法规的宣传教育。1999年，全县共聘请公检法司单位的工作人员和基层司法助理员20人为县属恰卜恰各学校和各乡校区的法制副校长，颁发聘任证书。全年各学校共上法制教育课40课时，受教育教师1900人次，受教育学生共8900人次。主要宣传《中华人民共和国宪法》《中华人民共和国教育法》《中华人民共和国民法通则》《中华人民共和国刑法》《中华人民共和国治安管理处罚条例》《中华人民共和国义务教育法》《中华人民共和国环境保护法》《中华人民共和国国旗法》《中华人民共和国国徽法》《中华人民共和国未成年人保护法》等法律法规。2000年，开展以《中华人民共和国村民委员会组织法》《中华人民共和国土地管理法》《中华人民共和国未成年人保护法》《中华人民共和国治安管理处罚条例》等法律法规为主要内容的大型法制宣传活动。利用各乡党员培训、办法制学习班之机，组织开展与农牧业生产、农牧民群众生活密切相关的《中华人民共和国农业法》《中华人民共和国土地管理法》《中华人民共和国草原法》《中华人民共和国婚姻法》等法律法规学习宣传活动。全年各乡共举办法制报告会18次，受教育干部达1440人次。是年，全县法制副校长为各校上法制宣传教育课168课时，受教育教师2800人次，受教育学生近1万人次。

四、“四五”普法

2001—2005年，开展“四五”普法工作。2001年，在黑马河乡的正却乎、文巴2个村举办法制培训班1期，为期10天，参加培训287人次；在切吉乡抽调干部32人，组成9个工作组，召开群众大会9次，参加人数2839人次，主要宣传《中华人民共和国宪法》《中华人民共和国刑法》《中华人民共和国治安管理处罚条例》等法律法规。“严打”期间，共开展法制宣传78次，参加人数16614人次，举办法制培训班39次，参加人数9750人次，举办法制讲座26次，共调解纠纷104起，成功率95.2%。

2003年，共发放各类宣传资料3000余份，开展宣传活动92次，办黑板报110期，张贴标语600余条，悬挂横幅180条，出动宣传车36辆次，设立法律咨询点20处，接受教育的农牧民群众7万余人次。

2004年，全县副科级以上领导干部237人参加法律知识任职资格考试。根据公务员履行职责的要求，突出以《中华人民共和国行政许可法》为主要内容的公务员更新知识培训，培训率95%以上。同期邀请省、州宣讲团为全县机关全体干部职工和各乡（镇）副科级以上领导干部举办学习《中华人民共和国宪法》《中华人民共和国民族区域自治法》《海南藏族自治州自治条例》暨民族团结进步创建专题讲座2期，参加人员568人次；深入乡镇、村社，举办宪法培训班12期，参加人员457人次，举办干部法律专题讲座12期。各部门、各行业结合自己的工作特点，举办专业法及部门法规培训班70余期，培训人员3000余人次。全县中小学生广泛开展法制教育宣传，共授课380课时，受教育学生1万余人次。举办农牧区各类培训班120余期，发放宣传材料1000余份，张贴标语600余条，悬挂横幅180条，受教育群众达5万余人次。开展对城镇居民、流动人口、个体工商户和宗教教职人员的法制宣传，全年共开展街面宣传8次，悬挂横幅240条，张贴标语500余条，设立法律咨询点30处，办黑板报100余块，发放宣传资料5000余份，受教育群众达1万余人次。深入各寺院对宗教教职人员进行法制宣传。

2005年，全年在农牧区共举办各类法制培训班260期，开展普法宣传活动268次，发放宣传材料5000余份，张贴标语400余条，悬挂横幅100余条，受教育群众6万余人次。县统战、宗教、公安、工商、文化、社保等部门强化对宗教教职人员、个体户、下岗职工、流动人口、外出务工人员等普法对象的法制宣传教育和管理，利用“3·8”维权周、“3·15”消费日、“6·26”全国禁毒日开展大型系列教育活动6次，悬挂横幅180条，张贴标语380条，设立法律咨询点18处，办黑板报60余块，发放宣传材料5000余份，受教育群众8000余人次。

第三节　民事调解

一、调解组织

1985年，共和县共有各类调解组织207个，调解人员810人。其中，有乡（镇）一级调解组织13个，调解人员35人；农村牧区村一级调解委员会84个，调解人员339人；城镇居民委员会调委会6个，调解人员35人；企事业单位调解组织104个，调解人员401人。1986年，全县13个乡（镇）有司法助理员8人（专职2人，兼职6人）。1990年，全县有乡镇级人民调解中心13个，村级调委员106人。1994年，各乡（镇）调解人员配备齐全，规章制度健全，调解工作效率明显提高。1996年，全县有司法助理员13人（专职1人），有调解组织109个，调解委员会成员471人（调解主任109人），调解员327人。1999年，结合村级组织换届选举，对全县调委会（106个）的状况进行排队摸底，整顿和调整调解委员会38个。2000年，整顿和调整调委会4个。2003年，按照“五有、四落实”规范化建设要求，广泛开展人民调解，规范调解文书和人民调解程序。全县共有调委会117个，刻制印章117枚。采取以会代训方式，培训调解员586人次，创建规范化调委会2个。2004年，印发《共和县关于认真开展矛盾纠纷排查调处工作的实施方案》。2005年，全县有人民调解组织115个（乡镇街道调委会12个，社区、村牧、居调委会102个，区域性行业性调委会1个），全年共建立规范化调委会4个。

二、纠纷调解

1986年，人民调解工作坚持“调防结合，以防为主”的指导方针，把人民调解工作同社会治安综合治理相结合，同“两个文明”相结合，减少诉讼，预防犯罪。是年全县共调解各类纠纷192件。其中，婚姻58件，继承纠纷7件，赡养、扶养、抚养5件，家庭纠纷34件，房屋宅基地5件，债务11件，生产经营22件，邻居纠纷7件，赔偿13件，其他30件。1990年，调解各类纠纷216件577人，调解成功194件，调解成功率89.8%。1991年，强化基层司法行政工作，全年共调处各类纠纷216件，调解成功率89%。1994年，各乡（镇）充分发挥基层调解委员会维护社会稳定的职能作用，全年共发生各类纠纷103起，调解处理纠纷79起，调解成功率77%。1996年，举办违法人员学习班13期，参加人数351人次。1997年，根据省司法厅《关于在全省开展民间纠纷集中排查治理活动的通知》，开展疑难纠纷集中排查治理活动，全年调解各类疑难民事纠纷447起，调解成功399起，调解成功率89.3%。1999年，拓宽调解工作面，配合“严打整治”工作和社会治安重点时期，集中人力、时间开展人民调解。全年共调解各类民事纠纷397起，调解成功率95%以上。2000年，共调解各类民事纠纷278起，调解成功264起，成功率95%以上。2003年，共调解纠纷597件，成功率97%。2004年共调处各类矛盾纠纷586件，成功率96%。2005年内共调处各类纠纷576件，调解成功548件，调解成功率95%。

1985—2005年部分年份共和县调解纠纷情况表

表8-17

年份	乡镇级人民调解中心（个）	村级调委会（个）	调解人员（人）	调处各类纠纷（件）	调解成功（件）	调解成功率（%）
1985	13	90	374	265	239	90.2
1990	13	106	577	216	194	89.8
1995	13	106	577	447	399	89.3
2000	13	106	474	278	264	95.0
2005	12	115	604	576	548	95.1

第四节　律师事务

一、机构与人员

1982年，成立共和县法律顾问处，主要以刑事辩护和民事代理为主。1994年，共和县法律顾问处更名为龙羊律师事务所。1996年，全县共有职业律师2人、法律工作者3人。2005年底，龙羊律师事务所有三级律师1人、四级律师2人。

二、律师业务

1986年，遵照中共十二届三中全会关于“司法部门要积极为经济建设提供法律服务”的指示精神，全县法律顾问处的全体律师工作人员改变以往单纯搞刑事辩护的做法，积极为县内企业单位提供法律服务。是年，担任企业常年法律顾问4人（企业4户，每户法律顾问1人），共办经济案件（包括非诉讼案件）6件，为委托单位收回欠款，挽回损失27.7万余元；共受理各类刑事案件24件，33人；办理一般民事案件5件，办理非诉讼案件1件，代写法律文书21件，接待来访群众64人次，讲授法制课4次。1987年，选派律师担任8家企事业单位常年法律顾问，全年共办经济案件（包括非诉讼调解案件）89件，为委托单位挽回经济损失4000余元；共受理各类刑事案件30件48人，办理一般民事案件9件，办理非诉讼案件1件，代写法律文书65件，接待来信、来访群众323人次，讲授法制课25次，听课人数达936人次。1991年，共承办各类案件76件，其中刑事辩护44件，行政案件3件，非诉讼2件，代理民事案件27件，其中涉及经济纠纷的案件15件，挽回经济损失62万元。接待群众来信采访解答法律咨询860人次，代写各类诉讼文书和有关法律文书89件。1992年，县内律师先后应聘到15家企业担任法律顾问，共帮助聘请单位参与诉讼和非诉讼5起，帮助企业挽回和避免经济损失50万元。全年代书88件，接待群众来访和法律咨询280人次。1994年，全年办理各类案件28件，其中民事代理8件，经济代理案件8件，刑事辩护14件，代书30件，咨询170人次。1996年，聘请常年法律顾问厂矿企业14家，办理经济案件17件，代写经济法律文书52件，为被代理厂挽回经济损失42万元。办理民事案件10起，刑事案件15起。1997年，聘请常年法律顾问企业5家；承办各类案件33件。其中，刑事辩护9件，民事代理17件，经济代理3件，行政代理2件，非诉讼2件，代写法律文书61件，法律咨询136人次，共涉及财产标的93万余元，为5家顾问单位挽回损失31万元。1998年，共代理各类案件28件，代书51件，法律咨询128次，挽回经济损失37.2万元。1999年，共代理各类案件28件，代书76份，法律咨询372次，挽回经济损失50万元，法律援助3次。2000年，执业律师和法律工作者共代理诉讼、非诉讼案件31件，代写法律文书83份，法律咨询106人次，聘请常年法律顾问企业4家，挽回经济损失50余万元，为贫困者、弱者、伤残者提供法律援助3次。2001年，共代理诉讼、非诉讼案件14件，代写法律文书42份，法律咨询103人次，聘请常年法律顾问企业4家。2003年共完成诉讼、非诉讼案件52件，聘请常年法律顾问企业6家。2004年，共代理各类案件57件，代写法律文书54份，法律咨询210人次，聘请常年法律顾问企业4家，为弱势群体提供法律援助11件次。2005年，县人民政府聘请龙羊律师事务所律师担任常年法律顾问。共代理各类案件52件，代写法律文书53份，法律咨询320余人次。

第五节　公　证

一、机构与人员

1982年2月6日，成立共和县公证处。1994年，县公证处改为全额拨款的事业单位，确定事业编制5名。2002年，龙羊峡公证处并入县公证处，编制和人员增加为7名。2003年，编制减为4名。2005年，有公证人员4人。其中，中级专业技术人员2人。

二、公证业务

1986年，共和县公证处接待群众来访151人次，受理公证申请126件，办理出证73件。1987年，共计办结各类公证事项139件，完成办证任务的173%。其中各类经济合同公证115件，标的总额1230万元，包括劳务65件，建筑承包18件，购销4件，加工承揽1件，技术协作1件，借（贷）款25件，开奖1件，民事权利义务24件（收养子女公证1件，遗嘱1件，委托书公证5件，民事协议9件，解除收养1件，抚养1件，房屋买卖、租赁6件）。全年收取公证费9390.75元，接待群众197人次。

1991年，共办理各类公证事项409件，接待群众来信来访约750人次。揭露虚假经济合同7件，避免可能造成的经济损失11.7万元。全年公证收费6027元。1996年，共办理各类经济合同公证700件，总标的7万元。其中，城市经济合同49件，农村土地承包合同15件。

2000年，共办理各类公证1451件。2001年，共办证616件。其中，办理民事公证193件、经济公证423件，共接待来访830人次。2002年，县公证处全年共办证602件，其中办理民事公证186件，经济公证416件，共接待来访704人次。2003年，县公证处全年共办证610件，其中办理民事公证214件，经济公证396件，共接待来访720人次。2004年，共办理各类公证548件，其中经济公证289件、民事公证259件，全年收费2.1万元，办理法律援助9件。2005年，公证处履行业务职能，为改革、发展、稳定提供法律服务，全年共接待来访1730人次，共办理各类公证610件，全年收费1.7万元。

第六节　法律服务与援助

一、机构与人员

1986年，共和县设有法律顾问处，为企事业单位、经济联合体和个体工商户担任常年法律顾问，提供法律咨询和法律帮助，有工作人员5人。1999年8月，成立共和县法律援助中心，为司法局内设机构。2003年10月，共和县人民政府研究决定，将共和县法律援助中心和龙羊律师事务所实行两块牌子、一套人马的工作机制，性质为事业单位，专职法律援助律师3人。全县成立法律援助工作站18个。至2005年12月，全县基本建成较完善的法律援助网络体系，各乡（镇）成立法律援助工作站。县法律援助中心分别在县残联、妇联、团委设立法律援助工作站，为残疾人、妇女儿童、青少年提供便捷、优质的法律服务。

二、服务与援助

1986年，县法律顾问处派员担任6户企事业单位法律顾问，挽回经济损失10余万元。1995年后，法律服务工作围绕建立社会主义市场经济，贯彻落实全省司法行政工作座谈会精神，拓宽服务领域，建立和完善内部运行机制，健全办案、公证、收费等各项制度。1999年，县法律援助中心成立后，调解民事纠纷 18 起，法律咨询 11 次。

2000 年，法律服务与援助共调解各类民事纠纷 37 起，代理非诉讼案件 9 起，法律咨询 113 人次。全年“148”法律服务电话共解答法律咨询 5 次，接待来访群众 37 人次，分流案件 7 起。2001 年，共调解各类民事纠纷 15 起，代理非诉讼案 5 起，法律咨询 43 人次。2003 年，全县共举办法律培训班 2 期。年内为 5 家单位担任法律顾问，代理诉讼、非诉讼 61 件，代写法律文书 33 份；承办法律援助 27 件，其中律师事务所 18 件，公证处 9 件。“148”法律工作共接待群众来访和解答法律咨询 120 人次。2004 年，基层法律服务所全年共代理诉讼、非诉讼案件 63 件，法律咨询 140 人次，担任法律顾问 4 家，代写法律文书 60 份。办理法律援助 20 件，全年共调解各类民事纠纷 244 件。“148”法律咨询专线共接待群众来访和解答法律咨询 65 人次。

2005 年，落实法律援助经费 2.5 万元，为弱势群体担任法律援助 23 件，共涉及财产标的共计 85 万余元，为当事人挽回经济损失 50 余万元。基层法律服务所全年共代理诉讼、非诉讼案件 72 件，法律咨询 37 人次，担任法律顾问 4 家，代书写法律文书 53 份，业务收费 3200 元，办理法律援助 19 件，全年共调解各类民事纠纷 230 件。

第七节　安置帮教

1986 年，安置帮教工作由县人民法院负责管理。1988 年后，安置帮教工作交由司法部门主管。1999 年，共和县刑释解教安置帮教领导小组成立，其成员单位有县政法委、司法局、公安局、检察院、民政局、人事局、财政局、教育局、工商局、总工会、团县委、妇联等，并在各乡镇成立刑释解教人员安置帮教领导小组 13 个，各村（居）委会成立帮教领导小组 99 个。

2000 年，县、乡、村三级安置帮教工作领导小组充分发挥组织、领导、协调的作用，重点抓衔接登记、档案、统计、信息、奖惩制度落实等各项工作，各乡镇、村（社）能结合自身实际，有特色地落实各种制度，实行“帮教制度”“一人一档案”“一帮一结对”等管理制度。是年，全面调查摸底 1996 年以来的劳动教养、劳动改造回归人员情况，建立刑释解教人员（41 人）一人一卡档案。登记回归人员 41 人中，由乡（镇）、单位帮助安置 36 人，自谋职业 5 人。

2001 年，全县共接收刑教人员 19 人，其中安置 17 人、帮教 18 人。2003 年，全县共接收刑教人员 28 人，其中安置 26 人、帮教 27 人。2004 年，按照司法部“帮教社会化、就业市场化、工作规范化、管理化”要求，协同公安、民政等部门落实刑释解教人员的安置帮教措施，全年帮教已回归的刑释解教人员 23 人，其中对安置刑释解教人员 20 人。2005 年，制订《共和县刑释解教人员工作制度》，全年共衔接刑释解教人员 16 人（刑满释放 15 人、解除劳教 1 人）。其中，安置 15 人，另 1 人迁出共和县。

第五章　人民武装

1986年后，驻共和县部队认真贯彻执行党的路线、方针、政策和党的军事路线及上级军事部门的命令、指示，参照中国人民解放军的条例、条令进行管理，大力加强自身建设，将军事工作的重点转向兵役工作和民兵建设，认真抓好全民国防教育、兵员征集、民兵组训、武器装备管理等项工作，在维护社会稳定、保护群众利益等方面发挥积极作用。县人民武装部在归属地方建制时期，实行地方党委、政府和上级军事机关的双重领导，职责任务不变。坚持抓班子、强队伍，积极做好民兵整组训练、参建参治等各项工作。民兵、预备役部队军政训练年年完成任务，民兵武器装备管理安全无事故，多次受到省军区表彰。

第一节　人民武装部

1986年4月，县人民武装部机关设军事科、政工科、后勤科等科室。人民武装部改归地方建制后，共和县人民武装部按照“学习、团结、廉洁、求实”的要求，注重加强党委班子和党员队伍建设，认真贯彻军委新时期国防后备力量建设方针，紧跟改革开放步伐，围绕经济建设中心积极开展民兵工作，在完成民兵组织建设、军事训练、兵员征集、国防教育、“以劳养武”等各项工作的同时，组织和带领广大民兵积极投入社会主义物质文明和精神文明建设。先后制定全县人武战线“七五”“八五”扶贫开发规划。

1990年9月，县人民武装部收归军队建制，称中国人民解放军青海省共和县人民武装部，正团级单位。下设正营级军事科、政工科、后勤科。民兵装备仓库的职工，其编制、行政经费、供应渠道仍维持现状不变，武器装备、车辆、器材等物资全部移交军队。收归军队后的县人民武装部成立新一届人民武装部党委，县委书记任人民武装部党委第一书记，受海南军分区和县委、县人民政府的双重领导。

2005年4月，实行部队编制体制改革，县级人民武装部干部缩减编制。建制为正团级，内设军事科、政工科、后勤科。

1986—2005 年共和县人民武装部部长政委任职情况表

表 8-18

职务	姓名	性别	民族	籍贯	任职时间
部长	才郎东主	男	藏族	青海湟中	1986. 1—1992. 4
	刘运良	男	汉族	山东曹县	1992. 7—1994. 3
	李安定	男	汉族	陕西大荔	1994. 4—1997. 3
	龙启顺	男	汉族	青海湟中	1997. 4—2000. 3
	杨洪文	男	汉族	山东平度	2000. 8—2004. 3
	张建斌	男	汉族	甘肃永登	2004. 4—2005. 12
政委	杨企斌	男	汉族	江苏南通	1986. 3—1993. 3
	王学成	男	汉族	青海贵德	1993. 4—1994. 4
	潘启剑	男	汉族	四川开江	1994. 5—1997. 4
	王全仓	男	汉族	陕西宝鸡	1997. 5—1999. 4
	李希凯	男	汉族	陕西蓝田	1999. 5—2002. 3
	刘世贵	男	汉族	重庆长寿	2002. 4—2005. 3
	徐金升	男	汉族	陕西大荔	2005. 4—2005. 12

第二节　武　警

一、驻县武警部队概况

1986—2005 年，共和县驻有中国人民武装警察部队青海省总队第二支队和中国人民武装警察部队青海省总队海南州支队。驻共和县武警部队官兵，按照军事过硬的总体要求，依照军事训练大纲规定，按照“当兵不习武不算尽义务，武艺练不精不算合格兵”的要求，通过对单个军人队列动作、擒敌术、防暴器材、班组战术、中队连战术、执勤技战术等科目的训练，全面提高官兵的军事素质，打牢随行任务能力的基础。驻共和县武警部队官兵坚持人民的利益至上原则，按照服务人民的总体要求积极参加抗洪抢险救灾，参与大风沙尘暴、暴雨、雪灾、洪水、冰雹、地震等灾情抢险救灾。1990 年 4 月 26 日，共和县塘格木地区发生 6.9 级强烈地震、1993 年 8 月 27 日晚蓄水 310 万立方米的共和县沟后水库大垮坝等灾情发生后，共和县武警官兵迅速奔赴灾区，和受灾群众一起团结奋战，全力投入抢险救灾。

二、中国人民武装警察部队青海省总队第二支队

中国人民武装警察青海省总队第二支队前身为青海省军区独立师步兵第五团，独立师撤销后改为青海省军区独立步兵第二团。1982 年 9 月改为武装警察部队，分驻恰卜恰等地。部队除担负正常执勤和训练任务外，还担负着维护本地区社会治安和保护人民生命财产安全的任务。2001 年 3 月 28 日，将中国人民武装警察青海省总队第二支队驻龙羊峡三中队移交武警青海省总队海南州

支队。2005年10月，武警青海总队二支队迁移至青海省西宁市。

三、武警海南支队

1983年7月，组建海南州武警支队，驻共和县武警直属中队受州武警支队和县公安局双重领导，主要任务是看押犯人，维护州、县的社会治安等。1988年7月，根据武警总部关于加强机动部队建设的指示精神，武警青海省总队将直属二支队一中队的部分干部、战士调海南州支队组建支队机动中队。1992年4月，支队执行七类编制，增编龙羊峡武警中队。2005年6月，州支队由七类支队扩编为四类支队。

第三节　民　兵

一、民兵组织

中华人民共和国成立后，共和县的民兵实行地方党委、人民政府和人民武装委员会的双重领导制度。各级党的委员会和人民政府对民兵工作的领导主要通过各级人民武装部实施。在军事领导关系上，实行县、乡人民武装部垂直领导，负责本地区的民兵工作。

1986—1995年，县人民武装部调整应急分队设置，民兵分队训练以提高民兵应急分队整体执行任务能力和全面提高训练质量。成立集训队，因地制宜，自制训练器材，在训练内容和时间上不搞一刀切，因人施教，严格把关，从难从严要求，不走过场。从实战出发，融合练技术、练战术与练思想、练作风于一体。1999—2005年，根据省军区、州军分区指示精神，调整全县民兵组织机构，原民兵应急分队改建为海南州民兵应急营，新建民兵应急电力设施抢修分队、空军勤务保障分队、地面油料保障分队、民兵装备维修分队、通信抢修分队、公路运输分队、对空观察分队和机炮连。

二、政治思想教育

1986年，县人民武装部开展爱国主义、国防法规、民族宗教、“三个代表”重要思想、科学发展观等教育活动，努力提高民兵思想政治觉悟。1988年，宣传中国共产党第十三次全国代表大会和七届全国人大第一次会议精神，突出改革开放十年来成就教育。1989年，按照《青海省国防教育暂行条例（草案）》开展国防教育和爱党、爱国、爱社会主义教育。1992年，开展民兵预备役部队的光辉战斗历程、在革命和建设实践中形成的优良传统、坚决听党的话跟党走、忠实履行建设祖国保卫祖国的“四课”教育，加强组织纪律性，增强应急分队同党中央在政治上、思想上、行动上保持一致的自觉性。2005年，利用民兵整组训练时机组织开展爱国主义和国防法规教育，增强广大民兵热爱国家和国防法规意识。

三、军事训练

1986年后，贯彻执行中国人民解放军总参谋部《关于调整改革民兵军事训练的试行意见》，改革民兵军事训练方式和内容，减少训练人数、精简训练内容、改进训练方法、提高训练质量。全县民兵军事训练开始实行两年一个周期训练制度，每一周期落实30天240小时以上的训练时间，进行射击、投弹、爆破、土工作业和战术、队列等训练。1990年后，按照兰州军区新颁布的民兵军事训练大纲和民兵规范化训练标准，民兵军事训练的重点转为对民兵干部、应急分队和专业技术兵的训练，训练内容以技术训练为主转变为以战术训练为主，训练方式由分散转为集中。民兵干部和专职武装干部的训练为两年一个周期，每年训练15天；民兵应急分队训练每年至少完成15天时间，进行防爆、射击、队列等战术训练。1994年，县人民武装部立足于担负“维稳反恐、应急动员、保交支前”新使命，针对高原牧区民兵预备役建设的特点，贯彻落实《军队基层建设纲要》，把民兵组织建设作为提升战斗力的突破口，按照组织落实、政治坚定、训练有素、反应迅速、保障有力的标准，在“一乡两镇”建立民兵应急分队3个，购置民兵野外训练装具和器材，建成集吃、住、训、行为一体的训练点，走出一条训练形式向集中型转变、训练内容向专业型转变、训练教学向规范型转变、训练管理向正规型转变的方法路子，民兵综合素质显著提升。1995年，人民武装部进行的少数民族地区民兵预备役工作调整改革试点经验被青海省委、省政府、省军区推广。2000年，全县基层人民武装部和民兵应急连达到省委、省人民政府、省军区规定的民兵预备役建设“双八条”标准。2003年，共和县组织民兵参加海南藏族自治州建州50周年庆典活动。2004年5月，州军分区在共和县组织开展服预备役退伍军人应急征召演练，县人民武装部征召预备役退伍军人参加演练。通过演练，总结和制订《海南州动员征服预备役退伍军人实施细则》。2005年4月，在组织民兵应急分队参加贵南县黄沙头植树造林和军事比武竞赛活动，取得军事比武总评第二，两个单项第一。

第四节　兵役工作

一、义务兵役制

兵役登记　1986年始，共和县兵役登记工作依据《中华人民共和国征兵工作条例》，每年8月初开始到9月结束。兵役登记的对象主要为共和县地域内当年12月31日前年满18~22周岁的男性公民，也有少量符合条件的女性公民，大专以上文化程度的放宽到23周岁。经兵役登记和初步审查符合服兵役条件的作为应征公民，经过体格目测、病史调查、政治和文化程度初步审查，从中选择政治思想好、身体好、文化程度高的应征公民为当年预定征集的对象。预征对象人数根据兵员名额情况确定。1989年和1990年实行一年（春、冬季）两次征兵，1991年后又恢复为冬季征兵。

年龄条件　按照《中华人民共和国征兵工作条例》规定，每年12月31日前年满18岁的男性公民应当被征集服现役，当年未被征集入伍的，在22岁前仍可以被征集服现役；根据军队需要和本人自愿的原则，可以征集当年12月31日前未满18岁的男女公民服现役。

政治条件　1990年10月，公安部、解放军总参谋部、总政治部《关于征集公民服现役的政治条件的规定》中明确提出，应征青年必须拥护党的方针、路线、政策，热爱中国共产党，热爱社会主义祖国，热爱人民军队，政治历史清楚，遵纪守法、品德优良，乐于奉献，全心全意为人民服务，决心为保卫祖国、保卫人民和平劳动而英勇奋斗的适龄青年。1996年7月，国务院办公厅、中央军委办公厅在转发《公安部、总参谋部、总政治部〈关于严格征集兵员政治审查工作意见〉的通知》中指出，特别要严格政治审查，防止将不合格人员征入部队，以确保兵员政治合格、纯洁可靠，保证新时期国防建设和军队建设的需要。1996年9月，公安部、总参谋部、总政治部颁发《关于征兵政治审查组织实施工作的规定》，同月国防部征兵办公室制发《应征公民政治审查表》，进一步规范应征公民政治审查的程序和办法。

身体条件　应征青年的身体条件，随着人民物质生活水平的不断提高和医疗检测手段的不断发展，越来越严格。从1991年冬季起，对应征公民的体格检查，执行新的标准，原《应征公民体格条件》改为《应征公民体格检查标准》，男性体重由原来47公斤增加到50公斤、身高由原来160厘米增高到162厘米，女性体重由原来的43公斤增加到45公斤、身高由原来的155厘米增高到158厘米；视力由原来的右眼裸视为5.0降为4.9、左眼4.8。

文化条件　1990年国家对应征青年的文化条件有了新的规定，城镇青年必须有高中以上文化程度，农、牧区青年有初中以上文化程度。女兵的文化程度也从初中提高到高中毕业。在牧区征集时，对文化程度的要求低于通行标准，纯牧区文化程度放宽到相当于初中。

评议初审　评议初审工作由县人民武装部、接兵人员和乡镇专武干部一起，逐乡（镇）、逐村社对应征对象的身体状况进行目测和病史调查，了解应征青年的思想和家庭基本情况，查看户口本和学历证明，按照征集条件，确定参加体格检查的对象。

体格检查　共和县抽调若干有经验的医务工作者，按国防部颁发的《应征青年体格条件》对应征青年逐人逐项进行检查，并填写《体格检查登记表》。体检工作实行“谁检查、谁签字、谁负责”的医务人员岗位责任制和主检医生负责制。应征对象体格检查结束后，进行体格抽查和复查工作，由征兵领导小组对体检结果进行抽查，抽查数一般不少于体检合格人数的三分之一。

政治审查　体检合格的应征青年，县征兵办公室进行政审。一般先走访应征青年所在单位和毕业学校，再由派出所进行审查，查对户口底册，填写《政审登记表》，最后由征兵办公室做出政审是否合格的结论，并张榜公示，公开接受群众监督。

择优定兵　对体检合格的应征青年，由县征兵领导小组和接兵部队人员一起，根据海南州人民政府征兵命令赋予的征集任务，在体检政审合格的应征青年中，研究确定新兵，并张榜公示新兵名单。被批准入伍的应征青年，由县征兵办公室办理入伍手续，发给《应征公民入伍通知书》。其家属凭入伍通知书到户籍部门注销应征青年户口，并享受军属待遇。

二、预备役

1980年始，共和县恢复对退伍士兵和转业军官进行预备役登记统计制度，建立登记卡片和统计资料，逐年登记、调整。1990年时，实行民兵与预备役相结合的预备役制度，共和县按规定把年龄在18～35岁之间的男性公民，分别编入一类和二类预备役。参加一类预备役的年龄为18～28岁，包括退伍士兵、地方专业技术人员以及经过一个月军事训练的基干民兵以及少数的女基干民兵。二类预备役是普通民兵和经过预备役登记29～35岁的复原、转业军人及其他男性公民。每年结合民兵整组，调整预备役成人员。1995年，全县在贯彻民兵预备役制度中，从战备需要出发，把预备役与兵员动员相结合。从一类预备役士兵中确定战时兵员对象，年龄控制在18～23岁之间，退伍士兵为28岁。基干民兵经过一个月的军事训练并取得合格证，其政治条件、身体条件符合征集新兵要求的，每年调整落实一次，平时编在基干民兵之内，战时则为首批动员对象。

1998年12月，全国人大常委会第六次会议通过新的《中华人民共和国兵役法》，实行义务兵与志愿兵、民兵与预备役相结合的兵役制度。1999—2005年，按照新的兵役法规定，对义务兵现役期满，退出现役时符合预备役条件由部队确定的士兵预备役、军官预备役。回原籍后，由县兵役机关办理预备役登记。

第五节　军民共建

1986年后，全县党政军民继承和发扬“双拥”光荣传统，把拥军优属、拥政爱民有机结合起来，把物质文明建设与精神文明建设结合起来，开展创建“双拥”模范活动，建立起巩固和发展“同呼吸、共命运、心连心”的新型军政军民关系。每年元旦、春节、八一建军节等节日期间，县委、县政府和有关部门都要组成慰问团，慰问驻军，召开军民群众大会和座谈会；派机关干部到乡村、街道走访烈士家庭，革命残疾军人、退伍军人、带病回乡军人、义务兵家属，向他们征求意见，帮助他们解决各种实际困难。学校、街道经常开展拥军优属活动，为驻军部队慰问演出。海南军分区及驻共和县武警部队，切实把拥政爱民工作列入重要议事日程，纳入目标管理，各部队层层签订责任书，明确拥政爱民责任制。

1990年4月26日，共和县塘格木地区发生6.9级地震，部分村庄遭到毁灭性破坏，县人民武装部迅速组织民兵2497人次，投入抗震救灾工作中。为受灾群众清理和修缮房屋270余间、门窗家具770余件、农机130余台，抢救粮食约9.5吨、羊毛约1.7吨，挽回经济损失近30万元。1993年8月27日晚，共和县沟后水库发生垮坝严重事件，洪水沿加拉沟冲向恰卜恰镇。洪水所到之处，树木连根拔起，淹没农田、房屋。在短短的两个小时中，经济损失逾亿元，恰卜恰地区人民生命财产蒙受巨大损失。县人民武装部立即组织11个民兵突击队1500人投入抗洪第一线。经过20余天的连续奋战，抢救群众125人，打捞遇难者遗体209具，转移群众1000余人，打捞木料117立方米，抢运粮食50余吨，清理重灾现场400余亩、受灾单位及家属区废墟1964平方米，清挖砂石41050立方米，挖出人民币2211.4元。电视机、照相机、自行车等贵重物品331件，价值500余万元。

1995年，县人民武装部党委着眼民族地区的稳定和发展，将民兵基层建设作为党委中心工作。在落实基层正规化建设上主动与地方政府联系，争取地方政府大力支持，为基层人民武装部建设排忧解难，先后为乡（镇）人民武装部落实办公室、办公桌椅等必要的办公用品，制作各种标牌，建立起统一的表册，制定应急方案。1997年，县人民武装部协调军地开展“军民共建千里文明线”活动，积极投身“保护母亲河”生态环境的建设，组织民兵预备役人员在龙羊峡库区、环青海湖地区、铁盖乡植树造林106.67公顷、退耕还草333.33公顷。县人民武装部认真贯彻全国“双拥”工作会议精神，继承发扬“双拥”光荣传统，全县军民共建点发展到37个点。连续三年被青海省委、省政府、省军区表彰为“军民‘共建千里文明线’先进单位”。在青海省委、省政府、省军区安排部署和开展的为期三年的县级人民武装部“十好”达标活动中，县人民武装部党委响应省军区“用艰苦奋斗精神改变艰苦面貌”号召，在地方党委、政府的大力支持下，带领干部、职工艰苦奋斗，建成综合办公大楼，告别多年破房子、火炉子、烂院子的历史，实现人民武装部“四个秩序”正规有序。1998年9月18日，兰州军区政委温宗仁带领工作组到海南军分区视察工作时，为人民武装部题词“弘扬老高原精神，争创先进人民武装部”。1999年，共和县江西沟遭受特大雪灾，县人民武装部组织民兵清扫积雪，运送物资，并支援救灾物资。是年，共和县被表彰为全国“双拥模范县”，县人民武装部部长龙启顺出席在北京举行的表彰大会；县人民武装部被兰州军区政治部表彰为“群众工作”先进单位；共和县被表彰为全国“双拥模范县”。2000年，省委、省政府、省军区开展“民兵预备役基层建设‘双八条’达标活动”，县委、县政府、县人民武装部先后投资10余万元，为全县12个乡（镇）武装部改善办公设施、更新民兵训练、器材，建成“青年民兵之家”，配备活动器材，使广大民兵活动有场所、娱乐有器材。完成全县基层人民武装部和民兵应急分队的“双八条”达标任务，历时三年。2002年，军委副主席迟浩田视察共和县民兵退耕还草示范基地，给予充分肯定。是年，县人民武装部被青海省委、省政府、省军区表彰为驻青部队、民兵预备役人员和支持青海开发建设“达标单位”。2005年7月，海南军分区在共和县人民武装部召开人民武装部正规化建设试点观摩现场会。

第六节　人民防空

20世纪70年代，共和县成立县人民防空指挥部。2002年12月，共和县人民政府请示省人民防空办公室、省国防动员委员会同意，在机构设置、人员编制及工作职能不变的情况下，将龙羊峡人民防空办公室更名为共和县人民防空办公室。2005年12月，海南州机构管理办公室印发《关于原龙羊峡人民防空办公室更名的通知》，确定更名后的共和县人民防空办公室为国防动员委员会办事机构，在共和县交通与建设局挂人民防空办公室牌子。县人民防空办公室全面完成《龙羊峡防空袭预案》。

1986—2005年，县人防指挥部组建医疗救护、抢险抢修、物资运输、治安消防、通信警报等5支专业队，人员由建设、交通、电力、公安、消防、海南州正源供水公司、卫生医疗等部门组编而成。

1986—2005年，共和县在“三防”（对核武器、生物武器、化学武器的防护）教育中渗透防灾教育，增强学生自救自护意识，提高学生应对紧急灾难能力，激发学生爱国主义的热忱，增强国防观念。20年间，通过开展“三防”教育，受教育学生2300余人次，辖区高中阶段学生受教育率100%。

第九编
综合政务管理

第一章　民　政

1986—2005年，共和县民政工作以“上为政府分忧，下为百姓解愁”为宗旨，紧紧围绕民生要务开展工作。通过全面开展村（牧）民自治活动，推进农村民主政治建设，促进农村两个文明建设；建立健全适合县情的救灾救济工作管理体制和运行机制，建立城乡居民最低生活保障制度，辖区受灾群众和贫困群众的基本生活得到有效保障；深入开展“双拥”活动，落实优抚安置政策，多次荣获“双拥模范县”荣誉称号；全面勘定县边界线，促进行政区域边界的管理和交界地区人民群众的团结互助；规范管理民间组织、区划地名、婚姻登记，积极探索殡葬改革，社会事务行政管理水平显著提高。

第一节　机　构

1986年，共和县民政局内设办公室、优抚安置科、社会救济科、社会行政管理科，工作人员12人。1997年，共和县民政局设有办公室、优抚安置股、社会救济股、社会行政管理股、养老福利股、婚姻登记股、财务股，机关工作人员14人。2005年12月，内设办公室、优抚安置股、社会救济科、社会行政管理股、婚姻登记股、地名办公室、养老福利股、“双拥”办公室、财务股，核定行政编制16名，实有工作人员18人。

共和县民政局主要负责社会救助和社会福利、基层民主政治建设、服务军队和国防建设、管理专项社会事务等；具体负责城乡最低生活保障、救灾救济、社区建设、优待抚恤、退伍安置、婚姻登记、殡葬管理、行政区划、地名管理、收养登记、民间组织管理、社会福利事业和基层政权建设等民政事务。管理县殡仪馆和县社会福利院。

第二节　基层政权建设

一、村民委员会建设

1986年，全县设有12个乡1个镇，87个村（牧）委会。是年，全面摸底调查基层组织建设和自我教育、自我管理、自我服务情况，开展村民委员会选举准备工作。1988—1989年，开展村民委员会选举试点工作，并制定《村委会工作制度》《村委会三年任期目标》《村委会财务管理制度》《村民自治章程》《村规民约》《村委会工作职责》等制度。1990 年，根据《中华人民共和国村民委员会组织法》，全县进行第一届村（牧）委员会选举，选出村（牧）委员会 86 个。选举之前，全县广泛开展学习宣传《中华人民共和国村民委员会组织法》活动。1993 年，全县进行第二届村（牧）委员会选举。1996 年，全县进行第三届村（牧）委员会选举。同时，在 1992—1996 年，结合农村牧区社会主义思想教育工作，在全县 8 个乡 55 个村开展村委会管理运行、财务管理、发展经济、社会治安、计划生育等方面自治达标活动，培训村社干部骨干 310 人。1997 年，贯彻全国农村基层组织建设工作座谈会精神，完善村民代表会议和村务公开等自治制度，实行民主决策、民主管理、民主监督的管理机制。1998 年，开展整顿“软、弱、涣、散”村委会工作。1999 年，根据省政府办公厅《青海省村牧委会、居委会第四届选举工作实施意见的通知》精神，结合全县乡（镇）换届选举工作，全县进行第四届村委会换届选举，其间共召开各种会议 311 次，参加人数 32760 人次，走访群众 1237 人次，张贴标语 1199 张，举办墙报 98 期；选出新一届村（牧）委员会 91 个，选出村（牧）主任 91 人、副主任 47 人，其中连选连任的村委会主任 71 人、副主任 7 人、委员 28 人。2000 年，按照县委组织部、县民政局印发《关于全面推行村务公开民主管理工作的安排意见的通知》和《共和县村务公开民主管理暂行办法》《关于推行乡镇政务公开的安排意见》，进一步规范和完善村务公开工作，全县 13 个乡（镇）91 个村委会普遍建立政务和村务公开制度。2002 年，全县开展第五届村级换届选举工作，选举产生新一届村委会 93 个。2004 年，完善村民委员会民主议事制度，《村规民约》《工作职责》等制度，拟定共和县村务公开民主管理办法，明确公开内容、公开形式、公开时间，是年全县村务公开率 100%。2005 年，完成第六届村（牧）委员会换届工作，产生新一届村委会 92 个。

二、社区居委会建设

1986 年，全县设有居民委员会 5 个。至 1988 年，居委会增加到 7 个。1990—1998 年，居委会开展换届选举 3 次（届）。1999 年，换届选举产生第四届居民委员会，选出新一届居委会 7 个。2002 年后，加大社区居民委员会建设力度，州、县两级召开社区建设协调会 2 次，规划协调恰卜恰镇社区居委会建设方案，县民政局给恰卜恰地区 7 个居委会配发活动器材和办公设施。是年 6 月中旬，组织全县社区干部赴青海省西宁市参观考察社区工作，学习先进经验。2003 年，编制印发《共和县 2002—2006 年社区建设规划》，组建完成龙羊峡镇社区居委会 2 个、倒淌河镇社区居委会 1 个，全县社区居委会增加到 10 个，专职工作人员 62 人，其中治安协管员 14 人。2005 年 5 月，全县社区居委会完成第六届换届选举，选出新一届居委会 10 个。

第三节　优抚安置

一、拥军优抚

共和县是海南藏族自治州州府所在地，驻有海南军分区、共和县武装部、武警青海省总队第二支队、武警海南州支队、武警公安消防支队等驻军部队。1986 年后，每年元旦、春节、八一建军节等节日期间，县委、县政府和有关部门组成慰问团，慰问驻军和优抚对象，召开军民群众大会和座谈会；派机关干部到乡村、街道检查优抚政策落实情况，走访烈士家庭，残疾军人、退伍军人、带病回乡军人、义务兵家属，征求意见，解决各种实际困难。学校、社区经常开展拥军优属活动，为驻军部队慰问演出。海南军分区及驻共和县武警部队，把拥政爱民工作列入重要议事日程，纳入目标管理。1991年，根据省定《双拥模范城（县）标准》，县人民政府印发《共和县创建“双拥模范县”规划》。至年末，共创建“双拥”模范乡（镇）4个，“双拥”先进单位（集体）12个（含驻军部队）。1992年，县人民政府印发《共和县拥军优属模范乡（镇）单位标准》，把各项创建任务分解下达给部门和单位，落实各级“双拥”工作职责，建立健全创建工作制度。坚持慰问走访和军地联席会议制度，召开军地联席会议2次，召开共和县“双拥”工作会议1次，表彰“双拥”模范单位12个，“双拥”先进单位11个。1993年，全国助残日期间，军分区、二支队、州支队组织医疗队员上街为残疾人服务、办实事、送温暖。1995年，中共青海省委、青海省人民政府命名共和县为全省“双拥模范县”。1998年，国务院授予共和县“双拥模范县”称号。1999年，共和县人民政府印发《关于为重点优抚对象义务修建住房的实施方案》，进一步完善《共和县群众优待金统筹实施办法》，各乡的优待金均按要求纳入乡统筹，优待金水平提高到1000元，达到全县农牧业人均纯收入水平。是年，开展“爱心献功臣”活动，县直各部门、乡（镇）对口帮扶在革命年代里有战功的家庭56户、带病回乡军人家庭22户和烈士家属“三难”（生活难、住房难、治病难）户12户，为其建房23间，投入资金17.9万元。同时，社会各界为功臣献爱心，筹资28.5万元，为重点优抚对象30户新建住房95间，维修住房30间。共和县荣获“全国双拥模范（城）县”荣誉称号。

2000年，开展军（警）民共建和高原千里文明线活动。在纪念中国人民志愿军赴朝作战50周年座谈会上，给志愿军老战士（7人）发放慰问金1554元及慰问品。是年，共和县被青海省双拥领导小组授予“爱心献功臣行动先进单位”称号。2001年，省委、省政府授予共和县“双抚模范县”称号。2002年，全县共有优抚对象406人，其中重点优抚对象204人。通过多种渠道，采取各种形式开展活动，并按上级要求，提高优抚对象补助标准，是年发放“三难”救济款24.6万元。2003年，全县按规定提高优抚标准，涉及烈属家庭10户、老复员军人94人、在职伤残人员93人。按照《青海省农村牧区义务兵家属优待金管理办法》发放义务兵家属优待金，发放给重点优抚对象204人优抚金8万元。2004年，全面调查全县优抚金的发放情况，纠正不按时发放优抚金等问题，调查摸底“三难”问题家庭、人数、困难程度和分布情况，落实抚恤优待标准自然增长机制，累计落实费用23.6万元；完成重点优抚对象111人换证，解决生活费用15万元。是年，中共青海省委、省人民政府、省军区授予共和县“拥军优抚模范县”称号。2005年，省政府授予共和县民政局“拥军优属模范单位”称号。1986—2005年，县政府共计安排800余万元资金，帮助部队解决战备、执勤、教育、训练、生产、生活和国防后备力量建设等方面遇到的各种实际困难。

二、退伍军人安置

1986年起，县政府根据“妥善安置，各得其所”和“从哪里来到哪里去”原则，合理安置复员、转业、退伍军人。县民政局在就业难、安置任务重的情况下，会同县人民武装部、组织部、劳动人事部门努力做好城镇户口退伍军人安置，发放回乡退伍军人安置费，解决回乡退伍军人生产生活中的特殊困难。

三、优待抚恤

1986年后，共和县多次调整优抚对象抚恤补助标准，改进和提升烈军属优待抚恤工作水平。广泛开展“爱心献功臣行动”，发动社会各界为在乡烈属、革命伤残军人、老复员军人解决生活、住房、就医“三难”问题。按照上级规定，革命烈士按40个月工资计发一次性抚恤金；因公牺牲、病故军人分别按20个月、10个月工资计发一次性抚恤金；烈士、因公牺牲军人、病故军人家属按国家规定享受定期抚恤金。1987年，全县实行农村烈军属、伤残、复员、退伍军人优待粮款村（社）筹村（社）管方法。1988年后，实行乡村一次性兑现抚恤金的办法。1995年，发放农村退伍军人和现役军人抚恤金和优待金10万元。1997年，发放农村退伍军人和现役军人抚恤金5万元。1999年，提高优抚对象的定期抚恤标准，发放优抚对象205人抚恤金10.4万元，救济面粉1吨；为优抚对象解决报销医疗费3.06万元，为伤残军人4人免费配发轮椅。2000年，印发《共和县群众优待金实施办法》，提高优待金水平，发放优抚对象208人抚恤金15.91万元。2001—2004年，共发放抚恤优待款261.5万元。其中，义务兵优待款4.2万元；烈属、因公牺牲军人家庭、病故军人家属优待款102万元；伤残军人优待款35.1万元；老复员军人、带病回乡军人优待款120.2万元。2005年，全县向在乡复员军人年发放补助金60万元，向带病回乡军人年发放补助金60.2万元。

第四节 救灾救济

一、生产救灾

1986—1989年，共和县部分乡镇遭受的自然灾害有雪灾、山洪水灾、旱灾、冰雹灾害等，各种自然灾害导致受灾农作物面积累计10万公顷、草场22.2万公顷，受灾牲畜87496万头（只、匹），受灾人口888户4922人。各级人民政府采取“依靠群众、依靠集体力量，生产自救为主，辅之以国家必要的救济”等办法，调配人力、物力予以救助。民政部门迅速掌握灾情，及时发放救灾粮款，保证受灾群众的基本生活需要，并组织群众进行灾后生产自救，恢复生产，渡过难关。1990年4月26日18时37分12秒，共和县塘格木地区发生6.9级强烈地震，震中地区的塘格木农场房屋全部倒塌。受灾人口12366户45098人，受伤2049人，其中重伤149人，死亡120人。公路、建筑、供电、通信、水利、畜牧、文教、卫生等公共设施遭到不同程度损害，总计经济损失2.7亿元；房屋倒塌2.1万间，损坏6.68万间、经济损失达2.74亿元。灾情发生后，县委、县政府立即组织人力抢运物资，安抚受灾群众，指挥救灾，各级党政干部和驻青部队、武警官兵、公安干警奔赴灾区，抢险救灾。省内外各族人民、港澳台同胞和海外华侨同胞为受灾群众捐款、捐物。1992年，全县遭受地震、干旱、水灾、病虫等自然灾害，造成农田、草原、水利设施、村庄、帐房等不同程度的损失。全年农业受灾4446.67公顷。灾情发生后，县委、县政府先后筹集救灾款7万元、救济粮6.5吨，妥善安置受灾群众的生产、生活，帮助受灾群众渡过难关。

1993年8月27日夜晚，沟后水库发生垮坝，洪水漫过恰卜恰镇，受灾400余户3060人，造成死亡288人、失踪40人，冲毁房屋2932间、农田866.67公顷，直接经济损失1.53亿元。事故发生后，党中央、国务院及时派出工作组，深入共和县慰问群众，查看灾情，指导抢险救灾工作。省委、省政府领导及时赶赴现场组织指挥抢险救灾。国务院慰问团安排以工代赈资金500万元、民政救济款200万元、低息扶贫贷款2000万元，钢材2000吨、木材1500立方米、汽油1500吨、柴油1000吨。省政府安排救灾款500万元。其中，省财政厅200万元，省计委150万元，民政厅20万元，交通厅30万元，省财经委60万元，商业厅10万元，及时到位资金共计470万元。省建行支援救灾的贴息一年贷款400万元全部到位。省人行、工行、农行各贷款200万元，省建行贷款50万元支持灾区，各种贷款合计1050万元。至10月底，海南州救灾指挥部共计收到国内外捐赠的资金480万元，捐赠的各类物资价值124.8万元；省、州、县人民保险公司支付各类保险赔款共计300余万元。1994年9月24日3时零5分，塘河地区发生强烈地震，沙珠玉、铁盖、英德尔、廿地乡受灾严重。灾情发生后，县委、县政府先后为英德尔乡补助4.62万元，铁盖乡补助4.07万元，廿地乡补助0.59万元，安置受灾群众，帮助其渡过难关。1995年9月，廿地、东巴、恰卜恰、切吉乡遭受雹灾、洪灾，县政府给受灾群众发放青稞46.05吨、面粉40.63吨。1997年6月，为短粮户355户1591人发放救济款7.5万余元，救济面粉880袋，救济旧衣物10万余件。9月，切吉、江西沟、沙珠玉3个乡遭冰雹、洪水灾害，为受灾群众发放救灾粮105吨。至年末，共发放救灾款7.5万元，救灾粮143.78吨。

1998年，全县发放救济款6.3万元，救济面粉22吨。1999年，全县农牧业生产遭受干旱、高温、冰雹及雪灾等自然灾害，损失巨大，受灾人口3.73万人，直接经济损失2641.5万元，全县共发放救济粮229吨，面粉1089.5吨，救济款48.5万元。两节期间共向特（贫）困户138户692人发放粮食70.65吨，慰问金3.41万元。2000年，全县旱情严重，受灾人口9442户51355人，农作物受灾1.07万公顷，平均减产幅度65%，直接经济损失达1741.5万元。灾情发生后，县委、县政府积极组织受灾群众开展生产自救工作，共向全县发放救灾粮229吨，面粉1107.5吨（包括890吨补价面粉），救济款48.5万元，共生活救济2.96万人次。是年，在全县干部职工中开展“扶贫济困送温暖”捐赠活动，共接收全县干部职工11960人捐款5.89万元。县政府印发《共和县2000—2001年救灾救济工作预案》，明确救灾工作内容、实施范围、形式及责任。印发《共和县救灾粮发放管理办法》《共和县救灾款管理使用办法》《共和县救灾物资管理办法》，全县的救灾救济工作逐步走向规范化、制度化、法治化和健康化发展轨道。

2001年3月1日后，全县普遍连续遭受大风沙尘暴、干旱、低温冷冻、冰雹、特大暴雨灾害，给受灾4677户24089人。州民政局分三批下达共和县用于解决灾区群众口粮的救灾款99万元，发放救灾面粉24吨。2003年，全县受灾人口12250人，死亡2人，为妥善安置受灾群众的生产生活，县民政局发放救济面粉500吨，救济款9.7万元。2004年，全县受灾人口2613户12677人。发放救济面粉21.7吨，重建款3.4万元，面粉67.5吨，救济金47.5万元。

2005年，部分地区遭受干旱、大风沙尘暴、暴雪、冰雹、洪水等自然灾害。受灾人口6337户33944人。县委、县政府多渠道争取并发放救济面粉530吨。给倒淌河镇、英德尔乡受灾群众126户564人解决重建资金30.6万元，共新建房屋562间。给灾后重建及无房户26户解决资金10.4万元，共修建房屋105间。

二、社会救济

“五保户”救济　1986—1990年，由县民政局负责“五保户”供养，供给每人每月面粉和现金，保障其基本生活，实行分散供养。1991年，开始对“五保户”进行建档立卡，建档立卡“五保户”65户65人，定出统一供养费用标准，实行由各乡统筹的办法，推动“五保”工作社会化。1995年，全县开展“五保户”普查工作，对符合条件的“五保户”对象登记造册，发给农村五保供养证书。自1997年起，按人均每月100元标准定期救济“五保户”并实行“五保户”

供养县级统筹，全县在册“五保户”82人按政策得到有效供养。自2002年起，从农村牧区税费改革转移支付资金中分配下达各乡（镇）“五保户”补助资金9万元。2003年，全县供养“五保户”109户，共发放“五保户”供养金9万元。经摸底核实，全县新增“五保”对象74人。2005年后，“五保户”供养经费改为由县级财政转移支付中解决。是年，全县共有“五保户”294户，年人均供养金1714.62元，共发放50.4万元。

特困户救济 1986—2005年，县民政部门采取临时救济和春节前集中救济办法，救济农村生活困难的“特困户”，帮助其解决生活困难。20年间，先后累计救济贫困户8630户30205人次，发放救济款863万元、棉衣1.2万件、棉被5000床，发放救济面粉5000吨。其中，1991年，全县农村牧区列为救济户的老弱病残特困户127户659人，于次年开始实行定期救济，一定三年不变。1995年春节期间，发放面粉5.75吨，茶叶282包，衣物1731件，现金1000元，救济特困户和贫困户141户。2000年两节期间，共向全县特（贫）困户138户692人发放粮食70.65吨，慰问金3.41万元，被褥138床。2005年，发放农牧区特困户4422人救助面粉160吨、救济金9.8万元，解决特困人员4716人医疗救助金45万元。

城乡低保 1996年，共和县启动农村最低生活保障工作，县政府印发《共和县农村最低生活保障管理办法》，通过逐户逐人普查摸底，县政府审批享受农村最低生活保障2400人，每人每月按20元发给生活保障金，全县年保障金额为57.6万元。1997年，全面实施城镇居民最低生活保障制度，贯彻落实省民政厅、财政厅、贸易厅《关于城镇低收入居民帮困粮食供应管理暂行办法》，开展保障对象的复核、审批、“帮困粮卡”的发放和粮食补助的兑现工作。全年给人均月收入低于105元的城市居民8574人发放帮困面粉80.38吨（价值12.86万元），造册上报月人均收入低于130元的保障对象485户1763人。1999年，按照“核定基数，控制总量，分级负担，动态管理”原则，共确定保障对象829户1862人，共发放保障金99.1万元。实行动态管理和定期审核办法，核定城镇最低生活保障对象，是年调整超标对象161人。登记造册提高保障标准后达不到保障线的低收入居民2152人。是年，全面调查农牧区年人均收入低于400元或人均口粮低于200公斤的贫困群众，共核定全县农村最低生活保障对象1074人，发放全年保障金20.15万元。2000年，全县共核定城镇居民最低生活保障对象598户1862人，发放保障金136.89万元。全县未列入城镇居民最低生活保障范围的共有1648户6756人。2002年，全县享受最低生活保障对象为2872户8485人，全年共发放保障金额626.31万元。2003年，实行较为完善的低保网络管理。取消不符合低保条件的低保资格568人，纳入低保范围的低保资格人568人。全县共核定低保对象10573人，共发放保障金880.83万元。2004年，开展“城市低保规范年活动”。举办低保操作规程培训班1期，参加培训72人。审批低保对象3875户11291人，发放低保金1218万元。落实低保地方配套资金158万元。并建立健全一户一卡档案，做到动态管理下应保尽保。社区居委会全部安装低保软件系统，实现低保数据网络信息管理。2005年，重新调查登记低保对象。经核查，全县有低保对象3883户11291人，取消低保资格39户113人，新增低保对象49户118人。落实低保配套资金166万元。

“双储会” 1995年，根据省、州关于在各乡（镇）开展建立“双储会”试点工作的通知精神，为提高农牧民群众抗御自然灾害的能力，走群众自我保障和政府救灾救济相结合发展生产的路子，共和县人民政府决定在乡级建立“双储会”。县民政局在廿地、东巴2个乡开展建立“储粮会”试点工作。1996年，廿地乡、东巴乡“储粮会”开始运转。1997年，建立切吉乡“储金会”、石乃亥乡“储金会”、黑马河乡“双储会”，入会9746人，储粮125余吨，储金14万元，均达到建立“双储会”的要求。1998年底，省政府决定对全省现有“储金会”通过用储金购粮的办法转换成乡级“储粮会”。1999年，全县12个乡全部建立救灾扶贫互助“双储会”，入会总数9423户47031人，累计储粮42.7万公斤，储金14.1万元。同时，建立和完善“双储会”各项规章制度，健全财务和粮食管理制度，保证“双储会”有章可循，照章办事，健康发展。是年，积极向上级部门争取资金，修建东巴、江西沟、铁盖、廿地乡储粮会粮食仓库各1个，库房总占地331平方米，投资12万元。全县12个乡“双储会”全部转换成“储粮会”。2001年后，因撤并乡镇，部分“储粮会”管理松散，运行不畅。2005年7月，省民政厅发文要求各州（地、市）民政局在8月30日前汇总各县“储粮会”情况，并对辖区“储粮会”现状、运转情况、存在问题进行认真调查摸底。根据调查结果，决定停止“储粮会”省级投资，转向县级救灾物资储备库建设，全县“储粮会”储备的粮食，该返还储户的返还储户，该转为县级救灾物资储备的转入县级救灾物资储备。

第五节　民政事务

一、婚姻管理

《中华人民共和国婚姻法》宣传　1986—2005年，共和县采取集中宣传与经常性宣传相结合的办法，持续开展《中华人民共和国婚姻法》宣传活动。其间，编印《婚姻宣传要点》《婚姻法手册》等资料下发到各乡镇，举办多种形式的婚姻法律知识竞赛活动，通过有线广播、报刊、墙报等形式广泛宣传婚姻法，把宣传婚姻法的宣传同计划生育、保护儿童合法权益有机结合，形成学习与宣传高潮。其中，1991年，全面调查了解恰卜恰乡1985年后的婚姻登记管理工作情况。

婚姻登记　1986—1994年2月，共和县婚姻登记按照国务院《婚姻登记办法》执行。1994年2月，国务院颁布《婚姻登记管理条例》。按照省、州民政部门的要求，共和县集中两个月的时间，将《婚姻登记管理条例》和《青海省婚姻登记管理办法》印发到乡镇，张贴到村（居）民组，同时，结合县内实际培训乡（镇）民政助理员及兼职干部，经考核合格，发放婚姻登记员合格证书及卡片。1997年后，完善牧区婚姻登记代办员制度，开展创建“无违法婚姻乡（镇）”活动，实行婚姻登记量化目标管理和查处违法婚姻工作。全年共登记结婚391对。2002年，开展婚姻登记管理工作执法检查。2003年，规范婚姻登记、审核、发证程序，全年共办理结婚登记312对，办理离婚登记21对。2004年，登记结婚83对、离婚22对。

1996—2005年，全县办理结婚登记2563对，申请办理协商离婚的57对。1986—2005年，婚姻登记机构均设在乡（镇）人民政府，由乡（镇）民政助理员负责登记。

二、社团登记

共和县民政局负责县境内社会团体、民办非企业单位设立、变更、注销登记和日常管理等工作。1986—1994年，全县经过注册登记的社会团体12个。1995年1月，根据省民政厅《关于全省性社会团体年度检查工作的通知》，依法对社会团体进行年检。1997年4月，根据省政府办公厅《关于加强社会团体和民办非企业单位管理工作的通知》，开展县内民办非企业单位登记工作，全县共注册登记民办非企业11个。1998年10月，根据《关于党政机关领导干部不兼任社会团体领导职务的通知》精神，全面清理社会团体中党政机关领导兼任社会团体领导职务事项，规范化社会团体的组织结构。2000年，按照新颁布的《社会团体登记条例》和《民办非企业单位登记管理暂行条例》，注册登记社会团体9个。2005年，注册登记社会团体13个，完成专业经济协会换证工作。至2005年12月，全县各类社会团体19个，涉及政治、经济、文化和社会生活各个领域。

三、收养登记

1991年前，共和县的收养工作主要通过司法公证、公安入户等形式进行。1992年4月1日，《中华人民共和国收养法》正式实施，民政部门严格按照《中华人民共和国收养法》收养登记。2004年，办理收养登记4例。至2005年，全县共办理收养登记47例。

四、老龄工作

1986—2002年，共和县老龄工作由县老干部局管理。老干部局围绕精神文明建设活动，开展“敬老文明”和“敬老月”宣传月活动，营造尊老、敬老、助老的社会氛围。2003年，共和县老龄委成立，办公室设在县民政局，配备专职主任1名，工作人员1人。经县政府协调，整体购买县民贸公司大楼，改造成共和县老年福利服务中心，建筑面积2262.43平方米，无偿划拨土地3525平方米，共计投资298万元。

1988年，江西沟、石乃亥乡各修建敬老院1所，入住供养“五保”老人30人，共投资3万元。是年，县民政局决定，在东巴、曲沟、廿地、倒淌河、铁盖等乡修建敬老院，投资资金17.5万元。1993年8月，石乃亥乡修建敬老院1所，入住供养“五保”老人8人。1999年，曲沟乡麻尼磨台村和切吉乡塔秀村各建敬老院1所，共投资10万元。按政策要求，颁发给70岁以上的老年人共和县老年人优惠证，慰问60岁以上老年人，发放给卸任村老干部180人生活补助费。2004年，县老龄委为全县60岁以上老人5708人建立档案。共和县“星光计划”项目——共和县恰卜恰老年福利服务中心于4月3日开业。是年，在恰卜恰镇西沟台建立藏式敬老院1所。2005年，县老龄委调整，县老龄委主任由主管老龄委工作的县委常务副书记担任，副主任由主管民政局的副县长和民政局局长担任。各乡（镇）均成立老龄工作协会，由乡（镇）党委副书记兼任老龄委主任，设老龄办并配备专职干事1名。村级建立老年协会92个。基层老龄组织均建立老年人登记表、尊老敬老登记册、老年人来信来访记录簿等。是年，新建敬老院3所，总投资450万元（省级拨款300万元、县级配套150万元）。其中，恰卜恰敬老院建筑面积1520平方米、“151”敬老院建筑面积为1400平方米、塘格木敬老院建筑面积1200平方米。全县共建有敬老院13所。

五、地名管理

1991年，完成《共和县地名志》初稿30万字。1997年，完成国道109线、国道214线两侧村镇地名普查和全省城镇地名标志统计。2004年，普查和编码恰卜恰镇各类门牌9106个，完成各类地名标牌的制作清单上报州、省民政部门审核。2005年，制作各类地名标牌。1986—2005年，地名管理侧重于村名藏文译为汉语的文字统一，避免误传误写。2000年后，房地产业兴起，楼盘、居住小区增多，命名数量增大。其名称由建筑方和县民政局共同命名，以县民政局的意见为主。

六、殡葬工作

1984年，共和县殡仪馆由原恰卜恰火葬场改建而成。1991年，在恰卜恰清真寺内修建“伊斯兰殡仪馆”1座。1992年，改造、维修共和县殡仪馆，全年共火化遗体132具。1995年，推行以城镇为重点的殡葬改革工作，积极动员死者家属火化遗体，全年火化遗体200具。1997年，全省殡仪馆达标工作组到现场达标评比，共和县火葬场评为全省第一名。全年共火化遗体180具。2000年，使用民政部专项投资70万元，再次改造、维修共和县殡仪馆，新建藏式坐式火化炉4座，更新改造卧式火化炉1座，引进燃油火化炉1座。新建职工宿舍6间。该馆占地面积1884平方米，其中房屋及庭院面积720平方米，内建接待室（休息室）3间，办公室1间，藏式追悼厅3间，藏汉式火化厅3间，职工宿舍6间，有火化炉5个（藏式火化炉4个、卧式火化炉1个），太平间1间，配料房2间，燃料房2间。全年共火化遗体249具。2003年，殡葬管理工作制定统一的收费标准，对死亡“五保户”实行免费火化。全年共火化遗体304具，其中“五保户”遗体1具。2005年，贯彻《殡葬管理体例》，加强殡葬管理，积极推行殡葬改革，优化殡葬服务。全年共火化遗体299具。

七、县烈士陵园

共和县恰卜恰革命烈士陵园建于1950年3月，占地面积31960平方米，建筑面积708.8平方米。陵园内设有革命烈士纪念碑（建于1957年）、瞻仰厅、陈列室、烈士墓等纪念性建筑设施，安葬有自中华人民共和国成立以来在保卫祖国、抗洪抢险斗争中光荣牺牲的烈士79位。烈士陵园由县民政局负责管理，自建成后，已成为州、县各族干部群众开展爱国主义传统教育的主要阵地。每年清明节，组织州县党政机关各部门干部职工、学校师生、公安干警、武警部队祭奠革命先烈，向烈士敬献花圈、重温入团誓词、集体宣誓、参观纪念馆、回顾革命先烈的丰功伟绩。

第六节　勘　界

一、勘定县级行政区域界线

1991年11月，完成共和县与海北州刚察县、州内贵德县勘界任务，勘界63公里，竖立明显边界标桩台。1992年，与天峻县勘界42公里，与湟源县勘界10公里。1994年10月20日，完成共和、兴海两县行政区域界线勘界工作，界线分东、中、西三段，划定界线总长为181.5公里。1995年10月5日，签订《共和县、贵德县行政区域界线走向协议书》，该条界线南起共和、贵德、贵南三县交会点，向东偏东北至分水岭以东地区，与原已定界线相接，界线全长约56.1公里。是年，完成共和县与天峻县边界线52.7公里界线标志埋桩工作；商定与贵德县行政区域界线61公里基本走向。1997年，完成与湟源县在大板山至分水岭地区80公里埋桩，与龙羊工委行政区域7.65公里勘界埋桩。2002年，完成县级行政区域界线勘定工作，共和县与周边各县边界线共计827.8公里。至2005年，共和县与海西州都兰县、乌兰县未勘明县界。

二、勘定县内行政区划界线

1995年，协商调处切吉、黑马河、石乃亥3个乡在橡皮山地区交汇点的位置；裁定恰卜恰、东巴、曲沟3个乡之间的行政区域界线37.325公里，重新认定倒淌河乡与东巴乡在尕海滩和东巴沟地区的行政区域界线，解决东巴乡与恰卜恰乡之间界线24.12公里及恰卜恰乡与曲沟乡之间界线28.95公里，沙珠玉与曲沟之间等的行政界线3.85公里。1997年，完成廿地乡与江西沟乡在日茫卡恰地区的3.7公里勘界工作，廿地乡羊让村与曲什纳在双层石地区3.5公里，廿地乡廿地村与切扎村在大、小加什达地区6.8公里勘界。2000年，根据《国务院关于开展勘定省、县两级行政区域界线工作有关问题的通知》和民政部、国家土地管理局、国家测绘局《关于印发省级行政区域界线测绘技术规定的通知》精神。共和县成立专门勘界工作领导小组，组织各乡政府，坚持实事求是、互让互谅的原则，全面勘定县内12个乡之间的行政区域界线，共勘定县内乡级界线25条644.35公里。倒淌河乡与东巴乡行政区域界线22.15公里；倒淌河乡与恰卜恰行政区域界线4.8公里；倒淌河乡与曲沟乡行政区域界线28.7公里；廿地乡与江西沟乡行政区域界线39公里；廿地乡与恰卜恰乡行政区域界线36.6公里；石乃亥乡与切吉乡行政区域界线16.2公里；石乃亥乡与黑马河乡行政区域界线27.95公里；江西沟乡与倒淌河乡行政区域界线7.2公里；黑马河乡与英德尔乡行政区域界线33.85公里；曲沟乡与东巴乡行政区域界线12.3公里；廿地乡与沙珠玉乡行政区域界线42公里；江西沟乡与英德尔乡行政区域35.15公里；廿地乡与倒淌河乡行政区域界线3.55公里；英德尔乡与沙珠玉乡行政区域界线48.24公里；英德尔乡与廿地乡行政区域26.33公里；恰卜恰乡与曲沟乡行政区域界线55.85公里；沙珠玉乡与铁盖乡行政区域界线3公里；沙珠玉乡与曲沟乡行政区域3.8公里；石乃亥乡与铁盖乡行政区域界线26.285公里；恰卜恰乡与东巴乡行政区域界线25.125公里；黑马河乡与切吉乡行政区域界线53.15公里；黑马河乡与切吉乡在橡皮山地区行政区域界线28.9公里，英德尔乡与切吉乡行政区域界线34.225公里；恰卜恰乡与沙珠玉乡行政区域19.9公里；英德尔乡与恰卜恰乡行政区域界线20.1公里。2002年，按照中共中央、国务院《关于促进小城镇健康发展的若干意见》精神，加快撤并乡设镇步伐，促进城镇化发展，完成龙羊峡撤委建镇、曲沟撤乡并镇工作，合理调整乡（镇）设置。是年，全面完成乡级界线25条664.5公里勘定任务，完成全县建制村91个村界线勘定。勘界资料全部整理、归档。

三、调处边界纠纷

1991年1月，筹建共和县行政区划办公室。按照县委“边筹建、边工作”指示精神，实际参与调解草山纠纷争执，缓解边界矛盾纠纷。全年共调解大小各类草山纠纷争执32起。1992年，共调解草原纠纷12起。其中，与外州县3起，与本州县2起，本县内7起。自1997年起，由共和县勘界办公室承担调处边界纠纷事务。1997年，调处与兴海县之间的边界争议2件。2001年7月4日，倒淌河镇哈乙亥村牧民与蒙古村牧民在哈勒达哇地区因草山地界纠纷，发生械斗事件，致2人死亡、24人受伤。共和县委、县人民政府严肃处理了该事件，指派工作组进一步明确了两村草山界线。2003年，妥善解决2000年“10·26”械斗事件遗留问题，建立联谊机制，并在大水桥地区竖立睦邻友好碑。3月，解决茶卡镇扎布什等3个村与切吉乡加什科村长达40余年的地界纠纷，签订《界线走向协议书》。解决倒淌河镇黑科三社与巴卡台分场在珠曲地区的地界争议，签订《草山界线协议》。协助各乡（镇）解决乡与乡、村与村之间的地界矛盾、草山纠纷，明确地界走向，埋设界桩。2004年，完成共和县辖区内有争议的个别分界的联检，配合省、州区划部门完成共和与湟源的县级界线的联检任务，现场认定和调处群众有意见的个别村、乡级界线5次。2005年，联检本县辖区内有争议的个别分界线，现场认定和调处群众有意见的个别村、乡级界线4次。接待受理各乡领导和群众代表反映的界线争议近70起（件）。

第二章　人力资源管理

1986—2005 年，共和县人力资源管理工作按照服务于经济建设、服务于社会发展和服务于干部职工的原则，稳步推进人事制度改革，全县在推行人事制度改革中创造公开、公正、平等、竞争、择优的用人环境，遵循“四化”要求，干部队伍整体素质得到提高。推行国家公务员制度后，实行考试录用，竞争上岗，并按德、能、勤、绩量化考核，为组织使用干部提供依据；专业技术人员通过职称评聘，增强竞争创新意识。工资制度、增资机制以及离退休制度日趋规范，为全县经济社会发展提供人力和人才保障。

第一节　机　构

1984 年，共和县人民政府设立劳动人事局，将县计划委员会承办的劳动业务划归县劳动人事局。县劳动人事局与机构编制委员会办公室合署办公，实行两块牌子、一套人马，机构编制工作由县劳动人事局代管。1986 年，县劳动人事局内设办公室、人事股、劳动股、干部股、社会保障股。有干部职工 15 人。2005 年，县劳动人事局内设办公室、工资福利股、劳动监察及劳动仲裁股、公务员管理股、职称改革办公室，下辖劳动就业服务局、社会保障事业管理局、城镇职工医疗保险局。有干部职工 18 人。

第二节　人事制度改革

一、干部人事制度改革

1986 年，共和县按照干部队伍革命化、年轻化、知识化、专业化的方针，推进以“扩大民主、完善考核、推进交流、加强监督”为主要内容的党政干部制度改革。1988 年，推行国家工作人员非领导职务晋升制度。是年，评定不同级别的非领导职务共 297 人。1990 年后，实行招考录用干部制度，面向社会招考选拔录用行政、事业单位工作人员。2000 年后，按照县委、县政府《关于大中专毕业生安置工作有关问题的决定》，所有大中专毕业生安置一律实行“凡进必考”办法，择优录用，工勤人员也实行考试聘用制度。

二、事业单位人事制度改革

1986 年起，围绕实施“科教兴国”战略，适应事业单位管理体制改革的要求，以推行聘用制和岗位管理制度为重点，逐步建立起适应不同类型事业单位特点的人事管理制度，形成有利于优秀人才成长和发挥作用的用人机制和重实绩、重贡献的分配机制。2001—2003 年事业单位改革，按照精简效能的原则和人员结构比例要求，逐步压缩非专业技术人员，调整各类专业人员比例，优化人力资源配置，对接近退休条件的非专业技术人员采取内部退养的优惠政策，逐步消化；按照“脱钩、分类、放权、搞活”原则，转变机制，调整结构，以机构改革为契机，全面推行聘用制度，破除干部身份终身制，引入竞争机制。按照国家有关法律、法规，在平等自愿、协商一致的基础上，通过签订聘用合同，确定单位和个人的人事关系，明确单位和个人的义务和权利。建立和推行岗位管理制度，对不同类型的事业单位领导人员，区别情况分别实行聘任、选任、考任。建立健全事业单位领导人员的任期目标责任制，加强对任期目标完成情况的考核。合理设置专业技术岗位，明确岗位职责、任职条件和聘任期限，竞聘上岗，择优聘用。逐步实现专业技术职务的聘任和岗位聘用的统一。推行教师、医生等专业技术岗位执业资格注册管理制度，建立政府宏观指导和管理下的公开、公平、公正的社会化评价机制。事业单位的管理人员实行职员制度。制定职员条例，规范职员的聘用和管理。积极进行按技术、管理等生产要素分配的试点，逐步形成重实绩、重贡献，向优秀人才和关键岗位倾斜的分配激励机制。

第三节　公务员管理

一、公务员过渡与招录

1993 年 10 月 1 日，《国家公务员暂行条例》正式实施，拉开公开考试录用国家公务员的序幕，国家干部招录过渡为公务员考录。是年，全县党政机关工作人员经过考试全部过渡为国家公务员，公务员队伍实现规范化、科学化管理。1994 年后，全县相继实施公务员竞争上岗、职务升降、奖惩、培训等制度。

1995 年，组织党政机关干部学习国务院《国家公务员暂行条例》，利用宣传栏、广播、电视等新闻媒体开展宣传教育。1996 年后，严把“进口”关，全面推行竞争上岗制度，形成竞争择优的用人机制。在县直机关，中层岗位普遍推行竞争上岗、“热点”岗位轮岗交流制度。畅通“出口”关，做到“能进能出”。建立和逐步完善退休、辞职、辞退、轮岗交流和竞争上岗等制度。1998 年，全县首批向国家公务员过渡的 488 名干部，填写《青海省行政机关人员向国家公务员过渡审批表》《国家公务员定级表》，颁发国家公务员证，确定主任科员 13 名，副主任科员 29 名，科员 281 名，办事员 98 名。是年，新录用公务员 16 人。2000 年后，共和县行政机关采用公开考试、按规定要求考核的方式，按照德才兼备的标准择优招录科级以下公务员。

至 2005 年末，共和县党政群（含政法）机关行政编制（公务员编制）总数为 743 名，实有公务员 728 人（其中离岗 15 人）。其中，县级党政群机关编制 286 名（其中含机关用事业编制 10 名），实有人员 309 人；乡镇机关编制 223 名，实有 200 人；政法机关编制 234 名，实有 219 人。全县 728 名公务员中县（处）级以上领导职务公务员有 27 人，科级领导职务公务员 228 人，分别占公务员总数的 4% 和 31%。

二、公务员培训

1993 年，国家开始推行公务员制度。1995 年，采取集中培训与自学相结合的方式，对行政机关在职干部进行公务员公共科目岗位培训。培训科目主要有《公务员行为规范教程》《行政法学》《行政管理学概论》《社会调查研究方法》《公文写作》等。1996年，加强职业培训，建立后续培训机制。初步建立以初任培训、任职培训、更新知识培训和专业培训为主，学历教育、公共技能训练为辅的公务员培训体系。1998年，为提高每个国家公务员的素质，举办国家公务员岗位培训班5期，培训人员200人，主要学习邓小平理论和中共十五大精神、社会主义市场经济基础知识、《国家公务员行为规范》《国家公务员暂行条例》及相关制度。1999年，根据《关于共和县1999—2001干部教育培训轮训规划》和《国家公务员培训暂行规定》，举办共和县文秘人员培训班1期、公务员岗位培训班2期，培训文秘人员20人、国家公务员266人。

2000年，开展为期20天“为人民服务做人民满意的公务员”活动，培训新录用（转入）的公务员116人。颁发参加公务员培训的党政机关国家公务员和党的机关工作人员培训证书856人（份）。2001年，拓宽公务员培训渠道，突出更新知识、岗位技能、计算机、科技知识等的培训。全年培训国家公务员279人次。2002年，开展“WTO”知识培训，共举办培训班5期，参加培训人员630人次。

2005年，印发《共和县在职干部培训暂行办法》《共和县在职干部培训实施办法》，鼓励引导干部职工积极参加学历培训、提高整体素质，利用省内外各类培训资源，采取请进来送出去的方式，以短期培训、专题辅导形式，协同相关业务部门组织开展各类培训，全年共计培训国家公务员426人次。

三、公务员考核

1986年后，共和县对干部考核采取领导评议和群众评议相结合的方法进行，考核结果作为提拔、晋升职务、奖惩、培训、辞退、增资的依据。

1994年起，共和县根据《国家公务员暂行条例》及事业单位干部管理有关规定，在全县党政群机关单位全面试行年度考核制度，对工作人员德、能、勤、绩进行考核，分为优秀、称职、基本称职、不称职4个等次。考核坚持以工作人员的职位、职责和所承担的工作任务为依据，并根据干部管理权限实行统一组织、分级负责。1995年，共和县开始全面实施公务员考核制度。通过综合评价考核公务员的“德、能、勤、绩”，并将考核结果同奖惩、工资、职务升降、辞退、调整使用等环节相结合，改变“干好干坏一个样”的现象，发挥考核的激励诫勉作用。贯彻客观、公正、民主、公开原则，采取领导与群众相结合、定性与定量相结合、平时与定期相结合的方法。依照公务员管理权限，采取民主评议方式考核科级公务员；对其他公务员的考核，由主管领导采取年度工作评价、鉴定的方法进行；各乡（镇）负责本级政府对公务员考核的日常管理。年度考核时政府各部门设立考核委员会或者考核小组，负责本部门考核的监督，受理考核申诉；担任行政领导职务的被考核人，应向其下属公务员公开本人的述职报告，并接受评议；年度考核等级分为“优秀、称职、不称职”三等；考核人根据被考核人的平时表现、年度述职和评议意见，按鉴定准则要求写出考核评语，提出考核等级，征求被考核人意见。1999年，全县应参加考核的公务员563人，确定优秀等次的79人，占13.9%，称职的484人，不称职的2人，暂缓确定等次的2人，未参加考核的12人。依照《国家公务员管理暂行条例》有关规定，辞退不合格国家公务员1人，降职使用1人。

2001年，全县公务员566人参加年度考核。其中，优秀73人，占考核总数的12.5%；称职493人，占84.4%；不称职1人，占0.02%；未定等次17人，占2.9%。2005年，全县公务员

527 人参加年度考核。其中，优秀 80 人，占考核总数的 15.2%；称职 447 名，占 84.82%；不称职 1 人，占 0.02%；未定等次 17 名，占 3.2%。

第四节　工资改革与管理

一、行政事业单位人员工资改革

1986 年，按照党中央、国务院对工资工作的“巩固、消化、补充、改善”的方针，为解决机关事业单位工资改革和企业“套改”中突出的不合理问题，国家安排部分职工升级工资。1987 年，继续实行二十年一级、地区临时补贴、在青工作的知识分子实行浮动一级、县以下农村第一线（不含县）工作的浮动两级的待遇；为提高中小学教师生活待遇，青海省人事厅、教育厅、财政厅印发文件，规定从 1987 年 10 月起，全省中小学、幼儿园教师现行的各级工资标准均提高 10%。1989 年，全县行政事业单位的职工全部提升一级工资。

1993 年，根据《国务院关于机关和事业单位工作人员工资制度改革问题的通知》和《国务院办公厅关于印发机关、事业单位工资制度改革三个实施办法的通知》规定，全县机关工作人员 1034 人和事业单位工作人员 1580 人及离退休人员 403 人进行工资改革，年增额 51 万元。其中，行政机关实行职务级别工资制，工资由职务工资、级别工资、基础工资和工龄工资四部分构成；事业单位由职务工资和津补贴两部分构成，其中职务工资为工资构成中的固定部分，津补贴为活的部分。此次工改规定，行政机关和事业单位工作人员均实行连续两年年度考核称职以上晋升一档职务工资，行政机关公务员连续五年考核称职以上晋升一档职务工资和连续三年优秀晋升一个级别工资。1995 年，机关、事业单位连续两年考核称职以上的工作人员正常晋升工资档次；发放高原地区边远地区津贴。自 1997 年起，对连续三年考核为优秀的工作人员，实行职级工资级别工资晋升一级。

2000 年，提高全县 1999 年 6 月 30 日在册工作人员艰苦边远地区津贴，人均月增资 71.5 元。2003 年，对 1998—2002 年连续 5 年考核称职以上的国家公务员和机关工作人员增加级别工资。2005 年，根据青海省劳动人事厅、省财政厅《关于调整机关事业单位工资标准等问题的通知》，全县干部职工分四次调整标准工资，同期调整离退休人员工资。

二、企业人员工资改革

1986 年，改革企业工资，全县列入工资改革的国有企业 3 户，参加工改职工人数 167 人，改革后人均月增资 17.7 元。1989 年，根据国务院批准劳动部、国家计委、财政部《关于 1989 年国有企业工资工作和离退休人员待遇问题意见的通知》和青海省人民政府相关文件精神，县属企业职工人均普调一级工资，其中国有企业 3 户 167 人、集体企业 6 户 457 人。

1991 年，根据劳动部、财政部、国家计委《关于国有企业工资总额同经济效益挂钩实施办法》，依照全县企业的实际情况，在新一轮企业承包中，对县粮油公司、县民贸公司等企业的职工工资总额进行测算核定，实行个人承包经营。

1992—2000 年，根据青海省劳动人事厅文件精神，县属国有企业、集体企业在职职工调整工资标准，另加地区补贴。2001 年后，企业人员工资调整由企业自行制定，省劳动社会保障厅不再对国有企业下达年度工资总额计划，改由劳动人事部门对所有类型企业岗位工种薪酬定期发布地区工资指导价。企业凭借市场竞争、经济效益、职业技能等因素自由裁量发放职工工资，企业人员工资不再由劳动人事部门审批，实现企业人员工资增长由国家下达计划向市场动态调控转变。

2005年，全县各类企业113个工种月平均工资由2003年的812元上升至963元，工资增幅为16%。

第五节　编制管理

一、党政机关编制管理

编制配备　1994年机构改革时，县级党政群机关行政编制确定为300名（不含公、检、法、司机关，党政群的机关后勤服务人员，地税机关）。其中，党委机关、政府机关和其他机关之间的编制比例按18∶73∶9掌握；人大、政协机关中，凡领取工资的驻会委员均适用行政编制；地方税务局、公、检、法、司编制另行下达。县级机关工勤人员的比例按核定行政编制总数的10%～15%配备，均适用事业编制。共和县13个乡（镇）中，乡（镇）行政总编制为284名（其中包括乡财政所40名，一类乡4名，二、三类乡各3名）。其中，一类镇1个，人员编制30名，二类乡11个，编制数各18名（切吉乡增加2名为20名，倒淌河乡增加1名为19名），三类乡1个，编制数13名。2001年机构改革时，专列政法专项编制，但公安、司法系统基层和一线的专项编制不予精简。全县行政编制由574名减为450名，精简124名，精简比例为21.6%。其中，县级行政编制由290名减为227名，精简63名，精简比例为21.7%；乡镇行政编制由284名减为223名，精简61名，精简比例为21.5%。政法专项编制精简后，法院系统编制为41名；检察院系统编制为24名；公安系统编制为91名；司法系统编制为21名。党政机关、人大、政协机关及群众团体机关使用的事业编制按相关比例精简。2002年，撤销龙羊峡工行委成立龙羊峡镇，原有行政编制78名（含原曲沟乡17名）核定为48名，即党政办公室13名（含8名党政领导），人大干事1名，人武干事1名，纪检干事1名，综合治理办公室2名，工青妇办公室2名，农牧办公室4名，社会发展办公室7名，纪委办公室4名，城建办公室5名，民政所2名，统计农经站2名，财政分局4名；原有政法专项编制61名（含原曲沟乡1名）核定为34名，即公安局专项编制17名，曲沟派出所3名，法庭12名，司法助理员2名。

领导职数　1994年机构改革，县委设常委9名，其中书记1名，专职副书记3名；县政府设县长1名，副县长4名；县人大常委会设主任1名，副主任3名；县政协设主席1名，副主席3名；县纪委设常委7名，书记1名，副书记2名（含监察局局长1名），专职常委2名，监察局副局长1名。县委、县政府和其他工作部门设正职1名，副职一般设1～2名。现职科级干部不能安排领导职务的，按规定保留原待遇，待实行公务员制度时一并确定为非领导职务。乡（镇）党委设委员5～7名，党委设正副书记各1名；乡政府设正副乡长各1名；乡武装部设部长1名（副科级）；乡（镇）人大闭会期间，由乡（镇）党委书记兼任常务主席，不配备专职人员。乡级机关工勤人员的比例按核定行政编制总数的10%～15%配备，均适用事业编制。2001年机构改革前，共和县核定科级职数172名，实际配备215名。机构改革中，州编委《关于核定共和县科级职数的通知》核定共和县县科级职数187名，其中县直机关114名（党委26名、人大机关3名、政协机关3名、县政府48名、人民法院18名、人民检察院12名、群众团体4名），各乡（镇）镇73名。实际配备科级干部182名，其中县直机关109名（党委25名、人大机关5名、政协机关4名、县政府51名、人民法院11名、人民检察院8名、群众团体5名），各乡镇73名。2002年，核定龙羊峡镇领导职数8名。其中，镇党委书记1名，副书记2名（其中1名兼纪委书记），人大主席1名，镇长1名，副镇长2名，人民武装部长1名。至2005年，共和县县级党政工作部门、乡镇级领导班子职数及其他机构领导职数严格按照有关规定配备。

二、事业单位编制管理

1986年后，为促进行政事业的发展，建立适应社会主义市场经济需要和行政事业单位自身特点的人事管理制度，规范对行政事业单位聘用制的管理，保障行政事业单位和职工的合法权益，调动行政事业单位及其人员的积极性，弥补因编制限额而无法解决急需人员引进的问题，根据共和县情况并结合行政事业单位的实际，因事业发展，确需增加人员，通过人才市场机制予以调剂解决，实行编制计划外聘用人员；行政事业单位因自然减员等原因出现空编需补充人员时，可优先从按照上述办法聘用的人员中，选择急需专业优秀人才进行补充；聘用单位应当根据工作需要科学设岗，按岗聘用，在招聘中采用考试与考核相结合的办法；聘用单位与受聘人员要按照平等自愿、协商一致的原则，通过签订聘用合同，确定单位和个人的工作关系，明确双方的责任、权利和义务。受聘人员按照条件和要求，申请应聘；组织考试、考核；根据考核结果确定受聘人，并与之签订聘用合同。

1994年，县属事业单位有县委党校，为区级事业单位；藏语文工作委员会为虚设，其办公室为科级事业单位。增设科级事业单位1个：县机关事务管理局（挂机关服务中心的牌子）。成建制转列为副科级事业单位3个：老干部服务办公室（归口县委组织部领导）、档案局（归口县委办公室领导）、安置办公室（归口县民政局领导）。

2003年，共和县共有各类事业单位226个。其中，共有各类学校98所（中学7所、小学88所、幼儿园2所、特校1所）。全县卫生系统事业单位20个，农、林、牧、水系统55个，其他事业单位45个。共和县各类事业单位核定事业编制1878名，实有2036人（含2003年教育系统挂靠人员75人），超编158人。按社会功能划分：行政管理型的24个148人；社会公益型138个1510人；公益兼经营型的62个364人；经营服务型2个14人；按经费形式划分：全额拨款的153个1376人，差额拨款的59个525人，自收自支的14个135个。按职称划分：高级职称25人，中级583人，初级932人，未评138人；正科级9人，副科级4人，主任科员1人，副主任科员4人，科员55人，未定4人。工人281人。全县教育系统共核定事业编制1012名，实有教职工1124人（含2003年挂靠生75人），超编112人；卫生系统核定事业编制248名，实有人员338名，超编90名，专业人员与非专业人员比例为55∶1；农、林、牧、水系统共核定编制289名，实有人员338人，超编49名，专业人员与非专业人员比例为1∶1.28；其他事业单位核定事业编制329名，实有人员236名，缺编93名。

三、机构改革

县委机构　1994年机构改革后，县委工作部门设5个：办公室（含机要科、政策研究室）；组织部与直属机关党委合署办公，实行两块牌子、一套人马；宣传部、政法委员会与司法局合署办公，实行三块牌子、一套人马；统战部与民族宗教事务局合署办公，实行两块牌子、一套人马。县委保留议事性机构4个，即机构编制委员会、社会治安综合治理委员会、保密委员会、密码工作领导小组。2001年机构改革，调整县委机构设置。县委设置纪律检查委员会机关和办公室

（含保密局、政研室工作）、组织部、宣传部（含文明办）、统一战线工作部、政法委员会。直属机关党委与组织部合署办公，社会治安综合治理委员会办公室与政法委合署办公，宣传部挂精神文明建设指导委员会办公室牌子；常设办事机构1个，即机构编制委员会办公室，既是县委的工作机构，又是县政府的工作机构，划入党委机构序列；1个部门管理的机构，即机要科。

县政府机构 1994年机构改革后，共和县政府工作部门设16个：办公室（含土地管理局、为副科级机构）、计划统计局、经济建设局（含工交、环保、城建）、财政局、劳动人事局（含编委办，副科级机构）、民政局（含行政区划）、科技文化局（含科协、广播电视）、乡镇企业局（含扶贫）、农牧科技局（含林业、农牧区划和项目办）、教育局、水利水电局、卫生计划局、审计局、工商行政管理局、公安局、地方税务局。2001年机构改革，县政府设置工作部门16个：办公室（含国土资源局）、发展计划经济贸易局（含物价局、旅游、乡镇企业、粮食）、教育局、科技文化局（含广电体育）、公安局、民政局、财政局、劳动人事局、交通与建设局、水务局、农林环保局、畜牧局、计划生育局、卫生局、审计局、统计局。其中，列入政府工作部门序列，不计入政府工作部门有：监察局与纪律检查委员会机关合署办公，民族宗教事务局与统战部合署办公，司法局与政法委合署办公；政府办公室挂法制办公室牌子，农林环保局挂扶贫办公室牌子。不再保留乡镇企业局、经济建设局、农林局、计划与经济局、土地管理局、水利水电局、卫生计划生育局。部门管理机构1个，即信访局，既是县委的机构，又是政府的机构，以政府办公室管理为主。县委、县政府工作部门、办事机构为正科级建制，部门管理机构为副科级建制，内设机构为股级。其他机构按照有关规定执行。

县人大与政协机构 1994年与2001年机构改革时，按照有关规定进行改革。分别设置共和县人民代表大会常务委员会、中国人民政治协商会议共和县委员会机关，县人大和政协分别设办公室。

按规定设置的机构 1994年与2001年机构改革时，按照有关规定设置共和县人民法院、共和县人民检察院、共和县总工会、共青团共和县委员会、共和县妇女联合会。

乡镇机构 1994年，县乡机构改革时，共和县设置乡（镇）13个，其中一类镇1个、二类乡11个、三类乡1个。2002年，根据青海省机构编制委员会《关于撤销海南州龙羊峡工委、行委的通知》和海南州人民政府《关于设立龙羊峡镇的批复》精神，结合撤销海南州龙羊峡工行委、共和县曲沟乡，设立共和县龙羊峡镇。根据龙羊峡镇区域和行政管理职能，除正常设置的镇党委、人大、政府、纪委、人民武装部等机构外，内设行政管理机构9个，即党政办公室（承担组织、宣传、国土资源、统战、宗教等职能）、综合治理办公室、工青妇办公室、农牧办公室（承担农业、林业、牧业、渔业、水务等职能）、社会发展办公室（承担教育、科技、文化、卫生、计划生育、广电体育等职能）、经委办公室（承担计划、工业、商业、乡企、旅游、供销、劳动安全等职能）、城建办公室（承担环境卫生和城管监察职能，挂城管监察大队牌子）、民政所、统计农经站。设共和县财政局龙羊峡分局、共和县人民法院龙羊峡法庭、共和县公安局龙羊峡分局和曲沟派出所。至2005年底，共和县下设3镇9乡。

四、编制精简与人员分流

1986—2005年，共和县实施机构改革3次，实行人员分流1次（2001年）。2001年前，全县党政群机关和公、检、法、司部门原有干部职工888名，原核定编制和专项编制773名。机构改革时根据州委、州政府《关于共和县机构改革和人员编制精简方案的通知》精神，共和县机构行政编制总的精简比例为21.6%，其中乡镇精简比例为21.5%，党委部门为15%，政府部门为27.4%，人大、政协和人民团体为10%。共和县行政编制由原来的574名减为450名，精简124名；政法专项编制总的精简比例为10%，政法专项编制由原来的191名减为177名，精简14名。全县工勤人员由原来配备的75名精简为27名，精简48名，加之原超编48名，全县共应精简234名。根据州委组织部、州人事局、州编办《关于认真搞好人员定编定岗职位法律和竞争上岗工作的通知》精神，共和县根据实际及时批准下发各乡（镇）、各部门的“三定”方案和《关于认真搞好人员定编定岗职位法律和竞争上岗工作的通知》，各乡（镇）、各部门根据“三定”方案和《通知》精神开始人员定编定岗工作。至2001年3月31日，已批准提前退休和提前离岗99人；充实到事业单位工作7人；以工代干人员15人作为清理对象，暂挂县劳动人事局，逐步予以清理；确定年龄在40周岁以下（含40周岁）且中专及中专以下学历的一般干部256人为分流对象（其中高中以下学历的47名）。为此，共和县采取分流对象在岗和离岗学历培训方式，要求在4年内完成大专以上学业，培训期满后，经考试考核合格的，继续从事原岗位工作，否则，则须去人才市场竞争择业。共确定分流人员377名。工勤人员由原来配备的75名精简为27名，其中9名已退休，其余39人仍在原岗位工作，逐年消化。此次机构改革中一并清理原机关使用的事业编制49名，基本解决编制混用和人员混岗的现象。同时，为确保机构改革工作的顺利进行，按照“公开、平等、竞争、择优”原则，对县直超编部门年龄在40周岁（含40周岁）以下的非领导职务的干部，以统一考试的形式实行竞争上岗，共有干部159人竞争135个岗位，未竞争到岗位的24名干部，在缺编的县直部门和乡镇中做了交流调整。2001年11月，分流工作结束。

第六节　专业技术人员管理

一、职称评聘

1986年后，根据中共中央、国务院转发《关于改革职称评定、实行专业技术职务聘任制度的报告》的通知，共和县开始实行专业技术职务聘任制度，并相应地实行以职务工资为主要内容的结构工资制度，其中初级职称由县职称改革领导小组审查批准，中高级职称评聘由县职改办初审后分别上报海南州职改办、省职改办审批。1987年，成立共和县计经商系列初级职务评审委员会。是年，经共和县职称改革领导小组研究决定，批复卫生系列初级技术职务54人任职资格。全县专业技术人员核定数为576人。1988年，共和县开展事业单位专业技术人员专业技术职称评聘工作，明确专业技术职务工资核发标准。全年聘任事业单位专业技术人员728人。其中，高级职称7人，中级职称127人，初级职称594人（助理级368人、技术员226人）。企事业单位已有中级职称31人，助理级66人，技术员106人，一并兑现事业单位技术职务工资。

1990年，推行聘用制和岗位管理制度为重点，建立不同类型事业单位特点的人事管理制度，破除实际存在的干部身份终身制，全面推行聘用制度。印发《共和县事业单位聘用制实施方案》，合理设置专业技术岗位。

1992年，成立共和县专业技术人员职称改革小组，并根据全县专业技术人员的分布和结构，组建教育、卫生、财政、宣传、畜牧、农林、计经委系列初级评审委员会。核定全县专业技术人员总数 1489 人。经过评审，获得专业技术职务人员共 1307 人。其中高级 7 人、中级 169 人、助理级 453 人；全日制大中专生 304 人（见习期满经考核合格，直接聘任相应的专业技术职称）；尚未评聘 182 人。是年 12 月，批复企事业 160 人职工初级专业技术任职资格。1993 年，共计评定职称 251 人，其中高级 4 人、中级 52 人、助理级 195 人。1994 年，并评定各类职称 190 人。1998 年，推荐干部 18 人参加经济系列初级资格考试，向州推荐申报高级职称 10 人、中级职称 57 人。1999 年，集中开展教育、卫生、畜牧、农林等事业单位初级职称评聘，共评定初级职称 324 人，上报高级职称 9 人、中级职称 45 人。2000 年，评聘初级职称 231 人，审核申报中、高级职称 80 人，对办理专业技术人员聘任手续 576 人（其中续聘 289 人）。

2005 年，全县共聘任各级专业技术人员 186 人，其中高级 10 人、中级 116 人、初级 60 人。

二、专业培训

1986—1996 年，主要组织专业技术人员参加海南州举办的民语、草原规划、城镇土地申报等各种专业技术人员培训班。1998 年，推荐专业技术人员参加海南州举办的医师、预算会计、粮油储存技术、工业会计等不同专业的培训班。1999 年，安排全县专业技术人员开展继续教育必修课培训，参加培训 794 人，培训后发放继续教育认定证书 420 人（份）。2002 年，培训专业技术人员 124 人。

2004 年，贯彻落实《关于继续大规模培训专业技术人员的意见》。2005 年，印发《关于进一步加强农林水等系列专业技术人员培训工作和充实专业技术人员的实施意见》，举办专业技术人员计算机培训 3 期，培训人员 390 人次。

三、年度考核

1994 年起，对专业技术人员从德、能、勤、绩 4 个方面进行年度考核，考核分为“优秀、合格、基本合格、不合格”4 个等次。之后，每年年末对专业技术人员进行考核。1998 年，参加年度考核专业技术人员 1478 人，经综合考核，确定优秀 200 人、合格 1274 人、不合格 4 人。

1999 年，参加年度考核的专业技术考试人员 1580 人，经综合考核，确定优秀 216 人、合格 1362 人、不合格 1 人、不确定等次 1 人。

2001 年，参加年度考核的专业技术人员 1749 人，其中优秀 228 人、合格 1337 人、不合格 2 人、未定等次 182 人。2005 年，参加年度考核的专业技术人员 1796 人，其中优秀 242 人、合格 1554 人。

第三章　劳动与社会保障

1986—2005年，共和县就业结构得到调整，就业总量增加，通过用工改革，广开就业门路，扩大就业渠道，逐步形成政府宏观调控、企业自主用工、多种形式并存的新型劳动关系。其间，通过就业培训、落实再就业优惠政策等措施，促进下岗失业人员的再就业和农村剩余劳动力的转移就业。20年间，着力改革和完善社会保障制度，社会保险覆盖城镇职工和退休人员，并向农村延伸；劳动督查和劳动争议的妥善处理，维护了劳动者的权益，促进了社会的和谐稳定。

第一节　劳动就业

一、招工

1986年，贯彻执行“三结合”（劳动部门介绍就业、自愿组织起来就业、自谋职业）就业方针，扩大就业渠道，安置待业青年199人。其中，全民所有制企业安置62人，集体企业安置94人，安排临时工43人；个体自谋职业79人；全县招收合同制工人151人。1987年，全县临时性就业人员77人。1989年，实行“单位负责、地区统筹、计划管理”的原则，安置待业青年140人。其中，全民单位14人，集体企业78人，劳动服务公司集体安置就业37人，安排临时性就业11人。1991年，根据海南州劳动人事局《关于城镇青年管理工作的暂行规定》精神，全县重新登记造册城镇待业青年660人。按照“先培训、后就业”原则，上岗前培训102人，自谋职业35人，石煤劳动服务公司安排38人。1992年，全县共安置就业人员411人，其中全民所有制单位130人，集体企业38人，临时性就业243人。1993年，临时性安排就业50人。1995年后，开始形成企业自主用人、劳动者自谋职业、政府提供服务用人机制，建立劳动力市场，用人单位和劳动者双向选择，全面推行全员劳动合同制。1997年后，企业用工自主决定。

二、安置下岗职工

再就业优惠政策　1986—2002年，根据《海南州下岗失业人员小额担保贷款管理办法实施细则》《海南州促进大龄就业困难对象再就业实施方案》《海南州再就业补助资金拨付办法》，共和县针对全县集体企业失业人员多、生活困难的实际情况，将其纳入再就业扶持政策范围，允许享受税费减免、小额贷款、社保补贴等政策，将税费减免政策和社保补贴政策扩大到民营加工型企业。2003年，全县筹集再就业资金147万元，争取上级财政再就业补助资金60万元、落实小额贷款担保基金120万元。年内，推荐下岗职工小额贷款67人，发放小额贷款134万元，协调发放促进再就业贷款70万元；发放《再就业优惠证》604本，核实享受税收减免政策的下岗人员247人，减免34万元；享受收费优惠政策下岗人员1241人次，免费培训下岗人员538人次。2005年，发放再就业优惠证267本，核实享受社保补贴429人。

再就业安置　1991—1999年，共和县安置下岗再就业人员276人。1997年，州下发《进一步加强就业工作的通知》，全县下岗待业人员290人，安置175人。1998年，全县有各类企业36户，下岗职工489人，安置再就业309人。年内，成立再就业服务中心1个。1999年，领取下岗职工证明225人，再就业127人。2000年，全县累计有下岗职工358人与再就业服务中心签订《基本生活保障和再就业协议》，领取下岗职工证明（当年新增133人），年内共安置下岗职工172人，再就业率56%。2001年，再就业安置142人。2002年，开展以“保生活、促就业、接保险”为主要内容的再就业援助行动，安置下岗职工67人。2003年，为下岗失业人员设立下岗职工人员援助摊位，开辟下岗职工再就业市场、下岗职工一条街和下岗职工综合农贸市场、恰卜恰综合批发市场等，全年安置城镇各类下岗失业人员201人；采取腾岗清位措施，重点开发机关、事业单位的卫生保洁、门卫、社区协管员等公益性岗位，安置“4050”（女40岁、男50岁）人员46人。2004年，在机关事业单位工勤岗位安置就业人员21人；在全县就业容量大、旅游服务业和民营加工企业就业57人；鼓励劳动者自谋职业和自主创业，扶持创业带头人通过自谋职业和自主创业带动下岗失业人员再就业，自主创业从事个体经营36人。2005年，设立共和县劳动力市场和共和县职业介绍机构，建立信息网络。

三、大中专毕业生工作安排

1986—1999年，按照县政府下达的指令性分配计划，实行统分统配。至1999年，共和县共接收大中专毕业生1756人，安置毕业生1704人。2000年，改革大中专毕业生分配制度，除对大专以上毕业生继续下达指令性分配计划外，对中专毕业生则改为政府下达指导性计划、双向选择就业。年内共接收毕业生627人。其中，中专毕业生126人。实行指导性就业计划后，毕业生主要通过进入人才市场、与用人单位双向选择，落实就业。2005年通过考试，面向全县公开选派高校毕业生10人到乡（镇）事业单位工作；公开选拔高校毕业生10人到乡（镇）从事支教、支农、支医和扶贫工作，为期2年；全县招募大学生27人到农村牧区任职服务，为新农村建设注入新的活力。

1986—2005年共和县大中专毕业生安置情况表

表9-1　　单位：人

年份	合计	本科（大专）	中专	年份	合计	本科（大专）	中专
1986	30	18	12	1996	144	47	97
1987	91	19	72	1997	172	40	132
1988	108	26	82	1998	102	50	52

续表

年份	合计	本科（大专）	中专	年份	合计	本科（大专）	中专
1989	125	18	107	1999	94	44	50
1990	119	27	92	2000	127	56	71
1991	135	32	103	2001	159	76	83
1992	171	36	135	2002	188	78	110
1993	93	6	87	2003	209	107	102
1994	118	29	89	2004	227	186	41
1995	127	35	92	2005	297	243	54

第二节　劳动管理

一、安全监察

1986—1999年，共和县安全监察由劳动人事部门负责。2000年，安全监察职能调整到县安全委员会办公室。2002年，安全职能调至州经济贸易委员会。是年，共和县劳动安全执法监察大队成立。

1986年，开展安全生产大检查活动，帮助企业建立健全安全生产责任制，提高企业领导“管生产必须管安全”“安全为了生产，生产必须安全”思想认识。1987年，以“宣传教育，加强检查，完善管理”为重点，普及安全知识，组织人员参加全国工业生产安全知识竞赛。7月，贯彻国务院《加强安全生产管理的紧急通知》，开展以防汛抗洪、交通安全、工业和建筑安全为重点的安全检查，抽查部分企业安全工作。1988年4月，根据省劳动人事厅《关于开展安全大检查》的要求，以建立健全安全生产责任制、规章制度及安全措施为重点，抽查省、州驻恰单位和企业安全状况。1990—1994年，主要检测生产过程中产生粉尘、毒物及各种物理危害因素对职工健康的危害性的和职工防护用品使用情况。1995—1997年，先后重点检查县属商贸、城建、粮食、供销、乡镇企业等45个单位的安全生产工作情况。同期，开展“安全生产宣传月”活动，发放宣传资料1500份；检测检验锅炉5台；严肃处理对县皮毛绒公司倒墙事故和恰卜恰鞭炮厂爆炸事故责任人。1998年，县安全委员会办公室组织检查组全面检查整顿企业生产车间、危化品经营门店和仓库，共签订安全生产合同书57份。配合全国“第八个安全宣传月”“11·9”消防日活动，组织企业职工参加宣传活动，发放各种宣传材料2500份。2001年后，始终坚持“安全生产、预防为主”的方针，加强劳动安全监察综合管理。2002年3月，集中开展全县消防安全大检查，检查各类油库加油站以及经营和存放烟花爆竹的门店仓库41家，共下发整改通知书20份，提出整改建议40余条；检查公共娱乐场所16家，下发整改书11份，提出整改建议30余条；检查存在安全隐患较大的县供热站和县肉食公司综合楼施工工地，限期整改；重点检查县公交公司、民族商场、旭日宾馆施工工地和曲沟砖瓦厂、阿乙亥砖瓦厂等单位15家，下发整改书10份，提出整改建议20条。2005年，开展以“遵章守法，关爱生命”为主题的安全生产月宣传活动，活动期间悬挂横幅86条，出黑板报54块，展出图片26幅，发放各类宣传资料1万余份。年内，专项检查全县建筑市场、民用爆炸物品及矿山企业，清除安全隐患。

二、劳动合同管理

1986—1995 年，全县劳动合同管理主要由企业执行。1987 年，全县有合同制工人 230 人，全部签订劳动合同。1997 年后，围绕劳动关系建立、工资待遇、工作时间、女职工特殊劳动保护、用工单位签订劳动合同等情况，检查企业和鉴证实际情况，检查劳务合同 1200 余份，纠正违规合同 151 份，续签合同 187 份，责令用工单位补签劳动合同 847 人（份）。1998—2000 年，劳动合同续签 141 人，合同鉴证 123 人，变更劳动合同 86 人，解除劳动合同 210 人，终止劳动合同 26 人。2001 年，先后对各类企业中一次性安置的职工办理解除劳动合同，解除劳动合同 105 人。同时开展用人单位与劳动者依法签订劳动合同和维护劳动者合法权益情况检查。2002 年，州劳动和社会保障局、工商、工会、妇联等单位对共和县用工单位劳动合同、劳动用工、工资待遇、社会保险情况进行检查，涉及劳动合同 23 份，纠正违规合同和续签合同 127 份，责令补签劳动合同 125 人，解除劳动合同 47 人。2003 年，县建立协调劳动关系三方会议制度，开展劳动法规政策咨询服务和指导规范劳动合同和鉴证劳动合同。2005 年，根据省州劳动保障部门的要求和安排，检查基层各类用工单位推行劳动合同制度情况，责成 30 家用工单位与劳动者补签劳动合同 150 份，在 2 家企业中推行集体合同。

三、劳动仲裁

1986 年，共和县劳动仲裁委员会由劳动行政部门代表、同级工会代表、用人单位主管方代表组成，负责处理辖区发生的劳动争议。处理争议的程序为调解、仲裁和人民法院审理。1986—1994 年，劳动关系相对稳定，劳动争议案件较少。1995 年《中华人民共和国劳动法》施行后，随着劳动制度改革不断深入和职工法律意识的增强，劳动争议案件逐年上升。1996—2000 年，受理劳动争议案件 3 件，协商调解 1 件，仲裁 1 件。2001 年，根据省劳动和社会保障厅《关于 2000 年劳动争议仲裁案件评查活动的通知》要求，全面评查已发生效力的劳动争议仲裁案件。此次评查活动中，共和县被评为“2000 年度全省劳动争议案件优胜单位”。是年，受理劳动争议案件 2 件，仲裁 2 件。2003 年，接待劳动争议来访 2 件，受理劳动争议来信来访案件 3 件，处理结案 3 件。2004 年，受理劳动争议案件 4 件，涉及劳动者 54 人，其中立案受理 3 件，结案 3 件。2005 年，受理拖欠农民工工资案件 18 件，涉及 252 人，金额 36.5 万元（其中 2004 年度未结案 8 起），结案 17 起，清欠金额 35.7 万元。

第三节　社会保险管理

一、职工养老保险金征收与发放

1986 年，共和县基本养老保险业务启动，共和县就业局具体负责办理养老保险业务。1987 年，共和县开始收缴退休养老基金。是年，全县收缴合同制工人劳动保险基金 48154 元，待业青年保险养老金 6778 元。1991 年，遵照国务院《关于企业职工养老保险制度改革的决定》和《青海省国有企业职工退休费用社会统筹办发（试行）》，共和县建立统筹管理委员会，设立统筹办公室，具体负责养老保险登记、申报、审核等管理工作，隶属共和县劳动人事局。是年，共收缴合同制工人养老保险金 114275.6 元，职工（876 人）缴纳待业保险金 6900 元。1992 年 1 月，将合同制工人退休养老金的收缴管理移交县统筹办公室管理，开始使用《职工养老保险手册》。根据《海南州国有企业职工个人缴纳基本养老保险金实施办法》，全县参加退休费用社会统筹的国有企业和实行企业化管理的事业单位的固定职工、集体混岗职工和1972年底前参加工作的计划内长期临时工，自1992年10月起按标准工资的3%缴纳基本养老金。全县有统筹企业15家，参加统筹职工559人，其中固定职工427人、离退休职工132人；收缴退休统筹金6736元，支付退休费32.22万元。

1993年，全县参加退休费用统筹的国有企业单位18个，参加统筹人员748人，其中固定工570人，离、退休人员178人。全年应收缴养老金20万元，实际收缴12.2万元。是年，施行国有企业固定工养老保险制度，发放劳动合同制工人和国有企业固定工《职工养老保险手册》980本，养老保险工作步入正规化。1995年，按照“以支定收、略有部分积累”原则，全县社会统筹金收缴比例统一确定为28.5%，从1995年1月1日起执行。1996年1月，共和县社会保险事业管理局成立，根据《青海省国有企业职工基本养老保险基金省级统筹试行办法》，实行共和县养老保险基金省级统筹。1997年，全县参加养老保险的单位55个。其中，国有企业21个，集体企业6个，机关事业单位28个。参加保险人员1507人，实际征收养老金116.22万元，发放退休养老金94.54万元。1998年，国家调整企业缴纳养老金比例，在上年的基础上下调0.55%，全年收缴养老金87.5万元，支付退休人员工资189.19万元。1999年，全县参加社会统筹的单位54个1214人。其中，国有企业23个695人；集体企业3个367人；行政事业单位28个152人；应缴养老基金163万元，实际收缴109.26万元。

2000年，全县参保单位55个，参保职工818人，当年实际征缴保险金174.52万元（其中清理历年欠缴基金41.78万元），收缴率119%，年内净收缴率91%。足额发放企业退休（职）人员332人基本养老金182万元。同时，为各参保单位发放《社会保险登记表》并办理《社会保险证》。2001年1月，根据省政府《青海省社会保险费征收暂行办法》规定，养老保险费由社会经办机构征收移交给地税部门征收，基金按月转入财政专户，养老保险申报、审核、发放等管理业务由经办机构负责。是年，全县参加养老保险社会统筹单位68家1223人，发放离退休人员养老金181.35万元；补发符合条件的企业离休人员16人基本养老金和艰苦边远地区补贴。是年，应缴养老保险金188.31万元，实际收缴158.61万元（清欠68.9万元），综合收缴率84%。2002年，将养老保险覆盖扩大到非公有制经济组织从业人员、个体工商户、破产企业人员。2005年，全县参加养老保险1685人，实际缴费1057人，征收养老保险372.88万元（清欠226.2万元），综合征费为123%；为企业离退休人员421人按时足额发放基本养老金293.22万元，社会化发放率100%。专项稽查参保企业89户804人养老金缴费情况，登记追补缴养老保险金1601.6元。

二、失业保险

1986年10月，共和县启动失业保险工作，由共和县就业局具体负责失业保险的登记、申报、审核等管理工作。1999年1月，国务院颁布《中华人民共和国失业保险条例》，规定城镇企业、失业单位职工依照条例规定，享受失业保险待遇，把失业单位列入失业保险的范围。9月，劳动和社会保障部、财政部、人事部联合发出《关于事业单位参加失业保险有关问题的通知》后，全县把全额拨款、差额拨款、自收自支的事业单位及其工作人员全部纳入失业保险基金统筹范围；失业保险基金缴纳标准分别为单位和个人总工资总额的29%和19%。自2001年6月22日起，根据《青海省实施〈失业保险条例〉办法》，共和县实施失业保险制度。至2005年，共征缴失业保险金85.6万元，工伤保险3.56万元，发放失业金6.1万元。

三、医疗保险

2000年8月，共和县城镇职工医疗保险管理办公室成立，隶属共和县卫生计划生育局管理，核定编制3名。2002年7月，根据《关于撤并更名原龙羊峡部分事业单位的通知》，龙羊峡工委医管办原核定编制及人员一并划入县医保办。2001年3月，将共和县城镇职工医疗保险管理办公室整体移交到县劳动人事局管理。

2000年10月，启动实施共和县城镇职工医疗保险工作，建立社会医疗统筹基金和个人医疗账户相结合的医疗保险改革制度和医疗保险基金财政专户、并纳入财政预算。共和县人民政府颁布《共和县城镇职工医疗保险制度改革实施方案》和《共和县行政事业单位职工医疗保险实施细则》。职工医疗保险基金由用人单位和个人共同承担，统一缴纳，具体标准为：用人单位缴纳率原则上为单位上年度实发工资总额的7%；职工个人暂按本人工资收入的2%缴纳。职工个人的医疗账户由用人单位建立，单位为职工缴纳的医疗保险费以职工本人工资（退休职工退休费）为计算基数，按职工年龄段确定不同的比例计入医疗账户，其比例为30岁以下按20%、40岁以下按30%、40岁（含40岁）以上按50%、退休按60%的比例计入个人账户，其余部分全部计入社会统筹基金；职工个人缴纳的医疗保险费全部记入个人账户。用人单位为本单位职工缴纳的医疗保险费计入个人账户的其余部分进入社会统筹医疗基金。职工医疗费用先从个人医疗账户中支付，个人医疗账户首付不足时，暂由本人自付，自付的医疗费以本人年工资总额计算，5%以下（包括5%）全部由个人自负，5%以上由社会统筹医疗基金所属的账户中报销，其自负比例为：超过本人年工资总额5%以上至5000元的个人自负20%，5000元以至10000元的个人负担10%，10000元以上的个人负担5%，最高封顶线为3.3万元。

自2001年10月1日起，执行《海南州城镇职工医疗保险制度实施方案》和《海南州城镇职工医疗保险制度改革实施细则》及其有关配套文件，职工基本医疗保险费由用人单位和职工个人共同缴纳，用人单位缴纳的基本医疗保险费为本单位上年度职工工资总额的6%，退休人员由用人单位按上年度职工退休费总额25%的定额标准一次性缴纳医疗保险费，退休人员个人不缴费。在职职工按本人上年度工资总额的2%缴纳，个人缴纳的医疗保险费全部计入个人医疗账户，用人单位缴纳的医疗保险费一部分记入个人账户。记入办法为：以职工本人上年度工资总额（退休人员以本人退休费）为基数，45周岁（含45周岁）以下按1%的比例计算，45周岁以上按1.5%的比例计算，退休人员按3.5%的比例计算，记入个人账户。用人单位缴纳的医疗保险费记入个人医疗账户后的余额部分划入基本医疗保险统筹基金。个人医疗账户用于支付本人门诊医疗费，超支自理，个人账户历年结余资金也可用于支付住院费中个人自负部分的支出。参保人员在定点医疗机构住院的医疗费，每次住院个人先按三级医院850元、二级医院650元、一级医院及无级别医院450元的起付标准从本人个人医疗账户中支付（不足部分由个人自付）再由统筹基金按三级医院75%，二级医院80%，一级及无级别医院85%的标准支付。统筹医疗基金最高支付限额为3万元整。自2003年1月1日起，共和县实施大额医疗保险制度，超过最高支付限额3万元至15万元的医疗费用进入大额医疗保险统筹，由当地医疗保险经办机构和商业医疗保险机构协商解决，该项医疗费由职工个人按每月7元的标准（全年80元）每年年初一次性缴纳。大额医疗费用的支付范围及标准是：参保人员在一个年度内的住院费用超过基本医疗保险最高支付限额3万至15万元的医疗费用。

四、工伤保险

2004年7月1日，根据青海省实施的《工伤保险条例》规定，共和县启动工伤保险业务，由社保经办机构负责各项业务，工伤保险基金实行州级统筹，社保经办机构按月将征收的工伤保险费划入州财政专户。是年，参保单位21家，参保人数326人，征缴工伤保险费2.84万元。2005年，参保单位27家，参保人数为510人，征缴工伤保险费3.56万元。

五、农村牧区新型合作医疗

自2004年起，共和县推行农村牧区新型合作医疗。至2005年，参加合作医疗农牧民61397人，参合率85.6%。是年，全县新型合作医疗基金188.42万元，其中收缴参合金61.38万元，省、州、县级财政补助总计127.04万元。

第十编

教育　科技　卫生

第一章　教　育

1986—2005 年，共和县贯彻中共中央、国务院《关于深化教育改革全面推进素质教育的决定》精神，以“师生为本、提高质量、科研兴教；优化师资、改革创新、提速升位”为战略目标，加大教育投入，改善办学条件，全县教育得到均衡发展。至 2005 年，全县幼儿园教育、小学教育、中学教育日趋完善，教师队伍整体素质得到提高，教育管理更加科学，教学质量逐年提高。

第一节　机　构

一、县教育局

1984 年，设立共和县教育局，有干部 6 人。1986 年，工作人员 7 人。2005 年，教育局内设办公室、业务股、财务股，工作人员 12 人。

二、招生办公室

1986 年，招生办公室有工作人员 2 人，办公室主任由县教育局局长兼任。2003 年，招生办公室主任改为分管副局长兼任。2005 年，招生办公室有工作人员 2 人，办公室主任仍由分管副局长兼任。办公室负责初中中专、普通高校和高中会考考试工作。

三、教研室

1986 年，教研室共有教研人员 5 人。1991 年，有教研人员 8 人。1998 年，教研员 8 人。2005 年，工作人员 9 人，其中教研员 6 人。

四、电化教育中心

1992 年 3 月，共和县电化教育中心成立，同时成立共和县民族教育电视台，实行两块牌子、一套人马，有工作人员 4 人。2005 年，工作人员 5 人。负责全县电化教育和现代远程信息技术教育。

五、青少年校外活动中心

2002 年 4 月，共和县青少年校外活动中心成立。该中心由国家彩票公益项目支持，于 2002 年 5 月动工建设综合办公楼 1 幢，2004 年底竣工交付使用，工作人员 1 人，主要负责全县青少年校外活动工作。中心配置有计算机、汽车模拟驾驶、四驱车轨道、电视机、钢琴、天文地理仪器、摄像机等活动器材和图书万余册。

第二节　教育体制改革

一、管理体制改革

1987 年，推行教育行政管理科学化、规范化，加强教育部门对学校管理工作的检查监督，参照《青海省城乡中小学管理评估试行办法》，结合全县实际，拟定《共和县城乡中小学管理评估试行办法》，对中小学管理工作的评估从办学指导思想、教学管理、教职工队伍管理、学生管理、校容校貌等方面做了详细规定。1988 年，印发《关于学校整顿工作的安排意见》，县教育局、乡教委对 2 所中学、各乡中心寄校、民族完小等 15 所学校进行为期 40 天的整顿，整顿内容为思想、组织、作风、制度、财务、纪律六个方面。是年，出台《共和县中小学校长及教职工聘任、聘用试行办法》，规定全县中小学校长及教职工聘任、聘用的权限、条件和解聘手续。

2002 年，开展教育系统人事分配制度试点工作，成立以县委、县人大、县政府、县政协领导为正副组长，教育、财政、劳动人事、组织、监察部门领导为成员的共和县教育体制改革领导小组，选定县中学和原铁盖乡校区，开展中小学人事分配制度改革。按照国家和省州有关事业单位人事分配制度的政策，制定《共和县中小学人事分配制度改革试点方案（试行）》等系列改革方案，指导学校全面进行改革。此次改革试点以建立责权统一的学校人事管理制度为目标，以教职工全员聘任制为手段，“五定”“三制”为改革的主要内容，本着“公开、公平、公正”的原则，由试点学校教师大会或教工代表大会集体讨论、民主决策，按照有关程序进行，县组织、劳动人事、监察、财政、工会等部门进行监督，确保改革试点工作的顺利进行。

2004 年，全面推进学校人事分配制度改革，在县中学和县民族中学推行校长年薪制试点工作，面向社会公开招聘县中学和县民族中学校长。在 2002 年对县中学和铁盖中心学校推行人事分配制度改革试点的基础上，按照省人民政府印发的《青海省全日制普通中小学机构编制管理暂行办法》和省政府办公厅批转的《青海省中小学核定编制工作的意见》，充分考虑共和县农村牧区中小学区域广、生源分散、学校服务半径大、教学点较多、班额较小和“双语”教学及寄宿制学校等特殊情况，遵循教育规律，制定出切合实际的人事分配制度改革方案，核定中小学教职工编制数，科学、合理确定教师的工作量，积极稳妥地开展全县教育事业机构改革。

2005 年，在上年县中学和县民族中学推行校长年薪制试点工作的基础上，对县属 5 所中小学校长和 7 个乡镇校区的校长岗位在全县范围内实行公开竞聘，并在县属 2 所中学推行校长年薪制，实现教育人事分配制度改革的重大突破。

二、教育教学改革

1986 年，县委、县政府贯彻落实中共中央《关于教育体制改革的决定》，依照共和县情，确定“普及小学、充实中学、稳定高中”，加强学校管理，提高教学质量的各项改革措施。1989 年，州、县教育局在英德尔乡寄校、倒淌河乡寄校、铁盖乡马汉台小学，开展牧区、农村小学“双轨制”教育试点，探索在小学开展职业技术教育路子。1991 年后，县教育局根据中共中央、国务院《关于深化教育改革全面推进素质教育的决定》精神，结合共和县实际，制定有关素质教育改革、均衡发展等一系列文件，全面推进素质教育的实施。1992 年，制订《共和县教育事业 1993 年至 1995 年规划及实施纲要》，明确 1995 年实现全县普通初等义务教育等具体教育目标。1995 年，女童教改实验取得成效。是年，以提高学生“双基”为目的，开展教学竞赛、学科竞赛、第二课堂等活动，县民族中学在全国青少年生物百科竞赛中取得优异成绩，受到国家教委等四部委的联合表彰。2005年，推进全县新课程改革工作，缩小城镇与基层学校间的差距，提高基层教师的教学水平，组织开展县属学校与基层学校结对子帮教活动。至年底，县属学校共选派汉语文、英语等11门158名学科骨干教师进行“送教下乡”活动，基层教师听县属学校教师授课1674人次；基层各学校利用月假时间共组织教师1055人次到县属学校听计算机、自然等12门学科教学课程；采取“请进来”的办法，先后邀请黄南、湟中等地课改专家到共和县举办课改讲课培训4次，共有县属和基层学校教师506人参加培训。是年，为提高教师业务水平，总结和推广新课程改革教学经验，组织举办课改年级藏语文、汉语文、数学等学科教学竞赛，共有教师40人参加竞赛，并推荐优秀教师参加全州课改年级教学竞赛。

第三节　学前教育

1986年，共和县有幼儿园1所，入园儿童40人。1989年，县属各小学、乡镇中心学校均设立学前班，入校学生264人。1990年，全县有幼儿园（学前班）106个，在园幼儿988人。1991年，全县共有幼儿园1所，在园幼儿80人；学前班16个，在校幼儿466人。1990—1995年，修建、扩建原共和县幼儿园。至1996年，共和县幼儿园入园儿童160人，内设大、中、小班。是年，幼儿教师8人、保育员6人，教师学历为中专以上幼师毕业学历。1997—1999年，幼儿园、学前班共计有在园幼儿2757人。1999年后，由于外来务工人员及城市准入人口的增加，幼儿教育出现公办制、私立制并存的格局，先后建立蓝天、阳光双语、启蒙、小天使、佳育等私立幼儿园。同时，州县教育行政主管部门加强对幼儿园的管理，年终进行评估与考核，并对私立幼儿园进行等级评定。幼儿教育的内容由原来的单一化转化为多元化，开设语言、计算、社会、健康、英语、绘画、舞蹈、科学等科目。至2005年，全县幼儿园共计6所，其中公办幼儿园1所，民办幼儿园5所，全县幼儿在园（班）人数为1176人；幼儿教职工总数68人。

1986—2005年共和县幼儿教育情况表

表10-1

名称	性质	建园时间	教师人数（人）	教师学历	幼儿人数（人）	科目（内容）	班级
共和县幼儿园	公办	1958年	8	中专以上	40~160	语言、社会、健康、科学、英语、绘画、舞蹈、常识、手工、兴趣、阅读	学前、大、中、小、托儿班
蓝天幼儿园	民办	1999年	16	中专以上	学前班75 大班80 中班90 小班45	纸工、语言、社会、健康、科学、英语、绘画、舞蹈、常识、手工、兴趣、阅读	学前、大、中、小班

续表

名称	性质	建园时间	教师人数（人）	教师学历	幼儿人数（人）	科目（内容）	班级
小天使幼儿园	民办	2004 年	12	幼师毕业	学前班 28、大班 30、小班 25、中班 20	语言、社会、健康、科学、英语、绘画、舞蹈、常识、手工、兴趣、阅读	学前、大、中、小班
启蒙幼儿园	民办	2005 年	16	中专以上	学前班 50、大班 58 中班 28、小班 36	写字、拼音、语言、社会、健康、科学、英语、绘画、舞蹈、常识、手工、兴趣、阅读	学前、大、中、小班
佳育幼儿园	民办	2005 年	16	本科 1 人 大专 3 人 中专 11 人	学前班 35 大班 60 中班 60 小班 50	语言、计算机、社会、健康、科学、英语、绘画、舞蹈、常识、手工、兴趣、阅读、毛笔字、珠口算、手指操	学前、大、中、小班
阳光幼儿园（双语）	民办	2005 年	12	大中专以上	学前班 70 大班 76 中班 65 小班 35	语言、社会、健康、科学、英语、绘画、舞蹈、常识、手工、兴趣、阅读	学前、大、中、小班

第四节　小学教育

1986 年，全县共有小学 112 所。其中，县属小学 4 所，乡一级小学 12 所，村级小学 96 所；在校学生 10451 人，适龄儿童入学率 89.3%，教职工 600 人。1986 年后，全县小学进行一系列的教育改革，恢复和完善普通小学的行政管理体制，整合教育资源，充实小学师资力量，小学布局有较大调整。根据教育部颁发的《全日制中小学教学计划试行草案》精神，结合县内的教育实际，县教育局先后印发《在职教师培训计划》《学生考勤制度》和《学生成绩考核制度》等一系列教育教学的常规管理制度，建立健全普通小学教育管理体制。

至 1990 年，恰卜恰乡建成索吉亥、上沟后、沙油、次汉素小学校。全县各类小学调整到 94 所，在校学生 10059 人。1992 年，创建共和县第二民族完全小学；切吉乡帐房小学 23 所及新村小学合并到切吉寄校。1995 年，沙珠玉校区创建民族完小。至年底，全县共有小学 98 所，在校学生 10773 人。其中，寄宿制民族小学 33 所，走读制民族小学 28 所，普通小学 31 所，帐房小学 6 所。

1995 年起，先后实施“第一期义务教育工程”“第二期义务教育工程”“布局调整工程”“危房改造工程”和“希望工程”等建设工程项目，全县小学基础设施建设发生重大变化，办学条件得到全面改善。1996 年，切吉乡哇合寄校、加什科寄校合并到哇玉寄校。1998 年，全县通过“普六”验收。

至 2000 年，小学 94 所，在校小学生 12435 人，入学率 98.8%。2004 年，共和县启动义务教育阶段新课改活动，全县所有小学进入课改实验。至 2005 年，全县各级各类小学调整为 86 所，专任教师 796 人，在校学生 14418 人，入学率 99.9%。

1986年共和县小学分布情况表

表10-2

所在乡（镇）	学校数（所）	所在乡（镇）	学校数（所）	所在乡（镇）	学校数（所）
恰卜恰镇	4	铁盖乡	7	切吉乡	8
恰卜恰乡	12	廿地乡	4	石乃亥乡	9
曲沟乡	14	倒淌河乡	10	英德尔乡	14
东巴乡	8	黑马河乡	4		
沙珠玉乡	10	江西沟乡	8		

2005年共和县各类小学分布情况表

表10-3

所在乡（镇）	学校名称
恰卜恰镇	共和县第一完全小学、第二完全小学、第三完全小学、民族一完小
恰卜恰乡	上塔迈小学、下塔迈小学、西香卡小学、加拉小学、尕寺小学、西台小学、沙油小学、恰藏小学、沟后小学、索吉亥小学
铁盖乡	铁盖乡中心小学、铁盖乡寄校、九道班寄校、七台小学、托勒台小学、合乐寺小学
廿地乡	廿地乡寄校、切扎寄校、羊让寄校、曲什纳寄校、拉龙小学
倒淌河乡	倒淌河乡中心寄校、蒙古寄校、甲乙寄校、哈乙亥寄校、黄科寄校、元者寄校、尕海寄校、黑科一寄校、黑科二寄校
黑马河乡	黑马河乡寄校、文巴寄校、然去乎寄校、正却乎寄校
江西沟乡	江西沟乡寄校、上社寄校、下社寄校、元者一完小、元者二完小、大仓教学点
切吉乡	切吉乡寄校、祁加寄校、哇玉寄校、哇合寄校、塔秀寄校、乔夫旦寄校、新村小学
石乃亥乡	石乃亥乡寄校、铁卜加寄校、鲁色寄校、尕日拉寄校、兴旺寄校
英德尔乡	英德尔乡寄校、黄河完小、加什达完小、浪娘寄校、更尕寄校
东巴乡	东巴中心完小、索尔加小学、下梅小学、加隆台小学、上梅小学、莫合多小学
沙珠玉乡	中学附小、上卡力岗小学、下卡力岗小学、耐海塔完小、沙珠玉小学、上村小学、扎布达小学、达连海小学、直乃亥小学
曲沟乡	后菊花小学、曹多隆小学、多隆沟小学、次汉土亥小学、克才小学、阿乙亥小学、黄河村小学、德胜小学、龙才寄校、瓦里关寄校、龙羊小学、龙羊新村小学

第五节　中学教育

1986年，共和县共设有中学7所。其中，有民族中学1所（共和县民族中学），普通中学6所。共和县民族中学、共和县中学属完全高级中学，其他中学均为初级中学。是年，全县中学在校生2730人。1987年，黑马河中学因生源减少而停办。3月，共和县第二民族中学在江西沟乡成立；12月，更名为共和县环湖民族中学；1988年7月，学校迁址到“151”（原山鹰机械厂子弟学校）。1993年，共和县中学增设初中民族班。1997年，塔迈中学因生源不足停办。是年3月，共和县中学高中部并入海南州中学。

2000年，全县有完全中学1所、初级中学5所，在校初中学生3126人，有教职工227人。是年，“普九”工作加大《中华人民共和国义务教育法》执法力度，共开办补偿教育班50个，参加学习人数2160人。2002年8月，龙羊峡撤委建镇，龙羊峡逸夫中学移交共和县。

2005年9月，挪威籍教师卡日·依日卡娜（中文名尕藏多杰），创建共和县赛乾藏英文中学，筹资190余万元，招收学生84人，教师10人。2005年，全县有中学7所（含共和县赛乾藏英文中学），在校初中学生6059人，在校高中学生397人，教师218人。

1986—2005年共和县中学教育情况表

表10-4

年份	学校数（所）	教职员工数（人）	学生数（人）
1986	7	186	2730
1987	6	181	1937
1988	6	260	2309
1989	7	269	2563
1990	7	291	2499
1991	6	280	2388
1992	7	290	2280
1993	7	233	2532
1994	7	224	3146
1995	7	231	2495
1996	7	218	3213
1997	6	224	2232
1998	6	209	1656
1999	6	216	2124

续表

年份	学校数（所）	教职员工数（人）	学生数（人）
2000	6	227	3126
2001	6	215	2144
2002	7	226	2515
2003	7	244	4405
2004	7	225	5242
2005	7	218	6059

第六节 民族教育

共和县牧区设有民族小学，使用藏语文教学。1986年，全县共有民族小学11所，在校学生数1417人，教职工174人。1987年，环湖民族中学建成，在校学生187人，设教学班8个，教职工11人，建筑面积3469.61平方米。1989年，建立廿地乡曲什纳村寄校。1990年10月，共和县铁盖乡民族希望小学竣工。1991年，石乃亥尕日拉寄校成立；共和县第二民族完小建成(2001年合并到共和民族完小)，学生170人，教学班6个，教师6人。各寄宿制和走读制民族小学均实行“双语”（汉语、藏语）教学方式，民族中小学以藏语教学为主，其他各级普通中小学也加了一定数量的藏语文课。1997年3月13日，共和县民族中学高中部并入海南州民族中学。2002年，英德尔浪娘寄校成立。2005年，石乃亥向公寄校停办。2005年，全县有民族中学2所，学生519人，教师44人；民族中学高中部，有高中学生468人，教师40人。是年，全县有寄宿制小学31所，走读民族小学13所，学生1917人，教师128人。

2005年共和县民族教育寄宿制小学情况表

表10-5　　单位：人

学区	学校	教职工数	学生数
曲沟	龙才寄校	3	53
	瓦里关寄校	5	94
英德尔	英德尔寄校	6	91
	英德尔村寄校	3	42
江西沟	江西沟寄校	12	76
	上社寄校	2	27
	下社寄校	2	25
	元者寄校	2	28

续表

学区	学校	教职工数	学生数
黑马河	文巴寄校	2	34
	黑马河寄校	5	96
石乃亥	石乃亥寄校	10	56
	铁卜加寄校	2	28
	向公寄校	3	40
	鲁色寄校	3	42
廿地	廿地寄校	5	52
	切扎寄校	3	30
倒淌河	倒淌河乡寄校	12	98
	甲乙寄校	7	60
	哈乙亥寄校	4	45
	黄科寄校	4	36
	元者寄校	4	36
	尕海寄校	7	50
铁盖	铁盖乡寄校	5	60
切吉	切吉寄校	7	52
	哇合寄校	7	46
	祁加寄校	6	32
	加什科寄校	4	28
	塔秀寄校	5	24
	乔夫旦寄校	4	36

第七节　职业技术教育与成人教育

一、职业技术教育

1985年6月，省、州、县三级共同投资12万元，成立共和县职业中学，校舍位于恰卜恰镇，占地面积56亩，校舍建筑面积920平方米，校办土坯场1个。1986年9月，招收建筑、缝纫、财会各1个班，共招生88人。其中，建筑班26人，缝纫班30人，财会班32人；教职工3人，聘请专业教师3人。1987年末，所设专业班学生全部毕业。建筑班学生分配到共和县第一、第二建筑公司和皮革厂；缝纫班学生有3人分配到县服装厂，留本校缝纫店3人，其余自谋职业；财会班部分学生分配到县商业系统工作，其余自谋职业。1987年4月，共和县职业中学举办供销基层干部培训班，招收学员36人，全为少数民族学生，年底结业，全部分配到供销系统工作。是年6月，共和县职业中学更名为共和县民族职业中学。1988年7月，举办乡村医生班，分西医班和藏医班，共有学生110人，学制二年。1989年9月，共和县民族职业中学移交海南州管理，与州教师进修学校合并，成立海南州民族职业中学。移交时有学生110人（两个班），教职工9人，聘请有专业教师7人。

1991年，海南州民族职业中学更名为海南州民族职业技术学校。1992年后，共和县结合职业教育实际，为加强职业技术教育，在全县各中学开设职业技术课程。1993年，在共和县中学、共和县民族中学分别开设家电维修、藏医专业职业技术班，全县所有中学开设劳动技术课、小学开设劳动常识课。民族中学加授英语课程，县民族中学和环湖民族中学分别开办藏医班各1个。英德尔中心寄校"双轨制"教学试点中，开设医药常识和畜牧常识实验班。1994年，各校普遍开展适合当地经济发展的职业技术教育。

2005年，全县小学按教学大纲开设劳动课，中学按教学大纲开设劳动技术课的学校比率均为100%。

二、成人教育

1986年，共和县把成人教育与"普九"工作同规划、同要求、同部署，切实推进农牧区扫除青壮年文盲工作。1988年，全县共配备扫盲干事12人，扫盲教师111人，参加考试脱盲3563人，其中女性1893人。各乡按要求开设成人文化技术学校，举办各类实用技术培训，累计办班101期，共培训1.5万余人次；县、乡、村通过多种途经落实扫盲经费3.16万元。

1990年，全县共有文盲18538人，其中妇女文盲8665人，占文盲总数的46.7%。根据海南州1990年脱盲8%的要求，结合实际，逐村、逐户落实学习人员，全年共举办扫盲学习班组208个，参加学习的3290人，发放课本1500余册。1993年，全县共开设扫盲班组198个，参加学习的农村青壮年文盲3402人。扫除青壮年文盲1600人，并发放脱盲证书。是年，各乡进行脱盲考试，共扫除青壮年文盲2027人，其中女性文盲450人，超额完成全年的扫盲任务。1994年，县教育部门从教育费附加和学校勤工俭学收入中挤出资金，为学员免费发放课本688册。是年，共开设扫盲班组230个，参加学习的青壮年文盲2730人，脱盲1654人。1995年，全县共开设扫盲班组208个，参加学习的文盲半文盲2729人。通过考核，青壮年文盲、半文盲有1845人达到脱盲标准，领到脱盲证书。1996年，共筹集扫盲经费2.2万元，全年共开设扫盲班组156个，参加学习的文盲、半文盲有3548人，脱盲3160人。1997年，全县各乡均开办乡成人文化技术学校，全县共12所，参加学习的农牧民共360人。1998年，县委、县政府召开全县教育工作会议，会议明确把"两基"工作摆到"重中之重"的战略地位。

2002—2004年，完成全县"两基"验收工作。全县开办乡（镇）成人文化技术学校12所，办学面为100%；村农民文化技术学校86所，办学面为93.4%。为解决成人教育经费短缺问题，县、乡、村、校采取的措施：县级财政优先解决扫盲教师工资。县政府把扫盲教师工资列入年度财政预算，每年核发扫盲教师工资7.2万元，人均700元；通过学校勤工俭学和其他渠道筹措资金7.48万元。2004年10月，通过"两基"省政府验收，国家教育督导团审核结果为"基本合格"。2005年10月通过省政府教育督导室复查，国家教育督导团审核结果为"合格"。

2005年，全县15~50周岁人口43916人，其中非文盲43022人，青壮年人口非文盲率98%。15~24岁人口15260人，其中非文盲人口15260人，非文盲率100%。连续三年脱盲2049人，巩固提高3335人，巩固提高率99.2%。

第八节　师资及继续教育

一、教师队伍

1986年，共和县的教师队伍由公办和民办教师组成。公办教师纳入国家干部编制，工资由国家财政直接拨付；民办教师享有同公办教师同样的政治待遇，不列入干部编制。是年，全县有公办教师534人，民办教师252人。

1990年，教师人数增加到1067人，其中少数民族教师362人。教师中有公办教师693人，民办教师268人，代课49人，临时工57人。专任教师有758人，中学专任教师174人（中学高级教师1人，一级教师24人，二级教师6人，三级教师1人）。1994年，教师1103人。1995年，公办教师1060人，民办教师161人。公办教师主要来源于大、中专师范院校毕业生和民办教师转正为公办教师。

2000年，全县有教职工1054人。其中，专任教师930人。1986—2000年，全县民办教师转正252人，“民办教师”一词成为历史。2005年，全县有教师1041人。其中，本科学历教师46人，专科学历教师748人，中师学历教师390人，以工代干4人。

二、教师继续教育

1986年后，共和县遵循在职教师培训的规律和特点，采取学历培训与非学历培训相结合、脱产培训与在职培训相结合、业余自修与远程教育相结合、短期培训与长期培训相结合等方式，开展多层次、多渠道、多类型的教师培训工作，教师队伍的整体素质得到提高。1986年，采取“过教材关”考试办法，促进教师在职学习、进修，参加语文考试的有618人，数学考试的有721人。暑假期间，教育局在恰卜恰地区举办为期15天的寄校骨干教师培训班，参加培训教师60人，主要学习教学业务、交流寄校学校管理经验。1987—1992年，组织教师参加“中小学教师专业合格证书文化考试”，参加考试教师900人次考试科目90余门，合格率68%。考试前，教研室购发教材和参考资料，供教师考前学习，并以各种形式给予帮助辅导。

1995年，参加各类培训的教师总人数900余人，基本实现教师全员培训，教师队伍整体素质得到提高。1997年，教师岗位培训14485人次，举办各类培训班2期，培训校长、教导主任、复式教学人员等730人；中小学教师任职资格合格率88%。其中，小学教师94%，中学教师74%。教师任职资格合格率已经达到省颁“普六”验收标准。

2000年，举办微机应用与办公自动化培训4期，参加培训教师553人，并参加省电教馆组织的统一考试，取得人事部颁发的电脑培训合格证书。选派教师16人赴北京市参加电化教育培训，参加“义教工程”师资培训439人，赴辽宁省挂职锻炼教师4人，参加国家级骨干教师培训教师1人。2000年后，加强学历的培训力度。至2005年，实现初高中教师为本科学历，小学教师为大专学历、幼儿教师为幼师学历的目标。2001年，印发《共和县中小学教师暨校长培训规划》，选派教师、校长156人分别到青海省西宁市参加计算机、小学语文、小学数学、初中物理、初中化学、电教设备管理与维修、图书管理、理化仪器管理、计算机课件制作、教育学、教育心理学、现代教育术基础理论、卫星地面接收站的安装测试、电教媒体的使用管理及维护等内容的培训，实现中小学校长持证上岗。组织中小学教师1054人参加省教育厅安排的继续教育考试。2002年，共培训教师325人。其中，参加“二期义教”中小学骨干教师学历培训16人，中小学骨干教师培训53人，校长培训9人，远程教育扶贫示范项目师资培训50人，“微机应用与办公自动化”第四期培训197人，普通话培训及检测368人。2004年，全年参加中小学骨干教师培训17人，参加校长培训4人，参加大规模干部轮训177人。

2005年共和县中小学教师结构情况表

表10-6　　单位：人

学校	教师	性别		年龄					学历			教龄			
		男	女	30岁以下	31~40岁	41~45岁	46~50岁	51~60岁	大专以上	中专及高中	高中以下	31年以上	26~30年	20~25年	20年以下
中学	218	113	105	28	81	54	32	23	15	85	118	29	12	123	54
小学	796	363	433	223	279	150	110	34	18	351	427	87	129	259	321

第九节　教育经费

共和县教育经费以财政拨款为主。1986年，财政拨付教育经费59.2万元，不足部分用勤工俭学收入来弥补。勤工俭学收入36.1万元。1992年，全县教育经费突破100万元。自1998年起，教育经费除财政拨款外，政府开始征收教育费附加，是年，教育经费增至219.2万元。1999年，县委、县政府加大对勤工俭学的管理力度，解决曲沟乡瓦里关寄校和恰卜恰乡加拉民族完小的牧场问题，新增黑马河乡文巴村和廿地乡羊让村牧场，划拨草场200公顷。是年，全县勤工俭学总产值249.7万元，纯收入100万元。

2001年，全县勤工俭学主要从深化企业改革入手，努力提高勤工俭学效益。全年勤工俭学总产值204万元，纯收入78万元。2002年起，国家通过转移支付划拨教育经费，并增加公用经费，共和县年教育经费增加到608.5万元。此后，教育经费逐年增加。2004年，全县共有校办牧场33个，草场2666.67公顷（其中围栏草场2000公顷），各牧场牲畜存栏9556头（只）；校办农场23个，拥有土地290公顷；校办林场7个，面积26公顷，各类树共有57143棵，校办第三产业11个。全县勤工俭学总产值145万元，纯收入78万元。其中，农场纯收入25万元，牧场纯收入36万元，第三产业收入17万元。全县形成以校办农牧场为基础的勤工俭学生产经营体系，为全县教育事业发展提供经费补充。是年，从勤工俭学总收入用于补充教育经费支出23.4万元，补助学生生活16.5万元，修缮校舍课桌凳16.1万元，用于教职工福利12万元，企业留利10.4万元。

2005年春季开学，国家实行“两免一补”政策，免除贫困家庭学生杂费，免除贫困家庭学生教科书费，补助贫困家庭学生生活费，全年教育经费1133.5万元。

1986—2005 年共和县教育经费情况表

表 10-7　　单位：万元

年份	经费	年份	经费	年份	经费	年份	经费
1986	59.2	1991	98.5	1996	135.3	2001	296
1987	66.2	1992	108.2	1997	147.2	2002	355
1988	74.4	1993	104.6	1998	173.2	2003	608.5
1989	87.5	1994	78.4	1999	185	2004	1027.7
1990	81.7	1995	113.2	2000	203	2005	1133.5

第十节　校舍建设与教学设备

一、校舍建设

1986 年，共和县“国家贫困地区义务教育工程”全面启动，工程以土建项目为主。1988 年，共实施“国家贫困地区义务教育工程”项目 7 个，总投资 233.546 万元，设计施工面积 3843.06 平方米。项目主要有倒淌河乡中心寄校学生宿舍、办公室，建筑面积 437.6 平方米，投资 24.66 万元；东巴乡中心完小建筑面积 262.83 平方米，投资 14.456 万元；曲沟乡曹多隆小学建筑面积 280 平方米、投资 12.1 万元；次汉土亥小学建筑面积 305.6 平方米，投资 15.28 万元；恰卜恰乡西香卡学校建筑面积 131.43 平方米，投资 7.23 万元；铁盖乡九道班寄校，建筑面积 1087.61 平方米，投资 59.82 万元；县一小教学楼工程，建筑面积 1398 平方米，总投资 100 万元。各乡政府通过自筹资金 73 万元，解决倒淌河乡甲乙寄校、元者寄校、哈乙亥寄校、切吉祁家寄校的危房改造问题。1993 年，塘河地震给全县教育系统造成很多危房，为彻底解决危房问题，县委、县政府决定使用教育费附加实施危房改造，全年共完成新建、改建任务 2474.2 平方米，维修 22304.2 平方米。1995 年，通过上级支持、财政拨款、教育费附加投资、群众集资等手段，共筹集资金 120 万元，完成新（改）建校舍任务 2667.8 平方米。完成江西沟上社寄校、环湖藏文中学、倒淌河中心寄校、英德尔乡英德尔村寄校等一批重点改造项目。1997 年，共筹措危改资金 39.3 万元，改建校舍 273 平方米，扩建 528 平方米。剩余的危房主要集中在城镇中小学。1999 年，共实施项目 16 个，总投资 338.01 万元，设计新建施工面积 2083.74 平方米、维修面积 4626.58 平方米。2001 年，完成县民族完小教学楼、县一小和二小锅炉房、沙珠玉下卡力岗小学校舍改造、曲沟乡次汉土亥小学新建校舍以及县民中校园计算机网络、县中学教字楼维修等工程，共投资 98.7 万元。建成石乃亥道生希望小学，由英国华侨捐资 24 万元建设。2002 年，共实施项目 27 个，完成改（扩）建面积 9030 平方米，总投资 665.38 万元。其中，“二期义教工程”项目 21 个，改（扩）建面积 4164 平方米；维修项目 1 个，改（扩）建面积 951 平方米；其他项目 5 个，完成改建（扩）建面积 3918 平方米。2004 年，全年共实施项目 27 个，投资 848.13 万元，改（扩）建面积 13578.15 平方米。主要建设项目是：县中学教学楼建设面积 1791 平方米，县民族中学学生宿舍楼建设面积

2112.75平方米，县二小教学楼建设面积1345.82平方米，其他改（扩）建面积1225.25平方米，铁盖乡中心学校危房改造项目建设面积600平方米，龙羊峡镇后菊花村小学危房改造项目建设面积250平方米，县一小危房改造项目面积600平方米，基层学校（5所）校舍维修1012平方米。2005年，共实施建设项目9个，投资1927.96万元，建设面积23811.6平方米，其中跨年度项目2个，面积4438平方米，资金375.8万元；农村中小学寄宿制建设项目工程5个，投入资金1507.2万元，建设面积18848平方米；个人捐资项目2个，投入资金45万元，改（扩）建面积525.6平方米。

二、教学设备

1986年，全县各学校教学设备较简陋。1988年，全年制作课桌凳350套，缓解了乡级小学课桌凳紧缺问题。1993年，县委、县政府挤出资金10万元，制作课桌凳630套和办公桌100套，全部配发到各学校，一次性解决困扰多年的课桌凳问题，实现“人人有课桌凳”目标。是年，通过多方筹集资金，增设放像点5个，建成全省唯一的较为完善的电化教育网络。通过电教手段，共培养卫电中师学员119人，岗位培训1000余课时，受训教师逾2万人次，培训小学各学科带头人25人，为曲沟、恰卜恰乡举办农村职业技术教育培训班3期。1996年，制作课桌凳890套，办公桌89套，初步缓解中小学课桌凳和办公桌严重紧缺的问题。1997年，全县共购置教学投影仪123台，教学投影片356套，平均每生新购置课外读物1册，使全县中小学教学仪器设备和图书资料从基本空白步入逐步发展的新阶段。2001年，积极争取韩国政府教育贷款援助项目。县乡级学校配套电教设备的建设项目进入实施阶段，投资30万元配备部分电教设备。2005年，全县乡镇级小学普遍开设有信息技术教育课，各学校建有计算机教室，配有计算机。

三、电化教学设施

1986年后，现代教育技术进入课堂，逐步改变固有陈旧的教学模式和教学方法，逐步实现直观教学、形象教学、快乐教学。1986—1990年，幻灯片、教学录像带进入课堂，直观式教学模式深受中小学生欢迎。1991年3月，联合国儿童基金会援助建成共和县民族教育电视台以及放像点10个，全省第一个县级卫星电化教育网络在共和县建成并开始运转。1992年2月，新建放像点9个。1993年3月，续建放像点6个，并建成卫星地面单收站2座。至1993年底，全县建成以县民族教育电视台为骨干龙头，配套放像点（25个）、单收站（3个），覆盖全县所有乡（镇）及部分村社的较为完整的电化教育网络。同时，成立共和县民族教育电视台和共和县电教中心，实行两块牌子、一套人马，业务与管理功能融为一体，承担教育电视的传播和全县电化教育管理工作。是年，先后举办基层放像员培训班3期，共培训放像员46人次。通过收录卫星资料、翻录、购买、自制、翻译、配音等方式，先后收集各类音像教学资料2638课时，其中卫电中师课程1724课时，小学语文、数学课堂实录353课时，教育教学参考202课时，小学思想品德教育35课时，爱国主义、国情教育56课时，藏语文、数学教学参考28课时，其他课程80课时，各放像点存档资料160课时。县民族教育电视台制定《电视台节目播出、编审制度》《电视台设备管理使用维护制度》《机房设备操作规程》《办公室人员职责》《卫电中师班教学管理及考试制度》等，明确规定各层次工作人员的管理要求。全年用于电视教育方面的投资总额70余万元。1999年，全县拥有投影仪131台，投影片376套，电视机44台，录放像机34台，录音机101台。建成地面接收站14座。共和县中学、共和县民族中学、共和县第三小学、倒淌河甲乙寄校等学校共购置电脑125台，开设中小学计算机课。2000

年，全县建成卫星地面接收站24座，微机教室5个，语音室2个；拥有录放像机50台，电视、监视器78台，复读机8台，投影机318台，微机221台。2004—2005年，建成现代远程教育试点示范工程项目光盘播放点33个，配备彩电71台，DVD71台及中小学教学光盘130余套。实施农村中小学现代远程教育工程试点项目，建成卫星教学收视点项目学校8所，多媒体网络教室项目学校2所，配置计算机78台。完成县城中小学因特网宽带连接工作，实现在网络环境下的因特网教学。

第十一节　学校选介

一、共和县第一完全小学

始建于1961年，学校占地16713平方米，建筑面积4772平方米。1986年后，学校派出教师参加国家级培训32人次，省级培训243人次，县级培训478人次。2001年始，学校新建计算机教室、多媒体教室，每个班配置三机一幕，共有电脑60台、电视机28台、DVD28台、VCD3台、录音机20台。购置配套教学光盘2000余张。2005年，教学班25个，学生1470人，教师61人。学校有计算机教室、语音室、多功能室、电子备课室、图书室、自然实验室，建成卫星地面接收站，校园局域网与因特网接通，先后荣获“省级现代教育技术实验学校”“优秀青少年维权岗”、州级“先进教育集体”、县级文明单位等称号。

二、共和县第二完全小学

始建于1956年，是恰卜恰地区最早的一所全日制普通完全小学。学校占地3万平方米，建筑面积3420.71平方米。1986年，教学班22个，教职工40人。学校各项工作得到长足发展，教学质量逐步提高。本辖区入学率、合格率、巩固率和毕业率“四率”均为100%，多次被省、州、县评为“全省中小学争先创优先进学校”，获得“优秀家长学校”“先进集体”等荣誉称号。省、州、县先进工作者和优秀教师26人。教学设备主要有：每个教学班配置“四机一幕”（电视机、录音机、影碟机、投影仪、幕布），建成闭路电视教学系统和校园广播网，拥有计算机36台，电视机30台，图书8519册，体育器材、音乐器材等。2005年，在校学生1522名，教学班26个，教职工59人。

三、共和县第三完全小学

位于恰卜恰镇河西地区，始建于1971年，学校占地25708平方米，建筑面积3118.93平方米，教师40人。教师学历合格率100%。小学高级教师31人，小学一级教师7人。学校加强教师岗位培训，教师现代信息技术教育与课程整合能力高、综合素质全面。1996—2005年，学校先后被评为“全国红旗中队”“全国优秀家长学校”“青海省示范家长学校”“现代远程教育先进集体”等。22人荣获省、州县优秀教师、先进工作者等荣誉称号。教学设备、设施较为完善，有微机室1间，电脑33台，多功能设备1套，远程教育设备1套，校园班班通广播系统、校园闭路电视系统，有办公电脑共4台。2005年，在校学生748人，教学班14个，教师34人。

四、共和县中学

始建于1973年，位于共和县恰卜恰镇东风路8号。学校占地69003平方米，建筑面积4445平方米。1986年，有初中班27个，在校学生1547人，教师74人。高中部有3个年级6个教学班，高中学生321人。1997年9月高中部停办，学生并入海南州中学。学校建有校园广播网、校园电视网和多功能电教室，配齐所有科目教学所需的电脑、教学光盘、录音机、体育器材等。先后荣获“全国先进体育传统项目学校”“青海省体育传统项目学校”“全省体育工作先进单位”“全国青少年科技活动先进集体”等荣誉称号。2005年秋季，恢复高中部，招收高一学生103人。

五、铁盖乡中学

1992年8月成立，当年招收新生35人，教师4人。之后，每年本乡小学毕业生陆续进入中学就读。1998年后，配备计算机、投影等电教设备和理化实验仪器。2005年，学校占地53336平方米，建筑面积17778.7平方米，在校学生115人，教师11人，设初一、初二、初三3个年级，教学班3个。

六、沙珠玉中学

创建于1952年，分设小学部、中学部。学校占地28270平方米，建筑面积2789平方米。2005年，在校学生1037人。其中，初中学生226人，初中教师18人。学校建有计算机教室、多功能电教室和物理实验室。

七、曲沟中学

创建于1957年，原校址在曲沟村，分小学部、中学部。1983年，因龙羊峡水库蓄水淹没，整体搬迁到曲沟麻尼磨台。2002年8月，并入龙羊峡镇。2004年，学校组建为曲沟九年一贯制学校。2005年，学校占地37200平方米，建筑面积2727平方米。在校学生266人，其中初中学生113人。设初中教学班3个，教师17人。

八、龙羊峡镇逸夫中学

创建于1994年5月，由著名爱国华侨邵逸夫先生投资兴建。全日制完全中学，在校学生226人。其中，高中学生98人，初中学生128人。设教学班6个，教职工21人。2005年，撤销高中部。

九、共和县环湖民族中学

始建于1987年3月，是一所全日制寄宿制民族初级中学，校址在现江西沟乡中心学校，初建时命名为共和县第二民族中学。共和县委、县人民政府于1987年7月11日在江西沟乡召开县委书记、县长联合现场办公会议，专题研究筹建共和县第二民族中学问题。会议决定，招生范围为环湖4个乡。学校占地20958平方米，建筑面积4555平方米，是共和县环青海湖地区民族教育中心。1998年，设有教学班10个（其中初中部4个、小学部6个），在校学生278人（其中初中生125人）。学生总数中，藏族学生265人，占在校学生总数的95.3%。教职工38人，其中藏族教师35人。2005年，在校学生566人，教学班13个，教职工34人。

十、共和县民族完全小学

创建于1983年。1986年，有在校学生240人，设教学班6个，教师16人。1988年，学生数增加到340余人，教学班8个，教师25人。校园占地11339平方米，校舍面积2314.3平方米。1993年，学校教学班13个，在校学生650人，专任教师33人。1998年，学校代表“西北五省民族娃娃进京”演出，荣获文化部群星奖，受到阿沛·阿旺晋美等国家领导人的亲切接见。2001年8月，共和县第二民族完全小学并入，在校生900人。其中，各乡（镇）学生599人。教学班14个，教师有34人。2005年，学校建筑面积2023.48平方米，其中教学楼1栋，建筑面积为1518.48平方米。教学班17个，学生1070人，教职工42人。学校有电视机7台，投影仪9台，录放机2台，录音机5台，电脑双声像教学仪器2套，校园广播网1套，校园闭路网1套，多媒体设备38台，语音室1个，现代远程教育设备1套。学校建有校园广播网、电视网、微机室、图书室等，有图书4908册。

第二章　科　技

1986—2005年，全县科技工作坚持“科技兴县”的战略方针，紧紧抓住西部大开发的有利时机，坚持解放思想，实事求是，围绕科技创新和体制创新开展工作。在科学技术普及、推广，科研成果试验、示范、推广，科技项目立项、试验，科技人才培训，科学知识宣传，科技决策咨询服务等方面做了大量工作，为促进共和县经济社会全面发展做出应有贡献。

第一节　机构与队伍

一、共和县科技文化局

1978年12月，共和县科学技术委员会成立。1985年，工作人员5人。1987年，县科学技术委员会定编5名，实有7人。1995年5月，共和县科学技术委员会与共和县文化局合并为共和县科技文化局，工作人员16人。2000年，核定行政编制9名，工勤人员2人。2005年，科技文化局核定行政编制7名；下属事业单位有少数民族科普队、文化馆、广播站、文物管理所、电影发行放映公司，倒淌河中心文化站。实有干部职工32人。

二、共和县科学技术协会

1984年2月21日，共和县科学技术协会成立。1987年9月至1989年8月，先后成立沙珠玉乡、江西沟乡、东巴乡、恰卜恰乡科协，组建少数民族科普队。是年，共和县召开第三届科学技术协会代表大会。至2005年底，共和县科学技术协会有会员2747人。

三、科技队伍

1986年，全县事业单位专业技术人员726人。1998年，从事科技工作的学会、协会、研究会会员总数达2707人；从事科技工作人员1135人，其中高级职称5人，中级职称144人，初级职称986人，专业涉及工业、农牧业、科教文卫、金融财会等方面。至2005年12月，全县事业单位专业技术人员中，高级职称91人，中级职称661人，初级职称有812人；全县事业单位专业技术人员1554人，其中少数民族1076人，占专业技术人员的69.2%。

第二节　科研计划制定与实施

一、科研计划

1986年，全县科技工作坚持“科技兴县”的战略方针，围绕科技创新和体制创新开展各项科技工作。1986—1995年，县政府每年下拨一定的科技三项经费，县科委结合共和县本地经济社会发展实际，制定科研计划，共实施科研项目10项。2000年，制定《共和县2001—2005年科技发展规划》，明确到2005年，全县科技进步对国民经济发展的贡献率增长35%；初步建成良好的科技成果推广转化机制、科技创新机制和政府宏观指导协调机制；开展科技人才培养和科普宣传活动，提高全县干部和农牧民群众的科技文化素质。规划的主要任务有：提高科技队伍政治业务素质，开展常规性政治理论和科技法律法规学习，每位科技工作者每年政治学习不少于180小时；成立由县长担任组长、主管副县长担任副组长的“科技兴县”领导小组，领导小组每年定期召开会议，专题研究“科技兴县”战略的具体政策、措施及科技工作发展的重大问题；投入足够的科研经费，确保科研物质基础；强化科普工作，增强广大劳动者的科技意识。按照规划，逐步发展和建立全县科技管理网络，适时建立“科技工作联席会议制度”“科技专家座谈会”等有效的科学民主参与机制，具体实施管理科技发展计划和科技项目，为党委和政府提供决策依据和政策方案。保证足够的科技投入，把科技三项经费和科学事业费列入财政预算，并通过银行信贷资金和“星火”“丰收”等国家专项信贷资金，解决农牧区科技经费投入不足的困难。2001年，争取到国家、省级科技进步经费100万元，用于科研计划编制。2005年，实施天然林（草）资源保护，推行科学种树种草，采取封山育林（草）、飞播造林（草）、退耕还林还草还湖、防沙治沙、水土治理等办法，制定科学计划，选择条件好的地区，逐步进行试点。

二、科研计划实施

1996—2005年，每年向省科技厅申报科研项目4~6个，实施1~2个。其中2001—2005年，实施青海省“科技富民计划”、《青海湖湿地保护研究及示范推广》《环湖地区畜牧业产业化科技示范》《共和县陶赛特肉羊引进及杂交繁育技术推广项目》和《小尾寒羊繁育技术推广项目》等项目。2002年，针对农牧业结构不合理矛盾，通过政策引导、信息服务、技术示范等途径，遵循市场需求，压缩不适销品种，调整曲沟乡、铁盖乡、恰卜恰乡等地的农作物生产品种。通过“种子工程”开展品种改良和新品种开发，适当增加蔬菜、蚕豆、豌豆等经济作物种植面积。是年，环湖地区畜牧业产业化科技示范项目在环湖地区实施。2003年，争取到牧业开发示范工程、环湖高效畜牧业现代化示范、暖棚养畜、围栏种草、陶赛特肉羊引进及杂交繁育、加什科羊良种基地建设及杂交繁育技术推广等项目，共计投资800余万元。2004年，先后实施和完成农田基本建设“坡改梯”“旱变水”“农田林网”“节水灌溉”“菜篮子”“粮袋子”等工程，投入180万元。2005年，围绕农田灌溉和人畜饮水开展水利基础设施项目建设，科学管理，防止“库、渠、涝”的“毁、漏、渗”现象发生。

第三节 科普活动

一、科技宣传

1986—2005年，共和县科技工作者深入农村牧区、社区广泛传播科学精神、科学思想、科学方法和科学知识，开展科技宣传及科技咨询、法律咨询、卫生咨询等活动，展出《反对邪教、崇尚文明》大型图片等，利用先进的网络平台，开办科普网，宣传共和科普工作。采取以群众喜闻乐见的形式，结合共和县实际，有针对性地开展科普宣传活动。不定期开展地震诱发地质灾害排查预警，扎实开展防震减灾科普知识宣传，每年开展共和县中小学地震应急疏散演练。1986—1995年，共举办科普展览234期93250人次；放映科教电影221场，观众13420人次；科普讲座30场，听众达1530人次；编印科普资料520份，发放科普资料16万份；联合农业局、卫生局等单位，邀请专家进行科普知识讲座430次，接受科普教育100万人次。1996—1999年，开展科普宣传，共举办各类大型“科普之冬（周）”8次，参加单位累计197个次，参加活动群众12.3万人次，发放各类宣传资料3.78万份（册），咨询服务群众3.4万人次，放映各类科技录像、电影1760场次，观众26.1万人次；同时，利用展出黑板报，设立咨询服务点，发放科普资料等手段在各农村牧区及城镇举办大中型科普活1165次，参加单位累计347个次，参加干部群众19.91万人次，发放藏汉两文科普资料2.83万份（册），咨询服务群众1.1万人次。2000年，开展科普示范乡、科技村、科普村、科技示范户建设工作，在江西沟乡利用天然草场进行高效畜牧业科普示范乡建设试点工作；在恰卜恰乡西香卡村建成科技村，发展科技示范户100户，占全村总户数的84.7%；在切吉乡东科村建成科普示范村，围栏草场33.33公顷，种植优良牧草33.33公顷，推广风力发电机30台，牛奶分离器20台，改良羊2.5万只，并在广大农牧民群众中进行科技扫盲、科技培训等活动，培训人数达1220人次。2001—2004年，为农牧区群众开展科普宣传活动150余次，科普内容50余项，受教育群众15万人次。2005年，到全县农村牧区、学校开展科普活动，为青少年开展专题科普活动5次，每次参加活动青少年5000人次。

二、科技培训

1986—1992年，县科技部门举办畜牧、果树、养殖、蔬菜、中药材、医卫等内容的培训3840期，接受培训3万人次。通过举办结合实际的科技培训和星火青年带头人活动，建立帮扶档案、颁发帮扶优惠证，培训乡土科技人才1000人。1993年，举办以农业增产技术、畜牧业集约化生产经营、牛羊育肥、防病治病、青稞和油菜丰产栽培、温棚种植蔬菜技术和国际农发项目等内容为主的农牧业实用技术培训班74期，参加培训人数9953人次，发放科普教材读物6750份（册），获得培训合格证书192人；是年，各乡政府、村（牧）委会举办以农牧业生产实用技术为主，科技知识为辅的实用技术培训班32期，培训农牧民28809人次。1994—1995年，开展“双学双比”“讲、比、建”“女能人”“科技带头人”“科技生产明白人”等科技人才培训，两年共培训这类农牧区科技人才768人次。2000—2005年，农牧区科技人才培训围绕农牧业生产，开展实用技术培训，以“星火人才培训”“农牧民实用技术培训”“绿色证书培训”为平台，每年培训专业人才200余人，普及实用科技人才培训每年达1500人次，农牧业生产技术培训达2000人次，取得绿色证书每年达500余人。至2005年，全县共举办各类农牧业实用技术培训1082期、9.4

万人次，发放培训材料 1.1 万份（册）。

第四节　科技推广与成果

一、技术推广

1986—2005 年，共和县先后引进推广农牧业实用新技术 16 项，农作物新品种 25 个，优良畜种 4 个。通过科技示范引导，全县适龄母畜比例达 53%，马、牛、羊的比例调整到 2.1∶11.3∶86.6，优良种畜的比例达 48%。种植业由单一粗放的“粮、油”二元结构向“粮、油、菜、草”等多元结构转变，粮、油及其他经济作物种植比例达到比较合理的 50∶36∶14。充分发挥黄河沿河地区气候和水土资源的比较优势，发展特色经济种植业，引进试种西瓜、油桃、花椒、葡萄等作物，取得较好的效益。

二、项目推广

1986 年，组织实施青海湖湟鱼加工技术、青稞饮料开发技术、温泉水培育大规模鱼苗、瘦弱羊冬季育肥试验、“菜篮子工程”、大理石矿开发应用系列技术、藏毯电针枪应用技术等省级科技“星火”项目 40 项，州级项目 8 项。1987 年，恰卜恰乡次汉素村开展的“菜篮子工程”累计修建塑料大棚 42 座 2.48 公顷，节能温室 12 座 0.4 公顷，地膜覆盖种植蔬菜 10.67 公顷，亩均收获蔬菜 3645.59 公斤，亩均纯收入 4000 元左右，累计为恰卜恰地区提供新鲜蔬菜 740.78 吨，该村人均收入达 1086 元。1990 年，实施曲沟乡“温泉水培育大规格鱼苗”项目，修建水塘 6 座，面积 1.33 公顷，培育鲤鱼、鲢鱼、草鱼、鲫鱼等 4 种鱼苗 47 万尾。1992 年，引进海西州、省量具刃具厂、汾西机器厂等地生产的风力发电机，乐都县、循化县生产的太阳灶，省能源办生产的小型太阳能电源、家用热水器及生产用黑色地膜、玻璃钢等新能源产品，在环湖四乡、切吉乡等地理位置偏僻、交通不便的乡村进行试验、示范、推广。至 1998 年，共计推广风力发电机 176 台 8300 瓦，太阳灶 419 台，太阳能小电源 42 台 590 瓦，家用热水器 40 台，黑色地膜 100 平方米，玻璃钢 1796 平方米。2000 年，曲沟乡麻尼磨台村冬小麦试种成功。2003—2005 年，在江西沟乡等地引进优良陶赛特肉羊，进行扩繁和杂交改良，完成改良 2000 只，生产杂交羊 12580 只；举办陶赛特肉羊杂交繁育技术培训班 4 期，培训专业技术人员 289 人，农牧民群众 1584 人次，通过抽样调查，其改良品种具有较高的产肉能力和良好的肉用性能。在切吉乡加什科村实施《加什科良种基地建设及杂交繁育技术推广项目》。2003—2005 年，环湖各乡镇采取公司加牧户的形式，实行种草养畜，引进种畜，进行畜种改良、牛羊育肥、农机作业、科技咨询、产品销售和市场信息化等一体服务，促进该地区的畜牧业发展。

三、科技成果

1986—2005 年，共和县广大科技工作者紧紧围绕全县农牧业产业结构调整和产业化发展，开展多项适用技术的研究和示范推广，累计获得科技成果 7 项，专利 3 项。2001 年，启动实施“553”科技示范工程，跟踪服务科技示范单位 70 户，进行强化科技指导，在农牧业生产上加大科技含量，逐一进行建档立卡，详细记录示范项目等基本内容，真实地反映科技示范工程建设的内容和经济效益和社会效益。2005 年，“553”科技示范工程科技示范乡——江西沟乡实施畜棚冬季舍饲牛羊育肥羔羊，夏季栽培蔬菜及蘑菇，天然草场保护和退耕还草等项目初见成效。科技示范村（13 个）主要示范种植业、养殖业、经济林果业、农副产品加工、奶牛生产、淡水养鱼、草地畜牧建设、牧区节能日光暖棚两用技术等；科技示范户（70户）主要示范特色种植业、养殖业、经济林果业、农副产品加工、奶牛养殖、牛羊育肥、农业新技术应用，农作物新品种的引进试验，淡水养鱼、畜种引进、畜种改良、生态保护、庭院经济建设等。在恰卜恰镇西台村实施“一池三改”项目50户（50座）。同时向上级业务部门争取太阳能灶1514台，发放到全县农牧户（1514户）家中，受益人口6813人，年内节约燃料费52.9万元。

1986—2005年共和县获得科技成果奖情况表

表10-8

获奖项目	获奖单位及主要贡献者	颁奖单位	时间	等级
全省粮食高产“丰收奖”	共和县人民政府 马佐明	省政府	1994年3月	丰收奖证字（93269）
青海省高原百万亩旱作农业综合栽培技术推广	共和县农业综合服务中心 马佐明	农业部	1994年8月	二等奖
喷施宝试验示范推广应用	青海省农业技术推广总站 马佐明	省科委	1994年10月	省级
豌豆综合丰产栽培技术丰收奖	共和县农业综合服务中心 马俊义	农业部	1998年	二等奖
牧区暖棚综合利用试验示范及推广项目	梁朝鹏	农业部	2005年	二等奖
高原千栋温室双孢菇引种示范推广项目丰收奖	共和县农业综合服务中心 马俊义	农业部	2005年	三等奖
牧区暖棚综合利用研究	杨全秀、魏有梅、王寿	农业部	2005年	三等奖（个人）

2005年共和县获得国家专利情况表

表10-9

专利名称	专利发明人	授权单位	时间	专利号
包装袋（B）	邵勇	国家知识产权局	2005年7月27日	ZL 2005 3 0116281.9
包装罐罐签	邵勇	国家知识产权局	2005年7月27日	ZL 2005 3 0116283.8

第五节　气象服务

一、机构

2002年，共和县气象局成立，其前身为海南州气象台，定编14名，在编13人。其中，具有中级职称9人，初级职称4人。全县建有自动气象观测点10个，其中国家基本站1个（恰卜恰）、国家一般站2个（沙珠玉、青海湖景区）、区域自动气象站5个（分别设在5个乡镇）、单雨量站2个，基本覆盖全县各乡镇。其中，江西沟和铁卜加两个站均因业务体制改革撤站。共和县气象局主要承担天气预报、地面、农牧业气象测报、生态环境监测、气象防灾减灾服务、雷电防护、人工影响天气等工作。

二、气象监测

观测任务 1986—2005年，共和县气象局观测项目主要有气温（℃）、相对湿度（%）、最高温度（℃）、最低温度（℃）、气压（mb）、风向（十六方位）、风速（m/s）、云状、云量（成数）、云高（米）、天气现象、降水量（mm）、蒸发（mm）、能见度（km）、雪压（g/cm^2）、雪深（cm）、冻土（cm）、0~320cm地温（℃）、高山积雪等。

观测设备 1986年1月至2000年10月，使用PC-1500计算机。1987年6月，铁卜加草原气象测报系统安装成功。2000年11月至2003年12月，使用AIIMDOS计算机。2001年1月1日，完成自动气象站改造，人工观测调整为自动气象站观测为主、人工观测为辅。自2004年1月起，使用MILOS500型计算机（人工站变自动站），台站气温、相对湿度、最高温度、最低温度、气压、风向、风速、降水量、0~320cm地温为自动观测设备。

1986—2005年共和县气象台站观测用品情况表

表10-10

气压表	动槽式气压表	最低温度表（棒状）
气压计	周转型自记纸	地面温度（棒状）
温度计	周转型自记纸	地面最高（棒状）
湿度计	周转型自记纸	地面最低（棒状）
风向风速计	EL型日转风速计	直管地温表（棒状）
日照计	暗筒式	曲管地温表（棒状）
雨量计	虹吸式	冻土器
最高温度表	球状	百叶箱

数据传输方式 1986年至2000年10月，利用PC-1500计算机发送报文。2002—2003年，人工自动并行观测，报文传输从AHMDOS网络传输，2004年实现自动观测，利用MILOS500型计算机网络传输报文。

土壤水分观测 每月逢3、8日对共和县西台、东巴、上东巴大田进行生态取土观测，观测土壤重量含水率、土壤相对湿度、土壤水分总储存量、土壤有效水分总储存量。

天气雷达观测 1986—2005年，共和县气象局一直使用711雷达观测天气。711雷达（3.2cm）可探测雷达站周围几百公里范围内的天气系统。

三、气象预报服务

1986—2005年，县气象局坚持长、中、短期与短时预报服务相结合，预报服务与实况服务、农（牧）气服务相结合，开发的预报服务产品有决策气象服务信息、气象信息快报、专题天气预报、雨情公报、农业气象月报、生态环境简报等。发布的天气预报有短期（未来一天、两天、三天、一周）、中期（一旬）预报、长期天气趋势预报和精细化预报。短中期预报内容主要是发布未来晴雨、气温、风向风速等天气状况和暴雨、寒潮等重大灾害性气象信息。长期预报主要是预测月、季天气过程和年景温度、降水趋势及其对生产生活可能造成的影响。精细化预报是根据服务对象要求，提供定时、定点专题、专项服务。每年通过“3·23”世界气象日、“12·4”中国法制宣传日、科技周等宣传日深入到街头、乡村发放人工影响天气、雷电防护、气象与生活等宣传材料，并邀请中小学生师生到县气象局进行参观，专业技术人员对气象知识、仪器设备等进行讲解，气象科普人员深入学校、社区、乡村进行宣传活动。1987年，铁卜加草原气象测报系统安装成功。2005年，发布各类气象服务信息900余份，手机短信400余条。

四、“人影”工作和雷电防护

人工影响天气　2001年，开始人工影响天气工作。至2005年，全县布设人工影响天气作业点9个。其中，火箭作业点为7个，碘化银发生器2个。防雹增雨季节，县气象局充分利用气象卫星接收系统、“711”数字化雷达、灾害性天气监测系统等先进装备监视天气的演变过程，抓住机会，科学指挥及时作业。每年6—9月，在共和县环湖地区及黄河台地大范围增雨，共增加水量0.3亿~0.4亿立方米，增雨效果好。

雷电防护　共和县防雷减灾技术服务开始于20世纪90年代初，主要由州气象局服务科负责。1995年，海南州避雷设备检查站成立，开始检测和检查共和县属的易燃易爆场所、计算机房、锅炉、通信设施、建（构）筑物等防雷装置。至2005年，每年检测易燃易爆场所35家，计算机机房14家，建（构）筑物56家，检测面85%，合格率80%。

第三章 医疗卫生

1986—2005年，共和县医疗卫生事业围绕经济社会发展需要，深化卫生体制改革，在机构设置、人才培养、房屋建设、医疗设备及保健质量等方面不断完善。1986年，全县有医疗单位15个，县、乡医院设立6个藏医门诊部，88个村医疗站。至2005年，全县有各类县级医疗机构4个，乡级卫生院12个，卫生专业技术人员339人，全县92个行政村有卫生室79个。

第一节 机构与队伍

一、卫生行政管理机构

1986—1994年，共和县卫生局管理全县医疗卫生工作。1995年，共和县卫生计划生育局成立，行政编制13名。2001年，共和县卫生计划生育局分设为县卫生局和县计划生育局。2002年，县防疫站更名为共和县疾病预防保健中心，县妇幼保健站更名为卫生监督所。2005年，在县卫生局设立共和县新型农牧区合作医疗管理办公室。县卫生局内设办公室、地方病办公室、红十字会、新型农牧区合作医疗管理办公室等科室，核定编制15名，实有干部职工15人。

二、卫生医疗机构

1988年，全县有医疗单位15个159人，其中各类卫生人员139人。县、乡医院设立藏医门诊部6个，村级医疗站88个。1996年，全县建有完善的三级医疗卫生网，县级3个（县中医院、卫生防疫站、妇幼保健站），乡级12个，其中中心卫生院5所，基本上达到人员、设备、房屋三配套。有村级医疗室73个（甲级56个、乙级17个），个体医疗室39所，村卫生室覆盖率达100%。1997年，县级医疗卫生机构3个，乡级卫生院12个，有村卫生室90个，其中甲级卫生室64个，村卫生室覆盖率达100%。1999年，成立共和县卫生计划生育局医疗机构监督管理办公室。2005年，县级医疗机构4个，乡级卫生院12个，卫生室79个，覆盖率100%。全县中心卫生院3个，即倒淌河中心卫生院、黑马河中心卫生院、切吉中心卫生院；一般卫生院9个，即恰卜恰镇卫生院、江西沟乡卫生院、石乃亥乡卫生院、英德尔乡卫生院、廿地乡卫生院、沙珠玉乡卫生院、铁盖乡卫生院、龙羊峡镇卫生院、东巴卫生院。

三、卫生医疗队伍

1986年，共和县医疗机构（县、乡级）16个，医务工作人员128人。1988年，全县有医疗单位16个159人，其中有各类卫生人员139人

（高级职称 2 人、中级职称 18 人、初级职称 32 人、管理及工勤人员 20 人）。持证乡村医生 130 人。1990 年，全县卫生医疗机构及 13 个乡镇卫生院有技术人员 153 人，村级卫生室人员 102 人。1996 年，全县有各类卫生技术人员 235 人（副主任医师 2 人，主治医师 20 人，医师 88 人，医士 113 人，其他技术人员 17 人）。有乡村保健医生 109 人。2000 年，全县卫生专业技术人员 339 人（副主任医师 7 人，主治医师 32 人，初级技术人员 300 人）。2005 年，全县有医务人员 339 人。其中，正高职称 1 人，副高职称 16 人，中级职称 72 人，初级职称 197 人。有乡村医生 186 人。

第二节　诊疗服务

一、诊疗设施设备

1986 年后，随着国家社会经济的快速发展，共和县县、乡、村三级疾病预防、医疗救治体系初具规模，卫生服务能力全面提升，实现人人享有初级卫生保健的目标。1998 年，县及部分乡卫生院均有 B 超、X 光机、心电图等大型医疗设备。2005 年，全县有业务和生活用房 16458 平方米，其中生活用房 3128 平方米；县人民医院有业务用房 4600 平方米，县疾病预防保健中心 1400 平方米；乡镇卫生院有业务和生活用房 10458 平方米。有千元以上的医疗设备 125 台（套），其中乡（镇）卫生院 65 台（套）；救护车 10 辆，应急车 2 辆，医用摩托车 17 辆。全县有病床 271 张，每千人拥有床位数 2.09 张。全县县、乡、村三级医疗机构均通电话。

2005 年共和县乡镇卫生院房屋基本情况表

表 10-11　　单位：平方米

名称	房屋面积		
	合计	业务用房面积	生活用房面积
共和县人民医院	4600	4600	—
共和县疾控中心	1400	1400	—
共和县卫生局卫生监督所	350	120	230
恰卜恰镇卫生院	420	420	—
东巴卫生院	210	210	—
倒淌河中心卫生院	1280	1080	200
江西沟乡卫生院	468	360	108
黑马河中心卫生院	1000	700	300
石乃亥乡卫生院	950	650	300
切吉中心卫生院	740	540	200
英德尔乡卫生院	1280	640	640

续表

名称	房屋面积		
	合计	业务用房面积	生活用房面积
廿地乡卫生院	360	180	180
沙珠玉乡卫生院	850	550	300
铁盖乡卫生院	1100	800	300
龙羊峡镇医院	1500	1000	500
龙羊峡镇医院曲沟社区服务中心	300	200	100

2005 年共和县医疗卫生单位医疗设备情况表

表 10-12　　单位：台、辆

名称	医疗及其他设备									
	X 光机	B 超	心电图机	显微镜	电解质仪	制氧机	离心机	救护车	摩托车	其他
县中医院	1	1	1	2	—	1	2	2	—	24
县疾控中心	1	1	1	3	—	—	2	1	1	11
县卫生局监督所	—	—	—	—	—	—	—	—	1	4
恰卜恰镇卫生院	—	—	—	—	1	1	—	—	1	—
东巴卫生院	1	1	1	—	1	1	1	—	2	—
倒淌河中心卫生院	1	1	1	—	1	1	1	1	2	—
江西沟乡卫生院	1	1	1	—	1	1	1	1	1	—
黑马河中心卫生院	1	1	1	1	1	1	1	1	1	—
石乃亥乡卫生院	1	1	1	—	1	1	1	1	1	—
切吉中心卫生院	1	1	1	1	1	1	—	1	1	—
英德尔乡卫生院	1	—	1	—	1	1	1	1	1	—
廿地乡卫生院	1	1	1	—	1	1	1	—	1	—
沙珠玉乡卫生院	1	1	1	1	1	1	1	—	1	—
铁盖乡卫生院	1	—	—	1	1	1	1	1	1	—
龙羊峡镇医院	1	1	1	—	1	1	1	—	1	—
曲沟社区中心	—	—	—	—	—	—	1	—	1	—
合计	13	11	12	9	12	13	15	10	17	39

二、西医诊疗

1986 年，共和县中医院设有内科、妇产科、儿科、B 超心电图室、化验室、放射科。全院有医务人员 36 人，病床 32 张。医院以中医为主，西医为辅的医疗模式开展医疗工作，可治疗农村牧区常见病、多发病。1990年，医院成立外科。1998年，设有内科、妇产科、儿科、普外科、骨科、肛肠科、针灸理疗科等临床科室，开展相应的医疗服务。2003年，医院新购置一批西医诊疗设备。2004年，上级主管部门为医院配备X光机等设备。

三、中医诊疗

1986年，共和县中医院以中医为主、西医为辅，可以治疗农村牧区常见病、多发病。中医药治疗率50%以上。1996年，医院培养肛肠科医生，成立肛肠科开展相应服务，同时开展小针刀治疗方法，对常见病治疗简便、价廉。1998年，达到国家中医药管理局认定的中医二级甲等医院资质。至2005年，医院一直坚持中西医并重的诊疗模式。

四、藏医诊疗

1986年，共和县中医院设立藏医科，开展藏医诊疗。1993年起，相继为倒淌河、英德尔、切吉等部分乡分配藏医专业大夫，开展药浴、艾灸、针灸等藏医外治疗法，满足部分乡农牧民群众藏医需求，其他牧区大部分村医都是通过自己采药、配药，为当地农牧民群众提供藏医药服务。1998年，全县有藏医药人员12人，民间藏医31人。其中在职中级职称的2人，乡卫生院开有藏医门诊部6个。切吉、石乃亥、廿地3个乡修建药浴池，有床位10张。1996年，牧业乡设立藏医门诊部7个。2001年，根据全省中藏医工作会议的有关精神，在县内组织实施“振兴工程”，发掘中藏医潜力、培养中藏医人才，发展中藏医事业，全县共开设中藏医门诊10个，从业人员13人（营利性4个4人）。是年，县编委批准成立江西沟乡青海湖藏医院，有工作人员5人，配备相关的医疗设备。2002年，批准设立营利性藏医专科门诊2个。是年，设立青海湖藏医院为示范藏医院，全年培训中藏医人才12人。2004年，配备藏医师12人，大力推广藏药的普及，每个卫生院基本做到有藏医、有藏药、有诊疗。2005年，全县乡村医生125人，其中藏医75人。

第三节　疾病预防与控制

一、地方病防治

鼠疫防控　1986年，青海省地方病防治研究所通过对县境内旱獭和狗血清的监测做出结论，确定共和县为动物间鼠疫流行地区。共和县为控制鼠疫流行，组建有鼠疫固定监测队、流动监测队、应急队及灭獭队，采取群众性防控与专业队伍相结合方针，加强鼠疫监测和预防控制。1988年，全县选定疫点149个，旱獭栖息面积5500平方公里，主要分布在环湖4乡区域内。为加强该地区的鼠防工作，是年投入大量人力物力，做宣传、监测、检疫等工作，宣传人数5万余人次，发放宣传画册和鼠防知识手册1940份，召开会议12次，签订乡级鼠防合同书12份，村级鼠防合同书86份，接种鼠疫疫苗5.5万人，接种率达到应接种人数的95%以上。常规检验各种动物2688只，检疫各类车32618辆；受检73896人，留检134人；检出死獭38匹，獭油1500公斤，獭皮4903张，对携带的獭皮、肉、油作无害化处理。1990年，组织人员到各乡卫生院进行鼠防知识宣传，召开各种会议10次，发放宣传单8000份，鼠疫苗1380人份。检查各类车60978辆，检人30459人次，检出死獭17匹，自毙獭2匹，獭皮43251张，其他动物197匹。是年，州防疫站组织11人到英德尔、黑马河乡等地进行动物监测，监测面积达320平方公里，收集各种动物301匹208组，经细菌及血清学化检

均为阴性。两地旱獭密度调查，每平方公里在5匹以下。是年3月，沙珠玉发现结核病流行，在省防疫部门协助下进行调查，采取胸透、拍片、结素试验等方法，共检查1200人，确诊活动性结核病人59人，患病率5%。其中，上卜力岗村患病率8.3%，高出省内其他地区2~14倍。是年给予免费治疗29人。1992年，按照全国鼠疫工作会议确定共和县为鼠疫防治科学知识宣传重点县的要求，共和县以环湖四乡、东巴、恰卜恰乡为重点，广泛深入地开展鼠防知识宣传活动，利用电视广播、录像、画展、发传单、讲课等方式，深入各机关单位、学校、工厂、农牧场、养路道班、村、社、居民人家、交流会场、赛马会场，召开大小会议399次，受宣传人数119950人次；发放宣传单2万份；放鼠防录像片30场次，观众5052人次；画展板报25次64幅；给中小学生上防疫课40次，受教育人数15692人次；培训业务人员9次，培训153人次；播放鼠防通知，宣传10次。实现县、乡、村、户联防合同制，签订家庭鼠防承包合同书5000份，接种鼠疫疫苗1610人份。1996年7月，选派专业人员6人进驻倒淌河进行交通检疫，历时95天，检疫各种车辆13452辆，过往行人54323人次，检出旱獭皮104张，消毒104张，獭油10公斤，熟獭肉约11公斤，未剥皮的死旱獭182只，染疫动物狗15条，不明原因病人2人。此次检疫有效地杜绝鼠疫的发生和蔓延。1999年，县防疫站在倒淌河乡继续进行鼠防交通检疫。共检疫车辆1230辆，人员17560人，旱獭皮52张，獭油10公斤，獭肉45公斤，藏犬4条，留验观察14人。2004年，成立鼠疫疫情监测队，畅通疫情报告系统，设立监测点13个。2005年，全县共有鼠疫疫点131个，鼠疫疫情5—10月每日报告1次。实施鼠疫疫情监测和保护性灭獭工作，固定监测廿地乡切扎沟、曲什纳沟、吾里合沟口动物间疫情情况，监测面积104平方公里，检验旱獭血清843份，检验犬血清183份，鼠体检蚤2359匹，布鼠夹5600盘，捕鼠45只；对切吉、英德尔和环湖公里沿线等重点地区进行8轮灭獭。灭獭中共投药（氯化苦）2508公斤，堵洞42494个，投入专业人员19人，雇佣民工60人次，面积217平方公里。降低鼠疫主要宿主旱獭的密度和动物间鼠疫疫情发生的强度，为重新判定疫源地，掌握疫源地分布范围、疫情动态及流行强度，防止鼠疫疫情在共和县发生和流行奠定基础。

碘缺乏病防治 1988年，防治沙珠玉乡地甲病；严厉打击私盐销售，供应加碘盐、发放碘酒胶丸。经专家鉴定，控制指标达到全国的地甲病要求以下。1990年，给沙珠玉地甲病发放碘油胶丸6000人（份），发放率92.7%。1996年，监督监测对县境内食盐销售单位和批发单位的碘盐销售情况，碘盐监测10次，监测率达95%以上，确保碘缺乏病区和非碘缺乏病区碘盐的供给。1997年，专项调查沙珠玉病区11个村8所中小学约2690名7~18岁学生地甲病控制情况，受检率100%，查出病人4例，患病率0.15%。1999年，根据《共和县碘缺乏病防治方案》，给沙珠玉病区和全县重点人群投服碘油胶丸，投服率100%。全县碘盐监测547份，监测率100%，碘盐普及率95%以上，抽查恰卜恰地区8~10岁在校学生400人，查出甲状腺肿大16人，肿大率4%，其患病人数控制在地方病防治指标之内。2000年，对全县不同地区具有代表性的半定量直接滴定法抽查居民食用盐126份，合格碘盐为114份，查出原盐14份、原盐冲击率12.29%，批发店抽查碘盐100份，合格碘盐为100%，零售店抽查碘盐100份，合格率100%。2001年，开展普及碘盐工作，全县合格碘盐普及率达98%。2002年，居民合格碘盐食用达95%。2003年，加强食用碘盐管理、居民合格碘盐食用率达95%。2005年，共抽居民户360户，抽取盐样360份，居民食用碘盐率70%。配合省地病所实施沙珠玉、江西沟等乡碘缺乏人群干预措施，发放碘油胶丸180余份。

二、传染病防治

传染病种类 至2005年，共和县境内传染病有肺结核病、乙型肝炎等。1998年，检查出肝炎病菌携带者21人，患病率2.1%。2002年，报告法定传染病8种284例，报告发病率243.76/10万。2003年，报告法定传染病7种364例，报告发病率361/10万。

传染病预防 自1986年起，共和县传染病工作一直处于高度重视、注重监测、重在预防状态。1996年7月，监测对恰卜恰镇和环湖四乡及大水桥地区餐具消毒情况，共监测153户，采集检验样品430份，检出大肠菌群超过卫生标准的216份，阳性率50.24%，合格率49.76%。2002年，计划免疫“四苗”接种率90%以上，其中麻疹90%、卡介苗95%、百白破三联90%、糖丸96%，新生儿乙肝疫苗接种率城镇为85%、乡村为25%。是年，开展结核病、性病、病毒性肝炎等疾病调查，重点加强结核病的调查和防治工作。2003年，“四苗”接种率达90%以上。其中麻疹90%、卡介苗95%、百白破三联90%、糖丸96%，新生儿乙肝疫苗接种率85%。发现结核病人110人，治疗51人，全县肺结核发现率45%，规范化治疗率68%、治愈率80%。2004年，发现肺结核病人45例，治疗23例，发放各种治疗药品2442板（支）。

2003年，“非典”疫情发生后，强化措施，落实防控工作责任制，共举办各类培训班30期，培训人员564人次。县政府安排防治“非典”经费40万元。设立防治“非典”财政专户，购置防护衣220套，消毒液2300公斤。为保证倒淌河检疫站的正常运行，制定值班制度，实行24小时值班，设立疫情联系电话19部，编发防治“非典”信息24期；检疫过往车辆30800辆次，登记检查乘客19万人次，使用消毒液3万公斤。全县共设立16个发热门诊和留观室，累计接诊1959人次，发热380人、留观96人。累计登记外出打工人数2689人，返乡民工416人，返乡学生92人，流动人员3640人。组建医疗队13支，放各种宣传材料7200份，免收诊疗费和药费1.13万元。

传染病监测 1986年后，传染病疫情监测与报告工作走上规范化、制度化轨道，加强疫情报告信息的分析利用，为预防和治疗传染病提供翔实依据。传染病报告率100%。1996年，抽查饮食营业单位57户从业人员208人，查出肝炎患者15人，患病率7.2%。传染病监测3次，病情分析2期。1997年7月，监测饮食行业199户，采集检验样品410份，检查出大肠菌群超过卫生标准169份，阳性率41.22%，合格率58.78%。1998年，监测饮食行业136户，采集检验样品387份，检查出大肠菌群超过卫生标准167份，阳性率37%，合格率62.6%。2001年，开展布病监测和防治，同时加强鼠疫疫情监测。2004年，印发《共和县防治传染性非典型肺炎预案》《共和县重大传染病防治预案》《共和县突发人间禽流行性感冒疫情应急处理预案》，以及流行病和应急处理的工作技术方案。公布疫情电话19部，网络直报2家（县中医院和县疾病预防保健中心）。是年，报告法定传染病11种676例，报告发病率530.66/10万。2005年，报告传染病13种918例，报告发病率727.35/10万。

三、计划免疫

1986年后，共和县每年12月和次年1月分别进行脊髓灰质炎强化免疫2轮。1988年，全县共有0~7岁儿童11263人，建卡率达98.2%，发放各种疫（菌）苗分别为：麻苗18000人份，糖丸26100粒，三联20100毫升。卡介苗10400人份，二联2000毫升，流脑4000人份，鼠疫苗60000人份。1990年，有0~7岁儿童11473人。全年共发放各类疫苗65800人份。其中，卡介

15770人份、三联24290人份、糖丸13360粒、麻苗12580份、鼠疫苗1380万人份、二联1500人份、流脑1400人份。各类疫亩接种率分别为：麻苗96%、三联疫苗94.28%、糖丸95.46%、卡介苗94.27%、乙肝疫苗接种200人份。全县计免建卡率100%，卡证符合率96%，卡痕率87%。调查东巴、恰卜恰乡0~7岁藏族儿童麻疹抗体病度情况，阳性率79%。1992年，全县设立接种点101处，组织业务人员104人做计划免疫工作。是年，全县0~7岁儿童13799人，发放各类疫苗15950份，接种"四苗"1015人次，乙肝疫苗327人次。1996年4月，全县完成1995年全国以乡为单位计划免疫审评验收。全县计划免疫单苗和四苗覆盖率90%。监督指导乡村两级计划免疫5次，AFP病例哨点和医院监测监测点62次，写出计免情况反映2期。全县接种率分别为：卡介苗86.5%，糖丸78.03%，三联疫苗74.80%，麻苗68.9%，四苗覆盖率68.9%，乙肝76.2%，甲肝接种180人。糖丸强化免疫和麻疹普种，全县脊灰强化接种率91.60%，麻疹普种接种率55.35%。1997年，全县接种率分别为：卡介苗96.20%，脊髓灰质炎82.32%，三联疫苗77.15%，卡苗77.15%。1999年，共举办计免培训班8期，培训人员181人。建立0~7岁儿童计免接种卡11950人，建卡率90%。发放各种疫苗，其中卡介苗7440份，百白破12480人份，麻疹疫苗72805份，脊灰糖丸8515人份。调查接种率：卡介苗96.7%，百白破87.3%，麻疹疫苗86.25%，脊髓灰质炎91.57%，全县四苗覆盖率85%。2000年1—4月，连续二轮四次进行消灭脊髓灰质炎免疫接种。全县儿童投服率98.96%。全年全县基础免疫1—10月报告接种率：卡介苗91.25%、糖丸91.46%、三联疫苗86.68%、麻疹疫苗92.01%、乙肝疫苗84.75%。2001年，印发《共和县2001年开展常规免疫查漏补种活动实施方案》。1—8月报告"四苗"接种率分别为：卡介苗98.52%、糖丸93.77%、百白破三联疫苗92.90%、麻疹疫苗90.38%。加强新生儿乙肝疫苗接种工作。恰卜恰镇新生儿乙肝疫苗12月龄全程免疫接种率90.30%。2004年，儿童计划免疫"五苗"接种覆盖率82.6%，卡介苗90.8%、糖丸87.9%、百白破三联87.7%、麻疹疫苗82.6%、乙肝疫苗97%。2005年，制定生物制品，接种器材等使用计划，并进行监督管理，报告接种覆盖率一直保持在95%以上。共和县一类疫苗针对的传染病发生和流行趋势得到控制，疫苗针对相关疾病的发病率下降。

2002—2005年共和县各种疫苗报告接种率情况表

表10-13　　单位:%

疫苗名称	2002年	2003年	2004年	2005年
卡介苗	94.85	97.77	98.57	98.96
脊髓灰质炎疫苗	96.98	92.95	96.41	98.53
百白破三联疫苗	90.99	93	96.01	96.72
白破二联疫苗	67.8	67.6	69.3	71.6
麻疹疫苗	90.37	93.74	95.96	98.34
乙肝疫苗	—	73.05	96.93	98.49
乙肝疫苗24小时及时接种率	—	—	70.3	74.57

四、慢性病防治

2001年，共和县疾控中心成立慢性病与健康教育防治科，监测督导高血压、糖尿病、冠心病等慢性疾病防治工作。开展多种形式的健康教育活动，发放相关宣传资料。用多种形式，开展综合性的健康教育宣传活动，提高全民防病意识，使广大农牧民群众及时了解和掌握疾病预防知识。至2005年，省级慢性病监测点（3个）共报告新发病5种108例，报告患病率192.76/10万。高血压43例，报告患病率76.74/10万；冠心病9例，报告患病率16.06/10万（心肌梗死3例，隐匿型6例）；脑卒中17例，报告患病率30.34/10万（脑栓塞4例、脑出血11例，脑血栓形成1例，蛛网膜下腔出血1例）；糖尿病（Ⅱ型）12例，报告患病率21.41/10万；恶性肿瘤27例，报告患病率48.19/10万。全县除甘地乡、切吉乡外，均已开展全死因网络直报工作，全年共监测报告死亡313例，报告死亡与上年同期相比上升9.44%。监测和采样农牧区及学校水质3轮，监测安全饮用水64个点、农村水质监测64个点、农牧区学校水质监测10个点，共计138份水样均送上级业务部门检测。

第四节　妇幼保健

一、妇科病防治

1988年，在倒淌河乡、沙珠玉乡普查妇科病，普查妇女760人，查出宫脱1人，滴虫性阴道炎208人，全部给予治疗。1990年，在倒淌河乡进行《母亲生长发育知识》调查，共查125人，门诊650人，发现滴虫性阴道炎150人。1991年，调查妇科病136人，给予治疗76人。1996年，抽查妇科病240人次，查出滴虫性阴道炎36人，宫颈糜烂4人，宫颈息肉1人。1998年后，妇科病检查和治疗成为常规性工作。1986—2005年，共和县妇科病主要是阴道炎、宫颈糜烂两大类，患病率较高。普查、检查诊断与治疗以共和县妇幼保健站和共和县疾控中心为主。

二、分娩与接生

1986年后，持续不断地推广新法接生。1986—1991年，全县培训新法接生员78人。鼓励孕妇到医院住院分娩。1992年，培训新法接生员40人，全县新法接生率76%，合格新法接生率80%。1996年，新法接生率69.3%，孕产妇系统管理94%。1999年产妇总数1805人，建卡数780人，建卡率43.2%，产检率43.2%，孕产妇死亡2人。2001年，孕产妇系统管理率54.2%。2001年，全县孕产妇死亡率1.51/10万，住院分娩率50%，孕产妇住院分娩率40%、合格新法接生率85%。2003年，全县孕产妇住院分娩率60%、高危孕产妇住院分娩率80%、合格新法接生率85%。1996年，并对全县的18~35岁的育龄妇女9862人接种第三轮破伤风类毒素。2005年，实施新一轮“降消”项目，借助项目积极开展妇幼保健工作，每年下派业务骨干到乡镇卫生院帮扶妇幼卫生工作3个月，提倡新法接生和住院分娩，加强孕产妇和儿童系统管理。是年，全县新法接生率90.60%，住院分娩率65.30%，其中高危住院分娩率83.80%，孕产妇系统管理率84.27%，儿童系统管理率61.39%，孕产妇死亡率为0，婴儿死亡率13.56‰，未发现新生儿破伤风。

三、孕产妇保健

1986年后，共和县卫生部门贯彻落实《中华人民共和国母婴保健法》及其他法律、法规，围绕孕产妇系统管理，监督、指导全县医疗保健机构孕产妇保健工作，孕产妇保健工作走上制度化、规范化、严格化轨道。乡（镇）妇幼专干担任联络员、村级主要做孕产妇摸底建卡、产前检查、初筛高危妇产工作并及时向乡级报告。乡（镇）卫生院加强正常妇产分娩业务，承担产前保健和高危孕产妇筛查、处理、转诊工作；县级以上医疗保健机构承担高危孕产妇的监护、分娩和抢救工作。1990 年，全县产前检查 850 人次。此后，产前检查人数逐年增多。1997 年，产前检查 850 人次，妇科病普查 240 人次，查出滴虫性阴道炎 36 人，宫颈糜烂 4 人。1998 年，人工流产术 7 例，药物流产 29 例，上环 15 例，皮下埋植节育术 16 例。2004 年，孕妇住院分娩率 53.8%，高危孕产妇住院分娩率 94.6%，孕产妇系统管理率 88.7%，消毒接生率 83.6%。

2004 年，产前检查基本达到 100%。2005 年，共和县启动实施“以降低孕产妇死亡率和消除新生儿破伤风为目的项目”工作（以下简称“降消”项目）。“降消”项目有效缓解贫困孕产妇孕期检查、住院分娩以及严重产科并发症救治的部分医疗费用。共和县孕产妇保健还包括出生缺陷防治，通过孕妇服用叶酸片，预防新生儿无脑、脊柱裂、脑膨突等缺陷疾病发生，大幅度降低出生缺陷风险。

四、幼儿保健

1988 年，在城乡共检查儿童 246 人，查出佝偻病 66 人，龋齿 25 人，小儿贫血 1 人，给予治疗和预防指导。1990 年，儿童健康检查 154 人，查出轻度佝偻病 59 人，都给予治疗和预防指导。生命知识调查 120 人。1992 年，全县有妇幼保健人 29 名，村医疗站接生员 44 名，每乡卫生院配有 1 名妇幼专干。是年，健康检查学龄前儿童 592 人，查出佝偻病 18 例，贫血 4 例，先天性心脏病 3 例，神经性皮类 1 人，急性结膜炎 7 人。检查监测 0~3 岁儿童 378 人小儿生长发育情况。1997 年，共建母子保健卡 1129 人份，建卡率 94%。1996 年，监测全县 5 个农业乡开展孕产妇系统管理和小儿生长发育，共建母子保健卡 1129 人份，建卡率 94%。检查恰卜恰地区 7 岁以下儿童健康状况，共检查儿童 1260 人，查出龋齿 48 人，扁桃腺炎 8 人，上呼吸道感染 26 人。2000 年，进行儿童健康检查 1428 人，查出小儿贫血 1 人、肺炎 2 人、龋齿 27 人，并及时通知家长给予治疗和预防。1996 年，儿童系统管理达 94.5%，集体儿童管理 2912 名，2002 年，全县孕产妇及儿童保健两个系统管理率分别达 52% 和 54%。全县孕产妇、婴儿、5 岁以下儿童死亡递降率分别为 5%、3% 和 3%。2003—2005 年，主要进行婴幼儿喂养、出生活产、5 岁以下儿童死亡及出生缺陷等调研和普查工作。

第五节　医疗卫生管理

一、医政管理

1986 年，县卫生行政部门管理县级医院 1 个，县级卫生事业单位 2 个，乡级乡镇卫生院 13 个。批准个体诊所 5 所。县级卫生行政管理部门负责医疗机构的设立、变更、撤销等事宜。1996 年，全面整顿县境内医疗机构 62 个，审核批准发放卫生许可证。1998 年，清理整顿个体诊所 23 个，吊销医疗机构执业许可证 7 个。1999 年，县卫生局清理整顿个体诊所 54 个，吊销医疗机构执业许可证 18 个。2005 年，全县有县级中医院 1 所，县级疾病预防控制中心 1 所，县级卫生监督所 1 所，社区服务中心 1 所，村卫生室 91 所，个体诊所 39 所。均持有医疗机构执业许可证。重点对各级医疗卫生单位、医疗垃圾处理、传染病管理登记报告、人员资质、医疗技术操作规范，消毒是否规范、设置标准、诊疗科目管理制度等内容进行日常监督检查，同时结合医疗市场专项整治，加大违法案件查处力度。

二、药政管理

1986年前，国家实行计划经济，对绝大部分药品价格从出厂、批发、零售三个环节严格控制，医院按批发价购进药品加价15%销售。1988年，在全县卫生院实行定额目标管理和经济责任方案。1990—1995年，药品市场逐步开放，医药购销领域出现不正当竞争行为，药品回扣现象日益加重。1997年，重新将药品价格纳入政府管控范围，实施《药品价格管理暂行办法》。2000年，青海省卫生厅《关于依法整治医药市场和医疗秩序工作意见的通知》，整治全县医疗单位和个体诊所执业情况，检查是否持有医疗机构执业许可证，是否有超范围行医行为，是否有未持有执业资格人员从事医疗行为等。取缔无证行医6个，限期停业整顿4个。10月，根据《青海省医疗机构分类管理实施办法》，对位于县城的所有医疗机构进行营利性和非营利性医疗机构分类，并对符合条件的医疗机构办理执业许可证。2005年，价格主管部门对医保目录内药品和目录外特殊药品实行政府指导（最高零售限价）管理，规范药品购销。开始实行药品价格公示制度，并开展药品集中招标采购工作，降低药品成本。实行医药公开核算、分别管理药品收支两条线制度，控制药品在医疗收入中的比例，规范医疗机构和义务人员用药行为。共计取缔没收医疗器械27台（袋），药品47件（袋），非法医疗广告牌、单547块（单）。针对不同的违法行为，给予不同的卫生行政处罚，其中警告24个（次），限期整改18个（次），罚款12个（次），计人民币1.2万元，取缔非法行医27人次。严禁生产、经营、使用药或劣药；禁止从私人渠道进药。

三、卫生监督执法

1986—1992年，共和县未设专门卫生监督机构，由县卫生局代行管理职责。卫生监督工作由卫生局临时选派3~5人负责，食品及餐饮行业的健康体检人数每年1000~2000人。抽样调查的食品有冷饮、小吃、黄油、奶粉、酸奶等，检验的项目有细菌综述、大肠杆菌、变形杆菌、沙门氏菌、志贺氏菌、蜡样芽孢杆菌等。1992年，开展全县儿童蛔虫感染率调查。1993年后，共和县防疫站食品卫生科承担卫生监督执法工作。具体承担公共场所的监测、公共场所人员的健康体检、食品卫生检查（餐饮场所人员的健康体检、业务督导和餐饮场所的食品卫生检查）、下发消毒药品及指导消毒药品的使用和学校卫生工作中学生常见病的检查和防控工作。1996年，办理卫生许可证627本。体检饮食营业单位从业人员679人，检出肝炎病毒携带者52人，患病率3.87%，肠道致病菌培养均为阴性。举办从业人员上岗培训14期，培训1432人次，培训率97.3%，“五病”调离率100%，各类资料建档率100%，卫生行政处罚结案率100%。是年，由工商局、镇爱卫会、物价等有关部门联合进行综合性监督检查4次，执法监督检查9次，共检查国营、集体、个体工商户687户次、2703人次，查出违反《中华人民共和国食品卫生法》行为27户，分别给予警告、停业、改进、罚款、没收的卫生行政处罚。其中，警告14户，停业整改2户、罚款5户、没收过期变质假冒伪劣食品14种（4户），捣毁用自来水私自加工饮料窝点2户。1997年，监督检查辖区内的旅馆、理发店、商店等，监督覆盖率100%，体检率98%，卫生许可证发证率100%，“五病”调离率100%。1999年，开展健康检查和贫血、蛔虫卵的疾病监测，检查恰卜恰地区小学生553人，查出虫卵阳性人数47人，阳性率11%，并进行驱虫药投服，投服率100%。2000年7—9月，全县饮食单位265户大面积灭蝇、灭鼠工作中，共发放灭蝇药700余袋、灭鼠药100余袋。2004年，共查处无证行医2户，查封并罚款600元，查扣药品价值4000元。清理饮食服务无证营业30户。其中，限期整改10户，集中整顿20户。2005年，共没收销毁过期、霉变劣质食品17种450多件（袋），价值6万余元；吊销卫生许可证3户。

四、爱国卫生运动

1986—2005年，共和县爱国卫生运动委员会积极组织动员全社会开展爱国卫生运动工作，创建省级卫生村2个（恰卜恰镇次汉素村和英德尔乡黄河村）、卫生城镇1个（恰卜恰镇），共和县中学被省爱卫会授予“省级无烟单位”称号。其中，2001年，加强爱国卫生工作，积极创建卫生乡、村活动、完成英德尔乡和沙珠玉乡曲沟村卫生乡、村建设任务，加强农村改厕工作，改厕100座。2004年，由恰卜恰爱卫会组织，开展“树新见，抛陋习”活动，党、政、军、群共3000余人参加义务扫除活动。至2005年，全县已建成无害化卫生厕所1200座，卫生厕所普及率30.69%。

第十一编

文化　体育　旅游

第一章　文　化

1986年后，共和县按照党和国家对文化、体育、广播电视等工作的方针政策和法律、法规，制定全县文化、广播电视等发展的中长期规划和年度计划，组织全县群众开展文体活动，指导文化馆、站开展业务工作，民族文化艺术得到挖掘、整理、传承和创新，文化艺术不断发展，文化活动场所得到改善，机关、企业、牧区、农村文艺队十分活跃。广播电视实现全覆盖，文化遗产传承与遗址保护工作得以加强，全县文化市场逐步实现科学化、制度化和规范化管理。1986—2005年，共和县紧紧抓住县文化馆及活跃在农村牧区的业余文艺宣传队，坚持文艺“双百”方针和“二为”方向，大力开展群众喜闻乐见的文艺活动，形成重要的群众文化宣传阵地。在节假日组织群众表演“社火”“则柔”“郭庄”“眉户”“羌姆”等传统舞蹈，特别是近几年来适应社会主义市场经济的需要，在恰卜恰地区开展群众周末广场文艺演出，形成一定规模，得到广大群众和各级领导的好评和肯定。同时发扬传统的民族地区文艺，挖掘整理民歌、酒曲等近千首。

第一节　机　构

一、管理机构

1984年，共和县文化局成立，管理全县文化、体育工作，有干部4人。1986年，共和县文化局更名为共和县文化体育广播电视局，下属事业单位有县文化馆、县文物管理所、县发行放映管理站（公司）、县广播电视站。1995年，政府机构改革中，县文化局与县科学技术委员会合并，成立县科技文化局，管理全县的科技、文化和体育工作，工作人员10人。2003年，共和县文体广电局成立，下属单位有县广播电视台、县文化馆、县文化市场综合执法大队、县文物管理所、县电影管理站等事业单位。2005年，核定行政编制7名。下属事业单位有少数民族科普队、文化馆、广播站、文物管理所、电影发行放映公司，倒淌河中心文化站。文化系统实有工作人员24人。

二、事业单位

广播电视台　1985年，共和县广播站有职工10人，其中播音员有2人，主要工作是广播站的宣传报道，广播节目以有线为主，覆盖恰卜恰镇。1993年，更名为共和人民广播电台。2005年，人员编制9名，实有9人，其中专业技术人员 7 人、高级工 2 人。

文化馆 1985 年，县文化馆有工作人员 8 人。1989 年，成立业余文艺宣传队，演职人员 29 人。2000 年，县文化馆设有图书室、阅览室、排练室、办公室等部门，有事业编制 8 人，聘用 1 人。2003 年，全馆有事业编制人员 6 人，聘用 1 人。

文物管理所 1989 年 1 月，成立共和县文物管理所，依法管理辖区内文物。2005 年，县文物管理所核定事业编制 1 名。

第二节　文化市场管理

1986 年，共和县文化稽查队成立，管理文化娱乐、印刷业、打字复印、歌舞厅、卡拉 OK、电子游戏、音像制品等事项。1990 年，清理整顿恰卜恰地区的影剧院、书摊、录像放映点、舞厅、音乐茶座、音像制品销售点、电子游戏等场所，收缴非法出版录像带 24 盒，取缔非法录像放映点 2 个，全年换发《青海省文化市场许可证》34 本。1997 年，文化经营单位（186 户）年检换证，同时协调公安、工商部门对恰卜恰、江西沟、倒淌河、黑马河等地区进行“扫黄打非”专项治理，查处播放淫秽录像带录像厅 1 家，非法放映录像带 24 盘，无证经营台球 7 家。全年累计出动文化稽查人员 67 人次、车辆 12 台次，查处违法经营录像室 7 家，没收无准映证录像带 127 盘，色情录像带 3 盘，盗版 VCD 光盘 16 盘，违禁图书 11 册，盗版录音带 600 余盘。1998 年，整顿文化经营户 133 户，查扣违法放映 VCD 机 2 台，录像机 2 台，VCD 视盘 137 盘，录像带 28 盘，违法销售录音带 420 盘，查处违法经营活动 9 起。2000 年，全县共有文化娱乐、印刷业、打字复印等经营单位 450 户，经营项目有歌舞厅、卡拉 OK、电子游戏、音像制品、书刊及印刷、打字复印等 10 余个类型，从业人员 1200 余人。清查整顿文化经营户 209 户次，查收非法盗版 VCD 光碟 338 张，淫秽 VCD 光碟 58 张；查处音像制品出租店 1 户，录像放映厅 1 户，清理街面无证游戏摊 3 户，取缔 3 家电脑游戏室，6 家休闲屋。同时按州、县人大代表议案要求，对恰卜恰地区游戏厅、歌舞厅、录像厅实行限时服务，设置明显标识，不准未成年人进入，对设有隔断、包间、安全出口不畅等问题的娱乐场所责令限期整改。2005 年，坚持文化市场管理“打防”并举方针，坚持严格执法，依法办事，做到管而不死、活而不乱，促进市场健康有序发展。配合公安部门专项整治歌舞娱乐场所，共开展文化稽查 16 次，组织文化市场检查 230 余次，出动稽查人员 690 余人次，查缴非法书籍 300 余册，非法画册 20 本，淫秽音像制品（VCD、DVD）1300 余盘（张），游戏机电脑板 20 余块，取缔无证经营 2 家，查处各类违法经营 60 余起。其中，2000—2005 年，每年利用“3·15”活动日、音像宣传周、知识产权日等开展文化法制宣传活动，共计开展宣传活动 12 次，发放宣传资料 10 万余份，接待咨询 700 余人次，开展文化专题培训 5 次，培训人员 530 人次。

第三节　群众文艺

一、民歌

“少年”（花儿） 是青海省高原劳动人民自编自唱的“山歌”，民间称“野曲儿”。在曲沟、沙珠玉、恰卜恰、东巴等地的汉族、回族、撒拉族、土族人民中十分流行，农业区少数藏族群众也很喜爱“少年”（花儿）。共和地区的农民来自甘肃省河州市和青海省东部农业区各地，他们所唱“少年”的曲调（又称“令儿”）不尽相同，有“撒拉令”“东岭令”“河州令”“白牡丹令”“大眼睛令”“水红花令”等数十种，其中以“河州令”为主。“少年”词意纯真朴实，音韵优美和谐，情真感人，雅俗共赏，有浓郁的乡土生活气息。1986 年，县文化局组织有关单位在恰卜恰乡次汉素村、西台村、香卡村和江西沟乡下社村调查，搜集到“少年”354 首。

“勒”　系藏语，即酒曲，是藏族人民中流行的一种形式灵活的歌谣，历史悠久。内容有颂扬民族历史和民族英雄的，有祝愿吉祥如意、健康长寿的，有赞美夫妻和睦、家庭幸福的，有歌唱劳动和幸福生活的等。其形式有独唱、对唱、合唱，托物寓情，想象丰富，语言朴实，感情热烈，曲调高亢。千卜录地区藏族青年结婚时唱传统的《迎亲曲》和《拜天地歌》。

“则柔”“勾毛”和“拉伊”　是藏族人民喜唱的民歌。“则柔”为二人或多人边唱边跳的小型歌舞；“勾毛”是青年男女互相猜测心思、建立感情的游戏式歌曲；“拉伊”是藏族情歌。“拉伊”流传甚广，唯歌唱时必须避开长辈和亲属。其形式活泼，节奏自如，音域广，音程宽，曲调悠扬，余音缭绕。

二、藏舞

藏语通称“则柔”，是一种古老的集体舞蹈，男女老少皆可参加，人数不限，一般是男女各半，围成圆圈，时而轮流跳唱，时而全体跳唱。舞姿刚健有力，风趣幽默，往往慢板开始，随着歌词段落的不断反复和情绪的上升而逐渐加快，最后在欢快、热烈的气氛中结束。这种舞不受时间、场合限制，喜庆节日可以跳，劳动之余也可以跳，活动比较普遍。跳“则柔”舞时有领舞者 1~2 人，通常由“跳家（组织者）”担任。

三、社火

本是祭祀土地神和火神的宗教迷信活动，后演变为祈祷风调雨顺、五谷丰登、人畜平安的传统文娱项目。据调查，先后上演过的社火节目有龙舞、狮舞、扇子舞、秧歌舞、八大光棍、旱船、钱棍子、拔草、灯官、马报子、庄稼人、嬉婆、八仙、小放牛、大头娃娃、哑巴、王大娘补缸、三娘推磨、竹马子、高跷、低跷、打瞎熊、拉花姐、龙灯、牦牛、哑巴拉驴、大头罗汉戏柳翠、火球、亲家母打架、张公背老婆、碗灯、孟姜女哭范郎、刘海戏金蟾、滚灯、瞎婆上坟、拜新年、老羊羔、货郎哥、花亭会、膏药灯、牵灯、伞灯、提灯、抓蝴蝶、太平鼓、游西湖、二进宫、太福灯、杨林夺牌、中郎、打鞭子、打鼓匠、李彦贵卖水、八字尕花棍、薛平贵回窑、八洞神仙、王祥卧冰、三娘教子、蓝桥相会、三姐上寿、九九算、小赐福、门楼儿高、十个字、伍子胥过江、春夏秋冬、十盏灯、丫丫有、一朵红云、十里亭、织手巾、八扯心等。

四、群众文化活动

1986—2005 年，为丰富共和县人民群众的文化生活，共和县文艺工作者深入基层、乡村、学校，指导群众文化活动。其中，县文化馆指导海南州电力局排练的《吉祥的热巴》获全州文艺汇演二等奖；指导次汉素、上塔迈等村演出的文艺节目受到群众一致好评。1993 年，海南藏族自治州成立 40 周年庆典活动期间，共和县组织参加文体活动获得全州团体第二名，文艺节目演出获得第一名，民族服饰表演获得第三名，民族演唱比赛男子获得第一名、女子获得第二名，全县参加演出活动人数 2300 余人。2003 年，积极筹备建州 50 周年庆典和各项文体活动准备工作，州庆期间共组织大型广场舞演出 6 台次，组建小型文艺演出队 1 个，大型广场舞《草原花朵》《喜洋洋》获一等奖，《欢度州庆》获二等奖；小型节目《黄河颂》获一等奖，《蒙古人》《雪域赞歌》获二等奖；海南州藏族服饰文化等服饰表演获三等奖，参加中国青年民族文化旅游节服饰表演获一等奖。参加青海地税成立10周年文艺会演中，歌伴舞“草原恋”获二等奖。在首届青海湖民族文化旅游节中，组织编排大型广场舞，县文化宣传队编排“圣湖女儿”及“草原汉子”等节目。其中，“圣湖女儿”获一等奖，“草原汉子”、民族服饰表演分获全州二、三等奖。演出小型节目“多情的篝火”“酥油飘香”“黄土黄”“喜庆的日子”等，受到群众好评。为创建民族团结进步模范县，县文化馆组织恰卜恰地区第七届周末广场文艺演出，共演出10场次。参加2005年藏历新春佳节文艺晚会演出，“则柔”民歌演唱获得好评。文化、科技、卫生“三下乡”活动期间，文艺演出队先后到铁盖乡、沙珠玉乡、江西沟乡、石乃亥乡等进行演出。群众文化活动形式多样，既有文化单位组织的，也有群众自发组织的。至2005年，共和县文化宣传队在全县共演出歌舞节目6000余场次，观众12.5万人次。编排的主要节目有《吉祥颂》《巴黎蒙古女》《法舞》《扎西德勒》《爱琴海》《新疆少女组》等。共和县秦剧团先后演出传统剧目《三滴血》《铡美案》《平贵别窑》《游龟山》《火焰驹》《狸猫换太子》等。每年演出50余场，观众5万人次。海南州京剧团演出的主要剧目有《追韩信》《徐策跑城》《贵妃醉酒》《霸王别姬》，自编历史剧《青陵台》《文成公主》、现代戏《我们播种爱情》等。此二剧团主要演出地点在海南影剧院和海南州礼堂。

第四节　民间文学

一、谚语、俗语

共和县是一个以藏族为主体的多民族聚居区，主要生活着藏、汉、回、土、蒙古、撒拉、满等20余个民族。藏族很早以前就有自己的语言和文字。在少数民族中，藏族的口头文字很发达，尤其是谚语，通常被运用到生活实践当中。谚语是一种口头创造，产生于民间，流传于人口，本身常含有一种教训意义。依据谚语、俗语的内容可以分为时政、事理、修养、社交、生活、自然、生产、宗教风情等八大类46小类。例如：

三十喂马，初一赛马。

不说自己头上的雪，却论别人头上的霜。

不是想吃果子，而是想砍果树。

自己的东西当成金子，别人的东西看成石头。

卖出的是春天的马驹，买回的是秋天的老马。

不识字母，还想念经。

对上低头哈腰，对下趾高气扬。

可以记在心上，没有必要生气。

被寒冷逼进了房，又被饥饿赶出了门。

你不伸右手，他怎伸左手。

近处的虽然没有见过，远处的也会听到过。

兔子说骆驼嘴豁，乌鸦说母猪身黑。

想捡地上的石头，丢了怀中的口粮。

二、灯谜

民间灯谜俗称“猜谜儿”，以藏文三十个字母为序，猜自然、环境、空气、物质、食物、动物、植物、飞禽等，谜面通俗，谜底贴切。如：

一根柱上一座庙，门旗之上一小铃。（手转嘛呢经轮）

不出声的老师。（书）

岸上羔羊玩戏，岸底哈下着雪。（磨炒面）

铁姑娘长脖子，大海之中喝一口，脖子伸到红岩崖。（舀水）

小时靠四只足，中年时靠两只足，老来靠三只足。（人）

世上为敏捷，无不到之处。（心、意识）

一匹黑马赶开百匹枣红马。（刨火烤）

烟的颜色，雨的兄弟，没有翅膀能飞翔。（云）

黑旦旦从何而来，肉和油中生出来。（羊粪）

对面嗒嗒嗒，这面嗒嗒嗒，中间下着雪。（用箩筛面或箩面）

姑娘时绿色，姑母时红色，祖母时紫色。（花椒）

旃檀木的城里面，串着鼻绳的牦牛多，有两个放牛娃和三个长工。（念珠串）

肥的肉一样，刀割不流血。（酥油）

一头犏牛用百条绳子拴。（黑帐篷）

下面是大海，中间是高山，山顶有五只鹰。（拌炒面）

奶子的海里面，有黄金的冰滩，滩上面有雪山。（炒面）

青山羊铁嘴巴。（火皮袋）

老奶奶一人住在湾口上。（茶壶）

叔叔家的遗址上，三只乌鸦在议事。（三叉石锅灶）

三、民间故事与神话传说

共和县民间流传的神话、传说和故事极其丰富。县文化馆仅在黑马河、倒淌河、江西沟等地搜集到民间故事与神话传说就有174则。藏族有《青海湖的传说》《文成公主选婿》《黑马河的传说》《日月山的来历》《倒淌河的来历》《贪财人的下场》等；蒙古族有《香灵公主》《受骗的骆驼》《猎人和仙女》《诺颜断官司》《可汗的儿子》《青海湖畔的传说》《七个秃头巴颜》《聪明的巴悌尔沁》等；汉族有《盗马贼》《青蛙女婿》《拌炒面和吃拉面》《贤惠媳妇》《神树》《五女兴唐传》《梦先生》等。

青海湖的传说（藏族传说）　很久很久以前，藏王松赞干布派出的两位大师，从青海安多草原上用智谋偷来了禄东赞的办法后，拉萨的大昭寺很快落成了。有一年，安多草原上整整一个夏天未下一场透雨，牧草枯黄了，泉水干枯了，成千上万的牲畜倒毙在地，牧民们连死牲畜的皮张都来不及剥取。大家纷纷到禄东赞处寻求办法。禄东赞看到牧民们十分焦虑的表情，明白了许多。他对牧民们说，大家不要着急，天黑前就会有甘霖降于草原。禄东赞就去唐古拉山求雨，果然在日落时分，一场大雨解救了牧民，草原恢复了生机。

青海湖是一片肥沃的大草原，有着数不清的牛羊。后来，松赞干布和唐王的女儿文成公主定亲。松赞干布派使者隆宝格里丹巴前往长安迎亲，没想到他见了文成公主，就被公主的美貌迷住了。他妄想和文成公主结亲，一路上对文成公主说了许多松赞干布的坏话，说“藏王身上有一股臭味，简直近不了身”，公主信以为真。到了西藏后，隆宝格里丹巴又对藏王说：“公主没有鼻子，老拿袖子捂住脸。”唐朝女子在看人的时候都用袖子遮住脸部，藏王见公主果然如此，也就信了。结婚那一天，藏王洗脸时不小心把毛巾掉落地下，公主立即用遮脸的那只手将毛巾捡起，闻了闻，发觉没有异味。这时，松赞干布也发现公主鼻如悬胆，面容秀丽。藏王大怒，下令将编造谎言、居心叵测的隆宝格里丹巴的眼睛挖掉，并发配到青海湖畔，让其自生自灭。

相传，有一个猎人用龙角在青海湖挖了一口神井，不论什么人打水，都必须把井盖盖好，否则，井水就会溢出来，一发不可收拾。有一天，隆宝格里丹巴的侍女去打水，忘了盖井盖，顷刻间井水横溢，淹没了许多帐房和畜群。隆宝格里丹巴让儿子背着逃命，跑了一会儿，他问儿子：“天上有什么？”儿子答：“什么也没有！”又跑了一会儿，他又问：“天上有什么？”儿子答：“天上有一只白鹰在飞。”他高兴地说：“好！这鹰名叫噢里格里，是神的化身。我们就在这里住下吧！”从此，人们称他们居住过的那座山为“隆宝赛什钦”山，即今青海南山。井水继续喷涌，危害生灵，惊动了南海观世音菩萨，她从印度搬来一块叫“玛哈带哇”的石头，严严实实地盖住了井口，长喷不歇的井水终于被止住了。这个山头就是现在的海心山，那时溢出来的井水就成了青海湖。

王爷狩猎（蒙古族民间故事） 从前有个王爷，总以为自己顶聪明，别人都是蠢货。有一天，他带领仆人上山打猎，跑了一整天，仅抓住一只野鸡。王爷馋极了，命就地烧煮。煮熟后，仆人问：“王爷大人，您老先吃哪一块？”王爷心想：肉最香的是骶骨，肉最多的也是骶骨。于是命令“拿骶骨来！”仆人送上了骶骨，他啃来啃去，连牙缝也没有塞满，十分恼火，忍饥挨饿过了一夜。第二天继续打猎，好不容易抓住了一只野兔，王爷心想：“今晚不能上当，用它熬成肉汤喝。”仆人问：“王爷您老要吃骶骨肉？还是要吃胸骨肉？”王爷说：“肉汤要喝，肉也要吃。拿胸骨肉来！”仆人遵照吩咐端来了胸骨，王爷啃来啃去，还是没有填饱肚子，忍饥挨饿地又过了一夜。第三天，王爷饥饿难当，命仆人四处寻食。仆人议论道：“四条腿的骶骨肉多，有翅膀的胸骨肉肥，这是三岁小孩都知道的事，可我们聪明的王爷却不懂。多亏他太聪明了，否则，我们还能吃饱肚子？”仆人还没有寻来食物，王爷已经饿得直不起腰了，有气无力地下令：“公事在身，不能久留，改日打猎，速速回府。”从此，王爷再也不外出打猎了。

宝坛（汉族民间故事） 古时候有个员外，爱财如命，一毛不拔。有夫妻俩给他家当长工，每天起早贪黑，拼命地干活，但仍然糊不住两张嘴。一天，长工在犁地时犁出了一个普普通通的大口坛子，收工后把它带回了自己的破屋里。他的妻子正苦于没有一只存放泔水的家什，便把晚饭所剩的少量刷锅水倒进坛子里。第二天一早，妻子发现坛内的泔水已满到了坛口，心中好生纳闷，于是第二天晚上她向坛中撒了一把面粉。过了一夜，坛内的面粉又满到了坛口。以后，她向坛内放进什么，坛中就装满什么，家境日益殷实起来。然而，天有不测风云，这件事偏偏被贪婪心黑的员外知道了，他说：“坛子是从我家祖传的宝地里犁出来的，所有权当然归我！”就带领家丁将坛子抢去。员外得到坛子后，喜不自禁地赶走家奴，关好院门，取出金银珠宝放入坛内，眼睁睁地等着长出珠宝来，结果一无所得，急得满头大汗。员外的父亲老员外闻讯后，匆匆赶来，凑近坛口观看，一个趔趄栽进了坛里。“哎哟，我的妈呀！”员外急忙上前去拉，谁知拉出来一个父亲，坛内还有一个父亲，拉了一个又一个，一直拉了满满一院子父亲，但仍然有一个父亲倒栽在坛子里。这么多父亲，个个面貌相同，衣着一样，只好将他们都供养起来。不过几年，家里的粮食吃得一干二净。从此，这个贪财如命的员外变成了一个穷光蛋，而那对勤劳的长工夫妇却过上了舒坦的日子。

四、寓言

很久很久以前，某地方有一个老阿爸，他的老伴去世已多年了。老阿爸年近六十，膝下无子，牛羊无人看管，生活也实在困难。他经常求佛爷保佑平安。一天，老阿爸赶着牛羊过河，刚走到河当中，觉得腿肚子痛了一下，当时没有在意；但后来腿肚子越来越痛，腿肚子痛的地方上竟长起了一个大疙瘩，越长越大，越大越痛。老汉卖掉所有的牛羊求曼巴（医生）治疗。他求遍了所有的曼巴，都不起任何作用。一天，老阿爸痛得实在忍不住了，便抽出牛角尖刀，在疙瘩上刺了一刀。突然，从疙瘩里跳出了一个青蛙来。老阿爸吓得半死，等清醒的时候，一看青蛙还在眼前，便用刀子去叉，但手腕一麻刀子便掉在地上。青蛙见样便张口喊道：“我的阿爸，你不要杀我。”老阿爸一听帐房里有个孩子的声音，便四处寻找，但找不到任何人。到了晚上，老阿爸想杀只羊吃，但他走到圈里一看，连一根毛也没有。原来他为了治病，把所有的羊卖光了。他长叹一口气回到帐房里，只见锅里冒着热气，整个帐房里充满了香味。他走过去一看，锅里有一锅羊肉，见青蛙正在烧火，他十分害怕。过了一会儿，青蛙又喊道：“阿爸快吃羊肉。”只见地毯上放着一盘热气腾腾的羊肉。老阿爸早已饿坏了，再也顾不上那么多了，拿起来就吃，觉得这羊肉比他做的哪一顿都香。晚上，青蛙说：“阿爸，你只管一天躺在帐房里养养身体，再不要外出了，外面的事由我去办。”老阿爸照着青蛙说的办了。不几天，他从帐房里听见他的圈里羊叫的声音，听起来羊很多。老阿爸一听到羊叫，忍不住走出了帐房，只见一个英俊漂亮的青年人正赶着羊往圈里进。老阿爸咳了一声，青年人便不见了，老阿爸一看羊圈里的羊足有一百多只。老阿爸回到帐房里，毯子上又放了一盘热羊肉。老阿爸看青蛙正在烧奶茶，心里明白了，这是他求佛爷，佛爷送来的儿子。他越想越疼爱起儿子来，想给儿子找个漂漂亮亮的媳妇。这个地方，有一户人家，他家有三个十分漂亮的姑娘。老阿爸出去放羊，便带着彩礼给儿子说媳妇去了。可是，那家的大姑娘说：“你的儿子是个青蛙，我不当你的儿媳妇。”二姑娘说：“我嫁的是王府里的人，不嫁穷汉家。”三姑娘看到老阿爸如此诚意，想为老阿爸养老送终，至于青蛙当女婿，三姑娘说：“我嫁人不嫁青蛙。”老阿爸说：“我的儿子名字是青蛙，是小伙子，而不是水里的青蛙。”这样三姑娘便同意了。等把三姑娘接过来，三姑娘一看自己的女婿是个青蛙，便痛哭起来，一连哭了几天几夜。最后，在众人好心相劝下，才总算留下来。日后，三姑娘觉得这个青蛙女婿很奇怪，行踪很秘密。当他出去放羊时，走到山上，三姑娘看是一个英俊的小伙子，而走进帐房的时候却是一个青蛙。赛马会上觉得第一名的也是青蛙的名字。这样一来，三姑娘越觉得奇怪。一天，老阿爸走亲戚去了，三姑娘也说要回娘家。走到半路上，三姑娘不放心，又跑回来，一进帐房，只见地毯上躺着一个英俊的小伙子，旁边放着一张青蛙皮。三姑娘明白了！她悄悄走过去，拿起青蛙皮塞进了灶火里。等小伙子惊醒，青蛙皮已经烧着了，小伙子再也不能变化了，便与三姑娘成了好夫妻。

五、民谣

共和地区的谚语分农家“俗语”和牧户“丹慧”两种。例如：

大江过了千千万，不知道阴沟里翻了船。

三间房里挂棒锤，由着你缠哩。

平时不敬香，忙了乱磕头。

羊的肥瘦，放羊人最清楚。

要想夏天挤奶，就得冬天喂牛。

骆驼虽大毛绳拴，狗娃虽小铁绳拴。

兔子靠腿狼靠牙，各有各的谋生法。

老实话好听，老羊皮隔风。

说话开头重要，做事结尾重要。

老虎不敢吃成群的牦牛。

第五节　广播　电视　电影　图书

一、广播

1986—1992年，共和县在恰卜恰镇建有调频广播电台的基础上，利用“村村通”工程实施的有利时机，建起江西沟乡、廿地乡、沙珠玉乡、铁盖乡等地小型调频广播收发站台6座，使全县广播发射总功率达到100瓦，全县广播人口覆盖率增加到71%。广播电台每日早、晚用藏、汉两语转播中央、省台新闻、气象预报和文艺节目，同时报道州、县地方新闻。其间，农牧区电视人口覆盖率不到30%。1993年，共和县广播站向省广播电视厅争取资金，购置100瓦调频广播发射机1台，在县五金厂竖起四边形铁塔1座，高20米，发射天线为双层十字天线，7月正式开播。是年，经共和县人民政府批准，共和县广播站名称改为共和县人民广播电台，发射频率90.6兆赫，节目内容分两部分：转播青海人民广播电台汉语节目；播放本台自办节目，用汉、藏两种语言广播。1996年4月，与省广电厅联系，争取有关设备，筹备建设广播电台专用地面卫星接收站。7月，建成地面卫星接收站2座，直径2.5米，接收亚太1A广播卫星节目；模拟电视节目有中央一套、二套、四川、山东、云南、浙江共6套，同时随中央一套电视节目伴音下传的立体广播2套，内容是中央人民广播电台第一套广播和第二套广播。数字声接收机型号为华强NICAm728数字声接收机，主要接收国内卫星电视分配信道7.28米HZ副载波输出的NICAm-728数字声信号。高质量解调，NICAm-728解码和声音恢复，可提供接近CD质量的两路单声或一路立体声节目。地面站建成后，调频广播节目源信号升级2次：无线电收信机升为卫星广播信号，模拟信号升数字信号。8月，共和人民广播电台转播节目转变为中央人民广播电台节目，信号质量为准CD级，广播音质有很大的改善。12月，筹建乡级小型电视发射台。1997年3—4月，省广电厅开始采购并发放地面卫星接收站和小型电视发射机若干套。5月，开始建设曲沟乡卫星地面站和小型电视发射台，地点设在曹多隆村村民马文辉住宅旁，设备安装在马文辉家中，发射塔为26米，是由供电局避雷塔改制，发射频道12频道，发射节目为中央电视台第一套节目，功率10瓦，覆盖半径约5公里。同时，建起铁盖乡、廿地乡、沙珠玉乡3座10瓦级小型电视转播台。6月底正式开播，当地各族群众及时收看到香港回归祖国的盛况。7月，四川川中油田工程指挥部在切吉乡钻井工地建卫星地面接收站1座，直径3米，解决工人收看电视问题。9月，省厅供应青海卫视专用解码器，主要解决青海卫视落地问题，广播卫星使用亚洲二号信号。建成倒淌河小型闭路网络，节目为七套，入网用户50户。1998年3—6月，东巴乡建成地面卫星站2座（直径2.5米）和10瓦级电视转发站2座，发射节目为中央一台和青海卫视两套节目。6—7月，切吉乡莫河村建成一瓦级电视转发站2座，转播电视节目为中央一套和青海卫视。8月，英德尔乡加什达村建成小片有线电视网络，转播电视节目10套，入网用户约50户。同时，英德尔乡下中果村建10瓦级电视转播站1座，发射频道为八频道，节目为中央第一套电视节目。

1999年3月，开始实施“村村通”工程，第一批实施6个村。切吉乡塔秀村10瓦、6频道；廿地乡曲什那村1瓦、12频道；倒淌河乡甲乙村10瓦、6频道；倒淌河乡拉乙亥麻村10瓦、6频道；倒淌河乡蒙古村1瓦、10频道；沙珠玉乡下卡力岗村3瓦、6频道。接收设备为：KU波段75C米天线，接收机为南非生产的专用村村通平台接收机。接收的节目有中央一、二、三、五、六、七、八、十一、十二套和内蒙古、云南、贵州、四川、重庆、陕西、湖南、甘肃、河南等20套节目。卫星为鑫诺一号。同时每套设备配中央电视台赠送的乐华牌彩色电视机1台。2000年，第二批“村村通”接收天线为2MC波段，接收机为长虹-1000型数字接收机，发射功率在1~3瓦之间，同时各村配有长虹牌21寸彩色电视机1台。沙珠玉乡建成有线电视网，电视节目有10套，入网用户300户。

2001年，开始实施“西新”工程。倒淌河乡建成30瓦级调频广播发射站1座，转播青海人民广播电台藏语广播；恰卜恰城区又恢复有线广播，同时拆除调频音箱，排除噪声干扰。2002

年，继续实施“村村通”工程，特点是多节目发射，即一个村同时可收看到2套电视节目和调频广播。涉及倒淌河镇黑科村、次汗达哇村，廿地乡曲什那村，石乃亥乡政府驻地，英德尔乡浪娘村，沙珠玉乡扎布达村、直耐海村，铁盖乡吾雷村，龙羊峡镇后菊花村、阿乙亥村。2003年，“村村通”工程在石乃亥乡政府安装100瓦电视发射机2台，亦是共和县发射功率最大的电视转播台。发射台使用25米天线专用塔。2003年，实施“村村通”的是江西沟乡大仓一社、英德尔乡黄河村等。2004年，省厅开始配发4+1或4+2村村通设备。即4套电视节目加1套广播节目，或者4套电视节目加2套调频广播。配发给石乃亥乡政府100瓦电视发射台和沙珠玉乡达连海村。2005年，青海省卫星村试点成功后，确定在共和县推广。配给江西沟乡上社50套、龙羊峡镇多隆沟村80套。至2005年，共和县已建成电视地面卫星接收站53座，小型有线网4片区，电视人口覆盖率89%，全县农牧民群众能收视到中央1套、青海卫视等电视节目6.5万人。

二、电视

共和县电视节目时间是每天17：55开始的20分钟的转播中央台、省台新闻和10分钟播放唱片，或是纪录片。最初的主要工作是转播中央台和青海台新闻节目。1993年，改版和加长自办节目内容和时间，时间加长为每天早中晚各一次，时间30分钟。自办节目内容是转播中央及省台新闻和本县新闻，同业务部门合办专题报道，自办节目中增加小专栏。专题节目时间是每周一期，星期一同计生部门的优生优育宣传报道，星期二是同妇联的巾帼篇等，小专栏每天都有，主要是《散文天地》《健康园》《每周一歌》等，藏汉双语报道，一天三次，每次4个小时。1997年后，利用实施“村村通”工程的有利时机，在江西沟乡、廿地乡、沙珠玉乡、铁盖乡等地建成电视地面卫星接收站53座，小型有线网4片，使电视人口覆盖率达89%。1999年，每日早、晚用藏、汉两语转播中央、省台新闻、气象预报和文艺节目，同时自办栏目报道州、县地方新闻。1999年，共和县被评为全国“村村通”先进单位。同时，积极配合上级单位做好文化活动的宣传报道，从2000年起，每年8月，在举办的大型文化活动中做好现场报道和后勤工作。

三、电影放映

1986年，成立共和县电影发行放映公司，隶属共和县科技文化局。内设发行组、放管组、放映组、机修组、检片组。工作人员9人，实行企业化经营。下辖集镇电影院2个、电影放映队12个、供片单位44个。1986—2005年，累计流动放映16毫米影片3700场次，发行收入2.96万元，观众42万人次；电影院发行、放映35毫米影片总收入达15万元，观众上座率65%，农村牧区电影普及率50%。县电影管理站发挥宣传主阵地的作用，积极组织各类优秀影片，每年发行影片拷贝百部以上，放映电影5000场次，观众174万人次。

1997年后，由于电视机和有线电视的普及，电影放映场次明显下降，放映区域主要在农牧区。电影逐渐滑坡，集镇电影院处于瘫痪，各放映单位相继停映，电影事业举步维艰。2000年，党和国家关怀和支持西部农牧区群众精神文化生活，实施“由政府买单，老百姓看电影”的农村牧区电影放映“2131”工程。2005年，共和县农村牧区免费电影发行放映管理站成立，并恢复流动电影队10个，活跃在全县92个村，为农牧民群众服务，年公益放映电影1500余场次，观众217898人次，农牧区电影普及率达95%，基本实现“一村一月放映一场电影”的公益服务目标。

四、图书

1980年，共和县建立图书馆，设有图书采编室、借阅室、期刊室、少儿阅览室等。图书馆阅览室2间，面积140平方米，图书管理员2人，有阅览桌子8张，报架16个，可放报纸40余种，书架12个，大书柜5个，玻璃柜台5个。借阅对象大部分是学生，其次是干部职工、离退休人员和待业人员。图书阅览室每星期开放6天，全天开放，年均借阅图书1000余人次。年均到馆阅览读者27000余人次，图书流通量8000册次。1992年，根据省新闻出版局《关于加强农村图书发行工作的意见》精神，在全县各乡供销社设立图书销售专柜12个，并在倒淌河乡建立县内第一个图书分店。是年，各发行点共计发行图书18450册，营业额21778元。获得“全国农村图书发行先进县”称号。1990年后，由于经费限制，每年购进的新书有限，难以满足读者需求，同时电视、互联网等媒体发展速度快，读者去图书馆阅览人数逐渐减少。2005年，县文化馆设有图书阅览室，馆藏图书6000余册、报纸19种、杂志81种，平均每天接待借阅读者30余人，全年接待读者万余人次。

第六节　文物古迹

一、文物保护

1986年5月，青海省人民政府公布，确定共和县铁卜加古城（伏俟城）、白城子（察汉城）、正东巴古城、西台遗址、朱乃亥台遗址、龙哇切吾遗址、托勒台遗址、马汉台北坎沿遗址、群科加拉古城城西遗址、下西台墓葬、沙索麻墓地被列为“第四批省级文物保护单位”。1988年9月，青海省人民政府公布，确定倒淌河黑古城、海心山古城遗址（应龙城）、切吉岩画、胡里木沟岩画为“第五批省级文物保护单位”。1989年，共和县文物管理所成立。普查登记文物单位218处，公布省、县文物保护单位24处。1998年12月，青海省人民政府公布，确定新寺寺院为“第六批省级文物保护单位”。

1999年，配合省文化厅文物处、省考古研究所调查切吉乡加什科（8座）和黑马河然去乎村（43座）唐代时期墓葬情况，发现大量文物被盗。发现被盗古墓旁有牛骨、马骨、羊头骨、铜片、木制马鞍、陶片、木碗、木碟等遗留陪葬品。2000年，印发《共和县文物保护工作安排意见》。2004年，青海省人民政府公布确定克才古城为“第七批省级文物保护单位”。至2005年，共和县人民政府批准公布的县级文物保护单位的古文化遗址有曹多隆四社遗址、将军庙古城、那亥烈遗址、西台峡沿遗址、红山顶遗址、拉毛周寺、窝堡台遗址共7处。省级文物保护单位20处。

二、古迹与遗址简介

共和县的文物保护工作起步于20世纪80年代。2005年底，共和县先后发掘出被列入省级文物保护单位的旧石器时代、卡约、马家窑文物等遗址，共发现古代文化遗址160处，其中古城堡41处，古墓葬27处，古建筑13处，石窟寺及石刻3处，近现代重要史迹7处，其他69处。其中，省级文物保护单位有16处，县级文物保护单位有7处，未公布文物保护单位137处。

伏俟城　“伏俟”为鲜卑语，汉意“王者之城”。伏俟城遗址位于石乃亥乡菜济河南的铁卜加村，是古代连接东西交通的重镇，东距青海湖约7.5公里，是最有名的古城遗址之一。1986年，被省人民政府确定为“第四批文物保护单位”。西晋永嘉时，其首领吐谷浑率众徙于陇右袍罕（今甘肃临夏）甘松地带，进而占领四零以西（今青海湖以西），西极白兰（今青海柴达木盆地以南）数千里，并以吐谷浑为氏，成为部落的名称。其活动范围包括今青海海南、海西和果洛北部一带，而靠近东部农业地带、自然条件较好的海南北部、海西东部是其重要的根据地，很多重要的军事活动都在这一带进行。至吐谷浑首领夸吕时，国势已经相当强盛。公元540年，吐谷浑夸吕即位称汗，定都于此，名伏俟城。城址呈方形，古城墙东西长220米，南北宽200米。墙基厚17米，南墙开一门，宽10米，高12米。城内自城门起向北有一轴线，中轴两旁有隆起的长50米、宽35米的3个互为连接的房基遗址，最西还有一小方院（亦说乃小方城），可能是吐谷浑王之居所或王宫，东西长70米，南北宽68米，东边有门，南北及东墙略高于现在的地面，西墙与城的西城墙重合。小方院与南城墙之间有一夯土台，长15米，宽9米，台上有房屋遗迹，城内有通衢，与城墙的方向一致，东西向与南北向交织成棋盘式的布局。城内发现大量碎瓦片和陶片等遗物。古城所在位置与史籍中“夸吕立，始自号为可汗，居伏俟城，在青海西十五里”的记载十分吻合。隋炀帝大业五年（609），隋破吐谷浑，以其地置西海、河源二郡，西海郡治就在伏俟城。隋末中原战乱，烽火四起，隋王朝统治摇摇欲坠，没有力量顾及边疆，吐谷浑人又返回原根据地，重整旗鼓，仍以伏俟城为王都。直到唐高宗龙朔三年（663），吐谷浑被崛起于青藏高原的吐蕃灭亡，伏俟城一直是吐谷浑的王都所在地，前后至少有120年之久。

曹多隆古城　位于曲沟乡曹多隆村三社北。古城平面呈正方形，南北长420米、东西宽412米。夯土筑，基宽7米，东南两面开门。1979—1980年，青海省文物考古队配合龙羊峡水库建设工程发掘古城，共发掘面积950平方米，出土有石磨盘、铜镞、五铢铜钱、灰陶罐、壶、瓮等残片。所有遗物皆为汉代时期，据此推测此城可能系汉西海郡所辖五县之一。此城已被龙羊峡水库淹没。

菊花城　位于曲沟乡原菊花村。古城东西400米、南北420米，夯土筑，夯层厚10～12厘米，残墙高10米左右、基宽7米，开有东、南两门，并有瓮城。1979—1980年，青海省文物考古队配合龙羊峡水电工程建设发掘古城，揭露面550平方米，出土有残铁器、陶壶、陶罐等文物200余件。从古城形制筑法及出土遗物判断为唐时所建。此城原为省级文物保护单位，已为龙羊峡水库淹没。

应龙城　位于青海湖内海心山上。古城东西60～137米、南北210米，平面呈梯形，夯土筑，现残高3～5米、基宽8米，南面开一门，四角有马面。城内有后期寺院，原有布局不清，地面散布有泥质灰陶陶器残片。从陶片判断，为唐代遗物。据《册府元龟》（卷三九八）载：“唐天宝六年（747），哥舒翰将神策军移于龙驹岛（传吐谷浑于此岛放牧得龙驹故名），筑应龙城。”岛上这座古城即应龙城。

红山顶古城堡　位于铁盖乡下合乐寺村以南5公里的北沿处。古城堡为一整体，呈规则正方形，东台下均为库区淹没区，南台下为上合乐寺村2社村庄，北为草场，东北1.5公里为委曲村，西紧邻红山顶石器点，北5公里台地上为下合乐寺村庄，东西45米，南北45米，面积约为2025平方米，地表中部和东南角各有一个盗洞，北墙西边似有一城门，盗洞附近散布有尖砂红灰钟纹陶片，其余地表均被牧草覆盖，是一处卡约文化遗存。无文化层暴露，古城堡四周城墙均毁。已与周边土地融为一体，依稀可见城墙迹象。

红山顶旧石器点　位于下合乐寺村西南角7公里处，遗址东西150米，南北80米，面积约为1.2万平方米。遗址中部通过一条高约1米、宽为5～6米、自北向南的沙石路。遗址地表无遗物和文化层暴露，据1983年“二普”资料定为一处卡约文化遗存，路面均被红土覆盖，路东遗址被牧草覆盖，还种植有部分林地。

红山根墓葬群 位于下合乐寺村西南角7公里的西山根处，自南向北，呈一字形排列着5个封土堆，北头自西向东排列着3个封土堆。东面紧邻红山根遗址，10米处有一条自北向南的沙土路，50米处有两个涝池，其余均为耕地，属库区淹没区，南700米为库区，西面紧靠红土山，台顶为吾吉台，北面为委曲沟拉才村农业点，东西50米，南北100米，面积约为5000平方米，地表有许多大小不一的封土堆，均被盗掘过，附近散布有大量尖砂红陶片和少量泥质红陶片。其中，在一盗洞填土中发现有少量人体碎骨，最大封土堆直径为10米，最小为6米，高5~10米，墓葬群以东紧邻红山根遗址，是一处卡约文化遗存。墓葬外形的封土堆保存较好，但5个墓葬已被不同程度盗掘，较为严重。常年受风雨侵蚀，封土堆上的沙土流失较为严重，封土堆表面已形成自上而下的细雨槽。

委曲沟合乐寺（蒙古寺） 蒙古寺院始建于1865年，1922年搬迁到曲沟乡合乐寺村，1986年又因龙羊峡库区蓄水而搬迁于铁盖乡委曲沟，是一座历史悠久的藏传佛教圣地，属于黄教（格鲁派），1984年对外开放。整个寺院分三个台地建成，坐北朝南，依次为一台地寺院前门和前围墙，二台地东西两侧各有两间平房，是寺管会办公场所，三台地上建有大经堂一座，两侧有大小不一藏式僧舍和办公用房二十余间；大经堂面阔五间，进深四间，前面后来加了一间封间，属息山顶藏汉结合的建筑物，经堂内藏有一尊释迦牟尼泥佛像，其腹藏有坎单叶喜措杰的长发，即莲花大师师傅头发，并藏有一副大明宣德年造的古铜钗。经堂东西13米，南北10米，面积约130平方米，内有直径约为90厘米的大柱子和50厘米的柱子，均在1922年从美国和日本拉运而来。大经堂大部分保存较好，内墙和柱子均被翻新。

吾吉台遗址 位于铁盖乡拉才村农业点（委曲沟）以南的吾吉台上，下合乐寺村西南角，东崖下为库区淹没区，南崖下为库区，西紧邻一个大曲乎和俄堡台，其余均为草场，北为拉才村牧场，东北2公里坡下为上合乐寺村社。遗址为一体，呈不规则长方形，东西100米，南北250米，面积约为25000平方米，地表散落有尖砂红陶片和灰陶片，地表被一层牧草覆盖，遗址东面有一盗洞，盗掘情况不详，遗址中部为吾吉台旧石器点，是一处卡约文化遗存，遗址东北和西南两处各有一条洪水渠，地表被茂盛的牧草覆盖。

拉才二社石器点 位于拉才村二社东南500米的坡地上，东台沿下1公里为龙羊库区，南为草山，西距500米为拉才村二社（吾吉社），北距3公里为委曲沟。石器点为一整体，呈规则正方形，东西200米，南北200米，面积为40000平方米。石器点东高西低，呈坡状。地表散落少量打制石器，无文化层暴露，中部有一条自北向南通往拉才村三社的乡间小路，石器点中部有一条南北方向的网围栏，网围栏东侧为下合乐寺草山，网围栏西侧为拉才二社村民南太的草山。

黑古城遗址 位于倒淌河镇蒙古村以南50米处。城址平面呈长方形，长150米、宽125米。城墙夯筑，残墙高1.5米，基宽约4米，顶宽2.5米，夯土层后0.1米。四角有马面，东、西各开一门，门宽3米。东门南侧、西门北侧各有一条上墙马道。地面散布有少量青砖、板瓦片、筒瓦和零星泥质灰陶罐残片。此城年代为明代。

俄博台遗址 位于原曲沟乡次汉土亥村四社西北约300米处。属新石器时代、青铜时代，面积约1.6万平方米，文化层堆积0.3米。地面散布马家窑文化泥制红陶罐、夹砂红陶壶等残片和卡约文化夹沙红陶双耳罐、无耳罐、夹砂灰陶罐、壶等残片。

红山嘴遗址 位于铁盖乡合乐寺四社西南托勒台。是一长约4公里的属黄河谷地四级台地，面积约2600平方米。因自然冲蚀，地面已至砾石层，未见遗迹与陶片，只在台地中部散布有石刻、石片、刮削器、敲砸器等遗物。属旧石器时代。

加拉上古城遗址　位于恰卜恰镇加拉村以北200米处，城址为正方形古城，原名克吉亥，意为旧城堡。城墙夯土筑，墙基保存较好，东西长209米，南北宽209米。城墙残高4.5米，基底厚16米，上部宽46厘米。古城只有一个城门，城门向东。城内外无遗物和文化层暴露。城墙东南角和西南角，修有两处宽2米的堤坝。该城址1983年全国第二次文物普查被发现，1987年复查被登记并著录，未曾挖掘。此古城年代为明代。

上下塔迈化石点　位于恰卜恰镇下塔迈村以北1500米处的上坡地带，化石出土于共和盆地湖堆积层内。因恰卜恰河侵蚀，露出底层剖面。采集化石种类有中华鼢鼠、西藏鼠兔、乳齿象、三门马、披毛犀、丽牛、中国羚羊、直梳角鹿、短头羊、牛等。根据古生物化石研究，地质时代为中更新世。

胡里木沟岩画　位于黑马河乡胡里木沟口处的半山坡。东面坡下紧邻胡里木沟，南20公里是东西走向的大水沟，南距400米处均为正却乎三社草场，西面均为山脉，背靠胡李木山脉，隔北山距离40公里为黑马河乡政府。岩画为东北至西南走向，呈带状分布，东西200米，南北50米。岩画刻在黑色岩石上，有牛、鹿、马、蛇、猴、人骑马放牧、佛塔、人们狂欢场景等形象，依岩画刻及内容判断年代为唐代。岩画所在地凹凸不平，被牧草掩盖，北高南低，呈陡坡状，大部分岩石镶嵌在沙石中。

切吉岩画　位于切吉乡东科村三社。岩画刻在山顶零散的细砂岩石上，共有画面10余幅，内容有羚羊、牦牛、鹿等。采用垂直敲击点刻与磨刻方法制成。

2005年共和县省级文物保护单位情况表

表11-1

文物单位名称	公布日期	公布批次	详细地点	年代	类别
龙哇切吾遗址	1986.5.27	第四批	恰卜恰镇吉东村	卡约文化	古遗址
马汉台西坎沿遗址	1986.5.27	第四批	铁盖乡农业点	卡约文化	古遗址
切吉岩画	1988.9.15	第五批	切吉乡东科村	唐	石窟寺及石刻
西台遗址	1986.5.27	第四批	恰卜恰镇西台村	卡约文化	古遗址
胡里木沟岩画	1988.9.15	第五批	黑马河乡然去乎村	唐	石窟寺及石刻
群科加拉古城西遗址	1986.5.27	第四批	倒淌河乡甲乙村	卡约文化	古遗址
朱乃亥台遗址	1986.5.27	第四批	沙珠玉乡岗力卡村	卡约文化	古遗址
白城子（又称察汉城）	1986.5.27	第四批	倒淌河乡黄科村	清	古遗址
正东巴古城	1986.5.27	第四批	东巴乡东巴村	待定	古遗址
黑古城	1988.9.15	第五批	倒淌河乡蒙古村	卡约文化	古遗址
应龙城	1988.9.15	第五批	共和县青海湖海心山	唐	古遗址

续表

文物单位名称	公布日期	公布批次	详细地点	年代	类别
伏俟城	1988.9.15	第五批	共和县石乃亥乡	吐谷浑	古遗址
下西台墓地	1986.5.27	第四批	恰卜恰镇下西台村	卡约文化	古墓葬
沙麻索墓地	1986.5.27	第四批	共和县东巴乡	汉	古墓葬
托勒台遗址	1986.5.27	第四批	共和县曲沟乡合乐寺村	旧石器时代	古遗址
新寺（全称“恰卜恰新寺吉祥大乘洲”）	1998.12.22	第六批	东巴乡下梅村	清	古建筑
曲沟古城	1957.12.13	第二批	共和县曲沟乡	待定	古遗址
千卜录寺	2008.4.10	第八批	廿地乡曲什纳村	清	古建筑
克才城址	2004.5.10	第七批	曲沟乡克才村	唐（始建）	古遗址
当家寺	—	第九批	龙羊峡镇瓦里关村	—	古建筑
沙尤寺	—	第九批	恰卜恰镇上塔迈村	清（康熙）	古建筑

第七节　档案　史志

一、档案

馆藏档案　1982年，县档案馆馆藏档案仅8个全宗4266卷，排架长度为96米。自1985年起，县档案馆不断丰富馆藏，由单一的文书档案拓展为包括文书档案、会计档案、科技档案、婚姻档案、声像档案、实物档案、历史档案等多门类档案的综合档案馆。县档案馆对各门类档案进行整理、鉴定、编目；对各单位、乡镇积压的文件材料进行立卷归纳；对褪变、破损档案进行复制与修复；开发档案信息，编研档案史料；完善档案目录，建立档案资源体系；按期接收应进馆档案和提供利用服务工作。其中，1994年，省有关部门调走沟后水库垮坝档案140卷。1997年县档案馆分库分柜时，对馆藏资料重新整合立卷百卷。1992年鉴定销毁资料6856册，1993年鉴定销毁资料2078册。2004年鉴定销毁到期会计档案786卷。至2005年，馆藏档案53个全宗，各门类档案25213卷，5244件，排架长度630.33米；馆藏资料1851册（本）；声像档案3盘，照片2699张；印章1220枚。主要是中华人民共和国成立后共和县党政机关、群众团体、乡镇和企事业单位的档案。会计档案主要是县机关、企事业单位的财务部门形成的凭证、账簿、会计报表及其他财务文件材料；科技档案主要是工程项目建设单位在工程建设中形成的立项相关的文件材料、设计、施工、竣工（图纸）及其工程项目预决算报表、审计材料；婚姻档案主要是县民政局及各乡镇民政所在办理结婚、复婚和离婚登记的婚姻登记材料；声像档案的内容包括党代会、人代会、政协会、工青妇、专门会议、文化活动、工程建设等社会活动中的照片，还有少部分党和国家领导人到共和县视察时的照片；实物档案主要有荣誉证书、锦旗、奖牌、匾、废印模等实物档案。馆内还珍藏1个全宗的历史档案，主要是民国27年（1938）至1949年的民国共和县政府的委任状、训令、指令、路证、密令、护证、清单、毕业证存根等。

1986—2005 年共和县档案馆馆藏档案资料情况表

表 11-2

年份	全宗	馆藏档案总数		排架长度（米）	馆藏资料（册）	照片（张）
		卷	件			
1986	10	13376	—	276.19	10068	1101
1987	12	13532	—	304.47	10373	1234
1988	12	14028	—	315.63	10473	1319
1989	12	15024	—	338.04	10473	1462
1990	12	16788	—	345.47	10473	1488
1991	16	17658	—	383	10473	1488
1992	19	18788	—	408.40	3617	1754
1993	48	19935	—	448.50	1539	1754
1994	50	19889	—	447.50	1539	1754
1995	50	20581	—	463.10	1554	1754
1996	52	21070	—	475.30	1559	1754
1997	52	20992	—	482.80	1583	1761
1998	54	21847	—	504.20	1625	2195
1999	54	22537	—	521.50	1675	2195
2000	54	22537	—	522.40	1687	2642
2001	54	23046	—	534.20	1699	2642
2002	54	23269	138	581.70	1769	2642
2003	58	24287	1895	607.15	1824	2668
2004	60	25026	4547	625.53	1838	2668
2005	53	25213	5247	630.33	1851	2699

档案接收　1986 年，县档案局印发《关于县档案馆档案接收范围的试行规定》《关于划定文书档案保管期限的规定》和《关于提高共和县文书档案立卷质量标准的试行规定》。1989 年，共和县人民政府印发《关于转发县档案局“关于做好各乡镇文书档案清理接收工作请示的通知”》。县档案馆根据《中华人民共和国档案法》和《机关档案工作条例》的规定，制定《共和县档案馆接收办法（试行）》，县档案馆接收县委、县政府及各部门、各单位、人民团体、乡镇的永久和长期保管的档案，凡中华人民共和国成立后形成的档案，自形成之日的次年起，满十年以上的，

方可接收进馆。对不具备保管条件的机关单位和乡镇，可提前接收进馆。1986—2005 年，共和县档案馆共接收各门类档案 16503 卷、11824 件，资料 692 册，照片 2084 张，印模 1220 枚。

1986—2005 年共和县档案馆接收档案情况表

表 11-3

年份	当年接收档案数量（卷）	年份	当年接收档案数量	
			卷	件
1986	3267	1996	419	—
1987	1257	1997	75	—
1988	496	1998	855	—
1989	996	1999	690	—
1990	1764	2000	36	—
1991	870	2001	473	—
1992	1130	2002	223	138
1993	1147	2003	1018	1895
1994	169	2004	739	4547
1995	692	2005	187	5244

档案整理 1986—1988 年，整理县直机关单位和东巴乡各类档案 5020 卷。1989 年，县档案局采取集中时间、集中人力、集中材料和统一标准，清理立卷归档档案 16035 卷 25638 件，声像档案 6 盘，照片 514 张，科技档案 1033 卷，户籍档案 447 卷，财会档案 1083 卷。涉及县直机关企事业单位（50 个）和乡（镇）（13 个）所积压文件材料。1990—1992 年，整理沟后水库、菊花台、托勒台水利工程档案 161 卷。1995 年，沟后水库垮坝后所有档案被省有关部门调走后，县档案馆又拆卷复制并重新整理立卷 141 卷。1999 年，开展乡（镇）综合档案室和目标管理工作。共整理各门类档案 2655 卷，照片档案 380 张。整理 33 个行政村各门类档案 403 卷。2002 年，全县行政单位机构改革工作结束后，县档案局组织人员督促各部门、各单位切实做好档案的整理立卷和移交工作，确保档案的完整与安全。归类整理原曲沟乡各类档案 130 卷、原恰卜恰乡撤乡各类档案 207 卷。2003 年，县委印发《关于在龙羊峡撤委建镇中加强档案工作的通知》，县档案局根据《通知》要求，针对龙羊峡撤委建镇后遗留的档案问题，组成档案整理工作指导小组，共整理归档原龙羊峡党工委、行委所形成的各门类档案 1177 卷，科技档案底图 74 张，印章 121 枚；整理原曲沟乡文书档案 16 卷，民政档案 33 卷，印章 14 枚；整理龙羊峡建镇后文书档案 30 卷。全部接收进龙羊峡档案室，印章档案全部由县档案馆封存接收进馆，确保党和国家宝贵财富的齐全完整和安全保管。严格按照青海省建设项目（工程）档案整理立卷办法和竣工档案资料验收办法的要求和标准，共整理沟后水库复建工程项目建设重点工程档案 227 卷，并全部接收进馆。

共整理县林业环保局林业生态工程项目建设档案16卷，退耕还林（草）档案750件，天然林保护档案45件，“三北”防护林档案47件。

档案利用　1989年，县档案馆编写《共和县档案馆指南》《共青团共和县委全宗介绍》，协助县志办编写《共和县文献要目》。1991—1992年，编写《共和县档案馆大事记》《共和县档案馆组织机构沿革》《共和县历届团代会简介》《共和县历届妇代会简介》《共和县历届工代会简介》《县委办公室全宗简介》《恰卜恰镇全宗简介》等，续编《共和县历届党代会简介》和《共和县历届人代会简介》，修订《共和县档案馆指南》。1986—2005年，共提供利用档案资料7016人次，提供档案31065卷，提供资料1646册。县档案馆设立现行文件查阅中心，县档案馆抄写案卷目录2049张。

档案鉴定与销毁　2004年，县档案馆组成财会档案鉴定委员会，对馆藏到期的会计档案进行鉴定，在鉴定过程中，严格按照财会档案管理办法，逐份逐页鉴定其价值，保证财会档案不受损失，销毁到期会计档案786卷1953册，24张。

二、地方志

地方志编纂　共和县历史上除佚名者在民国21年（1932）纂修的《共和县风土调查记》外，无方志。1982年，中共共和县委根据《中共海南州委关于编写新方志的通知》精神，于1983年3月成立共和县志编纂委员会，同时，成立县志办公室。11月，由李凡邦主持完成《共和县志篇目》。1984年4月起搜集资料，6月，县志办公室编写人员增至5人，调整县志篇目，至1986年查阅档案3500卷，辑录资料400万字，征集口碑资料10万字。至年底，完成资料汇编80万字，后由李凡邦、廖寿生、汪永恒、刘国荣、袁现道、郭世平、多才旦等7人执笔，分工撰写，是为《共和县志》第一稿。《共和县志》的编写，历经9载，五易其稿。1991年9月《共和县志》由青海人民出版社出版。《共和县志》主编为张谨，总纂为金志仁、陆敬伦、李凡邦。县志以篇、章、节三级设目，由16编56章197节组成，以文为主，辅以图表。上限自1929年建县起，部分内容上限追溯到汉代，下限1985年，个别延伸至1989年，全志62万字。1993年，《共和县志》荣获青海省第三次社会科学优秀成果奖；1994年2月，《共和县志》荣获全国新编地方志优秀成果一等奖。

读志用志　1991年9月，首部《共和县志》出版后，共和县人民政府举行首发仪式。为全县干部职工配发《共和县志》。中共共和县委办公室、县人民政府办公室印发《关于开展读志用志的活动的通知》，在全县范围开展读志用志活动。至2005年，县志办公室先后配合有关单位，相继开展“县情知识讲座”和“我爱家乡，我爱共和”的县情教育活动；每遇科县级干部到任，县志办公室便及时配发给《共和县志》，为新任县级领导了解和掌握县情提供方便。在共和县的经济社会发展过程中，《共和县志》为各有关部门编制规划提供相关县情资料。尤其在文化、教育、科技、旅游等方面的项目规划编制和各大专院校、科研单位到共和县做调查研究时，《共和县志》记载的大量翔实资料，起到县情资料库的作用。

第二章　体　育

1986年，共和县体育工作由县文化体育广播电视局管理。1995年，政府机构改革中，县文化局与县科学技术委员会合并，成立县科技文化局，管理全县的科技、文化和体育工作，有工作人员10人，其中局长1人、副局长2人、干事7人。至2005年，全县的体育管理机构仍是共和县科技文化局。1986—2005年，共和县群众体育活动丰富多彩，日益活跃，每年都要举行射箭、射击等各种体育活动，全县体育工作既注重传统体育项目的开展，又加强对青少年体育活动的引导和培训，把“提高群众健康水平，增强人民体质”作为发展体育运动的主导思想，促进全县学校体育、职工体育、农牧区体育、老年体育的健康发展。2002年4月，倒淌河乡被评为“全省体育先进乡”。

第一节　体育设施

1986年前，全县各学校有小规模小型体育设施。2001年，海南州人民政府投资建成恰卜恰团结广场，占地4999.95平方米，投资80万元。2002年，在团结广场建成健身路径，长110米，并安装健身器材30件。在州体育场内建成健身中心大楼，面积1630平方米，使用国家体育总局“雪碳工程”体育彩票项目资金200万元。2005年，在州体育场的足球场铺设人工草坪，建成炉渣跑道，并购置健身器材安装于州体育中心大楼。建成射箭场，投资30万元。至2005年，县城和各乡（镇）建有水泥地坪篮球场20余个，简易篮球场10余个，足球场1个，简易羽毛球场1个，简易排球场1个。

第二节　群众体育

一、民族体育

赛马　共和县的民间赛马会由来已久，赛马以速度跑马和走马为主，“马文化”和赛马运动在当地有着深厚的群众基础。起初，都是由农牧民自发举办，是共和县环湖地区农牧民最喜爱的传统运动项目之一，也是弘扬民族文化、开发特色旅游资源的群众文化体育活动赛事之一。经过多年的发展，赛马会形式更加丰富多彩。

摔跤　藏语称藏族摔跤为“北嘎”“加哲”或“有日”等。在藏族民间，摔跤作为一种角力运动很受藏族群众的欢迎。摔跤比赛采用循环制或淘汰制。运动员年龄不受限制。按体重分为五个级别，52 公斤级、57 公斤级、62 公斤级、74 公斤级和 90 公斤级。摔跤在藏族女子中也十分普及，从小女孩到中年妇女都很喜欢。

藏棋　藏语称为“久”。藏棋是藏族人民智慧的结晶，海南藏棋被列入省级非物质文化遗产名录。流行在共和县境内的藏棋，主要有“增久”“登久”（七线棋）及“九线棋”“五线棋”等。其次有鱼棋、狼和羊、国王和大臣棋等。藏棋以“围”“夹”（挤）、“追”“堵”“吃”为特点。农牧区男性普遍喜欢下藏棋，不论是农闲季节或是繁忙的放牧时刻，无论是草原或田野，人们常会三五成群，席地而坐，捡来石子，画上棋盘，以小石子或小木棍、羊粪蛋作棋子，运筹帷幄，叱咤拼搏。藏棋有久远的历史和广泛的群众基础，体现藏民族的智慧和想象力。

射箭　藏语称射箭为“达喷”，是一项具有广泛群众影响的综合性民间竞技娱乐活动，几乎每个男性都会射箭。射箭比赛大都在春节期间或春耕前后进行，射箭比赛活动大多以村为单位。射箭的弓是传统的牛角弓，由专门的工匠用牛角、木片等原料制作而成，1996 年后，射箭用的弓箭大部分是国内制造或进口的复合弓、反曲弓为主的金属弓和碳素箭。共和县每年也会举办藏历新年射箭比赛。

赛牦牛　在牧区和半农半牧区比较盛行。赛前，骑手将牦牛精心地洗刷打扮，并在长而弯曲的牛角上系上各色哈达，表示吉祥如意。骑手头戴礼帽，身着藏袍，腰扎红带，足蹬皮靴，干净利落，多是十四五岁的少年，体轻灵巧，便于驭牛。比赛时，众骑手蜂拥而出，头头牦牛争先，呼声阵阵，高潮迭起。赛程一般为 1500 米或 2000 米，以最先到达终点者来计算名次。

二、传统体育

1986 年前，群众体育项目有踢毽子、打秋千、打毛蛋（用毛线缠裹鸡毛、花椒的球形物）、耍石锁、放风筝、捉迷藏、跳房子、象棋、下方（一种简单的石子棋）、蹬功、摔跤、扳掌、打狗拳（武术之一）、打靶子（以石头、土块击中某一目标）等。新增加的项目有篮球、排球、乒乓球、拔河、爬山、跳远、跳高、单杠、掷手榴弹、赛跑、康乐球、台球、滑冰等。1986 年国庆期间，举办县直机关干部职工乒乓球赛。是年，各乡（镇）召开运动会，举办篮球比赛。1987 年五一期间，由县文化局、团委、工会共同组织举办共和县首届职工体育运动会，有 11 个单位 132 人参加比赛。1988 年元月，举行全县桌球比赛，参加比赛 32 人；三八节举办恰卜恰地区妇女田径运动会，设 60 米、100 米赛跑和 4×100 米跨栏等项目，参加比赛 200 余人；五一期间，举办县直机关篮球友谊赛；国庆期间，举办全县跑马、走马比赛，组队参赛的有 8 个乡，参赛马匹 170 余匹；11 月，举行县直机关职工象棋、男女拔河、自行车慢骑等活动。1989 年，举办全县首届农牧民运动会，项目有赛马、拔河、射箭、射击等，参赛队员 488 人。1991 年，全县各系统举办不同规模的体育活动达 25 次，参加人员近万人。是年，恰卜恰乡荣获“全国体育先进单位”称号。1992 年，全县 9 个乡举行农牧民运动会，参加运动会 4140 人。是年，倒淌河乡被评为“全国体育先进乡”。1995 年，全县各乡镇开展集民歌演唱、物资交流、体育比赛为一体的农牧民文化体育活动，县政府组建“共和县代表团”参加“海南州第六届田径运动会”，并取得优异成绩。是年，共和县被评为“全州体育先进县”“全省全民体育健身先进集体”，并列为“全国体育信息网络直报点”。1996 年，结合全国开展全民健身活动和亿万农民健身活动，在农历正月十五开展全县大型群众体育活动，开展民族射箭、健身操、拔河等活动，参加活动1200人。是年，石乃亥乡被评为“全省亿万农民健身活动先进集体”。1997年，全县结合迎接香港回归祖国、庆祝中共十五大召开等举办一系列群众文化体育活动。是年，共和县被评为“全省民族体育活动先进集体”，石乃亥乡被评为“全省体育先进集体”，曲沟乡麻尼磨台村被推选为“全国群众体育先进集体”。至2005年，农牧区群众体育蓬勃发展，群众体育竞技活动越来越多，各乡（镇）根据各地条件，因地因时在农闲时节、集市贸易和传统节日期间举行赛马、篮球、射箭、拔河等多种体育比赛活动。

第三节　学校体育

1986后，各中小学校开展《国家体育锻炼标准》达标活动，学校体育坚持“两操一课一活动”，在校学生每天至少有1个小时体育锻炼时间，学校体育达标率城镇地区达90%以上，农牧区达65%以上。组织开展早操、课间操、眼保健操，开展形式多样的大课间操，如广播体操、跳锅庄、体育兴趣小组活动等。按新课程标准开足开齐课时，确保体育课的正常教学，做到学期初有计划，学期结束有总结，教学中教师严格按照教案实施教学。教育局对学校体育工作定期或不定期进行全面督导检查。

学校体育运动项目主要有游戏、田径、体操、球类、棋类、拔河等，并在全县定期举办田径运动会，积极参加省、州体育竞技比赛，均取得很好成绩，被列为省级传统体育项目学校2所，中小学校开展《国家体育锻炼标准》达标活动。贯彻落实中共中央国务院《关于加强青少年、增强青少年体质》的文件精神，开展“阳光体育”，落实“健康第一”的指导思想，切实提高学生健康水平，全面实施《学生体质健康标准》。共和县教育局、各学校精心组织，深入推进，做到有计划、有组织、有影响的开展校园阳光体育运动，并把学校体育工作列入学校工作目标考核内容。各学校根据自身的特点和体育教师的专项及学生兴趣，成立课外体育活动小组，加强特长生的培养。组建足球、篮球、跳绳、毽子、沙包、乒乓球等体育特长小组或运动队。制定详细训练计划和活动安排，激发学生参加体育锻炼的热情。每年举办全校性的中小学生田径运动会，并每年举办各种球类比赛，各级学校每年举办田径运动会及内容丰富、形式多样的单项比赛，以此带动更多的学生参与活动。至2005年，县教育局举办《国家学生体质标准、健康标准》培训、全县中小学校园集体舞、校园锅庄舞、第三套中小学生广播教师培训班等各类培训班34期。

第四节　体育竞赛

一、学校体育竞赛

1986年，全县教育系统举办中小学运动会8次，参加人员2186人；举办全县中小学田径运动会，参加运动员180人，打破州田径记录3人3次，打破县田径记录6人4次。1988年，举办全县第八届小学生田径运动会，参加比赛240人，打破县记录7项12人；参加全州小学生田径运动会，荣获团体第二名；参加全州少年射击比赛，荣获团体第三名；选送小学生2人代表青海省参加全国比赛，其中1人获得第七名。1990年，全县学校举办运动会18次，参加运动员2700人次。1992年，举办中小学“元旦环城赛”，参加人数1200余人。8月，组队参加“全州中学生射击比赛”，男队、女队分别荣获冠军、亚军，荣获团体总分第二名。是年，全县7个校区，恰卜恰地区4所中小学分别召开田径运动会，参加比赛4400人。1993年，全县中小学分别召开“中小学田径运动会”，参加比赛4500人。是年10月15日，共和县藏文中学召开首届中学生冬季田径运动会，运动员750人。1994年，全县中小学分别召开“中小学田径运动会”。是年9月20日，共和县藏文中学召开第二届中学生冬季田径运动会。1995年，全县中小学分别召开“中小学田径运动会”，6700余名学生参加比赛。1997年，全县6个校区和恰卜恰地区各中小学举办各种类型的体育运动会，参加人员240人。1998年始，共和县每年9月举办驻恰卜恰县属中小学生足球赛，此项赛事已成为共和县中小学每年传统比赛项目。2001年6月、2004年6月，共和县分别举办第九届、第十届县中小学田径运动会，设比赛项目5个（田径、乒乓球赛、教职工篮球赛、教职工拔河、教职工民族射箭）。2003年9月，以共和县为主组队，代表海南州参加青海省第十三届中学生运动会，取得优异的成绩，共和县民族中学桑本同学获得男子标枪项目比赛第一名和铁饼项目比赛第四名；铁盖中学方万秀同学分别获得女子铅球、标枪两个项目第一名和铁饼比赛的第二名；由州属学校和共和县属学校联合组成的男女4×100米接力队，分别取得第三名和第二名的优异成绩。以县属学校队员为主组建的中学生男子足球队获得青海省第十三届中学生运动会比赛冠军。

二、群众体育竞赛

1988年，组队参加全州第二届民族运动会，两个射箭队获得第一、第二名；拔河队获得第二名。1989年，在全州第三届农牧民运动会上，射箭队分别获得第二名和第三名，拔河队获第三名。1991年，在全州“保险杯”中国象棋邀请赛上，县代表队获得第一名。1992年7月，在全省农牧民运动会上，射箭队分别夺得冠、亚军；跑马队获得第五名；走马队获得二至六名；在女子爬山比赛中，共和县选手获得第一名。1993年，在庆祝建州40周年体育项目比赛中，全县运动员340人参加比赛，马术表演获得全州第一名，女子篮球获得第一名，射箭第二名，走马比赛获第三名。1995年元旦，举办恰卜恰地区干部职工环城赛，参加比赛482人。是年，在“恰卜恰地区职工篮球赛”和“海南州第六届田径运动会”上，县女子篮球队连续三次获得第一名。9月，共和县代表团参加“海南州第六届田径运动会”，分别参加射箭、篮球、乒乓球、田径、象棋等项目，取得全州团体总分第一名，夺得14个单项田径第一，成年田径团体第一，射箭、乒乓球分别获得团体第二，女子篮球第一的成绩。1997年，组织选拔乒乓球运动员参加全州乒乓球锦标赛，获得男子团体冠军、男子单打冠军、男子双打亚军。

第三章　旅　游

共和县是青藏高原的东门户，高原风光雄伟壮观，佛教文化源远流长，自然、人文等旅游资源独具特色。境内国家级风景名胜自然保护区青海湖，犹如一颗巨大的蓝色宝石镶嵌在青藏高原，滋润着天堂与乐土的安逸与祥和。中华母亲河——黄河，蜿蜒穿越县境89公里，黄河大峡谷及龙羊峡电站铸就的高峡平湖，成为国内外探险爱好者趋之若鹜而流连忘返的旅游胜地。县境内世居的汉藏民族千百年来传承的原始古朴、多姿多彩的民风民俗蕴藏的深厚民族文化气息，为独特的山水生态注入灵气与活力。20世纪90年代后，共和县依托青藏、青唐公路由南北过境的优势，着力宣传和打造旅游资源，旅游产业步入全面开发阶段。2003年，成立共和县旅游局，隶属县计划经济贸易局，负责全县旅游工作，实有工作人员6人。

第一节　旅游资源

一、自然旅游资源

共和县自然旅游资源有青海湖、黄河、青海南山、日月山、龙羊峡谷、二郎剑、三块石、海心山、天鹅湾、小泊湖、塔拉沙滩、倒淌河、布哈河、文保洞、橡皮山、黄河谷地、沙海、耳海、更尕海、夏拉草原、鄂拉山、尕海、北山湾温泉等。

二、人文旅游资源

共和县人文旅游资源有新寺、千卜录寺、塔秀寺、当家寺、甲乙寺、东科寺、切扎寺、山根大吉东寺、英德尔寺、哇合寺、合乐寺、莫合多寺、祭海台、德吉滩、班禅敖包、石头城、伏俟城、白城子、黑城子、正东巴古城、“151”码头、海神亭、海心山城堡、红山根遗址、马汉台西坎沿遗址、龙哇切吾滩遗址、群科加拉遗址、沙索麻古墓、黑城古墓、下西台古墓、切吉岩画、沟后水库、东藏旅游购物中心、龙羊峡黄河第一坝、北山湾度假村、民族传统体育活动、环青海湖国际公路自行车赛、唐蕃古道、哈尔干台地遗址、那亥烈遗址、群科加拉遗址、廿地遗址（1）（2）、切扎遗址、尕巴台遗址、尕巴赛当遗址、尕巴赛当台顶遗址、上卡力岗沙丘遗址、扎东遗址、更尕海南沿遗址、托勒台东坎沿遗址、红山根遗址、托勒台南坎沿遗址、苏乎拉吾堡台遗址。

第二节　景区景点

一、青海湖旅游景区

青海湖景区　青海湖位于青藏高原东北部，青海省西部。距省会西宁151公里。环湖周长360公里，平均水深19米，湖面海拔3260米，日平均气温15℃左右，是理想的避暑消夏胜地。青海省因青海湖而得名。青海湖水面积4473平方公里，湖水容量850亿立方米，是全国第一大内陆咸水湖，也是全国最大的湖泊，为世界第七大内陆湖泊。青海湖流域内居住着藏族、汉族、蒙古族、回族、土族、撒拉族等10余个民族。青海湖流域山峦起伏，河流纵横，水草丰美，人烟稀少，是野生动物良好的栖息、繁衍之地。青海湖鸟类数量较大，据统计，鸟禽有163种，分属14目35科，总数在10万只以上。1997年12月，国务院批准青海湖为国家级风景名胜自然保护区。青海湖景区景点众多，有全国八大自然保护区之一的鸟岛、具有神奇美妙传说的海心山、险峻的三块石和神奇的二郎剑等。至2005年底，青海湖景区已建成江西沟下社青海湖旅游市场、青海湖草原宾馆、修建具备民族特色的“151”帐房宾馆；建成青海湖景区藏族部落村、二郎剑景区祭海台和观鸟台等旅游景点；“151”码头西侧餐饮服务、骑马、照相已形成初步规模，小型水上游艇业务已启动。景区内有主要景点4个。

青海湖鸟岛。地处青海湖的西北部，面积0.8平方公里，因岛上栖息数以十万计的候鸟而得名。鸟岛共有岛屿2座，西边小岛叫海西山，又叫小西山，也叫蛋岛；东边的大岛叫海西皮。海西山地形似驼峰，后随着湖水下降有所扩大，岛顶高出湖面七点六米。岛上鸟类数量多，堪称“鸟的王国”。每年四月，来自中国南方和东南亚等地的斑头雁、棕头鸥、赤麻鸭、鸬鹚等十余种候鸟在这里繁衍生息；秋天，它们又携儿带女飞回南方。鸟岛是亚洲特有的鸟禽繁殖所，是我国八大鸟类保护区之首，已被列入国家自然保护区，设有管理机构。

海心山。俗称湖心岛，古时称仙山，或龙驹岛，蒙古名为“奎逊托罗亥”，位于青海湖心偏南，距南岸约30公里，是青海湖的一大游览胜地。全岛东西长2.3公里，南北宽0.8公里，形如螺壳。山顶高出湖面约数10米，海拔约3300米。山体系花岗岩和片麻岩构成，略呈乳白色。风和日丽时，凭高远眺，只见海心山犹如雪浪漂浮，蔚为壮观。古人曾有诗赞：“一片绿波浮白雪，无人知是海心山”。海心山地势较为平坦，岛上怪石嶙峋，沙洲点点，杂草丛生，野花纷披。其有一种花，名叫佛花，色嫣红，形如罂粟花，叶似蔷薇，每年农历四月开花，香气袭人。此外，岛上还生长大量的野葱、鹤冠草、蕢草等优良牧草，每到夏季，岛上水草茂盛，景色旖旎，是理想的天然牧场。海心山四周环水，远离尘世，境地幽绝，天然仙境，令人神往。岛上有一些古时遗留下来的庙宇、僧舍、嘛呢堆等建筑。

三块石。又名孤插山，位于湖西南，是由7块密集在一起的石灰石、礁石组成，高约17米，距鸟岛、海心山20公里。岛上仅在碎石块间隙生长有牛尾蒿等，植被覆盖不到5%。

二郎剑。位于青海湖东南部，因距离西宁市约151公里，被称为“151”基地，景区大门位于国道109线旁，是青海湖的重要景点之一。二郎剑又名为“海带”，藏族人称之为“海虎”，为一狭长的陆地提带，宽约百步，长约25公里，自南向北没入海中，开头酷似一把长剑。古籍上曾有这样的记载：“南岸一堤，阔仅百步，北亘数十里，直奔海腹而没，名为海带。”二郎剑以其蜿蜒深入青海湖中的特殊地理位置，以草原、沙滩、动物为主的生态自然资源，以形式多样的民间文化活动成为青海湖旅游区一颗耀眼的明珠。二郎剑已经建成以观鸟台、观鹿园、观海桥、观海亭为组合的观赏区，以码头广场、“吉祥四瑞”雕塑为组合的休闲区，以水上摩托、自驾游艇为活动内容的水上娱乐区。同时，二郎剑还开展有湖边沙滩排球、足球等体育活动。

日月山景区 以唐文成公主远嫁藏王松赞干布途经此地的故事而闻名于世。日月山历来被称为“草原门户”和“西海屏风”，最高海拔4877米，最低处3452米，因山体土质呈红色，所以古称赤岭。日月山是“唐蕃古道”和“丝绸之路”的必经之地，也是唐蕃会监和“茶马互市”之所。相传，唐太宗为了汉藏人民世代和好，将自己的宗室女儿文成公主许配给藏王松赞干布。文成公主一行由江夏王李道宗、藏相禄东赞陪同，从京都长安迤逦西行，来到日月山。当公主登上山顶，举目环顾时，看见山麓两边竟是截然不同的两个世界：一边是雨打芳草萋萋，一边是雪压枯草惨惨；一边是烟雨飘摇枝新，一边是玉鳞纷飞草叶枯，甚至连这里的日月，也没有家乡那样明亮、温暖，不禁心潮起伏，愁思万缕，潸然泪下。唐太宗听说公主怀乡思亲，不肯西进，为了替女儿解愁，特意铸造一面日月如意宝镜送上此山，说是如果公主想家，打开宝镜，可以从中看到家乡父母、故里山河。护送的吐蕃大相怕公主见到亲人，思故不进，便暗中将日月宝镜换成石刻日月镜。公主拿起镜子来看，怎么也看不到长安城里的父母，以为是父皇薄情而在有意欺骗她。于是，一气之下，将石刻日月镜抛在一边，毅然西进。后来人们便把赤岭改名为日月山。唐代开元年间，唐王朝和吐蕃王国还在日月山顶树立过汉藏和好碑，藏汉两族以日月山为界，和睦相处，并把日月山作为茶马互市之地。日月山虽然高不及昆仑，险不如积石，既无苍翠的森林，又无嶙峋的怪石，有的只是一派苍茫。然而，从古到今，许多过往行人都愿登上日月山去追寻当年文成公主路过日月山时留下的踪影。为此，世人早先在日月山顶修筑庙宇，可惜被人破坏。2000年后，又先后在日月山口修建两座造型美观、风格独特的日亭和月亭，供游人参观。

倒淌河景区 位于青藏公路、青康公路交会处，素有“草原门户”之美称。东距西宁102公里，原是一条东流入黄河的外流河，后因日月山隆起河水向西注入青海湖湖畔的措果（耳海），因众河皆东流，唯此河独向西淌，故名倒淌河。传说中有文成公主进藏、经过此地而洒泪成河的故事，使之成为人们心目中的一条神秘的河。又有一说，海心山神泉被堵塞后，为使湖水不干涸，莲花大师便从周围引108条水入青海湖，最后还差一条，于是便把东流的一条水，由神蛇开路，引进青海湖，从此便有了这条倒淌河。倒淌河因其河水倒淌注入青海湖而闻名遐迩。

神仙洞 又名无底洞，藏语称“窝博”洞。位于共和县黑马河乡与石乃亥乡交界处，从黑马河乡政府驻地沿环湖公路北上约10公里处。洞口前草地上有“多切秦”，为徒行拜湖供奉神仙的天然吉祥物，用碎石块砌成，呈方形。洞口有两间房大，高约3米。传说该洞口可通向西藏拉萨，充满神秘色彩。

班禅敖包 位于黑马河乡2公里处的青海湖畔，这座敖包当初是由共和县角什科寺活佛古藏·久美慈成嘉措遵奉九世班禅却吉尼玛预示堆成的。据传，这座敖包坐落在大鹏鸟头顶宝翎之上，它是青海湖菩提龙王的住锡地，这里又是一代又一代善男信女给青海湖祭献宝物时沿用的重要地点之一。每年藏历五月十五日和八月十五日，当地信教群众四面八方聚集到这儿举行祭祀班禅敖包的宗教仪式，然后进行赛马、射箭、藏族酒曲对唱和情歌对唱等传统的文体竞赛活动。

甲乙寺 藏语称“甲乙俄察塔占林”，意为

“甲乙神奇解脱洲”，位于倒淌河乡偏西27公里的甲乙村。1980年，全国人大常委会副委员长班禅额尔德尼·确吉坚赞到海南州视察，亲题寺额“神气解脱洲”，由此建成藏传佛教格鲁派寺院。

元者寺　亦称“元真寺”，藏语称“元者具喜吉祥兴盛洲”，位于倒淌河乡西北15公里的元者冬季牧场，属藏传佛教格鲁派寺院，该寺形成于19世纪中叶，初为帐房“蒙古包”寺院，为化隆县支扎寺属寺。1935年，开始在元者山脚下建成土房寺院。

二、县域其他旅游景点

龙羊峡水电站　龙羊峡水电站是黄河上游的“龙头”电站，有“黄河第一坝”的美称，其曾以最大的单机容量、大坝最高、最大的库容著称于世，盛誉为“亚洲三最”。其总装机容量128万千瓦，单机容量为32万千瓦，年发电量60亿千瓦时；大坝为混凝土重型拱坝，高度178米，坝顶海拔高程2610米；水库总库容在正常蓄水位2600米时，回水长度108公里，水库面积383平方公里，库容247亿立方米。1977年正式开工，1988年4台机组并网发电。该水电站是新中国成立以来最著名的水利工程之一。龙羊峡电站距共和县城43公里。这里不仅有旧石器、中石器、新石器时代的文化遗存，又有巍峨壮观的拦河大坝、波涛汹涌的黄河激流和危岩耸立的黄河大峡谷。宽阔的水面铸就国内最大的高原人工湖，是发展绿色养殖业和开办水上娱乐、休闲、度假的理想之地，也是峡谷攀岩，黄河古道探险，进行水上训练比赛的最佳场所。开通曹多隆至龙羊峡水库大坝旅游码头。已建成麻尼磨台游泳馆、北山湾度假村和克才药浴池，以游泳馆为主体，配套建设餐饮、帐房、亭榭等服务设施，日接待游客300人次，铁盖乡委曲沟度假村已建成的帐房、凉亭等基础设施已初具规模。民族餐饮独具特色，优美的环境吸引众多游客前来度假，龙羊沙湖旅游区已建成水上旅游、沙漠旅游等项目。

委曲沟风景区　位于龙羊峡库区西南岸，属于黄河谷地，海拔2476~2845米，距共和县城区20公里，土地面积666.67公顷。相传是薛仁贵征西时的古战场之一，遗留的点将台仍依稀可辨。委曲沟旅游区是集沙漠码头、水上游览、湖滨游泳场、黄河漂流、沙漠摩托、滑沙、沙浴等为一体的新兴旅游区。委曲沟度假村已建成凉亭、帐篷、旅社等基础设施，可供游人住宿、休闲和娱乐。

夏拉草场　甘地乡羊让村和曲什纳村的夏拉草场，风光旖旎，草原辽阔，地处青海南山的峰峦之间。每到夏季，草场风景迷人，绿草如茵，野花遍地，鲜美的蘑菇俯拾皆是，洁白的羊群如同一朵朵白云在绿地毯上浮动，远处牧羊人动听的歌曲，婉转悠扬，令人心旷神怡。云雾缭绕的山峦之间，隐隐可见牧民人家，不禁使人想起“白云生处有人家”的诗句。雨过天晴后的夏拉草原更能呈现出一派奇异的景观：阳光普照，空气清新，晶莹的水珠在草尖闪闪发光，美丽的彩虹在天地之间架起一座七彩桥。如此天上人间，确能令人流连忘返。夏拉草原距恰卜恰镇20公里，是夏秋季节野外旅游的好去处。

曲沟北山湾度假村　位于恰卜恰南约10公里处，距龙羊峡景区15公里，属黄河谷地，占地面积2.67公顷。度假村环境优美，花草宜人。利用当地的地热资源建有游泳馆，配套建设有餐饮、帐房、亭榭等，日接待游客300人，是集休闲、娱乐、药浴为一体的度假场所。

当家寺　藏语称“桑俄切科日浪”，位于龙羊峡电站以北7公里的瓦里关山南麓，建于公元1718年，为四川省德格县西钦寺的子寺。一世当家喇嘛更藏年智嘉措被清廷诰封为“当家额尔德尼”，自此声名大振，发展迅速，成为海南地区宁玛派（红教）诸寺之母，辖有多个子寺。有大经堂和阿柔大格西纪念庙。该寺的主要经事活动有：农历六月十四日至二十一日的嘛呢会，七月九日至十五日的法王会，九月三日至十一日的宁玛派八部经文念诵法会。

合乐寺 位于共和县曲沟乡合乐寺村，属“黄教”寺院，是海南州为数不多的蒙古寺庙之一。原址被龙羊峡库区淹没，现为搬迁后的新寺，有僧侣30余人。

新寺 位于恰卜恰镇上梅村和下梅村之间。创建于1894年，属“黄教”寺院，为共和县三大寺院之一。1949年，全寺有大经堂、小经堂、佛殿、僧舍等房屋400余间，土地8公顷，草山800公顷，牲畜1350头（只），僧侣380人，活佛4人。1958年宗教制度改革前，僧侣183人，活佛3人；改革后，僧侣全部还俗。2001年，有僧侣125人。其每年的宗教活动主要有跳神、诵经、晒佛等，其间藏族群众纷纷前往顶礼膜拜，十分虔诚。

千卜录寺 千卜录寺是共和县规模最大的黄教寺院。清代中期创建于同德茫拉，1821年迁入廿地乡曲什纳。1949年，有僧侣174人，其中活佛9人。1981年8月，经中共海南州委批准开放，重建大经堂45间，佛堂8间，嘛呢房23间，其他房舍236间，有僧侣92人。1992年4月，新建全寺规模最大的经堂，是年完成主体工程。2001年全部竣工。

第三节 旅游管理及设施建设

一、景点管理

共和县旅游景点管理以市场经济为导向，自负盈亏，人员管理随着季节的变化而改变。环境、卫生、经营、安全均符合旅游标准要求。共和县旅游资源是环西宁旅游圈和环青海湖旅游圈的重要组成部分。共和县旅游业从无到有，从小到大，不断发展，产业形象日益鲜明，产业规模不断扩大，全县旅游业稳步发展，旅游资源开发工作进入全面起步和发展阶段。全县旅游资源主要集中在青海湖、龙羊峡库区及恰卜恰周边3个区域，通过旅游项目建设，形成较有影响力的旅游景区，旅游服务设施和服务水平不断提高，旅游收入逐年增加，2005年，全县接待游客8.9万人次，旅游收入630万元。

二、基础设施建设

共和县旅游景区建设主要集中在青海湖景区、龙羊峡景区和县城周边。1993年，完成青海湖帐房宾馆65%的扩建工程，建成多功能综合厅、青海湖标志雕塑、帐房40座，海心山旅游设施、度假村主体工程等，共投入资金407万元；开通海心山、三块石、鸟岛的湖面航线、石乃亥、江西沟两乡集资办起帐房接待站。共接待中外游客2300余人次，收入90余万元。2001年，共和县建成湖滨草原宾馆，投资1124万元。是年，维修改造青海湖帐房宾馆。2001—2003年，修建曲沟—龙羊湖度假村砂石路30公里，投资80万元。2002年，建成“151”至二郎剑13.9公里旅游公路，投资1350万元；建成“151”基地至二郎剑供水工程，投资967万元；实施青海湖景区环境整治工程，投资1643万元。2003年，完成青海湖码头建设工程，投资1190万元。2004年，完成旅游建设项目9项，“151”环境治理、码头、游轮、宾馆等建设项目全部完工，共投资7209万元。接待游客8.3万人次，完成旅游收入420万元，增长22%。至2005年，建成青海湖污水处理厂和垃圾处理厂、三星级宾馆、景区集中供热、二郎剑输电线路及浮动码头等相关配套设施。

三、观光旅游产品

至2005年，共和县旅游产品仍然比较单一，旅游产品的商品化、系列化程度有待进一步提高。观光型旅游产品在全县旅游市场中占主要地位，如青海湖观光旅游、龙羊峡观光旅游。观光型旅游产品存在的突出问题是形式单一，而以民俗风情与休闲度假为主要内容的提高层次旅游产品，以及以亲身体验、参与等方式为主的深度旅游产品和活动的开发薄弱，旅游产品的结构有待优化。产品以夏季帐房和茶园为主体，季节性较强。以藏族地方特色的近郊田野及农家乐旅游方式，仍处于探索与发展阶段。

第十二编

民族宗教　民俗民生

第一章　民族事务工作

共和县是一个藏族人口占57%的多民族聚居区，有藏、汉、回、蒙古、撒拉等20余个民族。1986年后，全县认真贯彻《中华人民共和国民族区域自治法》和党的民族政策，落实民族地区和少数民族政策，发展少数民族经济，培养和选拔少数民族干部，各民族团结和睦，相互尊重，共同发展，和谋共计，共同推动着共和县经济社会的全面发展。

第一节　民族状况

藏族是共和县的主体民族，遍布全县各地。从事畜牧业的藏族，主要居住在倒淌河、日月山、江西沟、黑马河、切吉等地；从事农业的藏族，主要居住在恰卜恰、曲沟、东巴、铁盖等地。汉族大部分居住在农业区和城镇，分布在曲沟、沙珠玉、恰卜恰等地，农业区的汉族大多与藏族杂居，因而很多汉人会说藏语。回族主要居住在曲沟、克才、东巴、东香卡、西香卡、沙珠玉等地。蒙古族集中居住在倒淌河、东巴、曲沟、铁盖、廿地一带。撒拉族散居于曲沟乡。至2005年，全县少数民族20个、79894人。

第二节　民族工作

一、尊重民族风俗习惯

每年少数民族重大节日，县委、县人大、县政府、县政协以及统战部等单位领导，都到少数民族居住地、各佛教寺院、清真寺祝贺和慰问，了解情况，解决他们实际的生产生活困难。1986年，慰问少数民族老干部和宗教界人士土夫旦、角巴加、赤哇、祁加夏茸、加华、俄日、彭措、仁增久买、仁青安杰、更太、多日杰、谭仲科、苏世民等50余人。为方便穆斯林群众生产和生活需要，修建恰卜恰清真牛羊肉定点屠宰场。5月，石乃亥乡建起藏族牧民敬老院。1994年12月，石乃亥乡又筹资7.5万元扩建敬老助孤院，共建房屋14间，入住五保户老人和孤儿13人。2000年，修建清真牛羊肉销售点。2001年8月，共和县建成国内第一台坐式火葬油化炉，不再使用坐式火化炉。

二、发展民族教育事业

1986年，兴办马汉台、九道班铁盖牧业三村寄校。全县举办成人扫盲班208个，参加人员3402人，脱盲2027人。1987年，成立藏语文领导小组，年内全县举办藏语文学习班（组）76个，参加干部职工2186人。3月，共和县第二民族中学在江西沟成立，招生87人。1990年10月，建成铁盖乡民族希望小学。廿地乡羊让村寄校，恰卜恰萨秀寺寄校，倒淌河元者、黄科、黑科、哈乙亥村寄校，曲沟乡瓦里关当家寺寄校和倒淌河乡蒙古村完全小学变为寄宿制学校。1994年，全县组织扫盲班组230个，参加扫盲的农民群众2730人，脱盲1654人。1997年10月，共和县被省政府列为“国家贫困地区义务教育工程”项目县。2000年10月，教育部授予共和县人民政府“中华扫盲奖”。2000年，共和县获得青海省1998—1999年教育工作目标责任考核先进县。2001年，共和县教育局荣获国家“贫困地区义务教育工程项目管理先进集体”称号。至2005年，全县13个乡镇均建立乡中心学校（寄校）和村小学寄校。全县15～50岁人口43916人，其中非文盲43022人，青壮年人口非文盲率98%。

三、发展民族文化体育事业

1986—2005年，全县乡镇每年至少举办一次农牧民运动会。每年正月（春节）期间，县文化局主持举办民间射箭比赛、民歌对唱赛，汗土亥、哈汗土亥、扎布达、尕日拉、卡力岗等村社火巡回演出。其中1986年，倒淌河乡被国家民委命名为“全国民族体育先进乡”。1988年，举办全县首届少数民族民歌演唱赛、恰卜恰地区花卉展览、篮球锦标赛。文化工作者深入基层，搜集整理民间故事、音乐、曲艺、说唱等。1989年，在幸福滩举办全县首届农牧民运动会，参赛运动员540人。1997年7月，组团参加在海北州和西宁市举行的青海省首届少数民族运动会。2002年起，每周五在街心花园、体育场门口等地举办锅庄舞、秧歌舞、武术演练和州县文艺队的舞蹈表演。

四、培养选拔民族干部

1986年以来，县委、县政府把少数民族干部队伍及少数民族技术人员队伍建设作为管根本，管长远的大事，采取自效措施，加大培养培训、选拔和任用力度，加快少数民族干部的年龄、文化结构不断趋于合理。历届县委、县人大常委会、县政协领导中，少数民族干部（藏族、蒙古族、回族、土族等）占一定比例。1986年，全县37个部、委、局中，少数民族科级干部31人，配备占83%；13个乡镇中配备少数民族党委书记或乡、镇长有17个。1990年县乡换届中，共提拔少数民族科级干部39人，其中藏族27人，蒙古族3人，土族3人，回族4人，其他少数民族2人。2003年后，从科级干部中提拔少数民族县级干部9人，其中藏族6人、蒙古族1人、土族1人、回族1人。民族干部占全县干部总数的比例由1985年的76%提高到2005年的81%。1993年后，少数民族县、科级干部54人参加中共中央党校函授学院青海省分院和电大海南分院专业学习并获得毕业。县级和科级少数民族干部24人到西宁市及其他省市挂职锻炼。至2005年，大批少数民族干部走上领导岗位，少数民族各类专业人才队伍不断壮大。

第三节　民族团结创建

1986—2005年，根据州委、州政府的安排，共和县把民族团结进步创建活动列入全县工作的重点内容，以增强民族团结、发展民族经济、实现各民族共同繁荣为目标，全面部署，周密安排，认真组织实施。加强马列主义民族理论、党的民族政策、《中华人民共和国民族区域自治法》《海南藏族自治州自治条例》等政策法规的教育，不断提高全县干部群众的思想认识，民族团结进步得到更进一步的加强。挖掘民族先进文化，加强民族语言文字工作，开展民族传统文体活动，弘扬民族传统精神。围绕民族团结进步创建活动，以发展民族经济，促进社会进步为主要内容，抢抓机遇，扎实工作。全县创建民族团结进步模范县活动稳步推进，各族干部群众思想统一，步调一致，投身全面建设小康社会的干劲十足，涌现出一大批创建民族团结进步先进集体和个人，共和县被评为“全州民族团结进步县”。各民族团结和睦、共同进步的社会主义新型民族关系不断得到巩固和发展。其中，1988年，国务院授予共和县“全国民族团结进步先进集体”称号，国务院授予倒淌河镇哈乙亥村党支部书记拉夫旦“全国民族团结进步先进个人”称号。2003年，开展创建民族团结进步模范县试点工作。召开全县创建民族团结进步“双先”“双模”的评选和表彰大会，树立先进典型，推广先进经验，营造各民族团结和睦、共同进步的良好氛围。2005年，结合保持共产党员先进性教育活动，采取大会宣讲、小会辅导、座谈讨论、发放宣传材料等形式，在广大干部群众中，开展以学习贯彻《中华人民共和国民族区域自治法》《中华人民共和国国家安全法》《中华人民共和国治安管理处罚条例》《宗教事务条例》为主要内容的法制教育、安全教育、爱国主义教育和反分裂、反渗透等法律法规的宣传教育活动，营造良好的社会氛围，提高干部群众和宗教教职人员整体素质。完成“平安寺院”创建试点、“平安共和”建设、民族团结进步县创建等工作。20年间，民族团结工作始终围绕“三个原则”，即坚持民族平等，反对民族歧视；坚持民族团结，反对民族分裂；重视培养和选拔少数民族干部，尊重少数民族语言文字和风俗习惯等，使“三个离不开”（汉族离不开少数民族，少数民族离不开汉族，各少数民族之间也互相离不开）思想牢固树立并日益巩固发展。

第四节 藏语文工作

一、藏语文机构

1987年，共和县藏语文领导小组成立。1988年1月，在原县政府翻译室的基础上成立共和县藏语文工作办公室。1991年10月县政府决定撤销共和县藏语文工作办公室，成立共和县藏语文工作委员会办公室，作为县政府的职能部门。1992年，共和县藏语委办被评为“全省少数民族语文工作先进集体”。1995年机构改革中，藏语文工作委员会办公室转为正科级事业单位，负责管理全县藏语言文字的翻译和使用工作。核定编制数5名，实有工作人员5人。至2005年，藏语文工作委员会办公室机构和人员编制无变化。

二、藏语文文字学习

干部职工学习藏语文 1987年，全县举办藏语文学习班（组）76个，参加干部职工2186人。1988年，海南州委、州政府印发《关于加强藏语文工作的决定》。共和县成立县藏语文工作领导小组，统管全县藏语文工作，领导小组由县委、县人大、县政府、县政协的县级领导任组长、副组长。为实现藏语文“三年达到听、讲、读，五年能讲、写、通”目标，全县上下积极组织干部职工学习藏语言文字，参加学习藏语文的干部职工有2246人，学习汉语文的藏族干部职工有138人，全县共组成双语文学习班组61个，担任双语学习班组教师61人，每个学员人手一册课本和作业本，做到“学员课本、教室、时间、教员”五落实，保证每周4小时的学习时间。采取以党政机关为重点，进行集中学习，服务行业先行一步的办法，在认真搞好全县各单位在职干部职工藏语文学习的同时，开展以党校为阵地的藏语文培训工作。1988年7月至1993年，在县委党校有计划地抽调一批干部职工，脱离工作岗位集中培训，共举办藏语文学习培训班9期，三个月为一期，培训学员297人，大部分学员的藏文学习成绩基本达到小学文化程度。坚持学用相结合，学以致用的方法。并且，在全县范围内建立健全学习制度、考勤制度，并制定奖惩措施和考试考核办法，做到制度健全、奖罚分明、组织严密。

农牧区藏语文扫盲教育　2000—2005年，全县农村牧区分两个阶段实施藏文扫盲教育，共设立扫盲教学点118个，配备村级教员118人，扫盲学员共有3960人，无偿发放《海南州农牧区藏文扫盲课本》1~4册16312本；举办村级教员培训班12期，参加人员720人次；同时建立村级小型图书阅览室，提供每村各类书籍60册。至2005年，绝大部分学员的藏文学识基本达到会写、会读、会用的程度。

三、藏汉翻译工作

共和县是一个以藏族为主体民族的多民族聚居区，藏语言文字是本地区通用的语言文字之一，也是重要的社会交际工具。1986—2005年，县藏语办始终坚持“藏汉两文并重，藏汉两文通用”的原则，切实加大藏语文的使用力度。在每年召开的党代会、人代会、政协会期间按时保质保量地完成翻译会议的各类报告、决议、简报等其他材料40份，字数10万字。翻译印制会议材料，为少数民族代表和政协委员更好地掌握报告内容和领会会议精神，充分履行代表职责，为共和县社会经济发展建言献策起到积极作用。同时，上级党委、政府做出的重大方针、政策、措施及县委、县政府的重要文件和领导的重要讲话，各部门涉及农村牧区的有关文件和法律法规一律译成藏文，下发至乡村两级。每年翻译下发的文件材料80份，字数30万字。同时，真翻译和书写各类牌匾、横幅、标语、公章、广告牌等社会用字。

四、社会市面用文管理

1986—2005年，藏文社会用文的形式、种类增多，同时也出现不少藏文用字混乱现象。为加强藏语文的使用，规范藏汉两文通用，根据《海南藏族自治州藏语文工作条例》和县政府《关于规范使用市面用文的规定》精神，县藏语办每年会同工商、城管等部门，以恰卜恰地区为重点，对全县各类牌匾、广告、宣传栏等社会市面用文进行一次检查和清理整治，补纠和改正大量的错字、漏字、别字，书写不规范以及藏汉两文的摆放位置不规范、大小规格不符合要求等问题。通过持续多年的清理整治，全县的社会市面用文状况有了一定的改观，逐步走向规范化、“双文”化、美观化的渠道。

五、藏语文研究和保护

少数民族古籍编目整理　1998年，共和县藏语办在省民委的帮助和支持下，利用一年多时间，搜集整理出版《益喜嘉措大师传》1500本，受到安多藏区广大读者的好评。2003年，根据州政府办《关于转发〈中国少数民族古籍总目提要·青海卷·海南部分〉实施方案的通知》精神，县藏语办及时成立古籍编目工作领导小组，制定《共和县古籍编目工作实施方案》，并积极组织编目人员，深入基层、民间、村社和寺院，调查了解，掌握古籍线索，在登录编目、填写卡片、编译内容提要等重要环节中，认真阅读原著，掌握核心内容，严把质量关，经过两年多时间的努力，全县共搜集登录963条，其中书籍类935条（印本498条、写本437条），文本类22条，铭刻类6条，完成共和部分古籍编目工作的

登录、翻译、打字、校对等工作，在编目的数量、质量和时间要求上排位全州前列。

共和地名登录编译　2005年，县藏语办组织人员，深入基层，全县地名进行登录工作。登录工作注重全县行政区域内的地名语源、地名语词、地名字形及其地名沿革和考证分析、普查、收集、整理、编译工作。根据《中国地名录·海南卷》和州藏语办地名整理编译工作的要求，针对全县许多地名用字不准、书写各异、写法分歧的实际问题，县藏语办组织人员深入基层，调查了解共和县区域内每一个地名名称的语种、类别、含义、由来、方位、经纬度、海拔以及有关神话传说等内容，作详细的收集和登录，并对登录的内容进行多次补充和完善，同时对所登录的内容进行藏汉翻译。共收集整理各类地名1146条，其中乡（镇）村名151条，山名154条，沟名414条，滩名136条，河流名48条，其他名称243条。通过整理和编译，纠正以前一些地名用字不准、书写各异、写法分歧的错误，进一步规范全县各地地名名称，匡正谬误、正本清源、廓清词义。

藏文新名词术语标准化　随着社会进步和经济的发展，新的名词专业术语层出不穷。为解决翻译、规范和统一使用藏文新名词术语，县政协组织部分政协委员协调藏语办调查新名词术语使用情况，分析存在的困难和问题，提出解决的措施和建议。自2002年起，县藏语办每年收集、整理和审定部分新名词术语以公报的形式编印3～4期，将这些新名词术语整理后，编印成《现代藏汉对照新名词术语词汇》册子发放到各地区、各单位，对藏文新名词术语标准化和规范使用藏语文起到积极的推动作用。

出版发行《日月山》藏文刊物　创办于1991年7月，是集文学、论文、历史、翻译、民族语文为一体的综合性藏文刊物。至2005年，共出版15期，印刷3万册。《日月山》受到省内外党政领导、专家、学者的充分肯定和各界人士的关注。尤其是本刊众多藏学论文被《中国藏学》杂志收集于《全国藏学论文目录索引》中，并给予很高评价。同时，对全县藏语文的学习、使用和发展提供有利条件。

第二章　宗　教

共和县宗教有佛教、伊斯兰教、基督教。1986年以来，随着党的宗教政策的全面落实，各民族信教群众的宗教信仰得到充分尊重。县境内藏族、蒙古族、土族等民族大多信仰藏传佛教；回族、撒拉族等民族信仰伊斯兰教；汉族有少数信奉汉传佛教和基督教。

第一节　机　构

1986年，共和县民族宗教事务工作由县民族宗教局负责管理，联系宗教界人士处理民族宗教事务。1995年，机构改革后，民族宗教局与县委统战部合署办公，实行两块牌子、一套人马。日常工作由正副部长负责，统战部副部长兼任民族宗教局局长（正科级）。是年，根据《共和县机构改革方案的实施意见》，中共共和县委统战部与县民族宗教事务管理局行政编制8名（统战部、宗教局编制各4个），其中部长1名，副部长1名（兼宗教局局长），核定工勤人员1名（为事业编制）。2002年，中共共和县委统战部与县民族宗教事务管理局行政编制7名（含工商联）。至2005年12月，县委统战部与县民族宗教事务管理局机构和人员未有变化。

第二节　宗教状况

一、佛教

藏传佛教　共和地区藏传佛教的教派有格鲁派、宁玛派。信仰格鲁派的人数最多，宁玛派次之。格鲁派主张显密学修并重，禁止僧人娶妻、饮酒；宁玛派是佛教最早派别，以莲花生为祖师，主张现世成佛。至2005年，全县批准开放的宗教寺院有27座，其中苯教寺院2座。

汉传佛教　共和地区原来没有信奉汉传佛教的信教群众。党的十一届三中全会以来，党的宗教信仰自由政策进一步落实，共和地区的民族成分增多，信奉汉传佛教的群众随之增多。州县民族宗教部门根据党的宗教信仰自由政策和信教群众的要求，先后批准开放铁盖乡马汉台居士林和恰卜恰镇东山坡西录寺两座汉传佛教寺院。

二、伊斯兰教

民国初年，回族群众开始迁入共和县农业区定居，伊斯兰教随之传入。最早修建的清真寺是扣毛清真寺，其信教群众散居于附近的曹多隆、曲沟、苏乎拉等村落。1936年（民国25年），克才、阿乙亥、次汉土亥的回族群众集资纳课，建成哈汗土亥清真寺和克才清真寺。1944年（民国33年），郭密香卡、东台、西台、次汉素的回族群众，联合建起恰卜恰清真寺，由大殿、厢房、净房、木那奈（唤醒阁）四部分组成。上塔迈的伊斯兰信教群众也建成上塔迈清真寺，有大殿3间，净房8间，木那奈1座。1952年，扣毛清真寺经过整修，规模有所扩大，有大殿5间，其他房舍10余间。1953年，东巴清真寺落成。1955年，合乐寺村建起清真寺。1956年，全县有清真寺7座，阿訇5人，满拉5人。"文化大革命"期间，清真寺的活动全部停止。1980年后，贯彻落实党的宗教政策，宗教活动逐步恢复正常。1986年，恢复和新建清真寺4座。1992年，全县开放的清真寺6座，活动点7处。至2005年，全县共有清真寺18座。

共和县伊斯兰教的宗教活动，最普遍最经常的是"礼拜"，主要有每日五次拜，每周星期五的"主麻拜"，每年两次的"会礼"等。

三、基督教

共和县信奉基督教的不多，主要在龙羊峡有一部分信教群众。1992年2月15日，海南州民族宗教事务局批复同意开放龙羊峡基督教活动点。至2005年，有教堂1座。教长1人，信教群众有30人。

第三节　宗教活动管理

一、宗教活动场所

1985年，全县共有寺院19座，其中藏传佛教寺院13座，伊斯兰教寺院6座；有僧侣477人，阿訇、满拉46人。2005年，全县藏传佛教寺院27座，汉传佛教寺院2座，清真寺18座，基督教堂1座。

二、宗教管理

1986年后，围绕全县工作大局，落实党的宗教信仰自由政策，宗教工作和信教群众宗教活动走上正轨。共和县的民族宗教工作坚定不移地贯彻执行党的宗教信仰自由政策，贯彻落实《宗教事务条例》，依法加强对宗教事务的管理，不断建立和完善寺观教堂内部管理机制，规范宗教事务管理，保证正常宗教活动的开展，满足信教群众宗教生活的需要，积极引导宗教与社会主义社会相适应，鼓励宗教界发扬扶贫济困、慈悲济世、服务众生、利于社会的优良传统，维护民族团结、社会稳定和宗教和睦的局面。1988年，印发《共和县寺院民主管理规定》，并用汉藏两种文字印发到县内各寺院。1990年8月，十世班禅额尔德尼·确吉坚赞纪念塔在恰卜恰镇幸福滩落成，并举行开光典礼。1991年，督促各寺院认真执行《海南州宗教活动场所管理规定》《海南州宗教人员学习制度》《海南州宗教活动场所检查评比细则》《阿訇管理合同制度》《清真寺财务管理制度》《佛教寺院财务财产管理制度》等一系列管理制度，整顿寺院寺管会成员内部不团结、财务账目混乱、学习制度不健全、宗教人员外流等现象，调整部分寺管会成员，建立健全宗教活动场所内部的管理制度。建立"民管会包寺院、僧侣包完德、阿訇包满拉"的管理责任制。1992年2月，海南州民族宗教事务局批复同意开放龙羊峡镇基督教活动点。自行开放的嘛呢康14处。2001年，共和县成立佛教协会，配备秘书长。公安部门和各乡（镇）按照"谁主管谁负责"原则，与各寺院民管会签订以防盗、防发生治安案件为主要内容的管理责任书。2005年初，全州宗教会议召开后，县佛教协会与县内藏传佛教寺院签订教务管理目标责任书，在元者寺、新寺开展"平安寺院"试点活动。

第四节　主要寺院简介

一、新寺

新寺位于共和县恰卜恰镇正北8公里处，系格鲁派寺院。据资料记载：其前身为明代蒙古俺答汗为迎请三世达赖索南嘉措至恰嘎地方传教，在今加拉村兴建的“特禾乾曲阔日林寺”（汉语称仰华寺）。该寺后来在一次兵燹中被焚毁。在此次战火中被迫流落他乡、待战乱平息后返回故地的僧侣信众遂以帐房寺的形式恢复本寺常规诵经仪轨。后裔们承前启后，续燃香火长达300年之久。至清末1906年，加拉及格拉地区（原东巴乡辖区）部分有识之士根据当地众善男信女的意愿，经协商从化隆县夏琼寺请来二世赛热堪乾更登清觉嘉措活佛主持该寺诸佛事，彼师动员组织当地曾以帐房寺的形式持教的僧侣和信教群众，修建现今依然存留的大经堂。从此，该寺被称为新寺，并沿用至今。寺院开放后，经几十年内修葺，恢复该寺昔日的规模和风貌。寺院占地500多亩，建筑面积200亩。有经堂1座、殿堂4座（释尊佛殿、宗喀巴佛殿、弥勒佛殿、绿度母殿）；上师府邸3处（赛热堪乾活佛府邸、曲乃亥活佛府邸、多什匝活佛府邸），僧院83处。执教僧6人，寺僧195人，信教群众主要分布在共和县恰卜恰镇、廿地乡、龙羊峡镇及环湖地区部分乡镇。

二、千卜录寺

千卜录寺建于1647年，由千卜录寺诸山间修行僧当初以帐房寺的形式建于今黄南州尖扎县境内元日萨摩乃亥地方，系格鲁派寺院。1671年改建成土房寺，1813年又以帐房寺的形式随宁隆部落迁徙并长期驻锡于今海南州贵南县茫拉乡境内塔诺其地方。1860年迁居距共和县恰卜恰镇西北18公里的廿地乡曲什纳村。2005年，共有僧人97人，其中活佛10人，经堂2座，佛堂5座。主要佛事活动12次。信教群众主要分布在廿地、石乃亥、江西沟、切吉、英德尔、倒淌河、恰卜恰等乡镇。

三、当家寺

藏语全称“当家密咒法轮洲”。位于龙羊峡镇（原曲沟乡）以北8公里处瓦里关村附近。该寺1817年由传称为七世当家仓转世活佛或三世当家仓转世活佛，即更桑念智嘉措活佛在原有基础上扩建而成的一座藏传佛教宁玛派寺院。1958年，寺院有僧侣70人，活佛4人，先后修复并修建大经堂、如来八大宝塔、释迦佛殿、铜色吉祥山佛土庄严圣殿，讲经院及修行院。自寺院开发至今，寺院占地面积5000余平方米，建筑面积1000平方米，建有经堂1座，莲花坛1座，佛堂2座，僧舍44间，有学经院、修行殿各1座。全年主要佛事活动有农历六月十四至二十一日的“嘛呢会”，七月初九至十五日的“法王会”，九月初三至十一日的宁玛派“八部经文念诵法会”和“观经会”等。

2005年共和县佛教寺院（活动点）情况表

表12-1

寺院名称	寺院地址	寺院名称	寺院地址
千卜录寺	廿地乡曲什纳村	本康寺	塘格木镇浪娘村
新寺	恰卜恰镇新寺	切扎寺	廿地乡切扎村

续表

寺院名称	寺院地址	寺院名称	寺院地址
元者寺	倒淌河镇元者村	龙才寺	龙羊峡镇龙才村
拉毛哲寺	石乃亥乡鲁色村	莫合多寺	恰卜恰镇东巴村莫合多
角什科寺	黑马河乡文巴村	切龙寺	石乃亥乡铁卜加村
当家寺	龙羊峡镇瓦里关村	吉东寺	恰卜恰镇索吉亥村吉东
塔秀寺	切吉乡塔秀村	海心山寺	青海湖海心山
德吉滩寺	恰卜恰镇德吉滩	铁盖寺	铁盖乡铁盖村
尕日拉寺	石乃亥乡切吉村	东科寺	廿地乡羊让村
蒙古寺（合乐寺）	铁盖乡拉才村委曲沟	土旦多昂寺	黑马河乡文巴村
甲乙寺	倒淌河镇甲乙村	后菊花寺	龙羊峡镇后菊花村
萨尤寺	恰卜恰镇上塔迈村萨尤	尕寺	恰卜恰镇尕寺村
切则寺	石乃亥乡如龙村	哇合寺	切吉乡哇合村
曹多隆寺	龙羊峡镇曹多隆村		

第三章　民俗风情

共和县域内的藏、汉、回等民族，在相互影响、相互交融、共同发展的过程中，不断传承本民族的传统风尚与习俗，在饮食、服饰、居住、婚姻、丧葬、节庆、娱乐、礼仪等方面形成独具特色的各民族风俗习惯。进入20世纪80年代后，随着人民生活环境的变化和生活水平的提高，各族人民风俗习惯也不断向健康、文明的生活方式改进和发展。

第一节　藏族生活习俗

一、饮食

糌粑　糌粑是牧区藏族人民的主食，制作方法为：将青稞炒熟，用手推石磨磨细，食用时加上酥油、曲拉和茶水，在碗里用手拌匀，捏成团状，与茶水同食；若再放入少量红、白糖，则味美如糕点。糌粑吃法简单，便于携带，适于游牧生活。

杜麻茶　藏语，相当于早点。先在碗中放入少量的酥油、炒面、曲拉，再倒入茶水，茶喝完后将炒面搅拌而食。不论熟人、生人或是远客，到了牧民帐房，热情好客的主人总会敬上一碗杜麻茶。

酸奶　酸奶是草原牧民较为常见的饮料之一。先将鲜奶煮沸，倒入木桶、铝锅或陶制器皿中，待奶凉至不烫手时，再将酸奶引子加入搅匀，外面用棉毡或毛毡包好，放在温度适宜的地方。几小时后，牛奶凝固成嫩豆腐状时，即可食用。酸奶带酸味，如再加点糖，则更加酸甜适口，有消暑、补气、镇静、解毒、催眠、开胃的作用。

达拉　藏语，即脱脂乳。牛奶提取酥油后剩下的液体叫"达拉"，直接饮用，味酸而清凉，藏族群众多以其煮制"曲拉"（奶酪）。

奶茶　是藏族群众日常生活中离不开的饮料，制法是将茯茶放入茶壶，加水煎熬至颜色渐浓，再加入牛奶煮沸饮用。奶茶味香可口，美味无穷，可化食止渴。

多食合　藏族食肉以牛、羊肉为主，偶尔也食野牲肉。吃法通常都是煮熟用"手抓"，即将肉割成大块置于锅内，加水并放入适量食盐，开锅片刻取出，肉熟而不烂，鲜嫩可口，吃时，一手抓肉，一手用刀分割而食，边喝一口汤，其滋味别具一格，任凭炒吃烤吃，任凭加什么调料，都无法与之相比。藏族宰牛、羊一般不用刀，而用绳捆绑鼻口，断绝呼吸。窒息后，在腹腔正中靠近胸骨处开10厘米左右的刀口，用手扯断血管，让血液流入胸腔，然后剥皮。最后剖开胸腔取出心肺和血液，剖开腹腔取出肠胃。宰牛羊后，首先要吃各种灌肠，有血肠、肉肠、面肠、肝肠等。血肠，是将切好的肉丁、羊油及适量食盐放入血中拌匀，灌入小肠扎紧，在开水锅中滚上两次，肠内的血还未完全凝固就可食用，味道十分鲜美。群众认为吃血肠有益气补血功效，可滋养身体；肉肠，在切好的碎肉丁里加上少量佐料，从带油大肠的细端往粗端边装边翻肠，装好后在锅内炖熟食用；面肠，用切碎的羊油和豆面搅拌成糊状，放上调料，灌入小肠内，煮熟食用；肝肠，肠内灌入肝脏碎丁和少量羊油、食盐，煮熟食用，鲜美脆嫩，可以清目。藏族牧民也爱吃米、面。除包子、饺子、烧饼、油饼和肉汤下面条、奶子下面条外，还爱吃水油饼、大米肉丁粥、蕨麻米饭等。

蕨麻米饭　作料有大米、蕨麻、白糖、酥油。制作方法：先将大米、蕨麻另行煮熟，大米多点，再将蕨麻和红糖或白糖加适量盛在碗内，浇上酥油汁。食用时用调羹边搅边吃。具有甜而不涩、油而不腻的特点。藏族群众视之为团圆和睦和象征性食品。设宴待客时首先上桌。

藏式包子　将牛羊肉绞碎后加食盐、花椒，再加入少量水搅匀成馅子，用不发酵的死面包好蒸熟。其形似宝瓶，皮薄多汁，色味俱佳，被誉为“水晶包子”。

水油饼　将面调好，擀成薄饼，在开水锅中煮熟，捞在碗里趁热加上酥油、曲拉、红糖或白糖拌匀，甜香适口，是常见的待客食品之一。

二、服饰

在藏族集聚的农村与牧区，男女上身都以藏袍为主，男子下身穿长裤，妇女下身穿长裙。藏袍大多以氆氇（以牦牛绒织成的布）、毛料或呢料制成，颜色多为黑、褐或深灰，大襟宽腰，领口袖口镶有花边，因袍长过人，穿时将腰部提起系上腰带。男式藏袍有两个肥大的袖子，天寒时两袖都穿在身上，天热时则脱去一袖扎于腰间，成为藏族“袒露一臂”的独特装束；女式藏袍分有袖和无袖（背心式）两种，袍外通常还装饰着“帮典”——织锦精美、图案鲜明的围裙。衣料主要是绵羊皮和棉毛织物。绵羊皮因屠宰绵羊的季节不同，有夏板皮、秋板皮、冬板皮之分：按毛的长短和皮板的厚薄缝制不同季节穿用的皮袄。较讲究的男装皮袄多用豹皮、狐皮等做领，黑布或黑平绒布镶边；女装则用二、三道宽窄不等的各色布和一道棕色牛犊皮或马驹皮镶边。用羔皮缝制的加面藏袍，轻巧美观，有毛短而卷曲的冬羔皮袍，有毛长适中、呈穗状的二毛皮袍，有毛长、板薄的长二毛皮袍，还有用高级布、缎、毛料做面子，锦缎和毛氆氇、水獭皮镶边，狐皮、豹皮做领，作为节日和走亲访友的礼服。藏服具有耐磨保温适应游牧生活穿宿兼用的特点。领宽腰肥、袖长、开右襟、无纽扣，腰间束一条长带。如此穿着，两臂可以随意露出袖外，便于劳作，一般只袒右臂，右袖空垂在背后。内衣一般穿一件衬衣，斜襟、立领、有纽扣，类似中式便衣。牧区藏族男女均爱穿氆氇褐衫，农业区的藏族爱穿布袍或布制棉（毛）袍。夏天戴礼帽或尖顶毡帽，冬天戴狐皮帽。雨天披自制的毡袄作雨衣。男女都穿长筒厚底牛皮靴，男的还爱穿长筒马靴。

妇女的发型一般都扎成两根辫子，或垂于背后，或盘在头上。喜爱披挂装饰品是藏族服饰的一大特色，不论男女，身上或多或少都挂有金银、象牙、玛瑙或绿松石做成的饰品。过去藏族男女都留有辫子。男子将头发编成独辫盘在头顶（现已少见），女子则梳成数十条小辫披在背上，并在辫梢处佩戴特制的辫套。牧区妇女的辫套一般都用“俄当”（俗称银盾，银盾形如碗，上面有各种精致图案）装饰；农区多用珊瑚、绿松石、银圆等装饰，而且有绣花图案。女子在左腹部腰带上挂有精致的银奶钩，左侧戴有日月形的银制品，藏语称“洛洒尔”。男子喜欢在腰间佩挂腰刀，既是生产、生活的必需品，又是自卫武器。女子喜欢佩戴项链，多以玛瑙、珊瑚、绿松石、翡翠串成，大小多少不一。戒指、耳环、手镯也是部分藏族群众的装饰品。

随着社会的发展和生活水平的提高，近年来藏族衣着发生相应的变化，从式样、颜色、衣料的单一化，逐渐向经济实用、卫生，劳动方便的方向发展。除传统的藏服外，其他式样的服装如中山装、夹克衫、西装等也很普遍。

三、居住

帐篷 藏族牧民均居住在黑色牛毛帐篷，其用黑色牛毛线，织成16厘米宽、6~7米长的褐子，再将数十幅褐子缝制成两大片长方形帐布，两片帐布中间，再用十余个扣环连接。一般帐篷约5米见方，高约1.7~1.8米。帐篷内用8根立柱支撑，顶部用十余根牛毛绳牵引拴在帐外数米远处的木橛上，再用十余根立柱支起帐外的长牵引绳。帐篷顶部中间连接处，留有一道30厘来左右宽，可以开合的空隙，仿佛天窗，夏天可以开盖通风、散热、排烟，冬天和雨雪天，可以随时合盖保暖、防风雨。帐篷前面篷布上的牵引绳，用立柱支撑起来就是门。夏天门支得高，几乎全部敞开，不但凉爽舒适，还可以观赏草原风光，天冷时，可以放下来御风寒。帐篷正中，从前到后造有一座连着燃料仓的船形锅灶，后端是粪仓，前端是锅台，锅灶把帐篷里边的空间分为左右两面。帐房内，四周整齐地排列着衣箱、牛皮袋、衣物、牛鞍、酥油箱、糌粑箱等生活用品和生产用具，上盖白底黑条纹的长条羊毛褐子。在灶后或男席上方，多供奉佛像。随着生活水平不断提高，收音机、缝纫机、电视机、摩托、汽车等已进入牧民家庭。除牛毛帐篷外，藏族牧民家庭还有状如人字形的白布帐篷，作为老年人或青年人的卧室，或作为走圈放牧的居室。周围镶有黑边、蓝边或棕边并印有宗教图案的六角帐篷，多见于寺院或举行宗教仪式的场所。帐篷耐磨实用，便于搬迁，能避风雨，但保暖性能极差，抵挡不住严寒的袭击。20世纪80年代后，党和政府在牧区为牧民陆续修建不少牧民定居点，但牧民的游牧生活仍然离不开帐篷。

庄廓 从事农业生产的汉族、回族和藏族都居住在庄廓。庄廓是青海高原农村特有的住宅形式，取材方便、结构简单、防风沙、御严寒。院大墙高，房低坡缓，阳光充分，一家一个庄廓，内建居室、畜圈、仓库、菜园，适宜个体农家生活。藏族庄廓与汉族庄廓不同之处在于，三间北房连为一体，卧室连着伙房，锅台连着土炕。

蒙古包 聚居于倒淌河地区的蒙古族，多数居住蒙古包。

四、出行

牧区藏族男女老幼都会骑马，外出历来以马代步，搬帐房主要靠驮牛。改革开放后，农村、牧区交通状况大为改观，架子车、手扶拖拉机、自行车逐步普及，经济条件优越的人家购有摩托车、汽车等。1985年，全县每百户农牧民中，有自行车60辆，手扶拖拉机和拖拉机10.23台，摩托车2.5辆。20世纪90年代后，摩托车迅速增加，成为个人短途出行的重要交通工具。进入21世纪，城乡公路设施日趋完善，各类客车、出租车出现在城乡各地，部分工薪人员和牧民有了家用轿车。公路发展迅速，从县城到乡村，道路畅通，车辆不断，一改昔日出门苦、行路难和肩扛身背的落后面貌。广大农牧民乘车方便。但就广大牧区而言，由于山高坡陡，马匹仍然是牧民出行常用的交通工具。

五、节日习俗

春节 农历正月初一为春节。进入腊月后，家家赶制新衣。藏历12月19日，牧民家家户户掸斗帐篷灰尘，清扫房屋、庭院，粉刷墙壁，张贴年画。藏历12月24日送灶神，泥抹锅灶，清洗炊具。此后抓紧办年货，开始采购糕点、糖果、烟酒和烹炸油果、肉食之类。除夕下午，在庄廓院墙上每隔一尺，放置一块拳头大小的冰块，以示吉祥。傍晚，全家团聚共进“除夕饭”，预示在新的一年里生活更加美满幸福。除夕之夜灯烛辉煌，鞭炮齐鸣，歌声悠扬，人们守岁通宵达旦。新春伊始（凌晨二时），男女老少穿上节日盛装，摆上美酒佳肴，自家晚辈依次向长辈叩头拜年。之后，老人们整装安坐，等待本村前来拜年的客人。青年们怀揣酒瓶，携带小孩走庄串户，向长辈献酒祝颂“洛赛尔桑阿”（新年快乐），主人同时回应“洛赛尔桑”（新年好），并叩头拜年。藏族群众通常喜欢把婚礼、姑娘成年礼、婴儿剃发礼、老人祝寿礼等安排在春节期间，节日气氛一直延续到正月十五。

欢乐节　每年农历六月中旬举行，时间三五天不等，草原上牧草茂盛，百花盛开。共和地区藏族具有能歌善舞的特点，只要遇上喜庆节日，即可对唱。藏歌对歌有两种，一为“拉伊”，属情歌、山歌类，不在亲戚间或长晚辈间唱，且忌提及“拉伊”二字。在年轻人聚集的公共场合青年男女对唱，你一首，我一首，此起彼落。一为“勒”，“勒”不分辈分，不受地点时间的限制。歌手一手捂耳，一手握酒杯，一边唱，一边挪动步子，按所唱曲调节奏转动身体。一曲罢，将酒杯递给对方，让对方演唱。每逢重大节日集会，人人都是歌手。高山崖坡之上，暮色苍茫之中，碧绿草地，蜿蜒河流旁，星月深邃的夜空之下，随处可闻悠扬歌声。

酥油花灯节　藏历 1 月 15 日，是酥油花灯节，藏语叫“坚俄曲巴”。藏历 1 月 15 日是传昭大会的最后一天，为庆祝释迦牟尼与其他教派辩论的胜利。人们集于各地区的寺院内，白天朝佛、转经、入夜满街搭起各种花架，高达 15 米左右，放上用彩色酥油捏成的神仙、人物、花木、鸟兽等形象并点燃酥油灯进行祝福。显示出藏族人民高度的造型艺术。花灯点燃之后，宛若群星降落，闪闪烁烁，一片辉煌。另外，端午节与中秋节其习俗与汉族节日基本相同。

六、藏族婚嫁习俗

藏族婚姻虽讲究门当户对、父母之命、媒妁之言，但一般较为自由，不硬性包办。唯通婚范围有极严格的限制，父系亲族不管隔多少代一律严禁通婚，母系亲族经过几代后始可通婚。在通常情况下，青年男女在社会交往中产生爱情并愿结为伴侣者，家长很少阻挡。父母为子女择偶的条件，主要是看对方是否勤劳持家、待人和气、尊老爱幼、老实忠厚等。男女一般在十六七岁开始恋爱，征得父母同意后，即托媒求婚。求婚时，带上哈达、酒等礼物，如女方家庭接受了，就算同意，并商定订婚吉日。订婚之日，媒人带上男方送给女方的衣物、装饰品和酒肉，与女方家请来的父系近亲、母系近亲商定彩礼、婚期等事宜。可根据男女双方生辰选定吉日，准备成亲。彩礼有马匹、牛、羊、布匹、现金等。女方陪嫁的马、牛、羊、布匹等物品，一般相当于男方所送彩礼的一半以上。

共和地区藏族通婚范围、择偶条件以及聘礼、婚期的商定，农村、牧区大体一致，但结婚礼仪却大不相同。环湖地区藏族婚礼的程序是：结婚之日，女方组成庞大的送亲队，陪伴新娘向男方帐篷进发。行至离男方家二三里远时，男方组织的迎亲队分三批前往迎接，相遇后一次次向“阿香”（娘家人）敬酒祝贺，到达帐篷附近新娘下马由男方的姑娘们簇拥着缓步入闺房。送亲的娘家人被请入摆满佳肴美酒的宾帐，按长幼之序一一献茶、敬酒，席间对唱酒曲，一曲方罢一曲又起，直至夜半时分。此时，小伙子们想唱“拉伊”（情歌），即以唱酒曲的方式向长辈提出请求，老人和近亲离席后，开始对唱，往往到天明才尽欢而散。结婚第二天，男方向送亲队的亲友一一赠送礼品，新娘随同送亲队返回娘家小住。月余后，女方再派少数亲友送新娘回婆家。再过一段时间，娘家人才邀请新郎登门省亲，夫妻双双在亲友陪同下前往。女方设宴款待新婿和众亲友，能说会道的“阿香”代表岳父母给新郎系上腰带，随即献上一串串喜庆佳话。次日，众亲友带着女方赠送的礼物和新郎、新娘一起返回。至此，结婚程序结束。“领亲”是另一种婚姻形式。一种是男女相爱，女方父母嫌礼薄，或因其他原因从中作梗，于是男方约请青年伙伴三至五人，夜间到女方帐篷柱上挂上一条哈达，把姑娘悄悄领走。另一种是一女两求或多求，协商成亲已不可能，男方便通过女方内线的协助，到姑娘经常去的地点，用强硬方式把姑娘领到家。两种领亲，最后都需要派媒妁说服女方父母，取得同意，办理结婚手续。在共和地区，前一种形式较为多。招女婿也是共和地区藏族常见的一种婚姻形式。被招女婿不论在家庭或社会上，享有和本地男子同等的权利。

七、藏族丧葬习俗

天葬　藏族亲人亡后，遗体一般停放三至七天。其间，请僧侣到家中念经，意为祈求亡灵升天，保佑家庭平安。远近亲友和邻居都必备茯茶、布、食品、现金等前往吊唁，帮助料理丧事。亡者家属也馈赠茶叶、钱等，以表示答谢。送葬后，请僧侣 7 人为其亡灵诵经祈祷二至三天，并到寺庙点灯。停灵期满后，将亡人遗体运至天葬台，举行煨桑仪式。老人去世后，近亲男子须反戴帽子，帽檐缝一块白布，作为戴孝的标志；女子则要解除鲜艳的服饰和首饰，发辫系以白布条、白线绳或白羊毛，以示重孝，一般为期一年，满周年后脱孝。

塔葬　将遗体用盐水抹擦，风干后，涂上香料等贵重药物，保存起来，并贮于金质或银质的塔内，供人膜拜。

火葬　火葬是藏族的葬俗之一。具体方式是将酥油倒在柴草上，然后将遗体火化，敛起骨灰盛入木匣或瓦罐中，埋在家中楼下或山顶、净地。墓似塔形。也有拣起骨灰带至高山之巅，顺风播撒或者撒在江河之中的。而德高望重的活佛、喇嘛施行火葬后，骨灰盛入金质或银质的小塔内。有的将骨灰置入不同质的塔内时，还同时置入一些经典书籍、佛像、法器、金银财宝以供人膜拜，这种塔一般名为灵塔或灵骨塔。

水葬　水葬时，将遗体背到河边，用白布或毛毯将遗体裹捆，然后系上大石坠入河中，以供奉“河神”。

土葬　人殁后，挖墓穴葬之。

八、藏族禁忌

禁止在神山和寺庙周围乱砍乱挖树木、花草、药材和捕杀动物；忌搅动泉眼或在泉水中洗东西；禁忌捕杀鹰鹫；忌宰杀放生的牛羊和骑用的马匹。禁忌孕妇到别人家串门或参加婚礼；一般不食或禁食奇蹄兽、禽类和水产动物；禁忌父系血统和母系血统的人婚配；忌男女生肖相克；忌父与女、母与子、兄弟与姐妹等在场时谈论与性有关的话题；家中有病人或生小孩，忌讳外人串门，在大门外设置火堆以示忌门；生病时忌白天睡觉；忌用有裂纹的碗喝茶、吃饭；忌讳在“麻尼旗杆”上晾晒衣物。家人或村里人死后禁忌谈笑、歌舞；服丧 49 天内禁家人洗头、沐浴、饮酒、盛装；平时忌提死者的名字；忌讳对喇嘛、经典和寺院不尊敬的言行，对经典、佛像、法器忌讳用手抚摸；忌进入经堂不脱帽、喧哗和乱敲钟鼓；忌跨过袈裟和经书、法器等；忌在寺庙内吸烟、饮酒、随地吐痰、随地大小便；忌逆时针反转寺院、佛塔、圣山、嘛呢石堆和经轮等。不论采用哪种葬式，出殡后都得请僧人念经，超度亡灵。亲属均戴孝服丧，49 天内不参加任何娱乐活动。

九、藏族礼仪

藏族人民性情豪放、耿直，为人忠厚，尊老爱幼，团结互助，济困扶危，尚礼好客。谁家打庄廓、建新房、缝制新帐篷、剪羊毛以及办理红白喜事，家家户户都主动来帮助，人与人之间坦诚相见，言而有信，绝不食言。在经济交往上，讲求公平交易，很少欺诈。在祭神、婚丧大事、过年过节以及集会等场合，讲究长幼有序，先宾后主。老人或长辈来了，年轻人或晚辈要站着迎接，并热情让座；喝酒吃肉，让老人或长辈先举杯动刀；离座起程，先扶老人、长辈上马。平时，年轻人对长者说话要心平气和，不得指手画脚，大呼大叫，受到训斥时不得顶嘴。途中遇到长者要立即下马让路。在家庭生活中，对老人的饮食起居特殊照顾，第一碗茶饭要先端给老人；老人外出，全家礼送；对“老寿星”要举办祝寿宴会，全村馈赠食品，歌咏赞颂，对幼儿、儿童不分男女都十分珍爱，对非婚生子也绝不歧视。热情好客是藏族人民的传统。牧民对来客，不论认识与否，见面的第一句话是“却德毛”（您好），接着主人两手手心向上，平放在胸前，躬身把客人请进帐房，送上杜麻茶和炒面。若是贵客，则以手抓羊肉和烟、酒、糖果款待。赠送“哈达”是藏族人民盛行的礼仪习俗。凡贵客临门，向老人祝寿，去寺院朝拜等社会交往，都要送上一条不同色泽的“哈达”，以表敬意和祝贺。

第二节 汉族生活习俗

一、饮食

焜锅儿 将揉好的发面团放入直径 15~30 厘米的圆形平底带盖的厚铁锅内，将锅埋入预先烧好的火堆中烤制，烤成的焜锅外黄脆、内松软，十分可口。

狗浇尿 用烫面或死面加油烙成的薄饼儿，因层次多，也称“千层饼”。在烙制时边烙、边翻、边浇油，使油渗入饼中，俗称“狗浇尿”。

馓子 将揉好的软面抻成细条，绕成排状，入油锅炸，以黄、细、匀、脆者为上品。

砖包城 外面为白面，内包青稞面的小型花卷。

熟面巴罗 将面粉炒熟，加入适量生面调成面团，搓成条，切成面丁，再用手压成圆片，投入沸水中煮熟即成。

油茶 将羊脂或牛脂与面粉同炒，再加入葱花、盐、花椒粉等用水煮成稀糊状即成。另外，汉族农家菜肴，花样较少，多为洋芋、白菜、萝卜、粉条单炒或加入肉片混炒。过冬时，家家户必腌制大量酸白菜、花菜（胡萝卜、甘蓝、芹菜混合）和韭菜，以供冬春食用。

二、服饰

汉族变化很大。各色棉布、针织品、丝绸以及涤纶、腈纶、毛呢、毛华达等衣料陆续进入农家，取代家织土布。样式也发生很大变化，除极少数老年人外，绝大多数男女均喜欢穿中山装、两用衫、西装等。随着生活水平的提高，自制布鞋的人已经减少，部分人购买胶鞋、球鞋、皮鞋等穿用。

三、居住

汉族居住院落，共和地区称为“庄廓”。取材方便、结构简单、防风沙、御严寒。院大墙高，房低坡缓，阳光充分，一家一个庄廓，内建居室、畜圈、仓库、菜园，适宜个体农家生活。

四、节日习俗

春节 共和地区汉族多沿袭西宁和甘肃河州的习俗。除祭灶、清扫院落、张贴春联、守岁、吃年夜饭、穿新衣、放鞭炮、拜年等与内地汉族相同外，不同的是：1. 腊月二十五日至三十日，家家户户蒸、炸“献子”（直径 15~20 厘米的白面馒头）、花卷和馓子、油饼、油果、油花花等，擀好长面、煮好肉、切好菜，准备好过年食品。油炸食品一般足够全家正月食用。2. 从除夕之夜至年初三，不担水，不洒水、不扫地，不训斥小孩，同时将擀面杖和菜刀“封”起来，直到年初四才能启用。3. 初一凌晨，大人小孩身着新衣，在向长辈拜年之前，要在院内点燃松蓬、柏香，屋内点灯烧香，举行祭祖敬神仪式。4. 来自河州地区的人家，在除夕之日还要在堂屋地上铺一层从山上割来的干草，没有山草者以麦秸代之，以便来拜年的人下跪时不弄脏新衣。

元宵节 当地汉族称“过小年”，但吃元宵的人家极少，多数仍以肉菜、饺子、长面、馄饨为主。元宵之夜，曲沟地区的汉族有跳火堆的习俗，大门口堆上七至十五堆不等的干草，点燃后，全家扶老携幼从火堆上跳过，反复多次，至火苗停熄才止，称为“跳火牙”，意为烧瘟辟邪保平安。河州籍的汉族，还要将当天晚上在地上铺过的山草捆成草把子，点着后在房内院里燎一圈，然后送出村外。正如民间诗人所描述的：“元夜星火万人家，扶老将雏跳火牙。送瘟避秽凭一燎，欢乐声中务庄稼。”

二月二 汉族农家都要炒豌豆、蚕豆或麦子、胡麻、麻籽儿等，叫作“炒虫儿”，吃了炒豌豆等，意为“咬虫儿”，庄稼就不会生虫。

清明节 家家蒸馒头做祭菜，齐集墓地，祭祀亡人。在祭墓时，长辈还要教育家人怎样做人等。有些人家在春分日（俗称“田社”）祭墓。

端阳节 农历五月初五，每家门口、房檐插上柳枝或杨树枝，吃韭菜包子、凉面、凉粉，喝雄黄酒，给小孩带香包，系彩丝。是日，忌挑水以免庄稼“上黄”（青干而死）。

中秋节 是一年中三大节日之一，白天备佳肴美餐，晚上吃果瓜、月饼，摆供桌拜月、赏月。月饼一般为农家自制，在面团间分层涂上青油、红曲、姜黄、红糖、香豆等作瓤，外用高级面粉裹成馒头状，每只大可1500克，小则250克。农家走亲访友，定亲送礼也多选在这一天。

重阳节 是日晨、曲沟地区部分汉族群众登高山、放禄马的节日。

冬至 为“增岁日”，农家普遍吃“狗浇尿”油饼和“油搅团”，油搅团制作方法是：先将清水两碗倒在锅中，放入花椒、盐等佐料，再倒进青油一碗，然后将面粉四碗徐徐撒在青油上，用筷子戳几个眼，文火烧开，闷蒸三四十分钟，到水干为止。油搅团清爽可口，油而不腻。

腊八节 家家都要吃用麦仁、猪肉或羊肉熬成的“麦仁饭”；在田里，树杈、肥堆、门顶上放冰块，称“立冰柱”，以卜来年种何作物才能获得好收成。

五、汉族婚嫁习俗

男家相中某家姑娘，须请媒人带上“茶包儿”，到女家求亲，谓之“说亲”，或“走茶叶”。是遵循“聘妇必以茶为礼”的古俗而来的。“茶包儿”是将一角茶（一包茯茶的四分之一）分为两个红纸包，再加两小瓶酒（每瓶250克装），用红线捆扎。求亲有望，则另选日子送“小酒”（第一次彩礼），女方家长开了酒瓶，标志着婚事说定，叫作“解酒瓶”。接着讲大礼（多少套礼布和若干礼币），商订迎娶的良辰吉日。倡导婚事从简，聘金和彩礼视男方家庭情况而定，无论多少，都须过此形式。按习俗，聘礼的物品要求成双成对，忌讳单数。男方家择吉日，由媒人和男方的亲戚带聘礼到女方家，将聘礼陈列在桌面上。出嫁的前一天，女方家的亲朋送贺礼，叫作“添箱”。同日男方家从亲朋邻友中请一名属相合适、家中公婆夫妇子女齐全的“完全人”充任“娶亲奶奶”。晚间，娶亲奶奶同牵马人、媒人一起前往女家娶新娘。女家兄弟姐妹及亲友，故意不开门，索要“红包”进门后，女家招待“上马宴席”，称作“半桌席”。临行前，姑娘抛洒离娘泪，娘家人给牵马人赏“红包”，然后由姑娘的弟兄背着姑娘出门，骑上公马或公驴，连夜到男家。新娘下马后，踩红毡，与新郎拜天地，入洞房，“抢新炕”。随后，招待娘家送亲的人饮枣儿茶、“空心茶”，并打开箱笼，请男家亲属验看嫁妆，叫作“摆针线”。接着，女方的近亲长辈为新郎穿戴衣服鞋帽，称作“冠戴”；给新郎的父母、叔伯、兄弟、姐妹赠献枕头、鞋袜、衣服等，叫作“抬针线”。尔后，众宾客以长幼为序入席，敬酒猜拳，尽欢而散。晚间，年轻人“闹洞房”。婚后第三天凌晨，新娘偕同新郎回娘家拜见父母，叫“回门”。当日返回，不能留宿。

六、汉族丧葬习俗

老人临近“花甲”之年，着手制作寿材。人去世后，行土葬。共和地区汉族人去世后多行土葬。老人在弥留之际，直系亲属必须赶回守候在床前，聆听嘱咐。死后，请来“丧主”，腾出主房，设置灵堂，烧纸吊丧，派人逐一通知死者的亲友，俗称“报丧”。继而请“风水”先生看“风水”，选墓地，择殡期。停尸期间，请道士或阴阳先生奏乐、念经、立“神主”，亲友陆续前来祭奠，孝子披麻戴孝，通宵不眠。墓坑须在报丧的第二天挖好。“入殓”在安葬前举行。一般在家停尸三天、五天、七天后，由男性孝子持引魂幡在前引路，灵柩居中，送丧队伍随后，快速地进入墓地，务必在日出前安葬完毕。葬后三日，家属再次至墓地祭奠，修整坟墓，叫作“全三”。百日内，孝子服孝衣，持引魂幡，每日黄昏之前前往坟地烧纸煨火，家属服孝三年。未婚男女青年死亡或非正常死亡，一般停尸在庄廓大门外，当日火葬或掩埋。丧葬之后，一年内家中不办喜事、不炸油馍，春节第一年不贴对联，第二年贴黄色对联，第三年贴绿色对联，第四年才可以贴红色对联。

七、汉族民间禁忌

清晨出门，忌讳碰见担空桶的人和听到乌鸦叫；家中女人坐月子或家人生病，在门口放一堆火，或在门上挂箩儿、筛子并贴上红纸以示忌门；忌讳不礼貌的动作，不能反手盛饭菜，不能在饭桌上用筷子敲击碗碟，不能杯满碗溢地倒茶盛饭，不能单手递茶端饭，不能对着客人、长辈打喷嚏、打呵欠、打嗝、擤鼻涕，不能从客人的座位前通过，不能在客人面前扫地、掸灰尘和打骂孩子；孕妇忌吃兔肉，认为吃了兔肉生下儿女会长兔唇；忌男人从晾晒的妇女裤子下走过；除夕夜至春节间忌吵嘴和打碎碗碟；忌借钱物和讨债。

八、汉族礼仪

祭祖　汉族农民重祭祖，祭品以家境贫富有别。每年农历春节、春分、十月一日、冬至都要上坟祭祀。少数人家，在祭祖之前还要祭神，如财神、土地神、灶爷神等。

满月　生第一胎小孩，不论男女，女方娘家都要带襁褓、衣服、“油曲连”（放有油、蛋、糖的面饼，其形如儿童救生圈）前去探亲。第三天，请接生员为婴儿洗澡，谓之“洗三”。一月后，剃去头发、眉毛等，谓之“剃胎毛”，并将婴儿抱至厨房、马厩、厕所中转一圈，谓之“出月”。同时，请前来庆贺的客人吃长面条及酒菜，叫作“摆满月”。

祝寿　老人从50岁起，逢十做寿。寿日，全家请做寿人至堂屋端坐，拜天地祖先后，依次罗拜。做寿人向小孩散发糖果。寿宴吃长面，条件较好的人家杀猪宰羊，聚宴一天。亲戚朋友一般送长面、寿联、寿衣祝贺。

建房　打庄廓在打到第一个拐角时，要请工匠师傅吃“窝角酒”，并邀亲友作陪。建房上梁之日，要摆“上梁酒”，放鞭炮，散核桃、枣、糖果等，梁上挂红布，写对联。落成之日，摆完工酒，亲友送礼叫“贺新房”。迁入新居，还要办“乔迁酒”。

第三节　回族生活习俗

一、饮食

回族饮食以面食为主，其制作技术较汉族精细。每逢节令，家家户户都要炸油香、馓子、油花，还有手抓羊肉、卤牛肉、鱼、鸡等大碗菜。喝“盖碗茶”（又名“三炮台”）是回族的传统习惯，碗茶加入桂圆、冰糖、茶叶，用沸水冲泡，称为“刮碗子”。

二、服饰

共和县回族男子多穿小圆领中式衣裤，头戴白色或黑色平顶帽；女子穿中式大襟短衣，头戴绿、黑、白色（以年龄差异而别）盖头。进入20世纪80年代后，与汉族交往甚多，相互融合，服饰变化很大，与当地汉族穿着大致相同，唯戴黑、白平顶帽和盖头，穿黑色坎肩的习俗未变。

三、居住

回族群众居住院落，共和地区称为“庄廓”。庄廓是青海高原特有的住宅形式，取材方便、结构简单、防风沙、御严寒。院大墙高，房低坡缓，阳光充分，一家一个庄廓，内建居室、畜圈、仓库、菜园，适宜个体农家生活。回族住房与汉族住房相同，多数人家设有淋浴室，置“汤瓶壶”和“吊瓶”，供盥洗和沐浴之用。

四、节日习俗

回族的主要传统节日有3个：一是“圣纪”，纪念穆罕默德诞生和逝世的日子，于回历三月十二日举行；二是“小尔德”节，回历十月一日举行，历时3天，此节在斋期一个月之后，又称“开斋节”。三是“大尔德”节，回历十二月十日举行，为时3天，几乎家家户户杀牛宰羊，故又称“宰牲节”。其间，每家都要炸制富有民族风味的油香、馓子、蜜馓、花花等。最精巧别致的食品是“花花”，有“佛手”、石榴、莲花、辣椒、茄子等形状。

五、回族婚嫁习俗

回族信仰伊斯兰教，婚事礼仪按教规进行，一般请媒人提亲、定亲、送聘礼、迎亲、举行婚礼、摆嫁妆、抬针线、回门等程序。回族提亲时，媒人如是男性，不得少于2人，如是女性，需3人以上。彩礼根据家庭经济情况而定。婚期多选在“主麻日”（星期五）举行。是日，新郎、伴郎、新郎的舅舅等一行10余人，带上车辆或马匹到女方家。女方所请的阿訇、舅舅及本家族的长辈等，与迎亲的宾客一同入席，先吃茶点后开宴。宴毕，举行结婚典礼，即阿訇坐在炕（床）上，新郎和伴郎跪在炕前，新娘跪在隔着门帘的闺房中，先由阿訇问新郎“伊玛尼”，再派媒人去问新娘对结婚是否愿意，得到肯定的答复后，阿訇开始念“尼卡亥”（证婚词）。婚礼结束，新郎一行当日返回。第二天，新娘由其舅舅或兄弟抱到头一天男方留下的车辆或马匹上，由伴娘和舅舅等亲属护送至男方家。此时男方亲友放鞭炮、泼冷水、泼柴灰阻止新娘入洞房，女方舅舅或兄弟抱着新娘闯入洞房，围观者一片笑声。接着，男方设宴款待女方送亲客人并“摆嫁妆”“抬针线”。后，女方送亲人返回，唯留伴娘陪伴新娘。第三天清晨，男方以现金和衣料答谢伴娘，伴娘离去后，新郎才能进洞房。第四天，新郎新娘由伴郎陪同“回门”，拜见新娘的父母及亲友，娘家以“扁食”（饺子）招待，给女婿送衣服、鞋袜，当日返回。回族中亦盛行赘婿。赘婿只给女方送茯茶及彩礼少许，或完全不送彩礼，但必须请阿訇到女方家为男女双方念“尼卡亥”，女方亲友前往贺喜，并设“双碗”酬谢。

六、回族丧葬习俗

回族不分男女老少，不分贫富，人殁后即从速土葬。当天，死者近亲为亡人瞑目、合口、理髭须、顺手足，并撒上香水、冰片、麝香、红花等，围着“卡凡”（裹尸布）念经、转香。然后，请阿訇用香皂、碱水洗尸，穿（缠）好“卡凡”，如是女尸则请年长的妇女净身、包裹。“卡凡”布，男为10米，女为16.6米。第二天，将遗体移入“塔拜体匣”（一种公用的抬尸木匣，用毕交清真寺存放）抬往墓地下葬，众人填土，直至坟堆成鱼背状为止。女尸下葬时，要用布单子遮住太阳。下葬后，家属在墓地向送殡人散发盐、茶、钱等。丧葬毕，请阿訇念经7天，吃麦仁饭。回族群众对鳏寡孤独老人谢世或无主遗体，必集资掩埋。

七、回族民间禁忌

禁食猪肉，禁食马、骡、驴、狗等所有不反刍动物的肉，禁食自死动物和禽类的肉，禁食宰杀的牛、羊及其他动物的血，禁吸烟、饮酒。

八、回族礼仪

回族人民互帮互助、扶危济贫，对鳏寡孤独极为同情，总是慷慨解囊、仗义疏财；对路过客人求食或借宿，均竭力相助；对登门的乞丐者，请进屋中坐下，双手捧上饮食。

第四章 城乡居民生活

1986年后，随着改革开放的不断深入，共和县经济社会发生着较大变化，城乡居民从贫困到温饱并向小康迈进，人民生活水平不断提高，物质文化生活明显改善，消费从吃饱穿暖为主的实用型逐渐转变为美观时尚的享受休闲型。农牧民收入稳步增长，2005年，职工平均工资2.09万元，城镇居民人均可支配收入6849.55元，农牧民人均年纯收入2199.06元；消费支出同步增长，消费水平和消费质量明显改变；储蓄连年上升，城乡居民储蓄存款余额为110372万元。

第一节 农村居民生活

一、收入

改革开放初期，农村推行生产责任制和土地承包制度，大大激活农牧民的生产积极性和农村社会生产力的解放，但由于处于改革初期，尽管农村居民收入明显好于改革开放前，其收入水平仍处于低水平状态。1986年，共和县农村居民人均纯收入为674.19元。1996年，随着农村经济体制改革的不断深入和完善，农村社会经济得到快速发展，人均收入稳步增长，农村居民人均年纯收入已达1591.73元。至2005年，农村居民的收入水平、生活水平及生存条件发生巨大变化，农村人均纯收入达2553.19元，是1986年人均年纯收入的5倍多，实现年均7.26%的快速增长。由于全县区域之间的差异和农牧民自身条件的不同，农户之间的收入增长也不平衡。居住在交通沿线或城镇、集镇附近的农牧民易于从事多种经营、家庭副业、务工、经商等，收入水平一般都比居住在偏远山区的农户高；外出务工，且有一技之长的农户收入高于普通务工人员；经营单一农业，家庭副业不具规模的农户，收入水平较低。

二、支出

1986年，共和县农村居民人均年生活消费支出为493.98元，其中食品与居住两大类消费人均支出合计为350.69元，占消费总支出的70.99%，而衣着、家庭设备及用品、交通与通信、教育文化和娱乐、医疗保健、其他商品和服务等六大类人均消费合计只有143.29元，仅占总消费支出的29.01%。由于收入水平低，居民消费支出主要集中于维系民生最基本的吃住上，其他消费水平还很低。农村居民主要消费品拥有量虽然比改革开放前的20世纪70年代末有明显增加，但户均占有量依然很少，每百户拥有摩托车6辆，黑白电视机6台，洗衣机、电冰箱、家用电脑、家用小汽车、移动电话等高档耐用品均为空白，农村居民生活水平和生存条件极差，还处于比较贫困、落后状态。其间，农牧民的温饱问题基本解决，饮食大多以面粉、食油、蔬菜为主，平时食用禽蛋、肉类较少，逢年过节较多。普通农户衣着基本达到保暖有余，农村住宅大部分是土木结构平房。1996年，人均年生活消费支出上升到1302.08元，全县农村平均每百户有摩托车17辆，缝纫机31架，电视机63台。农牧民日常生活中蛋、肉分量逐渐增多，衣服、住房水平相应得到提高。至2005年，人均年生活消费支出由1986年的493.98元增加到2733.59元，消费水平大幅提升，消费结构也发生很大变化：食品与居住两大类年人均消费支出合计达1534.59元，比1986年增加1183.9元，恩格尔系数由1986年的49.58下降为42.57；人均衣着、家庭设备及用品、交通和通信、教育文化和娱乐、医疗保健、其他商品和服务等六大类消费支出比重上升为43.86%。农村居民随着收入水平的逐步提高，居民消费支出由过去主要满足吃、穿、住基本生存需求的消费模式逐步向吃好、穿好、住好转变，同时对享受型物质方面的消费也不断提高；农村居民主要消费品拥有量成倍增加，每百户拥有摩托车80辆、家用汽车5辆、洗衣机35台、冰柜25台、彩色电视机57.5台、固定电话17.5部、移动电话62.5部，人均住房面积18平方米，而且房屋质量也越来越好，一部分农户由过去的土墙土顶房翻修成宽敞明亮的大瓦房。

第二节 城镇居民生活

一、收入

1986年，共和县城镇居民人均收入为467.97元。1996年，人均收入突破千元大关，达1105.10元。2004年，突破2000元大关达2010.04元。至2005年，人均纯收入达2199.06元，城镇居民人均纯收入年均增长7%以上，20年增长近4.7倍。

1986年，共和县城镇居民人均可支配收入827.01元，1988年1008.20元，1995年2485元，1996年3043元，1999年4210元，2001年5081.04元，2004年6300.49元。2005年6849.55元。20年增长8.28倍。城乡收入从1986年的1.76：1扩大到2005年的3.11：1，城镇居民收入增长高于农牧民。

1986—2005年共和县农牧民和城镇居民人均可支配收入情况表

表12-2 单位：元

年份	农村经济收益分配人均纯收入	城镇居民人均可支配收入
1986	467.97	827.01
1987	509.43	868.69
1988	565.19	1008.2
1989	636.9	1051.62

续表

年份	农村经济收益分配人均纯收入	城镇居民人均可支配收入
1990	702.44	1055
1991	759.15	1191
1992	808.1	1333
1993	888.16	1637
1994	964.81	1812
1995	995.43	2485
1996	1105.1	3043
1997	1293.17	3446
1998	1245.79	3576
1999	1345.95	4210
2000	1375.98	4608.12
2001	1666.7	5081.04
2002	1776.18	5349.84
2003	1866.21	5804.88
2004	2010.04	6300.49
2005	2199.06	6849.55

二、支出

1986年，共和县城镇居民人均年可支配收入为872.01元；人均消费支出739.29元，其中人均食品消费339.88元，衣着消费121.3元，家庭设备用品及服务消费122.54元，食品、衣着、家庭设备用品及服务三大类人均消费合计583.72元，占消费总支出的78.96%，而医疗保健、交通和通信、教育文化和娱乐、居住、杂项商品和服务等五大类人均消费合计156.38元，占消费总支出的21.04%。由于城镇居民收入依然普遍较低，有限的可支配收入主要用于维持居民生存需求的吃饭、穿衣和购买生活日用品上，交通和通信、医疗保健、教育文化和娱乐、社会服务等方面的消费水平比较低；每百户居民拥有摩托车6辆、洗衣机66台、电冰箱和冰柜2台、彩色电视机72台，家用电脑、移动电话还是居民当时的奢侈品。进入20世纪90年代，随着改革开放的不断深入和推进，特别是社会主义市场经济体系的建立，大大推动社会经济的快速发展，社会劳动工资普遍提高，个体经济迅速发展，效益明显，城镇居民收入稳步增长。1996年，恰卜恰地区城镇居民人均年可支配收入已经达3235.71元，比1986年增加2363.7元；人均年消费支出上升为2809.75元，比1986年增加2070.40元。至2005年，城镇居民人均年可支配收入达6849.55元，是1986年的7.9倍；2005年城镇居民人均年生活消费支出高达5551.22元，是1986年的7.5倍，其中人均食品消费支出为1868.76

元，人均衣着消费支出648.36元，人均家庭设备用品及服务消费支出227.28元，三大类人均消费支出合计2714.4元，占消费总支出的比重由1986年的78.96%下降为48.90%，恩格尔系数由1986年的45.97下降为33.44，而人均家庭设备用品及服务、医疗保健、交通和通信、教育文化和娱乐、居住、杂项商品和服务等五大类消费支出合计达2836.82元，占消费总支出的比重由1986年的21.04%上升为51.1%。

1986年和2005年共和县城乡居民收入与消费支出对照情况表

表12-3　　单位：元

项目	1986年		2005年		20年间平均增长（%）	
	农村	城镇	农村	城镇	农村	城镇
人均纯收入（城镇可支配收入）	674.19	872.01	2553.19	6849.55	7.26	11.46
生活消费支出	493.98	739.29	2733.59	5551.22	9.42	11.19
1. 食品消费支出	244.91	339.88	1163.77	1868.76	8.55	9.38
2. 衣着消费支出	47.37	121.3	334.33	761.82	10.83	10.15
3. 居住消费支出	109.63	32.6	370.82	524.07	6.62	15.74
4. 家庭设备、用品消费支出	77.52	122.54	98.67	273.77	1.28	4.32
5. 交通和通信消费支出	2.03	9.09	299.3	579	30.06	24.44
6. 教育文化、娱乐消费支出	2.81	59.48	131.5	823.24	22.44	14.83
7. 医疗保健消费支出	9.71	17.06	212.15	497.11	17.62	19.42
8. 其他商品和服务消费支出	—	37.34	123.05	223.45	—	9.87

第十三编
人　物

一、人物传

本志收录传记人物5人，以卒年为序。

霍红兵（1966—1993）　男，汉族，山西省平遥县人。1988年7月，毕业于青海省人民警察学校，分配在共和县公安局任民警。1989年，他与一名内保干部被派去内地某省押解一名特大盗窃案的主犯回共和县，在列车途经西安西郊地带时，内保干部带案犯去上厕所，案犯乘机跳车逃跑。霍红兵听到内保干部的惊呼后，打开窗户纵身跳下列车，经过一个多小时的追赶和搏斗，终于将案犯再次抓获。1989年10月的一天，县公安局组织数十名干警去某地执行紧急任务，霍红兵驾驶着摩托车抢在最前面，由于道路崎岖不平翻了车，头部和脚部摔伤。领导和同志们劝他回去治疗休息，可他硬是带着伤和大家一起完成了任务，当他回到公安局时，腿已肿得连裤子都脱不下来，头也疼得直想吐，后经医院检查为轻度脑震荡，但他做了简单包扎处理后，再次回到单位上班。1990年7月初，霍红兵随局专案组到曲沟乡搜捕“6·30”特大轮奸杀人案3名案犯时，他机智地迂回山沟，靠近嫌疑人，当嫌疑人发现他是警察时，拔出匕首向他逼来，他毫无惧色地猛扑过去，制服其中的一名嫌疑人。在同志们的协助下，他们将三名嫌疑人一一捉拿归案。霍红兵家住的大院地势低洼，每遇下大雨，院子就会出现积水。他担负起义务安全员的责任，经常主动排除大院积水。1990年8月27日晚，沟后水库垮坝，在洪水冲进家属院时，他先是大声呼叫着通知左邻右舍，赶快逃离，接着又用铁锹清理积水，此时，一排七八米高的浪头冲倒院墙，将他卷走，光荣牺牲。1994年6月30日，被民政部批准为革命烈士。

才郎安加（1929—1995）　男，藏族，青海省共和县人。1954年5月加入中国共产党。历任中共共和县委生产部副部长、共和县农牧科副科长、共和县龙羊公社香卡大队党支部书记、共和县龙羊公社党委书记、共和县切吉乡党委书记、共和县倒淌河乡党委书记、共和县委副书记、县人民政府县长、共和县人大常委会主任等职务。是青海省第五、七届人民代表大会代表，海南州第六、七、八届人民代表大会代表，中共海南州第六、七次党代会代表。才郎安加时刻牢记党员干部的要求，把共产主义理想信念作为自己的立身之本和行为准则。他在任县长期间，带领县政府班子和人民群众奋战6个春秋，植树造林，防风治沙，打水井、建水库、修公路，从根本上改变共和县旧貌，为共和经济社会发展做出突出贡献，赢得全县广大干部和各族群众的爱戴和怀念，得到社会的高度评价。任县人大常委会主任期间，针对共和县个别地区、部门和单位连续发生食物中毒、煤气中毒、交通肇事和沉船溺水事故等情况，组织人大代表开展调查研究，对存在的问题进行专题讨论，做出关于切实搞好安全工作的决定。他总是站在群众的角度思考问题，为群众解难题、谋利益，让“党员”这一光荣称号闪耀发光。1995 年 2 月 22 日才郎安加病逝，终年 67 岁。

多巴（1932—1996） 男，藏族，青海省共和县人。1952 年 10 月参加工作，1955 年 5 月加入中国共产党。历任共和县江西沟工委书记、贵南县委副书记、青海省畜牧厅生产处副处长、果洛州革委会副主任、果洛州州长、果洛州委书记、海南州委书记、军分区第一政委等职务。1985 年，任青海省纪委书记。曾当选为第五届全国人民代表大会代表、中共第十四次代表大会代表、第六届全国政协委员，是中共第十三届、第十四届中央纪律检查委员会委员。

多巴作为新中国成立初期参加革命工作的民族干部，曾多次在果洛等地参加剿匪战斗。在果洛建政初期，对千户头人做过大量的宣传引导工作，为果洛等地建立人民政权做出一定贡献。在海南、果洛地区主政期间，曾陪同中央领导习仲勋、胡耀邦、胡锦涛及省级主要领导到地方视察并担任藏语翻译。他认真贯彻党的民族政策，团结和带领各族干部和群众艰苦奋斗，开拓进取，为少数民族地区的社会主义革命和建设事业，为巩固各族人民的大团结，为当地少数民族干部的成长，做出重要贡献。

他在主持省纪委工作期间，能认真履行纪检监察职能，持续开展反腐败斗争，为加强党风廉政建设尽职尽责、呕心沥血。在他三十八年的革命生涯中，不论在地方还是在省委工作，始终平易近人，广泛接触群众，体察民情。他用自己仅有的工资收入帮助贫困家庭，接济困难群众；在牧区下乡时，他经常带着药包，为牧民群众送去急需药品，在广大干部和群众中享有崇高威望。他清廉做官，为人正直，为革命事业鞠躬尽瘁。多巴把毕生的精力献给青海的社会主义现代化建设和反腐败斗争的伟大事业，有效维护青海改革、发展、稳定的大局，赢得广大干部、党员和群众的信任和爱戴。1996 年 8 月 7 日逝世，终年 64 岁。

郑长荣（1928—1997） 男，汉族，山西省左云县人。1945 年 8 月参加工作，1947 年 10 月加入中国共产党，历任民兵中队长，中国人民解放军班长、副排长、排长、连长；共和县千卜录第五区副区长、区长、区委书记，共和县委委员，县委代理书记、书记兼县武装部政委；兴海县委副书记兼县监委书记、县委书记兼县武装部政委；海南州委生产办公室副主任、州农牧局局长、海南州委统战部副部长兼州政协秘书长、州革委会政治部副主任；青海民族学院党委副书记、革委会副主任，青海省民族事务委员会副主任，第四、五、六届青海省政协副秘书长、党组成员等职务。是中共青海省第二、四、五、六次代表大会代表，青海省第二届人民代表大会代表，政协青海省第三届委员会委员，政协青海省第四、五、六届委员会委员、常委、专职常委等职。在他五十年的革命生涯中，对党对人民无限忠诚。在解放战争年代，他不畏艰险，不怕流血牺牲，先后参加察哈尔省（今山西）平鲁战斗、绥远省（今内蒙古）青水河县战斗、陕西扶眉战役等，为中国革命的胜利做出贡献。青海解放后，服从组织安排，在海南地区工作 22 个春秋。他认真贯彻执行党的政策和党在牧区的工作方针，团结各族干部和群众艰苦奋斗、开拓进取，为促进民族地区各项工作的发展付出心血。由于他掌握藏汉双语，熟悉、了解农牧区民族和宗教上层人士思想动态，为巩固和完善共产党的多党合作和政治协商制度做了大量有益工作。1997 年 8 月因病去世。

夏珠嘉措（1940—1998） 男，藏族，青海省共和县人。1946—1957年，在化隆县支扎寺，拜次正嘉措、叶谢嘉措等大师为师，学习（格鲁派）藏传佛教，苦读经文。1958年初从寺院还俗回乡；8月，应倒淌河公社党委聘请，任倒淌河寄校、帐房小学、公社各扫盲点藏文教学工作。1965年，先后担任生产队会计辅导员、倒淌河公社会计辅导员、公社寄校藏语文教师等。他根据牧区学校、乡村扫盲点的实际，因地制宜，注重学生“双语”教学，总结出一整套“双语”教学的方式方法。1979年，他被招录为海南州民族师范学校教师。他热心服务于教育工作，牵头编写藏语文教材，填补中等师范学校无藏语文教材的空白。其间，还经常到中国藏语高级佛学院、青海省民族师范专科学校、青海教育学院、海南州藏文中学等学校讲授藏语语法学、修辞学、古典文学、逻辑学、佛学等知识，曾应青海广播电台的邀请在青海藏语广播频道讲授《扎德文法》等。1981年，参加青海省首届文学创作会。1985年，主持编写海南州藏语文高中教材。1987年，参加青海省中师藏文教材编写工作。同时还参加过国内多次学术文化研讨会，解决藏族学术界观点分歧较大、争论较多的部分难点、疑点问题，受到藏区很多著名学者专家的认可和赞誉，并获得省内外的诸多嘉奖。他的论著《夏珠嘉措文集》上、中、下三册由中国藏学出版社出版发行，为藏族学术界留下具有极高参考价值的文献资料。曾任中国少数民族作家协会副会长，政协海南州常委、海南州民族师范学校副校长等职务，获省级“特级教师”称号。1998年3月13日因突发疾病去世，年仅58岁。

二、人物简介

本志收录简介人物 12 人，以生年为序。

柔巴 男，藏族，青海省共和县人，生于1929年6月。1950年9月加入中国共产党，高中文化程度。1946年，在西宁乐家湾军工厂做苦工，后因病回家务农。1949年9月共和县解放后，参加工作，是共和县首批被吸收录用的少数民族干部，任廿地乡乡长。1951年，任加拉区委书记。他自幼聪明好学，虽没有在正规学校上学，但通过自学，掌握较好的藏汉两种语言文字水平。1955年，当选为共和县委副书记、县长。他经常深入基层，广泛动员民众大搞经济建设。1958年，他深入基层倾听民意，想方设法改善群众生活，渡过难关。他参加党中央在北京召开的万人书记大会，如实向中央反映情况，解散食堂，划小核算单位，为尽快恢复发展生产，改善群众生活而尽心尽力地工作，赢得群众和组织的信任。1960年11月，任海南藏族自治州人民政府副州长。1976年，任海南州委副书记兼州革命委员会主任。1981年，当选为海南藏族自治州人大常委会主任。他具有较高的政策理论水平和较强的组织领导能力。他任州人大常委会主任期间，在干部问题上坚持五湖四海，各民族干部共事。1991年离休后，他继续建言献策，关心和支持各级政府工作。他还积极参与青海藏族研究会工作，当选为青海藏族研究会协会常务理事兼副秘书长，为藏民族的历史、文化、习俗的研究、继承和发展做出贡献。

兰科先 男，藏族，青海省共和县人，生于1932年12月。1953年4月参加工作，1954年10月加入中国共产党。曾任共和县切吉乡、石乃亥乡武装部干部，曲沟乡副乡长、石乃亥乡党委书记、共和县人大常委会副主任、共和县委副书记、县政协副主席、共和县人民政府县长等职务。自参加工作后，不怕艰难困苦，按时完成上级交代的各项工作任务。1953年，被海南州公安处评为“治安模范”。1958年，参加平息叛乱期间，曾立三等功，并被省军区评为“工作模范”。能够贯彻执行党的路线、方针、政策，态度坚决、旗帜鲜明，紧跟党中央的决策部署，工作有主见、实事求是，能够关心群众的生产、生活、疾苦。善于调解处理矛盾纠纷，曾参与湟源与共和、海西与海南、共和与贵德的草山纠纷调解处理等工作，深受群众好评。

尼玛 男，藏族，青海省共和县人，生于1933年12月。自1948年起，就学于佛教及传统藏医药。1954年起，开始在寺院及民间行医。1959年，在海南藏族自治州藏医进修班学习。自1961年起，在共和县甲乙大队当乡村医生。自1979年起，在青海省高原科学医学研究所藏医科工作。1983 年，任青海省藏医院副院长。先后参加《藏医药浴对类风湿性关节炎的免疫调整作用研究》《藏医药浴治疗类风湿性关节炎 53 例子疗效观察》《藏医治疗乙型肝炎临床疗效观察》《藏医放血疗法及临床应用》等科研工作，培养藏医药人才 200 余人，参与编写藏医药著作《藏医临床札记》《藏医药选编》《全国中等藏医教材》等。1990 年，主持配制藏医名贵药品，生产出“七十味珍珠丸”“二十五味珊瑚丸”“二十五味珍珠丸”等珍宝药品 30 余种。1995 年 9 月，主持建成青海省藏药制药厂，结束青海省藏医珍宝药品生产手工炮制加工的历史。先后荣获“全国卫生文明建设先进工作者”（1988）、“全省卫生系统先进工作者”（1991）、青海省人民政府“青海省优秀专业技术人才”（1993）、青海省人民政府“青海省优秀专家”（1994）、国家中医药管理局第一批“全国老中医药专家学术经验继承指导老师”（1997）、第二批“全国老中医药专家学术经验继承指导老师”（1998）、第三批“全国老中医药专家学术经验继承指导老师”（2002）、青海省“吴登云式的好医生”（2000）、“全省卫生系统先进工作者”（2001）、“青海省名医”（2002）等荣誉。是青海省藏医院藏医主任医师、研究生导师、全国著名藏医专家、青海省藏医院名誉院长、青海省藏医学会副理事长、中国民族医药学会副理事。曾任政协青海省委员会常务委员。

谢有容　男，汉族，青海省乐都县人，生于 1938 年 11 月。中共党员，高级工程师。自 1963 年从青海大学毕业后，一直在塘格木农场工作。1963 年 9 月至 1996 年，先后任农机技术员、农机科副科长、第十三劳改支队副支队长、支队长兼党委副书记、党委书记兼政委等职务。在担任领导干部后，他经过努力，将国家电网接入塘格木农场，兴修水利、完善引水灌溉系统，并建立自来水供水管线。1983 年，荣获国家民委、劳动人事部、中国科协“在少数民族地区长期从事科技工作荣誉证书”。1989 年，荣获青海省粮食高产丰收竞赛“丰收杯”主要贡献者奖。1990 年 4 月 26 日，塘河地区发生 6.9 级地震。地震发生后，他果断组建抗震指挥部，第一时间领导指挥现场救援工作。在震后重建家园中，又精心筹划，上下协调，以身作则，带领农场人建设新家园。塘河大地震中，塘格木农场抢险救灾、重建家园的事迹，被誉为中国监狱史上的奇迹，并被写入《中国改造罪犯白皮书》。1990 年 5 月，经青海省司法厅批准，记个人三等功 1 次；11 月，出席全国劳改劳教工作系统高级知识分子代表座谈会。1992 年，司法部授予其专业技术“三级警监”警衔。1998 年，司法部授予其银星荣誉证章。

拉夫旦　男，藏族，青海省共和县人，生于 1941 年 1 月。1972 年 12 月加入中国共产党，1982 年当选为倒淌河镇哈乙亥村的党支部书记。拉夫旦带领群众更新观念、转变思路，走出一条依靠多种经营致富的成功之路。2001 年，他抓住倒淌河小城镇建设的有利时机，创办海南州雪域畜牧发展有限责任公司，投资 500 余万元，公司下属市场 5 个、宾馆 1 个，占地面积 32 亩，建筑面积 7.888 万平方米，为繁荣倒淌河地区经济和拓宽牧民增收渠道提供平台。该公司带动倒淌河地区工商业快速发展，其下属的活畜和农畜产品两个交易市场年均交易活畜 5 万头（只），羊毛 40 吨，牛羊皮革 117 万张，交易总值突破 1000 万元，利润近百万元。他积极引导富余劳动力从事第三产业，加快农村人口向城镇化转移。1988 年 4 月，拉夫旦被国务院授予“全国民族团结进步先进个人”称号。1989 年 9 月，被国务院授予“全国劳动模范”称号，并多次获得省部级“优秀共产党员”及“先进个体劳动者”“五好个体工商户”等称号。1989 年 9 月，拉夫旦受邀赴京参加国庆 40 周年庆典观礼。曾任海南州第十一届政协委员，共和县第十三届人大代表、县人大常委会委员、中国个体劳动者协会副会长，青海省第七、八届人大代表，省州个体劳动者协会副会长，省工商联执委常委。

万玛仁千 男，藏族，青海省共和县人，生于1949年8月。大学文化，中共党员。1969年毕业于青海民族学院，在兴海县温泉乡参加工作，历任兴海县龙藏公社党委书记、兴海县文卫科科长、海南州教育局副局长、共和县人民政府县长、中共共和县委书记、海南州乡镇企业局局长、海南州人民政府副州长。万玛仁千政治立场坚定，事业心强，工作积极主动，作风扎实，工作方法灵活，措施得力，组织协调能力强。任共和县委书记期间，团结和带领县委"一班人"按照省委和州委的工作部署，坚持以经济建设为中心，进一步开展以完善畜牧业承包责任制和建立现代化畜牧业生产基地为主要内容的经济建设。在组织推行牧民定居点建设和草场"四配套"建设等方面作了建设性的工作，取得一定成绩。全县上下齐心协力、同甘共苦、畜牧业连年喜获丰收、粮油产量连年创历史新高，水电通信及农业基础设施建设发展迅速，恰卜恰城镇集镇建设取得突破性进展，各项工作成绩突出，共和县获"全国民族团结先进县"称号。

角巴东主 男，藏族，青海省共和县人，生于1950年12月。中共党员，学者。1981年，毕业于青海民族学院藏学院并留校任教。自1980年起，开始从事《格萨尔》的搜集、整理、翻译、出版和研究工作。先后出版《格萨尔新探》《〈格萨尔〉疑难新论》《神奇的〈格萨尔〉艺人》《恰嘎地方志》《格萨尔风物遗迹传说》《藏族哲理诗》《角巴东主论文集》《洛桑土登尼玛上师简史》《藏区格萨尔遗迹遗物普查与考证》《〈格萨尔〉儿童文学丛书》（六本）《八部〈格萨尔〉汉译本系列丛书》等40余部书。发表《论格萨尔的生平探讨》《论〈格萨尔〉与宗教的关系》《论蒙藏〈格萨尔〉的关系》《格萨尔遗迹考略》等60余篇藏学论文；编著、编写《安多民间长诗集》《北地降魔》（儿童读物）《霍岭之战》（儿童读物）等作品10部；主编《青海湖之歌》《格萨尔优秀论文集》等作品10套。1993年，荣获第四届中国少数民族文学创作优秀奖。1995年，荣获全国首届"岗坚杯"藏文文学奖和青海省第三届优秀文学作品奖。1996年，荣获青海省哲学社会科学优秀成果二等奖；1997年，被文化部、国家民委、中国文联、中国社科院授予"《格萨尔》抢救与研究工作中有突出贡献的先进个人"称号；1999年荣获全国第六届少数民族文学"骏马奖"；1999年，国务院批准为享受特殊津贴专家。2003年，荣获青海省第六届哲学社会科学优秀成果三等奖。2004年获全国第二届"岗坚杯"藏文文学奖；被国家人事部、中国文联授予"全国'德艺双馨'文艺工作者"称号；2005年，获青海省第五届文学艺术创作奖。是青海省人民政府文史研究馆馆员，青海省政协咨政室咨政，青海民族大学《格萨尔》硕士生导师、研究员。中国《格萨尔》学会副会长、青海省《格萨尔》学会会长、青海省藏族研究会秘书长，中共青海省委党校聘请教授，青海师大聘请教授。

张彩莲 女，汉族，青海省共和县人，生于1952年2月。小学高级教师。1977年7月毕业于青海师范学院。从事教育工作近30年，其间辅导学生制作剪纸、刺绣等小手工作品、多名学生多次荣获省、州科协、教育部门一、二、三等奖，她被评选为州、县青少年优秀辅导员、少年儿童先进工作者。她设计的剪纸、刺绣、堆绣作品图案具有浓郁的民族地域特色，尤其是剪纸作品多次亮相国际、国内展台。1999年，她创作的剪纸作品"龙凤呈祥"荣获首届中华巧女手工大奖鼓励奖。2004年5月，她设计创作的剪纸作品《佛》，荣获"首届民族民间艺术展之剪纸艺术展”银奖。2004 年 9 月，她创作的剪纸作品《欢乐的锅庄》荣获河南省首届“精忠杯”全国书画剪纸大奖赛金奖。剪纸作品《美丽的青海我的家》《驼铃》《狮》等近 30 幅作品在国际、国内大型展览中多次获一、二、三等或者优秀奖。近二十幅作品被主办方收藏入选或入编《中国民间艺术通鉴》《名流千古精品集》《山花烂漫》等书刊。她创作的剪纸作品达 500 件以上，刺绣、堆绣作品 200 件以上。曾任青海九三学社社员兼共和支社主委，海南州第十二届人民代表大会代表，政协海南州委员会第八、九届委员，政协共和县委员会第六、七届常委。是青海省民间艺术家协会会员，海南州文联民协会员。1998 年，被评为“青海省群众体育工作先进个人”；2002、2005 年两次被青海省妇联聘为“青海省家庭教育讲师团”成员。

彭措扎西　男，藏族，青海省共和县人，生于 1955 年 9 月。中共党员，大专学历，中教高级职称。1974 年 8 月毕业于海南藏族自治州州民族师范学校。1974 年 8 月至 1980 年 8 月，在江西沟乡中心寄校任教，彭措扎西经常骑马下乡到各村各户，教育和动员牧民群众主动送子女上学，增强牧民对学习文化的认可，竭尽全力提升学生入学率。1980 年，调入共和县民族中学，担任初中、高中班主任及藏语文教学工作，他注重因材施教，所任班级学生的藏语文成绩合格率均在 95%以上。1998 年 3 月，调共和县教育局教研室工作，担任藏语文教研员，他经常深入基层教学第一线，检查藏文教师的备、教、批、辅、考等各个环节，与教师一起开展教研评比活动。他长期在基层从事民族教育工作，能够根据民族学生实际情况因材施教。1977 年 9 月，被评为“海南州教育系统先进个人”。1984 年 9 月，被命名为“青海省职工劳动模范”。1985 年 5 月，荣获“全国优秀教育工作者”称号和“五一”劳动奖章。

王丕彦　男，汉族，青海省共和县人，生于 1957 年 3 月。中共党员，主任医师。1980 年 7 月参加工作，先后在共和县切吉卫生院、沙珠玉卫生院、县中医院工作。王丕彦在中医内科及中草药方剂等方面有非常丰富的临床经验，对一些慢性病、呼吸系统疾病、消化系统疾病等中医疗法有独到见解。从业 30 余年，救治各类患者 19600 余人次，救治危重病例 200 余例。成功将中医科带动、打造成为本单位、本地区特色专科。他撰写的《四黄矾冰膏治疗带状疱疹 47 例临床观察》论文在 1996 年《青海医药杂志（中医药专辑）》第 11 期登载发表。《谈心律失常证治》论文在 1997 年四川《中国医药荟萃》发表。《谈眩晕证治》论文在 1997 年 9 月《青海医药杂志》第 9 期登载发表。1999 年 6 月撰写《肺心病血瘀证的探讨》论文在 1999 年全国中西医药学术研讨会上交流，并录选正式编入《中华医药理论与临床》一书综合卷下册发表。获得省州县先进工作者荣誉 6 次。

吉毛加　女，藏族，青海省共和县人，生于 1968 年 5 月。1986 年，她第一次参加廿地乡农牧民物资交流会民间情歌比赛一举夺魁。此后，先后参加全县、州、省藏族民间情歌大赛，10 年间累计参加各类赛事 50 余次，获奖 10 余次。她依靠现代传媒器材，听学青海藏区各种藏族民间情歌，以求继承和发展，日积月累，反复唱练，成为青海藏区有名的藏族民间歌手。她擅长传统拉伊唱法、掌握曲调 10 余种，能够随时编唱自创拉伊，能根据拉伊演唱和对唱的情况灵活运用曲调长短，并长期活跃于民间情歌传唱、搜集等活动，为民族文化做出贡献。2003 年，作品《燃烧的誓言》荣获青海省首届藏族拉伊（情歌）大赛一等奖。2004 年，荣获青海省第二届藏族曲艺（情歌）大赛一等奖。2005 年，荣获海北州拉伊演唱会一等奖、贵德县传统“六月会”藏族民歌大赛三等奖、青海省第三届藏族拉伊大赛《拉伊唱响金银滩谣》一等奖。1990 年至 2005 年先后出版作品专辑十余部，《相思树》《思念》《思念的岁月》《思》《结良缘》《红珊瑚》《吉祥牵手》《童年的回忆》由西海民族音像出版社出版发行，《拉伊大王》由四川音像出版社出版发行，《海南牧歌》《湖畔民谣》由青海昆仑音像出版社出版发行。

洛藏　男，藏族，青海省共和县人，生于 1969 年 12 月。中共党员，青海师范大学计算机学院硕士研究生导师。美国北弗吉尼亚大学信息技术专业硕士学位研究生，先后担任中国高协深圳专家委员会专家、西藏自治区科技厅和拉萨市科技局项目审定专家、青海商贸促进会副会长、中国企业管理研究会理事、青海省专家人才联合会会员、青海洛藏数码科技有限公司董事长等。1994—1997 年，参加国家级科研项目（藏文编码国家标准和国际标准）。1996 年，独立开发计算机软件《英藏—藏英电子词典》。1997 年，独立开发计算机软件《网络用藏文系统》。2000 年，解决在网络上使用藏文的技术难题，制作并发布西藏自治区首家藏文版网站。2001 年，利用数据库技术独立开发计算机软件《藏汉英三向电子词典—普通版》和《藏文电子词典》，并普及到社会上使用。2003 年，完成《藏汉英三项电子词典》物理版和数学版软件；参加国家级科研项目《藏文编码国家标准扩展集 A》《藏文编码国家标准扩展集 B》《藏文点阵字形国家标准》《藏文琼体 True Type 字库》《藏文键盘国家标准》审定等；2004 年 10—12 月，与美国弗吉尼亚大学合作制作符合藏文编码国际标准的《藏文琼体 Open Type 字库》，是西藏大学的第一个 opentype 藏文字库。2005 年 1 月，开始研究藏文 opentype 字库在网络数据库（mysql）、php、flash 中的支持技术。

三、人物表

1986—2005 年共和县全国劳模、省部级劳模一览表

表 13-1

姓名	授奖名称	授予时间	工作单位及家庭住址
拉夫旦	全国劳动模范	1989 年 9 月	倒淌河镇哈乙亥村党支部书记
王建龙	青海省劳动模范	2004 年 4 月	原海南州飞龙民贸有限责任公司经理
才秀加	青海省劳动模范	2004 年 4 月	原切吉乡东科村党支部书记
	全国劳动模范	2005 年 5 月	

1986—2005 年共和县获省（部）级以上表彰的先进个人一览表

表 13-2

姓名	性别	民族	工作单位	获奖名称	表彰时间	授予单位
史正福	男	土族	共和县教育局	青海省民族团结青年奖 德育教育先进个人 全国中小学勤工俭学先进个人	1986 1987 1988	青海省人民政府、 教育部、 国家教育委员会、 计划经济委员会、 劳动部和财政部
吴盛昌	男	藏族	曲沟乡教委	全国优秀体育教师 先进教育工作者	1992 2002—2003	教育部
多杰措	女	藏族	共和县第一民族寄宿制小学	青海省优秀教师 全省中小学特级教师 全国优秀教师	1997 2003 2004	青海省人民政府、 教育部
严玉来	男	汉族	曲沟乡曹多隆小学	青海省先进工作者	1999	青海省人民政府

附　录

一、重大事件记述

塘河地震抗震救灾始末

1990年4月26日18时37分12秒（北京夏令时），共和县塘格木地区发生6.9级强烈地震，震中北纬36°05′、东经100°05′，震中烈度Ⅸ度。震中地区的塘格木农场，兴海县河卡乡红旗村的房屋全部倒塌。方圆有4个县、7个乡、16个村、2个农场等受灾严重，受灾人口12366户45098人，死亡120人，重伤149人；遭受破坏的还有公路、建筑、供电、通信、水利、畜牧、文教、卫生等公共设施，直接经济损失达2.7亿元。

灾情发生后，中共青海省委、省政府、省军区的主要负责人和州县领导同志率领公安干警和武警官兵于当晚赶赴现场部署救灾工作。国家地震局副局长陈章立也亲临现场观察、指挥。与此同时，各级党委和各级政府采取一系列强有力的措施，组织人力抢运物资，安抚受灾群众，指挥救灾，在震颤的塘河大地上谱写一曲军民团结奋战、抢险救灾、舍生忘死的光辉篇章。

塘河地震灾情遍及海南藏族自治州共和、兴海、贵南、同德、贵德五县和龙羊峡地区。在人民群众生命财产蒙受巨大损失的危难时刻，党中央、国务院高度重视，及时发来慰问电。中共中央总书记江泽民、国务院总理李鹏极为关怀、高度重视，指示国务院秘书长罗干打来电话慰问，并派出以民政部副部长范宝俊为团长的中央慰问团，在省政府副省长喇秉礼的陪同下，对地震灾区群众进行慰问。在震灾发生的当晚，省委、省政府立即召集紧急会议，省委书记尹克升亲自组织部署抢险救灾工作并深入灾区慰问。省委副书记田成平，省委副书记、省长金基鹏，副省长吴承志，省军区政委路宝银、司令员季占斌、副司令员方登华和省政府有关厅局的领导及时赶赴现场指挥抢险救灾。省委、省人大、省政府、省政协、省军区及时发出慰问电，并派来以省委副书记桑杰加为团长、省人大常委会副主任杨茂嘉为副团长的慰问团，深入灾区慰问。兰州军区、省军区、海南军分区、青海驻军部队、武警青海总队和公安干警、59264部队青藏兵站等部门立即组织救灾抢险人员，迅速赶赴灾区抢险救灾。从中央到地方，从地方到军队，各级党政军领导想灾区之所想，急灾民之所急，临危不惧，奋勇抢险，充分体现党同人民群众的血肉联系和人民军队与人民群众的鱼水关系。与此同时，国内外各有关地区、单位及个人及时向灾区伸出兄弟般的友谊之手，慷慨解囊，无私援助，给灾区受灾群众的抗震救灾提供巨大的精神力量和物资援助，大量的帐篷、灶具、衣服、食品、粮食、建材、现金等运往灾区。据 1990 年 6 月 17 日海南州人民政府印发的《关于分配 1990 年抗震救灾重建家园补助资金和物资的初步意见》称："经过一个多月的努力，共筹集抗震救灾款 3237.10 万元，其中国家补助救灾款 2100 万元，银行贴息、低息贷款 600 万元，社会捐款及慰问金 100 万元，州财政集资 100 万元，省民政厅分配社会捐款 100 万元，国家教委捐款 170 万元，无偿物资折价 67.10 万元。"港澳台同胞、海内外华侨以及国际社会友好人士的捐助，使灾区人民增强抗震救灾的信心，尤其国家的大力扶持、帮助和省内外各族人民的大力支持，充分体现社会主义制度一方有难、八方支援的精神，充分体现社会主义制度的无比优越性，充分体现民族团结、军政团结、军民团结、干群团结的新风尚，表现为人民的利益无私奉献的高贵品质。从而保证抗震救灾的顺利进行，使抗震救灾和重建家园的重大战役取得伟大而辉煌的胜利。

正如省委书记尹克升在《面对大地的震颤》一书《一曲共产主义的壮歌》中所说："地震发生后，在党中央、国务院的亲切关怀下，在省委、省政府和灾区各级党政部门的直接领导下，灾区人民发扬自力更生、艰苦奋斗的精神，不屈不挠，奋力拼搏，在很短的时间里，恢复生产，重建家园，取得抗震救灾的重大胜利，创造人类与自然界斗争的又一个奇迹。"

附件一：

塘河地震大事记

1990 年 4 月

26 日　新华社北京 4 月 26 日电，4 月 27 日《人民日报》载：据我国地震台网测定，4 月 26 日 18 时 37 分（北京夏令时），在青海省海南藏族自治州共和县、兴海县之间（北纬 36°05′、东经 100°05′）发生 6.9 级地震。

同日　中共海南州委、州人民政府向各县委、人民政府，龙羊峡工委、行委、州级各大班子，州委、州政府各部门，州属各单位发出紧急通知，对抗震救灾提出"六条要求"。

同日晚　中共青海省委、省人民政府召开紧急会议，决定成立以代省长金基鹏为组长，副省长班玛丹增、吴承志为副组长和省政府办公厅几位秘书长组成的抗震救灾领导小组，对抗震救灾做了部署。省委副书记田成平、副省长吴承志带领的工作组于地震发生当晚 11 时奔赴现场。青海省第一人民医院、武警部队和省劳改系统组织的 4 个医疗队，也于当夜赶到灾区。

27 日　中共青海省委、省人大、省政府、省政协、省军区给中共海南州委、州人民政府发来慰问电。

同日上午　省委副书记、代省长、省抗震救灾领导小组组长金基鹏赶到灾区。

同日上午　副省长班玛丹增主持召开会议，向省级各单位通报灾情并安排部署抢险救灾工作。

同日　新华社北京电：记者从国家地震局获悉，4 月 26 日青海省共和县、兴海县发生的 6.9 级地震，已知死亡人数为 115 人，受伤 160 多人，受伤人员已送医院治疗。（注：此消息在电视和广播电台播出，文字稿见 4 月 28 日《人民日报》）塘格木农场房屋破坏最为严重，除银行、邮局、场部等少量楼房未倒外，平房全部倒塌。红旗村、铁盖乡房屋大部倒塌。龙羊峡水库虽有局部滑坡，但无人伤亡，水库大坝未出现险情，电站工作正常。

震灾发生后，国务院副总理田纪云、秘书长罗干连夜分别打电话给青海省委、省政府询问受灾情况，并要求做好抗震救灾工作。中共青海省委、青海省人民政府在震后召开紧急会议，研究部署救灾工作，成立抢险救灾领导小组。省委副书记田成平、省长金基鹏、副省长吴承志已带领工作组和4支医疗队，赶赴灾区。

28日　中共中央、国务院给中共青海省委、省政府，兰州军区、青海省军区发来慰问电，向海南藏族自治州共和县、兴海县地震灾区的各级党委、政府，地震灾区的干部、群众和支援灾区的人民解放军、武警部队指战员表示慰问。

同日　中共青海省委常委、省军区政委路宝银、省军区副司令员方登华率领部队和救灾物资车队赴灾情最严重的塘格木农场、共和县铁盖乡、兴海县河卡乡红旗村慰问灾区群众，检查部队、民兵抗震救灾情况并作部署。

同日　国务院副秘书长李昌安召集国务院有关部委负责人会议，研究部署青海地震灾区的救灾工作。

同日凌晨1时　国家地震局副局长陈章立率领的工作组抵达西宁，并赶往灾区。

同日晨8时　国务院秘书长罗干打电话给青海省人民政府副省长班玛丹增时，第一句话是："青海发生地震后，江泽民总书记、李鹏总理非常关心"，还说"我代表江泽民总书记、李鹏总理向灾区人民慰问"。"党中央、国务院要发慰问电"。他还说，近日内中央将派出慰问团（工作组）。罗干秘书长还在电话中询问灾情和救灾情况。

29日8时　由省委副书记桑结加为团长的省党政军慰问团抵达灾区进行慰问。

同日　青海省七届人大三次会议全体代表给海南州灾区的各族群众发来慰问电。

同日　由民政部范宝俊带领的中央慰问团一行19人于当日晚抵达西宁。30日下午到达海南州，在恰卜恰镇各医院慰问在地震中受伤的群众和参加救治的医护人员。自4月30日至5月4日中央慰问团先后到塘格木农场、共和县铁盖乡、英德尔乡和兴海县河卡乡地震灾区、龙羊峡水电站等地，代表党中央、国务院慰问灾区群众和抗震救灾工作中做出贡献的机关干部、武警、解放军官兵、公安干警及医护人员。其间，中央慰问团听取青海省人民政府关于海南震情、抗震救灾和灾区恢复生产、重建家园的初步设想。5月4日下午4时，中央慰问团结束对整个海南地震区的慰问活动返回西宁，5月5日回京。省长金基鹏，副省长班玛丹增、喇秉礼和省政府副秘书长李庆、王炳生，省民政厅厅长王希文等到车站送行。

5月

1日上午　中共青海省委书记尹克升看望地震灾区群众，高度评价抗震救灾所取得的成绩。

8日　青海省副省长卞耀武、马元彪和省政府各有关部门负责人一行20余人，到地震灾区视察灾情，并慰问受灾地区的干部群众和参加抗震救灾的全体人员。

9日　青海省副省长卞耀武、海南州州长白玛一行赴京向党中央、国务院及有关部门汇报"4·26"大地震灾情。

10日　全国人大常委会副委员长阿沛·阿旺晋美打来电话慰问海南州灾区各族群众，并以援藏基金会名义，向灾区捐款2万元。

11日　青海省抗震救灾领导小组副组长、副省长班玛丹增及省政府有关部门负责人到达地震灾区，实地解决当地医疗和教学工作中亟待解决的问题。

17日　省政府副省长卞耀武、海南州政府州长白玛在京拜访全国人大常委会副委员长阿沛·阿旺晋美，并汇报地震灾情和重建的设想。

18日　省人大常委会副主任马文鼎、副省长喇秉礼、省政协副主席扎西安嘉等领导分别给武警总队、武警五支队、武警医院赠送锦旗和牌匾，给在抗震救灾中立功受奖的先进个人代表赠送纪念品。21日他们又来到省军区，慰问省军区暨驻青各部队的指战员。

21日　国务委员、国家科委主任宋健在京听取省政府副省长卞耀武关于塘河地震的灾情汇报。

22日　国务院总理李鹏主持召开办公会议，听取国务院赴西藏工作组和赴青海慰问团的情况汇报。会议决定，从中央财政中拨给西藏、青海部分资金，帮助灾区搞好受灾群众救济和恢复重建工作。

25日　省委常委、副省长卞耀武和海南州州长白玛、省民政厅厅长王希文专程去武警总队感谢武警部队为抗震救灾做出的贡献。

7月

由青海省抗震救灾指挥部、中共青海省委宣传部、青海省民政厅主编的《面对大地的震颤》（25万字）一书，由青海人民出版社出版发行。该书以翔实的材料、充沛真挚的感情，真实地记录党中央、国务院对灾区各族人民的亲切关怀和深情厚谊，热情讴歌抗震救灾部队为人民利益赴汤蹈火，不惜流血牺牲的动人事迹。可谓是社会主义精神文明精神不可多得的生动教材。

附件二：

中共青海省委、青海省人民政府致电中共中央国务院代表全省各族人民对中央关怀表示衷心感谢

中共中央、国务院：

我省海南藏族自治州共和县、兴海县之间发生强烈地震后，党中央、国务院和江泽民、李鹏等中央领导同志对灾区各族人民极为关怀，对抗震救灾工作及时做了重要指示。在抗震救灾的关键时刻，党中央、国务院给我省地震灾区干部、群众发来慰问电，并决定派慰问团赴灾区慰问受灾群众。党中央、国务院的亲切关怀，使灾区干部、群众和全省人民受到极大的鼓舞，增强战胜困难的信心和勇气。我们代表青海440万各族人民向党中央、国务院表示衷心感谢。

目前，经过人民解放军、武警部队和灾区干部、群众的共同奋战，受伤的群众已全部住进医院，及时得到治疗，灾区群众已全部住进帐房，恢复交通、供电和通讯。省、州及驻军的支援物资接连不断地送往灾区，群众情绪稳定，社会秩序良好。省委、省人民政府对灾区恢复生产、重建家园的问题已做了研究。

我们一定按照党中央、国务院的指示，带领灾区的共产党员、共青团员和广大干部、群众，发扬艰苦奋斗、奋发图强、自力更生的革命精神和连续作战的顽强作风，全力以赴进行救灾工作，把损失减少到最低程度。我们决心在党中央、国务院的领导下，努力贯彻十三届六中全会精神，紧紧依靠和团结灾区各族人民，在人民解放军、武警部队的支持配合下，坚决克服困难，以夺取抗震救灾，重建家园全面胜利的实际行动，感谢党中央、国务院和中央领导的亲切关怀。

中共青海省委
青海省人民政府
1990年4月29日

（原载1990年4月30日《青海日报》）

附件三：

感谢信

中国人民解放军兰州军区、青海省军区、武警青海总队、海南州军分区及驻青抢险救灾部队全体指战员：

4月26日下午6时37分，我州共和、兴海县一带发生6.9级强烈地震，震中地区顷刻之间变为一片废墟，灾情遍及我州共和、兴海、同德、贵南、贵德五县及龙羊峡地区。在人民群众生命财产蒙受巨大损失之际，你们不顾余震危险和路途遥远，立即动员，全力以赴，投入到抗震抢险的紧急战斗，为捍卫人民群众的利益，写下值得骄傲的一页。

26日下午，省军区司令员季占斌、政委路宝银亲自召开紧急会议，部署抢险救灾，副司令员方登华同志连夜赶赴灾区组织抗震抢险。与此同时，军区派出第四陆军医院15人组成的医疗队，赶赴灾区抢险。27日上午，兰州军区召开紧急会议，向所属部队下达抢险救灾命令。28日，路宝银同志亲赴灾区，指挥部队、民兵抢险救灾。灾情发生的当天晚上，海南军分区也紧急动员，一面组织机关干部、战士于当夜赶赴现场，一面部署共和、兴海两县人民武装部，组织民兵投入抢险救灾。军分区政委吕焕平同志大腿骨折未愈，拄杖指挥。27日，省军区教导大队和84532部队360名指战员，携带机械车辆赴灾区抢救。

在紧张的抢险救灾中，人民解放军官兵和民兵不分昼夜，连续作战，有的被砖块、木头砸伤，有的双手刨出鲜血，有的连续战斗10多个小时滴水未进坚持战斗，许多人每天往返近百公里，自带干粮，奋勇抢险，他们豪迈地说：“哪怕自己脱皮掉肉，决不能让国家财产蒙受损失。”省军区副司令员方登华同志身体力行，彻夜不眠，一直坚持在第一线指挥抢险，因劳累过度，昏倒在地。无数感人肺腑的动人事迹，谱写一曲军民团结与震灾搏斗的壮丽凯歌。

灾情发生后，兰州军区、省军区和海南军分区以及驻青各部队以灾情就是命令、时间就是生命的高度责任感，及时给我州灾区人民送来棉衣、棉（皮）大衣、被褥、绒衣、单衣、食品、帐篷、建材等救灾物资，由省军区政委路宝银、副司令员方登华同志亲自带队送往灾区。参加过老山自卫反击战的84532部队，发扬英雄部队的光荣传统，抢运物资，为我州抗震救灾，安置受灾群众提供一定的物质基础，做出显著的成绩。灾区广大干部群众无限感慨地说：“千言万语汇一句，感谢亲人解放军。”

在这次抗震抢险的战斗中，人民解放军指战员行动迅速，作风顽强，勇敢拼搏，发扬人民军队爱人民的光荣传统，充分显示人民军队一不怕苦、二不怕死的大无畏精神和无私奉献精神，为我州各族人民树立光辉榜样，在抗震救灾中立下新的功勋。实践再一次证明，人民解放军不愧为人民群众利益的坚强捍卫者，不愧为改革开放历史条件下各族人民最可爱的人。在此，我们谨代表中共海南州委、州人大、州政府、州政协、州纪委、灾区干部群众及全州广大干部、职工和35万各族人民，表示最崇高的敬意和最衷心的感谢！

我们决心以人民解放军为榜样，团结一致，艰苦奋斗，奋力抗灾，尽快恢复正常的生活、生产、工作和学习秩序，医治震灾创伤，重建更美好的家园，为夺取抗震救灾工作的全面胜利而奋斗！

中共海南藏族自治州委员会

海南藏族自治州人民政府

1990年5月4日

附件四：

在共和国的词典里没有孤独二字

远方有雪。

远方也有关注，有暖流，有支援。

黄河上游，遥远的西部塘格木一时成了全国人民注目的焦点。

中断一时的无线电波很快得到修复。

党中央和省委向受灾群众发来了慰问电，向受灾群众表示亲切的慰问，震区用及时恢复的广播站，反复向受灾群众宣读。

以民政部副部长范宝俊为团长的中央慰问团来了。

带着党和政府及全省各族人民的关怀，以省委副书记桑结加为团长的慰问团也来到了灾区。

还有司法部、全国总工会、团中央都先后组织了慰问团向我省灾区人民表示亲切慰问。

一方有难，八方支援，这是我们中华民族传统的美德。

青海省医药公司连夜向灾区运送血浆、血蛋白、缝合针等急救物资、器械131件。

青藏兵站部迅速做出决定，支援灾区大米3000公斤，罐头1248公斤，皮大衣400件，棉大衣600件，棉衣裤985套，价值近6万元的物资，由政治部副主任郭东智带领15名官兵，乘坐6辆卡车，于4月27日即送到了灾区。

4月28日清晨，以司令员翟新发为首的80306部队抗震救灾领导小组，怀着对灾区人民的深厚情谊，带领10多辆卡车，载着衣服，食品，医疗器械等救灾物资，冒雨奔赴灾区。

兰州军区和青海军区都相继送来了救灾物资。

中央一些部委和兄弟省、区也陆续发来了慰问电，并热情地向我省灾区人民捐赠了钱物：中华全国总工会捐款10万元，国家经贸部捐赠10万元人民币和部分物资，山东省捐款50万元，甘肃省捐赠了价值20万元的棉毯，中国红十字会捐款3万元，全国妇联捐款4万元，山西省捐款20万元，南京市爱德基金会捐款20万元。在外省的捐款者中还有干部、职工、个体户、武警战士、中小学生、居民、残疾人和一些曾在青海工作过的同志。沈阳市南塔街124号鲍民同志信汇100元，并在附言中写道：“仅以点点心意，慰问养我10年的高原人民。”武汉市一位叫行丽君的同志，个人捐款2681元，徐州王建义同志捐款1000元，上海盲人捐款20元，北京市海淀区前进小学程炜汇款10元，“捐给无家可归的小朋友”。郑州铁七中三班同学汇来17元，在附言中写道：“同是炎黄子孙，一方有难，八方相助，此款略表寸心。”安徽省尚县杨楼镇一位署名刘永红的小姑娘，从信里寄来15元现金，她在信中写道：“我从电视里看到，那些军人叔叔、阿姨和医护人员，不顾一切奋勇抢救受灾的人们，十分感动，为了表达我的一点心意，我把我积攒的一点钱寄来……在这里我希望灾区的兄弟姐妹们要鼓起勇气，像张海迪那样，勇敢地向困难做斗争。”

而在我省地震后的第一天，各行各业的职工就纷纷到省民政厅救济处捐钱捐物，救济处的同志告诉记者：“乌兰县希里沟镇西庄村农民韩宗毅，到了我们这里，二话没说，就掏出200元和一封慰问信，代表全家向灾区死难同胞的家属表示慰问。经过询问，他是在西宁陪伴病重的妻子住院的，得知塘格木地区发生地震，他忧心如焚，解囊相助。民革青海省委的副秘书长施强也送来了3000元，说是中山印刷厂和中山学校的同志们的一点心意。”

老红军李光泗正在住院，听到地震的消息后，第二天清晨就到干休所捐款 50 元。杜干浦等 4 位老红军也拿出 400 元，表示对灾区人民的慰问。

班禅大师的父亲向灾区捐赠 2500 公斤粮食。

全国政协委员、塔尔寺管理委员会顾问却西等十位活佛，代表塔尔寺僧侣于 5 月 1 日也来灾区慰问，并在海南州人民医院、共和县中医院、州藏医院看望受伤的群众，同时还将带去的冰糖、茯茶、小麦、饼干等物资分发给伤员和死难者的家属。

从这无数的感人事例中，我们看到这是一首精神文明的颂歌，是一首激动人心的诗篇。

地震发生后青海省委、省政府连续召开会议，部署抗震救灾、重建家园的一系列事宜。

省劳改局已着手重建家园、生产自救的准备工作，从系统内抽调出大批建筑技术人员去塘格木筹备建房，从第一砖瓦厂每天将 3 万到 4 万块的砖运往塘格木。省勘测设计院也派出专家和技术人员在塘格木地区研究，并帮助规划、设计建房问题，省电力局的全体职工，连日来坚守岗位，加强巡视，抢修线路，精心操作，保证了西宁电网和震区的安全供电，为抗震救灾提供了充足的电能；省物资局的各级领导，在了解震区恢复生产、重建家园所需物资品种、数量后，到 4 月 30 日已向灾区批拨小径原木 1000 立方米，钢材 560 吨，将木材加工厂生产的 11 套菱镁活动房屋送往灾区，并派出干部、技术人员到现场帮助安装；川口水泥厂也为灾区送去 18 吨高标号水泥，省建设银行为灾区发放 800 万元的贷款，大通矿务局也向灾区赠送 50 吨优质大煤。

现在，灾区的受伤群众已转危为安，受灾群众全部住进了帐房，食品充足，情绪安定，秩序井然。震区的商业、粮食、供销、邮电、银行等部门搭起了简易帐篷恢复营业；青海医学院 85 级医疗系李坤正、贾国强等 7 位大学生和青海大学农学系应届毕业生申维英主动要求到地震灾区塘格木农场工作，愿将自己的青春和知识奉献给灾后重建中的塘格木农场。

塘格木农场虽然遭到严重的破坏，但他们的指挥没有散，精神没有垮。他们一手抓抗震，一手抓生产。在刚刚恢复生机的时刻，他们首先想到的是春播农时不能误，他们掩埋了遇难者的遗体，强压悲痛，从废墟中挖出农机具，日夜抢修，每天以 3000 多亩的速度，播完 28000 多亩油料作物。

塘格木农场的干部、职工向党向人民递交一份出色的答卷。

大地已经渐渐延缓和停歇它的震动了，在这次意想不到的天灾降临后，我们可以看到我们这个伟大国家、伟大民族的美德，这种美德在我们每一个炎黄子孙的血管里流动着。正因为有这种美德的延续，所以任何灾难都不会使我们在大自然面前倒下的，不会，虽然至今我们战胜不了大自然，但是大自然同样也战胜不了我们。

我们还不止一次地反思着，面对那一片惨不忍睹的废墟，我们今天固然还战胜不了许许多多的天灾人祸，可是我们究竟能有多少抵御能力呢？假如这里原先不是一片简陋的土房，假如这里的建筑物中多一些砖瓦、水泥的成分，我们的损失会不会降低到最低程度呢？是的，远方有雪，就在地震的同时，青藏高原还在承受着巨大的雪灾，这是一个多灾多难的地方，在这里生存的人们，往往要付出更多的生存代价，因此，他们比任何地方的人都更渴盼和期待祖国经济的繁荣昌盛，渴望安定，渴望社会的发展。

夕阳落了朝阳又会升起，太阳以太阳的轨道运行着，我们以我们的信念前进着！永远，永远！

（摘录自《面对大地的震颤》青海人民出版社出版 1990 年 7 月第 1 版，国瑞　察森　冯君著）

沟后水库垮坝事件及抢险救灾始末

1993年8月27日22时许，共和县沟后水库大坝决口。水库坝高71米，蓄水高程3277.25米（低于设计水位0.75米），蓄水量310万立方米（少于设计库容20万立方米），相对高差442.25米。该水库距沟后河入龙羊峡库区35公里，距海南州府、共和县府所在地的恰卜恰镇13公里。水库垮坝后洪水直冲下游沿河村庄和县城，持续约3小时，冲毁住房和生产用房2932间，受灾2837人，死亡288人，失踪40人，冲毁桥梁3座，冲毁庄廓50余座、农田1.6万亩、林地2万亩，水、电、通讯、路等公共基础设施受到损坏，共和县恰卜恰镇的39个国营、集体单位和恰卜恰乡、曲沟乡、13个村遭受到严重损失，直接经济损失1.53亿元。

沟后水库位于黄河支流沟后河上游。1984年，青海省计划委员会以青计农〔1984〕279号文下达《关于共和县沟后水库计划任务书的批复》。是年11月21日，建设单位共和县人民政府与陕西省水利水电勘测设计院签订沟后水库设计合同。与此同时，共和县委托铁道部第一设计总队、甘肃省水利水电勘察设计院和水电部四局等单位分别进行测量和地质勘查工作。1985年3月，陕西省水利水电勘察设计院提交沟后水库设计文件。之后，青海省建设厅以青城设〔1985〕173号下达《关于共和县沟后水库初步设计的批复》。沟后水库建设总投资为3150万元，由铁道部二十局施工，于1985年8月开工，历时4年，于1989年9月竣工。1992年9月，由青海省建设厅组织竣工验收。是年被评为优良工程。

当沟后水库大坝决口后，在这场震惊中外的灾难发生之时，当日23时零2分，中共海南州委、海南州人民政府和共和县委、县人民政府紧急部署抢险救人工作，公安干警、武警官兵、解放军指战员和机关干部职工奔赴受灾现场，帮助群众撤离险境。在抢险救人的斗争中，公安干警张海军、张炜、霍红兵，海南州供电局职工刘明、翟全璞以身殉职，被追认为革命烈士；商业个体户李秀全为抢救落水儿童而献身，被授予“抢险救灾勇士”称号；当日28日凌晨2时40分，青海省副省长、省防汛抗旱指挥部总指挥马元彪与省有关厅局领导带领200多名武警官兵赶到现场。接着，省长田成平、省委副书记桑结加、省委常委唐正人和姚湘成、省人大常委会副主任高尼等接踵而至。8月28日中午，正在同德县考察工作的省委书记尹克升也赶到恰卜恰。28日下午5时45分，国务院副总理朱镕基给省长田成平打来电话，询问灾情后说：“我代表国务院向受难者表示哀悼，向受难者家属及灾区表示慰问”；8月29日，受国务院总理李鹏、副总理朱镕基、国务委员陈俊生的委托，以国务院副秘书长、国家防汛抗旱副总指挥刘济民任组长，国家经贸委副主任石万鹏、水利部副部长严克强、民政部副部长范宝俊和国家计委、财政部、内贸部、农业部、国家防汛办公室负责人为成员的国务院救灾工作组，于16时50分抵达恰卜恰灾区，对受灾群众和参加抢险救灾的解放军指战员、武警官兵、公安干警、医务人员表示慰问；8月31日青海省保险公司继28日调拨20万元赔款资金之后，又有100万元赔款资金到位。州保险中心支公司进行现场办公，当场理赔。下午，省建设银行张伯良等4人察看现场后决定向灾区发放一年期贴息贷款400万元。9月9日，受国务院委托的水利专家组抵达恰卜恰，对沟后水库垮坝原因的调查随之展开。

是年9月30日，中共海南州委、州人民政府做出《关于沟后水库垮坝遇难者和遗属生活补助抚养等有关问题的决定》；10月6日，据海南州抢险救灾指挥部资金物资组统计，自“8·27”以来，共收到全国各地捐赠救灾款182万元；各种救灾物资折价124.7万元；联合国捐赠28万元，日本捐赠210万元；其他各种渠道筹措资金3954.3万元，共新建、维修和购买房屋1788间，673户受灾群众全部搬入新居。是年12月15日，中共海南州委、州人民政府召开恰卜恰地区抢险救灾重建家园总结表彰大会。有50个先进集体和374名先进个人受到精神和物质奖励。其中张海军和张炜、霍红兵被公安部分别授予“全国二级英模”和“一等功臣”称号。

天若无情人有情！面对水库垮坝的灾难，灾区各族人民，在党中央、国务院的亲切关怀下，中共青海省委、青海省人民政府，中共海南州委、州人民政府及灾区各级党委、人民政府，采取有力措施，指挥救灾，清理现场，强运物资，安抚受灾群众，各级党政干部和职工、驻青部队、武警官兵、公安干警及社会各界人士万众一心，奔赴灾区，团结奋战，与各族灾区各族人民一道全力投入到抢险救灾、重建家园的紧张战斗之中，在较短的时间内完成清理现场、恢复水电路等基础设施、安置受灾群众、重建家园、恢复生产的工作，奏出一曲抢险救灾闪烁着时代光辉的最强音，一个灾后重建的家园以崭新的面貌呈现在世人面前。

附件一：

海南州抢险救灾指挥部现场清理工作总结

1993年8月27日“8·27”沟后水库垮坝后，经州抢险救灾指挥部研究决定，成立由30多人组成的现场清理工作组。现场清理组根据工作需要，下设6个工作小组：即遗体打捞处理小组、财产打捞运送小组、现场清理小组、后勤物资小组、机械车辆调度小组、卫生防疫消毒小组。现场清理共分儿童公园地段、二毛厂后林库地段、共和县税务局至州医院地段、二号桥地段，共和县旅社、五金厂和州粮油公司家属院地段，共和县食品大楼至县副食品加工厂地段，一号桥至龙羊库区河滩地段等7个地段进行。清理工作自8月28日开始至9月18日止，历时22天。

参加抢险救灾、现场清理的单位有兰州军区第47集团军炮一旅，兰空86389部队，青海省军区独立步兵营，青海省机械化工程公司，水电部四局李家峡工程指挥部，青海省武警二支队，青海省武警五支队，海南军分区，海南州武警支队，共和县武装部，州县公安干警和消防中队，贵南牧场，塘格木农场，巴仓农场，州属五县和龙羊峡工委、行委，州县行政、企事业单位和省驻恰各单位干部职工，学校师生，州级机关企事业单位民兵，共和县铁盖、曲沟、恰卜恰、东巴等乡部分群众。

20多天来，参加现场清理的各类人员共达6.3万多人次，平均每天出动2900人，最多时达4000人，其中兰州军区第47集团军炮一旅141人，兰空86389部队160人，青海省军区独立步兵营120人，青海省武警二支队286人，青海省武警五支队230人，海南军分区87人，海南州武警支队110人，共和县武装部17人，民兵、学校师生和州级机关干部职工800多人，共和县机关干部职工300多人，恰卜恰地区厂矿企业单位干部职工800多人，水电部四局，龙羊峡工、行委、塘格木农场支援人员100多人，防疫、司助人员120多人。累计出动各类机械车辆1980多台次，平均每天出动100多辆，其中，省机械化工程公司、水电部四局李家峡工程指挥部、贵南牧场、塘格木农场、巴仓农场及州属五县、龙羊峡工、行委、恰卜恰地区行政事业单位的汽车（包括翻斗车）33辆、挖掘机1台、吊车2辆、推土机6台、装载机4台、手扶拖拉机50多台。先后清理儿童公园、州卫校、州地毯厂、州医院、州公路工程队、共和农行恰办、州物资公司、州建筑公司、州汽车摩托车维修中心、州自来水公司、州粮油公司家属院、州农机公司、共和县肉食品公司、县副食品加工厂、县食品公司、县五金厂、县畜产公司、县第一建筑公司、县第二建筑公司等30多个受灾的国营、集体单位和长达23公里的河床。

在20多天清理现场的工作中，共清理儿童公园和受灾单位土方30余万立方米，清理受灾单位和家属区废墟30000多平方米，拆除危房2000多间、残墙断壁8000多米，打捞木料200多卡车、1200多手扶，共计600多立方米，挖出人民币21000多元、国库券505元、存折4本计4000余元，电视机、录音机、电冰箱、自行车、煤气灶、照相机、手表等家电产品、贵重物品和水獭、石羊等动物皮张450多件，各类戒指156枚，各类机械、农机具及配件260多件，并结合清淤，从州农机公司、汽车摩托车维修中心挖出价值达300多万元的农机具及汽车摩托车配件等。

至9月25日，共打捞出遗体288具，失踪40人，共有328人遇难。其中男160人、女168人。遗体组处理遗体260具，死者亲属自行处理28具。从遇难者职业分：干部19人、工人59人、农民18人、退休职工18人、儿童40人、学校学生49人、个体户59人、干部职工家属33人、待业青年6人、寺院僧侣3人、其他24人。从遇难者民族划分：汉族230人、藏族43人、回族27人、土族4人、其他24人。对所有打捞出的遗体全部进行清洗、消毒、编号和拍照，并及时通知死者家属进行认领和处理。在处理遗体过程中，我们组织死难者亲属，及时进行大量耐心细致的思想安抚工作，对稳定群众情绪、化解矛盾起了很大作用。

20多天来，消毒组共出动防疫人员1500多人次，出动车辆110多车次，消毒遗体276具，消毒掩埋动物尸体626具，消毒厕所78座，消毒受灾单位32个，房间3000间，计90000多平方米；消毒水井5口，消毒抢险救灾人员21000多人次，烧毁衣物等10多吨，消毒河滩总面积达45平方公里。在搞好消毒工作的同时严把病从口入关，加强饮食服务行业的监督检查以及生活饮用水的监测化验，先后对250多家食堂、饭馆、食品加工单位等饮食服务行业进行监督检查。为防止肠道传染病、流感等疾病的发生和流行，进行预防性投药，共投药5900人份，并发放大量的抗菌药物，有效地预防灾后各类疾病的发生和流行，保障灾区人民及抢险救灾人员的身心健康和整个救灾工作的顺利进行。

这次水灾面积大、范围广、受灾单位多，清理工作时间紧、任务重，但由于现场清理组加强领导，精心组织，扎实工作以及人民解放军指导员、武警官兵、广大干部职工和群众的同心协力、艰苦奋斗，经过20多天的努力，现场清理工作成果显著，重点地段的清理工作已基本完成。在整个清理工作中，一是加强领导，积极组织。在现场清理过程中，省委副书记桑结加、副省长刘光和多次与州党政领导亲临清理现场，指导和指挥清理工作，看望和慰问参加现场清理的解放军、武警官兵和干部职工，极大地激发干部、群众和武警官兵的救灾热情，加快清理进度。清理组全体同志不分昼夜，加班加点，现场指挥，并分片分段抽调得力干部，指定专人负责，对参加清理的人员进行统一指挥，对各类机械、车辆的调动、供油由专人负责管理，每天晚上召集各片负责人开会，汇报当天进展情况，安排布置第二天的清理任务，保证每天的清理工作有条不紊。清理组的领导日夜坚持在清理现场坐镇指挥，发现问题及时解决。沃赛、曼拉、马世珍、东曲、普化杰、尤拉太、汪千、都永庭、焦万录、杨建国、才旦、公保等同志不仅分头负责各片的人员组织、协调工作，而且自始至终坚持与广大群众一起参加清理劳动，发挥出较强的组织领导才能，为群众做出榜样；李生寿同志在自己亲属遇难的情况下，除参加省上的业务会议外，始终坚持在现场指挥和劳动；周先、楼晓善等同志不顾年老体弱，克服脏、累、臭，事事亲自动手，全力投入到清理工作中，与年轻同志一道翻抬、运送和处理遗体。遗体处理组的罗藏华旦、周本加等同志也表现出色；负责后勤服务的南国、侃卓嘉等同志每天起早贪黑，到现场了解情况，合理调度各种机械车辆，按时供给各种油料、手套、口罩等现场所需物资，出色地完成任务。二是参加抢险救灾的人民解放军指战员、武警官兵纪律严明，作风顽强，昼夜奋战，发扬特别能吃苦、特别能忍耐、特别能战斗和连续作战的精神，自始至终战斗在抢险救灾第一线，主动承担最艰巨、最紧迫的任务，以最快的进度、最高的标准，完成指挥部下达的各项救灾清理任务，发挥人民解放军和武警官兵在完成急、难、险、重任务中的突击队作用，为现场清理工作做出重大贡献，赢得海南州各族人民群众的广泛赞扬。三是省机械化工程公司、水电部四局李家峡工程指挥部以及州属各县，龙羊峡工、行委、塘格木农场、贵南牧场等单位急灾区所急，及时派出机械车辆参加抢险救灾、清理现场，派出的司助人员素质好、技术硬，听从指挥、服从安排，为清理现场起了很大作用。四是受灾单位的干部职工发扬自力更生、艰苦奋斗的精神，不等不靠，依靠自己的力量，积极开展生产自救，大多数受灾单位的清理工作进展迅速，成绩显著。五是州县机关干部职工和各级学校师生在这次清理工作中不怕苦、不怕累，克服苦难，发扬顽强奋斗、埋头苦干的作风，做出较好的成绩。此外，现场清理期间，先后有州人行、工行、农行、建行、省第二毛纺厂、州毛纺厂、州民贸公司、州电力局、州气象局、州邮电局、州保险公司、州税务局等单位及时购买饮料、香烟和罐头等食品，由单位领导带队，亲临清理现场，慰问解放军指导员、武警官兵，对增强军民鱼水关系，激发广大官兵的斗志，发挥了积极作用。

通过现场清理，满目疮痍、惨不忍睹的受灾现场得到彻底的改观，使人们再也看不到水灾过后的惨状。现场清理工作进展快、质量高，在社会上引起强烈反响，对稳定人心，维护社会安定起到非常重要的作用。同时，也为今后的重建家园工作打下良好的基础，受到广大群众的一致称赞。

附件二：

关于组织海南州救灾工作的情况总结

桑结加　刘光和

（1993 年 11 月）

根据省委、省政府决定，从 9 月初开始，我们同省计委、财经委、财政厅、水利厅、民政厅、交通厅、建设厅、公安厅、商业厅、物资局等部门的负责同志组成工作组，赴海南州领导和组织恰卜恰地区的抢险救灾和重建家园工作。一个多月来，在各级党政组织、解放军指战员、武警官兵、公安干警和灾区各族群众的共同努力和中央、省有关部门的大力支持下，经过紧张扎实的工作，灾区的各项工作都有了很大进展，抢险救灾、重建家园工作取得初步的阶段性成绩。

一、认真核实灾情，据实确定救灾工作的主要任务

遵照中央慰问团关于救灾工作的重要指示和省委、省政府的具体部署，工作组在深入调查、核实灾情的基础上，研究确定救灾工作的五项主要任务：一是切实做好死难者的各项善后事宜；二是抓紧做好无家可归人员的安置工作；三是加快基础设施的修复，尽快恢复灾区正常的供水、供电、桥梁道路及通信设施；四是按照重建、转产、合并的原则，精心组织企业恢复生产；五是搞好水毁农田和水利设施的整治，安排好受灾群众今冬明春的生活问题。

根据上述五项任务，在省工作组的具体指导下，经过近两个月的紧张工作，第一阶段抢险救人、现场清理、基础设施修复等任务于9月底前大部分完成，特别是死难者的安葬和其家属的抚恤、无家可归人员的安置工作进行得十分顺利，受灾群众比较满意。目前，受灾群众情绪趋于平静，灾区社会秩序稳定。在解决好灾区急迫和突出问题的同时，我们及早着手受灾企业的生产恢复和水毁农田水利设施的整治，与州、县有关部门一道，逐户核实企业损失情况，研究发展方向，制定建设方案，踏勘建设新址，审定开支盘子，组织资金、物资，保证第二阶段工作的正常进行。

在领导和组织海南州救灾工作中，我们强调求实务实、真抓实干。除了不定期、经常性地到现场督促检查外，并且多次召开现场办公会议，审查工作进度，检查工作质量，听取意见建议，协调和解决问题。根据省长办公会议精神，参加救灾的省直各厅局在10月底前分别对所承担的工作最后进行一次检查验收。同时，在救灾工作的过程中，我们始终坚持和把握以下几条原则。

坚持自力更生，生产自救。广泛深入地对广大职工、城镇居民、农牧民群众尤其是各级干部，进行自力更生、艰苦奋斗的教育，克服悲观情绪和依赖思想；号召灾区各级党政组织和广大共产党员，讲党性、讲团结、讲纪律、讲大局，充分发挥战斗堡垒作用和先锋模范作用，振奋精神，接受考验，宣传、组织和带领群众，投身到抢险救灾、重家家园的工作中来。强调越是困难的时候，越是要坚持群众路线，发动和依靠群众，广开生产门路，进行生产自救。

坚持量力而行，尽力而为。中央和省上安排的救灾物资、资金的使用投向，主要用于五个方面：1. 用于无家可归受灾群众的安置及其今冬明春生活的安排；2. 用于农田水利和人畜饮水设施的整治；3. 用于桥梁、道路、供水、供电等基础设施的修复；4. 用于受灾企业恢复生产；5. 用于受灾严重的事业单位主要设备的维修和适当补助。坚持从灾区实际和救灾工作的需要与可能出发，有多大力量，办多大事情，集中解决最急迫、最突出问题的方针，所有救灾物资，资金实行统一管理，统筹使用，精打细算，合理安排，不留缺口，尽可能最大限度地发挥救灾物资、资金的使用效益。

坚持统筹规划，分工实施。为加强领导，搞好省、州、县的协调和配合，参加救灾的省直厅局的负责同志都参与州抢险救灾指挥部的领导工作，并做了明确分工，落实工作责任。抢险救灾、恢复生产、重建家园方案及项目审定，资金、物资的使用和调配，都必须经省工作组和州抢险救灾指挥部共同研究决定，由各专门工作组分头组织实施。坚持以市场为导向，以资源为依据，以效益为前提，认真搞好企业组织结构和产品结构的调整，防止新建和转产企业在原规模和基础上简单重建，重新陷入产品积压、效益低下的困难境地，为新建和转产企业今后发展奠定良好的基础。

坚持正确的舆论导向，努力维护灾区社会稳定。大力宣传党中央、国务院及社会各方面给予灾区的极大关怀和支持，宣传抢险救灾中涌现的先进人物及其感人事迹，宣传灾区各族群众，万众一心，抢险救灾、重建家园的坚强意志及其工作进展情况，振奋人心，鼓舞士气，把灾区广大群众的思想引导和凝聚到生产自救重建家园上来。督促和责成州有关部门及时拿出宣传提纲，制定必要的工作预案，有针对性地做好群众的工作。教育干部职工尤其是受灾群众，冷静、理智地对待这次垮坝事故，要相信上级能够客观、公正的处理这一问题，防止出现过激行为。强调正确运用解决人民内部矛盾的方法，审慎地对待受灾群众中的一些过激言论和行为，坚持疏导、安抚的方针，采取说服教育的方法，稳定情绪，化解矛盾。

二、抢险救灾、恢复生产、重建家园工作进展顺利

分别轻重缓急，坚持量力而行、尽力而为的原则，救灾工作的组织和实施的总体要求是：全面规划、分工实施，保质保量、限期完成。目前，各项工作进展顺利，有的已经基本完成。

1. 清理受灾现场工作基本完成。9 月 2 日起集中力量清理龙羊库区漂浮物、儿童公园人工湖、1 号、2 号桥桥孔附近淤塞物，继续寻找遇难者的遗体。至 9 月 20 日，30 公里的河道、38 家受灾单位、521 户受灾群众的财产清理、倒塌建筑物的拆清、受灾现场的清淤基本完成。遇难者的遗体大部分已寻回，有人认领的每人发放 2000 元进行妥善安葬；无人认领的经拍照后，统一进行埋葬。

2. 水、电、路、桥等基础设施恢复进展较快。2 号、4 号水井于 9 月 16 日已全部修复，恰卜恰河西地区生活供水初步恢复，全镇日供水量已占需水量的 70%左右。恰卜恰至沟后电力线路正在修复之中，重建的 1 号桥正在施工，2 号桥维修加固近日即可完成，位于青康线的 3 号桥已于 9 月 10 日通车。镇区公路恰卜恰至沟后、曲沟的简易公路已修复通车。基础设施的很快修复，为稳定社会、恢复生产、重建家园奠定比较好的基础。

3. 受灾群众得到初步安置。经过详细调查，对 521 户城镇、农村受灾群众受灾情况按毁灭性、严重性、一般性等不同程度分别给予每户 2 万元、1 万元、1000 元的救济。对无家可归人员按照分散为主、分散与集中安排相结合的原则，采取投亲靠友、单位安排、统一划地建房等办法，妥善给予安置。平房已于 10 月底全部交付使用，5 家楼房建设单位所用地皮、资金、三材及施工单位也已全部落实，多数已开挖基础，可以保证在明年 6 月底前搬入新居。目前受灾群众的衣、食、住、用等问题初步解决，受灾群众基本满意。

4. 工商企业生产恢复正在进行。对遭受毁灭性严重灾害的 26 户工商企业，我们要求，要在认真总结过去企业生产经营经验教训的基础上，按照国家产业政策要求，调整企业组织结构和产品结构，讲求效益，突出重点，经过论证，科学决策，该并的并，该停的停，该恢复的恢复。经过研究，26 家企业中，除两家乡镇企业停办外，其余 24 家受灾企业基本上全部恢复生产经营。

5. 农田、水利设施修复已按方案组织劳力进行清淤、平整、造田、修渠，水毁耕地除完全冲毁无法修复和沙石淤积太厚无力整治以外，年底可恢复 30767 亩。

三、救灾资金、物资陆续到位

1. 国家和省安排部分。国务院慰问团安排 500 万元以工代赈资金、200 万元民政救济款，已协调到位；300 万元特大抗洪救灾款将于近期下达。2000 万元低息扶贫贷款，经努力争取，有关部门答应在 1994 年给予安排。2000 吨钢材、

1500 方木材、1500 吨汽油、1000 吨柴油物资调配单已拿到，钢材、木材调度拉运正在进行。省政府安排的 500 万元救灾款已基本到位。其中，财政厅 200 万元，省计委 150 万元，民政厅 20 万元，交通厅 30 万元，省财经委 60 万元，商业厅 10 万元，共计到位 470 万元。

2. 银行贷款部分。省建行支援救灾的 400 万元贴息一年的贷款已到位。另经协调，省人行、工行、农行各拿 200 万元贷款，省建行再拿 50 万元贷款支持灾区，各种贷款合计 1050 万元。

3. 资金、物资捐赠部分。至 10 月底，海南救灾指挥部已收到国内外捐赠的资金 480 万元，捐赠的各类物资价值 124. 8 万元。

4. 保险赔款部分。省、州、县各级人民保险公司共计支付各类赔款 300 多万元。

附件三：

公布沟后水库垮坝责任事故的处理决定

本报讯（记者马显光）11 月 22 日，省纪委、省监察厅受省委、省政府委托，在海南州恰卜恰召开新闻发布会，公布沟后水库垮坝责任事故的处理决定。

处理决定说，去年 8 月 27 日 23 时，海南州共和县沟后水库发生垮坝事故，造成死亡 288 人，失踪 40 人，冲毁房屋 2932 间，直接经济损失 1. 53 亿元。事故发生后，党中央、国务院派出刘济民副秘书长率领的工作组，深入灾区慰问群众，察看灾情，指导抢险救灾工作。省委、省政府领导及时赶赴现场组织指挥抢险救灾。水利部和省政府派出专家组查明事故原因。省政府于去年 11 月初组成由省监察厅牵头，省纪委、省防汛办、省劳动人事厅、省计划委员会、省农牧办公室、省检察院等单位参加的沟后水库垮坝事故调查处理组，在专家组查明垮坝原因的基础上，负责进一步查清我省有关单位和个人的责任。

处理决定指出，经水利部专家组和我省的调查，认定垮坝是设计、施工、管理等综合因素造成的，直接原因是混凝土面板漏水和坝体排水不畅导致坝体失稳而溃决，是一起重大的责任事故。坝体设计的缺陷和施工中存在的严重质量问题，给水库留下致命的隐患，是垮坝的主要原因。我省有关单位和个人在工程设计审查、施工质量监督检查、水库运行管理、防汛及河道清障等工作存在许多问题，对造成事故损失负有不可推卸的责任。

共和县及其沟后水库工程建设指挥部等单位，工程管理经验严重不足，水库建设的前期工作管理混乱，先后参加勘测、设计的单位达五家之多，且未能妥善衔接和协调配合；在共和县和铁道部第二十工程局签订施工合同时，违反基建程序，未经有关部门审查批准，将大坝堆体材料擅自改为砂砾石，给坝体排水留下隐患，对施工质量没有认真地检查监督，在防浪墙与面板结缝施工中已发现裂缝的情况下，竟同意施工单位用砂浆填塞的错误方法处理；水库建成运行后，管理制度不完善，已有的制度执行不严；预警设施不完善；有的管理人员长时间脱岗，未能有效履行职责；防汛行政首长负责制落实不认真；对恰卜恰河行洪区内清障工作措施不力，对造成事故损失负有重大责任。

海南州有关领导和部门在州内重点工程沟后水库的建设和运行过程中，疏于管理，督促检查不严，对造成事故损失负有领导责任。

省城乡建设环境保护厅作为设计主审单位，在先后两次设计审查时，均未发现大坝设计中的缺陷和失误；主持竣工验收时，对施工中存在的一些质量问题，未引起足够重视，且错误地对大坝施工冠以“优良”等级，对造成事故负有重要责任。

处理决定指出，鉴于水库垮坝时综合因素造成的，我省有关人员确实存在经验不足和缺乏有关专业技术知识等实际情况，省委、省政府经过认真研究，按照有关规定，本着实事求是、客观公正的原则，分别对我省有关责任者做出处理。

处理决定最后强调，沟后水库是个仅 330 万立方米库容的小水库，垮坝后造成如此惨重损失，教训沉重而深刻。尽管垮坝原因是多方面的，但从我们自身检查，暴露出工作中的许多漏洞和薄弱环节。我们必须从中吸取教训，引以为戒，改进工作。各级领导干部要切实增强水患意识，严格执行防汛行政首长负责制，真正做到工作上狠抓落实，有备无患，万无一失。各行各业也要以此为训，举一反三，在各项工作中，把积极性与科学性有机地结合起来，进一步抓好安全生产，切实保障人民群众的生命财产安全，确保经济建设和改革开放的顺利进行。

（原载 1994 年 11 月 23 日《青海日报》）

附件四：

我们应当吸取的教训

中共海南藏族自治州委书记　高昭平

海南藏族自治州州长　冶　丹

（1994 年 11 月 18 日）

沟后水库垮坝事故发生后，党中央、国务院和省委、省政府非常重视，不但及时派出工作组在现场组织指挥抢险救灾工作，而且还派出专家组，迅速查明事故原因。根据国家防汛抗旱指挥部的指示，我省组成事故调查处理工作组，负责进一步查清我省有关单位和个人的责任。经过工作组严肃认真、积极努力的工作，完全查明涉及我省有关单位和个人的责任问题。在此基础上，省委、省政府对有关责任人分别做出党纪、政纪的处分决定，这些决定客观公正，实事求是，充分体现对党、对人民群众高度负责的精神，完全反映广大群众的意志和愿望。

沟后水库垮坝事故已经过去一年多了，这次重大的责任事故，给我州各族群众造成惨重的生命、财产损失，同时，也给我们留下极为沉痛而深刻的教训。总结起来主要有四条：

1. 必须改进工作，坚决克服工作中的官僚主义作风。沟后水库垮坝的原因是多方面的，但我们工作中存在的官僚主义失职行为是一个十分重要的原因。这一点已经在省工作组的调查核实中得到确证。当前，我国的现代化建设进入一个关键时期，改革和建设的任务十分繁重，如果官僚主义继续存在下去，必将贻误我们的改革开放大业。因此，在我们的一切实际工作中，在我们的干部尤其是领导同志都要坚持党的群众路线，发扬党的密切联系群众的作风，实事求是的作风、艰苦奋斗的作风，自觉地反对和克服官僚主义。深入实际、深入基层、深入群众，大兴调查研究之风，了解情况，体察民情，掌握工作的主动权，有针对性地指导工作。必须克服形式主义，反对那种只图虚名、不干实事的坏作风，每一个领导干部都要尽人民公仆的责任，以高度的事业心、责任感，解决工作、生产中的困难和问题。

2. 必须尊重科学，把决策建立在科学和民主的基础之上。沟后水库的垮坝，使我们更加清醒地认识到决策科学化和民主化的极端重要性。因此，我们的各级党委要始终如一地贯彻执行党的民主集中制原则，健全党委集体领导制度，凡属重大问题都要由集体讨论决定，不得个人或少数人专断，避免和减少决策的失误，提高决策的民主化、科学化水平，确保决策的正确和有效实施。我们的各级领导干部要自觉遵守党的实事求是的思想路线，为人民每办一件事情，都必须要有严谨的科学态度和民主的工作作风，把一切主观愿望和客观实际结合起来，使每一项决策务必建立在科学和求实的基础上，受到群众的拥护，取得扎实的实效。除此之外，还要严格按科学程序办事。各级党政领导班子，特别是一把手要在一切工作和各项建设中切实贯彻党的群众路线，发扬民主作风，尊重科学技术，虚心听取有关方面专家和科技人员的意见，不搞“一言堂”、家长制，不想当然办事，不盲目拍板，不违背科学，遵循事物发展的规律，以达到发展经济的目的。

3. 必须认真学习现代科技知识，提高领导经济工作的能力。当今世界，科学技术突飞猛进，正是人类依靠科学技术这一生产力，才促进人类社会的全面进步。从沟后水库垮坝事故中我们不难看出，工程建设的领导者、组织者、监督者和施工者的科学文化素质、管理素质在很大程度上决定着水库建设的工程质量。因此，我们的各级领导干部要加强现代化科技知识的学习，较多地熟悉现代化科技基本知识，掌握科技进步的一般规律，并在工作中加以运用和实践。特别是搞工程、搞建设的同志更要加强自身科技知识和先进管理经验的学习和提高，自觉运用科学理论、科技知识、科学方法来观察和处理问题，不断提高领导经济工作的能力。

4. 必须严格纪律，进一步加强生产和经济管理。在各项生产建设和经济工作中，“百年大计，质量第一，安全第一”是我们应当遵守的一个重要原则。要做到“质量第一”“安全第一”，最重要的一条是遵守纪律，加强管理，严格按照各项有关规定设计、施工、运行、管理。沟后水库垮坝事故暴露我们在经济工作中疏于管理，检查不细、监督不力、把关不严、纪律松弛等问题，依然存在着有章不循、有法不依的现象。我们一定要教育广大干部、职工和各族群众树立“质量第一”“安全第一”的思想，在工作中要有忧患意识、水患意识、居安思危意识，要加强纪律教育，要求各项工作必须严格按照规定、章程、程序办事，执纪必严，违章必究。特别是在水利建设中，我们一定要十分重视小河流和水库防汛工作，一定要严格一切水利设施的监测和管护，严肃认真地做好河道清淤除障和水库加固除险工作，特别对那些病库、险库要周密观察，发现问题，及时解决，消除隐患，做到万无一失，保护人民群众的生命财产安全。

我州各级党政组织，要在执行省委、省政府关于沟后水库垮坝责任事故处理决定的同时，加强思想政治工作，把广大干部、职工和各族群众的思想统一到省委、省政府的处理决定上来，抵制有悖于决定的各种非议和不正当活动，维护全州的社会稳定。要关心垮坝受灾群众的生活，认真负责地帮助解决受灾群众的实际困难，稳定受灾群众情绪，使他们继续为海南的稳定和发展做出新的贡献。要精心组织，继续抓好受灾企业恢复生产，鼓励职工进一步发扬艰苦奋斗的优良传统和作风，抓好企业内部经营机制的转换产品结构的调整，促使企业尽快走出低谷，迈上新的台阶。

二、重要文献辑存

共和县人民政府
关于在全县牧区全面推行冬春草场承包到户工作的意见

共政发〔1992〕46号

（1992年4月22日）

各乡人民政府、县政府有关部门：

我县自1984年实行“牲畜归户，私有私养，任务到户，现金提留，长期不变”的以家庭承包经营为主的畜牧业生产责任制以来，有力地调动广大牧民群众的生产积极性，进一步解放牧业生产力，畜牧业生产在多灾的情况下连续获得持续稳定的发展。实践证明，以家庭联产承包经营为主的生产责任制，符合现阶段牧区生产力发展水平，符合草原畜牧业经营特点，但是，随着生产的发展，因草场责任制不够完善而出现的一些新的矛盾日益突出。一是草场牲畜严重超载的问题日趋严重，一些养畜大户因牲畜不协调发展而导致草场过牧退化，而一些无畜户、少畜户则对草场利用不合理、不充分；二是部分群众对固定草场的稳定性持怀疑态度，不愿增加对草原基本建设的投入；三是有些地方因草场分配不均，牧户承担的税收提留、畜产品交售等任务出现畸重畸轻，在一定程度上挫伤群众的生产积极性，这些问题已不同程度地制约着畜牧业生产的进一步发展。在牧区全面推行冬春草场承包到户责任制，是当前深化牧区改革，完善畜牧业生产责任制，建立健全双层经营体制的主要内容之一，根据全省畜牧工作会议、全州三级干部会议和县委九届三次全委扩大会议精神，借鉴兄弟县近几年来完善草场责任制的做法，总结我县江西沟等乡在冬春草场承包到户工作中探索出的实践经验，特提出我县深化牧区改革推行冬春草场承包到户，实行一包四定、五统一责任制的意见。

一、冬春草场“一包四定、五统一”的主要内容

“一包四定”是在草原所有权不变的前提下，将冬春草场承包到户。逐步实行以草定畜、定税、定任务、定提留。“五统一”是统一生产计划指导；统一规划草原建设和管理，使用公共设施；统一组织防灾抗灾；统一进行畜种改良和畜疫防治；统一提留管理，使用公共积累。

二、承包方案

以1991年12月31日为止的实际人口数，现有牲畜总数（折合羊单位）和冬春草场面积为基数，按人六畜四的比例，将冬春草场分类折算成一类草场后分户承包。

三、基本原则

（一）推行冬春草场承包到户，必须紧紧依靠村党支部，村委会，充分尊重牧民群众的意愿，坚持因地制宜，不搞一刀切。充分发扬民主，广泛征求广大牧民群众的意见，照顾绝大多数牧民的利益，做到顺乎民心，切合实际，群众满意。对推行冬春草场承包到户，实行“一包四定”责任制确有困难的村社，根据群众意愿，也可实行其他责任制形式。

（二）要实行“大稳定、小调整”的方针，在坚持原村、社之间的草场界线不变，牧户所有的定居房屋、围栏、棚圈及水利设施不变，原牧户承包的饲草饲料基地不变的前提下，以社为单位对牧户间草场占用不合理的，作小范围的调整。牧户现有草场与承包面积差数在百亩以下的不再变动，主要调整占有草场面积过大过小的两头，稳定中间大头。

（三）要依据草场利用总体规划，留足公用草场集体草场及饮水，迁帐通道，调整划分草场尽可能安排在毗邻地方，对个别确需搬迁的牧户，必须是在原承包草场上未搞大的草原基本建设的牧户，且由牧委会指定搬迁到其他草场，搬迁时视情况给予适当的补偿。

（四）为有利于计划生育、发展民族教育，搞好优抚工作，对家庭人口不足四人的，按四人划分草场。在校学生和现役军人应计入家庭人口。对招工、招干和违反计划生育政策的超生人口，非法结婚娶进人口，已报城镇户口正式迁出人口原则上不分配草场。但超生户已采取措施，非法结婚补办法律手续的也可以划分给草场。

（五）对无畜少畜的贫困户，要保证基本的放牧草场，积极扶持贫困户发展生产，尽快脱贫致富。对五保户，可根据本人意愿，在落实供养对象后划给草场，由供养人使用，供养人同时承担“四定”任务；对五保户也可不划分草场，继续享受村、社“五保”待遇。

（六）草场承包到户后，草场使用权长期不变。允许向养畜大户有偿转让，转让时间可长可短。转让草场使用权必须经村委会批准。

（七）对近年来通过诚实劳动和合法经营而牲畜发展，其总牲畜数（折合羊单位）超过本村人均占有牲畜一倍以上的牧户，最多按本村人均占有数的一倍划分草场；对人均占有牲畜不足本村平均数的少畜户，按本村人均占有牲畜数划分草场。

（八）要按照牧业社现有畜均占有草场面积，合理确定各牧户承包草场的最大载畜量，对超载部分应引导其出栏，加快牲畜周转，向效益畜牧业转变。

（九）凡与外县有争议的草场，在争议未解决前，暂不实行草场承包到户。县内乡与乡、村与村之间草场界线有争议的，先明确界线，后承包草场。

四、方法与步骤

在推行冬春草场承包到户，实行“一包四定、五统一”责任制的过程中，应采取分步实施的办法，具体步骤是：

第一步：宣传教育，调查摸底。利用各种形式，召开各种会议，向群众广泛宣传实行“一包四定、五统一”的意义，让群众懂得“一包四定、五统一”有利于牧民在同等基础上共同致富，有利于畜牧业向高层次发展。

第二步：以原固定到帐圈的草场界线为基础，先由草场承包领导小组确定草场类别，丈量测算草场面积，核定人口、牲畜，制定草场利用规划，拟定草场承包到户的具体方案，然后提交群众大会讨论通过。

第三步：以户为单位，折合计算承包草场面积，调整划分承包草场，计划分解“四定”任务；签订草场承包合同。签订合同时乡人民政府为监督单位，牧委会为发包方（甲方），牧户为承包方（乙方），由三方共同认定后签订承包合同。

五、几点要求

由于“一包四定、五统一”工作的政策性强，涉及面广，工作量大，关系到每个牧民群众的切身利益，为积极稳妥认真细致地搞好此项工作，必须坚持求实的工作态度，扎实的工作作风，力求做到合情合理、科学细致，符合政策、以达到群众的满意。所以，必须善始善终地做好以下几方面的工作：

（一）切实加强组织领导。为保证整个工作有计划、有步骤地顺利进行，要求各乡结合本地实际，制定具体的实施方案，各村都要成立草场承包领导小组，具体负责草场承包的各项工作。领导小组应吸收有一定威望，群众信任、办事公道的老牧民、老干部参加。

（二）针对此项工作难度较大的实际，为少走弯路，各乡在开展工作前，要对参加此项工作的干部，骨干进行必要的培训。

（三）抓好几个关键环节：即宣传教育的环节；丈量测算的环节；调整草场方案的制定环节；调整划分草场的环节；计算任务分配和签订合同的环节；使整个工作环环紧扣、有条不紊地进行。

（四）对利用草场承包到户之机，制造矛盾，破坏团结，有意挑起草场纠纷的，要依法追究当事人的责任。

共和县人民政府
关于进一步深化企业改革的实施方案（试行）

共政发〔1993〕50号

（1993年3月）

一、深化企业改革的目的和意义

企业在城市经济乃至整个国民经济中占有主导地位，是国民经济的支柱，是国家财政收入的主要来源。我县现有工商企业30家，年上缴财政的利税占全县财政收入总数的三分之一以上。为此，切实搞好我县企业，特别是国营企业，对于解放和发展生产力，增加财政收入和改善人民群众的生活水平，具有举足轻重的作用。

长期以来，由于我国实行高度集中的计划经济体制，政企不分，行政束缚过紧，使企业成为行政机构的附属物。近年来，企业改革虽然已经迈出相当步伐，但束缚企业健康发展的各种因素依然存在，现有的经济体制在一定程度上仍然影响着企业的生产经营和发展，特别是我县企业还存在着活力不足、效益低下、亏损严重等现象，这不但影响企业的总体效益，而且严重地影响我县经济的发展。

二、深化企业改革的步骤和方法

（一）深入学习，更新观念，努力搞好现有企业。《条例》根据企业法，总结改革开放以来改革的基本经验，体现邓小平同志南方谈话精神，它按照政企分开、宏观管好、微观放开的原则，将企业法的主要内容具体化，既有新的突破，又增强操作性。全面贯彻实施《条例》对于落实企业经营自主权，推动企业走向市场，具有十分重要的意义。现阶段，企业改革是整个经济体制改革的中心环节，而企业转换经营机制是整个企业改革的关键。能否贯彻落实好《条例》，直接决定着整个经济体制改革的成败，关系到改革开放和经济建设的发展进程。要贯彻落实好《条例》，首先要扎扎实实搞好《条例》的学习宣传工作，通过学习宣传，提高企业职工对《条例》重要性的认识，加深对《条例》内涵的理解，增强贯彻《条例》的信心。

（二）要使企业走上良性发展的道路，必须认真贯彻执行国家有关政策和法律，在充分保障国家对企业享有所有权的前提下，转变政府及有关部门的职能，改革管理企业的方式，培育和发展市场体系，建立和完善社会保障制度，减轻企业负担，协调配套地进行计划、投资、财政、税收、金融、价格、物资、商业、人事和劳动工资等方面的改革。深化企业改革，关键是全面落实企业自主权。《条例》规定，企业转换经营机制的目标是：使企业适应市场的要求，成为依法自主经营、自负盈亏、自我发展、自我约束的商品生产和经营单位，成为独立享有民事权利和承担民事义务的企业法人。这个规定揭示问题的实质。只有全面落实企业自主权，企业才能成为独立地商品生产者和经营者。认真落实《条例》规定享有的自主权，是当前贯彻落实《条例》转换企业经营机制的关键。我们要理直气壮地把国家赋予企业的14项经营自主权用好、用活、用足。企业还可实行兼并、租赁、出售、拍卖，也可将闲置的房屋进行出售、拍卖。

（三）商业企业要全面贯彻落实好商业部、国务院经贸办、国家体改委发布的《全民所有制商业企业转换经营机制实施办法》和省政府发布的《青海省全民所有制工业企业转换经营机制实施办法》及州政府《海南州工业企业转换经营机制实施方案》。要积极借鉴沿海省市“四放开”的经验，本着“一业为主、多种经营”的原则，调整经营结构、扩大经营范围，拓宽经营渠道，灵活经营方式，突出经营特色。

1. 要打破各商品经营柜组之间经营范围的界线，职工在搞好本职工作的前提下，八小时之外可以联系推销业务，可以摆摊设点销售。

2. 要大力发展横向经济联合，与工商各界结为伙伴，保证货源供应。

3. 要开展经营与服务相结合，经营与加工相结合，逐步创造条件开发加工业务和服务性业务。

4. 要实行批零结合，根据用户的需要视货源、批量、进销差率情况，灵活采取倒扣的办法进行批发。

5. 要放活价格，根据“价格要活、管理要严、放而有度、活而不乱、活价促销”的原则，在不损害国家利益和消费者利益的前提下，除省州规定的国家定价的商品外，其他商品一律自主定价，要根据市场行情，灵活作价。

6. 要用工放活。为充分调动干部职工的积极性，企业实行全员劳动合同制、干部聘任制、内部待业制，合理组合、竞争上岗并允许职工停薪留职，自谋职业。

7. 要分配放活。按照国家与企业、企业与职工、眼前利益与长远利益三者兼顾的原则，使分配同经济效益的增长密切挂钩，职工的收入同劳动的数量、质量密切挂钩，在确保国家多收，企业多留的前提下，实行职工多得，收入上不封顶、下不保底。即要拉开分配档次，体现多劳多得，激发职工竞争劳动的积极性，达到发展生产力提高经济效益的目的。还要适当体谅、照顾老弱多病同志的实际困难，体观社会主义制度的优越性。

（四）工交企业要全面贯彻《集体所有制工业企业转换经营机制实施办法》和《青海省全民所有制工业企业转换经营机制实施办法》。依据企业法的有关规定和法律、法规，在不改变所有制性质的前提下，实现经营权和所有权分离，政企分开，并以确保上缴国家利税，企业留利和职工生活改善为目标。把人、财、物、产、供、销的权利交给企业，促使企业面向市场，减少对政府的依赖性，选准突破口，大胆进行试点，全面推行企业承包制，各企业承包形式为：

1. 利润基数包干、比例递增、超收全留。基数的确定，一般企业可参照前三年产值、利润平均基数结合目前实际情况，定出合理基数，一次包死基数。经扩建更新改造的企业要参照可行性研究报告中的指标分析核定基数。

2. 对小型微利企业（包括各企业门店）可实行租赁经营，也可上缴利润定额包干。

3. 亏损企业按合理核定的亏损额为基数，进行减亏考核。

4. 承包企业主要考核七项指标：产值、销售、利润、产销率、流动资金周转天数、资金利税率、全员劳动生产率。

5. 企业承包人可在企业内部或同行业中选聘，也可面向社会招聘。同时，也要鼓励和支持行政事业单位有能力的干部、技术人员“下海”。承包期为3~5年。

（五）在实行上述原则的基础上，全县各企业（工业、商业、供销、粮食、矿产等），要实行承包者奖惩制度，奖优罚劣。

1. 奖励制度：

（1）对承包前效益较好，预期效益比较稳定的企业，承包后完成利润基数和其他经济指标并实现企业资产增值的承包人的收入可高于企业职工年人均工资的一倍；若超额完成任务，以超收利润的10%，奖励承包者和对企业有突出贡献的人。

（2）对一些效益不佳的微利企企，承包期内完成利润基数和各项经济指标并实现企业资产增值的，承包人的收入可高于职工年人均工资的一倍；超额完成利润基数及各项经济指标时，以超收利润的15%奖励承包者和对企业有突出贡献的人。

（3）对一些效益差、亏损严重的企业承包期内完成各项经济指标及减亏目标并实现企业资产增值的，承包人的收入可高于职工年人均工资的一倍，并以减亏额的20%奖励承包者和对企业有突出贡献的人。

2. 惩罚制度：

承包期内，承包者完不成各项经济指标时，承包者赔偿标准按利润基数差额部分的40%—50%进行赔偿。必须于次年元月底前交清。否则，按经济合同法《条款》追究承包者的责任。

承包期内各企业都要严格遵守财经纪律，按国家规定的财会制度，准确、真实、完整地核算企业盈亏，不准政出多门，弄虚作假。如发现违反财经制度及人为造成的亏损，承包人负担全部责任和赔偿损失，并追究其法律责任。

具体奖惩细则由各主管局根据以上原则制定（各项经济指标，以各企业承包合同所定基数为准），承包人的奖罚由主管局核实审批，并于次年元月底前兑现。

三、认真做好资源开发工作

遵照邓小平同志南方谈话精神及青海省人民政府《加快青海省资源开发决定》的精神，变资源优势为商品经济优势，发展民族地方工业。共和县资源开发工作，要贯彻“大中小结合、商品经济转换程度”的方针，在国家统一规划下，优先进行矿产品开发。以资源开发带动加工业的发展。同时，我县资源开发工作还存在着技术力量不足、资金短缺、设备落后等困难，导致采掘业和加工业之间的不协调和经济效益低下，因此，为引进技术、设备、人才，要有更优惠的奖励政策。

1. 为资源开发牵线搭桥、引进资金、引进技术、引进人才、引进设备及提供各类经济信息，取得显著经济效益的，不论单位或个人（不含县级干部），从正式投产后当年新增利润或减亏额中，一次性提取5%~20%作为奖励。

2. 对引进资金使用期三年以上的以引进额和百分比由受益单位一次性奖励引进者（不含县级干部）。

（1）省外引进无偿投资的资金，以引进额的6%奖励引进者。

（2）省外引进无息资金的，以引进额的4%进行奖励。

（3）省外引进低于银行利息的资金（以银行同期整存、整取利率计算），以引进额的1%进行奖励。

（4）省外引进和银行利息相同的资金，以引进额的0.5%进行奖励。

（5）对引进资金使用期不足三年或省内引进资金的，可根据引进额和实际效益给予适当奖励。

（6）上述奖励领取时，由主管县长予以审批。

3. 个人领取的各种资金，均不征收个人收入调节税。

共和县人民政府
共和县草场承包办法实施意见

共政发〔1993〕182号

（1993年12月27日）

根据《青海省草原承包办法》有关规定，结合我县草场承包现状，特提出以下实施意见：

一、依法建立健全草原经营管理体制

《中华人民共和国草原法》和《青海省实施〈中华人民共和国草原法〉细则》明确规定：

草原属国家所有，即全民所有（由法律规定属于集体的草原除外）。县人民政府是国有草原的代表，县农牧局负责全县草原管理工作；各乡人民政府负责本乡辖区内的草原管理工作。县人民政府确认各乡草原使用范围和使用权，再由乡人民政府确认社的草原使用范围和使用权，并由县人民政府核发草原使用证，固定给村长期使用的草原，由村合作经济组织发包。与承包者签订合同，确认承包经营权，逐步建立草原公有县发证、乡管理、村发包的承包经营新体制。

二、严格掌握政策，继续完善草场承包制

完善草场承包制的目的是解决草场承包中不完善、不落实以及出现的新问题，将草场的“管、建、用”和牧民群众的“责、全、利”有机地结合起来，提高草原综合生产能力和效益。草场承包关系到每个牧民群众的切身利益，各地必须严格把握政策界限，从牧民群众的利益出发，接受群众监督。

1. 按《青海省草原承包办法》规定，冬春草场必须承包到户，因此各地未完成此项工作的应抓紧落实；夏秋草场原则上也要承包到户，但各地可以从实际出发，条件不成熟的可承包到组或联户。

2. 草场承包必须在草场界线明确的前提下进行，特别是有争议的地区，在界线未明确和争议未解决前不得强行划分，应暂缓承包，界限不清却又承包的地区，一律不得发放草原使用证。

3. 各乡要以社为单位制定草场利用和发展规划，进行分等定级。丈量面积，绘制草原区域图，草场以产草量为基础划等定级，参照地形、地貌、气候、水源、植被等因素确定，按正常年景下可食牧草覆盖率和亩产草量，将草场划分为一、二、三等，达不到三等条件的划分为等外草场。

4. 各乡必须以社为单位，留出一定数量的草场作为抗灾草料生产基地。种公畜草场、配种草场和实验基地等，必须留足公用设施、牧道、引水道等公用草场，学校、寺院可根据本地区实际情况划分草场。

5. 草场承包全县原则按“人畜比例”进行承包，其比例是人六畜四；各乡根据本乡、村、社的实际情况也可按“牧户人口”或“牧畜数量”进行承包。为保证无畜户、少畜户的生产生活问题，无论按“人畜比例”或“牲畜数量”承包草场时，无畜户、少畜户的草场要达到该社现有人均占有牲畜数的草场。

6. 凡户口关系在村、社并承担各项税费和提留的牧户均有承包草场的权利。为有利于计划生育，牧户人口不足四人的按人划给草场，单身户按 2 人划给草场，违反计划生育超生人口原则上不分配草场。

7. 对于少畜户、无畜户以及现役军人、在校大中专学生的草场划分，应从解决其基本的生产生活问题出发，妥善处理。

8. 五保户由集体抚养者，不再划分草场；若由抚养人承担抚养义务，其应得的草场划分给抚养人使用。

9. 草场已经承包的地区，特别是牧户已经进行大规模生产和生活设施建设的地区，进行清查后无较大问题并且牧民没有大的异议时，原则上可维持现状，不再变动；需要调整的也要本着“大稳定、小调整”和“稳中间、调两头”的原则进行，在调整时注意保护牧民的草场建设设施，维护牧民利益。

10. 牧民投资建设的设施。允许有偿转让，不得平调，国家补助牧民自筹建成的设施，归承包者所有；国家或集体投资建成的设施，归全民或集体所有，由承包者管理使用，维修，并按期交纳使用费或折旧费，也可折价归承包者所有，其使用费，折旧费或折旧款由村或乡纳入草原建设基金。

11. 发包方和承包者必须签订承包合同，合同内容要符合《中华人民共和国经济合同法》。

12. 承包者子女有继承承包草场的权利，有接受国家资助、建设草场的权利和义务。

13. 承包者暂时不用的草场，经村合作经济组织同意，可有偿转让或租赁给多畜户使用，由双方签订转包租赁合同，报乡人民政府备案。

14. 承包者不得在承包草场上从事非承包合同协定的经营活动，如需开垦承包草场，进行采矿挖砂石等非牧业生产活动，首先要征得村社和乡人民政府同意，并按有关规定办理审批手续，国家、集体在承包草场上开采矿藏或搞其他建设时，按有关政策规定办理征用手续。

15. 各乡要推行和完善“一包四定”的草场承包责任制（草场承包到户，以草定畜、以草定产、以草定草场使用费、以草定各种提留的承包责任制），搞好“五统一”服务（统一制定畜牧业生产计划和经济发展规划；统一组织牧户开展草原基本建设；统一组织牧户改良畜种，进行牲畜疫病和草原鼠虫害防治；统一组织防灾抗灾和及时转场；统一管理使用好公共积累）。

16. 草场承包归户后，不再因牲畜、人口增减调整草场。

17. 草场承包作由乡人民政府负责实施；草原使用证由乡人民政府填发，但须与县人民政府共同确认，盖章后方可生效。乡、村两级验收，分别由县、乡人民政府主持；县级验收，按草场承包的验收办法和程序进行验收，县级验收合格后，方能统一颁发草原使用证。

18. 全县定于一九九四年一月底前完成有关人员的培训工作，随即草场承包工作全面展开。四月底前完成冬春草场承包固定和验收工作，八月底前完成夏秋草场承包固定工作，否则，从一九九四年起停止下达包括草原鼠害防治、草地配套建设、畜牧业防灾基地草业综合服务体系建设以及其他草地畜牧业专项建设在内的一切草地建设项目和国家补助费，其工作后果自负。

三、做好草原使用证的发放工作，维护草原承包的严肃性

草原使用证是牧民行使草地使用权的法律文书，由乡人民政府负责填写，县人民政府和填发机关共同盖章后生效。本着实事求是、对国家和牧民负责的态度，按《青海省草原使用证及使用权登记表填写规则》要求，严格做好草原使用证的发放和使用权登记表的填写工作，草原使用证及使用登记表中的内容必须真实，不得伪造，未按政策要求和发放程序办理草原使用证者无法律效力，不受法律保护。

四、正确行使草场使用权和承包权，保障乡、村合作经济组织和牧民群众的合法权益

1. 依法固定给乡、村合作经济组织使用的草场，乡人民政府负有草场管理的权力，有权采取行政、法律、经济手段加强草场管理，有权统一组织草原基本建设，畜疫防治、畜种改良和农牧业综合开发，指导村社搞好承包经营。承包方违反承包合同和国家有关法律、法规，有下列行为之一的，草原管理机关和发包方可以收回草原承包经营权：（1）对承包的草场实行掠夺式经营，超载放牧，造成草原沙化、退化、水土流失，经县级草原主管部门提出，限期内不调整放牧强度、补种牧草、恢复植被的；（2）非法开垦草原或从事不利于草原保护的生产经营的；（3）未经发包方同意擅自转让草原的；（4）当年不交草原使用费，集体提留和国家规定的各种税费的。

2. 村合作经济组织对固定给本村社使用的草场有权进行适当调整，对村社留用的公用草场有权进行招标承包。

3. 草场承包者享有承包权，在国家宏观调控和指导下，按照承包合同所规定的草场使用范围，独立自主地从事经营活动，鼓励“四配套”建设，实行“谁建设、谁投资、谁使用、谁管理”的政策。

4. 草原承包者有保护草原的义务，特别要加强草原防火，若措施不力，造成草原失火的，对承包经营者要追究其责任和给予必要的经济处罚。

五、严格检查验收制度，确保草原承包质量

草原承包结束后，按《青海省草原承包检查验收办法》进行检查验收，先由乡人民政府组织验收合格后再申请县人民政府进行检查验收，冬春草场和夏秋草场可同时验收也可分别验收，冬春草场完毕，夏秋草场滞后的冬春草场先行验收，夏秋草场承包完毕后再行验收。

验收时要求四至界线明确，草场划定方案和面积符合《青海省草场承包办法》的要求和标准，资料必须齐全，图表中所登记的面积，四至、图块编号，户主姓名应一致，验收时逐项对照检查，达到各项要求的予以验收，重复承包，界线出现交错，界线有争议的草场，其承包无效，并暂缓验收。

六、加强组织领导，全面完成草原承包工作

草场承包是一项涉及面广、政策性强、难度大的工作，是党在农村牧区的一项重要政策，是调动牧民保护、管理、建设和合理利用草原积极性的重要措施。草场承包作成败的关键在于各级领导、各地党委、政府必须统一认识，高度重视，切实加强领导，必须将草场承包作纳入党政工作的重要议事日程上，由乡委、乡政府主要领导亲自挂帅，成立乡、村、社三级领导机构，认真进行调查研究，制定可行方案，明确工作制度各地在求得各级干部思想共识的基础上，组织牧民群众认真学习草原承包的有关文件，向牧民群众明确宣布草原承包政策长期（至少 50 年）不变，一经承包可以继承和依法转让，牧民可以自主经营畜牧业，其草原使用权受法律保护。

县政府将抽调有关单位人员协助各乡的工作，各乡在开展工作时，切忌搞形式主义，坚持调查研究和走群众路线的工作方法，充分发扬民主，以避免挫伤群众的积极性，确实使草原承包深入人心，得以稳定各级领导必须经常深入基层，巡回检查指导，为全开展承包工作尽职尽责，排忧解难，解决工作中的疑难问题，使草场承包工作有组织、有领导、有计划地实施，形成“全党抓，各级政府抓，全民抓”的浩大声势，把草场承包工作作为深化牧区改革的头等大事来抓，使党的草原承包政策在我县经济发展中真正见到实效。

七、本实施意见的具体事宜由县农牧局负责解释

共和县人民政府
共和县城镇住房制度改革实施方案

共政发〔1996〕33号

（1996年4月30日）

为全面贯彻落实国发〔1994〕43号和青政〔1994〕112号文件精神，积极推进我县的城镇住房制度改革，特制定本方案；县属各行政、企事业单位均以本方案实施。

一、城镇住房制度改革的政策和措施

（一）建立城镇住房公积金制度

建立住房公积金制度，其目的在于不断积累住房资金，增强职工购、建住房的能力，促进住房制度的改革。县属所有行政、企事业单位及其职工均应按照“个人存储、单位资助、统一管理、专项使用”的原则交纳住房公积金。

1. 公积金交纳的对象和范围

县属所有行政、企事业单位及其职工（固定工、合同制职工、三资企业的中方职工），均实行住房公积金制度，离退休职工，临时工、三资企业的外方职工不实行住房公积金制度。

2. 公积金缴交额及其利率

所有单位，不分性质和类别，职工个人和所在单位均按职工月工资总额5%的比例分别缴纳职工住房公积金，条件好的企业可以超过这个比例，条件差的企业可适当低于这个比例，但最低不少于3%。职工个人及其单位为职工交纳的公积金均归职工个人所有，按月存入职工个人公积金账户。住房公积金的存款利率按中国人民银行的有关规定执行。

3. 公积金交纳的办法

住房公积金职工个人承担部分，每月发工资时由所在单位代为扣缴。单位承担部分，企业从提取的住房折旧和其他划转资金中解决，不足部分经同级财政部门核定，在成本、费用中列支。行政事业单位从原有住房资金中划转，不足部分，全额预算单位由财政预算拨付；差额预算的事业单位按差额比例在财政预算和单位自有资金中解决；自收自的事业单位比照企业的办法解决。

4. 公积金的使用原则

住房公积金只能用于职工家庭购买住房、自建住房、私房翻建及大修费用。职工可使用本户成员及直系亲属的公积金用于上述用途。

职工离退休、调离本县或出国定居，其结余公积金本息全部归还给职本人；职工工作期间去世，其结余本息，由其合法继承人或受遗赠人提取使用。

职工住房公积金本息免征个人所得税。

单位购建住房，可申请政策性抵押贷款，贷款额度不超过本单位职工公积金总额的80%，并需按期偿还本息。在房改初期，公积金积累较少，贷款额度可适当放宽。

5. 公积金的管理

县人民政府负责制定公积金的归集、使用、管理的具体规定，审批住房公积金的使用计划和财政收支预决算，实施对住房公积金管理机构的领导和监督。县住房资金管理中心具体负责住房公积金的归集、支付、核算和编制使用计划的管理。

县住房公积金存贷款等金融业务由县人民政

府委托指定的银行办理。

（二）分步提高住房租金

根据国务院和省政府关于公有住房租金改革的要求，结合我县职工家庭收入水平和国家物价指数控制目标，分三步提高公有住房租金，1995年实行第一步提租，将全县住房租金提到每平方米使用面积平均0.33元，住房租金占双职工家庭平均月资的3%；1997年实施第二步提租，每平方使用面积月租提到0.66元，约占双职工家庭平均月工资的6%；1999年实施第三步提租，每平方米使用面积月租金提到0.99元，约占双职工家庭平均工资的9%；2000年后视经济发展情况逐步使全县住房租金提高到约占双职工家庭平均资12%~15%的水平。

1. 提租范围和标准

县房管部门直管和单位自管的公有住房出租，均按照统一租金标准执行。不发住房补贴，对不是本单位职工租住的，不得另加租金。

2. 减免补策

老红军、抗战时期和解放战争时期参加革命的干部、职工，租住规定标准之内的一套住房，调租后的增支部分分别给予免交、减80%、减50%。

鳏、寡、孤、独的五保户租住一套公房的，暂不调租。

人均收入80元以下的职工家庭，租住一套规定标准之内的住房，调租后确有困难的，由其所在单位适当给予补助或免交。

3. 超占处理

超过标准住屋，按照青海省委办公厅、省政府办公厅青办发〔1991〕28号文件规定执行。

4. 租金的使用

租金收入归产权单住所有，纳入单位住房基金专项用于住房建设、维修管理和住房补助资金。

（三）稳步出售公有住房

1. 对象和范围

职工购买公有住房坚持自愿原则，本单位职可购买符合出售规定的住房；新建的公有住房和腾空的旧住房实行先买后售，并优先出售给本县、本单位无房产或住房困难户。县属行政部门在出售公房时要视干部流动情况，留出一定数量的公有住房作为机动。

2. 售房价格

出售公有住房，按建筑面积计价。坚持先评估后出售的原则，有碍于城镇建设规划的公、私房屋不准出售，并限期拆除，达到规划要求；房改前未领办房屋产权证的应先确权领证，后办理出售。

向高收入职工家庭出售公有住房实行市场价，向中低收入职工家庭出售公有住房实行成本价。旧房的成本价按售房当年新的成本价成新折扣计算，每年的折旧率为2%，使用超过30年的，以30%计算折旧。新房的界限以1992年1月1日为界。

鉴于我县建房成本高，职工收入低、地震灾害对住房的影响等实际情况，出售公有住房以标准价作为过渡。标准价为测定的负担价和抵交价之和。公有住房在新房标准价的基础上重新折扣计算，1995年旧房折旧率为1.5%。不论以成本价还是以标准价售房，均以住房所处的地段，朝向、结构、层次、设施等增减因素加以调节。

公有住房的成本价标准由县国有资产管理局物价部门、房地产管理部门、房改办逐年测定，经县政府审核报州政府批准后，每年公布一次。

3. 购房折扣

售房单位应根据购房职工建立住房公积金制度前的工龄（按双职工计算）给予工龄折扣，年龄折扣额按抵交价除以规定的职工工作年限计算。离退休职工购房计算工龄折扣的时间，按本省规定的离退休年龄计算。超过离退休规定年龄的，按实际工龄计算。

一次付清购房款的，按实际购房款额的20%给予次性付款折扣。

职工购买现已住用的公有住房，给予售房当年负担价5%的现住房折扣。

我县地处边远地区，高寒缺氧，自然环境差，多次地震使住房的完好率受到极大影响，职工购房时，可给予28%的环境折扣。

职工以成本价购房亦享受各种售房折扣，具体数额按标准价售房的折扣计算办法确定。

职工以成本价或标准购买公有住房，每个家庭只能享受一次。购房超过标准面积的部分，一律执行市场价。

职工购得的住房免缴契税、房产税和土地使用税。出售住房的产权单位，免缴营业税，回收的资金，免缴预算调节基金和能源交通基金。职工购买住房，交易过户管理费一律免交，发放有关证件只收取工本费。

4. 付款方式

职工购房可以一次性付款，也可以分期付款。分期的期限一般为10年，购房首次付款不得低于住房实际售价的30%，每多付10%的购房款，可按不低于实际售价的2%给予利差折扣或按不同年限和利率的差额给予折扣，所欠余款可在10年内分期交付并交纳利息，单位不得贴息，年利率同政策性贷款利率；亦可申请政策性抵押贷款交付购房款，按贷款合同规定向银行归还本息。

5. 产权性质

职工以成本价购买的公有住房，购房者拥有全部产权。以标准价购买的公有住房，购房者拥有部分产权，即占有权、使用权、有限的处分权和收益权，可以继承。除特殊情况外，住用5年后可依法进入市场，在同等条件下，原售房单位有优先购买权。原售房单位已撤销的，当地政府房产管理部门有优先购买租用权，进入市场销售住房，售房收入在补交土地使用权出让金或所含土地收益和按规定交纳税费后，由售房人和原产权单位按购房时各自的产权比例进行收益分配。

6. 售房收入管理

凡出售由国家或地方各级财政投资建成的国有住房，售房收入按下列比例上缴同级财政。

城镇房产行政管理部门、党政群机关、实行全额预算管理的事业单位，出售国有住房收入的85%上缴财政；

实行差额预算管理的事业单位，出售国有住房收入的60%上缴财政；

实行自收自管的事业单位，出售国有住房收入的30%上缴财政；

企业单位出售国有住房收入的10%上缴财政。对职工平均住房面积低于本地区平均水平的企业，经企业申请，同级财政部门审核同意，可以适当降低比例或免缴。

上缴财政的国有住房收入，全额纳入各级住房基金专户，专项用于城镇住房建设和住房制度改革。留归单位的部分收入和其他公有住房的收入，亦全额纳入单位住房基金，用于职工住房建设和住房制度改革。

（四）住房购买债券

1. 对象和范围

对新分配给公有住房的住户（含腾空旧房的分配）实行新房新户制度，须在认购住宅建设债券后，方能得到住房使用权，并按规定交纳租金。参加集资、合建房的职工、社会贫困户和享受长期生活补助的职工免购债券。

已租住公有住房的住户，由住房产权单位向住户收取租赁保证金。职工购买租赁保证金后仍需按规定交纳住房租金。

职工购买的住宅建设债券，交纳的租赁保证金，在购买住房时均可用其抵交房款。

2. 认购债券数额

住户认购住宅建设债券的数额，以住房的等

级建筑面积和地段系数确定。债券认购基数每年由县房改办核定公布。

住户认购住宅建设债券，由住房产权单位按规定核定数额后到指定的银行购买。收取住房租赁保证金的数额，比照新房债券认购基数由产权单位根据职工承受能力酌定。

3. 债券管理

住宅建设债券发售、兑现和资金运行业务，由县人民政府委托指定的银行办理。

4. 债券的利息和偿还

住宅建设债券的年利率按中国人民银行规定的利率执行，不计复利，5 年后一次性偿还本息。

5. 债券资金的使用

住宅建设债券筹集的资金，专项用于住宅建设，指定的经办银行根据住房资金管理中心的计划安排以及申请贷款单位职工认购债券的总额，按政策规定，向申请单位发放建造职工住房的抵押贷款，由单位按期偿还。

产权单位收取的住房租赁保证金，列入单位住房基金用于职工住房建设和住房制度改革。

（五）集资建设住房

集资建房和合作建房是体现国家、单位和个人三者结合的投资机制，是解决城镇居民、职工住房困难的有效途径，各单位要大力提倡、积极组织集资、合作建房并要积极创造条件实施“安居工程”计划，开发建设经济适用住房、继续贯彻“统一规划、合理布局、综合开发、配套建设”的方针、多渠道集资，改造城镇危旧住房，县政府对房产经营开发单位组织的集资改造危旧房项目和经济适用住房建设项目给予政策扶持；对职工、居民个人承担住房建筑安装费用集资合作建房项给予减免有关税费的优惠。

二、积极推进住房制度改革

1. 加快住房制度改革促进住房建设是政府的重要职责，一定要健全领导机制，全面规划，统筹安排，积极稳妥地推进住房制度改革。

2. 住房制度改革是一项政策性、专业性很强的工作，是经济体制改革的重要组成部分，涉及千家万户和每个职工的切身利益。各行政主管部门、企事业单位要积极主动切实加强对房改工作的组织和领导，房改管理部门要加强房改宣传，广泛征意，认真开展调查研究，集思广益，扎实细致地做好房改工作。

3. 做好政策衔接工作。遵照国务院国发〔1994〕43 号文件规定，县内所有行政、事业单位，不论隶属关系，统一参加所在地房改，实施当地政府制定的房改方案。

4. 强化措施，严肃纪律。加强对本地区房改工作的监督，对不执行或违反房改政策，借机不正之风的，纪检、监察部门要严办查处。

5. 财政和企事业单位都要切实做好住房资金的核定划转工作。逐步建立城镇、单位和个人三级住房基金，单位住房基金按财政部〔1993〕财综字第 095 号文件规定归集和使用。

6. 企业房改是城镇住房改革的重点，政府要为企业房改创造条件。有条件的国有企业要结合企业改革逐步把住房开发建设分配、管理和维修服务等社会职能从企业中分离出来，加快实现住房的商品化、社会化。

7. 本方案经海南州人民政府批准后颁布，实施各项细则经州政府批准后执行。

中共共和县委　共和县人民政府
关于进一步发展个体私营经济的若干规定

共和发〔1998〕19号

（1998年8月25日）

为了深入贯彻中共十五大和省第九次党代会精神，落实县第十一次党代会提出的工作任务，调整和完善所有制结构，鼓励、扶持和引导个体私营经济的快速发展，进一步加快我县改革开放和经济建设步伐，结合我县实际，特作如下规定：

第一条：全县各级党委、政府和有关部门要从共和的实际出发，进一步解放思想，全面、深刻地理解中共十五大关于“以公有制为主体、多种所有制经济共同发展，是我国社会主义初级阶段的一项基本经济制度”“非公有制经济是我国社会主义市场经济的重要组成部分”等战略决策的深远意义。以高度的责任感和紧迫感，加大工作力度，鼓励、扶持和引导个体私营经济进一步加快发展。坚持以“三个有利于”为标准，对原有政策措施进行调整、补充和完善，放开手脚，大胆突破，使个体私营经济的发展迈上一个新的台阶。

第二条：工商行政管理机关要放宽市场准入条件，简化注册手续。凡国家政策规定允许从事个体私营经济的人员，凭本人身份证或有效证明身份的证件直接申请登记，都可以从事个体经营，开办私营企业。除党政机关领导干部、司法机关、行政执法机关在职工作人员外，其他公民经工商行政管理机关核准登记后，均可从事个体经营或开办私营企业。允许企业、事业单位职工在完成本职工作的前提下，经单位同意，利用业余时间从事个体经营活动，或者到个体工商户、私营企业兼职。

第三条：除金融、保险等国家法律有特殊规定的外，均可在领取营业执照后再按有关法规办理相关的许可证和专项审批手续。法律、法规未作规定的许可证、登记证的专项审批一律取消。取消对私营企业经营方式的各种限制。

第四条：申请从事医疗、饮食、文化娱乐等行业，需报有关部门审批办证的，只要基本符合经营条件，计划、统计、公安、城建、卫生、防疫、文化等部门应在当日给受理，2天内办完相关手续，不得刁难或拒绝审批。

第五条：开办或改建注册资本在50万元以下的私营企业，只要注册资本达到规定标准30%以上的，即可先行注册，随后在规定的期限内补足。不具有法人资格的企业，验资证明、银行资信证明可以不作为审核登记的必备手续。

第六条：工商、税务部门对申请办理个体经营、私营企业的单位在具备办理证、照的基础上，应于受理之日起个体工商户在二个工作日、私营企业在三个工作日内办完登记手续，及时颁发营业执照、税务登记证。

第七条：企事业单位下岗人员和行政机关分流人员，从事个体经营和创办私营企业。下岗人员凭待工证，行政机关分流人员可凭单位证明和本人身份证，除减免国家规定的税费外，一年内减免工商管理费。经营困难的可申请延期或减半收费。

第八条：支持和鼓励个体工商户、私营企业租赁、承包、兼并、参股、控股或购买国有集体企业。允许个人资本、技术等生产要素投资国有或集体企业并参与收益分配。积极引导私营企业按公司法和有关规定组建有限责任公司和股份合作制企业。

第九条：鼓励个体工商户、私营企业利用本地资源优势，投资开发矿产资源，集中发展农畜产品加工业、交通运输业等。对私营企业吸纳国有、集体下岗职工占生产人数30%以上的，企业所得税全额返还二年达到50%以上的，企业所得税全额返还三年。

第十条：支持个体工商户、私营企业面向社会招聘人才，大中专院校毕业生到非公有制企业就业的，由县劳动人事局负责接转关系，管理人事档案，保留相应的身份，按签订的合同期限连续计算工龄，代办社会保险。

第十一条：国有商业银行应对符合产业政策、具有还贷能力的私营企业予以重点扶持。农村合作银行和信用社要确立主要为非公有制经济发展服务的经营原则。允许个体工商户、私营企业以所拥有的其他动产和不动产经工商部门进行抵押登记后，取得贷款。

第十二条：支持农牧民从事个体经营或创办私营企业。对农牧民进入市场经管的农畜产品，一律免收各种税费。鼓励当地农民进入市场经销自产的农副产品，批发部分免交各种税费。

第十三条：公平税收。对个体经营者、私营企业同国有、集体企业公平税赋、公平竞争，不得提前征收税、费。

第十四条：个体工商户、私营企业生产、经营用地，按照土地管理有关规定采取出让或租赁等方式实行有偿使用，涉及土地的各项费用与国有、集体企业同等对待。鼓励工商企业用闲置厂房、场地开办各类市场，吸引个体工商户、私营企业进场经营。个体工商户、私营企业获准使用的场地或用房，不得随意收回、拆除或侵占。凡使用“四荒”地兴建农林牧渔项目的，无偿划拨土地使用权，五年内免收农业税和特产税。

第十五条：异地经营或就业的个体工商户和私营企业职工的子女，可在暂住户口地就近入托、入学，不受户籍限制，执行统一的收费标准。

第十六条：严格收费标准，规范行政事业单位的收费行为。除国家法律、法规和省级人民政府规定的收费项目外，其他收费一律无效。实行《收费监督卡》制度，收费项目和标准列入监督卡内。收费项目、收费标准要向全社会公开。除此之外，个体经营者和私营企业有权拒绝。收费人员必须持物价部门核发的《收费许可证》并开具省财政厅统一印制的收费票据方可收费。

第十七条：积极吸引外地个体私营企业主来我县投资经营。凡在我县从事个体私营五年以上，累计纳税额（含中央、地方税收）达10万元以上的，准予2名人员办理城镇户口；年纳税在5万元（含5万元）以上的，允许投资者申办2名城镇户口。凡在我县连续二年以上从事经营的外来个体工商户不再收取暂住费，每人每年只收取暂住证工本费10元。

第十八条：各级党委在推荐人大代表、政协委员人选时，应根据当地个体私营经济发展状况，适当增加个体劳动者和私营企业代表比例。要优化舆论环境，利用各种新闻媒体，采取多种形式，宣传党的方针政策，宣传个体私营经济的地位和作用，宣传个体私营经济中的先进个人，发挥典型引路的作用，推进我县个体私营经济的大发展、大提高。

第十九条：加强对个体工商户、私营企业的劳动监察管理。私营企业必须坚决执行《中华人民共和国劳动法》及其他安全生产的法律、法规和标准，建立劳动保护制度，配备必要的劳保设施和用品，保障安全生产和职工身心健康。

第二十条：凡以前我县颁发的有关文件若与本规定有抵触的，以本规定为准。

共和县人民政府
关于加强退耕还林（草）工程管理工作的意见

共政发〔2003〕102号

（2003年10月15日）

各乡镇人民政府、县政府有关部门：

我县退耕还林（草）工程自2000年实施以来，由于工程技术要求高，作业面积大，在技术指导、规范施工与管理和作业设计、编制方案等诸多方面存在着不足和问题。为进一步实施好今后的退耕还林（草）工程，现提出如下退耕还林（草）工程管理意见。

一、我县部分退耕地块，存在着将原有集体耕地按户、人口均分的情况，为此，要求各乡镇政府将各家各户地块打塄，分清地界，做到四至清楚，并进一步落实好管护责任，确保造林种草取得实效。

二、为落实退耕还林（草）工程政策措施，明晰产权，维护退耕农户的合法权益，各乡镇政府要抽调专人组成发证领导小组，加快退耕还林林权证发放进度。

三、2004年退耕还林（草）工程要在我县江西沟乡、倒淌河镇、切吉乡和哇玉地区实施。切吉乡、哇玉地区实行退耕还草，倒淌河镇、江西沟乡原则实施退耕还草，如上级业务主管部门有不同意见时，实行林草间作。在落实2004年计划时，要做到“八个不”：有明显地界纠纷的不选点；没有项目承包人的不规划；零星分散的地块不考虑：群众不愿意的不强迫；意见不一致的不安排；没落实管护任务和责任的不计划；重复面积不计入；没有申请不下达指标。

四、今后实施退耕还林（草）工程必须严格遵循工作原则。一要坚持合理规划、适地适树原则，做到“高山栽松柏，沟贫插杨柳，沙漠荒坡种柠条，向阳湾里谋果树”；二要坚持“精心整地、认真选苗、科学栽植、严格验收”的一条龙作业原则，做到“六不调苗”（非技术人员不调苗、早起的苗不调、根系不完整且有病虫害的苗不调、尺寸不够规格的苗不调、远距离的苗不调、品种不适宜的苗不调）；落实“四个做到”（起苗不伤根、藏苗不露根、运苗途中不干根、栽苗踩实不窝根）：坚持“八不准栽”（未经训练的人员不准栽、未经技术员修剪的苗不准栽、不打泥浆的苗不准栽、栽植坑未达标的不准栽、破损表皮的苗不准栽、干旱情况不坐水不准栽、地块规划不合理的不准栽、一个人不准栽）；狠抓“一个保证”（保证成活率达70%以上）；坚持“十不验收”（不在规划范围的工程不验收、不按规划施工的工程不验收、不按技术规程实施的不验收、不达质量标准的工程不验收、没有完善配套措施的工程不验收、单纯整地不栽植的工程不验收、造林密度不达设计要求的工程不验收、成活率不达70%的工程不验收、过分零散的工程不验收、弄虚作假的工程不验收）。三要坚持健全运行机制原则。根据我县的实际情况，把生态环境建设与发展农业经济相结合，坚持以生态效益为核心，以改善环境为目的，以流域治理为单元，实行栽植——抚育——管护一体化，责权利分明，质量终身制，任务终结制，县农林环保局要对下派的施工工程技术人员签订责任状，实行追究责任制，谁承包、谁验收、谁签字、谁负责，做到图、文、表、实地四到位。四要坚持八个到户原则。一是政策宣传到户。采取形式多样、群众喜闻乐见的宣传方式，不断加大政策宣传力度，使退耕还林（草）政策家喻户晓，人人皆知。二是规划设计到户。把退耕还林和退一还二荒山造林同步设计、同步实施、同步检查、同步兑现。三是合同建卡到户。必须坚持退耕还林和宜林荒山荒地造林卡片建到户、合同签订到户制度，各乡镇政府、县农林环保局、县林业站和实施农产各执一份，并以此作为供应种苗、检查验收和发放粮款补助的依据。四是技术服务到户。以乡镇林业站为科技支撑点，建立完备的科技推广与运用服务体系。在实施中，对整地方式、树种选择、营造方式、栽后管理、幼林抚育和病虫害防治等各个环节，严格按照工程管理和技术规程操作，并由林业技术人员实行分段包片到户，提供全方位的技术指导和服务。五是检查验收到户。组织工程技术人员，通过自查、抽查、核查和普查等方式，逐户检查验收，切实把好面积核实关、种苗质量关、造林质量关和保存成效关。发现问题，及时查处，及时整改。六是林权落实到户。坚持“谁造林、谁经营、谁受益”的原则，退耕还林后，及时核发林权证书，并延长承包期至50年；允许退耕还林农户对还林地在承包期内依法转让、租赁、抵押和继承，其林地上所生产的产品归农户自己所有，给农民吃上“定心丸”，进一步提高老百姓退耕还林的积极性。七是政策兑现到户，各地严格按政策标准将粮款兑现到户。坚持不检查不兑现，不合格不兑现。国家和省出台的现金补助、种苗补助、粮食补助、延长土地承包期等政策，不折不扣地兑现到农户。各项目实施乡镇要把钱粮补助兑现政策纳入乡村财务和政务公开范围，同时县退耕办设置举报电话，受理群众投诉。八是管护责任到户。为确保造林成效，将退耕还林的幼苗管护、植被保护以合同形式签订到户，实行连片分户、分月轮岗管护或筹集资金落实专人管护。实施退耕还林工程中，乡政府与村委会、村委会与农产层层签订造林管护责任书，实行挂牌公告，严格管护交接班制度，将管护责任落实到户、到人。

五、加大退耕还林（草）工程跟踪督查力度。一要坚持贯彻个体承包原则，不栽无主树，不造无主林。纳入退耕还林计划的，提前通知到户，签订责任合同，强化跟踪服务。要成立以乡镇为单位的退耕还林技术质量工作组，自始至终跟班作业，负责现场各环节的质量管理。验收人员要充分掌握验收标准，明确任务，落实责任，并会同纪检、监察部门一同制定严格的验收纪律和督查办法，实行责任跟踪追究制度，深入农户、山头、地块，逐块验收，逐户登记，以村为单位张榜公布验收结果，确保群众无异议后，逐户逐社逐村盖章，建立档案。并对粮食、财政部门兑现粮款进行及时有效的配合和监督；二要认真贯彻落实《共和县关于退耕还林（草）工程建设项目实施管理办法（试行）》，层层签订责任合同。及时核发退耕还林林权证，对退耕还林地块进行跟踪检查，严肃查处复耕、复垦等违法行为，达到退耕还林“稳得住，能致富，不反弹”的目的。三要推行县、乡镇林业站技术干部责任制，明确任务和职责，严格考核。对没有如期完成任务或完成任务不好的，进行批评教育或必要的处罚，年终考核不能评为优秀；对任务完成好，造林质量高的，进行公开表扬，并给予适当的物质奖励。

六、强化十项措施。一是科学规划。坚持适地适树，并且设计混交林，做到乔、灌、苹相结合，工程措施和生物措施相结合，防护效益和经济效益相结合，长期效益和短期效益相结合，充分发挥退耕还林工程的生态效益、经济效益和社会效益；二是合理整地。干旱、植被较少的阳坡、半阳坡整地规格要小，一般采取70×40×30厘米的规格。植被较好的阴坡、半阴坡，整地规格可适当大些，但需要提前一年进行。地势平坦开阔的退耕地和坡度较小的山坡地，实行机械整地，深度为50~60厘米；坡度较大的山坡采用大鱼鳞坑、水平沟、水平阶等多种形式整地；三是科技兴林。要加强和完善林业科技推广体系的建设，提高森林的病虫害防治能力。加强科技新成果的推广，采用生根粉、保水剂、固体水、地膜覆盖、容器苗等抗旱造林新技术，提高造林成活率；四是加强管理。在退耕还林建设过程中要推行项目负责人、工程监理和项目工程师技术负责制，提高造林面积核实率和造林成活率（保存率）。要加强苗木的管理，造林用苗必须是良种壮苗，具备“四证一签”。造林后采取工程围栏、生物围栏或固定专人看管等措施，实行“死封死禁、死看死守”；五是完善机制。鼓励、支持集体或个人承包荒山（荒坡）造林、联营造林和股份造林，坚持“谁承包、谁造林、谁拥有、谁受益”的造林机制；六是政策公开。实行退耕还林工程公开制度，设立公开栏，详细公布退耕还林农户的姓名、面积、补助的粮食、现金、苗木数量及各项免交的农业税（费）等。要及时做好粮食兑现工作，不能拖拉。要建立举报制度，设立举报电话和举报箱，严惩徇私舞弊造假者；七是强化领导。实行各级领导绿化目标责任制，签订任期绿化目标责任状，确保工程建设落到实处。对绿化目标完成不好或造林工作弄虚作假的领导，应给予处分或撤职；八是用好资金。要切实加强林业项目建设资金的管理，确保专款专用，不得截留、挪用和串用；九是搞好宣传。要充分发挥广播、电视等新闻媒体的作用，加大退耕还林政策的宣传力度，努力营造全社会关心、重视、支持林业建设的良好氛围；十是全民植树。各级政府要大力动员和组织开展全民义务植树活动，鼓励有关部门、国有企事业单位、群众团体建立义务植树基地，营造多种形式的纪念林，实现由部门办林业向社会办林业转变。

共和县人民政府
共和县农牧区新型合作医疗试点实施细则（试行）

共政发〔2005〕78号

（2005年7月28日）

第一章 总 则

第一条 为建立和完善农村牧区新型合作医疗制度。提高农牧民健康保障水平，促进农村牧区经济、社会统筹协调发展，根据《青海省农村牧区新型合作医疗管理办法（试行）》，结合我县实际，特制定本实施细则。

第二条 农村牧区新型合作医疗是由政府组织、引导和支持，农牧民自愿参加，个人、集体和政府及社会多方筹资，以大病统筹为主的农牧民互相共济的合作医疗制度。

第三条 新型合作医疗坚持农牧民自愿参加，多方筹资，以收定支，保障适度，因地制宜，持续发展，科学管理，民主监督的原则。

第四条 新型合作医疗在先行试点的基础上，不断完善，稳步发展，逐步提高新型合作医疗的社会化程度和农牧民抵御疾病风险的能力。

第五条 县、乡（镇）政府要把新型合作医疗纳入本地区社会经济总体发展规划和年度目标管理当中，加强领导，统筹安排，认真组织实施。

第二章 组织管理

第六条 农村牧区新型合作医疗实行以大病统筹为主，兼顾家庭账户门诊医疗费用的模式，以县为单位进行统筹，统一管理，设立独立的合作医疗专项基金。

第七条　县人民政府成立由卫生、财政、农牧、计经、民政、药品监督、教育、扶贫等部门和参加新型合作医疗的农牧民代表组成的新型合作医疗管理委员会，由县政府主要领导亲自抓，负总责，及时研究和协调解决在组织、建立和实施新型合作医疗过程中出现的问题和困难。

第八条　各乡（镇）人民政府成立新型合作医疗管理委员会，由乡（镇）长担任主任，各村委会主任、财政所所长、乡民政干事、教育干事、妇联干事、计生干事、卫生院院长及农牧民代表等为成员；各行政村成立由村支书、村委会主任、会计、妇联、乡村医生及村民代表等参加的新型合作医疗管理监督小组，负责本村新型合作医疗宣传、组织、监督工作。

第九条　农村牧区新型合作医疗的行政管理职能，由县卫生行政部门承担。在县卫生局设立新型合作医疗管理办公室（以下简称“县合管办”），人员和编制从全县行政事业编制中调剂解决。

第十条　各乡（镇）设立合作医疗管理办公室（以下简称“乡镇合管办”），由乡（镇）政府主要领导具体负责，工作人员从乡（镇）政府中调剂解决，管理工作由合管办负责，结算工作由乡镇财政所负责。

第十一条　县、乡（镇）合管办的人员经费和工作经费列入县级财政预算全额拨付，不得从新型合作医疗基金中提取。

第十二条　县合管办的主要职责是：

（一）组织实施新型合作医疗实施方案，实施细则和各项规章制度；

（二）管理新型合作医疗基金，审核、报付参加合作医疗农牧民的医疗费用；

（三）负责日常宣传、教育工作；

（四）统计、分析新型合作医疗信息，总结、汇报工作；

（五）指导、检查、监督、评估乡（镇）合作医疗工作。

乡（镇）合管办的主要职责是：

（一）宣传、动员农牧民参加新型合作医疗，负责注册登记及新型合作医疗证发放工作；

（二）负责农牧民个人缴费的归集并及时上交县合作医疗基金专户；

（三）按照授权，负责参加合作医疗农牧民医疗费用的审核、报付和结算工作；

（四）收集、分析，整理和上报相关信息，及时向县管办汇报工作进展情况。

第十三条　相关部门职责。卫生部门负责新型合作医疗的组织、管理、协调和督导；财政部门负责将新型合作医疗补助资金和人员、工作经费纳入预算，及时足额拨付，并制定新型合作医疗基金财务管理制度，监督基金使用；民政部门负责特困农牧民医疗救助工作；审计部门负责合作医疗基金审计工作，定期审计监督；计经局负责将农牧区卫生和新型合作医疗纳入国民经济和社会发展规划，支持发展；扶贫部门负责把贫困地区卫生基础设施建设列入扶贫规划统筹安排；农牧部门负责新型合作医疗政策宣传和对农牧民的宣传工作；药监部门负责农牧区药品市场监督和管理；宣传、教育、计生、人事等部门结合本部门工作，在政策宣传、健康教育、人才培养等方面积极支持配合新型合作医疗工作。

第三章　参合对象及权利和义务

第十四条　凡户口在本县的常住农牧民均可参加新型合作医疗。

第十五条　鼓励各寺院僧侣积极参加新型合作医疗，参加方式以所在寺院为单位集体参加。

第十六条　在当地的离退休和在职干部职工、城镇居民以及到县外学习的大中专在校学生，不列入参合对象。

第十七条　参加新型合作医疗的农牧民享受

如下权利：享受基本的医疗服务；享受规定的医疗费用补偿；监督合作医疗基金管理和使用情况，对合作医疗提出意见和建议。

第十八条 参加新型合作医疗的农牧民应履行如下义务：自觉遵守合作医疗的各项规章制度；按时足额交纳参合金；妥善保管合作医疗的有关文书、凭证等，积极配合医疗卫生机构做好基本医疗服务工作；检举、揭发和抵制冒名顶替、弄虚作假等破坏和干扰合作医疗的行为。

第四章 基金筹集

第十九条 新型合作医疗制度实行农牧民个人缴费、政府资助、集体扶持和社会多方筹资相结合的筹资机制。新型合作医疗基金来源：

（一）参加新型合作医疗农牧民每年 10 元的缴费；

（二）中央、省、州，县政府财政安排的 10：6：2：2 专项补助资金；

（三）县民政部门从贫困人口医疗救助基金中为特困户和五保户代交的 10 元个人缴费；

（四）企事业单位，社会团体和个人捐助；

（五）其他。

第二十条 农牧民以家庭为单位缴费，每人每年缴纳 10 元，逐年滚动筹集。

第二十一条 农牧民个人缴费，由乡（镇）政府或财政所每年在适当时间一次性代收。具体程序是农牧民以家庭为单位、僧侣以寺院为单位于每年 8 月 10 日前将参合金主动上缴到村委会或寺管会，由村委会或寺管会统一上缴到乡（镇）合管办，再由乡（镇）合管办于每年 8 月底前统一上缴到县合管办，由县合管办统一上缴到县财政合作医疗基金专户。乡（镇）合管办收到农牧民参合金后，向缴费的农牧民出具由省财政部门统一印制的新型合作医疗专用收费票据，并详细注明参保人数、缴费金额、缴款日期等。

第二十二条 参加新型合作医疗农牧民家庭成员减少的，其个人当年缴费不退补，由其家庭成员继续使用。家庭成员增加的（包括新生儿），参加下一年度合作医疗，享受相应待遇。

第二十三条 县、乡（镇）合管办要与农牧户签订新型合作医疗服务合约，明确双方权利、责任、义务以及医疗费用报销程序和办法。

第二十四条 县政府安排的新型合作医疗专项补助资金，按照参加合作医疗农牧民个人缴费到位情况，在每年 8 月底前一次性足额拨付到县财政合作医疗基金专户。企事业单位、社会团体和个人捐助及其他资金及时转入县合作医疗基金专户。

第二十五条 县民政部门会同卫生、财政部门制定农村牧区医疗救助具体办法，实行贫困家庭医疗救助制度，资助特困户和五保户参加新型合作医疗。对患大病经合作医疗补助后个人负担医疗费用仍然过高，影响家庭基本生活的再给予适当的医疗救助。

第二十六条 各乡（镇）确定的特困户和五保户以县民政部门核查审批的数据为准。

第五章 基金管理

第二十七条 新型合作医疗基金由县财政部门在代理银行设立基金专户储存，实行专账管理，专款专用，其利息纳入新型合作医疗基金。基金及利息全部用于参合农牧民的医疗费用补偿，任何单位和个人不得借支、截留、挤占和挪用。

第二十八条 新型合作医疗基金的支付，由县合管办审核医疗费用后，向县财政部门提出支付申请，并由财政部门提交代理银行办理资金结算业务，代理银行直接将资金转入报付单位的银行专户，做到银行管钱不管账，县、乡合管办管账不管钱，实现基金收支分离，管用分开，封闭运行。

第二十九条 新型合作医疗基金原则上分为

家庭账户基金、大病统筹基金、医疗救助基金三部分。按照“以收定支、收支平衡、略有节余”的原则，各部分分别做账，按项列支，结余基金结转下年按原项目继续使用。其比例及用途是：

（一）家庭账户基金。占总基金的25%。主要用于农牧民门诊医疗费用补偿，以家庭为单位使用，用完为止。结余资金可结转下年继续使用，全家迁出县外时可一次性领取，但不能抵交下一年度个人参合金。

（二）大病统筹基金。占总基金的65%，主要用于农牧民大额或住院医疗费用的补偿。

（三）医疗救助基金。占总基金的10%。一部分用于大额住院医疗费用的再次补助，另一部分作为风险基金，风险基金的提取与管理按青财社字〔2005〕281号文件执行。

第三十条 大病统筹基金和医疗救助基金，由县合管办统一管理和使用。家庭账户基金由县合管办按比例预拨到各乡（镇）合管办，由乡（镇）合管办统一管理和使用。医疗救助基金年底一次性使用，由县合管办根据大额住院医疗费用的对象人数、发生费用和家庭经济等情况，提出再次补偿意见，报县合作医疗管理委员会集体研究审批。大病统筹基金一旦出现透支，用风险基金弥补，如不够弥补，由县政府负责保底。

第六章 医疗费用补偿

第三十一条 新型合作医疗住院费用实行三线控制，即起付线、封顶线和报付线。起付线是指费用超过一定数额后才开始补偿起点。封顶线是指一年内最高的医疗费用补偿限额。报付线是指在起付线和封顶线内的住院费用实行按比例补偿比。

（一）起付线：乡镇卫生院从80元起报，县级医院从180元起报，县级以上医院从500元起报（包括州、省级医院）。

（二）报付线：在乡（镇）卫生院的住院费用补偿比例为45%，在县级医院的住院费用补偿比例为35%，在县级以上医院的住院费用补偿比例为25%（包括州、省级医院）。

（三）封顶线确定为15000元。

第三十二条 积极鼓励和提倡孕产妇住院分娩，提高孕产妇住院分娩率。高危孕产妇住院分娩医疗费用起付线按住院病人对待，补偿比例为60%；一般孕产妇正常住院分娩实行定点医疗机构垫付限价制，即：在乡镇卫生院住院分娩每例限价200元，在县级医疗机构住院分娩每例限价500元，其费用由县合管办核实后直接划拨给接受住院分娩的定点医疗机构，不再从参合农牧民手中收取。高危孕产妇必须具备以下临床诊断标准：妊高症（蛋白尿<+－++++>，血压130/190mmHg以上）；贫血（Hb<6g）；产后大出血；子痫；难产（剖宫产、产钳术）合并心脏病；伴严重传染病。

第三十三条 医疗费用补偿范围：

1. 诊疗检查费：包括诊断费、注射费、化验费、各种常规辅助检查费。

2. 药品费：包括基本药物目录内的治疗药品费。

3. 住院费：包括床位费、手术费、治疗费等。

4. 门诊费：包括药品费、治疗费、检查费等。

第三十四条 医疗费用不予补偿范围：

1. 家属陪住费、伙食费、取暖费和手术矫形、镶牙、配镜、美容、救护车费、就医交通费以及保健药品费、营养费、输血费等。

2. CT：核磁共振、血管造影等特殊检查、器官移植安装心脏起搏器等费用。

3. 有责任方的交通事故、服毒、酗酒、自残、自杀、打架斗殴，工伤事故及草山、水事，土地等纠纷和治安、刑事案件所致的医疗费用。

4. 未经过逐级转诊手续而到县以上医院发生

的医疗费用。

5. 在非定点医疗单位就诊治疗的门诊、住院医疗费用。

6. 基本用药目录外的药品费用和自购药品费用。

7. 婚前检查、计划生育服务项目费用。

第三十五条 新型合作医疗实行持证就医、报销。县、乡（镇）合管办为参加新型合作医疗的农牧民以家庭为单位核发《新型合作医疗证》。《新型合作医疗证》由县卫生行政部门统一格式并印制。

第三十六条 新型合作医疗门诊医疗费用实行乡（镇）合管办审核，报销支付制；住院医疗费用实行县、乡两级审核，县合管办拨付，乡（镇）合管办支付制。县、乡（镇）合管办要严格执行医疗费用补偿的规定，对各种单据和凭证严格把关，及时办理医疗费用报销事项，方便群众杜绝人情报销和弄虚作假行为。

第三十七条 新型合作医疗住院医疗费用实行先个人付费，后审核补偿的方式，即参合农牧民持合作医疗证、身份证等有效证件到定点医疗卫生机构就诊，所需的医药费用先由个人付费，医疗卫生机构出具住院疾病证明、医疗费用发票、费用清单或复式处方等有效凭据，参合农牧民凭相关证件和医疗卫生机构出具的证明及票据取得补偿。

第三十八条 新型合作医疗门诊医疗费用实行不定期随时报销制，先由个人付费、后审核补偿的方式。就医范围限定在乡（镇）卫生院、村卫生室。即参合农牧民持合作医疗证、身份证、门诊医疗费用发票等有效凭证到本乡（镇）合管办经审核后给予报销和支付，不受起付线、报付线的限制，家庭账户基金用完为止。也可实行定点医疗机构垫付报销制。在参合农牧民家庭账户余额以内的，由乡定点医疗机构向农牧民直接报付后，由定点医疗机构凭发票、复式处方和登记册，每月定期到乡镇合管办审核结算，乡镇合管办要在 1~2 天及时报结。乡镇定点医疗机构要做好上证工作，乡镇合管办要做好上卡工作，防止错登、漏登、错报、漏报。

第三十九条 住院医疗费用实行县、乡、村三级审查制，乡镇合管办支付制，自下而上分级负责、层层把关，即参合人首先持定点医疗机构出具的有效凭证及票据到乡合管办审核，由乡合管办审核通过后上报县合管办最终审定，对符合规定的医疗费用及时给予补偿。

第四十条 住院医疗费用实行月报销制，每月 5 日前，由乡（镇）合管办将本辖区内参合农牧民上月住院医疗费用补偿报销凭据和花名册等统一上报到县合管办审定，县合管办审核后将应补偿的医疗费用，以乡镇为单位划拨到各乡（镇）合作医疗基金专户，乡（镇）合管办收到县合管办的医疗费用汇款后，在 5 日内支付给参合人；但对受条件限制无代理银行而未设立合作医疗基金专户的乡（镇），本乡（镇）合管办于每月 10 日前将本辖区内参合农牧民上月住院医疗费用补偿报销凭据和花名册等统一上报到县合管办审核，县合管办将审核通过应补偿的医疗费用，通过代理银行支付给乡（镇）合管办，乡合管办收到资金后，在确保资金安全的情况下，及时支付给参合人，不得无故拖延。

第七章 医疗服务管理

第四十一条 新型合作医疗实行定点医疗制度。住院定点医疗机构县内暂定为：乡（镇）卫生院、青海湖藏医院、县中医院；县外暂定为：州藏医院、州人民医院、省藏医院、青医附院、青海省人民医院、青海省红十字医院。门诊定点医疗机构暂定为村卫生室、乡（镇）卫生院。参合农牧民在本县范围内自主选择定点医疗机构。定点医院对住院的参合农牧民实行“一免七减”优惠服务，即免挂号费；减诊查、B 超、心电图、X 光、检验、麻醉、手术费 10%。

第四十二条　新型合作医疗实行逐级双向转诊制度。首诊定点医疗机构因条件限制而不能对患者实施正确有效的治疗时，可转至上级定点医院治疗，但应具备以下条件：

（一）病情危重或疑难病例，诊断不明、治疗无效，确需到上一级医疗机构检查、治疗的；

（二）经县合管办审核同意的。

第四十三条　建立医患双方制约机制。定点医疗机构严格执行各类检查项目，合理检查，杜绝乱检查、滥检查等现象。凡近期内做过的检查，一般不重复检查；能用一般检查达到目的的，不做特殊检查；一种检查能确诊的，不做两种及两种以上检查。

第四十四条　定点医疗机构要建立健全各项管理制度对患者实行人性化服务，严格执行临床诊疗规范和新型合作医疗基本用药目录和住院单病种费用限额标准，对超出目录范围的药品应注明“自费药品”字样，自费药品费用不得超过药品总费用 15%。定点医疗机构要实行服务承诺和“一免七减”优惠服务，提高服务质量，加强医务人员医德医风教育和内部管理，各种收费项目要公开公示，明码标价，严格控制医疗费用，严禁开大处方、人情方、搭车方和虚假发票及疾病证明等；需要转诊的病人逐级转诊并开具转诊证明，对确需县外就医者，经县合管办批准后方可就医。各定点医疗机构主动接受有关部门和群众的检查和监督。

第四十五条　县卫生行政部门要加强农村牧区卫生服务网络建设和管理，强化医疗服务质量和医疗费用的考核，监督、控制和管理工作。

第八章　监督管理

第四十六条　县、乡（镇）人民政府分别设立由财政、审计、民政、农牧、监察等有关部门和参加新型合作医疗的农牧民代表共同组成的监督委员会，定期监督检查合作医疗资金使用和管理情况。同时充分发挥人大代表、政协委员和农牧民的监督作用，防止挪用、截留、侵占合作医疗基金等现象的发生。新型合作医疗管理委员会定期向同级人民政府和人民代表大会报告工作，主动接受监督。

第四十七条　提高合作医疗资金收支透明度。县合管办采用张榜公布、广播电视、公开栏等多种形式，每月公布合作医疗资金收支、使用情况；乡（镇）合管办要每月公布农牧民医疗费用补偿情况。保证农牧民的参与权和知情权，接受农牧民的监督，确保新型合作医疗制度的公平、公开、公正、合理，增强农牧民参与合作医疗的积极性。

第四十八条　合作医疗资金实行定期审计制度，县审计部门每半年对合作医疗资金收支和管理情况进行审计，发现问题及时予以纠正。

第四十九条　县卫生行政部门会同有关部门另行制定医疗单位诊疗技术规范、医疗费结算办法，基金管理办法、转院转诊制度等各项规章制度；把全县新型合作医疗纳入制度化、法制化、规范化的管理轨道，确保其稳步发展。

第五十条　县、乡（镇）合管办工作人员要经常深入基层，调查了解情况，对参合农牧民门诊和住院医疗费用减免补偿情况进行认真细致的检查，发现问题及时予以纠正，并向全社会公布。

第九章　奖惩办法

第五十一条　县、乡（镇）人民政府对新型合作医疗实施过程中成绩突出的单位和个人给予表彰和奖励。

第五十二条　对违反合作医疗有关规章制度，贪污挪用和虚报冒领合作医疗资金，营私舞弊，以权谋私等行为，一经发现，情节较轻者按有关规定给予行政处分或经济处罚，触犯法律的移交司法机关，追究法律责任。

第五十三条　定点医疗机构及其工作人员有下列行为之一的，卫生行政部门除追回其不合理费用外，视情节轻重，对其通报批评，处以两倍金额的罚款，并责令其限期整改，对不整改或整改无力的，取消其定点医疗机构资格。

（一）对住院患者增开、虚开、滥开医疗费发票，出具虚假住院证、转院证等弄虚作假的行为和开大处方促销药品、乱检查、乱收费等行为。

（二）销售假冒伪劣药品，以次充好、以劣充优，危害农牧民身体健康的行为。

（三）将未参加合作医疗者的医疗费用列入补偿支付范围或者将超出合作医疗规定范围的检查、治疗费用列入补偿支付的行为。

（四）擅自提高收费标准。任意增加收费项目等不执行规定收费价格的行为。

（五）采用挂名住院，伪造病历，虚报、谎报、多报等手段取得合作医疗相应补偿的行为。

（六）与患者及其家属相互串通，以医谋私、徇私舞弊及损害他人利益的其他行为。

第五十四条　合作医疗参与人有下列行为之一的，除追回已补偿的医疗费用外，处以同等金额的罚款，构成犯罪的，依法追究法律责任。

（一）将新型《合作医疗证》转借他人使用，冒名顶替领取医疗费用补偿的。

（二）私自涂改处方、费用单据、虚报冒领的。

（三）无理取闹，严格扰乱合作医疗正常秩序的。

第五十五条　县、乡（镇）合管办工作人员有下列行为之一的，视情节轻重，给予通报批评，追回违法所得，必要时给予行政处分，构成犯罪的追究法律责任。

（一）在征缴合作医疗基金和审核、报销医疗费用时营私舞弊，损公肥私的。

（二）工作失职或违反财经纪律造成合作医疗基金损失的。

（三）利用工作，职务之便、收受贿赂、贪污和挪用合作医疗基金的。

（四）违反其他规定的行为。

第十章　附　则

第五十六条　县人民政府负责全县新型合作医疗的组织、引导，实施以及具体管理工作，并协调相关部门制定新型合作医疗的各项管理制度。

第五十七条　本实施细则由共和县合管办负责解释。

第五十八条　本细则自颁布之日起施行。

二十年前与后

——共和县哈乙亥村固定观察点20年观察分析

谢占启

（2005年）

共和县哈乙亥村属青海省高寒牧区的一个藏族牧业村，位于日月山下青海湖畔。全村共有149户701人，现有各类牲畜1.4万头（只），经营可利用草场12.2万亩，经济发展程度处于全县中等水平。作为国家牧区固定观察点已进行20余年的系统调查。其跟踪调查数据表明，在牧区体制改革和社会主义市场大潮的推动下，通过各级党委、政府的大力支持和牧民群众的共同努力，观察点村发生日新月异的变化。

发展现状

改革开放促进牧区经济和社会全面发展。分析1986年至2005年这20余年的牧民家庭经营、人均纯收入、消费支出、基础设施建设等各项调查数据，呈现如下特点：

一、畜牧业基本实现由数量型向效益型的转变

1986—2005年调查户畜牧业经营收入情况（表一）

年份	调查人口（人）	调查户各类牲畜存栏数（头、只）	调查户人均占有牲畜数（头、只）	调查户畜牧业收入（元）	调查户人均畜牧业收入（元）
1986	383	13404	35	222156	580
1990	375	12680	34	343125	915
1995	305	11345	37	30988	1016
2000	243	10192	42	319815	1316
2005	233	10106	43	335986	1442

调查数据表明：经过20余年的发展，调查户户均存栏牲畜数逐年递减，虽然人均占有牲畜增加8头（只），但人均畜牧业收入却增加862元。1986年调查户牲畜商品率仅有30%左右，而2005年牲畜商品率达到56%，比1986年提高近26个百分点。目前，调查户中户均存栏牲畜225头（只），适龄母畜为54%，出栏率42%，良种畜达到87%以上，畜牧业生产基本实现舍饲班舍饲化，畜疫防治密度达到100%，70%以上的调查户修建牲畜暖棚。户均年畜牧业经营投入达到500元以上。这充分说明，近年牧民群众在党的富民政策的指引下，加大畜牧业生产性投入，优化畜种畜群结构，大力发展牛羊育肥和羔羊产业，牲畜的商品率大幅度提高，母畜比例、良种比例趋于合理，经济效益发生巨大变化。

二、牧区经济呈现出向畜牧业和非农产业并重的双轴型发展

从畜牧业和非农产业收入来看，45户调查户畜牧业收入与非农产业收入的比例由1986年的96∶4变为2000年的90∶10，到2005年变为68∶32，畜牧业收入所占比重明显下降，非农产业收入变化比较突出。在家庭经营结构中，来自畜牧业领域的收入比重逐年减少，尤其是中央实施西部大开发以来的6年是非农收入变化最快的时期。在倒淌河小城镇建设的带动下，哈乙亥村劳动力得到了有序转移。2005年调查户第三产业收入达到16.1万元，比2000年增长44%，是1986年的17.5倍。从牧户从事非农产业的比重来看，变化也是比较明显。1986年45户调查户全部务农，2005年纯务农牧户占总牧户的73%，下降近27个百分点，而且利用农闲季节从事非农产业的人数明显增加，达到每户平均一人。非农牧户由1986年的零上升为现在的11%。从调查户劳动力从事非农产业情况看，从事非农产业劳动力由1986年的零增加到2005年的38人。出县、出省的由1986年的1人增加到2005年的14人，表明劳动力从事非农产业的人数持续增长。目前，全村已有17户牧民搬迁到倒淌河镇区定居，占全村总户数的11.56%，全村从事第三产业的牧民由2000年的48人增加到现在的210人，占全村劳动力总数的63.6%，是1986年的52倍；第三产业总收入达70万元，占全村总收入的 38%，是 1986 年的 112 倍。

三、畜牧业基础条件得到明显改善，经营能力进一步提高

截至 2005 年，45 户调查户累计共建成草场围栏 8.12 万亩，畜均占有 8.3 亩，是 1986 年的 8.3 倍。畜棚 4686 平方米（其中高标准畜棚 2686 平方米），畜均占有 0.46 平方米，比 1986 年增加 0.28 平方米。全村“五配套”草场面积达到 20000 亩，修建人畜饮水管道 18000 米，基本改变了“随水而牧”的生产习惯。由于畜牧业生产设施建设步伐加快，畜牧业生产条件不断改善，促进了畜牧业经营能力的提高。2005 年调查户牲畜总增率 41%，比 1986 年提高 11 个百分点，仔畜成活率达到 90%以上，比 1986 年提高了 23 个百分点，成畜死亡率控制在 2.5%以内，比 1986 年下降了 3.7 个百分点。

四、牧民收入增加，生活水平明显改善

2005 年调查户人均纯收入 2079.3 元，比 1986 年增加 5.72 倍。与 1986 年相比调查户中年人均纯收入 500 元以下的牧户比 2005 年降低了 89%，1000 元以上的由零增加到 95%，且增幅较大，调查户的生活消费中用于食品的支出占总收入的 48.5%，比 1986 年降低了 12%。按恩格尔系数定律中“食品开支占家庭总消费支出比重即为测量贫富及生产力水平的一个相对标准，高收入集团化在奢侈品上的金额比低收入集团要多，而低收入集团的收入多用于应付吃。一般地说，食品开支占家庭总消费支出 50%以上即为贫困”的原则，说明调查户已摆脱了贫困，进入低水平小康生活。

1986—2005 年共和县牧民家庭人均纯收入情况（表二）

年份	500 元以下（户）	500~1000 元（户）	1000~2000 元（户）	2000 元以上（户）	总户数（户）
1986	42	3	0	0	45
1990	18	18	8	1	45
1995	3	8	27	7	45
2000	4	7	22	12	45
2005	2	3	25	15	45

农牧民收入的增加，不仅增加了生产投入，而且生活条件得到明显改善，其中以改善住房、购置交通工具及消费的蔬菜、粮、烟、酒等副食品增长较快。同时，家庭主要耐用品的拥有量大幅度增加，其中以摩托车、彩电、小型汽车及拖拉机的拥有量较为明显。从住房条件看，2005 年末牧户户均拥有住房面积 14.12 平方米，与 1986 年末相比增长 12 倍，已全部实现定居，且居住条件得到极大改善；从主要耐用消费品看，电视机、摩托车、汽车、固定电话和手机的拥有量分别增长了 32 台、36 辆和 4 辆、11 部，与 1986 年相比分别增长了 32 倍、36 倍、4 倍和 11 倍；从生活消费品支出看，户均用于食品支出为 3275 元，是 1986 年的 3.6 倍，其中户均消费蔬菜 120 公斤，是 1986 年的 98 倍。表明牧户的实物消费结构发生了较大变化，牧民的物质生活一改过去“青稞糌粑牛羊肉，光板皮袄四季装，牛毛房牛粪火，袄作棉被地作床”的单调生活模式，已进入了食品多样化、服装成衣化、住宿定居化、行动现代化的生活层次。

五、文化素质明显提高，文化服务支出比例增大

调查户中现有劳力132人，文盲半文盲占72%，具有小学文化程度的占56.2%，初中以上文化程度的占22.8%，文盲比1986年减少46个百分点，小学和初中、高中以上文化程度分别增长32.3%、15.8%，向良性方向发展。2005年调查户文化服务支出户均703.2元，占家庭总支出的6%，比1986年提高了5.4个百分点。全村适龄儿童入学率达100%，牧民已开始重视教育投入和文化素质的提高。教育投入的增加，使牧民的思想观念得到较大转变，宗教意识逐步淡化，用于宗教方面的投入逐年减少，减轻了因信教给牧民造成的负担。75%以上的调查户家庭拥有电视、录音机等。

一孔之见

一、双层经验在发展中失衡。牧区改革的目标是解放和发展生产力，调动牧民生产和自主经营的积极性，以村集体经济组织的优势为牧户提供生产服务，形成双层经营体制，共同促进牧区生产力的发展。但从牧民经营收入可以看出，1986年前，调查户牧民收入中，集体统一经营分配收入约占0.9%，到1989年村集体经济经营分配收入几乎为零，这种状况延续至今。再看生产性固定原值，1986年牧户家庭自有的生产性固定资产原值达64.65万元，而村集体经济组织有38700元，到1998年末牧户家庭自由的生产性固定资产原值达81.53万元，村集体经济组织有9500元，至2005年末牧户家庭自有的生产性固定资产原值达121.3万元，而村集体经济已经萎缩为零。从生产的资金投入还可以看出，1986年村集体经营组织投入38700元，1995年为9500元，到2005年几乎为零。牧区改革20多年来，村集体经济非但没有发展，反而降低、削弱。由于忽视了村集体经济的发展，村集体经济薄弱，集体功能作用难以体现，对牧民的号召力不强，一些牧户个人无法承办，需要集体协助组织的项目、工程等也不能开展实施。

二、家庭型经验模式与集约化生产的矛盾日益突出。牧区实行家庭承包责任制后，将人、畜、草基本生产要素统一于家庭经营之中，形成了以家庭为基本生产单位的生产模式。这种新的体制改革极大地激发了广大牧民群众的生产积极性，推动了牧区经济的较快发展，为繁荣牧区经济产生了十分重要的作用，可以称为“中国农村史上的一次重大变革”。但近几年来，随着社会主义市场经济体制的不断完善，也呈现出了诸多不适之处。主要表现在小生产与大市场衔接难，畜牧业宏观管理不能适应畜牧业市场化、国际化经营的需要，微观管理不能适应牧区发展对多样化服务的需要。牧民组织化程度低，一家一户分散经营，市场信息不灵，流通环节不畅，提高规模效益难。在目前家庭承包经营条件下，难以实现集约经营、规模经营，畜牧业相对生产率提高难。牧民的务农收入下降，牧民务农积极性受挫，投资畜牧业的信心不足。

三、农村牧区缺乏稳定的社会保障。通过分析20年调查户经营收入及支出数据表明：随着农牧区体制改革的不断深入，农牧区经济取得了长足发展，人均纯收入逐步提高。但由于缺乏比较完善的社会保障，一旦受自然灾害、疾病、子女上大学等因素的影响，群众生活反差比较大，“因病致穷、因灾致穷、因子女上大学致穷”现象比较突出。因此，建立农牧区生活、养老等社会保障体系，对于稳步推进农牧区经济发展，实现农牧区小康目标具有十分重要的意义。

建议对策

一、全面推进以草定畜工作。坚持科学规划、分类指导、全面保护、重点建设、合理利用的草原建设方针，按照“全面轮牧、局部休牧、部分禁牧”的要求，有计划、分步骤实施以草定畜、草畜平衡工作。要调整畜群结构，逐步推行舍饲半舍饲，加快出栏，提高畜牧业效益。控制存栏，合理载畜，严格以草定畜、草畜平衡制度，实现草场牲畜的合理配置，促进畜牧业的可持续发展。

二、壮大集体经济组织实力。要把发展牧区集体经济作为牧区经济发展的一个重点来抓，从促进牧民家庭经济发展，提高牧民组织化程度的高度来审视加快村集体经济发展的重要性。针对当前村集体经济发展中存在的一些突出问题，制定具体的措施。要采取股份制等多种形式，积极组织兴办一些诸如地毯、羊毛、牛羊肉加工为主的畜副产品加工业，增加集体经济收入，提高服务手段，增强凝聚力。通过村集体经济的发展，从而带动牧民家庭经营规模的不但壮大和牧民家庭经营收入有效增加。

三、加强牧区经营的组织力度。推行“三化”，一是畜牧业生产企业化，就是打破家庭小规模经营的格局，对适当范围的草场实行经营权流转，纳入统一管理共同经营。畜牧业生产不再是凭着牧户各自的经验开展，而是在有关专业人员对畜牧业资源进行评价，对气候进行预测，对国内、国际市场的相关信息进行分析，从整体上安排畜产品生产种类和比例，并加大畜牧业科技投入，使畜牧业生产在信息更加完备的前提下趋于合理化、科学化和高效化，以发挥草场资源的最大效益。二是牧民股东化，就是牧民按照各自拥有草场的数量和质量获得畜牧业企业相应的股份。三是畜牧业产业化，走“公司+牧户”“牧户+合作组织”等的路子。要发展牧民新型合作经济组织，提高牧民进入市场的组织化程度。进一步明确社会集体经济组织的功能定位，更好地发挥为家庭承包经营提供服务等职能，探索集体经济的最终实现形式。

四、建立农牧区社会保障体系。现在农牧民的社会保障基本上是自我保障，这种保障功能十分脆弱。要逐步将农牧区的社会保障由依靠承包草场转变为依靠社会和制度。一是建立贫困农牧民家庭子女上大学资助机制，着力解决农牧区贫困家庭子女上大学难的问题；二是建立社会救济和救助机制，切实保障农牧区弱势群众的基本生产生活条件，确保农牧区群众生活的稳步提高。三是建立养老保险机制。对农村牧区 60 岁以上的老人实行国家统一在生活等各方面进行补助。同时，进一步完善农牧区教育、文化、治安等体制，不断推进农牧区社会各项事业的较快发展。（1984 年，共和县倒淌河乡哈乙亥村被中共中央政策研究室和农业部固定观察点办公室确定为全国农村牧区固定观察点，是青海省 2 号观察点。至 2005 年，已固定观察 22 年）

《共和县志（1986—2005）》各单位编写人员名单

（排名不分先后）

万玛才旦	切本加	娘格加	赵军武	龚建平	刘运华
李增仁	郭福涌	李全林	王有基	郑　文	徐海东
徐坤贤	严志龙	白兴标	刘静玲	格日多杰	丁晓玲
冯秀红	辛春玲	吉星明	杜金亮	刘建文	陈　军
秦世元	鲍义正	马景莲	许创业	班玛项秀	杨　果
胡守帮	陈学艺	谢成云	侯万祥	党拉加	邓登多杰
刘安青	多　贝	德呼却	更太加	久　迈	薛文财
张　茜	马　庆	赵海山	华旦尖措	仁　增	李生贵
荣　杰	华旦俄日	央　毛	周　加	才让华旦	俄加多杰
赵　没	索　南	曹学法	阿示海	索南项欠	关却才让
苏荣光	旦正多杰	华旦扎西	王拓庭	孔占军	东主尖措
豆拉财让	莫　生	杜海峰	严海明	安普昌	旦正措
卓措加	刘　宏	才旦加	李　军	多　杰	久　先
王　燕	张文斌	马登永	周　先	赵久文	高新平
李明珠	多杰仁庆	角巴东主	李子龙	郭海媛	刘　高
任启霞	殷录方	董瑞基	陈列卓玛	何海平	李启帮
李长德	李玉琳	朱玉忠	王　伟	旦正才让	旦赛加
翟文胜	刘文军	王国英	拉　吉	才让吉	李　成
郑建民	安进奎	虎玉林	臧海斌	赵庆梅	石金德
蒋小珍	都芳庭	庞广明	李金成	陈　伟	王德山
郭志刚	李秀明	杨书珍	刘　斌	刘　虹	多　杰
石玉占	马跃林	赵文奎	林永锦	魏胜春	徐生军
鄯项青	何翠萍	马晓青	宋　峰	杨生君	张　英
史国录	张红兵	孙志强	王宏林	李文兰	赵　娟
文忠林	韩泽英	薛　琪	星　辉	祁发林	张维军
王　旭	王青河	李洪云	韩　虎	王治民	闫玉宏

李爱民	张俊英	索南拉旦	李少军	赵　梅	马炳顺
马登芳	王　武	豆　拉	邓永林	鲍玉峰	公保多杰
仲志飞	林有珠	安正文	羊本才让	者文元	李继云
多杰本	而见多杰	赛尔桑	刘玉全	旺　参	赵　渊
班德杰	扎西日宝	吉合本	公保杰	李积龙	马进财
李培基	才项卓玛	拉忠措	旦赛加	宋宝成	拉关杰
董生苍	张玉花	丁爱喜	豆拉加	李培英	王　冬
宋　平	刘玉贵	李　云	杜海鹏	王存武	杨力之
康永贤	司成奎	范海雄	加羊措	李秉福	陈向阳
郭廷贵	尹吉成	龙启莲	张玉山	黄少文	李生洪
登　巴	唐发平	桑杰才让	刘恩厚	扎西东主	邓小抚
李文生	都海庭	戴志龙	李有久	张志军	向秀梅
童知俊	才洛太	李天祥	汪长声	马佐邦	李德军
才让羊吉	杨建义	王君丽	王香兰	杨发斌	龚发成
武年镇	张根强	公　保	万玛多杰		

《共和县志（1986—2005）》图片摄影人员或提供人员名单

（排名不分先后）

白　羊	赵　渊	张起伟	梁　晓	索南吉
马东升	西　青	李爱民	才洛太	谢克加
拉毛先	谢永敏	才　贝	仓周加	蒲永禄

索 引

A

B

C

D

E

F

G

H

J

K

L

M

R

S

T

W

X

Y

Z

编后记

《共和县志（1986—2005）》编修工作于2008年正式启动，经历届县志编委会领导、省地方志办公室、州地方志办公室以及各界人士的关心和支持，编修人员的艰苦努力，历时12个春秋，即将付梓。

编修这部横盖各业、纵贯20年历史的志书，工作难度较大。其间，有不少曲折历程，编志工作在实践中也遇到不少困难。为尽快掌握编纂志史的知识，我们拜书本为师，拜内行同志为师，边干边学，坚持不懈地工作。全州第二轮地方志工作会议后，县志办精心修订《共和县志篇目大纲》，制定第二轮县志编纂工作方案。聘请具有较强写作能力的老同志承担县志编纂工作。其间，各承编单位陆续报来的资料稿，按篇目要求，横不缺项、纵不断线的稿件仅占15%，县志办工作人员采取电话催、到档案馆查和深入各单位落实的方式搜集整理，查缺补漏，确保资料的全面翔实。编修人员坐“冷板凳”，用热心肠，付出大量精力，在2019年3月基本完成80万字的初稿。2020年3月，事业单位机构改革后，县志办成为县党史研究室挂牌机构。成立伊始，即倾注全部心血开展此项工作。在进行资料核实、删繁就简、增缺补漏后，县党史研究室向全县70余个部门3次征求意见，由编纂公司编纂人员对志书初稿进行统编，于2020年7月完成90万字的复审稿。

2020年8月4日，由县志编委会召开《共和县志（1986—2005）》复审会，编委会成员，县委、县政府各部门负责人和熟悉县情的退休老同志30余人参加复审会议。复审会后，根据复审会议提出的意见建议，对资料交叉、详略失当、文字累赘等通病做了反复修改。2020年9月，完成63万字的终审稿，分送省州志办、特邀评委及编委会成员。2020年10月，州党史研究室组成终审组在共和县召开《共和县志（1986—2005）》终审会议，参加会议的有终审组成员、县志编委会部分委员、退休老同志20余人。会议经过评审讨论，提出中肯的指导意见及建议，并通过终审。会后，编修人员根据专家学者的意见建议，对篇目做了部分调整，超越上限的资料进行压缩删除，志稿文字再做审核和润色，最终确定《共和县志（1986—2005）》为中编偏小结构、章节体，除序言、凡例、概述、大事记、附录、索引外，共设 13 编，53 章，249 节，计 63 万字。

二轮《共和县志》的编修过程，从启动编修到印刷出版，费尽周折、历经艰辛。其中绝大部分的时间用在查找资料上。资料缺失、缺项断限等问题突出，需要编修人员反复地查找、核对和补充，有些资料还须走访知情人。最终查阅档案 2000 余卷（册），走访知情人 80 多人，编写资料长编 200 多万字。虽然遇到了许多的困难和问题，但我们不怕困难，竭力而为，终于完成了《共和县志（1986—2005）》的编纂任务，为此我们甚感欣慰。

《共和县志（1986—2005）》在征稿、编纂、审定的过程中，得到县委、县人大、县政府及县政协领导的高度重视和支持，得到县老干局和省州党史研究室的大力指导，得到相关部门和单位的鼎力相助和积极配合，还得到在共和县工作过的老领导、老同志的关心和支持，才能确保按期完成编纂任务。县有关部门和档案馆在查阅资料方面提供极大方便。在此，对所有关心和支持《共和县志（1986—2005）》编纂工作的各级领导和各界人士表示衷心感谢。

由于编写力量不足，加之编者水平有限，缺乏修志经验，且所记载的内容时间跨度大，历史资料不全，纰漏和错误在所难免，敬请读者谅解，并提出宝贵意见。

编　者

2020 年 11 月